정서 조절, 정신화, 그리고 자기의 발달

Peter Fonagy · Gyorgy Gergely Elliot L. Jurist · Mary Target 공저

황민영 역

Affect Regulation, Mentalization, and the
Development of the Self

학지사

정신분석에 익숙한 우리는, 또한 전능감의 시기를 거쳐 성인으로 성장하며 자기중심적인 시각에서 인간의 발달을 바라보고 있는 우리는, 연구 대상인 발달하는 영유아에게 성인이 된 우리의 시각을 대입하며 영유아 중심적으로, 다른 말로 하면 연구자의 자기중심적 생각을 영유아에게 반영하여 연구자 중심적으로, 자신의 자기를 찾기 위해 자기를 타인으로 연장하여 생각하는 보다 주체적인 영유아를 그려 왔습니다. 하지만 이 책에서 저자들은 그 반대를 주장합니다. 인간의 주체성은 타고나는 것이 아니라, 후천적으로 생애 초기 상호작용을 통해 창발하는 것이라고 주장하며, 이러한 기능이 창발하는 결정적 시기의 중요한 타인인 주로 주 양육자를 통해 타인으로부터 그 사람의 연장으로서 자기를 찾게 된다고 합니다.

이것은 다른 포유류와 다른, 탄생하는 인간 종의 특이성을 떠올리게 합니다. 인간이 다른 종과 비교하여 생존을 위하여 보다 양육자에게 의존적인 상태, 덜 발달된 상태로 태어나 더 오랜 기간 친밀한 타인, 양육자의 도움을 받아야 생존 능력을 갖출 수 있다는 것은 많이 알려져 있습니다. 태어난 지 얼마 되지 않은 상태에서도 네 발로 걸을 수 있는 다른 포유류의 능력이 대표적인 예로 지적되곤 합니다. 저자들의 주장은 이것이 비단 이동과 같은 신체적인 능력에만 한정된 것이 아니라는 것을 강조하는 듯합니다. 상대적으로 뛰어나게 발달된 인간 종의 두뇌 기능을 고려하면, 또한 이러한 기능의 기반인 심리적 기능이 두뇌에 기원한다는 점을 고려하면, 다른 종보다 이 기능도 덜 준비된 상태로 태어난다는 뉘앙스를 주는 이러한 설명이 모순적으로 들릴 수 있습니다. 하지만 다른 종보다 월등하게 뛰어난 인간의 심리적 기능을 빠르게 발달시키려는 진화적 적응에 의해 더 발달된 심리적 두뇌 기능을 가진 주 양육자로 대표되는 타인을 사용하게 되는, '동일시'로 대표되는 발달 (또는 방어) 기제의, 생득적 메커니즘을 기반으로, 타인을 사용하게 되었다고 본다면, 보다 이해에 접근해 나갈 수 있을 것입니다. 무엇보다 '경험'에 기반하는 심리적 기능 발달의 특징을 고려할 때, 그리고 경험을 생득적으로 가지고 태어날 수 없다는 것은 설명이 필요치 않은 당연한 것으로 느껴지는 점을 고려할 때, 지금까지의 인간 진화 과정에서 이것이 진화의 오류가 아니라, 최적의 생존을 위한 진화 방식이었다고 볼 수 있겠습니다.

좀 더 넓은, 또는 다른 시각에서 바라보면, 인간이 부모를 선택할 수 없다는 점에서 (또한 부모도 자녀를 선택할 수 없다는 점에서), 부모, 주 양육자는 어머니의 뱃속에서 발생하는 영유아에게 생득적으로 주어진 것의 하나입니다. 이렇게 본다면, 부모가 영유아에게 생득적으로 전달하는 것은 비단 유전자 정보만이 아니라고 볼 수 있습니다. 선택할 수 없이 태어난 영유아에게 생후 주어진 주 양육자 그 자신도 영유아에게 유전의 일부일 수도 있고, 영유아는 타인이면서도 자기인 그 주 양육자의 경험을 통해 세상과 자기를 알아갑니다. 이런 측면은 다분히 영유아 중심적인 시각에서 볼 때, 유전과 환경의 이분법적 개념에서 유전의 의미를 다시 생각해 보게 합니다.

안정적인 발달에서 영유아의 첫 번째 친밀한 타인, 주 양육자는 기꺼이 영유아에게 자기를 내어 주고, 아기의 연장이 되어 주며, 이러한 진화적 적응에 참여하게 됩니다. 하지만 성인 상태인 주 양육자의 심리적 기능에서의 개인차는 태어난 지 얼마 되지 않은 영유아보다 변이가 크고 훨씬 다양합니다. 그리고 영유아가 타인인 그 성인에서 시작하여 자기를 형성해 간다는 주장을 고려하면, 그 변이는 세대가 지나도 유지될 가능성이 상당히 높습니다. 인간 종의 보다 발달된 심리적 기능을 생존 가능하도록 빠른 시간 내에 발달시키려는 진화적 적응은 유익한 것뿐 아니라, 유해한 것에 대해서도 세대 간 전달되는 그 기회비용을 감수하도록 진화되었습니다. 발달이 안정적으로 이루어지지 않고 비정상적 발달로 이어지게 될 경우, 여러 심리적 병리들로 연결되게 되고, 이러한 병리를 이해하려는 인간의 노력은 우리 인간에 대한 보다 깊은 이해에 다가가게 해 줍니다.

이 책의 저자들은 바로 이 과정에 집중하고 있고, 정신화로 대표되는 심적 기능의 발달을 통해 인간이 자기를 발달시켜 가는 과정을 새로운 시각에서 들여다보고 있습니다. 저자들은 마음과 몸을 이분법적으로 바라본 데카르트적 시각의 오류에 대해 구체적으로 지적하며, 몸과 마음을 분리된 것으로 보지 말아야 한다는 점을 강조하는데, 이보다는 덜 강하게, 영유아가 타인을 자기의 연장으로 본다는 프로이트적 생각에 대해 그 반대의 가능성, 즉 타인 경험의 연장에서 자기가 발생한다고 조심스러우면서도 명시적으로 말합니다. 인간은 영유아기에 동일시의 인간 특이적 성향을 활용하여 같은 인간 종인 주 양육자로 대표되는 발달된 성인의 심리적 두뇌 기능을 통해 자기를 구성해 가며 자기의 심리적 두뇌 기능을 찾아갑니다. 타인에서 필요한 기능을 취하고 영유아가 자신의 자기를 구성해 가는 다음 단계는 '분리'입니다. 저자들이 영유아의 자기가 타인 경험의 연장에서부터 시작한다고 주장하는 점을 고려하면 이 분리는 기존의 정신분석에서 주장하는 것보다 훨씬 더 중요해집니다.

경계성 성격장애(borderline personality disorder)가 발전되는 것도 이 상호작용적 메커니즘입니다. '동일시'와 '분리' 과정에서의 외상과 제한은 자기 안에 이질적 자기, 타인의 일부를 남깁니다. 해결되지 않고 잔류하는 이것은 이후 '투사'와 '투사적 동일시'의 악순환적 방어 기제로 남아 전 생애에 걸쳐 심리적 적응에 어려움을 초래합니다. 이 책에서도 인용되고 있듯이, 위니콧(Winnicott)은 다음과 같이 말했습니다. "경계성 사람과 같은 것은 없다. 다만 경계성 쌍, 즉 경계성 사람과 그 사람의 대상이 있을 뿐이다." 이 경계성 쌍에서 발생하는 갈등의 근원은 영유아기 생존을 위한 진화적 적응에 그 기반을 두고 있기에 경계성인 사람들이 경험하는 심적 갈등의 근원에는 안전이 확립되지 못한 생존을 위한 분투가 있고, 따라서 이들이 느끼는 불안, 두려움, 공포는 생존에의 위협입니다. 여기서 경계성(borderline)은 『정신질환의 진단 및 통계 편람(the Diagnostic and Statistical Manual of Mental Disorders: DSM)』으로 대표되는 정신병리 진단 기준상에서 언급될 때, 흔히 정신증과 신경증의 경계를 의미합니다. 하지만 저자들은 이 책에서 이 의미보다 광의의 경계성 스펙트럼 상태를 포함하는 사람들의 심리 현상을 설명하고 있습니다. 어쩌면 저자들이 의미하는 것은 바운더리(boundary)로서의 타인과 자기의 '경계'가 안전하고 안정되게 구성되지 못한 채 자기가 구조화된 사람들을 말합니다. 이것은 지금까지 경계성 성격장애의 특징을 설명하는 문헌에서 자주 언급되어 왔는데, 이 책의 저자들은 다학제적 연구 결과를 바탕으로, 중심적으로는 애착이론과 정신분석학에 기반하여 정서 조절, 정신화, 그리고 자기의 발달에 기저하는 마음의 메커니즘을 밝히려 시도합니다. 자기의 경계 안에 이질적인 타인이 존재하고, 타인과 안정된 '분리'를 성취하지 못한 이들은 성인이 되어서도 타인에게서 자기를 찾으려 시도합니다. 영어의 보더라인(borderline)과 바운더리(boundary)가 모두 '경계'를 의미하는 것 또한 흥미로운데, 정신증과 신경증을 구분하려는 노력을 잠시 접어두고, 심리적 기능의 특징에 기반하여 생각을 전환해 본다면, 이 책의 저자들의 주장을 고려할 때, 경계성 성격장애(borderline personality disorder)는 자기의 발달 과정에서 자기–타인 사이의 경계가 안전하고 안정되게 형성되지 못한 것으로 인한, 자기의 장애(disorder of the self)로서, 경계성 성격장애(boundary personality disorder)로 불릴 수 있을 듯합니다.

　'자기'의 발달은 인간의 인지기능이 다시 한번 새로운 질적 단계로 도약하는 시기인 청소년기에 이르러 다시 결정적 시기를 지납니다. 영유아기에 동일시를 기반으로 분리로 나아가며 자기를 형성해 갔다면, 자기정체성을 확립하는 과업을 마주한 청소년에게 필요한 것은 분리를 기반으로, 유전 정보를 공유하는 자기 형성의 기반이 되어 준 나와 분리된 다른 존재이면서도 가족이기에 닮은 주 양육자를 포함한 가족 구성원의 수용을 포함하는 것으로 보입니다. 이 책에서 저자들은 청소년기에 다름이 아닌 유사성의 수용이 진정한 자율성을 가져온다고 주장합니다.

저자들의 생각을 고려하면, 인간은 고도로 발달된 인간 사회에서 복잡한 인지적·정서적·사회적 적응을 달성하기 위해 주 양육자로 대표되는, 생애 처음 갖게 되는 친밀한 인간관계의 대상인 발달된 타인을 빌려, 타인으로부터 자기의 발달을 시작합니다. 생애 초기인, 영유아기에 시작되는 아기의 자기의 발달에 발판을 제공하는 성인이 되어 주기 위해서는 놀이의 형식을 빌린 소통이 필요합니다. 놀이기(playfulness), 놀이의 기운, 놀이의 분위기를 담은 소통으로 설명되는 이러한 소통 방식은 아이의 눈높이에 맞추어, 비춰 주고(mirroring), 안아 주고(holding), 담아 주고(containing), 소화시켜 주는(metabolizing) 방식입니다. 지나치게 장난스럽지 않은 놀이기는 진지함을 유지하면서도 심각하지 않게 해 주고, 자기를 찾아가는 과업이 갖는 무게를 덜어 주면서도 가볍지 않게 해 줍니다. 영유아기에 주 양육자와 바람직한 상호작용을 하지 못하고, 자기가 손상된 채 심리치료를 찾게 된 사람들에게는 치료사가 이러한 역할을 해 주는 것이 필요합니다. 환자–치료사의 관계는 영유아–주 양육자의 관계에 비유되곤 합니다. 성인이 되어 심리치료를 찾은 사람에게는 유머(humor)가 놀이기의 역할을 해 주는 경우가 종종 있습니다. 유머 또한 심리치료를 찾은 사람의 어려움을 비춰 주고, 안아 주고, 담아 주고, 소화시켜 주면서, 진지함을 유지하면서도 압박적인 심리적 무게를 덜어 줄 수 있어야 할 것입니다.

심리치료의 과정은 치료를 받는 사람에게뿐 아니라, 치료를 하는 사람에게도 치료와 성장의 과정입니다. 이 책을 번역하며 번역의 과정이 책을 읽는 독자에게뿐 아니라, 번역하는 이에게도 치료와 성장의 과정이 될 수 있다는 것을 배웁니다. 제가 영문의 이 책을 처음 접한 것은 대학원생 시절이었습니다. 제가 대학원 과정을 마치고, 심리치료 현장에서 사람들을 만나온 세월만큼 이 책도 나이가 들었습니다. 그간의 학문적 발전으로 새로워진 것들이 있을 수 있겠으나, 철학이나 애착이론, 정신분석학보다는 신경과학 분야에서 새롭게 알아가고 있는 것들이 있습니다. 다시 말하면, 구체적인 두뇌의 기능에 대해 밝혀 가고 있는 시기이지만, 기반이 되고 있는 심리철학, 애착이론, 정신분석학 측면에서는 여전히 우리에게 유익하고 통합적인 설명을 제공해 주는 양서입니다.

이 책의 번역을 허락해 주신 학지사 선생님들께 감사의 마음을 전합니다. 번역상에서 매끄럽지 않은 부분이 있다면 오롯이 저의 부족함입니다. 이 책을 번역하며 섣부르게 의미를 부여하여 해석하기보다는 원서에 표현된 저자들의 생각을 가능하면 그대로 전달하고자 하였습니다. 문체에서 영어식 표현이 주는 어색함이 없을 수 없겠지만, 영어식 문체에 익숙해지는 것은 나중에 이 책이나 관련 분야의 다른 서적을 원서로 읽게 될 때, 도움이 될 것이라는 생각을 하였습니다. 이 책에는 다양한 학문 분야의 여러 학자의 연구가 소개되고 있습니다. 가독성을 높이기 위해 외국 인명을 우리말로 표기하고자 하였습니다. 어색하게 느껴지는 부분이 있을 수 있겠지만, 기본적으로 현재의 국립국어원의 지침에 따라 학지사 편집부 선생님들과 교정하였습니다. 꼼꼼히 교정을 살펴봐 주신 학지사 선생님들께 감사드립니다. 이 책에 대한 제안이 있으시다면 저에게 이메일(myhwang.psy@gmail.com) 주시면 감사하겠습니다. 이 책을 읽으시는 모든 분이 제가 경험한 치료와 성장의 경험을 하시며 원하시는 지식을 얻어 가실 수 있기를 바랍니다.

겨울의 길목에서
황민영

저자 서문

우리는 무엇보다 우리의 환자들에게 감사를 표하고 싶다. 이 책의 일부 아이디어들은 우리의 임상 작업으로 촉발되었고, 아이디어를 평가하는 중요한 한 가지 기준은 우리가 과거, 현재, 미래의 환자에 대한 우리의 경험을 더 잘 이해하도록 도와주는지 여부였다. 우리는 새로운 이론적 이해를 향한 우리의 노력이 때로 환자들에게 유익했기를 바란다.

런던대학교(UCL) 정신분석 부서의 출판 편집장인 엘리자베스 앨리슨 박사(Dr. Elizabeth Allison)의 뛰어난 노력 없이는 이 책이 출판될 수 없었을 것이다. 앨리슨 박사의 노력은 이러한 역할을 하는 사람에 대한 기대를 훨씬 뛰어넘었다. 앨리슨 박사는 효과적으로 이 프로젝트를 생각하고 조직했을 뿐 아니라, 장들을 통합하고, 논의를 맞추어 나가는 것에 놀라운 조언을 제공해 주었다. 많은 공백이 남아 있을 것이라고 확신하지만, 우리가 이 정도 수준의 통합을 달성할 수 있었던 것은 앨리슨 박사의 뛰어난 지적 능력과 훌륭한 편집 기술 덕분이었다. 더불어 앨리슨 박사는 매력적이고 기민한 편집 능력과 지적 기술로 우리 모두에게 영향을 주었다. 우리 모두는 당신에게 빚을 졌어요, 리즈(Liz; 엘리자베스의 애칭).

이 책을 쓰며 우리에게는 굉장한 행운이 따랐다. 리즈의 전 출판 편집장 캐시 리치(Kathy Leach)의 도움은 이 프로젝트의 계획 단계에서뿐 아니라 이 책이 의존한 많은 작업의 출판을 준비하는 것에도 굉장히 소중했다. 우리가 유감스럽게 생각하는 것은 이 책의 출판 스케줄을 지키려는 기발하고 솜씨 좋고 때로는 절박했던 노력에도 불구하고 우리가 완성된 원고를 제때 전달할 수 없었던 일이었다.

우리는 또한 우리의 출판인인 마이클 모스코비츠 박사(Dr. Michael Moskowitz)에게 감사를 표한다. 그는 우리와 공유하는 새로운 종류의 정신분석 서적 출간에 대한 비전을 가졌고, 그것에 참여하는 것을 무척 기뻐했다. 우리는 특히 2개의 대륙, 4개의 국가의 작업으로 탄생한 이 책의 느린 진전과 완성을 기다려 준 그의 인내심에 감사를 표한다. 지적인 측면에서는 우리가 나열할 수 있는 것보다 더 많은 이들에게 빚이 있다. 하지만 두 사람의 기여가 분명 주요했다. 캘리포니아 대학교 버클리 캠퍼스(University of California at Berkeley)의 존 왓슨(John Watson)은 우리 중 한 사람(GG; 기오르기 게르게이)과 수년간 협업해 왔는데, 그의 글과 지혜는 우리 모두에게 유익했다. 요즈음의 가상 작업공간 시대에서도 이 협업은 우리 4명 중 적어도 3명이 공유하는 작업공간 없이는 가능하지 않았을 것이다. 여기에 보고된 작업이 착수된 시기에 메닝거 클리닉(Menninger Clinic)에서의 에프라인 블레이버그 박사(Dr. Efrain Bleiberg)의 리더십은 진정 자유로운 지적 정신으로 마련해 준 곳인 메닝거 클리닉의 아동가족센터에서 우리가 함께 작업할 수 있게 해 주었다. 아동가족센터의 다른 동료들, 특히 존 앨런 박사(Dr. Jon Allen)와 헬렌 스타인 박사(Dr. Helen Stein)는 영감과 조언을 주었다. 더불어 두 동료들이 또한 영감과 지도를 주었다. 수전 코츠 박사(Dr. Susan Coates)는 우리가 또한 코츠 박사의 작업을 감탄하며 지켜봐 온 것처럼, 수년간 우리의 작업을 지켜봐 주었다. 코츠 박사는 발달 임상 정신분석의 길을 만들었는데, 이것은 진정한 영감을 주었다. 아리에타 슬레이드 박사(Dr. Arietta Slade)는 그녀의 연구 작업과 임상 기술, 학문적 지식에서뿐 아니라 이러한 것들을 이례적인 정신과 매력으로 한 사람 안에서 보여 주는 통합으로 우리에게 영감을 주었다. 우리는 슬레이드 박사의 우정과 지도에 감사를 전한다.

이 책의 출간 이전에 다음의 출판물에서 이 책에 포함된 일부 아이디어들이 다소 다른 형식으로 출판되었거나 곧 출판될 예정이다.

제1장은 발달 및 정신병리(*Development and Psychopathology, 9*, 1997, 679-700) 학회지에 실린 피터 포나기(Peter Fonagy)와 메리 타깃(Mary Target)의 「애착과 반영기능: 자기 조직화에서의 역할(Attachment and reflective function: Their role in self-organization)」의 일부 자료를 포함한다.

제4장은 정신분석 국제 학술지(*International Journal of Psycho-Analysis, 77*, 1996, 1181-1212)에 처음으로 기술된 기오르기 게르게이(György Gergely)와 존 왓슨(John Watson)의 '부모의 정서 비춰 주기의 사회적 바이오피드백 모델(The social biofeedback model of parental affect-mirroring)'의 일부 자료를 포함한다.

제5장의 짧은 버전은 아동 인지발달 편람(*Handbook of Childhood Cognitive Development*, Oxford: Blackwell)에서 기오르기 게르게이(György Gergely)가 쓴 「자기와 주체성 이해의 발달(The development of understanding of self and agency)」에서 찾을 수 있다.

제6장과 제9장은 정신분석 국제 학술지(*International Journal of Psycho-Analysis, 77*, 1996, 217-233; *77*, 1996, 459-479; *81*, 2000, 853-874)에 개제된 피터 포나기(Peter Fonagy)와 메리 타깃(Mary Target)의 일련의 '현실과의 놀이' 논문들을 포함한다.

제1장과 제8장은 북미 정신의학 클리닉(*Psychiatric Clinics of North America, 23*, 2000, 103-

122)에 처음으로 실린 피터 포나기(Peter Fonagy), 메리 타깃(Mary Target) 및 기오르기 게르게이(György Gergely)의 「애착과 경계성 성격장애: 이론과 일부 증거들(Attachment and borderline personality disorder: A theory and some evidence)」의 일부 자료를 포함한다.

마지막 장은 정신분석과 발달이론(*Psychoanalysis and Developmental Theory*, pp. 3-31. London: Karnac, 1998)에서 처음으로 기술한 피터 포나기(Peter Fonagy)와 메리 타깃(Mary Target)의 「영유아의 대인관계 시각(An interpersonal view of the infant)」의 일부 자료를 포함한다.

차례

제3부 임상적 관점

서론

　이 책에서는 다양한 경로들이 만나고 있다. 넓은 영역의 자료를 기반으로 우리는 심리학 연구자, 임상심리학자, 심리치료사뿐 아니라 다양한 영역의 발달학자를 포함하는 다학제적 독자를 대상으로 하겠다는 야심 찬 목표를 세웠다. 가장 전반적인 관점에서 우리는 심리치료와 정신병리에서 발달 작업의 결정적인 중요성을 강조한다. 그리고 아동 및 성인과 함께 치료 작업을 하는 임상가로서 경험과 심리 발달에 대한 과학적 지식을 통합하고자 하는 심리치료에 대해 설명하고자 한다. 우리는 개개인의 치료사들과 전문가 집단이 함께 통합을 가져오기 위해 끊임없이 노력할 때 환자가 원하는 것을 가장 잘 충족시켜 줄 것이라고 믿는다. 이러한 통합에 대한 가치는 결코 즉각적으로 받아들여지는 것이 아니고(Green, 2000; Wolff, 1996 참조), 그렇게 되어서도 안 된다. 심리치료사는 주로 언어, 즉 말을 통해 도움을 구하는 사람들에게 임상적 도움을 제공한다. 약물치료가 아니라, 환자들의 마음을 자신의 마음 안에 기꺼이 갖는 사람이 됨으로써 도움을 준다. 인접 학문 분야의 과학적 진보가 늘 심리치료 현장에서 도움이 될 것이라고 가정할 수는 없다. 예를 들어, 헐(Hull)학파 또는 스키너(Skinner)학파의 1940년대 및 1950년대의 학습이론 연구의 진보가 그 시기 정신역동치료에 크게 도움이 되지 않았을 것을 쉽게 예상할 수 있다. 학습이론은 다분히 다른 방식의 심리치료에 유용하였고, 의미와 사람보다는 행동과 환경에 더 관심을 두었다.

　우리의 작업은 안나 프로이트(Anna Freud), 멜라니 클라인(Melanie Klein), 말러(Mahler), 브로디(Brody), 엠드(Emde), 스턴(Stern) 등 뛰어난 여러 학자들의 발달이론 및 연구를 통한 잘 정립된 정신분석의 전통적 관심에 해당할 수 있다. 발달과 임상의 생각들을 끊임없이 통합하고 있는 특히 고무적인 예는 마거릿 말러(Margaret Mahler)의 동료로 잘 알려진 애니 버그먼(Anni Bergman, 1999)의 책에서 찾을 수 있다. 조금은 다른 시각에서 바라보는 경우도 있겠지만, 버그먼(Bergman)의 책에 담긴 많은 아이디어는 이 책에서도 발견될 것이다. 인간 발달의 관찰에 모두 기반하고 있기 때문에 심리치료의 모든 발달적 접근은 중요한 특징들을 공유할 수밖에 없다. 하지만 이와 동시에 이 책에서 논의되는 다수의 생각들, 예를 들면 부모의 비춰 주기(parental mir-roring)에 대한 사회적 바이오피드백 이론(social biofeedback theory), 목적론적이고 지향적인 자세(teleological and intentional stance), 반영기능(reflective function), 정신적 현실의 정신적 등가(psychic equivalence) 및 가장(pretend) 모드, 이질적 자기(alien self), 정신화 과정(mentalizing), 정서성(affectivity), 그리고 무엇보다도 정서 조절(affect regulation) 및 정신화(mentalization) 등은 정신분석 및 심리치료에 진정으로 새로운 방향을 제시하고 있다고 자부한다.

그러나 다른 관점에서 이 책은 정신분석적 생각과 고민에만 국한되지 않는다. 우리는 영유아가 타인의 마음을 가늠하고, 궁극적으로 자기 자신의 마음을 알아가는 과정을 포착하고 구체화하기 위해 심리철학적 접근법을 적용하였다. 우리가 타인을 통해 우리 자신을 가늠한다는 개념은 독일의 관념론(Idealism)에 기반하고 있고, 마음에 대한 분석철학자들(Jurist, 2000)에 의해 더욱 발전되었다. 사회인지 분야에서는 이러한 방식으로 심리철학을 활용하는 것이 일반적이다. 우리 접근법의 독특한 점은 인지뿐 아니라, 정서에도 적용한다는 것이다. 이 부분에서 우리는 애착이론에 기반한다. 애착이론은 영유아의 자기감이 주 양육자와의 관계에서의 정서적 질에서 생성된다는 개념의 경험적 뒷받침을 제공한다. 실제로 우리 연구는 애착이론에서 그저 빌려 온 것이 아니라, 애착이론을 의미 있게 재구성하도록 돕는다. 우리의 주장은 애착이 그 자체로 끝이 아니라는 것이다. 오히려 우리가 가정하기로는 애착은 인간 생존을 돕기 위해서 진화한 표상 시스템을 만들어 내기 위해 존재하는 것으로 생각된다. 그러므로 이 책에서는 정신분석과 애착이론 사이의 역사적 긴장을 느슨하게 하고자 노력하였고, 이것이 우리가 이 책을 통해 기여하고자 하는 또 다른 부분이다(Fonagy, 2001).

이 책의 주요 주제와 제목에 명시된 세 가지 용어의 관계에 대해 좀 더 설명하겠다. 이 책 전반의 우리의 주요 초점은 영유아, 아동, 청소년, 성인 마음에서 심리 상태 표상의 발달이다. 발달 영역에서 익숙한 개념인 정신화(mentalization)는 마음을 갖는 것이 세상에 대한 우리의 경험을 매개한다는 것을 깨닫는 과정이다. 정신화는 본질적으로 자기의 발달과 점진적으로 정교화되는 내적 조직화, 그리고 이 독특한 능력을 공유하는 다른 존재인 타인과의 인간관계 네트워크라고 할 수 있는 인간 사회에의 참여와 연결되어 있다. 우리는 정신화를 발생시키는 정신 능력을 조작적으로 정의하기 위해 '반영기능(reflective function)'이라는 용어를 사용하였다(Fonagy, Target, Steele, & Steele, 1998).

정신화는 윌리엄 제임스(W. James, 1890)가 설명한 'I'와 'Me' 둘 다라고 할 수 있는 자기의 주체적 측면과 표상적 측면 모두의 발달과 밀접하게 관련되어 있다. 제임스(James)의 'Me', 즉 '경험적 자기'(Lewis & Brooks-Gunn, 1979)라고 할 수 있는 자기 표상의 발달은 지금까지 비중 있게 다루어졌다. 자기 표상의 발달은 비록 그것이 우리가 사회적 환경으로부터 받은 반응으로 추론된 것일지라도(Harter, 1999), 우리가 우리 자신이라고 믿는 특징들의 발달을 아우른다. 따라서 정신화의 이 측면은 정신분석이론(Fonagy, 1991) 및 인지 심리(Morton & Frith, 1995)에서 풍부한 역사를 가진 개념이다. 그러나 정신적 주체로서의 자기, 또는 우리가 다른 곳에서 언급했듯이, 심리적 자기(Fonagy, Moran, & Target, 1993; Fonagy & Target, 1995)는 상대적으로 소홀히 다루어졌다. 심리학자들과 정신분석가들이 주체적 자기를 설명하는 발달적 과정을 상대적으로 소홀히 다루게 된 것은 전통적으로 강력했던 데카르트 사상의 영향으로 볼 수 있다. 데카르트 사상에서는 힘겨운 발달적 획득으로서의 접근이 아닌, 일인칭적 특권(first-person authority)에 기반한 지향적 마음 상태에 대한 직접적이고 절대적인 내성적 접근을 주장한다. 특히, 마르시아 카벨(Marcia Cavell, 1988, 1994, 2000)의 연구는 정신분석 메타심리학이 데카르트 사상에서 벗어나고자 하는 노력과 그 한계를 일깨워 준다. 정신분석과 발달과학은 모두 심리적 주체성의 경험이 선천적으로 주어진다고 가정하며 데카르트 전통을 유지했다. 이 책에서 우리는 심리적 주체성을 발달하는, 즉 구성된 능력으로 간주하는 것이 더 유용할 수 있다고 주장하며, 이 지배적인 철학적 전통과의 급진적인 단절을 시도한다.

지향적 행위의 표상에 대한 발달적 및 철학적 연구는 지향적 마음 상태의 표상이 다소 복잡한 내부 구조를 가질 수 있음을 보여 주고 있다. 이러한 구조에 대한 의식적 접근은 부분적일 수밖에 없고, 완전히 부재할 수도 있다. 우리는 대인관계 경험, 특히 일차 대상관계에서의 경험을 통해, 자라나는 심리적 주체로서의 자기를 이해하는 것을 통해 그 과정의 그림을 그리는 것이 중요하다고 생각한다. 정신화는 내적 자기 반영 및 외적 대인관계 요소를 모두 포함한다. 이 둘은 함께 내면을 외부 현실과, 대인관계 심리적 및 정서적 과정을 대인관계 의사소통과 구별할 수 있는 능력을 아동에게 제공한다. 이 책에서 우리는 발달적 관찰과 함께 임상적 및 경험적 증거를 제시하여, 마음 또는 심리적 자기를 지닌 유기체로서의 자기 자신에 대한 아기의 경험이 유전적으로 주어진 것이 아니라는 것을 설명하였다.[1] 이것은 영유아기부터 아동기를 거쳐 진화하는 구조다. 또한 이것의 발달은 친절하고 반영적인 반응을 주는, 보다 성숙한 마음과의 상호작

---

1) 효율적이고 명확한 기술을 위해 우리는 많은 경우 아동을 '남성대명사(He)'로, 부모나 치료사를 '여성대명사(She)'로 기술하였다. 이것은 남자·여자아이 사이에 또는 남성·여성 부모, 또는 남성·여성 치료사 사이에 어떤 차이도 없다는 것을 의미하는 것은 아니다. (역자 주: 번역 시에는 인칭대명사에서 성별의 구분을 두지 않는 우리말의 특징을 고려하여 성별이 암시된 문장을 가능한 한 성 중립적으로 기술하였다.)

용에 결정적으로 의존한다.

정신화에 대한 우리의 이해는, 정신화를 단지 인지 과정으로 보는 것이 아니라, 일차 대상관계를 통한 정서의 '발견'으로 발달적으로 시작된다고 보는 것이다. 이러한 이유로, 우리는 발달이론과 정신병리 이론의 많은 영역에서 중요하게 다루어지는 '정서 조절' 개념에 초점을 맞추고 있다(예: Clarkin & Lenzenweger, 1996). 정서 상태를 조절할 수 있는 능력인 정서 조절은 자기감과 주체성의 시작에 근본적인 역할을 한다는 점에서 정신화와 밀접한 관련이 있다. 우리의 시각에서, 정서 조절은 정신화의 서막이다. 그러면서도 우리는 또한 일단 정신화가 발생하면 정서 조절의 본질이 변화된다고 믿는다. 여기서 우리는 정서 조절을 보다 정교화된 다양성이 있는 정서 상태의 적응으로 간주하고, 자기를 조절하기 위해 사용되는 정서와 구분한다. '정신화된 정서성(mentalized affectivity)'의 개념은 정서의 조절을 위한 성숙한 능력을 나타내고, 자기 자신의 정서 상태에 대한 주관적 의미를 발견하는 능력을 말한다. 우리는 심리치료 영역의 핵심에 정신화된 정서성이 놓여 있다고 제안한다. 이것은 지적인 이해를 초월하는 방식으로, 자신의 정서에 대한 경험적 이해를 보여 주는 것이다. 우리가 특정한 감정적 경험이 아니라 심리적 기능의 전반적 모드에 대한, 치료적 과정에서 발견되는 심적 표상의 왜곡이 아니라 심적 기능의 억제에 대한, 저항과 방어를 마주치는 것이 이 영역이다(Fonagy, Edgcumbe, Moran, Kennedy, & Target, 1993). 따라서 우리는 우리가 느끼는 것을 잘못 이해할 수 있으며, 진정으로 다른 감정을 느낌에도 그것과 다른 감정을 느끼는 것으로 생각할 수 있다. 나아가, 심지어 우리는 감정적 풍요로움의 전체 경험 세계가 박탈될 수도 있다. 예를 들어, 심리적 및 심리사회적 인과관계를 마음속으로 그릴 수 있는 능력의 부족은 이러한 능력에 기저하는 심리적 과정의 전반적인 억제 또는 발달적 형성 실패의 결과일 수 있다.

정서 조절과 정신화에 관한 우리의 이론은 애착의 진화적 기능에 대한 존 볼비(John Bowlby)와 같은 이론가들에 의해 발전된 논의를 풍부하게 해 준다. 우리는 초기의 대상관계의 진화적 기능이 매우 낮은 연령의 어린아이에게 타인과 자신의 심적 상태에 대한 이해가 완전히 발달할 수 있는 환경을 갖추어 주는 것이라고 주장한다. 우리는 자기 반영 및 타인 마음의 반영 능력이 가장 초기의 관계로부터 진화된 (또는 진화되지 않은) 구성된 능력이라고 제안한다. 정신화가 인간의 사회적 기능의 핵심 요소이기 때문에, 진화에서 대인관계 행위를 해석하기 위한 심적 구조의 발달에 특별한 가치가 부여되었다고 추론할 수 있다. 물론 언어는 상징적 상호작용을 위한 주요 경로다. 그러나 언어가 적절하게 기능하기 위해서는, 주관적 세계의 조직화가 필요하다. 일, 사랑, 놀이에서 협력을 이끌어 내기 위해서는 타인과 의사소통하고, 타인에게 전달될 수 있도록 내적 상태가 의미를 가져야 한다.

이 책이 심리장애와 심리치료에 핵심적으로 관여하는 심리적 능력의 주요 조절요인으로서 초기 사회적 경험에 상당히 중점을 두고 있다는 것을 쉽게 알 수 있을 것이다. 이러한 관점에서 이 책은 양육 방식과 초기 사회적 환경을 발달정신병리의 열쇠로 보는 심리사회학적 전통의 연속선상에 있다(Cicchetti & Cohen, 1995; A. Freud, 1981; Masten & Braswell, 1991; Rutter, 1993; Sameroff, 1995; Sroufe, 1996). 우리는 이 관점이 지난 세기 동안 의심의 여지없이 정신의학 및 사회과학에서 지배적이었던 반면, 최근 행동유전학의 적용과 쌍둥이 연구의 결과에 비추어 비판적으로 검토되는 경우가 증가하고 있음을 인식하고 있다(Eaves et al., 1997; Hewitt et al., 1997). 과거의 연구들은 유전적 영향을 통제하지 못했기 때문에, 사회적 환경이 발달에 미친 영향을 과대평가했을 가능성이 높다. 그러나 요즈음의 정신의학 문헌에서는 유전 데이터를 통해 심리적 수준의 분석이 생산적일 수 없다고 보는, 순진한 선천주의자 관점으로 복귀하는 모습이 보인다. 결과적으로 초기 환경은 거의 강조되지 않고, 그중에서 관심을 받는 것은 심리적인 관점이라기보다는 신체적인 부분이다(Marenco & Weinberger, 2000).

심리적 원리가 그것을 보조하는 신경생리학적 능력에 의해 설정된 한계를 넘어설 수 없다는 것은 분명하지만, 이것이 심리학이 생물학으로 환원된다는 것을 의미하지는 않는다. 이 책에서 우리는 인간 행동의 '유전화'에 관해 논의한다. 우리는 진화론자인 도브잔스키(Dobzhansky, 1972)와 굴드(Gould, 1987)에 이어지는 입장을 취하고 있다. 우리는 유전(유전학 또는 유전자)이 '결정요인'이라기보다 '잠재요인'으로 작용한다고 생각한다. 생물학적 결정론은 유연성과 상호작용주의의 언어로 자주 덧입혀지기 때문에, 우리는 사실상 이러한 생물학의 좀 더 구미에 맞는 묘사 뒤에 유전자가 여전히 일차적인 결정인자로 간주된다는 것에 주목해야 한다. 진화된 기질의 변화 가능성을 인정하지만, 유전된 기질은 우세한 것으로 간주된다. 우리는 이러한 경향이 유전-환경 상호작용에 대한 설득력 있는 데이터가 부재하기 때문에 발생할 수 있다고 제안한다. 그러나 현대 유전학은 생물학이 '단단한 사슬'이라기보다는 '느슨한, 풀린' 방식을 갖는다는 주장에 충분한 여지를 제공한다(Gould, 1987).

우리는 행동 유전학자들이 유전-환경 상호작용에 대한 설득력 있는 증거를 찾는 데 실패한 원인이 '잘못된' 환경을 연구하는 경향 때문이었다고 생각한다. 즉, 심리적인 것이 아니라 신체적인 환경만을 연구한 것이다. 우리는 사회적 세계를 해석하는 메커니즘에서 주관성에 대한 관심의 감소가 부분적으로 지식에서 발생한 이 간극 때문이라고 생각한다. 우리는 환경이 경험되는 방식이 유전자의 유전형이 표현형으로 발현되는 필터로 작용한다고 주장한다. 주체적 자기를 뒷받침하는 심리 내적 표상 과정은 환경 및 유전 영향의 결과만은 아니다. 이것은 유전형이 표현형으로 나타나기 위해 환경의 영향을 조절하는 요인으로서 또한 중요할 수 있다. 우리는 유전자 발현을 지배하는 것이 신체적 환경이라기보다는 사회적 환경의 해석이기 때문에, 이러한 조절 과정의 핵심에 정신화(mentalization)[2]가 있다고 본다.

이러한 고민을 통해 우리는 초기 사회적 관계가 이후 경험에 주는 영향에 대한 우리의 이해를 재구성하였다. 우리는 초기 관계를 기본적으로 이후 관계를 위한 형판의 생성으로 보는 모델에서 벗어났다(예: Bowlby, 1980). 그 대신, 우리는 의심의 여지없이 심리적 및 신경생리적 수준 모두에서 초기 경험이 발달에 미치는 영향을 통해, 생애 초기 경험이 사회적 환경을 처리할 수 있는 '깊이'를 결정한다고 주장한다. 바람직하지 않은 양육으로 인한 초기 경험은 사회적 스트레스 상황에서 효과적으로 기능하는 데 필수적인 심리 상태에 대한 정보를 처리하고 해석하는 개인의 능력을 저하시켜, 이후 발달에 영향을 준다. 애착관계에서의 불안정은 정신화하는 기술의 제한에 대한 신호다. 우리는 애착 양상의 전통적인 분류가 친밀한 대인관계를 다루거나 대처하는 비교적 양호한(안정애착) 또는 상대적으로 빈약한(불안정애착) 능력을 나타내는 것으로 이 맥락에서 유용하게 재해석될 수 있음을 발견했다. 스트레스 상황에서 정신화하는 능력의 부재는 애착 시스템 비조직화의 신호다.

그러면 환경의 어떤 면이 주체적 또는 심리적 자기의 건강한 발달에 결정적이라고 특정할 수 있을까? 부모와의 조율된 상호작용(Jaffe, Beebe, Feldstein, Crown, & Jasnow, 2001; Stern, 1985)은 흔히 정서 비춰 주기와 관련된다. 정서 비춰 주기는 아이의 감정을 증폭시키기보다는 진정시켜 주고 안심시켜 주기 위해서 부모가 아이에게 아이가 가졌을 것으로 여겨지는 느낌을 보여 주기 위한 얼굴 및 음성 표현을 사용하는 것을 말한다. 우리는 부모의 정서 비춰 주기를 정질적 정서 상태(constitutional affect states)에 대한 이차적 표상을 만들어 보여 줌으로써 정서 조절 능력을 함양하는 도구로 보았다. 영유아의 내적 경험을 비춰 주는 양육자의 이미지는 자녀의 감정 경험을 조직하게 된다. 따라서 자기는 단지 환경의 영향에 개방되어 있는 것이 아니다. 자기는 부분적으로 사회적 환경과의 상호작용을 통해 구성된다. 프로이트(Freud)는 영유아기를 타인을 자기의 연장으로 보는 시기(예: Freud, 1900a)로 보았다. 우리는 그 반대를 강조한다. 우리는 자기

---

2) 역자 주: 정신화(mentalization)는 심적 상태인 사고 또는 느낌의 결과로서 행동을 이해하는 심적 활동을 의미한다. 다시 말하면 자기 또는 타인의 행동을 야기하게 되는 자기 또는 타인의 마음 상태를 마음속에 (또는 마음이 있는 머릿속에) '정신화'하여 떠올리고 해석하는 일련의 심적 활동이라고 할 수 있다. 이 개념은 통속심리학에서 흔히 마음 읽기(mind reading)이라고 일컬어지던 심적 작용과 맥이 이어진 것이다.

가 타인 경험의 연장에서 유래한다고 본다.

우리는 2개의 밀접하게 연결된 발달이론을 제안한다. 두 이론 모두 마음의 표상적 본질에 대한 이해의 습득과 정서 조절 간의 관계를 다룬다. 부모의 정서 비춰 주기의 사회적 바이오피드백 이론은 영유아의 자동적 감정 표현과 이에 따르는 양육자의 정서 반영적인 얼굴 및 음성 표시가 존 왓슨(John Watson)과 동료들이 지적한 대로 유관성 탐지 메커니즘을 통해 영유아의 마음에서 연결되게 되는 방식을 탐구한다(Bahrick & Watson, 1985; Gergely & Watson, 1996; Watson, 1972, 1994). (이 메커니즘은 제4장에서 매우 자세히 다루었다.) 이 연결을 만드는 것은 두 가지 주요한 효과가 있다. ① 영유아는 부모의 비춰 주기 표시에 대해 그들이 갖는 통제력을 개선되는 자신의 감정 상태와 연관시키고, 이것은 결국 조절하는 주체로서의 자기 경험으로 이어진다. ② 정서 상태의 이차적 표상의 형성은 정서 조절과 충동 조절의 기초를 만든다. 정서는 내적으로뿐 아니라 행위를 통해서도 조작되고 방출될 수 있다. 정서는 또한 인식될 수 있는 어떤 것으로 경험될 수 있고, 따라서 공유될 수 있다. 부모에 의한 정서 표현이 영유아의 정서와 일치하지 않는 경우에는 내적 상태에 대한 적절한 정서적 명명을 저해할 수 있으며, 이로 인해 혼란스러운 상태가 지속되고, 상징화되지 않는 것으로 경험되며, 조절하기 어려울 수 있다.

정서 비춰 주기가 표상 체계의 발달에 기초를 형성하기 위해서는, 양육자가 자신의 표현이 진짜가 아니라는 것을 어떤 방식으로든 나타내 주어야 한다. 즉, 부모 자신이 어떻게 느끼는지 나타내는 것이 아니라는 것이다. 우리는 부모의 비춰 주기 행동의 이러한 특징을 '현저함(marked-ness)'이라고 한다. 아기의 상태와 일치하지만 현저함이 부족한 표현은 영유아를 압도할 수 있다. 그것은 부모의 실제 감정으로 느껴지고, 영유아의 경험이 전염되는 것이거나 보편적인 것으로 보이게 하며, 따라서 더 위험한 것으로 만든다. 단기적으로, 영유아의 감정에 상응하지만 실제 같은 부적 감정의 지각은 영유아의 상태를 조절하기보다는 악화시키고, 담아 주기보다는 외상으로 이어지게 된다.

우리의 두 번째 이론은 인간 마음의 표상적 특성을 인식하기 전, 주체성의 본질에 관한 것이다. 우리는 영유아 및 어린 아동의 심적 상태에 대한 초기 인식이 내적인 것과 외적인 것의 등식으로 특징지을 수 있다고 제안한다. 마음속에 존재하는 것은 바깥에도 존재해야만 하며, 외부에 존재하는 것은 예외 없이 마음속에도 존재해야 한다. 내적 세계를 경험하는 모드로서의 정신적 등가(psychic equivalence)에서는 외부 세계에 대한 환상의 투사가 위협적일 수 있기 때문에 심한 불쾌감을 야기할 수 있다. 따라서 심적 상태와 관련된 가장감(sense of pretend)을 획득하는 것이 필수적이다. 정서 조절적인 비춰 주기의 반복적인 경험은 아동이 느낌을 세상에 쏟아내지 않아도 된다는 것을 배우는 데 도움이 된다. 아동의 심적 상태는 물리적 현실과 분리되어 있다. 우리는 부모가 좀 더 정서에 일치하고, 시간적으로 수반되며, 적절히 현저한 비춰 주기 표현을 아동에게 제공하는 것이 이 분리를 촉진한다고 제안한다. 반면, 부모가 자신의 감정 조절의 어려움으로 인해 영유아의 부적 정서에 쉽게 압도당하고, 실제 같고 현저함이 결여된 감정 표현을 보이면, 정서 조절의 발달을 방해한다. 표상적 심리 상태와 실제 심리 상태 간의 차이를 학습하는 중요한 기회는 상실된다. 우리는 외적인 것과 내적인 것의 등식이 중증 성격장애가 있는 사람의 주관적 세계를 지속적으로 지배한다고 주장한다.

영유아의 반응에 대한 반응으로 생긴 부정적인 정서에 양육자가 압도당하면서 지나치게 사실적이고 감정을 자극하는 표현을 하게 되는 경우, 정서 비춰 주기가 병리적인 경로로 이어질 수 있다. 이것은 영유아의 이차적 표상 형성 능력을 약화시킬 뿐만 아니라, 자기와 타인 사이의 경계감을 약화시킨다. 내적 경험이 전염되는 것과 같은 경험을 통해 갑자기 외적인 것이 되기 때문이다. 우리는 이것이 특히 경계성 성격장애(borderline personality disorder: BPD)와 관련된 투사적 동일시 및 습관적 방어의 임상적 특성에 부합한다고 믿는다. 이러한 것들의 지속적인 경험은 경계성 성격의 발달에서 투사적 동일시가 지배적인 감정 경험의 형태가 되는 것에 중요한 역할을 한다고 우리는 주장한다. 이 책에서 '경계성'이라는 용어는 DSM-IV의 성격장애의 유형 중 하나인 경계성 성격장애의 좁은 의미가 아니라, 모든 중증 성격장애의 요인이 될 수 있는 병리적인 성격 구성의 한 형태로 사용된다는 점을 분명히 하고 싶다. 이 책에서 소개하는 모델은 형식적인 진단 기준을 충족시키는 사람들뿐 아니라, 많은 환자의 경계 현상을 설명하기 위한 것이다. 우리의 목표는 더 넓은 집단의 환자, 아마도 오토 컨버그(Otto Kernberg, 1967)의 고전적인 경계성 성격 구조의 기술에 부합하는, 임상 현장에서 사고와 감정 경험이 종종 크게 비조직화되어 있고 퇴행되어 있어 치료사에게 강한 감정을 불러일으키는(예: Rey, 1979) 더 넓은 집단의 환자다. 이러한 환자들의 특징인 감정적 불안정성은 일반적으로 장해의 본질에 대한 단서로 간주된다. 이들의 치료는 환자 자신의 극적인 변화, 때로는 치료사의 극적인 변화 없이는 거의 발생하지 않으며, 치료사에 대한 이들의 강한 의존은 치료 과정의 어려움을 증가시킨다.

두 번째 유형의 병리적 비춰 주기 구조는 우리가 경계성 상태보다는 자기애적 성격장애 성향에 노출되었다고 느끼는 경우다. 정서 비춰 주기가 적절한 현저함으로 표현되었지만, 시간적으로 수반되지 않은 경우, 즉 영유아의 감정을 양육자가 잘못 지각한 경우도 이에 해당할 수 있는데, 아기는 여전히 자신의 일차적 감정 상태와 연관지어 비춰진 정서 표시를 느낄 것이다. 그러나 이러한 비춰 주기 상태는 영유아의 실제 느낌에 부합하지 않으므로, 생성된 이차적 표상은 왜곡된 것이 된다. 이렇게 되면, 영유아는 자신의 정질적 주 감정 상태를 잘못 인식할 것이다. 자기 표상은 기저의 감정 상태와 강한 연결을 갖지 못할 것이다. 이러한 개인은 현실감을 전달할 수 있지만, 정질적 상태를 양육자에게 인식 받지 못했기 때문에, 공허한 자기감을 느낄 것이다. 정질적 자기(constitutional self; 情質的 自己)[3] 안에서 상응하는 연결이 결여된 정서의 이차적 표상의 활성화가 반영되기 때문이다. 심리치료에서 정신화된 정서성이 발생하는 경우에만, 심리적 자기에서 이 손상된 연결이 다시 이어지게 될 것이다.

우리는 부모의 정서 비춰 주기가 정상적인 과정에서 벗어나 우리가 이질적 자기(alien self; 異質的 自己)[4]라고 부르는 개념에 이르는 과정을 뒷받침하는 심리적 메커니즘을 보다 세부적으로 구체화하려고 시도했다. 일반적으로 주체로서의 자기는 양육자의 마음에서 가정된 영유아의 의도성을 영유아가 지각함으로써 발생한다고 말할 수 있다. 부모의 양육이 극도로 둔감하고, 잘못 조율된 경우, 우리는 심리적 자기의 구성에 결함이 발생한다고 가정한다. 우리는 엄마의 마음 안에서 자신을 발견하지 못한 영유아가 대신 어머니의 것을 찾게 된다는 위니콧(Winnicott, 1967)의 제안을 따른다. 영유아는 대상의 마음 상태 표상을 자신의 핵심 부분으로 내면화하도록 강요받는다. 그러나 이런 경우, 내면화된 타인은 정질적 자기의 구조와 연결되지 못한 채, 이질적으로 남는다. 만성적으로 둔감하고 잘못 조율된 양육에서는 자기의 구성에 결함이 발생하여, 영유아는 대상의 마음 상태의 표상을 자기 자신의 핵심 부분으로 내면화하게 된다.

초기 발달에서 이 '이질적 자기'는 외재화로 다루어진다. 즉, 정신화가 발달하면서 이질적 자기는 점차 자기 속에 얽히고, 응집의 환영을 만든다. 따라서 비조직화된 애착을 보이는 어린아이는 부모의 행동을 자주 통제하고 조작하려고 할 것이다. 이것은 투사적 동일시 과정의 일부로, 아이는 자신의 자기를 일관된 것으로 경험하려는 욕구를 충족하고, 자기 구조의 이질적 부분을 주로 부모에 해당하는 타인의 자기 안에서 이런 요소를 지각함으로써 자신의 마음 밖에 있는 것으로 경험하려는 욕구도 충족한다. 자기의 비조직화는 이질적 자기의 외재화인 이 투사적 동일

---

3) 정질적 자기(constitutional self; 情質的 自己)에서 우리가 의미하는 것은 감정적 표현성뿐 아니라 정서의 기질적 표현과도 관련된 개인의 생물학적으로 결정된 경험이다. [역자 주: 이러한 저자의 생각과 'constitution'이 영문에서 '(신체적; physical) 체질(constitution; 體質)'로 번안되는 점에 기반하여, 이에 상응하는 의미로 정질(情質)로 번역하였다. 데카르트 사상의 이원론적 관점에서 전환하여, 몸과 마음을 분리된 것으로 보지 않는 것이 이 책의 저자들이 전반적으로 수용하는 시각인데, 우리말에서 체질이라는 낱말의 의미에 이 책의 내용에서 포괄하고 있는 정서의 영역이 포함되지 않는 경향이 강하여 의미를 보다 명확히 전달하기 위해 정질로서 명명하였다. 여기서 체질과 정질을 완전히 분리된 것으로 보지 않도록 주의해야 한다.]

4) 역자 주: 이질적 자기(alien self; 異質的 自己)는 발달 초기 중요한 타인, 특히 주 양육자와의 상호작용에서 주 양육자의 정서적 비춰 주기가 영유아의 심적 상태와 잘못 조율되었음에도, 영유아가 대상의 잘못 조율된 마음 상태 표상을 자신의 것으로 내면화하면서 영유아 내에 이질적으로 잔존하게 된 자기 구조 내 자기의 일부를 의미한다.

시에 대한 지속적인 욕구를 창출하여 애착관계를 비조직화시킨다.

　이질적 자기는 우리 모두에게 어느 정도 존재한다. 일시적인 방임은 보편적 양육의 일부이기 때문이다. 정신화의 발달과 함께, 상대적으로 외상이 없는 중기 아동기의 환경 안에서, 시간적 수반성이 부족했던 양육으로 인한 자기의 틈은 합리적으로 기능하는 마음이 만들 수 있는 자기 내러티브에 의해 메워진다. 주로 이질적 자기는 가족이나 또래 집단에서의 이후 경험에서 아동이 이질적 자기를 이용하여 자신을 괴롭히는 가해자와 동일시하는 것을 통해 고통으로부터 해리하도록 압박받을 때 치명적이다. 이러한 경우 그 틈은 가해자의 심상에 지배당하게 되고, 아동은 자신을 파괴적인 것으로, 극단적인 경우 자신을 괴물로 경험하게 된다. 따라서 우리는 부적절한 초기 양육에서, 만약 정신화의 발달을 촉진시키는 것에 실패하거나 방어적 목적으로 자기 발달상의 결함을 노골적으로 이용하게 되는 방식으로 이후 경험이 비호의적인 경우, 발달에 파괴적이고 심각하게 병리적일 수 있는 취약성이 발생하는 것으로 본다. 이러한 요인들은 서로 상호작용하며, 가해자의 행동을 해석하기 위해 정신화를 자유롭게 사용할 수 있다면 심리적 공격에서 생존할 가능성이 높아진다(Fonagy, Steele, Steele, Higgitt, & Target, 1994). 그러나 애착관계 맥락에서의 야만(野蠻)은 극심한 수치심을 가져온다. 이것이 방임의 발달력과 그에 따른 정신화의 취약성과 함께 발생한다면, 외상이 정신화를 통해 처리되고 약화되지 못하여, 경험된 모욕의 강도로 인해 자기 또는 타인에 대한 폭력을 촉발할 가능성이 있다. 정신화되지 못한 수치심은 감정과 객관적인 현실 사이의 거리감이 조절되지 못한 상태로 남게 되고, 자기의 파괴로 경험된다. 우리는 이것을 '자아 파괴적 수치심(ego-destructive shame)'이라고 부른다. 가해자의 심상과 학대 행위로 발생된 상상할 수 없는 감정을 담기 위해 이질적인 자기의 해리된 부분을 사용하는 것은 많은 이들의 생존 전략이다. 이 책에서도 몇 가지 사례를 소개하였다.

　처음에는 적응적이었더라도, 자기의 이질적 부분의 방어적 사용은 몹시 병리적이다. 우리 견해로 이것은 심각한 성격 문제의 발달을 나타낸다. 이것은 세 가지 중요한 변화를 포함한다. ① 적어도 애착 맥락에서의 정신화 거부의 심화, ② 자기 내 고문하는 타인의 창발로 인한 심리적 자기의 붕괴, ③ 외재화를 위한 도구로서 타인의 물리적 존재에 대한 생존적 의존. 이 특징들은 함께 결합되어 경계성 환자의 기능장애에 관한 많은 측면을 설명한다. 학대받고 외상 입은 아이들은 학대하는 사람의 행위를 설명할 수 있는 심적 상태를 상상할 수 없어, 자발적으로 그리고 방어적으로 내적 상태에 대한 생각을 희생한다. 일상적인 사회적 관계 맥락에서는 자기와 타인의 심적 상태를 생각할 수 있지만, 일단 관계가 애착관계에 관련된 마음 구조에 의해 조직되어 정서적으로 강렬해지면, 불가피하게 갈등과 얽힘이 발생한다. 정신화하는 것의 유기는 이들을 정신적 등가에 의해 지배되는 내적 현실에 처하게 한다. 다른 모든 환자들과 마찬가지로, 이러한 사람들은 그들의 무의식적 기대에 부응하게 치료적 관계를 구조화한다. 단, 이들에게 이러한 기대는 현실에서 전적인 힘을 가지고 있고, 대안적인 관점에 대한 생각을 하지 못한다는 점이 다르다. 심적 상태에 대해 생각할 수 없는 무능함은 자기 구조의 기본적 공백에 대한 '내러티브적 채움'의 가능성을 없애고, 치료사가 보고 경험하기에 훨씬 더 명확한 방식으로 이질적 자기가 나타나게 된다. 분열은 지배적인 방어가 되고, 이질적 자기의 외재화인 투사적 동일시는 생존에 필수적인 부분이 된다. 투사적 동일시를 위한 도구는 외재화 기능이 처리되기 위해 반드시 존재해야 하며, 이러한 개인들에 대한 완전한 의존성이 지배적인 주제가 된다.

초기 사회환경의 중요성에 대한 우리의 재구성은 중요한 임상적 의미를 갖는다. 초기 경험으로 인해 손상된 정신화 능력을 갖게 된 사람들과의 심리치료는 이러한 대인관계 해석 능력을 구축하도록 돕는 것에 초점이 맞추어져야 한다. 전반적 심리치료 계획을 개념화하는 한 가지 방법은 특히 이 기능의 재활에 초점을 둔 활동들로 구성하는 것이다. 많은 선행 이론가들의 연구는 우리가 재구성한 것에 비추어 다시 읽을 수 있다. 이 책 전반에서 우리는 여기에서 제기하는 아이디어가 위대한 정신분석 이론가, 특히 대상관계 전통에 있는 이론가들의 업적에서 예상되는 것들이라는 점을 설명하였다. 예를 들어, 우리는 비온(Bion, 1959)의 담아 주기(containment)에 대한 생각과의 많은 연관성을 지적하였다. 인간 두뇌의 대인관계 해석 방식은 대단히 중요한 생물학적 구조다(Bogdan, 2001). 이것의 한계는 아직 알지 못한다. 이 책에서 우리의 관심사는 주로 반영기능과 정신화인데, 이것은 보다 일반적인 능력의 특정적인 경우로 밝혀질 가능성이 높은 능력이다.

그렇다면 중심적 목적은 아닐지라도 심리치료의 중요한 목적은, 정신화의 확장이다. 일부 환자들, 특히 경계성 스펙트럼의 극단에 있는 환자들을 치료할 때 치료사의 임무는 표상적 특징을 강조하기 위해 직관적으로 아동의 정신적 등가 세계에 관여하는 부모의 역할과 유사하다고 간주될 수 있다. 기능의 구체적이고 해리된 (가장) 모드를 통합하는 것은 환자의 현재 전이 경험에 초점을 둔 작업을 통해서만 성취될 수 있다. 치료사와 환자 모두에서 어느 정도의 상연은 이 작업에서 불가피한 부분이다. 왜냐하면 환자가 자기의 이질적 부분의 외재화 없이는 치료사와 심리적으로 가깝게 남아 있을 수 없기 때문이다. 치료사가 환자의 분열된 부분이 드러나게 할 때, 이러한 순간에 환자의 진정한 자기가 가장 정확하게 관찰될 수 있다. 안타깝게도 거의 예외 없이, 치료사는 이러한 순간에 통찰과 이해로 의사소통하는 것에 극도의 어려움을 겪을 것이다. 이러한 혼란의 한가운데서 치료사의 분노와 공포가 환자에 대한 그의 시야를 가릴 가능성이 더욱 높다.

그럼에도 불구하고 환자의 경험에서의 순간순간의 변화를 이해하기 위한 인내와 단호한 주의를 통해 극복할 수 있으며, 매우 심한 장애를 가진 환자에게조차도 심리치료가 놀라울 만큼 효과적이고(Bateman & Fonagy, 1999), 오래 지속될(Bateman & Fonagy, 2001) 수 있다.

모든 경계성 환자가 위의 설명이 의미하는 것만큼 심각하게 손상된 것은 아니지만, 대부분 위의 특징들을 가지고 있다. 만약 주 양육자가 아이의 정질적 자기 상태에 부적절하게 상응하는 정서 표시를 영유아에게 하였다면, 정서 조절은 정질적 자기 상태와 강한 연결을 갖지 않는 정서의 이차적 표상에 기반하게 될 것이다. 주 양육자의 부정확한 비춰 주기는 '참'으로 경험될 수 없는 감정적 경험을 야기할 것이다. 결과적으로 이차적 표상 구조는 자기의 감정 상태에 접근하고 감정 상태에 귀인할 수단을 제공하지 못하게 될 것이다. 따라서 언어는 아동이 자신의 실제적 사고와 소망에 대해 생각하는 발달하는 능력의 기초를 형성하지 못할 것이다. 이러한 사람들을 위한 심리치료의 목표는 정질적 수준에서 정서 상태의 의식과 그것의 경험 사이의 연결을 재생성하는 것이다. 우리는 이것을 '정신화된 정서성(mentalized affectivity)'이라 명명하였다. 이것은 개인 감정의 의미를 연결할 수 있는 능력을 의미한다. '의미성'을 보장하는 방식으로 자신의 느낌에 대한 경험적 이해의 임상적 강조는 매우 중요하다. 왜냐하면 이것은 일차적 정서 표상과 이차적 정서 표상 구조 사이의 일치된 연결을 수립하는 역할을 하기 때문이다. 감정에 초점을 두는 것은 주로 정서를 생각하고 반영하는 이차적 표상 구조가 재연결되게 하고, 표현된 정서가 상이한 비의식적(nonconscious) 정서 상태와 잘못 연결된 것이 수정되도록 해 준다.

이 책은 세 부분으로 구성되어 있다. 첫 번째 부분(1~3장)은 이론적이고, 두 번째 부분(4~8장)은 발달적이고, 세 번째 부분(9~11장)은 임상적이다. 그리고 맺는 글로 마무리된다. 세 부분으로 나눈 것은 무엇보다 편의를 위한 것으로, 내용의 구성 요소가 분리되어 있다는 것을 전달하기 위한 것이 아니다. 이 책의 독자들은, 예를 들면 이론적인 부분에서 발달적 자료에 대한 상당한 논의가 있음을 발견할 것이다. 또한 발달적 부분에는 자기에 관한 중요한 이론적 자료와 임상적 자료가 소개되어 있다. 이것은 의도적인 것이다. 이 책 전반에 걸쳐 우리는 이론ㆍ발달ㆍ임상 영역을 통합하고자 시도하였다. 우리는 임상적 관찰에서 영감을 얻고, 체계적인 연구의 결과에 뿌리를 둔 이론을 확립하기 위해 노력하였다. 우리의 목표는 이론과 연구 모두를 임상 현장에 적용하는 것이다.

각 장의 내용은 다음과 같다. 제1장에서는 이 책에서 다루게 될 주요 주제들의 개요를 제공한다. 우리는 애착이론, 초기 사회성 발달 연구, '마음이론' 습득에 대한 연구인 정신화에 대해 초점을 둔 인지발달 연구 사이의 관련성을 조사하였다. 우리는 향후에 채워 나갈 수 있도록, 우리가 자기 조직화의 발달 과정과 불리한 초기 환경 및 이후의 외상으로부터 발생할 수 있는 발달상의 이탈에 대해 알고 있는 것에 대해 개요를 구상하였다. 우리는 잠재적인 심리사회적 위험의 매개요인으로서 정신화의 개념을 소개한다.

제2장에서 우리는 정서 이론에 대한 다양한 학문 분야의 광범위한 지적인 경향을 고려하였다. 우리는 정서를 인지적 영향에서 불가피하게 비조직적이고 외적인 것으로 보는 사람들과 인지 활동의 한 형태로서 정서를 보는 사람들 간의 대립이 정신화 개념, 좀 더 좁은 의미로는 정신화된 정서성 개념을 통해 설명될 수 있다고 제안한다. 우리는 감정의 일차적 표상과 이차적 표상 간의 구분을 소개하고, 이 구분이 심리학, 신경생리학 및 정신분석 이론의 데이터와 일치함을 주장한다.

제3장에서는 유전자와 초기 환경의 상대적 중요성이 주로 성격 발달의 심리사회적 모델에 제기하는 최근 논쟁에서의 과제들을 다룬다. 사회 인지 능력이 초기 환경의 결과이기보다는 유전적으로 결정된 것이라고 보는 시대에서, 애착관계에 뿌리를 둔 정신화 능력에 대한 모델을 발전시키는 것은 무모한 것처럼 보일 수도 있다. 우리는 사회적 환경을 해석하는 인간의 능력이 표현형으로의 유전자 발현에 중요한 조절인자라는 주장을 통해 이러한 도전에 대응한다. 정신화와 대인관계 해석 메커니즘에서 유래된 이것이 속한 일련의 능력들은 애착 경험에 의해 촉진되거나 지연될 수 있고, 경험된 환경을 창조하는 데 중요한 역할을 할 수 있다. 이 주장의 일환으로, 우리는 초기 영유아기에 고정되는 관계에 대한 형틀로서 강조되는 애착이론에서, 애착을 대인관계 이해의 발달을 위한 진화에 제공된 맥락으로 보는 모델로의 애착이론의 방향 전환을 제안한다.

제4장은 영유아–주 양육자 관계의 맥락에서, 정서에 대한 대인관계 해석 메커니즘이 어떻게 상호주관적으로 발생하는지에 대한 우리의 발달 모델을 자세하게 제시한다. 이것은 간결한 모델이다. 전통적으로, 정신분석적 발달 모델에서는 영유아의 능력에 대해 과장된 가정을 하였다. 이것이 안나 프로이트(Anna Freud)와 멜라니 클라인(Melanie Klein) 사이의 논쟁적인 토론의 주요 초점 중 하나였다(King & Steiner, 1991). 대조적으로, 우리의 간결한 모델은 게르게이와 왓슨(Gergely & Watson, 1996)의 사회적 바이오피드백 이론에 기반을 두고 있고, 이것은 또한 (지향적 움직임의) 고유수용감각과 외적 세계 사이의 유관적 관계에 대한 인간 영유아의 민감성의 발달적 기능에 대한 왓슨(Watson)의 연구에 뿌리를 둔다. 우리는 영유아의 정서 표현에 대한 어머니의 비춰 주기를 중심으로 정서의 내적 표상이 발달한다고 주장한다. 주 양육자의 비춰 주기 표시는 내면화되고, 내적 상태를 나타내게 되는데, 이것은 주 양육자가 표현하는 정서가 자신의 것이 아니라 아동의 것이라고 영유아에게 알리는 신호와 함께하는 충분한 조율 등을 포함하는 특정 조건에서만 그렇게 된다. 이 설명은 우리가 다양한 심각한 병리를 이해하는 데 도움이 될 것이다.

제5장에서는 표상으로서의 자기의 발달보다는 주체로서의 자기의 발달을 살피는 발달 연구를 검토한다. 우리는 자기 및 타인 모두에 대한 심리적 세계에서 점진적으로 세련되게 발달하는 5단계 모델을 고려한다. 이 장에서 우리는 발달이론 내에서의 문제적 개념인 상호주관성의 결정적인 문제에 직면한다. 우리는 대인관계 인식이 상대적으로 후기에 발달적으로 획득된다고 주장한다. 완전한 대인관계 인식에 대한 발달적 과정을 가정하면, 심리적 장해에 대한 풍부한 발달상의 설명이 가능하다. 일반적으로, 우리는 이 책 전반을 통해 성격장해가 대인관계 인식의 초기 발달 형태의 재현을 주로 반영한다고 본다. 이것은 타고난 (일차적) 상호주관성의 가정과 양립할 수 없는 주장이다.

제6장에서는 초기 발달 연구에서 산출된 결과를 보다 직접적으로 적용하여, 주관성의 성장에 대한 정신분석적 모델을 구성하려고 시도한다. 임상적 증거뿐 아니라 경험적 증거를 활용하여, 우리는 어린아이들이 그들의 내적 경험을 다루는 양립 불가능하고 아마도 대체하며 사용되는 것으로 생각되는 두 가지 방식을 확인한다. 어린아이에게 심적 세계는 완전히 실제적이거나 완전히 비실제적으로 느껴질 수 있으며, 현실과 놀이하며, 실제를 비실제로 만들고 또한 그 반대로도 시도하는 것이 정신화 발달의 주요 경로라고 제안한다. 정신분석 치료로 치료받은 두 명의 어린아이의 사례를 소개하였다. '레베카(Rebecca)'는 어린 미혼모의 사랑스러운 자녀로, 치료를 통해 아빠의 고통스러운 이미지와 놀이하는 것을 배우게 된다. 이 생각은 초기에는 놀이를 하기에는 너무나도 실제적이었고, 이것이 생성한 느낌은 레베카의 정상 발달을 가로막았다.

제7장에서는 훨씬 더 결핍된 아이인, '매트(Mat)'를 소개한다. 매트의 부적절한 비춰 주기 경험은 담아지지 못하고 담을 수 없는 정서를 매트에게 남기고, 자기 통제의 환영을 만들기 위한 노력에서 매트는 이것을 몸적 자기의 일부로 경험한다. 매트의 대변 실금 및 유사 자폐적인 특징은 모두 놀이 같은 치료적 상황에서 반응하였다.

제8장에서 우리는 심각한 장해의 발생 위험이 높은 시기인, 청소년기의 특별한 사례를 소개하였다. 우리는 이것이 인지적 복잡성의 급작스러운 증가와 동시에 발생하는 일차 애착 대상과의 분리에 대한 압박으로 인한 청소년의 심리적 세계의 증가된 무게의 결과라고 주장한다. 여기에서는 '토니(Tony)'와 '글렌(Glen)'의 두 사례를 다룬다. 두 아이는 모두 대인관계 세계의 복잡성이 급격히 증가함에 따라 도전을 받았지만, 매우 다른 경로를 보였다. 우리는 이것이 아이들의 초기 경험에서의 결정적인 차이를 반영한 것이라는 주장을 유지한다. 초기 경험으로 인해 한 아이는 다른 아이보다 훨씬 더 단단한 정신화 능력을 갖출 수 있었다.

이어지는 2개의 장에서 우리는 성인의 중증 성격장애에 대해 논의한다. 우리는 이것이 빈약하게 확립된 정신화된 주관성의 발달적 연장이라고 본다.

제9장에서는 경계성 성격장애를 어린 시절의 학대로 인해 정신화가 억제되었던 것의 결과로 보는 이론을 서술한다. 부적절한 초기 양육으로 인해 정신화의 선행 요소가 확고하게 확립되지 않았다면, 이런 종류의 억제가 발생할 가능성이 더 높다. 발달적으로 정신화를 선행하는 대인관계 해석 과정은, 적어도 애착관계 내에서 경계성 성격장애가 있는 사람들의 행동을 지배하는 것으로 보인다. 제10장에서 우리는 정신화의 실패를 자기 구조화의 왜곡으로 연결 짓는다. 초기 조율의 실패는 자기 표상의 구조 안에서 비조직화를 야기할 것으로 예상된다. 외상과 함께, 자기 통합의 이러한 제한은 관계에 막대한 혼란을 야기할 수 있다. 두 사례를 제시하였다. 첫 번째 사례인 '엠마(Emma)'는 그녀의 자살경향성과 만성 신체 질환에 대한 관리 부족에서 나타나듯이, 자신의 몸을 대하는 방식에서 정신화의 결여가 분명히 나타났다. 엠마의 자기 구조의 와해가 자신의 몸으로 외재화되자, 자신의 신체적 경험에 대한 연결의 극심한 왜곡이 초래되었다. 두 번째 사례인 '헨리에타(Henrietta)'는 연인으로부터 폭력을 당한 과거력이 있었고, 또한 자기 파괴적이었다. 전–정신화 수준의 그녀의 기능이 분석적 관계를 짙게 덧칠하였다. 이 장에서 우리는 또한 특정한 전이 및 역전이 현상에 대한 이해를 위해 정신화의 매우 제한된 능력을 가진 비조직화된 자기 구조의 함의를 고려한다.

마지막으로, 제11장에서 우리는 4개의 치료적 사례를 더 다룬다. 각각 사례는 정신분석 치료 과정에서 정신화된 정서성의 중심적 역할을 다른 방식으로 보여 준다. 이 장의 목적은 정서의 일차적 표상과 이차적 표상 간의 잘못된 연결이 앞서 부정확한 비춰 주기의 결과라고 주장한 자기 발달의 장해를 야기하는 방식을 설명하는 것에 있다. 이러한 병리를 다루기 위해, 치료는 일차적 및 이차적 정서 표상을 동시에 활성화시켜야 한다. 이 사례들은 정신분석적 심리치료의 적용에서 정서와 인지의 통합의 중요성을 보여 준다. 감정 상태에 대한 이차적 표상의 발달을 통해 우리는 인간의 두 가지 기본적 욕구를 연결하는 방식으로 우리의 주관성을 경험하게 된다. 한편으로 우리는, 심리적 힘 사이의 내적 평형을 유지하는 것이 필요하다. 이것은 프로이트(Freud)의 발견의 여정 핵심에 있는 투쟁이다. 또 다른 측면에서는 사회적 세계에 통합될 필요가 있다. 타인 마음과의 분리를 존중해야 하면서도, 친밀한 감정적 및 작업적 관계를 형성하기 위해 그 분리된 마음 간에 유연한 연결을 형성할 수 있어야 한다. 치료는 정신 내적 및 대인관계적 목표가 모두 달성되었을 때에만 효과적이며, 이것이 정신화된 정서성이 핵심적으로 역할하는 부분이라고 우리는 믿는다.

맺는 글에서는 정신병리 및 심리치료 전반에서 우리의 아이디어의 함의를 탐색한다.

이론적 관점

제1부에서는 이 책에서 사용된 몇 가지 주요 이론적 개념을 소개하였다. 첫 번째 장이 그 서문이라 볼 수 있다. 우리는 자기 반영기능과 정신화에 대한 정의를 제시하였고, 특히 정신화 능력이 심리적 자기감을 결정짓는 중요한 요소라고 주장한다. 하지만 정신화는 단순한 인지적 개념이 아니기 때문에, 두 번째 장에서는 정서와 정서 조절에 대한 다양한 관점에 자세히 초점을 맞추었다. 우리는 정서 조절의 의미를 명확히 하면서, 기초적인 정서 조절 형태와 좀 더 복잡한 형태의 정서 조절을 구분하였다. 기초적인 정서 조절 형태는 정서 또는 여러 정서를 조절하기 위해 대상을 필요로 하고, 복합적인 정서 조절 형태에서는 정신화의 발달로 대체되어 자기를 조절하는 것이 목표가 된다. 마지막으로, 제3장에서 우리는 초기 발달과 관련한 환경적 입장을 방어하였다. 이것은 유전적·생물학적 입장의 증거에 이의를 제기하지는 않지만, 특히 임상 영역에 대해 잘못 해석된 것과 같은 일부 추론에 도전한다. 우리는 또한 여기서 애착이론의 중요한 재구성을 제안하였다. 우리의 견해에서 애착의 주요 목적은 정신화를 통해 자기 상태에 대한 표상 체계를 만드는 것이다.

제1장 애착과 반영기능: 자기 조직화에의 역할

　이 장에서는 애착 과정과 이 책에서 정신화 또는 반영기능이라고 하는 능력인 자기와 타인에 대한 심적 상태를 마음속에 그릴 수 있는 능력의 발달 간의 관계에 대한 생각을 소개한다. 이 책 전반에서 우리는 정신화 능력이 자기 조직화와 정서 조절의 핵심적 결정요인이라고 주장하며, 또한 이 능력이 아동의 초기 사회적 관계 맥락에서 습득된다는 주장을 유지하고 있다. 여기서 우리는 부모 자녀 사이의 애착관계의 질과 반영기능 간의 연관성에 대한 증거를 개괄적으로 설명하였다. 우리는 영유아–주 양육자 관계의 맥락에서 반영의 발달에 관한 몇 가지 가설을 제시하였다. 이어서 우리는 이러한 데이터와 추론들을 마음이론 발달의 현 모델의 맥락에서 해석하였다.

▌반영기능, 정신화: 역사적 배경

　정서와 자기의 개념에 관한 개념과 아이디어는 풍부하고, 철학과 심리학에서 매우 다채로운 역사를 가지고 있다. 포괄적인 역사적 관점을 고려하지 않더라도, 자기개념과 그와 관련된 아이디어들은 최근 들어 사회과학자와 발달학자들로부터 상당한 관심을 다시 불러일으켰다(예: Bracken, 1996; Cicchetti & Toth, 1994). 자기에 대한 심리학적 관심은 보통 윌리엄 제임스(W. James, 1890, 1892)의 자기의 두 측면, 즉 'I'(주체로서의 자기)와 'Me'(대상으로서의 자기)로 거슬러 올라간다. 'I'는 'Me'의 자기개념 구성에 책임이 있는 능동적인 주체다. 현재의 인지 신경과학의 용어로 바꾸어 말하자면, 'Me'는 정신적 표상이고, 'I'는 주체로서 자기를 담고 있는 자기의 표상을 지지하는 정신적 과정 또는 기능이다(Mandler, 1985). 'I'는 경험을 조직하고 해석하며, 시간에 따른 연속성을 보장하고, 자유감 또는 주도감을 형성하며, 사람으로서 자신의 개별성을 이끄는 경험을 야기한다(제5장 참조). 현대의 발달심리학은 우리가 자기됨(selfhood)의 표상을 조직하는 데 협력하는 정신 과정에 대한 완전한 이해에 다가가게 해 주었다.

지난 10년 동안 발달학자들은 심적 상태로의 귀인을 통해 자기 자신 및 타인의 행동을 해석하는 거의 보편적이고 주목할 만한 어린 아동의 능력으로 우리의 관심을 이끌었다(제3장과 제4장 참조). 발달심리학에서 '마음이론'이라 불리는 반영기능은 발달적으로 습득되는 것으로, 아동이 다른 사람의 행동에 반응하게 해 줄 뿐 아니라, 타인의 신념, 느낌, 태도, 욕구, 희망, 지식, 상상, 가장, 속임수, 의도, 계획 등에 대한 아동의 구상에 반응하도록 해 준다. 반영기능 또는 정신화는 아동이 타인의 마음을 '읽을' 수 있게 해 준다(Baron-Cohen, 1995; Baron-Cohen, Tager-Flusberg, & Cohen, 1993; Morton & Frith, 1995). 이렇게 함으로써 아동은 사람들의 행동을 의미 있고 예측 가능하게 만든다. 다른 사람들과의 초기 경험은 아동이 다양한 세트의 자기-타인 표상을 만들고 조직할 수 있게 해 준다. 다른 사람의 행동을 더 잘 이해하는 것을 배우면서, 아동은 이러한 여러 세트에서 특정 대인관계 과정에 대한 반응에 가장 적합한 것을 유연하게 활성화할 수 있게 된다. '반영기능(reflective function: RF)'이라는 용어는 정신화하는 능력에 기저하는 심리적 과정의 조작화로, 정신분석학(Fonagy, 1989; Fonagy, Edgcumbe, Moran, Kennedy, & Target, 1993), 인지(예: Morton & Frith, 1995) 심리학 문헌 모두에서 설명되어 온 개념이다. 반영기능 또는 정신화는 자기의 표상과 밀접하게 관련된 이러한 심리적 능력을 의미하는 표현이다(Fonagy & Target, 1995, 1996; Target & Fonagy, 1996). RF는 이상적으로는 개인에게 내적 현실과 외적 현실, 기능의 가장 모드와 '실제' 모드, 개인 내 심리적 및 감정적 과정과 개인 간 의사소통을 구별하게 해 주는 잘 발달된 능력을 제공하는 자기 반영과 대인관계 요소 모두를 포함한다.

타인과 자기에게 적용되는 상호의존적인 이해는 심리학적 자기 이론의 두 번째 개척자인 쿨리(Cooley, 1912)에 의해 강조되었다. "우리를 자부심과 수치심으로 움직이는 것은 우리 자신에 대한 기계적 반영이 아니라, 정조의 전가로, 타인의 마음에 비춘 이 반영의 상상된 효과다"(p. 153). 발달적으로 이것은 초기 아동기에 타인의 심적 상태에 대한 통각(apperception)으로부터 자기 상태를 도출하기 위해 심적 작동이 필요하다는 것을 의미하는 것으로 생각될 수 있다. 그렇다면 타인 행위의 의미를 탐색하는 것은 아동이 자기 자신의 심리적 경험을 명명하고 의미를 찾는 능력의 전조다. 이 능력은 틀림없이 정서 조절, 충동 조절, 자기 모니터링, 자기 주체성의 경험을 포함하는 자기 조직화의 구성 요소에 대한 능력에 기저한다. 이 책에서는 반영기능 또는 정신화의 습득 단계를 추적하고, 또한 애착에의 근원, 자기 조직화 발달과의 관계, 감정적 경험의 특정 역할을 추적하려고 시도하였다. 이것은 마지막 장, 정신화된 정서성에서 강조되어 있다.

반영기능의 개념은 행동의 예측을 위해 물리적 자세, 디자인 자세 및 지향적 자세의 세 자세를 활용할 수 있다는 데넷(Dennett, 1978, 1987, 1988)의 제안에 뿌리를 두고 있다. 그는 체스 게임 컴퓨터가 행동을 예측하는 것을 예로 들었다. 가장 간단한 방법으로, 기계의 물리적 특성에 대한 지식을 기반으로 할 수 있다(물리적 자세). 디자인 자세는 개발에 포함된 소프트웨어 프로그래밍을 포함하여, 컴퓨터가 디자인된 것에 대한 지식을 기반으로 한다. 세 번째 접근은 무엇이 컴퓨터의 가장 합리적인 이동인지 예측하는 것으로 구성된다. 여기서 우리는 컴퓨터에 특정 신념과 욕망, 즉 지향적 상태에 의해 조절되는 것들을 부여한다. 데넷(Dennett)의 논제는 우리 모두에게 적용 가능한 유일한 근거인 이러한 의미의 상태 측면의 설명이 인간의 행동을 예측하는 좋은 근거를 제공한다는 것이다. 이 지식은 통속심리학의 마음이론에 담겨 있다(Churchland, 1986; Fodor, 1987; Mele, 1992).[1]

'마음이론'은 사람의 행동을 설명할 것으로 여겨지는 상호연결된 일련의 신념과 욕망이다. 마음이론 개념은 뛰어난 설명적 가치를 가지고 있다. 심리 철학자들(Hopkins, 1992; Wollheim, 1995)은 무의식적 과정을 검토하기 위해 데넷(Dennett)의 접근 방법을 확장하였다. 그들은 프로이트(Freud)의 실질적인 공헌 중 하나가 통속심리학을 무의식적인 심적 상태(무의식적 마음이론)로 확장하여, 큰 의미가 없는 이러한 행동의 측면들(예: 꿈, 신경증적 증상, 유머)을 지향성의 일상적 구성 요소를 사용하여 의미 있게 만든 것이라고 설명했다. 이러한 행동은 무의식적 신념, 사고, 느낌 및 욕구를 일상의 마음 모델에 추가하면 이해될 수 있다.

연구 목적을 위해, 우리는 정신화를 반영기능으로 조작적으로 정의하였다(Fonagy et al., 1998). 기저하는 심적 상태를 측정하기 위하여, 자기 자신과 타인의 행동에 대한 그럴듯한 해석을 제공하는 능력에 대한 측정도구를 개발하였다. 이것은 경험이 어떤 신념과 감정을 일으키고, 특정 신념과 욕망은 어떤 종류의 행동을 가져오며, 신념과 감정 사이에는 교환적인 관계가 있고, 특정 발달 단계 또는 특정 관계는 어떤 느낌 및 신념과 관련된다는 인식을 의미한다. 우리는 개인이 이를 이론적으로 명료하게 표현할 것을 기대하지 않고, 요청 받았을 때 애착관계 내의 사건을 해석하는 방식을 통해 보여 줄 것으로 생각한다. 개인은 신념, 욕구, 계획 등의 측면에서 자신 또는 타인의 행위를 설명하기 위해 관찰 가능한 현상을 넘어설 수 있는 범위가 서로 다르다. 이러한 인지 능력은 자의식, 자율성, 자유, 책임감과 같은 자기됨을 정의하는 많은 특징들과 밀접하게 관련되어 있기 때문에, 자기 조직화에서의 개인차의 중요한 결정요인이다(Bolton & Hill, 1996; Cassam, 1994). 여기서 고려된 넓은 의미의 지향적 자세(즉, 명백하게 비합리적인 무의식적 행

---

1) 데넷(Dennett)의 구조는 지나치게 제한적일 수도 있다(Bolton & Hill, 1996). 데넷의 구조는 이성적으로 기능하지 않는 체계의 행동을 예측하는 것에 대해서 언급하지 않는다.

동을 포함)는 일관된 자기 구조의 토대인 자기 경험의 연속성을 창출한다.

반영기능을 내성(introspection)과 혼동하지 않는 것이 중요하다. 볼턴과 힐(Bolton & Hill, 1996)은 내성의 약점이 심적 상태를 여기에서처럼 행동을 이해하고 나아가 조절하는 능력으로 정의하지 않고, 의식 또는 자기 보고의 측면으로 정의한 것이라고 하였다. 내성, 즉 자기 반영은 반영기능과는 다분히 다르다. 반영기능은 인간의 행위를 해석할 때 무의식적으로 야기되는 자동적인 과정이다. 우리는 내성을 의식적 귀인상의 실수가 야기할 수 있는 것보다 상대적으로 훨씬 더 감지하고 수정하기 어렵도록 체계적으로 잘못 이끌 수 있는 지나치게 숙달된 기술이라고 본다. 반영기능에 의해 자기 조직화에 부여된 형태와 일관성은 자신의 경험에 명백히 영향을 주는 내성과 반대로 전적으로 의식의 밖에 있다. 자기 지식이 아닌, 전반적인 마음에 대한 지식이 본질적인 특징이다. 내성은 자기 자신의 심적 상태에 대한 마음이론의 적용이다.

반영기능의 정신분석적 개념

반영기능(RF)에 의해 지지되는 정신화의 구성에 부합하는 정신적 과정을 설명하기 위해 정신분석 문헌에 다양한 개념이 소개되었다. 철저히 문헌 검토를 하기에는 공간이 부족하지만, 이들 중 일부는 언급되어야 하기에 소개하겠다. 독자 여러분들이 현재의 생각과 다른 학자들이 제안한 것 사이에 연결을 만드는 것을 도울 수 있기 때문이다. 정신화는 정신분석학 문헌에서 다양한 주제하에 기술되어 왔다(Lecours & Bouchard, 1997 참조). 이러한 모든 개념은 프로이트(Freud)의 초기 개념인 '엮기(bindung)', 즉 연결에서 비롯된 것이다. 일차적 과정과 이차적 과정을 구별하면서, 프로이트(Freud, 1911b)는 '엮기(bindung)'가 신체적인(즉각적인) 것에서 정신적인 것으로 연결의 연상의 질이 질적으로 변하는 것이라는 점과, 정신적 작업, 즉 작업의 내적 상태의 표상(에너지 용어로 표현할 때)이 다양한 방식으로 실패했다는 것이라는 점을 모두 강조하였다(Freud, 1914c). 일부 사람들은 필연적으로 타인의 상처와 고통의 인식뿐 아니라 그 과정에서 자기 자신의 역할의 인식을 수반하는 멜라니 클라인(Melanie Klein)의 우울적 자리 개념(Klein, 1945)은 적어도 RF 획득의 개념과 유사하다고 주장할 수 있다. 윌프레드 비온(Wilfred Bion, 1962a, 1962b)은 '알파 기능'에 대해 설명하면서, 실제적으로 경험된 내적 사건(베타 요소)의 견딜 수 있고 생각할 수 있는 경험으로의 변화를 기술하였다. 현재의 구상과 비슷하게, 비온(Bion)은 모-아 관계를 상징적 능력의 근원으로 보았다. 위니콧(Winnicott, 1962) 또한 진정한 자기의 출현을 위해 영유아에 대한 주 양육자의 심리적 이해의 중요성을 인식하였다. 위니콧(Winnicott)은 또한 심리적 자기가 사고 및 느낌과 같이 다른 사람의 마음에서의 자신의 지각을 통해 발달한다는 것을 자기 발달에 대한 정신분석 이론가들(예: Fairbairn, 1952; Kohut, 1977) 중 가장 먼저 인식하였다. 자녀의 내적 경험에 대한 이해를 반영할 수 없고 그에 따라 반응할 수 없는 부모는 자녀가 생존 가능한 자기감을 형성하기 위해 필요한 자녀의 핵심적 심리 구조를 박탈하게 된다.

독립적으로, 프랑스의 정신분석학자들은 경제적 관점에서 대부분 형성된, 정신화 개념을 발전시켰다. 피에르 마티(Pierre Marty)는 점진적인 와해를 방지하는 전의식 체계의 보호적 완충제로 정신화를 논했다(Marty, 1968). 그는 정신화를 욕구의 흥분과 심적 표상을 연결하며, 그로 인해 '유동성'과 '불변성'을 동시에 창출하는 것으로 보았다(Marty, 1990, 1991). 정신화는 연상의 사용에서 자유와 영속성, 안정성을 보장한다. 동시에 피에르 루케(Pierre Luquet, 1981, 1988)는 이 발달과 함께 사고의 다른 형태의 발달과 내적 경험의 재조직화에 관해 논하였다. 언어 이론 책의 한 장에서(Luquet, 1987), 그는 이차적인 상징적 정신화에서 일차적 정신화(RF가 부재하는 경우로 생각할 수 있음)를 구별했다. 이러한 형태의 정신화는 여전히 감각 데이터와 일차적인 무의식적 환상과 밀접하게 연결되어 있는 것으로 보이지만, 그럼에도 불구하고 이것은 또한 꿈, 예술, 놀이에서 관찰 가능한 이러한 과정의 표상으로 보인다. 그의 세 번째 단계는 언어적 사고로, 그는 이것을 몸적 과정에서 가장 동떨어진 것으로 생각했다. 비슷한 아이디어가 앙드레 그린(André Green, 1975), 한나 시걸(Hanna Segal, 1957), 조이스 맥두걸(Joyce McDougall, 1978)에 의해 제안되었고, 좀 더 최근에는 아우어바흐(Auerbach, 1993; Auerbach & Blatt, 1996), 부시(Busch, 1995), 프로시(Frosch, 1995)에 의해 제안되었다.

정신화 발달에 대한 이론

바론–코헨(Baron-Cohen)과 스웨튼함(Swettenham)은 적절히 다음과 같은 의문을 가졌다. "어린아이들은 신념(그리고 틀린 신념)과 같은 추상적 개념을 어떻게 그렇게 쉽게 통달하면서, 또한 거의 동시에 세상을 인식할 수 있는가?"(1996, p. 158) 그들은 모듈 이론가들의 생각으로 대답하였는데, 이는 촘스키(Chomsky)의 구문론 지식 습득 문제에 대한 해결책과 같은 선상에 있다. 그들은 두뇌의 특정 위치에 타고난 (학습) 메커니즘을 가정한다(Baron-Cohen, 1995; Leslie, 1994; G. Segal, 1996 참조). 다른 현대 심리학 이론들은 마음이론의 인지적 전조를 강조한다. 일부 학자들은 아동이 경험에 기반하여 마음에 대한 상호의존적인 명제의 과학적 이론 같은 네트워크를 진화시킨다고 가정하는 통속심리학인, 이론–이론 접근법을 선호한다(예: Botterill, 1996; Gopnik, 1996). 또 다른 일부 학자들은 상상된 상황에서 우리 자신이 무엇을 할지 추론함으로써(예: Goldman, 1993; P. L. Harris, 1992) 또는 내성 또는 추론이 관여하지 않는 타인으로의 상상된 변형의 좀 더 급진적인 가정을 통한(Gordon, 1992, 1995) 타인 심적 상태의 시뮬레이션을 통해 마음이론이 습득된다고 가정한다. 이 이론들과 다른 이론들은 제5장에서 더 자세하게 다루어진다.

시뮬레이션과 이론–이론 모델 모두 언뜻 보기에는 마음 읽기 발달에서 사회적 학습 측면을 강조하는 것처럼 보일 수 있지만, 면밀히 들여다보면 이들의 초점은 내용이라기보다는 메커니즘 수준에 있다. 이들은 아동이 추상적 의미의 타인 마음에 대한 지식을 어떻게, 또 언제 습득하는가에 대해 질문하지만, 타인에게서 마주치는 심적 상태에 대해 아동이 어떻게 느끼는지에 대해서는 묻지 않는다. 그러나 이러한 맥락에서조차, 지식에 대한 질문과 감정적 노력에 대한 질문은 분명히 밀접하게 관련되어 있다. 아동은 타인이 무엇을 느끼는지 알 수 있지만, 그것에 대해 조금밖에 또는 전혀 신경 쓰지 않을 수 있다. 그렇지 않다면, 이러한 정보는 일부 아동에게 생존의 문제일 수 있다. 심적 상태의 감정적 중요성은 처리할 수 있는 능력이나 구조의 진화를 결정하지만, 이 문제는 대개 다루어지지 않는다. 마음이론 발달의 현재 모델은 생물학적 메커니즘을 사용하여 마음이론을 구성하는 정보의 고립된 처리자로서 아동을 묘사하는 경향이 있다. 여기에서는 아동의 자질이 최적이 아닐 경우, 예상되는 실패 가능성이 기저한다.

발달정신병리학과 발달정신병리의 심리사회적 치료의 관점에서 볼 때, 이것은 심리적인 면에서 아동이 상호작용을 이해할 수 있는 능력을 키우는 데 있어, 부모와의 감정적 관계의 중심적 역할을 무시하는 부족한 설명이다. 심적 상태에 대한 아동 이해의 발달은 복잡하고 때로는 강하게 정서적으로 부하된 관계의 네트워크가 있는 가정의 사회적 세계 안에서 이루어지는데, 이것은 결국 대부분 초기 반영이 이해해야 하는 것들이다. 그러므로 가족 상호작용의 본질, 부모 통제의 질(Dunn, Brown, Slomkowski, Telsa, & Youngblade, 1991), 감정에 대한 부모의 말(Denham, Zoller, & Couchoud, 1994), 정서에 대한 부모 논의의 깊이(Dunn, Brown, & Beardsall, 1991)가 모두 관찰 연구에서 지향적 자세의 습득과 강한 상관을 보였다는 것은 놀라운 일이 아니다. 아동의 마음이론 습득에서 가족의 참여는 가족 내 연상의 형제자매의 존재가 다양한 틀린 신념 과제에서 아동의 수행을 향상시키는 것으로 나타난 반복적인 연구 결과에 의해 더욱 강조되었다(Jenkins & Astington, 1996; Perner, Ruffman, & Leekam, 1994; Ruffman, Perner, Naito, Parkin, & Clements, 1998).

마음이론 발달의 모듈적 설명은 이러한 데이터로 어려움을 겪는다. 이론–이론이나 시뮬레이션 설명 모두 자기 조직화의 이 결정적인 측면의 사회적 기원을 적절히 다루지 못한다. 이론–이론의 관점에서, 심적 개념은 사회적 세계로부터의 데이터에 기반한 상호의존적인 개념의 네트워크 안에서 발달하는 것으로 생각된다. 다만, 사회적 세계는 일반적으로 개념을 자녀에게 '주지' 않고, 그 대신 개념 구축을 위한 데이터를 제공한다. 시뮬레이션 모델에서는, 심적 상태 개념은 내성에서 비롯된 것으로 생각되지만, 이는 아이들이 어떻게 느낌, 신념, 소망 등과 같은 자신의 심적 상태를 생각하게 되는지에 대한 질문을 제기한다. 이 장과 또한 이 책 전반에서는 심적 상태의 전–반영적 경험을 반영적으로 이해해 가는 변형의 과정에서 부모–자녀 관계의 역할을 탐색한다. 마음 읽기의 두 사회적 모델이 모두 여기에 적용될 수 있다. 마음을 이해하는 한 경로 또는 다른 경로의 우세는 아동 간 개인차의 기능일 수 있지만, 우리의 견해로는 만족스러운 모델은 반드시 아동의 애착 대상과의 관계에 뿌리를 두어야 한다고 본다.

▌영유아기 반영기능의 발달적 기원

'목적론적' 자세

자기 조직화가 처음에는 자기와 세계의 물리적 경계를 정의하는 몸 관련 경험의 통합을 수반한다는 것은 일반적으로 동의되고 있다(Brownell & Kopp, 1991). 신체적 자기가 확립되면, 사회 교류, 사회적 경계의 인지, 그리고 얼마 후에는 사회적 인과관계의 인식이 자기 기능의 중심이 된다. 그러나 자녀의 지향적 자세에 대한 부모의 인식(Dennett, 1978)은 출생 시부터 비언어적으로 소통된다. 출생에서 5개월 사이에, 영유아와 주 양육자 간의 면대면 정서적 신호 교환(Beebe, Lachmann, & Jaffe, 1997; Tronick, 1989)은 아동의 정서 표상 발달에 중요한 역할을 한다.

예를 들어, 초분석 관찰 패러다임을 사용한, 지난 20년 동안 베아트리체 비브(Beatrice Beebe), 프랭크 라흐만(Frank Lachmann) 그리고 조지프 자페(Joseph Jaffe)에 의해 보고된 프로그램은 다음과 같은 것들을 입증했다.

1. 인간 영유아는 주 양육자와의 상호작용에 들어가며, 여기에는 자기 조절과 타인의 상태에 대한 민감성이 관여한다.
2. 얼굴 표정 수준에서, 1/12초간의 영유아의 행동이 어머니의 행동에 의해 예측되고, 그 반대도 예측되는, 급속하게 상호 영향을 주는 과정이 있는데, 상대방의 기대되는 반응에 대

한 도식에 기반한 것으로 짐작된다.

3. 영유아와 주 양육자 간 접촉의 공간과 수준도 또한 분명히 기대에 기반하여 두 가지 모두에 의해 체계적으로 변하였다.

4. 높은 수준의 협응은 조숙한 인지 수행을 예측한 반면, 낮은 수준의 협응은 안정 애착과 쉬운 기질 아이를 가장 잘 예측했다.

5. 4개월 영유아의 낯선 사람과의 상호작용(협응)은, 아동이 1세가 되었을 때 낯선 상황 절차 (Strange Situation: SSn)[2]에서 어머니의 행동보다 어머니에 대한 영유아의 행동을 더 잘 예측했다.

이 단계에서의 상호작용은 정신화되지 않았다는 점에서 전–상징적이라는 주장이 있을 수 있다. 영유아는 주 양육자의 생각이나 느낌을 표상할 것으로 기대되지 않는다. 그러나 타인의 행동을 설명할 때, 목표와 같은 미래 상태에 대한 참조가 관여한다. 따라서 행동을 수정하는 능력이 제한적이더라도 이러한 구조가 행동을 예측하기 위해 사용될 수 있다. 이렇게 만들어진 심적 모델(Johnson-Laird & Byrne, 1991, 1993)은 타인의 마음 상태를 바꾸기 위해 필요한 정보를 가지고 있지 않다. 그것을 위해서는 예측에 더하여 그 사람의 신념과 욕구가 표상되는 지향적 자세(Dennett, 1983)가 필요하다. 게르게이와 치브라 등(Gergely & Csibra, 1996; Gergely, Nadasdy, Csibra, & Bíró, 1995)의 연구에 따르면 생후 첫해의 후반기 즈음에 영유아의 사회적 수반성 지각은 '이성적 행위'의 원칙에 기반한 행동의 해석에서 설명적 실체로서 미래 상태(목표)를 참조한다는 면에서 '목적론적(teleological)'이다. (이 연구는 제5장에서 전체적으로 살펴보겠다.) 영유아는 인간과 비인간 대상 모두에게 목적론적 자세를 적용한다. 게르게이와 치브라(Gergely & Csibra, 1997)의 연구들은 영유아가 인간이 아닌 움직이는 대상(예: 컴퓨터가 만든 화면에서 움직이는 다양한 크기의 디스크)이 특정 목표를 지시하고 현실적 제약을 주었을 때 최적의 행위를 선택하지 않고 '비합리적'으로 행동하는 것을 보이면 놀라움을 표현한다는 것을 밝혔다.

영유아는 인간 행동의 예측 너머로 목적론적 모델을 확장한다고 가정된다. 그러나 목적론적 모델은 인간 행위의 제한된 영역에서 정신화하는 것으로 진화한다. 미래 목표 상태의 표상이 물리적 현실에 대한 주체의 신념의 측면에서 생각되게 되고, 현실에 대한 욕구 및 제약으로 생각되게 되면, 완전히 정신화하는 것이 된다. 양자 간 상호작용에서 영유아의 행동은 주 양육자 측에

---

2) 낯선 상황 절차(Strange Situation: SSn)는 실험실에서 진행되는 20분 실험으로, 아동이 각각 최대 3분 정도의 두 번의 '짧은 분리'에 노출되는 것이다. 메리 에인스워스와 동료들(Mary Ainsworth et al., 1978)은 중산층 1세 아동의 대다수가 근접 추구로 어머니에게 반응하고, 재결합 시 안도한다는 것을 발견했다(안정 애착-B군 영유아). 그러나 약 25%는 무관심의 미묘한 신호로 반응하고(불안 회피 애착-A군 영유아), 나아가 약 15%는 근접 추구로 반응했지만, 재결합 시 거의 안도하지 못했다 (불안 저항 애착-C군 영유아).

서의 합리적 행위에 대한 영유아의 진화하는 모델에 의해 지지된다. 우리는 목적론적인 것에서 정신화 모델로의 발달이 영유아와 부모 사이의 대인관계 상호작용의 질에 의존할 것이라고 주장한다. 이러한 모델은 단순히 합리적 행위를 표상할 수 있지만, 목적론적 모델을 정의하는 것은 실제적 합리성이 아닌 지각된 행위의 합리성이라는 것이 중요하다. 따라서 현실적 제약(예: 가정된 위험)의 오인은 외부 관점에서 명백히 비합리적인 행위임에도 불구하고, 합리적 행위 원칙에 기반한 것으로 여겨지는 모델을 제공하고 생성할 것이다. 낯선 사람에 대한 영유아 반응의 예언적 중요성(Beebe et al., 1997)은 자기-타인 관계의 표상(작동 모델)이, 아직 정신화되지 않았을지라도 생후 첫해부터 질적인 다양성을 보이기 시작한다는 것을 제안하고, 실험실 상황에서 관찰된 바와 같이 이 질적인 차이는 영유아-부모 상호작용과 관련이 있다. 특징적인 방식에서 다른 관계로 일반화될 만큼 충분히 일관적이라면, 영유아는 안정적인 모-아 유대를 만들기에 결정적인 과정을 찾아서 조직화할 것이다.

표상 지도

표상 지도는 마음의 목적론적 모델에서 정신화 모델로의 영유아의 점진적 이동을 지지해 주는 것 같다. 6개월에서 18개월 사이에, 예를 들어 공동 주의를 요청하는 것에서 나타나듯이 아동은 제3의 대상이나 사람에 대해 자신의 심적 상태를 주 양육자의 심적 상태와 점차 일치시킬 수 있게 된다(Bretherton, 1991a). 이 단계의 아동은 실패한 의사소통 시도를 수정하려고 노력하는 모습이 관찰되고(Golinkoff, 1986), 느낌, 지각, 의도를 포함하여 자기와 타인에서 의식과 주체성에 대한 적어도 기초적인 인식을 보이기 때문에 이 의사소통은 분명히 의도적(목표지향적)이다(Wellman, 1993). 네이서(Neisser, 1991)는 지각적 과정에 기반하여 자기의 두 가지 전-개념적 측면, 즉 생태학적 및 대인관계적인 측면이 출현한다고 제안했다. 전자는 아동의 비사회적 주변 환경과 관련된 시공간적, 촉각적, 청각적 및 그 외 지각적 정보에 대한 자각과 관련되는 반면, 후자는 자신의 행위 및 관련되어 수반된 타인의 행위의 동시지각을 통해 생성된다. 스턴(Stern, 1985)과 네이서(Neisser)의 대인관계 자기개념을 함께 고려하여, 우리는 먼디와 호건(Mundy & Hogan, 1994)이 '도구적 행위 상태', '감각적 또는 지각적 행위 상태', '정서적 행위 상태'라고 명명한 자기의 상호주관적 발달의 세 측면을 확인할 수 있다. 로저스와 페닝턴(Rogers & Pennington, 1991)은 그들의 표상 지도(자기와 타인의 표상을 협응하는 과정) 개념에서 이러한 상호주관적 과정을 위한 인지 기반의 모델을 제공했는데, 이것은 정서, 주의, 또한 신념과 같은 고차원적 인지의 공유에 기저가 되는 것으로 여겨진다. 신생아 단계에서부터의 모방 기술의 존재는 이 모델에 대한 강력한 증거를 보여 준다(Meltzoff & Gopnik, 1993). 그러나 심적 상태에 대한 평가의 습득은 비춰 주기를 넘어선다.

자기와 타인의 정서에 대한 이해의 발달은 반영적 능력의 발달에서 표상 지도의 역할을 잘 보여 준다고 할 수 있다(Gergely & Watson, 1996; Target & Fonagy, 1996). 예를 들어, 영유아에게 불안은 생리적 변화, 생각, 행동이 혼란스럽게 뒤섞여 있는 것이다. 어머니가 자녀의 불안을 반영해 줄 때, 즉 비춰 줄 때, 이것의 지각은 아동의 경험을 조직하고, 아동은 이제 자신이 느끼는 것이 무엇인지 '알게' 된다. 영유아의 정서에 대한 어머니의 표상은 아이에 의해 표상되고, 자신의 자기 상태 표상 위에 표시된다. 이러한 것들 사이의 불일치도 자기 상태에 대한 조직화를 제공하는 한 도움이 되고, 따라서 주 양육자의 비춰 주기는 아동 경험의 고차원적 표상이 될 수 있다. 이 모델 내에서 비춰 주기는 영유아의 경험에 너무 근접하거나 너무 동떨어져 있으면 실패할 것으로 예상된다. 비춰 주기가 너무 정확하다면, 지각 자체가 두려움의 근원이 될 수 있고, 그것의 상징적 잠재력을 잃게 된다. 만약 이것이 부재하거나, 준비되어 있지 않거나, 어머니 자신의 몰두로 오염되어 있다면, 자기 발달의 과정이 심각하게 손상된다. 우리는 불안의 증상이 파국(예: 심장마비, 죽음의 임박 등)을 보여 주는 개인들의 경우, 상징화를 통해 그것의 강도를 제한할 수 없는 자신의 감정적 반응에 대한 상위 표상을 가지고 있을 것으로 간주한다. 이것은 주 양육자의 본래의 비춰 주기가 영유아의 감정을 과장되게 부풀렸기 때문일 수 있다.

이 아이디어는 비록 추측에 근거하지만, 경험적으로 확인할 수 있다. 공황장애가 있는 사람들이 상대적으로 평형 상태의 경미한 장해에도 왜 생리학적으로 크게 위협 받는지에 대한 까다로운 질문에 대답하는 데 도움이 될 수 있다. 여기서 제안하는 것은, 이러한 사례에서 정서의 상위 표상, 즉 상징적 표상이 지나치게 많은 초기 경험을 포함한다는 것이다. 이로 인해 개인은 경험을 정서의 강도를 약화시킬 수 있는 방식으로 명명하지 못한 채, 정서 상태의 증상을 자극하고 악화시키는 경향을 보이게 되고, 이는 결과적으로 악화되는 공황의 사이클에서 이차적 표현을 두드러지게 한다.[3] 한 연구에서(Fonagy, Steele, et al., 1995), 우리는 주사를 맞은 8개월 아이를 가장 효과적으로 진정시키는 어머니는 아이의 감정을 빠르게 반영해 준다는 것을 확인했는데, 반면 이 비춰 주기는 아동의 현재 느낌과 양립할 수 없는 정서의 표시(미소, 질문하기, 놀리는 표현 등과 같은 것들)로 오염되어 있었다. 이러한 '복합적 정서'(Fónagy & Fónagy, 1987)를 표시함으로써 그들은 그들의 감정이 아이의 경험에 유사하지만 동일하지는 않다는 것을 아이에게 확실히 보여 주었고, 따라서 상징 형성 과정이 시작될 수 있었다. 이러한 방식으로 자기의 정서와 타인

---

3) 언어학 이론으로 설명하자면, 기표(the signifier)가 충분히 '동기 분리'되지 않았다고 말할 수 있다. 다시 말하면, 그것이 기의 (the signified)와 너무 가까이 닮아 있다고 할 수 있다.

의 감정 사이의 표상 지도, 어린아이와 주 양육자 사이의 정서 교환은 아동에게 자신의 내적 상태에 대한 정보의 독특한 원천을 제공한다. 우리는 의미 또는 정서감이 자기와 타인에 대한 정서의 통합된 표상으로부터 발달한다고 제안한다. 자기 경험의 표상과 주 양육자의 반응에 대한 표상의 결합은 아동의 마음에 대한 목적론적 모델을 정교하게 하고, 궁극적으로 타인의 정서적 표시를 이해할 수 있게 할 뿐 아니라 자신의 감정 조절에 도달하게 한다. 여기서 감정 표시와 자기 경험의 표상 지도는 주 양육자 민감성의 전형적인 예인 것으로 보이는데, 이는 우리가 설명하고자 시도하듯이, 정신화 발달의 중요한 요소로 보인다. 주 양육자의 민감성은 반응군에 따라 자기 경험의 조직화를 시작하도록 아동을 자극하고, 이것은 결과적으로 구체적인 감정(또는 욕구)으로 언어적으로 명명되게 된다. 높은 수반적 반응은 이러한 지도가 만들어질 수 있는 수단이다. 아동의 정서적 경험은 부모-영유아 상호작용 내에서 현실적 제약군과 관련되어(자신의 감정 상태의 원인과 결과에 대한 초보적 신념을 가져옴) 더 많은 의미를 갖게 된다.

▌부모의 반영기능과 애착 안정성

존 볼비(John Bowlby, 1969, 1973, 1980)에 의해 발전된 애착이론은 친밀한 정서적 유대를 형성하고자 하는 보편적인 인간 욕구를 상정한다. 이것의 핵심에는 초기 관계의 호혜성이 있는데, 이는 인간을 포함하는 거의 모든 포유류에서 정상 발달의 전제 조건이다(Hofer, 1995). 인간 영유아의 애착 행동(예: 근접성 추구, 미소 짓기, 밀착 행동)은 성인의 애착 행동(예: 스킨십하기, 안기, 달래기)에 의해 응답 받고, 이러한 반응은 바로 그 특정 성인에 대한 영유아의 애착 행동을 강화시킨다. 애착 행동의 활성화는 영유아의 다양한 환경 신호에 대한 평가에 의존하며, 이는 안전감이나 불안전감을 야기한다. 안전감의 경험은 애착 시스템의 목표이고, 따라서 이것이 무엇보다 먼저 감정 경험을 조절하게 된다(Sroufe, 1996). 이러한 의미에서, 애착은 여러 형태의 정신장애 및 전반적인 심리치료 영역의 중심에 놓여 있다.

우리 중 누구도 자신의 감정 반응을 조절할 수 있는 능력을 가지고 태어나지 않았다. 양자적 조절 시스템은 자신의 상태에 대한 순간순간의 영유아의 신호가 주 양육자에 의해 이해되고 반응되면서 조절을 획득할 때 진화한다. 영유아는 주 양육자의 존재하에서의 각성이 자신의 대처 능력을 넘어서는 와해를 야기하지 않으리라는 것을 배운다. 주 양육자는 평형 회복을 위해 거기에 있을 것이다. 통제할 수 없는 각성 상태에서, 영유아는 진정과 항상성의 회복을 위해 주 양육자와 신체적 근접성을 추구하게 된다. 생후 첫해가 끝날 무렵 영유아의 행동은 의도적이고, 또한 명백하게 특정 기대에 기반한다. 주 양육자와의 과거 경험은 볼비(Bowlby, 1973)가 '내적 작동 모델(internal working models: IWM)'이라고 부른 표상 체계에 축적된다. 따라서 애착 체계는 개방된 생물사회적 항상성 조절 체계다.

▌영유아의 애착 양상

두 번째로 위대한 애착이론의 개척자인 메리 에인스워스(Mary Ainsworth, 1985; Ainsworth, Blehar, Waters, & Wall, 1978)는 행동에서 영유아의 내적 작동 모델을 관찰하는 널리 알려진 실험실 기반 절차를 개발했다. 낯선 상황에서 주 양육자와 잠시 분리된 영유아는 다음 네 가지 행동 양상 중 하나를 보인다. ① 안정 애착으로 분류된 영유아는 주 양육자의 존재하에서 기꺼이 환경을 탐색하고, 낯선 이의 존재에 불안해하며 피하고, 주 양육자의 짧은 부재에 불쾌감을 보이고, 이후 주 양육자와 신속히 접촉하며, 이 접촉으로 달래지고, 다시 탐색 행동으로 돌아간다. ② 일부 영유아는 분리에 덜 불안감을 보이는데, 이들은 분리 후 주 양육자와 근접성을 추구하지 않을 수 있고, 주 양육자를 낯선 사람보다 선호하지 않을 수도 있다. 이러한 영유아들은 불안/회피적 애착으로 분류된다. ③ 불안/저항적 영유아는 제한된 탐색과 놀이를 보이고, 분리로 인해 크게 불쾌감을 보이는 경향이 있으며, 이후 발버둥치기, 경직, 지속되는 울음, 수동적인 소동을 일으키며, 안정되는 데 큰 어려움이 있다. 주 양육자의 존재나 안정시키기 위한 시도는 아이를 안심시키는 데 실패하고, 영유아의 불안과 분노가 근접성으로부터 위안을 받지 못하도록 가로막는다. 안정 애착 영유아의 행동은 주 양육자의 과각성되지 않고, 아동의 와해된 감정적 반응을 다시 안정화시킬 수 있는, 잘 협응되고 민감한 상호작용 경험에 기반한다. 따라서 그들은 스트레스 상황에서 상대적으로 준비된 상태로 남아 있다. 부정적인 감정은 덜 위협적으로 느껴지며, 의미 있고 의사소통적인 것으로 경험될 수 있다(Grossmann, Grossmann, & Schwan, 1986; Sroufe, 1996). 불안/회피적으로 애착된 아이들은 그들의 감정적 각성이 주 양육자에 의해 재안정화되지 않거나, 침습적 육아로 인해 과각성되는 경험을 한 것으로 여겨진다. 따라서 그들은 자신의 정서를 과잉 조절하고, 불쾌감을 야기할 수 있는 상황을 피한다. 불안/저항적으로 애착된 아이들은 과소 조절하여, 아마도 주 양육자로부터 기대되는 반응을 이끌어 내기 위한 노력으로 불쾌감의 표현을 고조시킨다. 위협에 대한 역치가 낮고, 주 양육자와 접촉하는 것에 몰두하게 되지만, 그것이 가능할 때조차 낙담한다(Sroufe, 1996). ④ 영유아의 네 번째 집단은 동결

(freezing), 손뼉 치기, 머리 부딪히기와 같은 의도가 불분명한 행동을 보이고 주 양육자가 존재할 때조차 그 상황에서 도망치고자 한다. 이러한 영유아는 비구조적/비지향적 혼란 애착에 해당한다(Main & Solomon, 1990). 이러한 영유아들에게는 일반적으로 주 양육자가 두려움과 안심 둘 다의 원천으로 역할하여, 애착 행동 체계의 각성이 강한 상충되는 동기를 생산하게 되는 것으로 여겨진다. 당연하게도, 연장된 또는 반복된 분리(Chisolm, 1998), 심한 부부간 갈등(Owen & Cox, 1997), 심각한 방임 또는 신체적 및 성적 학대(Carlson, Cicchetti, Barnett, & Braunwald, 1989)의 발달력이 이 양상과 주로 관련된다.

▌향후 대인관계 결정요인으로서의 애착 체계

볼비(Bowlby)는 자기와 타인의 내적 작동 모델이 이후의 모든 관계에 대한 원형을 제공한다고 제안했다. 이러한 모델은 전 생애에 걸쳐 비교적 안정적이다(Collins & Read, 1994). 내적 작동 모델은 의식 밖에서 기능하기 때문에 변화에 저항적이다(Crittenden, 1990). 애착의 안정성은 영유아기에 낯선 상황 절차(SSn)로 평가하고, 추적 연구로 청소년기, 초기 성인기에 성인 애착 면담(Adult Attachment Interview: AAI)으로 평가한 종단 연구에 의해 밝혀졌다(George, Kaplan, & Main, 1985). 이 구조화된 임상 도구는 아동기 애착관계 발달력의 내러티브를 이끌어 낸다. AAI 채점 체계(Main & Goldwyn, 1994)는 개인을 상실이나 외상에 따라 안정/자율형, 불안정/무시형, 불안정/몰입형, 미해결형의 네 범주로 분류한다. 이 범주는 초기 경험 내러티브의 구조적 질을 기반으로 한다. 자율형인 개인은 애착관계를 중요시하고, 의미 있는 내러티브로 일관되게 기억을 통합하며, 이것이 형성에 중요하다고 여긴다. 반면에 불안정한 개인은 경험의 기억을 그 경험의 의미와 통합하는 데 취약하다. 무시형 애착의 개인은 기억을 부인하고 초기 관계를 이상화하거나 평가절하하며, 회피를 보인다. 몰입형의 개인은 애착 대상과 관련하여 혼란되고, 분노하고, 두려워하는 경향을 보이며, 때로는 어린 시절의 불운을 불평하며 저항적인 영유아적 주장을 반복한다. 미해결형의 개인은 어린 시절의 외상 또는 최근의 상실과 관련하여 내러티브상에서 의미론적 또는 구문론적 혼란을 보이며, 애착관계 표상에 중대한 와해의 징후를 보여 준다.

주요 종단 연구(C. Hamilton, 1994; M. Main, 1997; Waters, Merrick, Albersheim, Treboux, & Crowell, 1995)에서는 영유아기의 애착 분류 및 성인기의 애착 분류 사이의 68~75%의 일치를 보여 주었다. 이것은 영유아기에 관찰된 행동과 성인기에 나타난 결과 사이의 유래 없는 수준의 일관성이지만, 그럼에도 불구하고 분명히 이러한 행동은 일관된 환경에 의해 유지되거나 또한 생애 첫해에 정해진 양상에 의해 유지되는 것일 수 있다. 나아가 애착관계는 결핍의 세대 간 전이에 핵심적인 역할을 한다. 안정 애착의 성인은 그들에게 안정 애착된 자녀를 가질 가능성이 3~4배 더 높다(van IJzendoorn, 1995). 이것은 자녀가 태어나기 전에 부모의 애착을 평가했을 때조차 그러했다(Steele, Steele, & Fonagy, 1996; Ward & Carlson, 1995). 부모의 애착 양상은 기질 측정치 또는 생활사건, 사회적 지지 및 정신병리와 같은 맥락요인과 더불어 분산을 예측했다(Steele, 1991).

애착 체계(Bowlby, 1969, 1973, 1980)는 표상 지도 및 자기의 반영기능 발달의 과정과 밀접하게 연관되어 있다. 자기는 타인의 맥락에서만 존재하기 때문에, 자기의 발달이 관계에서의 자기 경험의 집적에 상응한다는 일반적인 합의가 있다(예: Crittenden, 1994; Sroufe, 1990). 정신분석적 대상관계(Kernberg, 1982; Winnicott, 1965)와 애착(Bowlby, 1980) 이론가들은 자기-타인 관계의 반복적이고 불변하는 측면이 내적 표상 심적 모델(Johnson-Laird, 1983)로 추상화되고, 구조화된다는 것에 동의한다. 이것은 컨버그(Kernberg)의 용어로는 자기-타인-정서의 3요소에 해당하고, 볼비(Bowlby)의 용어로는 내적 작동 모델이다. 내적 작동 모델 개념의 본래의 구성은 특이성이 부족하지만(Dunn, 1996), 정신분석 임상가들의 보다 최근의 경험적 연구는 이 구조의 특이성을 크게 향상시켰다(Horowitz, 1995; Luborsky & Luborsky, 1995).

동시에, 인지과학자들은 과거 경험의 무의식적이고 암묵적인 사용에 기반하여 절차적 기억의 개념을 정교하게 하였다(Johnson & Multhaup, 1992; Kihlstrom & Hoyt, 1990; Pillemer & White, 1989; Schachter, 1992; Squire, 1987; Tobias, Kihlstrom, & Schachter, 1992). 기억 체계가 2개의 비교적 독립적인 신경학적 및 심리학적으로 동질의 체계가 뒷받침하는, 적어도 이중적 성격을 가진다는 것에 일반적인 동의가 있다. 적어도 부분적으로 의식에 접근할 수 있는 자서전적 기억과 더불어, 기억의 중요한 추가 구성 요소는 암묵적이고, 원칙적으로 지각적이고, 비명시적이며, 비반영적인, 불수의적 체계다(D. L. Schachter, 1992; Squire, 1987). 적어도 어떤 측면에서는 이것이 자서전적 기억보다 좀 더 정서적이고 전반적인 인상을 보여 주는 정보에 지배 받을 가능성이 있다(Pillemer & White, 1989; Tobias et al., 1992; van der Kolk, 1994). 이것은 전형적인 예에서 행위 및 운동 기술의 연속 실행의 '방식'을 저장한다. 이것이 포함하는 절차적 지식은 수행을 통해서만 접근할 수 있다. 이것은 개인이 지식이 담겨 있는 기술 및 작업에 관여할 때에만 나타난다. 이러한 특징을 고려할 때, 애착 및 대상관계 이론가들에 의해 가정된 특정 대인관계 맥락에서 사회적 행동을 적응시키는 기능을 갖는 도식적 표상은 절차적 기억으로 가장 유용하게 구성될 수 있다.

영유아기의 애착 양상의 분류(Ainsworth et al., 1978)는 절차적 기억을 활용한다(Crittenden, 1990; Fonagy, 1995a). 심리적 평가 방법으로서 낯선 상황 절차의 강점은 특정 주 양육자와의 행동 '방식'에 관한 지식이 축적된 과거의 상황적 맥락과의 강력한 유사성을 제공한다는 것이다. 이러한 의미에서 애착은 특정 주 양육자와 관련하여 획득되고 행동의 목적론적 모델로 입력된 기술이다. 런던 부모-자녀 연구(The London Parent-Child Study)에서 우리는 주로 중산층인 100명의 초산 부모를 대상으로 첫아이를 낳기 전에 진행된 성인 애착 면담이 자녀가 12개월이 되었을 때 어머니-영유아 자녀의 영유아 애착 유형 분류 및 18개월이 되었을 때 아버지-영유아 자녀의 영유아 애착 유형 분류를 얼마나 잘 예측할 수 있는지에 대하여 조사했다(Fonagy, Steele, & Steele, 1991). 어머니와의 애착 유형과 아버지와의 애착 유형 간에는 상관의 경향성만이 나타났다. 그러나 두 실험 결과는 모두 AAI로 분류된 각각의 부모의 애착 유형으로 강하게 예측되었다(Steele et al., 1996). 두 세트의 분류 사이의 일부 겹치는 부분은 기질 요소를 가정하거나 아버지와의 행동에 (어머니의 애착 유형을 반영하는) 어머니와의 아동의 행동이 일반화된 것에 의해 동일하게 잘 설명될 수 있다. 이러한 결과는 영유아가 각 개인들과의 상호작용 과거력에 기반하여 주요 애착관계에 대한 독립적인 모델(자기-타인 도식)을 발달시킨다는 것을 제안한다. 이러한 상호작용 경험은 결과적으로 애착력에서 주 양육자의 표상으로 표시된다.

애착의 표상이 자녀와의 주 양육자 행동에 영향을 미칠 수 있는 방식에 대한 상당한 연구가 있었다. 반 아이센도르(van IJzendoorn, 1995)의 포괄적인 문헌 고찰에서, AAI 내러티브와 SSn 분류가 공유하는 분산이 주 양육자 행동의 민감성을 고려할 때 관찰적 데이터로 설명되지 않는 범위에서 '전달의 틈'이 확인되었다. 실제로 주 양육자-영유아 상호작용의 민감성을 동시에 측정한 AAI-SSn 관련성에 대한 연구들은 부정적인(Ward & Carlson, 1995), 또는 결론을 내릴 수 없는(van IJzendoorn, Kranenburg, Zwart-Woudstra, van Busschbach, & Lambermon, 1991) 결과를 보여 주었다. 이전에 우리는 전달의 틈이 민감성 측정의 한계의 결과일 수 있다고 제안하였다(Fonagy, Steele, Moran, Steele, & Higgitt, 1992; Fonagy, Steele, et al., 1995). 민감성은 넓은 범위의 부모 행동과 관련된 포괄적인 요소다(Belsky, Rosenberger, & Crnic, 1995). 이들 모두가 안정 애착을 가져오는 데 동일하게 의미 있는 것은 아니다. 만약 안정 애착을 애착 맥락 내에서 각성의 혐오적 상태를 조절하기 위한 목표-지향적인 합리적 행위 절차의 획득으로 본다면(Carlson & Sroufe, 1995; Cassidy, 1994; Sroufe, 1996), 우리는 이것이 아동의 급성 정서적 상태가 정확하지만 압도적이지 않게 아동에게 다시 반영되었을 때 가장 일관되게 습득되고 표상된다고 주장한다.

자신의 불쾌감을 관리하는 방법을 찾는 아동은 주 양육자의 반응에서 자신의 심적 상태에 대한 표상을 발견하고, 그것을 내면화하고, 정서 조절의 고차적 전략으로 사용한다. 안정 애착의 주 양육자는 자녀의 정서와 양립할 수 없는 표시를 (따라서 아마도 대처 방식을 암시하며) 비춰 주기와 결합하여 아이를 진정시킨다. 이러한 민감성의 의미는 아기에게 견딜 수 없게 느껴지는 정서 상태를 심리적으로 '담아 주고', 신체적 보살핌 측면에서 아동의 심적 상태를 알아 주면서도 처리할 수 없는 느낌의 조절을 돕는 어머니 능력의 역할 측면에서 영국의 정신분석학자 윌프레드 비온(Wilfred Bion, 1962a)의 개념과 많은 공통점을 갖는다. 아동에 대한 어머니 표상의 명확성과 일관성이 AAI와 어머니의 관찰된 행동 사이의 관계를 매개한다는 연구 결과는 분명히 이 모델과 일치한다(Slade, Belsky, Aber, & Phelps, 1999). 런던 부모–자녀 연구에서 각 양육자의 반영기능의 질 측정치는 독립적으로 아동의 애착 안정성을 예측하는 것으로 나타났다(Fonagy, Steele, Moran, Steele, & Higgitt, 1991).

만약 안정 애착이 성공적인 담아 주기의 결과라면, 불안정 애착은 주 양육자의 방어적 행동에 대한 영유아의 동일시로 간주될 수 있다. 주 양육자와의 근접성은 반영기능의 노력으로 유지된다. 무시형(Ds)의 주 양육자는 아동의 불쾌감을 비춰 주는 데 거의 완전히 실패한다. 이는 이것이 자신에게 촉발하는 고통스러운 경험 또는 아동의 심적 상태에 대한 일관된 심상 형성 능력의 부족 때문이다. 대조적으로 몰입형(E)의 주 양육자는 영유아의 상태를 지나치게 명확하게 표상할 수 있고, 또는 자기 자신의 경험에 대한 부모의 양가적 몰입에 대한 반응으로 복잡해져 교환의 상징적 잠재력을 상실한 상태로 표상할 수 있다. 두 경우 모두에서 영유아는 주 양육자의 태도를 내면화하고, "이 불일치는 자기 경험의 내용이 된다"(Crittenden, 1994, p. 89).

우리는 아동의 자기감 발달에 그러한 정서 상태가 미치는 영향에 대해 추측할 수 있다. 우리는 회피적인 영유아가 상당한 생리적 각성을 경험하면서도 불쾌감을 아주 적게 보이며 분리에 반응한다는 것을 알고 있다(Spangler & Grossmann, 1993). 크리텐던(Crittenden, 1988; Crittenden & DiLalla, 1988)은 1세의 학대 받은 아동이 자신의 진정한 느낌과 일치하지 않는 거짓된 긍정 정서를 보였다고 보고했다. 극단적인 경우, 주 양육자의 방어의 내면화는 실제 감정적 경험을 적절하게 표시하고 표상하는 것을 실패로 이끌 뿐 아니라 이러한 잘못된 내면화상에서의 자기 경험의 구성을 야기한다(Winnicott, 1965).

'행동을 취하는 것'에 대한 의식적 경험은 특히 청소년기에 상당히 일반적인 경험(Harter, Marold, Whitesell, & Cobbs, 1996)이지만, 지금의 내용에서 우리는 자신의 핵심적 자기에서 이질적인 감각을 경험하는 심한 성격장애가 있는 아이들의 매우 고통스러운 경험을 다루고 있다(Bleiberg, 1984, 1994). 이후 발달에서 이러한 많은 아이들이 사용하는 전략은 자기 표상의 잘못된 부분의 외재화를 시도하고, 자신 주변의 타인 행동을 조작하여 불일치하는 자기 표상과 일치하도록 시도하는 것이다. 우리는 이 모델이 영유아기의 애착이 비조직적이라고 분류되었던 학령전기 아동의 주 양육자와의 이상한 강압적 행동을 설명한다고 주장한다(Cassidy, Marvin, & MacArthur Working Group at Attachment, 1989; Crittenden, 1992; Main & Cassidy, 1988). 이러한 아이들과 성인들은 자신의 내적 표상과 일관되게 행동하게 만들기 위해 타인을 조작하는 것에 상당히 숙련되고 민감하게 된다. 이것은 우리 모두가 실현하고자 하는 자기-타인 관계의 표상이 아니다. 훨씬 더 필사적으로 이러한 아이들과 성인들은 '이질적'으로 경험된 자기 표상의 일부와 일치하는 행동을 일으키려고 노력한다. 그들은 이것을 잔존하는 자기에 대한 보다 일관된 지각을 달성하기 위해 외재화해야 한다고 느낀다(Fonagy & Target, 1995).

▌아동의 애착 안정성과 반영기능

"모-아 관계의 조화는 상징적 사고의 출현에 기여한다"(Bretherton, Bates, Benigni, Camaioni, & Volterra, 1979, p. 224)는 생각은 일반적으로 동의된다. 이 아이디어는 길고도 특징적인 역사를 가지고 있다(Mahler, Pine, & Bergman, 1975; Vygotsky, 1978; Werner & Kaplan, 1963). 볼비(Bowlby, 1969)는 "어머니가 자기 자신의 것과 구분된 어머니 자신의 목표와 흥미를 가지고 있고, 그것들을 고려하는 아동의 능력"(1969, p. 368)의 창발에 수반되는 발달 단계의 중요성을 인식했다. 모스, 패런트 및 고슬린(Moss, Parent, & Gosselin, 1995)은 어머니와의 애착 안정성이 기억, 이해, 및 의사소통 영역에서 아동의 상위인지 능력을 예측할 수 있는 좋은 공존 지표라고 보고했다. 애착 안정성에 대한 투사적 검사인 분리 불안 검사(Separation Anxiety Test)는 연령, 언어발달 연령 및 사회적 성숙도를 모두 통제했을 때, 3세 반~6세 아동의 신념-욕구 추론 능력의 좋은 예측 인자로 나타났다(Fonagy, Redfern, & Charman, 1997).

어머니-영유아(12개월)와 아버지-영유아(18개월)의 애착 안정성과 5세 반에 실시한 세 가지 마음이론 검사 수행 간의 관계에 대한 전향적 연구(Fonagy, 1997)에서, 96명 중 92명의 아동을 12개월과 18개월에 낯선 상황 절차로 검사하고 관찰하였다. 어머니와 12개월에 안정 애착으로 분류된 아동 중 82%가 캐릭터의 신념에 대한 아동의 지식을 기반으로 캐릭터가 어떻게 느낄지 아동이 예측해야 하는 신념-욕구 추론 과제에서 통과하였다. [예: 엘리(Ellie)는 캔 안에 콜라가 있다고 생각하고, 엘리가 콜라를 좋아한다면 실제로는 캔 안에 우유가 들어 있지만 이것을 마시려고 할까?] 이와 대조적으로 불안정 애착으로 분류된 아동 중 46%가 실패했다. 영유아-아버지 애착(18개월) 또한 아동의 수행을 예측했는데, 77%의 안정 애착 영유아가 과제에 통과한 반면, 불안정 애착으로 분류된 아동은 55%가 통과했다. 추가되는 관계에 대한 의미가 시사되었는데, 둘 모두의 안정 애착관계를 형성한 아동의 87%가 신념—욕구 과제를 통과하였고, 한 개의 안정 애착관계만 형성한 아동의 63%가 통과하였으며, 둘 모두 불안정 애착이 형성된 아동의 단 50%만이 통과하였다. 아동이 한 캐릭터가 다른 캐릭터의 잘못된 신념에 대해 알고 있는 것을 근거로 추론해야 하는 이차적 틀린 신념 과제에서는 비슷하지만 다소 약한 양상이 관찰되었다. 한쪽 부모와 안정 애착된 아동의 23%, 양쪽 부모 모두와 불안정 애착된 아동의 9%가 통과한 것과 비교하여, 양쪽 부모 모두와 안정 애착된 아동의 36%가 통과하였다.

다소 적지만 세심하게 진행된 모—아 양자 관계의 종단연구에서 마인스와 동료들(Meins, Fernyhough, Russel, & Clark-Carter, 1998)은 불안정 애착되었던 또래의 33%가 통과한 것과 달리, 영유아기에 안정 애착되었던 아동의 83%가 4세 때 틀린 신념 과제에 통과하였다고 보고했다. 5세가 되었을 때에는 안전 애착된 아동의 85%와 불안정 애착된 아동의 50%가 정보 접근에 대한 이해가 필요한 과제를 통과했다. 비록 이 연구에서 (아마도 작은 표본으로 인해) 틀린 신념 및 감정 과제에 대한 우리의 연구 결과를 재확인할 수는 없었지만, 연구 결과의 전반적인 경향성은 애착 안정성이 일반적으로 상징적 능력과 특히 조숙한 정신화와 유의하게 연결되어 있음을 확인시켜 준다.

이러한 결과를 설명하는 단순한 설명과 실질적인 설명이 모두 제시될 수 있다. 안정 애착과 틀린 신념의 관련성이 기질과 같이 아직 알려지지 않았고 측정되지 않은 세 번째 요인에 의한 것이라고 보는 것은 단순한 설명이다. 보다 그럴듯하게, 좀 더 이완되고 과제 지향적인 태도, 인지적 부담이 큰 과제를 수행하기 위한 일반적 기능, 또는 놀이적이고 탐색적인 방식으로 성인의 경험을 대하는 능력 때문에 안정 애착의 촉진 효과가 나타났다고 주장할 수 있다. 이러한 모든 설명은 아동의 능력보다는 수행을 반영한다. 위의 제안은 틀린 신념에 대한 암묵적 및 외현적 지식이 구분되어 평가되는 틀린 신념 과제를 사용하여 확인해 볼 수 있다(Clements & Perner, 1994). 만약 애착 안정성이 수행과 관련된다면, 안정 애착된 아동은 외현적 과제(언어/가리키기)에서만 더 나은 수행을 보일 것으로 기대된다. 암묵적 및 절차적으로 틀린 신념 추론은 상위의 반영 능력과 관련되어 있을 때에만 안정 애착을 통해 촉진될 것으로 기대된다. 이것은 아직 연구되어야 하는 부분으로 남아 있다. 다음으로 우리는, 틀린 신념 추론과 애착 안정성 사이의 관계가 단순하고 사소한 것이 아니라는 가정을 조심스럽게 살펴보겠다.

이 관계에 대한 두 가지 대안적인 설명이 있다. ① 일군의 모델들은 영유아기 애착 안정성은 아이들이 반영 능력 및 사회적 이해의 발달과 직접적으로 관련된 특정 사회적 과정에서 이득을 얻게 만든다고 제안한다. ② 다른 일군의 모델들은 애착 안전성이 심리적 이해를 생성하는 영유아–주 양육자 관계의 질의 지표라고 제안한다. 이 두 번째 모델에서 자기 조직화의 정신화 질을 높이는 사회적 과정은 애착 안정성을 보장하는 것과 동일한 것이다.

매개적 모델에서는 두 가지 조건의 충족이 필요하다. ① 특정 군의 사회적 과정이 자기 조직화 발달의 이 측면에 관여한다는 강력한 증거, ② 이러한 사회적 과정이 안정 애착된 개인에게 향상되어 있음. 최소한 세 후보가 이 기준을 충족한다.

1. 첫 번째는 가장(pretense)이다. 협동적 상호작용(Dunn et al., 1991), 특히 공동 가장 놀이에(Astington & Jenkins, 1995; Taylor, Gerow, & Carlson, 1993; Youngblade & Dunn, 1995) 보다 기꺼이 참여하는 3세 아동이 우수한 마음 읽기 및 감정 이해 수행을 보인다는 증거가 있다. 애착에 대한 종단 연구를 통한 또 다른 연구 결과들은 영유아기에 어머니와 안전 애착된 학령전기 아동의 경우, 참여 수준이 낮고 빈약한 가장 놀이를 보이는 회피적 아동과 비교하여 공상 놀이에 대한 더 강한 참여를 보여 주었다(Rosenberg, Carlson & Sroufe, 1995에서 인용; Main, Kaplan, & Cassidy, 1985). 영유아기에 어머니와 안정 애착되었다고 평가된 아동들은 보다 빈번하고 정교한 독자적 가장을 하는 것으로 보고되고 있다(Belsky, Garduque, & Hrncir, 1984; Bretherton et al., 1979; Matas, Arend, & Sroufe, 1978). 슬레이드(Slade, 1987)는 3세 아동의 놀이에 대한 어머니의 참여가 안정 애착된 아동에게만 촉진적인 역할을 한다는 것을 발견했다. 마인스와 동료들(Meins et al., 1998)은 영유아기에 안정 애착된 것으로 분류된 아동들이 31개월 때 실험자의 가장 제안을 더 잘 통합할 수 있음을 보여 주었다.

공동 가장 놀이 또는 놀이기(놀이氣, palyfulness)[4]가 심적 상태 이해를 촉진할 가능성이 있다. 의도적인 역할 놀이는 마음 읽기 과제 수행의 '오프라인 시뮬레이션' 모델에 필수적인 것으로 간주된다(Currie, 1995; Goldman, 1989). 다른 모델들 내에서 가장 놀이는 마음이론 메커니즘의 초기 징후다(Leslie, 1987). 누군가가 틀린 신념이 아니라 가장된 표상을 하고 있다는 것(Harris, Kavanaugh, Harris, Kavanaugh, & Meredith, 1994), 겉모습/현실

---

4) 역자 주: 놀이기(놀이氣, playfulness)는 놀이와 같은 기운 또는 분위기를 의미하는 말이다. 놀이성 또는 놀이다움으로 번역하기도 하는데, 한글 낱말 중 장난스러운 기운을 장난기(장난氣)라고 하는 것을 참고하여 놀이기로 명명하여 번안하였다. (번안된 용어의 발음을 고려하면 사이시옷 표기 규칙에 맞게 놀잇기로 표기할 수 있겠으나, 신조어인 점을 고려하여 놀이기로 표기한다.)

이 아닌 가장/실제의 구분을 하는 것(Flavell, Flavell, & Green, 1987)을 3세 아동이 어떻게 이해할 수 있는지에 대한 질문은 중요한 수수께끼다. 가장의 경우, 표상은 실제와 다르지만, 가장 놀이에 참여하는 이들 사이에 공유된다. 애스팅턴(Astington)이 말했듯 "이것은 정신 내적(intramental)이 아니라 정신 간적(intermental)이다"(1996, p. 193). 실제와 다른 표상의 공유는 표상이 실제와 다를 뿐 아니라 사회적 가장 영역에서 공유되지 않는 상황을 이해하는 데 도움이 될 수 있다. 공동 가장 놀이 또는 놀이기 속에서 성인은 아동의 심적 자세를 채택하고, 양자 모두의 마음에 상징적으로 존재하는 제3의 대상에 대해 그것을 아이에게 다시 제시한다. 가장은 타인 마음의 존재하에서, 타인 마음의 시각하에서 현실의 상징적 변형이 관여하는 심적 자세를 필요로 한다. 성인 또는 연상의 형제자매는 아동의 심적 상태를 정확히 표상해 주면서 외부 현실의 틀을 유지한다. 가장 놀이에서 아동의 놀이 친구에 의해 제공되는 발판화(Vygotsky, 1967)는 조기의 성공을 촉진할 뿐 아니라 반영의 발전이 이루어지는 메커니즘이다. 릴라드(Lillard, 1993)는 상징적 놀이가 마음 읽기 능력을 뒷받침하는 기술에 대한 '근접 발달 영역'을 제공할 수 있다고 주장했다. 안정 애착력이 있는 아동은, 아동이 타인의 입장 또는 현실의 지각에 의존하는 한, 신뢰도를 가정하는 활동에 참여할 가능성이 더 크다.

2. 두 번째는 말(talking)이다. 느낌과 사람들의 행위 뒤에 있는 이유에 대한 대화가 반영기능의 비교적 초기 성취와 연관되어 있다는 증거가 있다(Brown, Donelan-McCall, & Dunn, 1996; Dunn & Brown, 1993). 실험실 시뮬레이션에서 3세 반 자녀에게 자발적으로 자신의 감정을 설명하는 어머니의 자녀는 15개월 후에 향상된 정서 이해를 보였다(Denham et al., 1994). 실험 연구에서 심적 상태에 대한 대화의 기회는 아동의 정신화 수행을 향상시키는 것으로 나타났다(Appleton & Reddy, 1996).

스트라지와 메인(Strage & Main; Carlson & Sroufe, 1995에서 인용)은 6세 때 어머니와 자녀 사이의 담화 양상을 초기 애착 분류로 예측할 수 있다고 보고했다. 안정 애착 쌍은 대화 주제를 거의 발전시키지 못한 회피적으로 분류된 경우와 비교하여 더 유창하였고, 보다 넓은 주제를 논의할 수 있었다. 공유된 놀이, 위로하기, 농담하기와 같은 안정 애착된 쌍의 모-아 상호작용 특징 양상은 또한 심적 상태에 대한 어머니의 설명이 특히 반영기능에 촉진적인 것으로 나타나는 맥락을 밝혀 주었다(Dunn, 1996). 안정 애착된 아동은 감정적 문제를 자유롭고 개방적으로 다루는 것이 더 용이했다(Bretherton, Ridgeway, &

Cassidy, 1990; Cassidy, 1988). 반영 능력의 조기 습득과 관련된 모–아 간 언어적 상호작용은 주로 감정적으로 부하된 문제들을 다룬다(Dunn, 1996). 나아가 안정 애착은 아동과 주 양육자 사이의 언어적 상호작용 양상을 유발할 수 있으며, 이는 느낌과 의도에 대한 사고를 지지한다.

스미스(P. K. Smith, 1996)는 정신화 능력의 습득에서 언어의 중심적 역할을 강력하게 발전시켰다. 영장류 연구의 증거를 활용하여, 그는 심적 상태에 대한 상징적 코드(즉, 단어)의 가용성이 개인이 마음 읽기 능력을 습득하도록 발달하는 데 결정적이라고 제안했고, 따라서 주 양육자의 이러한 코드의 외현적 사용이 중요할 것으로 보인다고 제안했다. 이러한 맥락에서 더 적절한 것은 해리스(Harris, 1996)의 제안으로, 그는 대화 그 자체에 참여하는 경험은 그 대화가 심적 상태에 대한 언급을 포함하는지(아는 것, 생각하는 것, 욕망하는 것 등) 여부와 관계없이 사람들이 정보의 수신자와 제공자라는 사실을 아이들에게 환기시킨다고 제안한다. 정보를 담은 대화의 구조(예: 목격하지 못한 과거 사건에 대해 듣는 것, 반대 및 부인으로 정보에 도전하는 것, 질문으로 정보의 틈을 채우는 것, 또는 정보의 교환이 실패하거나 수정이 필요할 때 정보의 틈을 채우는 것)는 대화의 상대방이 공유된 주제에 대해 서로 아는 것과 믿는 것이 상이하다는 것을 강하게 암시한다. 효과적인 대화를 위해서는 공유된 지식과 신념의 틈이 인정되고 언급되어야 한다. 성인의 애착 측정(Main & Goldwyn, 1994)은 안정 애착이 그라이스(Grice, 1975)에 의해 정의된 대화 규칙에 대한 더 큰 민감성과 관련된다는 제안을 강력하게 지지한다.

3. 세 번째 잠재적 매개요인은 **또래 집단 상호작용**이다. 우리는 형제자매와의 상호작용이 마음이론 수행을 향상시킬 가능성이 있음을 이미 지적했다(Jenkins & Astington, 1996; Perner et al., 1994; Ruffman et al., 1998). 중요한 것은, 아동의 형제자매 또는 친구들과의 심적 상태 용어의 사용이 모–아 대화보다 틀린 신념 과제 수행을 더 잘 예측한다는 것이다(Brown et al., 1996). 마찬가지로 루이스와 동료들(Lewis, Freeman, Kyriakidou, Maridaki–Kassotaki, & Berridge, 1996)은 틀린 신념 이해가 아이들이 연하가 아닌 연상의 형제, 연상의 친구, 연상의 친척과 보내는 시간의 양과 관련이 있음을 보여 주었다. 영유아기의 안정 애착과 또래 유능감 측정치 사이의 강한 연관성을 뒷받침하는 독립된 증거가 있다(Elicker, Englund, & Sroufe, 1992). 안정 애착력을 가진 아동은 불안정 애착력을 가진 아동보다 더 사회 지향적이고, 호혜에 능하며, 인기 있고, 공감적인 것으로 지속적으로 관찰되

고 평가된다(Lieberman, 1977; Pancake, 1985; Park & Waters, 1989; Sroufe, 1983).

　　마음 읽기 발달에 대한 시뮬레이션 이론 및 이론–이론의 설명 모두 보다 강한 또래 집단 상호작용의 촉진적 효과에 대한 좋은 설명을 제공한다(Ruffman et al., 1998). 또래 집단 상호작용은 아이들이 시뮬레이션을 해야 할 기회(만약 아이들이 다른 사람의 입장에 있다면 무엇을 보고, 생각하고, 느끼게 될지 상상하는 것 등)를 증가시킨다. 마찬가지로 이론–이론 관점에서 보면, 또래 또는 연상의 형제자매와의 상호작용은 마음이 어떻게 작동하는지에 관한 아이디어의 풍부한 근원이다. 또 다른 견해는 문화화 자체가 아동의 심적 상태 개념의 원천일 수 있다는 것이다(Astington, 1996). 브루너(Bruner, 1983)는 영유아의 자발적 몸짓을 마치 의도적 의사소통과 같이 다루어 주는 부모의 경향이 영유아가 자신이 의도를 가지고 있다고 보게 하고, 의도적으로 의사소통하는 것을 시작하게 한다고 제안했다. 사회적 세계(처음에는, 부모)는 복잡한 언어적 및 상호작용적 과정을 통해 영유아가 자기 자신의 행위와 (주 양육자 및 타인 사이의 유사한 상호작용에 대한 관찰 또는 시뮬레이션에 의한) 타인의 행위가 심적 상태를 통해 가장 잘 이해될 수 있다는 가정을 결과적으로 공유하도록 이끄는 방식으로 아동에게 작용하며 아동의 심적 자기감을 키워 준다. 자신의 문화 활동에 참여함으로써, 이들은 타인과 자신의 행위를 대하는 문화적 방식을 공유하게 된다. 만약 통속심리학에의 아동의 입문을 연상의 또래 및 주 양육자가 아동의 정신화 개념 적응을 고무시키는 것으로 여겨지는 '견습' 과정으로 간주한다면(Astington, 1996; Lewis et al., 1996), 안정 애착은 이 학습 과정의 촉매로 볼 수 있다. 그러면 안정 애착 아이들의 사회적 세계를 기꺼이 탐색하고 참여하고자 하는 보다 큰 준비 상태는 정신화 능력의 상대적인 유능감으로 설명될 수 있다.

　　이 세 가지 매개 모델에서 상호배타적인 것은 없다. 가장은 종종 심적 상태 언어의 사용과 관련된다. 또래와의 상호작용은 종종 언어와 가장 둘 모두를 포함한다. 일반적으로 이러한 매개 모델은 여러 맥락에 걸친 사회적 참여의 성향이 사회적 이해의 발달을 향상시키고, 이러한 사회적 참여는 안정 애착된 어린 아동의 가정에서 보다 쉽게 접근할 수 있다고 제안한다. 그러나 이러한 단일 모델에는 주요한 문제가 있다. 던(Dunn, 1996)의 연구 결과는 이러한 상이한 맥락들이 서로 빈약한 상관을 보인다고 제안한다. 예를 들어, 관찰 자료에 따르면 가장 놀이, 갈등 관리, 심적 상태에 대한 담화에서 발견되는 개인차가 사회 인지적 평가와는 유의한 상관을 보였음에도 불구하고, 사회적 상황(어머니, 형제자매, 단짝 친구)과는 상관이 나타나지 않았다(Brown et al.,

1996; Slomkowski & Dunn, 1992; Youngblade & Dunn, 1995). 비록 각 상황이 검사 수행과는 관련이 있었지만, 아동의 행동이 사회적 파트너 및 상황과 빈약한 상관을 보인다는 사실은 애착과 사회적 상황 사이에 다수의 독립적이고 동시에 작동하는 경로가 있음을 제안하는 것일 수 있다.

대안적으로, 애착과 마음 읽기 관계를 매개할 것으로 고려되는 현재 예상되는 변인들이 전혀 인과적 경로에 있지 않고, 마음 읽기 습득률과의 상관이 실제로 사실이 아니며, 관계의 인과적 순서에 이러한 사회적 경험이 관여하지 않지만, 아동의 애착 상태와 직접적으로 관련되어 있을 가능성이 있다. 생후 1년간 주 양육자와의 초기 경험은 아동을 행동의 목적론적 모델에서 정신화 모델로 이동하게 하며, 마음이론 역량의 기반을 만들 것이다. 이러한 주장을 뒷받침하는 증거는 무엇일까? 첫째, 런던 자료에서 자녀가 태어나기 전 어머니의 애착 유형은 자녀가 5세가 되었을 때 마음이론 역량의 강력한 예측 인자였다. 즉, 75%의 안정/자율형 어머니의 자녀가 인지–감정 과제를 통과한 반면, 몰입형 어머니의 자녀 중 16%, 미해결형 어머니의 자녀 중 25%만이 통과하였다(Fonagy, 1997). 비록 표면적으로는 이미 논의된 모델로 이것을 설명할 수 있지만, 우리는 주 양육자가 부모–자녀 관계에 자녀의 출생 이전에조차 드러나며, 자녀의 안정 애착 및 마음 읽기 확립에 결정적일 수 있는 무엇인가를 가져온다는 증거가 있다고 믿는다.

이것은 무엇일까? 영유아기에 안정 애착된 자녀의 어머니가 자녀의 욕구에 보다 민감하다는 것은 잘 알려져 있다(Ainsworth, Bell, & Stayton, 1971; Isabella, 1993). 우리는 이미 자신의 부모의 심적 상태를 마음에 그리는 주 양육자의 능력이 영유아의 각 양육자와의 애착 안정성을 예측한다는 사실을 언급하였다(Fonagy, Steele, Moran et al., 1991). 런던 연구에서 어린 시절 애착 경험에 대한 설명에서 심적 상태를 언급하는 경향을 더 보인 어머니의 자녀는 아동의 언어 유창성을 통제한 상태에서 보다 우월한 마음 읽기 능력을 보였다. RF 척도의 측정치는 또한 아버지에 대해서도 아동의 인지–감정 과제 수행을 예측했다. 나아가 더 중요한 것은, 어머니가 AAI에서 자신의 어린 시절에 대해 반영할 수 있는 능력이 모–아 애착의 질로 예측될 수 있는 아동의 마음이론 수행과 분산을 공유하는 것이 경로 분석을 통해 밝혀졌다. 보다 복잡한 경로 분석에서, 우리는 어머니의 정신화 능력이 아동의 마음이론과 직접적으로 또한 간접적으로 관계가 있음을 발견했다. 따라서 아동의 애착 안정성은 유일한 예측인자가 아니었다. 자녀를 심적 실체로 여기는 어머니의 능력 또한 중요한 것으로 보인다.

이러한 자료는 보편적인 메커니즘이 주 양육자와 영유아에 대한 애착 조직화와 조숙한 정신화의 출현을 뒷받침한다는 것을 제안한다. 매개 모델들 중에 명백한 인과적 경로가 발견된 것은 없다는 것을 기억해야 한다. 애착–마음이론 관계에 대한 다양한 잠재적 매개 메커니즘의 상대적인 중요성은 문맥에 따라 다르지만, 세대 간 자료는 적어도 두 가지 모델(가장 및 언어)과 일치할 수 있다. 부모의 행동을 조작하고 애착과 마음이론 과제 수행을 탐색하는 추가적인 실험 연구(van IJzendoorn, Juffer, & Duyvesteyn, 1995)가 안정 애착을 낳는 특정 행동이 동시에 정신화를 향상시키는지 여부를 확인하기 위해 필요하다. 이러한 연구가 실행 가능하기 위해서, 우리는 애착이 어떻게 마음이론 수행과 직접적으로 관련되는지에 대한 모델이 필요하다. 따라서 이어서 우리는 이러한 메커니즘이 어떻게 작동할 수 있는지에 대한 하나의 모델을 제시하겠다.

우리의 조건은 마음이론의 습득이 영유아와 주 양육자 사이의 상호주관적 과정의 일부라는 가정에 기반한다(Gopnik, 1993 참조). 우리 견해로는, 주 양육자가 복잡한 언어적 및 유사–언어적 과정을 통해 정신화 모델의 형성을 촉진한다. 이것은 무엇보다 아동 자신이 자신의 행위를 결정하는 아이디어와 신념, 느낌과 소망을 가지고 있으며, 타인의 반응이 다른 비슷한 존재로 일반화될 수 있다고 가정할 때 가장 잘 이해될 수 있다는 것을 아동이 결국 상정하게 하는 방식으로 아동을 향해 행동함으로써 이루어진다. 주 양육자는 마음속으로 다음의 질문을 하며 울고 있는 영유아에게 다가간다. "기저귀를 갈아 주길 원하는 거야?", "안아달라고 하는 거야?" 민감한 양육자는 그 사람을 마음에 염두에 두지 않고 상황에 대해 언급할 가능성이 낮고, 자신에게 다음과 같이 잘 말하지 않는다. "아래가 젖은 거야?" 또는 "혼자 너무 오래 서 있었어?" 민감한 양육자는 아동이 내적 및 외적 경험 간의 수반성을 인식하도록 신체적 현실과 내적으로 지향된 주의의 초점을 충분히 연결할 수 있다. 궁극적으로 아동은 자신 안의 신념 또는 욕구의 내적 상태에 대한 가정을 고려할 때 자신에 대한 주 양육자의 반응이 이성적인 것으로 이해될 수 있다는 결론에 도달한다. 무의식적으로 그리고 침투적으로, 주 양육자는 자신의 행동을 통해 심적 상태를 아동에게 돌려주며, 아동을 심적 주체로 대한다. 이것은 궁극적으로 아동에 의해 지각되고, 목적론적 모델의 정교화에 활용되며, 정신화적인 선상에서 조직된 자기됨의 핵심 감각의 발달을 허용한다. 우리는 이것이 대체로 생애 초기에 걸쳐 매일 발생하는 것이라는 점에서, 또한 반영이나 수정이 불가능한 영유아와 주 양육자 모두에게 전의식적인 과정이라는 점에서 일상적인 과정이라고 가정한다. 그러나 주 양육자는 이러한 가장 자연스러운 인간 기능을 다른 방식으로 실행한다. 일군의 주 양육자들은 의도성의 초기 징후에 특히 기민할 수 있는 반면, 다른 일군의 주 양육자들은 아동의 심적 상태를 지각하고 적절히 행동을 수정하기 위해 더 강한 징후를 필요로 한다.

따라서 아동의 자신과 타인의 심적 상태에 대한 지각의 발달은 주 양육자의 심적 세계에 대한 아동의 관찰에 의존한다. 아동은 개념을 발달시키고, 따라서 주 양육자의 행동이 어떤 상태를 암시한다는 정도로 심적 상태를 지각할 수 있다. 아동은 주 양육자가 아동과 공유된 가장

'놀이' 모드에 있을 때(따라서 가장과 초기 정신화가 연계될 때), 그리고 이러한 공유된 정신 작용이 관여하는 다른 많은 일상적인 상호작용에서(대화, 또래 상호작용 등) 그렇게 한다. 이것이 사고와 같은 심적 상태 개념을 본질적으로 상호주관적인 것으로 만드는 것이다. 공유된 경험은 심적 상태 개념의 바로 그 논리의 일부다.

우리는 아동 심적 상태의 순간순간의 변화를 관찰하는 주 양육자의 능력이 정신화 능력 발달에 결정적이라고 믿는다. 아동을 지향적 존재로 보는 주 양육자의 지각은 애착이론가들이 안정 애착의 초석으로 보는 민감한 양육의 근원에 놓여 있다(Ainsworth et al., 1976; Bates, Maslin, & Frankel, 1985; Belsky & Isabella, 1988; Egeland & Farber, 1984; Grossmann, Grossmann, Spangler, Suess, & Unzner, 1985; Isabella, 1993; Isabella & Belsky, 1991). 안정 애착은 이어서, 마음의 이해를 습득하기 위한 심리사회적 기반을 제공한다. 안정 애착된 영유아는 주 양육자의 행동을 설명하기 위해 심적 상태에서 이유를 찾는 것을 안전하게 느낀다. 대조적으로 회피적인 아동은 타인의 어느 정도 수준의 심적 상태를 피하고, 저항하는 아동은 친밀한 상호주관적 교환을 배제하며 자기 자신의 불쾌감 상태에 집중한다. 비조직형 영유아는 특별한 범주를 나타낼 수 있다. 주 양육자의 행동에 대한 과각성으로, 이들은 예측을 위해 가능한 모든 단서를 사용한다. 이들은 의도적 상태에 급성으로 민감화되어, 주 양육자의 행동에 정신화된 설명을 구성하는 데 좀 더 준비되어 있을 수 있다. 우리는 이러한 아동에게서 정신화가 분명히 관찰될 수 있지만, 안정 애착된 아동을 특징짓는 자기 조직화의 중심적인 역할은 갖지 못한다고 주장한다. 우리는 정신화하는 자기 조직화의 발달에서 가장 중요한 것은 민감한 주 양육자의 심적 상태를 탐색하는 것이라고 믿는다. 이것은 아동이 주 양육자의 마음 안에서(즉, 아동이 자신을 향한 주 양육자의 행동을 설명하기 위해 구성한 주 양육자 마음의 가설적인 표상 안에서) 신념, 느낌, 의도로 동기화된 자기 자신의 심상을 찾을 수 있게 해 준다. 대조적으로, 비조직형 아동이 열정적으로 찾는 것은 타인 마음 안에 있는 자기 자신의 심적 상태의 표상이 아니고, 자신의 자기를 약화시려고 위협하는 그 타인의 심적 상태다. 그들은 아동의 자기 표상 내에 이질적 존재를 구성할 수 있다. 이질적 존재를 견딜 수 없어, 아동의 애착 행동은 정서와 다른 지향적 상태의 담아 두기를 위한 능력의 내면화 주변이 아니라, 애착 대상 위에 재–외재화되는 이러한 자기의 부분들 주변에 조직되게 된다. 안정 애착이 자기, 내적 안전감, 자기 가치의 느낌, 자기 의존 및 자기 등장에 대한 개인적 힘의 발달뿐 아니라 자율성의 발달을 향상시킨다는 견해를 뒷받침하는 상당한 증거가 있다(Bates et al., 1985; Gove, 1983; Londerville & Main, 1981; Matas et al., 1978). 비조직형 영유아는, 마음 읽기 기술을 습득하더라도, 이것을 자신의 자기 조직화와 통합하지 못한다.

이것에 대한 몇 가지 연관된 추론이 있다. ① 아동은 자기 상태 반영을 희생하면서 부모의 행동을 이해하기 위해 불균형적으로 자원을 사용해야 할 필요가 있다. ② 비조직형 영유아의 주 양육자는 영유아의 자기 상태에 안정적으로 수반된 반응을 할 가능성이 낮고, 나아가 아동 상태의 지각과 반영에서 체계적 편향을 보일 가능성이 있다. ③ 비조직형 영유아의 주 양육자의 심적 상태는 아동을 향한 적의를 시사하는 겁주는 행동을 통해, 또는 아동에 대한 설명할 수 없는 두려움을 포함하는 두려움을 시사하는 행동을 통해, 강렬한 불안을 야기한다.

이러한 요인들이 결합되어 비조직형 영유아를 특정 상황하에서 주 양육자 마음을 열정적으로 읽게 만들 수 있지만, 우리는 그들이 자신의 심적 상태는 빈약하게 읽는다고 제안한다. 따라서 마음이론 발달의 경쟁 모델의 관점에서, 이러한 아이들은 마음의 이론–이론을 습득할 수 있지만, 애착이 일관되고 조직된 아이들(비록 불안정 애착일지라도)만큼 동일한 자신감으로 정신화의 시뮬레이션을 사용할 수는 없다. 대안적인 모델들은 정신화의 대안적 경로로서 좀 더 유용하게 생각될 수 있다. 첫 번째 이론–이론은 모두에게 접근 가능했고, 두 번째 시뮬레이션 모델은 초기 애착관계가 이러한 전략을 좀 더 매력적이고 호감이 가게 만들어 준 아동에게 더 유용했다.

제6장에서는 2~5세 아동의 정상적인 반영기능의 발달을 설명하고자 하였다. 우리는 경험의 이중 모드에서 정신화로의 전환이 있다고 제안한다. 주로 임상적 관점으로부터 우리는 자기의 심리적 부분의 발달에 관한 몇 가지 명제를 제기한다. 이것은 다음과 같다.

1. 초기 아동기에 반영기능은 내적 경험을 외적 상황과 관련시키는 두 가지 모드로 특징지어진다. ① 진지한 마음의 틀에서 아동은 자신과 타인 안의 내적 세상이 외부 현실에 상응할 것으로 기대하고, 외부로부터의 정보와 일치시키기 위해 주관적 경험이 종종 왜곡될 것이다.—정신적 등가 모드(예: Gopnik & Astington, 1988; Perner, Leekam, & Wimmer, 1987) ② 놀이에 참여하는 동안 아동은 내적 경험이 외부 현실을 반영하지 않을 수 있음을 안다(예: Bartsch & Wellman, 1989; Dias & Harris, 1990). 하지만 또한 내적 상태가 외부 세계와 전혀 관계가 없는 것으로 생각되고, 암시하는 바가 없는 것으로 여겨진다—가장 모드.

2. 정상 발달에서 아동은 심적 상태가 표상으로서 경험될 수 있는 정신화, 즉 반영 모드 단계에 도달하기 위해 이 두 가지 모드를 통합한다. 내적 및 외적 현실은 이제 연결된 것으

로 여겨지고, 다만 중요한 방식에서 상이한 것으로 받아들여지며, 서로 동등해지거나 해리될 필요가 없게 된다(Baron-Cohen, 1995; Gopnik, 1993).

3. 우리는 정신화가 전형적으로는 부모 또는 연상의 아동과의 안전한 놀이의 경험을 통해 자신의 심적 상태가 반영되는 아동의 경험을 통해 정상적으로 발생한다고 가정하였다. 이것은 아마도 영유아에 대한 주 양육자의 복잡한 비춰 주기 노력인 대인관계 과정을 통해 가장 및 정신적 등가 모드의 통합을 촉진한다. 놀이기 안에서 주 양육자는 아동의 마음 밖에 있는 대안적인 관점의 존재를 제시함으로써 아동의 아이디어와 느낌에(아동이 단지 '가장'할 때) 현실과의 연결을 제공한다. 부모 또는 연상의 아동은 또한 놀이 같은 방식으로 행동하며 현실이 왜곡되어 있을 수 있음을 보여 준다. 그리고 이 놀이기를 통해 가장된 것이지만 실제적인 심리적 경험이 소개될 수 있다.

4. 외상을 입은 아이들의 경우 강렬한 감정과 그와 관련된 갈등은 이 통합의 부분적인 실패를 가져오는 것으로 생각될 수 있다. 이로 인해 기능의 가장 모드 측면이 현실을 경험하는 방식의 정신적 등가의 일부가 된다. 이것은 학대나 외상이 가정 내에서 발생했을 때, 그 분위기는 아동 사고의 가장 긴급한 측면과 '놀이하는' 주 양육자와 양립할 수 없기 때문일 수 있다. 이것들은 종종 아동에게 그렇듯 성인에게도 방해가 되거나 받아들여지기 어렵다. 따라서 비조직형 애착력을 가진 학령전기 아동의 경직되고 통제적인 행동은 특정 아이디어 또는 느낌과 관련하여 정신적 등가 모드를 넘어서지 못한 아동의 부분적 실패에서 비롯된 것으로 여겨진다. 이로 인해 아동은 그것들을 현재의 외적 사건이라면 기대될 수 있는 강도로 경험하게 된다.

▌자기 발달에 대한 반영기능의 시사점

'마음 읽기'는 명백하게 긍정적인 경험이 아닐 수도 있다. 그러나 주디 던(Judy Dunn)의 연구는 적어도 3세 반의 감정에 대한 이해가 사회적 관계에 대한 긍정적 지각, 성숙한 도덕적 감수성, 복잡한 감정에 대한 이해를 예측한다는 것을 보여 준다(Herrera & Dunn, 1997). 스턴(Stern, 1985)은 계획을 세우는 경험, 고유수용감각적 피드백, 또는 환경에 대한 신체적 행위의 객관적 결과 등 어디에서 유래했든지 간에 자신의 행위에 대한 소유감이 자기 주체감에 상당히 기여한다고 지적했다. 우리의 견해에서 이러한 주체성은 또한 반영기능의 질과 신뢰성에 결정적으로 의존한다. 행위의 소유권이 그것을 야기한 심적 상태(신념 또는 욕구)와 밀접하게 관련되어 있기 때문이다. 아동의 실제 행위로 인해 자기 주체성이 완전히 확립되었다고 생각하는 것은 불가능하다. 실제 행위의 상당 부분이 아동의 미성숙한 신체적 및 인지적 능력으로 인해 지향된 목표를 달성하지 못할 것이기 때문이다. 사실상 자기 주체감이 미성숙한 행위 체계로부터의 피드백에 유일하게 기반한다면, 이 영역의 결핍이 보편적일 것이라고 주장할 수 있다. 연상의 타인에 의한 아동의 지향적 자세의 인식은 아동에게 사고를 '실제'로 만드는 데 반드시 결정적일 것이다. 지각, 사고, 감정의 등록을 행위의 원인과 결과로 허용하고, 두려움 없이 이러한 심적 상태를 응시하게 하는 대인관계 상호작용은 자기 주체성 기반의 중요한 부분이 되어야 한다. 가장 초기의 기반은 아마도 주 양육자의 비춰 주기 행동을 가져오는 아기의 감각이다(Gergely & Watson, 1996). 이 아이디어는 제4장의 핵심이다.

물론 자기 주체성의 핵심은 생애 가장 초기 이후로 통제하려는 영유아의 노력이 주로 성공하는 몸에 있어야 한다. 그러나 보다 복잡한 행위, 특히 아동 세계의 타인이 관련되는 행위는 의도와 행위 사이의 양방향적 연결이 확립되려면, 빈번하게 반영적인 주 양육자가 어린 아동의 소망을 이해되게 하는 것을 요구한다. 그러므로 심한 방임이나 강압적이고, 경직되고, 위협적이며, 극단적으로는 학대적인 양육을 경험한 아동은 보다 단단히 확립된 몸의 영역에서 크게 축소되고 제한된 자신의 자기 주체감을 빈번하게 경험할 것이다(제9장과 제10장 참조).

우리가 제안하는 정신화 능력 발달 모델은 상당한 임상적 의미를 갖는다. 예를 들어, 중증 성격장애가 있는 환자의 애착 분류 연구에서 포나기와 동료들(Fonagy et al., 1996)은 경계성 성격장애 환자의 AAI 내러티브가 명백히 해소되지 않은 중증 외상력과 함께 낮은 반영기능을 가지고 있는 것을 발견하였다. 이러한 연구 결과는 정신화 능력의 발달을 위한 상호주관적 기반을 제공하는 민감한 애착관계가 주어졌을 때, 외상이(심각한 경우조차) 해소될 가능성이 더 높음을 시사한다. 학대 또는 방임이 정신화의 방어적 억제를 야기할 때 성격의 심각한 왜곡이 이어진다. 유사하게 학대력이 흔한 청소년 범죄자들 사이에서, 정신화 능력이 심각하게 제한되어 있다는 증거가 축적되고 있다(Blair, 1995; Levinson & Fonagy, 2000). 임상 집단에서의 정신화 장해에 대한 증거는 이후의 장에서 자세히 설명하였다(특히 제10장과 제11장 참조).

▌비정상적 반영기능에 대한 발달적 틀

발달장애와 비반영적인 것을 절대적으로 연결 짓는 것은 의심의 여지없이 지나치게 단순화하는 것이다. 상황에 따른, 또는 더 정확하게 관계에 따른 다양성이 있다. 비행청소년은 다른 비행 집단 구성원의 심적 상태를 잘 알고 있으며, 경계성 개인은 때로 정신건강 전문가 및 가족 구성원의 정서적 상태에 과민한 것으로 보인다. 이러한 '예외'는 보다 정교한 발달이론에 의해 명확해질 수 있다.

우리가 선택한 틀은 개인이 점진적으로 더 복잡한 통제 체계(기술)를 형성하는 것을 발달로 묘사하는 역동적 기술 이론(dynamic skills theory; Fischer & Farrar, 1987; Fischer, Kenny, & Pipp, 1990)에 의해 제공된다. 반영기능은 자기의 조직화에 결정적인 통제 체계의 하나로 쉽게 인식될 수 있다. 역동적 기술 이론 내에서, 반영기능은 단순히 사람의 속성이 아니라 사람과 상황 모두의 속성으로 간주될 수 있다. 왜냐하면 모든 기술은 그것이 발생하는 사람의 활동과 상황 또는 이러한 것이 발생하는 맥락 모두로 구성되기 때문이다. 특정 과제, 구체적 사건, 타인 또한 문화는 기술의 일부로 간주된다. 나아가 한 기술의 발달은 성숙에 의해 결정되는 단일 경로를 따라 진행되는 것으로 간주되지 않는다. 오히려 기술로서의 반영기능은 개인의 감정, 사회적 상호작용, 가족 관계 및 환경, 중요한 사회 집단, 더 넓은 사회적 세계에의 반응 등과 같이 많은 역동적인 상호작용 영향에 의해 형성되는 다양한 경로를 통해 진화한다(Fischer, Knight, & van Parys, 1993).

반영기능은 발달의 망(web) 안의 한 가닥으로, 서로 강하게 연결되거나 협응되거나 통합되지 않은 많은 별개의 통제 체계 중 하나다(Fischer & Pipp, 1984). 과제와 영역의 함수로서 모든 능력의 '분할(fractionation)' 또는 분열이 잘 설명되었다. 그리고 우리는 반영기능이 나머지 인지발달을 특징짓는 동일한 종류의 발달적 격차(décalage) [불균형]에 따를 것이라고 기대할 수 있다(Flavell, 1982). '분할'이란 자연적으로 분리된 것이지만 어떤 외부의 기준에 의해 함께 속하는 것으로 생각될 수 있는 기술 또는 경험을 편입하지 않으려는 사람의 경향성을 말한다(Fischer & Ayoub, 1994). 액체 보존의 이해가 영역의 보존으로 일반화되지 않는 것과 같이, 대인관계 상호작용의 한 영역에서의 반영 능력이 다른 것으로 일반화될 것으로 기대해서는 안 된다. 반영기능은 일반적인 능력으로 시작하지는 않고, 그것이 습득된 특정 관계 범주에서 과제 및 영역과 연결된 특정 기술이다. 기술로서의 반영기능은 개인을 발달 가닥의 위 또는 아래로 밀고 나가는 맥락적 지지와 감정 상태의 함수로서 상황에 다소간 나타날 수 있다. 상호작용의 의미와 그것의 물리적 맥락상의 차이는 분할을 야기할 수 있다. 예를 들어, 액체 보존의 개념은, 모두 오렌지 주스를 잔에 따르는 것과 관련됨에도, 실험적 과제와 목마른 친구를 돕는 것과 관련된 것 간에 일반화되지 않을 수 있다(Rogoff, 1990). 우리는 아동의 관찰된 심적 상태 언어의 사용과 경험이 사회적 맥락에 따라 현저하게 다를 수 있다는 점을 앞서 지적했다(Dunn, 1996). 분할은 일반적으로 또는 특정한 경우의 반영성에서 발달과 함께 완전히 사라지지 않는다. 반영기능과 같은 작업 기반 기술이 조정되는 것은 분명히 가능하지만, 이는 자동적으로 간주되지 않아야 한다. 상황에 따른 불균형은, 특히 감정적인 경우, 어른에서도 만연하게 남아 있기 쉽다(Fischer & Ayoub, 1994).

정상 발달은 분할에서 통합으로 진행되며, 이전에는 분리되었던 기술들 사이의 특정한 협응의 구성과 관련되고, 보다 복잡하고 정교한 통제 체계를 위한 기반을 제공한다(Bidell & Fischer, 1994). 예상되는 행동에 대해 정신화 모델이 아닌 목적론적 모델을 지속적으로 사용하는 반영기능의 비정상은 초기 단계에의 '정체 및 고착' 또는 초기 단계로의 '퇴행'의 결과로 간주되어서는 안 된다. 학대 아동의 반영기능상의 병리는 다른 기술과 유사한 방식으로, 연령과 시간 증가에 따라 증가하는 복잡성을 발달시킬 것으로 예상될 수 있다. 학대와 그것의 고통스러운 신체적 및 심리적 영향을 예견하고 방지하기 위해 아동이 발달시킨 제한된 반영성의 기술은 그 아동의 특정 세계에서 적응적이겠지만, 다른 맥락에서는 손쉬운 적응이 아닌 정교한 형태의 어려움을 발생시킬 것으로 예상된다(Noam, 1990). 일반적으로 반영적이지만 타인 '돌봄'의 심적 상태와 관련한 자기 자신의 어린 시절 맥락에서, 또는 동일한 도식을 재활성화시키는 특정 관계에서 최소한의 반영성을 보이는 것은 자연스러운 분할의 결과일 수 있다. 반영 능력의 불균형 또는 분열은 특정 관계 영역에 반영기능을 협응하거나 일반화하지 않으려는 개인 측면의 적극적인(목적을 가진, 의식적인, 또는 무의식적인) 시도의 결과일 수 있다. 여기서 불균형은 자연적으로 통합으로 나아가는 맥락의 분리를 적극적으로 유지하기 위해 협응을 생성해야만 한다는 점에서 '발달적 성취'다. 물론 가족은 그들의 공적인 적절한 세계와 사적인 폭군적인 세계 사이에 날카로운 해리를 보이며 이러한 분열을 지지할 수 있다. 분열은 맥락 및 정서에 의존적이고, 한 맥락 내에서 발달된 기술이 다른 맥락에서 유사한 기술과 일치해야 할 필요는 없다. 애착이론의 틀 안에서 우리는 자기가 조직되어 특정 내적 작동 모델이 상당한 반영 구성 요소(자기와 타인의 심적 상태를 결합시키는 기대)를 포함하는 반면, 관계의 다른 작동 모델은 최소한의 정신화 기술을 나타내며 빈약하게 보인다고 말할 수 있다. 후자의 맥락에서 그 주체는 고정관념화된, 단순하고, 구체적인, 낮은 수준의 설명만을 제공할 것이다. 이것은 발달 지연 또는 퇴행을 의미하지 않는다. 오히려 이것은 두 가지 뚜렷한 기능의 수준을 협응하기 위한 현저하게 복잡한 능력을 시사한다. 이것은 적응을 위해 필요한 정교한 기술인 그 위태로운 것을 자신 안에 발달시킨 학대적이고 정서적으로 박탈하는 세계의 기능이다. 따라서 이러한 개인의 능력에서의 결핍 또는 부재에 대해 이야기하는 것은 분명히 지나친 단순화일 것이다. 전반적인 능력의 측정은 이러한 개인들과 다른 집단 사이의 차이를 산출하지 못할 것이다. 측정과 수량화의 측면에서 단순한 임상적 인상을 넘어서려는 노력은 반영기능 실패에서 이들 능력의 불균형과 상황적 및 대인관계적 특수성을 받아들여야 한다.

우리의 시각에서 비반영적인 내적 작동 모델은 대인관계 내에 갈등 요소가 존재할 때 성격장애가 있는 성인과 아동의 행동을 지배하게 된다. 갈등(또는 그것의 적응적 해결)은 원형적으로 자기와 관련하여 자기 및 타인 모두의 지각을 요구하며, 개인이 자기 자신의 타당한 주장을 타인에 대한 고려와 조화시킬 것을 요구한다(Killen & Nucci, 1995). 따라서 예를 들어 심각한 행동 문제가 있는 개인의 초기 가정환경의 비정상성은 정상적으로 예상되는 갈등의 맥락에서 가장 분명한 것으로 나타났다(Patterson, 1982; Perry, Perry, & Kennedy, 1992). 이러한 맥락에서 취약한 정신화 능력을 가진 아동은 자신의 지향적 자세에 대한 확인을 경험하지 못하고 소유감, 즉 자기 주체감에 필수적인 자기 행위에 대한 내적 보증의 획득에 실패한다. 결과적으로 자율감이 취약해지고, 자신의 본래 의도의 중요성이 과장된다. 적대적 반항장애의 특징(예: 부정성, 불복종, 공격성)은 민감하지 못하고 강압적인 양육에 의해 자기 내 심적 상태와 행위 간의 연결이 약화된 관계에서 자기 주체성을 다시 주장하려는 시도의 일부로 볼 수 있다.

양육의 이상은 반영기능상에서 제한된 하나의 경로를 나타낸다. 과잉행동, 부적절한 주의, 충동 조절의 결함과 같은 아동의 생물학적 취약성은 모두 갈등적인 대인관계 상황에서 정신화된 반영 모델을 진화시키는 기회를 가로막기 쉽다. 변증법적 또는 교환 모델 내에서 이러한 생물학적 취약성에 내재하는 양방향적 인과관계가 있다. 둘 다 갈등 상황을 유발하고, 그것을 유연하게 다룰 수 있는 아동의 능력을 상당히 제한한다(제9장 참조).

지향으로부터 행위를 분리하는 것은 행위의 결과와 관련하여 개인이 경험할 것으로 기대되는 감정 반응을 약화시킨다. 왜냐하면 하트와 킬렌(Hart & Killen, 1995)이 지적했듯, 도덕적 감정의 획득은 개인이 '자신의 세계를 해석하고, 그 안에서의 행위를 결정하는 판단을 내리는, 자기 자신의 발달에 능동적인 기여자(1995, p. 7)'가 될 것을 요구하기 때문이다. 결과적으로 감정이 부하된 상황에 대한 주된 반응은 자기에 의해 쉽게 버려지는 비반영적인 것일 것이다. 자연스럽게도 이러한 상황에서 반영기능의 부재는 그 사람의 행동에서 마치 반응의 하나의 양상만이 접근 가능한 것 같은 경직성을 보이게 할 것이다. 나아가 그 반응은 사회적 규범과 빈번하게 충돌할 수 있는데, 왜냐하면 타인의 관점을 취하는 경향이 그 맥락에서 유기되었고 결과적으로 행위의 결과에 대한 판단을 내리고 행동을 조절하는 것에 사용된 '도덕적 정서'가(Arsenio & Lover, 1995) 부재하기 때문이다. 반영기능의 부재는 개인이 타인을 또 다른 지향적 주체가 아닌 비인간적 측면으로, 즉 몸으로, 사회적 위치나 주체를 대표하는 것으로, 또는 익명의 집단 구성원으로 보도록 강요하며 반사회적 반응을 더욱 과장할 것이다.

　학대 또는 좀 더 광범위하게 외상은 두 수준에서 반영기능에 대한 영역 특정적이고 상황 특정적인 제한과 상호작용하는 것으로 보인다. ① 우리가 논한 바와 같이, 학대는 학대하는 사람의 지향적 자세의 실제적인 적대성뿐 아니라 아동의 싹트는 지향감을 이해하고 인정해 주는 것에 대한 성인의 실패에 의해 부여된 자기 발달의 제약 때문에 아동에게 타인의 관점을 취하는 것에 대한 감정적 의욕을 강력하게 저해한다. ② 아동은 외상적 대인관계 상황을 이해하는 능력으로 제공되는 회복력을 박탈당한다(Fonagy et al., 1994). 따라서 가족 환경으로 인해 외상을 입은 개인들은 외상에 대한 반응의 장기적인 부적응적 영향과 그것에 대처하는 능력의 감소라는 측면 모두에서 취약하다. 따라서 이러한 상황에서 적용된 두드러지게 비정신화하는 자세가 개인을 더욱 손상시키고, 극단적으로는 이들의 비정신화하는 접근이 모든 친밀한 대인관계를 지배하게 될 것이다. 궁극적으로 성격장애로 자리 잡게 되는 심각한 발달정신병리가 야기될 가능성이 있는 것도 바로 이 단계다.

제2장 정서와 정서 조절에 대한 역사적 및 다학제적 관점

이 장에서 우리는 정신화와 반영기능을 형성하는 발달 메커니즘에 관한 첫 번째 장에서의 논의의 함의를 이어 간다. 여기서 우리는 정서와 정서 조절의 렌즈를 통해 초기 대상관계와 정신화와의 관계를 조사한다. 이 장에서는 정신화 관점에서 정서와 정서 조절에 관한 학문적 전통의 역사적인 개요를 제공한다. 이 장은 어떤 완전한 문헌 고찰로서 의도된 것이 아니다. 실질적으로 그것은 이 작업의 범위를 벗어나는 것이다. 여기서 우리의 목표는 감정 연구에서의 핵심 논쟁을 지적하는 것이다. 선행 연구들을 살펴보면 유사한 이분법이 여러 학문 분야에 걸쳐 존재한다는 사실이 강조된다. 철학적 및 심리학적 전통은 모두 다음의 두 방식 중 하나로 정서를 고려하는 경향이 있다. ① 이상적으로는 인지와 통합된 것, ② 본질적으로 독립적인 것으로 이성적 사고와 반대되고 이성적 사고의 통제에서 벗어난 것. 특정 신경과학자들은 두 전통 모두 감정적 경험을 매개하는 것으로 생각되는 두뇌 구조에 강한 기반을 가지고 있을 것이라고 제안했다. 프로이트(Freud)를 비롯한 정신분석학자들도, 주목할 만한 몇 가지 예외와 함께, 두 사고 모두를 추구해 왔다. 우리는 애착이론가들의 공헌을 어느 정도 상세히 검토하였는데, 이는 이 틀이 현재 논문에서 제시하는 많은 아이디어의 출발점이기 때문이다. 애착이론의 전통에서는 주 양육자와 영유아 사이의 공동조절(coregulation)에 의해 정서적 경험이 정확히 어떻게 자기 조절의 습득에 기여하는지 탐구하기 위해 노력해 왔다. 이번 장은 정서에 관한 두 가지 주요 지적 전통을 통합하려는 시도의 일환으로, 제1장에서 이미 간략하게 소개한 발달적 전통에도 기반하여, 역사적 준거 틀을 적용하여 우리의 접근을 설명한다.

▌서론

정서에 대해 여러 학문에 걸쳐 크게 관심이 증가하고 있다. 애착이론과 심리학의 다른 많은 영역 모두에서 이러한 정서에 대한 관심의 중요한 요소 중 하나는 정서 조절이다. 그러나 많은 학자들이 관찰했듯 정서 조절 개념은 아직 제대로 정의되지 못하고 있다(Gross, 1998, 1999; Magai, 1999; R. Thompson, 1990, 1994). 일부 이론가들이 정서 조절 또는 '감정 조절'이라고 하기도 하는 이것은 조절의 대상이 정서/감정 그 자체인 과정을 의미한다(Eisenberg & Fabes, 1992; N. Fox, 1994; Garber & Dodge, 1991). 그러나 애착이론가들과 정신분석학자들에게는 조절의 대상이 보다 복잡하다. 정서의 조절은 자기의 조절과 연결되어 있다. 보다 정확하게, 정서 조절은 어떻게 영유아가 공동조절 상태에서 자기 조절로 이동하는지에 대한 설명에 결정적인 역할을 한다. 정신분석학자와 애착이론가들이 정서 조절을 생각하는 측면의 범위가 더 크다.

정서와 정서 조절이 반드시 상호 보완적인 개념은 아니다. 정서 조절은 우리의 정서적 반응을 통제하고 바꿀 수 있는 능력을 수반한다. 그러나 우리는 정서가 조절하에 있을 수 있다는 것에 동의하지 않는 사람들의 주장도 고려할 것이다. 그러므로 정서와 정서 조절의 본질을 고려하는 다양한 자료와 논쟁을 살펴보면서 이 탐색을 시작하는 것이 중요하다. 이 역사적 배경은 정서에 대한 특정 신념이 현대의 관점에 계속 영향을 주는 방식을 밝혀 준다. 이 장의 첫 번째 부분에서 우리는 정서와 정서 조절에 대한 철학적 관점으로 시작한다. 그리고 심리적 관점으로 나아가고, 신경과학적인 관점으로 전환한다. 두 번째 부분에서는 정신분석에서의 정서와 정서 조절을 탐색하고, 이어서 애착이론을 살펴본다.

▌철학적 관점

서양의 철학적 전통에서 행위를 이끌어 내는 이상적 기준으로서 합리성에 대한 강조는 정서의 중요성이 축소됨을 의미했다. 동시에 대부분의 주요 철학자들은 정서에 대해 설명해야 할 필요성을 느꼈으며, 데카르트(Descartes)와 같은 합리성의 충실한 변호인조차 정서에 관해 심오한 이야기를 해 왔다.[1] 우리는 이 맥락의 철학 역사에서 정서가 어떻게 이해되었는지에 대한 상세한 기술을 여기에 제시하지는 않았다. 우리의 목적을 위해서는 오늘날 정서와 정서 조절을 이해하는 데 큰 관련성을 유지하고 있는 철학 역사에서의 정서의 본질에 관한 중요한 논쟁을 강조하는 것으로 충분할 것이다. 주체로서의 자기에 대해 다루는 제5장에서, 우리는 상호주관성의 주제와 연결하여 심리 철학으로부터 현시대의 아이디어들을 기술했다.

아리스토텔레스(Aristotle)에게 정서는 선하고 행복한 인간 삶의 추구와 달성을 위한 근본이다. 그는 세계가 정당화될 수 있는지, 또는 없는지에 대한 판단을 정서가 제공한다는 점에서 정서를 신념으로 여기고 있다. 이것은 정서가 그 자체로 유해하거나 이성에 반하지 않는다는 것을 의미한다. 아리스토텔레스(Aristotle)의 시각에서 정서는 우리의 인격이 너무 약해서 그것에 대응하고 완화시킬 수 없을 때에만 해롭게 된다.[2] 그는 정서가 과도해질 수 있다는 것을 부인하지 않는다. 오히려 그는 훈련을 통해 적절한 방식으로, 즉 적시에, 올바른 방법으로, 올바른 사람들을 향해서 정서를 갖는 것을 배울 수 있다고 강조한다.

아리스토텔레스(Aristotle)는 정서 조절에 대한 이론을 가정한 최초의 철학자라고 할 수 있다. 그에게 있어 정서를 조절하는 것은, 과잉과 결핍 양극단 사이의 중간 추이 내에서 발생하도록 만드는 것에 달려 있다. 다시 말해, 우리는 분노를 평균에 따르는 것과 극단으로 구분할 수 있다. 과잉을 우리는 성마름이라 부르고, 결핍을 과민이라고 부른다(Barnes, 1984; Rhetoric, 1378a31).[3] 아리스토텔레스(Aristotle)는 우리가 정서를 우리의 통제하에 놓기 위해 어떻게 행동해야 할지 분별할 수 있기 위해 인격을 함양하도록 촉구하고자 하였다. 그는 정서의 가치를 높이 평가하며, 특히 어떻게 쾌가 정서적 경험과 완전하게 연결되어 있는지 강조한다(Gosling & Taylor, 1982; Jurist, 1998; Stocker & Hegeman, 1996). 가장 중요하게 그는 이성과 감정을 통합하는 인간 주체에 대한 이상을 형성한다.

아리스토텔레스(Aristotle)에 대항하여 스토아 철학자들은 정서가 조절될 수 있다는 개념에 도전한다. 그들의 견해에서 정서는 우리의 통제를 넘어서고, 필연적으로 함양을 피한다. 이것은 때때로 우리가 정서를 선택한 것이 아니라, 정서가 우리에게 발생했다고 느끼게 되는 이유를 설명한다. 스토아학파는 정서를 틀린 판단으로, 따라서 우리가 길을 잃게 하는 오류의 힘으로 여긴다. 그러므로 정서로부터 거리를 두고 합리성에만 기반하여 행동하는 것이 마땅하다. 만약 우리가 정서의 제압적인 힘에 동의하지 않을 수 있다면, 우리가 번창시킬 수 있는 '분리'와 '자기 충

---

1) 데카르트(Descartes)는 이성, 오직 이성만이 지식을 보장한다는 그의 신념으로 인해 종종 비평의 대상으로 지목된다. 그러나 데카르트(Descartes)의 『정념론(The Passions of the Soul)』에서는 정서에서의 몸의 역할의 중요성을 강조하며 정서를 다루고 있다. 데카르트(Descartes)와 17세기 다른 철학자들이 정서를 얼마나 진지하게 다루었는지에 대한 본래의 관점을 보려면, 수전 제임스(S. James, 1997)를 참고하라.

2) 고대 그리스의 덕목인 절제(sophrosune)는 쾌와 몸의 욕구의 조절과 관련된다. 절제는 쾌를 제한하거나 평가절하하는 것이 아닌, 적정량의 쾌를 찾는 것이다.

3) 아리스토텔레스(Aristotle)는 분노의 결핍에 대한 용어를 찾는 것이 어렵다고 지적하며, 분노를 과잉되기 쉬운 정서라고 하였다.

만'을 획득할 수 있다.

스토아학파의 견해는 철학의 역사에 지배적인 영향을 미쳤다. 이것은 특히 비합리성이 그것 자체로서 의미를 가지는 것으로 보는 것이 아니라, 철저히 합리성의 실패 측면에서 비합리성을 해석하는 철학적 경향의 측면에서 두드러진다. 더욱이 스토아 철학은 정서와 몸이 부정적인 측면으로 묘사되는 초기 기독교 사상에 중요한 영향을 주었다. 정서에 대한 기독교의 모순은 드 수사(DeSousa)에 의해 설명되었는데, 7대 죄악 중 다섯 가지(탐욕과 탐식을 제외한 교만, 정욕, 질투, 분노, 나태)가 정서에 해당하고, 네 가지 기본 덕목 중 세 가지(정의를 제외한 지혜, 절제, 용기)가 감정적 유혹에 저항하는 것과 관련된다(1987, p. 17). 철학의 역사를 살펴보는 것은 오래된 것에 대한 관심 이상의 의미가 있다. 스토아학파 견해의 영향은 우리 문화에서 자기 이해에 실제적인 결과를 가져왔다.

일반적으로 다소 직설적으로 말하면, 아리스토텔레스학파는 정서에 우호적인 반면, 스토아학파는 정서를 경계한다.[4] 이들은 상호 배타적인 패러다임으로 보이지만, 성급하게 그러한 결론에 도달하지 않도록 주의해야 한다. 사실상 스피노자(Spinoza)를 보면, 우리는 두 패러다임의 다른 측면을 제공하는 철학자를 발견하게 된다. 스피노자(Spinoza)는 데카르트 혁명으로부터 크게 영향을 받았으며, 특히 철학을 보다 과학적으로 만들려는 목적에 매력을 느꼈다. 이것은 기하학적 형태의『윤리(Ethics)』(Spinoza, 1677)에서 분명히 드러난다. 그는 데카르트(Descartes)의 이원론과 결별하지만, 인간을 체화된 마음으로 상정한다. 데카르트(Descartes)의 업적인『정념론(The Passions of the Soul)』은 정서를 몸에 있는 감각과 정신적인 것 둘 다로 묘사하는 장점이 있다. 실제로, 정서와 몸의 강조는 아리스토텔레스(Aristotle)의 신념으로서의 개념에서 벗어나서 심리학을 예측하는 중요한 새로운 방향을 제시한다. 그러나 데카르트(Descartes)에게는 마음이 몸과 상호작용하는 방법을 설명해야 하는 문제가 발생한다. 스피노자(Spinoza)는 몸의 경험이 마음에 직접적으로 접근할 수 있다고 주장하며, 이 논쟁을 솜씨 있게 빗겨 간다(1677, p. 12).

스피노자(Spinoza)는 정서에 대한 스토아학파의 시각에 강하게 영향을 받았다. 그는 정서를 틀린 판단으로 간주하고, 따라서 우리는 정서에 의해 행동하는 것에 저항하고 정서가 우리의 통제를 벗어난다는 것을 받아들여야 한다고 촉구한다. 그럼에도 불구하고 스피노자(Spinoza)는『윤리』의 제3부에서 우리가 단순히 정서를 거부하거나 버려서는 안 된다고 주장한다. 오히려 떨쳐 버리지 않고 정서를 교정하기 위해 이성을 사용해야 한다고 한다. 스피노자(Spinoza)에 따르면

---

4) 아리스토텔레스학파와 스토아학파의 관계에 대한 훌륭한 논의를 보려면, 누스바움(Nussbaum, 1994)의『욕망의 치료(The Theraphy of Desire)』를 참조하라.

우리의 자기 이해는 우리의 정서를 이해함으로써 향상된다. 임상적 관점에서 스피노자(Spinoza)에 대해 특히 흥미로운 점은, 정서 상태가 이성이 그것에 적용되는 방식으로 보존되어야 한다는 그의 제안이다. (우리는 이 장의 뒷부분에서 이 생각을 다시 다룰 것이다.) 정서가 우리의 삶을 풍요롭게 한다는 것을 인식하면서, 그는 감정과 이성의 통합에 대한 아리스토텔레스학파의 희망에 동정을 보인다. 따라서 스피노자(Spinoza)는 아리스토텔레스학파 또는 스토아학파에 어디에도 완전히 속하지 않는다.

아리스토텔레스학파와 스토아학파 사이의 논쟁은 정서에 대한 사고의 역사에서 계속 떠오른다. 정서는 함양될 수 있는가? 정서가 인간의 삶에 의미를 부여하는가? 그리고 우리가 상상하는 인간의 번성에 필수적인가? 아니면 우리의 안녕에 위험한 원초적인 힘인가? 이 논쟁에 대한 철학적 접근 중 하나는 주로 가치 있고, 도덕적 행동에 기여하는 것으로 간주되는 정서에 초점을 맞춘다. 흄(Hume)이 그러한 입장을 취한다. 그는 모든 정서가 도덕성에 기여하는 것으로 간주되어야 한다고 주장하지는 않지만, 도덕성이 느낌에 근거하고 있으며, 이성만으로는 결코 정립될 수 없다고 주장한다. 최근에는, 스토커와 헤게먼(Stocker & Hegeman, 1996), 오클리(Oakley, 1992), 로티와 플래너건(Rorty & Flanagan, 1990), 그린스팬(Greenspan, 1988), 드수사(DeSousa, 1987), 테일러(C. Taylor, 1985)와 같은 철학의 도덕심리학자들이 정서가 도덕성에 기여하고, 정서를 합리성을 약화시키는 것으로 보는 것은 잘못된 것이라고 주장한다. 요약하면, 철학자들 사이에 정서를 다시 생각해 보는 것의 가치에 대한 인식이 커지고 있다. 물론 이것이 철학자들 간에 합의가 있음을 의미하지는 않는다. 정서를 신념의 측면에서 정의하고자 하는 철학자들(예: Wollheim, 1999)과 정서에 대한 몸의 기여를 재구성하기를 원하고 급성장하는 정서에 대한 과학적 연구에 매혹된 철학자들(예: Griffiths, 1997) 간의 구분이 필요하다.

▌심리적 관점

철학과 비교하여, 심리학 영역에서는 동기와 같은 이성 이외의 현상에 깊은 관심을 늘 보여 왔다. 그럼에도 불구하고 행동주의 시대 동안, 그리고 인지 혁명의 초기 단계에서, 정서는 심리학 연구의 중심에 있지 못했다. 톰킨스(Tomkins, 1995a, 1995b)는 1950년대와 1960년대 미국의 심리학계에서 정서가 얼굴 표정을 통해 드러나고, 행동으로 이끌기 위해 설계되었다는 다윈(Darwin)의 견해를 발달시키기 위해 노력하는 상대적으로 외로운 목소리였다. 톰킨스(Tomkins)는 정서가 그 자체로서 연구되어야 하고, 지각, 인지, 기억과 구별되는 지식의 독립적인 영역을 구성한다고 강조했다. 톰킨스(Tomkins)에 따르면 정서는 일차적인 생물학적 동기 부여 메커니즘이며, 따라서 인간 주체성에서 가장 우선적인 것으로 이해될 수 있다. 톰킨스(Tomkins)의 업적은 정서와 표정 사이의 관련성을 강조했다는 점이다. 후기 저서에서 그는 피부 반응의 중요성을 포함시켰다(Tomkins, 1995b).

스승인 톰킨스(Tomkins)에 의해 영감을 받은 에크먼(Ekman, 1992a; Ekman & Davidson, 1994)은 1970년대부터 현재까지 감정은 보편적이며, 표정을 통해 비교 문화적으로 인식될 수 있음을 보여 주는 연구를 진행하고 있다.[5] 에크먼(Ekman)은 다섯 가지 '기본 감정(행복, 슬픔, 분노, 두려움, 혐오)'이 있다고 주장한다. 이러한 기본 감정은 다음의 아홉 가지 특성으로 정의된다. 독특한 보편적 신호, 다른 영장류에의 존재, 독특한 생리학, 선행 사건에의 독특한 보편성, 감정적 반응의 일관성, 빠른 시작, 짧은 지속 시간, 자동적 평가 및 예상치 못한 발생(Ekman, 1992a)이 그것이다. 에크먼(Ekman)은 이러한 아홉 가지 특성을 뒷받침하는 증거가 다양하다는 점을 인정한다. 분노, 두려움, 혐오 및 (아마도) 슬픔에 대한 자율신경계 반응의 독특한 패턴에 대한 증거가 존재하고, 그는 중추신경계상에 각 감정에 대한 고유한 패턴이 존재한다고 주장한다.

스토아학파와 마찬가지로 기본 감정 옹호자들은 정서가 우리에게 발생한다고 강조한다. 에크먼(Ekman)은 감정의 급속한 시작은 우리가 왜 우리 자신이 감정을 선택하는 것으로 지각하는 것이 아니라, 감정이 우리에게 발생한다고 지각하는지를 설명한다. 그러나 스토아학파와는 달리 기본 감정 옹호자들은 정서가 생존에 기여하는 것으로 평가하고, 적어도 이러한 측면에서 유익하다고 간주한다. 기본 감정 패러다임은 정서에 대한 연구를 수행할 수 있는 한 가지 가능한 경로를 제공한다. 제임스-랑게 이론(James-Lange theory; W. James, 1884; Lange, 1885)에서 파생된 영향력 있고, 고려해야 할 심리학의 다른 패러다임들이 있다. 그러나 그것들을 살펴보기 전에, 에크먼(Ekman)의 업적에 대한 두 가지 비판을 알아볼 필요가 있다.

기본 감정에 대한 첫 번째 비판은 정서가 진정으로 분리된 범주를 형성하는지 또는 정서에 대해 정말로 '기본적'인 것이 그것의 차원(각성, 쾌, 활동의 수준)인지에 대한 질문을 제기한다. 예를 들어, 데이비슨(Davidson, 1992)은 '접근과 철수'의 차원을 기본이라고 주장하며, 에크먼(Ekman)의 얼굴 표정에 기반한 기본 감정의 이해에 명백한 도전을 제기한다. 데이비슨(Davidson)은 에크먼(Ekman)의 연구에서, 특히 이러한 감정이 자발적으로(실험실과는 대조적으로) 발생했을 때, 원

---

5) 용어에 대해 정리한다. 감정(emotions)은 생물학적이고 보편적이다. 반면 느낌(feelings)은 주관적이고 특이적이다(문화, 가정 및 개인적 특이에 영향을 받는다). 정서(affects)는 감정과 느낌 모두를 포괄한다.

형적 표현의 불변성을 유지하는 것은 아무것도 없다고 지적한다. 데이비슨(Davidson)이 덧붙인 대로, 감정과 그것의 표현 사이에 동형관계가 존재한다고 단순히 가정하는 것은 설득력이 없다. 감정 내에는 감정 간에 존재하는 것만큼의 변이가 있을 수 있다.

에크먼(Ekman)의 업적에 대한 두 번째 비판은 비교 문화적 타당성에 관한 것이다. 러셀(J. Russell, 1991)은 에크먼(Ekman)의 표정에 대한 연구가 감정이 문화에 걸쳐 유사하다는 것을 보여 주지만, 상이한 문화에서 감정이 동일하다고 가정해서는 안 된다고 말한다. 비슷한 맥락에서 애버릴(Averill, 1994)은 기본 감정이 본질적으로 분류의 한 형태라고 강조했으며, 이러한 '원형'의 적용은 빈번하게 이차적이고 특이한 감정을 간과하는 결과를 낳는다고 경고한다. 인류학자인 슈웨더(Shweder)는 기본 감정 시각에 보다 급진적인 비판을 발전시킨다. 슈웨더(Shweder)는 어떤 감정에는 특징적인 얼굴 표정이 부족하고, 우리는 그것을 '신체적 및 정서적 경험에 형태와 의미를 부여하는 복잡한 내러티브 구조'(1994, p. 37)로 이해해야 한다는 것에 동의한다. 러셀(Russell)과 애버릴(Averill)처럼 슈웨더(Shweder)는 기본 감정 견해에 반대하며, 그것을 자연에서 발견되는 어떤 것이 아닌 가치의 평가에 의존하는 언어의 구조로 간주한다.

신념이 어떻게 정서에 영향을 줄 수 있는지에 대한 질문을 제기함에 있어, 비교 문화적 비판이 정서의 주관적 경험으로, 또한 암묵적으로는 그것을 변경하고 만들 수 있는 우리의 잠재력으로 우리의 관심을 끈다. 에크먼(Ekman)은 그가 감정의 타고난 보편적 측면에 주로 관심이 있다는 것을 분명히 한다. 그는 이것이 연구를 통해 가장 진전을 이룰 수 있는 길이라고 단언한다. 에크먼(Ekman)은 정서의 주관적 경험을 "어떻게 주관성이 감정적 경험의 다른 측면에 위치하는지 거의 알려지지 않았기 때문에"(1992a, p. 175) 연구에서 다루기 어려운 것으로 보며, 구체적으로 부인한다. 그러나 우리는 마음 내에서 상태로 발견되는 정서적 경험의 표현이 어느 정도까지 정서를 처리하고 조절하는 우리의 능력을 무시하는 그것의 본성에 대한 왜곡인지 궁금해질 수 있다.

많은 심리학자는 인지가 정서적 경험을 어떻게 결정하는지에 주목했다. 정서를 외부 세계에 대한 생리적 반응의 지각적 재인이라고 규정하는 제임스–랑게 이론에 대한 반응으로 등장한 샤흐터와 싱어(Schachter & Singer, 1962)는 일반적인 생리적 각성 상태의 명명을 돕기 위해 인지가 필요하다고 주장했다. 이 관점은, 기본 감정 시각과 정서적 경험의 근본적 기반이 몸에 있다는 생각을 공유한다. 그러나 정서가 특유의 생리적 징후와 연관될 수 있는지 여부에 대한 문제에서 기본 감정 시각과 다르다. 보다 최근에 라자루스(Lazarus, 1984, 1991, 1994)는 인지가 없는 정서적 경험과 같은 것이 없다고 주장하면서 정서에 대한 인지적 공헌을 강조했다. 그의 시각에서 볼 때, 깜짝 놀라는 반응은 두려움의 정서와 다른데, 정확히 두려움의 경우 인지가 반드시 동반된다는 면에서 그렇다. 정서에 대한 인지의 우위는 초기 인지행동 치료사들의 작업을 조직한 이론적 틀의 초석이었다(Beck, 1967; Mahoney & Freeman, 1985; Meichenbaum, 1997 참조). 그러나 인지가 정서의 본질을 결정한다는 개념은 자이언스(Zajonc, 1984)와 같은 다른 심리학자들에 의해 거부되었다. 자이언스(Zajonc)는 널리 알려진 라자루스(Lazarus, 1984)와의 논쟁에서, 수반되는 인지 없이 정서를 갖는 것이 가능하다고 주장했다.

자이언스-라자루스(Zajonc-Lazarus) 논쟁의 상당 부분은 '인지'라는 용어에 의해 암시되는 이슈, 즉 그것이 의식과 같이 상당히 최소한의 것인지, 또는 논리적 추론에 가까운 보다 복잡한 것인지(예: Mandler, 1984)에 머무른다. 만약 인지가 정서에 수반되는 의식에 불과하다면, 논리적 사고를 나타낸다고 간주하는 것보다 논란의 여지가 적다. 정서의 인지적 관점은 자연스럽게 정서 조절의 개념을 강조하고자 하는 사람들과 밀접하다(Oatley & Johnson-Laird, 1987; Power & Dalgleish, 1997). 사실상, '감정 조절'을 연구하는 다수의 심리학자들에게, 기본 감정 패러다임은 정서에 대한 이야기의 일부만을 말하고 있다고 여겨지는 것만큼 잘못된 패러다임은 아니다. 그러나 이러한 심리학자들 중 많은 사람들은 정서의 본질을 결정하는 인지적 평가를 수행하는 주체의 본질에 대한 어려운 질문을 하지 않았다. 철학적 및 심리학적 관점에서 제기된 일부 질문들에 답을 찾기 위해, 신경과학을 살펴보는 것이 도움이 될 것이다.

▌신경과학적 관점

신경과학은 정서 연구에 있어 새롭고 흥미진진한 분야다. '정서 과학'의 새로운 하위 분야에서 두드러지는 연구자 중 한 명은 르두(LeDoux, 1994a, 1994b, 1994c, 1995, 1996)다. 그의 연구는 쥐를 대상으로 하여 두려움의 정서를 다루고 있는데, 그는 종 간에 다소 유사할 것이라고 믿으며, 감정적 중요성을 결정하는 두뇌의 국소 지점으로 편도체의 중요성에 주목한다. 르두(LeDoux)에 따르면, 두뇌에는 두 가지 정서적 반응 체계가 있다. 첫 번째는 편도체에 기원을 두고 있으며 자동으로 발생하기 때문에 '빠르고 지저분한(quick & dirty)' 것으로 묘사되고, 본질적으로 거친 면이 있다. 신피질과 관련된 두 번째는 인지 구성 요소와 함께 반응하여 우리의 능력을 세련되게 한다.

르두(LeDoux)는 두뇌의 이 분리된 두 부분으로 배타적으로 감정을 국소화하려고 하지 않는다. 그는 편도체와 신피질 간의 상호작용뿐만 아니라 해마와 같은 다른 부분의 결정적 역할에도 주의를 기울인다. 그의 책 『느끼는 뇌(The Emotional Brain)』(LeDoux, 1996)에서 그는 두뇌에 감정이 존재하는 단일 장소가 없다는 점을 반복해서 강조한다. 편도체에는 신피질을 오가는 경로가 있는데, 시상으로부터 피질이 활성화되는 것과 동시에(피질을 통과하지 않고) 시상 감각 과정에 의해 활성화될 수 있다. 대상의 표상은 동시에 발생하지만, 특징적으로 감정적 반응으로부터 발생한다. 르두(LeDoux)가 말했듯 "다시 말하면, 우리는 자극을 충분히 표상하기 전에, 자극의 감정적 의미에 반응을 시작할 수 있다"(1994a, p. 221).

따라서 감정적 과정은 즉각적이고 매개적인 형태를 가지는데, 전자는 구별되면서, 후자에 기여한다. 이러한 두 반응 체계를 '유형 I'과 '유형 II'라고 부른다(LeDoux, 1994a, 1994b). 유형 I 감정적 반응은 즉각적이고, 종의 진화적 경험의 산물이다. 사실상 르두(LeDoux)는 이것을 동물의 고정된 행동 양상에 비유한다. 기본적으로 유형 I에서 감정은 초기의 피상적인 평가로부터 발생하는 자동적 반응이다. 이것은 우리의 자율적 통제하에 있지 않다. 유형 II 감정적 반응은 발생하기보다는 방출된다. 이것은 종이 아닌 개인 특이적이고, 현재 상황에 과거의 적용 가능성에 대한 과거의 경험과 판단을 반영한다. 유형 I 반응과 달리, 유형 II 반응은 우리의 의지적 통제의 대상이다.

르두(LeDoux)는 '조기 경보 체계'의 기능(본질적으로 다소 제한되어 있기는 하지만, 위협적인 자극을 피할 수 있도록 해 줌)을 갖는 보다 오래된, 원시적인 감정적 반응과 차별화된 기능을 가지고 있는 보다 최근의 복잡한 감정적 반응을 구분한다. 이러한 좀 더 차별화된 반응은 지각적 완전성의 이득을 누리고, 우리의 통제의 대상이다. 르두(LeDoux)에 따르면 감정적 반응은 인지 체계가 부재하는 경우에도 발생할 수 있다. 정서와 인지에 대한 신경 회로는 상호작용하면서도 구분되기 때문이다.

따라서 르두(LeDoux)의 견해는 다양하고, 유연하며, 수의적인 유형 II 감정 반응을 소개하며 정서적 경험에 대한 보다 풍부한 설명을 제시하지만, 기본 감정 견해와 겹친다. 르두(LeDoux)는 대부분의 감정적 과정이 우리의 의식 밖에서 발생하고, 그가 판단할 때 '느낌'은 단순히 '감정 케이크에 올려진 장식'(1996, p. 302)과 같은 부산물로 생겨난다는 것을 강조한다. 기본 감정 옹호자들처럼 르두(LeDoux)는 정서의 주관적 경험을 축소시키고, 이것이 정서의 '일차적 과제'와 관련된 것이 아니라, 진화를 통해 보존된 행동 적응의 결과로 본다(LeDoux, 1994c).[6] 행동주의자이자 사회생물학자로서 르두(LeDoux)는 자기 반영을 탐색하는 것을 경계하면서 삼간다. 정서가 무의식적으로 발생한다고 단언하지만, 그는 정신분석적 무의식을 '보다 어둡고 악의적인 장

---

6) 이 점에 대해 모든 신경과학자들이 르두(LeDoux)의 의견에 동의하지는 않는다. 사실상 팽크셉(Panksepp)은 감정적 느낌의 중요성을 축소했다며 르두(LeDoux)를 비판했다(Panksepp, 1998, p. 341).

소'(1996, pp. 29-30)라고 일축한다.

르두(LeDoux)가 설명한 감정 반응에 대한 두 체계 관점은 아리스토텔레스학파와 스토아학파의 패러다임 사이의 긴장을 완화하는 데 유용하다. 지나친 단순화의 위험이 있지만, 정서가 우리에게 발생하고 우리의 통제를 벗어난다는 감정 반응의 첫 번째 체계는 스토아학파의 위치에 있다고 말할 수 있다. 르두(LeDoux)가 설명한 감정 반응의 두 번째 체계는 첫 번째 체계가 유일한 것이 아니라는 것을 명확히 하는 것을 돕는다. 아리스토텔레스학파가 강조했듯이 일단 발생하면, 정서를 가공할 수 있는 우리의 능력에 주의를 기울여야 한다.

르두(LeDoux)는 그의 정서에 대한 진화론적 설명이 시작점에 불과하다는 것을 알고 있다. 그는 예를 들어, 유형 II 감정 반응이 어떤 자기 조직화의 존재에 의존한다고 자연스럽게 언급한다. 상술하지 않은 채 르두(LeDoux)는 "느낌을 갖는 능력은 자신의 자기와, 자신과 나머지 세계와의 관계를 의식적으로 인식할 수 있는 능력과 직접적으로 연결되어 있다"(1996, p. 125)고 관찰한다. 이러한 언급은 정서 조절의 방향으로 기본 감정 접근법을 확장시킬 필요가 있음을 조용히 인정한다. 자기를 언급하며, 르두(LeDoux)는 그가 들어가지 않으려 했던 문을 열게 된다.

팽크셉(Panksepp)과 다마지오(Damasio)와 같은 다른 신경과학자들은 정서와 자기의 관계를 다루는 도전을 시작했다. 지면상의 이유로 우리는 다마지오(Damasio)의 연구에 집중하겠지만, 이것은 팽크셉(Panksepp)의 『정서의 신경과학(Affective Neuroscience)』(Panksepp, 1998)의 공헌이 현장에 미치는 영향을 축소하려는 것은 아니다.[7] 다마지오(Damasio)의 신경학적 연구는 전전두엽 두뇌 손상 환자에 대한 것이다. 이들은 과거 사건을 작업 기억으로 재활성화할 수 있음에도 불구하고 느끼는 것에 대한 불능을 명백하게 나타낸다. 감정과 인지 사이의 관계에 대한 우리의 접근에서 매우 특정적인 기능을 바라보도록 권하는 르두(LeDoux) 동물 연구의 좁은 시점과 달리, 다마지오(Damasio)는 광범위한 철학적 질문을 환영한다.

다마지오(Damasio)는 그의 첫 번째 저서의 제목에서부터 『데카르트의 오류(Descartes' Error)』(Damasio, 1994a)에서 마음-몸의 이원론, 특히 정서를 거부함으로써 합리성을 확인하고자 하는 철학자들의 가정을 거부하고자 한다. 다마지오(Damasio)의 주장은 신경적 관점에서 감정은 합리성 그 자체의 구성 요소라는 것이다. 그는 다음과 같이 관찰한다. "자연은 생물학적 조절 장치의 위에서뿐 아니라 이것으로부터, 또한 이것과 함께 합리성의 장치를 만든 것으로 보인다"(p. 128).

---

7) 팽크셉(Panksepp)은 정서 상태가 의식의 모든 다른 형태에 주요한 발판을 제공한다고 주장한다. 그는 자기가 뇌간 내 원시적 운동 표상에서 나오는 자기 표상에 근원을 두고 있다고 제안한다(Panksepp, 1998, p. 309).

합리성은 몸의 신호에 의해 형성되고 조절된다. 따라서 몸은 단순히 내장기관 및 근골격의 상태를 알기 위한 생명의 지지체계인 것이 아니고, 마음에 내용을 제공한다(p. 160). 다마지오(Damasio)의 주장은 단순히 몸과 감정이 합리성에 기여한다는 것이 아니다. 그는 더 나아가 뇌 손상 환자들에게서 분명하게 나타나는 감정의 감소가 추론 능력에 심각한 손상을 준다고 제안한다.

다마지오(Damasio)의 주요 논제는 두뇌 체계 내 인지와 감정 사이의 상호 연결이 있고, 그들의 차이를 주장하는 것은 인위적이라는 것이다. 이렇게 상호 연결을 강조하는 것은 다마지오(Damasio)의 입장이 톰킨스(Tomkins), 에크먼(Ekman), 자이언스(Zajonc) 및 르두(LeDoux)와 같은 학자들로부터 동떨어져 있음을 시사하는 듯하다.[8] 그러나 다마지오(Damasio)는 감정과 인지의 상호작용을 강조하는 한편, 감정이 인지 없이 존재할 수 있음을 부인하지 않는다. 그는 감정에 대한 다중 체계 접근을 지지한다.

다마지오(Damasio)의 견해의 독창성을 명확히 하기 위해서는 그것을 더 자세히 탐색해야 한다. 그는 일차적 및 이차적 감정 사이의 구분을 소개하는데, 후자는 생득적인 성향적 표상이라기보다는 습득된 것이다. 이차적 감정은 기본(일차적) 감정을 이용하지만, 또한 '느낌'(심상에 반영된 몸의 풍경 변화의 경험, 따라서 촉발된 것을 특징으로 하는 기술적 용어, 1994a, p. 145)을 불러일으킨다. 다마지오(Damasio)는 느낌이 발생하는 이유가 단지 신경화학적 변화를 설명하는 것인지 숙고한다. 그렇지 않다면 그것이 그 순간 몸 풍경의 신경적 표상이라는 개념은 불충분해 보인다. 그는 합리성을 가능하게 하고 자기를 발생시키는 몸 내 여러 수준의 신경 회로를 이해해야 할 필요가 있다고 결론짓는다(p. 147, p. 161).

다마지오(Damasio)는 감정이 어떻게 합리성 그 자체와 통합되는지 면밀히 살피는 것을 통해, 자기의 신경적 기초를 밝히며, '신체 표지 가설'이라고 명명한다. 신체 표지 가설은 우리의 의사 결정 과정이 사실상 가능한 것들 사이에서 제한하고 선택하도록 우리를 보호하고 돕는 신체로부터의 자동적인 신호인 직감 수준 반응(gut level responses)에 포함된다는 것을 보여 준다. 전전두 피질에 위치한 신경 체계의 일부인 신체 표지는 "이차적 감정으로부터 느낌이 발생하는 특별한 경우로 …… 학습에 의해 특정 시나리오의 미래 결과를 예측하도록 연결되어 있다"(1994a,

---

8) 르두(LeDoux)는 자신의 저서에서 다마지오(Damasio)를 수차례 인용하고, 다마지오(Damasio)도 감정적 경험에서 편도체의 중요성에 대한 르두(LeDoux)의 작업을 인용한다. 두 학자 모두 인지 과학자들 사이에서 감정이 관심을 받지 못해 왔다는 것에 동의한다. 더 중요하게, 다마지오(Damasio)는 르두(LeDoux)와 같이, 감정의 두 체계가 있다고 믿는다. 하나는 피질하 영역, 두 번째는 신피질 영역으로, 그는 일차적 및 이차적 감정의 용어로 기술한다. 다마지오(Damasio)는 또한 일차적 및 이차적 의식을 구분한 에들먼(Edelman, 1992)의 영향을 받았다.

p. 174). 그러나 이것은 또한 주의력과 작업 기억을 사용하여 보다 추상적인 의사 결정의 문을 연다. 이것은 외부 자극이나 의식에 다가가지 않은 채 '가정(as-if)' 방식으로 발생할 수 있다. 이것은 우리가 결과를 예상하고, 쾌 및 통증의 지각의 도움으로 미래를 견주며 새로운 목표를 세우는 것을 돕는다.

다마지오(Damasio)에게 자기는 감정, 특히 느낌의 신경적 부분으로 시사된다. 그는 이것이 그것을 반복적으로 재생산하는 생물학적 상태, 즉 심적 구성 요소임을 기꺼이 인정한다. 그럼에도 불구하고 그는 우리의 진행 중이고 계속되는 생물학적 상태, 즉 우리가 "모든 내용이 아닐지라도 대부분의 내용을 소유하고 아는 사람"처럼 느끼는 것을 경험하는 우리의 감각을 확증하고자 한다(1994a, p. 238). 그는 시대에 뒤처진 것같이 보이지 않으면서, 즉 "작은 사람, 두뇌 안에서 무엇이 진행 중인지 보여 주는 악명 높은 호문쿨루스(homunculus)"를 실수로 상기시키지 않으면서 그렇게 하고자 한다(p. 227).

자기의 신경적 기반의 개념은 초기의 감각 피질, 감각 및 운동 피질의 연합 영역, 피질하 핵을 필요로 한다. 다마지오(Damasio)가 보는 바와 같이, 신경적 자기는 언어기능에 의존하지 않는다. 다만, 언어는 비언어적인 것에서 언어적 내러티브를 창조함으로써 보다 세련된 형태의 주관성을 가능하게 한다. 그는 이렇게 표현했다. "언어는 자기의 원천은 아닐 수 있지만, 확실히 'I'의 원천이다"(1994a, p. 243). 다마지오(Damasio)는 자기와 'I' 사이의 이 제안적인 구분을 탐색하지 않고, 사실상 그의 책에서 'I'가 되는 것이 무엇인지에 대해 거의 언급하지 않는다. 신경적 자기가 어떻게 우리가 현상학적 자기라 부르는 것과 관련이 있는지에 대한 궁금증이 아직 남아 있다. 다마지오(Damasio)는 또한 이러한 면에서 문화 요소의 영향에 대한 만족스러운 설명을 제공하는 데 실패했다. 그는 인간 발달에 대해서도 논하지 않는다.

최근 저서 『일어난 것들의 느낌(The Feeling of What Happens)』에서, 다마지오(Damasio, 1999)는 자신의 초기 연구를 밝히고 있는데, 그중 가장 중요한 것은 세 가지 구분된 자기감['원시 자기 (proto-self)', '핵심 자기(core-self)', '자서전적 자기(autobiographical self)']을 구별한 것이다. 원시 자기는 '좁은 범위 내에서 몸의 상태를 지속적이고 무의식적으로 유지하고 생존을 위해 필요한 상대적 안정성을 유지하는 두뇌 장치의 합주'를 기반으로 한다(p. 22). 두 번째 자기인 핵심 자기는 우리가 지금 여기에 있는 경험에 관심을 갖게 한다. 핵심 자기가 기반하는 핵심 의식(core consciousness)은 '두뇌의 표상 장치가 유기체 자신의 상태가 대상에 대한 유기체의 처리 과정에 어떻게 영향을 받는지에 대한 심상화된 비언어적 설명을 생성하고 이 과정이 원인이 되는 대상의 심상을 향상시켜 공간적 및 시간적 맥락에 두드러지게 자리 잡을 때' 생겨난다(p. 169). 다마지오(Damasio)는 핵심 자기와 감정 사이의 연결을 강조한다. 그는 결함이 있는 핵심 의식에 대한 신뢰할 만한 상관 변인이 감정의 부재라는 것을 알려 준다(p. 100).

자서전적 자기는 보다 복잡한 종류의 의식인 '확장된 의식(extended consciousness)'에 의해 생성된다. 확장된 의식은 우리에게 정체성과 개성감(sense of personhood)을 제공한다. 이것은 우리로 하여금 살아온 과거와 다가오는 미래를 모두 가지고 있음을 인식하면서, 개인 역사적 시간의 한 지점에 있음을 깨닫게 한다. 자서전적 자기는 유기체의 독특한 역사에 대한 재구성된 심상으로부터 조직된 기록에 근거한다. 작업 기억은 핵심 자기에서와는 다른 방식으로, 자서전적 자기에 결정적이다. 자서전적 자기는 핵심 자기에 의존하면서, 과거와 미래의 차원을 더한다. 다마지오(Damasio)에 따르면 핵심 자기는 의식의 기반이며, 자서전적 자아는 그것의 열매다(1999, p. 195). 다마지오(Damasio)는 발달심리학자들을 사로잡은 18개월경에 발생하는 자기감이 자서전적 자기라고 말한다. 그는 자기가 어떻게 발달하는지에 대해 더 자세히 다루려고 하지는 않는다. 우리의 작업은 이러한 단계와 메커니즘 사이를 채우려고 시도하며, 그렇게 함으로써 자기를 이해하는 발달적 관점의 중요성을 강조한다.

정신분석 및 애착이론에서의 정서와 정서 조절에 대한 논의로 이동하기 전에 신경과학에서 설명해야 할 몇 가지 핵심 요점이 있다. 위에서 보았듯 르두(LeDoux)의 두뇌의 두 가지 감정-반응 체계에 대한 제안은 정서에 대한 아리스토텔레스학파와 스토아학파 사이의 오래되고 조화시킬 수 없을 것처럼 보이는 논쟁을 재개념화하는 것에 도움이 된다. 첫 번째 체계는 정서 반응이 우리의 통제 범위를 벗어난다는 스토아학파의 신념을 확인한다. 두 번째 체계는 정서 반응이 조절될 수 있다는 아리스토텔레스학파의 생각을 지지한다. 르두(LeDoux)의 제안은 또한 앞에서 짧게 언급한 심리학자 자이언스(Zajonc)와 라자루스(Lazarus) 사이의 논쟁에 잠재적인 해결책을 제시한다. 첫 번째 체계는 전자가 주장하는 인지 없이 정서가 어떻게 발생하는지 보여 주고, 두 번째 체계는, 후자가 주장하듯이, 어떻게 정서가 인지에 영향을 받는지 보여 준다. 르두(LeDoux)의 견해는 정서적 경험의 범위와 복잡성을 강조한다. 이것은 기본 감정의 견해를 지지하면서, 보다 유익한 전반적인 설명을 제공한다. 그러나 이론의 토대 없이 자기를 발생시키는 것에 있어, 르두(LeDoux)는 그러한 설명을 하는 설득력 있는 이유를 제시한다. 다른 심리학적 관점과 마찬가지로, 르두(LeDoux)는 정서에 작용하는 인지의 설명에 만족한다.

다마지오(Damasio)는 정서, 자기, 두뇌의 상호 관련된 영역을 강조하는 야심찬 프로젝트를 수행했다. 그의 견해는 인지와 정서 사이의 상호작용, 특히 정서가 인지에 긍정적으로 기여할 수 있는 방식[흄(Hume)과 현대 철학자들의 논쟁에서와 같이]에 민감하다. 다마지오(Damasio)는 정서가 본래의 방식으로 자기를 창조하고 유지하는 것을 돕는다는 개념을 발전시킨다. 그는 자기가 어떻게 발달하는지에 대한 문제를 해결하려고 시도하지 않는다. 우리는 이 책의 후반부에서 이 것을 다룰 것이다. 좀 더 구체적으로, 제5장에서 우리는 상호주관성의 주제에 초점을 맞추고, 자기의 측면이 그것에 의존하지 않는다는 다마지오의 의견에 동의하며, 자기의 발달에 있어 상호주관성의 결정적인 역할을 지적하는 것으로 논의를 진행할 것이다.

결론적으로 르두(LeDoux)와 다마지오(Damasio)의 신경과학적 설명은 인간은 체화된 마음이라는 스피노자적인 통찰을 심화시킨다. 동시에 이들은 정서를 신체적 또는 심적(또는 두 가지의 어떤 조합)인 것으로 본 대부분의 철학적 관점을 넘어선다. 신경과학은 없어서는 안 될 정서에 대한 설명을 제공하지만, 명확히 밝혀져야 할 부분이 많이 남아 있다. 정서에 관한 모든 문제가 신경과학에 의해 해소되었거나 해소될 수 있다고 상상하는 것은 무모한 일이다. 의심의 여지없이, 우리는 여전히 정서와 두뇌의 관계를 이해하는 비교적 초기 단계에 있다. 그러나 우리는 정신분석이나 애착이론을 비롯한 정서에 대한 어떤 관점에서도 신경과학을 무시하는 것이 불가능할 정도로 많은 것을 배웠다. 이러한 자세는 환원주의를 의미하지 않는다. 우리가 제안하듯 발달이론의 정서와 정서 조절의 주관적 경험에 대한 예민하고 정교한 관심은 신경과학뿐 아니라 다른 관점에도 시사하는 바가 있다.

마음에 대한 철학적·심리적·신경과학적 관점의 배경과 함께, 이제 우리는 정서와 정서 조절에 대한 정신분석 및 애착 관점을 집중적으로 살펴보고자 한다. 이 관점들로 옮겨 가면서, 우리는 정서의 주관적 경험뿐 아니라 발달에 집중할 것이다. 정신분석 및 애착 관점을 검토한 후, 마지막 부분에서는 고려된 모든 관점의 통합을 제공한다.

▌정신분석적 관점

정신분석학자가 적절한 정서이론이 부족하여 불평하는 것은 흔한 일이 되었다. 정신분석에서 정서가 어색한 위치에 있으며, 보다 정밀한 검토가 필요하다는 사실에 반박하는 사람은 없을 것이다. 최소한 적어도 정신분석이론에서 정서에 부여하는 미미한 역할과 임상 현장에서의 엄청난 중요성 사이에 큰 불균형이 존재한다는 것을 관찰할 수 있다. 정신분석 사고에서 정서가 왜 이제야 중심으로 부각되는지 이해하려면, 프로이트(Freud)부터 살펴보아야 한다.

잘 알려진 바와 같이, 프로이트(Freud)는 정서를 그 자체로 다룬 적이 없으며, 새로운 관점을 이전의 관점과 조화시키지 않은 채 여러 차례 자신의 견해를 수정했다. 게다가 프로이트(Freud)

는 정서가 추동과 어떻게 밀접하게 연결되어 있을 수 있는지, 그러면서도 다른 한편으로는 임상 현장에서 정신분석가와 환자 사이의 상호작용에서 발생하는 것에 정서가 얼마나 편재하고 결정적인지에 대한 문제를 전혀 다루지 않았다. 그럼에도 프로이트(Freud)는 그의 가장 중요한 업적은 아닐지라도, 정서에 대해 특히 미학에 대한 그의 저술에서 다양하고 지극히 미묘한 설명을 제공한다.

프로이트(Freud)가 정서를 묘사하는 방식에는 두 가지 주요 상충하는 경향이 있으며, 이 두 경향은 정신분석의 역사를 지배했다. 첫 번째 경향에 따르면, 정서는 에너지를 방출시키고, (아이디어와 함께) 추동의 정신적 발현으로 이해되어야 한다. 이러한 경향과 밀접하게 관련되어 있는 것은 궁극적으로 정서가 의식의 영역 너머에, 즉 원초아(id)에 그 원천을 가지고 있다는 것이다. 그의 초기 저술에서 프로이트(Freud)는 정서가 에너지를 방출한다는 견해를 발전시켰다. 그 후 그는 메타심리학적 저술, 특히 그의 책 『무의식(The Unconscious)』(Freud, 1915e)에서 추동과 정서 사이의 관계를 확실히 하고 정서가 단지 병리적 기능을 갖는다는 인상에서 멀어지기 위해 그것을 수정하였다.[9] 물론 정서가 추동의 발현이라는 견해로의 전환은, 프로이트(Freud)를 추동이 무의식인 반면 정서는 의식이어야만 한다는 난처한 개념에 부딪히게 하였다.[10] 프로이트(Freud)의 관점은 진화되었지만, 첫 번째 경향의 전반적인 방향은 정서가 강력하고 기본적인 생물학적 힘이라는 것을 확인하는 것이었다.

두 번째 경향에 따르면, 정서는 신호이며, 적어도 어느 정도는 자아(ego)의 통제 대상이다. 이것은 정서가 적응기능에 기여하는 것으로 여겨진다는 의미를 확실히 가지고 있다. 프로이트(Freud)의 『억압, 증후, 그리고 불안(Inhibitions, Symptoms, & Anxiety)』(Freud, 1926d [1925])에 근원하는 두 번째 경향은 정신분석에서 자기 언어와 정서 조절 개념의 도입으로 더욱 확장되었다. 대상관계이론 및 특히 발달이론의 영향을 통해, 최근에 두 번째 경향이 크게 발전되었다고 말할 수 있다.

그럼에도 불구하고 오직 첫 번째 경향만이 고유하게 정신분석 관점을 보여 준다고 주장하며 두 번째 경향의 출현에 의문을 제기하고자 하는 앙드레 그린(André Green)과 같은 정신분석학자들이 있다. 그린(Green, 1999)은 자아의 조절 통제에 지나치게 많은 중요성을 두는 것은 정서

---

9) 정서에 대한 프로이트(Freud)의 시각의 발전에 대한 좋은 설명은 그린(Green, 1999), 스테인(R. Stein, 1990), 라파포트(Rapaport, 1953)에서 찾을 수 있다.

10) 펄버(Pulver, 1971)는 이 쟁점에 고심하며, 정서가 무의식일 수 있다고 결론짓기도 하였다.

를 발생시키는 무의식의 힘을 모호하게 만든다고 제안한다. 그는 또한 생물학 및 발달이론에서 아이디어를 가져오는 것은 정신분석을 희석시키는 영향이 있다고 우려한다(Green, 1999). 그러나 우리의 견해로는 첫 번째와 두 번째 경향 사이에서 선택을 해야 한다는 가정은 의문의 여지가 있다. 두 가지 모두 정신분석에서 중요하다.

우리의 관심사는 주로 두 번째 경향과 일치하지만, 우리는 이것이 첫 번째 경향을 경시하는 것이 아니라고 생각한다. 다만, 첫 번째 경향을 발전시키고자 한다면 현재의 과학 지식의 틀 내에서 프로이트(Freud)의 아이디어를 재구성하는 것이 필요하다. 예를 들어, 그린(Green)은 첫 번째 경향을 방어하며, 어떻게 정서가, 특히 몸의 내부를 향하도록 되었는지 강조한다(1999, p. 163). 이것은 정서가 "외부 세계를 참조하지 않고 자기 자신의 몸의 운동(분비, 순환) 변화에 핵심적으로 나타난다"(Freud, 1915e, p. 179)는 프로이트(Freud)의 신념에 직접적으로 따르는 것이다. 표면적으로 이러한 견해는 정서를 세상에 대한 반응으로 설명하는 우리가 마주하는 심리적 및 신경과학적 견해와 모순되는 것으로 보인다. 또한 이와 관련하여, 발달 연구가 영유아가 고전적 정신분석의 가정에서 벗어나는 방식으로, 출생 시부터 세상의 바깥으로 향해 있다는 것을 보여 주었다는 것은 의미가 있다. (이 주제에 관한 연구는 영유아 발달에 대한 제4장과 제5장에서 논의된다.)

이것이 정서에 대한 프로이트(Freud)의 직관이 잘못되었다고 결론지어야 한다는 것을 의미할까? 반드시 그런 것은 아니다. 다마지오(Damasio)의 '내적 환경(internal milieu)'과 '신체 표지 가설'에 대한 논의를 통해 그가 의미하는 바를 검증할 수 있다. 여기서 두뇌는 정서의 내적 경험을 이해하기 위한 방법으로, 몸에서 일어나는 일을 지속적으로 감시한다. 이것은 정서가 내적이라는 감각을 특징짓는 것을 도우면서, 외적으로 자극된다는 아이디어를 부정하지는 않는다. 흥미롭게도 정서에 대한 가장 초기의 정신분석학자 중 한 명인 브라이어리(Brierley, 1937)는 정신분석학자들에게 정서가 내적 또는 외적일 수 있음을 인정하도록 촉구하면서 이 점을 구체적으로 언급한다.

일반적인 관점에서, 정신분석은 다른 관련 분야의 견해를 참고하여 스스로를 정의하고 발전시키기 위해 개방했을 때 얻는 것이 훨씬 많다는 것을 강조할 필요가 있다. 정서의 주제에 대해서, 정신분석은 다른 관점과의 고립으로 인해 어려움을 겪고 있다는 것이 우리의 생각이다. 이미 명백하듯이, 정신분석 내에서 제기된 정서에 대한 많은 쟁점들은 역사적 및 다른 관점에서 논쟁을 불러일으킨다.

프로이트(Freud)에게 정서는 신체적 및 심적인 측면을 가지고 있다. 정서는 몸 내에서 발생하지만, 정신적 중요성이 있다. 스피노자(Spinoza)와 같이, 프로이트(Freud)는 마음을 체화된 것으로 정의했으며, 데카르트 사상의 이원론의 결함을 피할 수 있는 방식으로 정신적 경험의 본질을 설명했다. 정서 연구에 대한 프로이트(Freud)의 접근 방식은 주관적 경험을 버리지 않은 채 생물학을 확증하고자 한다. 이것이 실제로 의미하는 바에 대해서 많은 의문이 해결되지 않은 채 남아 있지만, 이것은 독특하고 유익한 접근 방식을 구성한다. 예를 들어, 몸이 모든 정서적 경험의 필수 구성 요소인지, 또는 그것이 없이도 정서 경험이 가능한지에 대한 질문을 제기할 수 있다. 프로이트(Freud)는 정서의 생물학적 기반을 명확히 인식하고, 이것이 생존에 기여하는 것으로 보았다. 그러나 프로이트(Freud)는 또한 정서에 심적 기능을 부여했다. 예를 들어, 아이디어와 함께 정서는 추동의 발현이다. 그는 이 점을 노골적으로 탐색하려고 시도하지는 않았지만, 우리가 해석하고 세상에서 의미를 찾는 것에 정서가 중요한 역할을 한다는 것을 암시했다.

　정신분석이 정서에 대한 다른 견해들과 어느 점이 비슷하고, 어떤 점이 구별되는지에 대한 논의를 한 단계 더 진전시켜 보자. 프로이트(Freud)가 정서를 추동의 방출 및 발현과 연결 짓는 한, 우리는 스토아학파의 관점, 즉 정서는 강하고 위험한 힘으로, 우리의 의식적 통제의 대상이 아니라는 지향을 포착할 수 있다. 그러나 프로이트(Freud)가 정서를 자아(ego)의 중재의 대상이 되는 신호로서 보는 것에는 아리스토텔레스학파의 시각 또한 존재한다. 불안의 한 정서에 대한 프로이트(Freud)의 특별한 강조는 아리스토텔레스(Aristotle)와 그의 견해가 꽤 다르다는 것을 나타낸다. 그러나 그는 확실히 스토아학파만큼 정서에 대해 의심하지는 않는다. 사실상 마음에 대한 정신분석적 접근은 서양 철학의 전통을 정의하는 이성의 주도권에 도전하는 것으로 읽힌다.[11]

　엠드(Emde, 1983)나 갠스바우어(Gaensbauer, 1982)와 같은 일부 정신분석학자들은 기본 감정의 견해에 명백히 동의한다. 그러나 기본 감정과 관련된 정신분석의 입장은 의문의 여지가 있다. 일부는 기본적인 쾌와 불쾌에 대한 논의를 고려할 때, 정신분석이 기본 정서를 비판하는 차원과 자연스럽게 맥을 같이한다고 말한다. 또한 일부는 야콥슨(Jacobson 1953)의 시각과 같이, 대안적으로 쾌와 불쾌가 기본 정서로 변형된다고 주장한다. 이와 관련하여, 신경과학에 관심을 갖게 된 다수의 정신분석학자들이 있다는 것 또한 주목할 만한 가치가 있다(Kaplan–Solms & Solms, 2000; Schore, 1993, 1999).

　프로이트(Freud)는 불안을 이 정서의 의미를 확장시키는 방식으로 해석한다. 어떤 의미에서, 그는 마치 불안을 생리적 각성의 일반적인 상태와 유사한 것으로 생각했던 것 같다. 다른 측면에서 그는 임상적 현저함 때문에 이 한 정서에 계속 주목한다. 불안에 대한 고려는 정서를 에

---

11) 서먼(Sherman, 2000)은 이 점에 대해 정신분석을 철학적 전통과 대조하며 강하게 주장한다.

너지의 방출로 본 정서에 대한 초기의 이해 시점에서부터 후기의 견해에 이르기까지, 프로이트 (Freud)가 부적인 정서에 사로잡혀 있었다는 것에 신빙성을 부여한다는 점에서 문제가 된다. 사실상, 야콥슨(Jacobson, 1953)은 프로이트(Freud)의 이론적 설명에서 정서적 경험의 유익한 차원에 대해 주의를 기울이지 않았다는 사실을 정면으로 마주한 최초의 분석가였다. 프로이트(Freud)는 어느 저술에서도 정서 조절이 생존을 위해서만이 아니라 웰빙을 위해서도 얼마나 중요한지에 대한 아리스토텔레스학파의 견해와의 문제를 해결하려고 하지 않는다. 분석가와 환자 사이의 정서적 유대감에 대해 프로이트(Freud)가 큰 관심을 발전시켰다는 것에 비추어 볼 때, 이것은 더욱 흥미롭다.

다마지오(Damasio)의 연구는 자기의 신경생물학적 기반에 대한 그의 관심, 특히 정서와 자기 (정신분석에서의 두 번째 경향과 일치) 사이의 관계에 대한 그의 강조와 같은 여러 가지 이유로 정신분석과 특히 관련이 있다. 더욱이 다마지오(Damasio)의 연구는 정서에 대한 정신분석적 개념에서 첫 번째와 두 번째 경향으로 설명된 것 중 하나를 선택할 필요가 없다는 생각을 지지한다. 다마지오(Damasio)의 관심사는 순간순간의 내적 항상성 조절의 신경생물학에서부터 과거, 현재, 미래의 자서전적 자기에 대한 정교한 통합에까지 이른다. 조절에 대한 그의 이해의 바탕은 생물학이다. 다마지오(Damasio)는 어떻게 조절 과정이 반드시 자아 또는 자기의 대상이 되지 않는지를 보여 줌으로써 조절 개념의 복잡성에 대해 설득력 있게 우리의 관심을 끈다.

이 장의 마지막 부분에서 우리는 '조절'이라는 용어의 의미에 보다 깊이 있게 집중한다. 지금은 조절에 대한 정신분석적 접근이 그것이 수반하는 진행 중인 투쟁을 강조한다는 점에 유의하자. 일단 습득되어도 조절은 자동적으로 유지되지 않는다. 특징적으로 그것은 가장 유능한 사람들에게조차 잃었다가 회복하는 것이다. 이것은 정서적 경험을 조절하는 자기의 본성에 속하지만, 단순히 단일 정서의 본성을 명명하고 결정하기 위해 인지를 적용하는 것의 문제가 아니다. 조절을 이해하는 것은 주관적 경험의 미묘함에 주의를 기울이는 것을 의미한다. 보다 구체적으로는, 우리 정서의 난해함 및 그것의 의미를 이해하는 것의 어려움과 고군분투하는 일을 의미한다. 임상적 경험은 우리가 우리가 어떻게 느끼는지 늘 아는 것은 아니라는 것을 매우 분명하게 보여 준다. 우리는 종종 우리가 무언가를 느끼고 있다고 믿지만, 사실상 다른 것을 느끼는 것으로 밝혀지며 우리 정서에 속한다. 게다가 우리는 동시에 서로 다른 것을 느낄 수 있고, 그런 경우가 실제 발생한다.

정신분석학자들은 정서의 주관적 경험에 대한 충분한 경험을 가지고 있다. 이것은, 일부 사람들이 주장하는 것처럼 정서이론이 반드시 임상적으로 기반을 두어야 한다는 것을 의미하지는 않는다(Westen 1997). 이것은 기본 감정 패러다임은 필요하기는 하지만 충분치 못하리라는 것을 제안한다. 정신분석학자들은 정서적 경험이 얼마나 불명확하고 복잡할 수 있는지에 대해 익숙하다. 그러나 모든 사례에서 정신분석치료의 목적은 정서 조절의 촉진과 유지를 포함해야 한다. 정신분석에서 한 사람과 그 사람 자신의 정서와의 관계에 대해 다루지 않는다고 상상하는 것은 불가능하다고 우리는 생각한다. 조절은 정신분석에 의해 만들어지는 변화의 중심에 있다.

▌ 애착이론 관점

애착에 대한 문헌에서 정서가 너무 근본적이어서 그것이 실제로 무엇인지에 대한 질문이 간과되었다는 것은 다소 모순적이다. 정서는 애착이론에서 결정적이다. 영유아와 주 양육자 간의 애착관계 자체가 정서적 유대이기 때문이다. 정서 조절은 애착이론과 연구에서 중요하게 다루어졌다. 사실 이 개념에 초점을 두는 것은 정서 그 자체가 왜 더 구체적인 관심을 얻지 못했는지에 대한 부분적인 설명으로 사용될 수 있다. 그러나 이 설명은 여기까지만 가능할 뿐이다. 예를 들어, 볼비(Bowlby)가 일반적으로 정서와 동기에 대해 얼마나 관심을 갖지 않았는지 만족스럽게 설명하지 못한다. 볼비(Bowlby)는 용어가 의미하는 바를 설명하지 않은 채 애착을 '정서적' 유대의 측면에서 정의했다. 감정에 대한 그의 의견은 애착에 대한 중요성을 강조하지만, 특별히 통찰적이지는 않다. 예를 들어 볼비는 다음과 같이 주장했다.

> 가장 격렬한 감정의 대부분은 애착관계의 형성, 유지, 붕괴, 및 개선 과정에서 발생한다. 유대의 형성은 사랑에 빠지는 것으로 묘사되고, 유지는 누군가를 사랑하는 것으로, 파트너를 잃는 것은 누군가를 애도하는 것으로 묘사된다. 유사하게 상실의 위협은 불안을 불러일으키고, 실제적인 상실은 슬픔을 가져온다. 한편, 이러한 각각의 상황은 분노를 불러일으킬 수 있다. 유대의 변함없는 유지는 안전감의 근원으로 경험되고, 유대의 개선은 기쁨의 원천이다 (1980, p. 40).

두려움은 애착 체계를 촉발시키는 새로움 및 갑작스러움과 같은 생득적으로 부호화된 특정 자극에 대한 피할 수 없는 반응인 반면, 불안은 애착 체계가 촉발되었지만 주 양육자에 의해 적절히 반응되지 못했을 때의 동일한 정서적 반응이라는 그의 흥미로운 아이디어는 연구로 강하게 뒷받침되지 못했다. 볼비(Bowlby)가 정서 조절이 애착으로부터 어떻게 발생하는지에 대해 충분히 인식했던 것으로 보이지 않는다. 다행스럽게도, 최근 애착 연구의 경향은 정서 조절과 관련된 정서에 좀 더 관심을 기울이고 있고, 따라서 우리는 이제 이 발전을 살펴보겠다.

애착이론에서 정서의 조절은 공동조절로부터 자기 조절의 출현을 조성하는 역할을 한다. 스로우프(Sroufe)가 사용한 다른 언어로 설명하면, 이것은 영유아의 조절 체계가 '양자적'인 것에서 '개인적'인 것으로 변형된다는 것을 의미한다. 스로우프(Sroufe)의 관심은 발달에 있어 감정의 역할이다. 그는 볼비(Bowlby)가 정서를 적절히 개념화하지 않았기 때문에, 자신이 이 작업을 한다고 말한다(Sroufe, 1996, p. 177). 그는 생후 첫해의 후반기 동안 감정이 발생한다는 주장을 유지한다. 어느 부분에서 이것은 기본 감정 입장에 도전한다. 스로우프(Sroufe)는 이자드(Izard)에 의해 제안된 영유아가 기본 정서를 가지고 태어난다는 견해를 거부하며, 대신 이러한 감정이 주 양육자의 입력을 통해 존재하게 된다고 강조한다. 스로우프(Sroufe)의 주장은 감정이 출생 시에는 전구물(precursor)의 형태로 존재한다는 것이다. 그 후 첫해 후반기에 감정이 덜 전반적이고 보다 분화되는 변화가 발생한다. 따라서 감정은 주관적으로 경험되며, 새로운 측면에서 의미가 부여된다. 스로우프(Sroufe)가 주장하듯이, 첫해 후반기 동안 "각성과 감정의 조절은 더 이상 단순히 주 양육자가 무엇을 하는가에 의존하지 않고, 주 양육자의 접근 가능성과 행동을 영유아가 어떻게 해석하는지에 의존한다"(p. 170).

스로우프(Sroufe)의 정서 조절 개념은 긴장에 직면하여 조직화를 유지하는 능력에 기반한다. 그는 이것이 인지가 정서에 영향을 미치는 것의 문제가 아니라는 점을 조심스럽게 강조한다. 스로우프(Sroufe)는 정서의 조절을 '소질(Anlage)', 즉 자기 조절의 원형으로 보아야 한다고 제안한다. 자기 조절은 자립 및 자존감을 포함하는 결합의 일부로 이해된다. 스로우프(Sroufe)는 '주 양육자의 자신감이 주 양육자와 함께 있는 자기에 대한 자신감이 되고, 궁극적으로 자기의 자신감이 되는'(1996, p. 186) 방식을 추적한다. 애착의 목표가 주 양육자와의 근접성이라는 볼비(Bowlby)의 개념에서 벗어나 '느껴지는 안전감(felt security)'의 목표를 위한 것이라고 한 책임이 있는 점을 고려할 때(Sroufe & Waters, 1977a), 스로우프(Sroufe)는 애착에 의해 생성된 정신 내적 구조를 상정하는 것을 받아들이는 것으로 보이지만, 자신감의 아이디어 기저에 무엇이 있는지 설명하려고 시도하지는 않는다.

정서의 역할에 초점을 둔 또 다른 애착 이론가는 메기(Magai, 1999)다[그녀의 초기 작업은 '말라테스타(Malatesta)'라는 이름으로 출판되었다. Malatesta, Culver, Tesman, & Shepard, 1989 참조]. 스로우프(Sroufe)와 마찬가지로, 메기(Magai)는 볼비(Bowlby)가 정서 자체에 많은 주의를 기울이지 않았다고 인정한다. 그럼에도 그녀는 비슷한 시기에 각각의 견해를 발전시킨 볼비(Bowlby)와 톰킨스(Tomkins) 사이의 일부 유사점을 지적한다. 비록 메기(Magai)가 스로우프(Sroufe)보다 기본 감정 시각에 보다 호의적이지만, 그녀의 특별한 관심은 부모의 정서적 양식이 조절 능력에 영향을 미치는 방식에 있다.

메기(Magai)의 연구의 주요 측면은 애착 유형과 조절 사이의 연결을 제안하는 캐시디(Cassidy)로부터 파생된 것이다. 그러나 메기(Magai)는 감정적 특질/성향이 애착 유형과 완전히 겹친다는 가정에 조심스럽게 반대한다.

캐시디(Cassidy)에 따르면 정서 조절은 애착의 질과 연결될 수 있다(1994, p. 247). 불안/회피형 애착은 정서를 최소화하는 경향이 있고, 따라서 정서의 과잉 조절 측면으로 이해될 수 있다. 불안/양가형은 정서를 고조시키는 경향이 있고, 따라서 정서의 과소 조절 측면으로 이해될 수 있다. 안정형 애착은 개방적이고 유연한 조절을 보여 준다. 보다 구체적으로, 캐시디(Cassidy)는 불안/회피 애착에서 부적 정서에 대한 혐오는 부적 정서가 표현되지 않은 것을 의미하는데, 느껴지지 않은 것을 의미하는 것은 아니라고 주장한다. 불안/양가 애착에서 보이는 부적 정서에 대한 큰 반응성이 실제로 느껴진 것을 넘어서는 수준으로 표현되는 것을 의미하는 것인지는 불분명하다. 캐시디(Cassidy)의 연구는 애착이론에서 정서적 경험에 대해 생각하는 촉망받는 방식을 제공하며, 슬레이드(Slade, 1999)에 의해 더 발전되었다. 슬레이드(Slade)는 조절장애(dysregulation)의 문제가 어떻게 병리의 다양한 유형과 연결될 수 있는지 제안한다.

애착이론이 진화하면서, 정서 조절의 개념이 점차 중요해지고 있다. 정서 자체에 대한 관심은 진화의 속도가 느렸고, 여전히 발전하는 과정에 있다. 정서에 대한 애착이론적 생각에는 분명 아리스토텔레스학파의 편향이 있다. 즉, 정서는 본질적으로 조절의 대상이 되는 것으로 이해된다. 애착이론가들이 정서에 대한 스토아학파의 견해에 믿음을 주었다는 증거는 많지 않다. 실제로, 애착이론가들은 르두(LeDoux)에 의해 설명되고, 다마지오(Damasio)에 의해 지지된, 감정 반응의 첫 번째 체계에 도전하지 않는다. 호퍼(Hofer 1984, 1990; Polan & Hofer, 1999)의 엄마-새끼 쥐 연구는 그것에 가장 근접해 있다. 이 연구는 의식적 통제의 대상이 아닌 숨겨진 차원을 강조하며, 애착을 통해 조절에 대한 설명을 제공한다. 사실상 호퍼(Hofer)는 조절이 순전히 정서의 측면에서만 인식되어서는 안 된다고 경고한다.

애착이론가들 사이에 정서에 대해 생각하는 방식에 있어 여전히 차이점이 존재한다. 일부는 명백히 기본 감정 견해에 상대적으로 좀 더 호의적이다. 다수의 애착이론가들은 '기능주의자(functionalist)' 입장을 취하게 되었다. 이 입장에서는 정서 자체가 조절의 대상으로 간주될 뿐 아니라, 조절자로도 또한 기능한다고 강조한다(N. Fox, 1994). 다른 이론가들은 모든 과정에 상호 의존적인 특징을 갖는 체계의 관점을 명확히 하려고 노력했다(Fogel, 1993; Lewis & Granic,

2000). 애착이론가들과 연구자들이 공유하는 것은 정서적 경험이 주 양육자와 영유아 사이의 공동조절을 통한 자기 조절의 습득에 기여하는 방식에 대한 발달을 추적해 나가겠다는 의지다.

정서와 정서 조절의 주제를 다루는 애착이론의 문제 영역은 '내적 작동 모델'이라 불리는 내적 구조에 대한 개념이었다. 초기에 작동 모델의 아이디어는 외적 상호작용을 반복하는 것에 가까운 방식으로 이해되었다. 메리 메인(Mary Main, 1991)은 기억을 평가하고 재구조화하는 고차 수준의 능력인 상위인지를 강조하며 보다 복잡한 작동 모델의 아이디어를 제시했다. 내적 구조의 개념은 이어지는 장에서 정신화의 아이디어, 특히 정신화 능력의 발달에 대한 설명과 함께 더 발전된다. 동일한 인식론적 전통에서, 이 책은 볼비(Bowlby)의 주 양육자와의 근접성의 개념과, 스로우프와 워터(Sroufe & Water, 1977a)의 중요한 단서인 '느껴지는 안전감'을 넘어서 애착이론의 재개념화에 기여하는 것을 목표로 한다. 다음 장(제3장)에서, 우리는 표상의 영역이 애착의 진화에서 단순히 파생된 것이 아니라 구성된다는 것을 보이려고 시도한다. 두뇌 진화의 세 단계(파충류, 구 포유류, 신 포유류)를 구분하는 맥린(MacLean, 1990, 1993)의 세 층의 뇌(triune brain) 이론은 볼비(Bowlby)의 주 양육자와의 근접성의 아이디어(구 포유류의 뇌와 관련되어 있을 가능성)와 정신화 또는 반영기능에 대한 우리의 초점(신 포유류의 뇌와의 관련 가능성) 사이의 차이에 유용하게 적용될 수 있다.[12] 다음 부분에서 우리는 반영기능이 정서적 경험에 주는 영향에 대해 자세히 설명하고, 이것의 특징을 설명하기 위해 새로운 개념인 '정신화된 정서성(mentalized affectivity)'을 소개할 것이다. 결론적으로 애착 이론가들은 정서 그 자체에 초점을 두며 진전을 가져왔지만, 정서와 정서 조절 사이의 긴장은 더 탐색해야 할 필요가 있다.

▍정서 및 정서 조절에 대한 통합적 관점

이 결론 부분에서, 우리는 정서 및 정서 조절의 주제에 대한 정신분석 및 애착이론 간의 관계에 대한 논의를 명확히 하고, 정서 조절의 의미를 다시 생각하며 밀접하게 관련된 개념인 자기 조절과 정신화에 비추어 보는 것으로 나아가고자 한다. 끝으로 우리는 정서를 조절하는 성인의 능력인 '정신화된 정서성(mentalized affectivity)'의 개념을 소개하는데, 이는 임상 자료와 함께 제11장

---

12) 맥린(MacLean)은 구 포유류의 뇌가 가장 원시적이고 기본적인 포유류의 발성인 분리 울음으로 구분된다는 것을 관찰한다. 신 포유류의 뇌는 확장된 기억과 지능으로 생성된다. 맥린(MacLean)의 '세 층의 뇌' 이론은 관심을 끌지만, 보편적으로 수용되지는 않고 있다. 예를 들어, 핑커(Pinker, 1997)의 비평을 참고하라.

에서 더 자세히 논의될 것이다.

정신분석과 애착이론은 초기 발달에서 자기감의 출현과 공동조절에서 자기 조절로의 변환을 촉진하는 정서 조절의 중요한 역할에 대한 설명에서 서로 일치한다. 또한 두 관점 모두 정서 조절을 긍정적 및 부정적 정서 사이의 균형으로 이해하는 것에 동의한다. 특히 두 이론은 부적 정서를 없애야 한다고 가정하지 않고, 그것의 가치를 인정한다. 그러나 정신분석과 애착이론 사이의 일부 긴장 또한 밝혀졌다(개념적 문헌 고찰은 Fonagy, 2001 참조). 고전적 정신분석에서는 정서를 추동과 연관된 것으로 보고, 보다 현대적인 정신분석에서도 정서가 강력하고 원시적인 힘이라는 개념과의 관련성이 남아 있다. 정서가 몸의 경험에 위치하고 있다고 본다면, 우리가 그것을 의식하는 것에 한계가 있을 것이라고 보는 것이 합리적이다. 이와 대조적으로, 애착이론은 이렇게 정서를 보는 방식에서 멀어진다. 정서는 적응적인 것으로 간주되며, 나아가 정서 조절은 그것을 보장해 준다.

정서는 정신분석가에게 중요하고, 정서 조절은 애착이론가들이 중요하게 생각한다고 섣불리 결론지을 수 있다. 그러나 정서 조절이 정신분석에서도 중요하다는 사실을 간과하는 것은 실수다. 이미 논의한 바와 같이, 정신분석에서 정서 조절은 투쟁을 뚜렷이 함축하는 개념이다. 이것은 모든 심적 활동과 마찬가지로, 본질적으로 마음의 갈등적인 본성에 종속되어 있다. 의식적 경험은 무의식에 맞서 반드시 급증하게 된다. 애착이론에서 정서 조절은 보다 낙관적으로 생각된다. 안정 애착은 정서 조절이 잘 이루어질 수 있다는 것, 즉 유연하고 신뢰롭게 이루어질 수 있다는 것을 의미한다. 물론, 애착이론은 불안정 애착에서 조절(또는 조절장애)의 덜 바람직한 형태도 보여 준다. 정서 조절이 이해되는 방식에 있어, 여전히 정신분석과 애착이론 간에 차이가 있다.

정신분석과 애착이론에서 정서 조절이 이해되는 방식 사이의 긴장은 개념적 의미에 대한 더 큰 혼란을 반영한다. 용어로서의 정서 조절은 다양한 의미로 정밀하지 않게 사용된다. 정서 조절의 의미를 명확히 하기 위한 심리학의 최근 시도에 주목할 필요가 있다. 그로스(Gross, 1999)는 "개인이 어떤 감정들을 가지고 있고, 언제 그 감정들을 가지고, 어떻게 그 감정들을 경험하고 표현하는지에 대해 영향을 주는 과정"(p. 275)으로 정서 조절의 정의를 제시한다. 그는 정서 조절이 상황 선택, 상황 수정, 주의 배치, 인지적 변화 및 반응 조정을 아우르는 '과정 지향적 접근(process-oriented approach)'을 지지한다. 그로스(Gross)의 관점에 기저하는 것은 감정을 '유연한 반응 체계'로서 이해하는 진화적 관점이다. 정서 조절의 근원은 정신분석과 스트레스 대처의 전통 모두에 있으며, 그에 따르면 둘 다 부적 정서의 감소를 강조한다. 반면, 그로스(Gross)는 정서 조절이 긍정적 및 부정적 정서의 증가, 감소, 및 유지를 포함해야 한다고 주장한다. 그는 또한 정서 조절은 한 사람이 타인의 정서에 어떻게 영향을 주는지가 아니라, 자기 자신과 자신의 정서와의 관계에 최적으로 제한된다고 주장한다(타인이 한 사람의 정서에 어떻게 영향을 주는지에 대한 부분은 언급되지 않는다.). 그로스(Gross)는 영유아의 정서 경험이 자신과 주 양육자 사이의 상호작용에 의해 결정된다고 보는, 우리가 고려하는 발달 개념을 진지하게 받아들이는 것에는 실패했다.

그로스(Gross)에 앞서 로스 톰슨(Ross Thompson, 1990, 1994)은 정서 조절에 대한 명확한 정의가 부족하다는 점에 고심하였다. 그는 정서 조절을 '단일 현상'이 아니라 '이질적'인 것으로 생각해야 한다고 주장한다. 그럼에도 불구하고 톰슨(Thompson)은 정서 조절의 여러 측면을 모두 망라하는 정의를 정리하기 위해 노력했다. 톰슨(Thompson)에 따르면, 정서 조절은 '목표를 달성하기 위해 감정 반응의(특히 강도 및 시간적 특징에 대한) 감시, 평가, 수정을 담당하는, 외적 및 내적 과정'으로 구성된다(1994, pp. 27-28). 정서 조절은 적응적 목적을 갖고, 톰슨(Thompson)이 명확히 했듯 사회화와 밀접하게 관련되어 있다. 애착이론에 대해 톰슨(Thompson)이 공감한 점은 그가 한 사람 자신의 정서와 자기 자신과의 관계 문제를 자기 자신의 감정과 타인과의 관계의 문제로부터 분리시키려 하지 않았다는 것에 있다.

톰슨(Thompson)의 연구의 중심에서, 그는 정서 조절의 다양한 대상을 열거하고 있다. ① 감정의 각성과 관리에 기저하는 신경생리적 과정, ② 주의 과정, ③ 사건의 재해석과 같은 정보 처리 과정(방어 기제와 관련됨), ④ 감정적 각성의 내적 단서와 같은 내적 신호의 부호화, ⑤ 대처 메커니즘에의 접근 촉진, ⑥ 자주 마주치는 상황의 예측과 통제 지원, ⑦ 만족스러운 방식, 즉 상황에서 개인의 목표와 일치하는 방식으로의 감정 표현. 이 포괄적인 목록은 조절의 신경생물학적 기반에서부터 사회적 세계에서의 성공적 적응에 있어 조절의 역할에 이르기까지 정서 조절과 일치하는 넓은 범위의 목표를 담고 있다. 톰슨(Thompson)은 정서 조절의 내적 차원(위의 ④)을 인정하지만, 그의 설명은 빠른 심박수, 호흡수 및 발한의 재해석과 같은 경험에 초점을 두고 있다. 그가 제시한 사례는 무대 공포를 임박한 조절장애가 아니라, 다가오는 대중 공연에 대한 기대를 의미하는 것으로 감정적 각성을 재해석하며 관리하는 배우에 관한 것이다. 톰슨(Thompson)의 정서 조절의 내적 차원에 대한 이해는, 그 개념이 행위에의 발현으로만 국한되어서는 안 된다고 강조하는 면에서 통찰력이 있다. 그러나 앞으로 설명하겠지만, 톰슨(Thompson)은 정서 조절을 정신화의 렌즈를 통해 바라보는 것에까지 나아가지는 못한다.

정서 조절의 개념을 명확히 하려는 계획에 대한 우리의 노력은 위에 제시된 견해들을 통해 논의된 초기 관점들을 통합한다. 조절의 가장 낮은 수준에서, 우리는 다마지오(Damasio)와 같은 신경과학자와 호퍼(Hofer)와 같은 심리생물학자가 우리의 관심을 집중시킨, 유기체의 평형을 생각해야 한다. 이 수준에서 정서 조절은 항상성과 동등하다. 정서 조절은 의식적 인식의 밖에서 대략적으로 그리고 넓게 발생한다. 조절은 우리가 우리의 상태를 변경하도록 촉구하고, 생존과 관련된 극한의 상황과 같이 신속한 행동이 필요할 때, 상황에 신속하게 반응하도록 한다. 뒤따르는 행위가 반영을 동반하지 않은 자연발생적인 것이어도, 선택은 이 수준의 정서 조절의 일부가 될 수 있다.

다른 수준에서 조절은 우리의 타인과의 관계와 관련하여 발생한다. 조절은 우리가 정서를 형성하고, 소통하는 것을 돕는다(종종 정서에 의해 행동하는 대신). 사실상 이 수준에서 우리는 정서 조절만큼 자기 조절을 다루는 것으로 옮겨 간다. 정서 조절은 정서들의 조절과 관련되지만, 자기를 존재하도록 하는 것을 돕기 때문에 자기에 대해 시사하는 바가 있다(Gergely & Watson, 1996, 제4장 참조). 자기 조절은 조절의 대상이 자기일 때 발생한다. 이것은 가능하지만, 반드시 정서를 통해 달성되어야 하는 것은 아니다. 한 측면에서, 자기 조절은 더 상위의 정서 조절로 간주될 수 있다. 다른 측면에서 그것은 형태의 변화를 구성한다. 정서 조절과 자기 조절 사이에서 발생하는 변화를 명확히 하기 위해서는, 자기가 된다는 것의 의미에 대해 더 논의하는 것이 필요하다.

두 번째 수준의 정서 조절은 정서가 특정 개인에게 갖는 의미에 대한 것이다. 조절이 한 사람이 고려하는 정서 상태 내에 머물 수 있는 능력과 관련된다고 본다면, 인지가 정서에 작용한다고 보는 철학과 심리학에서 전통적으로 발견되는 견해와는 다른 모델을 생각할 수 있다. 여기서 우리가 생각하는 선례는 스피노자(Spinoza)에서 찾을 수 있다. 그는 정서에 대한 이성의 사용을 말하지만, 자기 이해를 위해 정서가 느껴지는 것을 허용하는 것의 가치를 강조한다. 다른 학자들과 같이 우리는 평가, 주의 또는 정보처리 등 어떻게 말하든 상관없이 조절에 반드시 인지적 기여가 있을 것이라고 생각한다. 그러나 우리는 정서 상태를 유지하면서 그렇게 할 수 있는 명확한 가능성을 제시하고자 한다. 상태는 상향(증가) 또는 하향(감소)되어 조정될 수 있고, 또는 전혀 변경되지 않을 수도 있다.

우리의 주장이 외적 행위를 이끄는 정서 조절의 가능성에 도전하는 것은 분명히 아니다. 우리의 의도는 단지, 조절에 대한 문헌에 기술되어 있지 않은, 정신화로 예상되는 정서 조절의 특정 기능으로 주의를 환기시키는 것이다. 정신화는 자기 조절을 포함하는 더 큰 범주다. 자기 조절과 마찬가지로 반영기능이 반드시 정서를 고려하는 것은 아니다. 그러나 그것이 정서를 고려한다면 정서적 경험은 보다 복잡한 방식으로 처리될 것이다. 반영기능이 우리 자신의 마음에 새로운 종류의 관심을 가져온 것과 같이, 정서에 대한 정신화는 자신의 정서와의 새로운 종류의 관계를 가져온다.

이 정서 조절의 근본적인 형태를 구별하고 명명해 보겠다. '정신화된 정서성(mentalized affec-tivity)'의 개념은 정서 상태를 유지하면서 자신의 정서를 의식하는, 정서 조절에 대한 성인의 능력을 나타낸다. 이러한 정서성은 자신의 정서 상태의 의미를 가늠하는 능력을 나타낸다. 진화적인 측면에서, 이것은 감정에 따라 행동하는 목표보다 절대 덜 중요한 목표가 아니다. 정신화된 정서성의 개념이 정신분석적 심리치료(또한 다른 종류의 심리치료)에서 발생하는 것과 얼마나 밀접한지 지적할 필요가 있다. 감정적으로(지적인 것과 대조적으로) 의미 있는 방식으로 자기 자신의 느낌을 경험적으로 이해하는 것이 중요하다는 것은 임상가들에게 널리 인정되고 있다. 특히, 정신분석에서는 개인이 자신의 정서 상태와 경험을 이해하는 것이 얼마나 어려울 수 있는지에 대한 깊은 인식이 있다. 우리는 우리가 실제로는 다른 감정을 느끼면서 그와 다른 것을 느끼고 있다고 생각하며 우리가 무엇을 느끼는지 잘못 이해할 뿐 아니라, 우리는 한 감정 이상의 감정들을, 상충되는 감정들조차도, 동시에 느낀다. 정신화된 정서성은 우리를 인간일 수 있도록, 역설적으로 말하자면 더 인간이 되도록 해 준다.

제2장 정서와 정서 조절에 대한 역사적 및 다학제적 관점

제3장 정신화 발달의 심리사회적 모델에 대한 행동유전학자의 도전

이 장에서 우리는 이 책에서 다루는 심리사회적 접근에 대한 최근의 도전에 대해 살펴보고자 한다. 정신화의 질이 초기 대상관계의 질과 관련된다는 가정은 이 책 전반에 걸친 일반적 맥락이다. 우리는 방임 및 학대와 반대되는, 민감한 초기 환경의 결과로 알려진 많은 것들이 아동의 정신화하는 능력에 영향을 미치는 것으로 이해될 수 있다고 주장한다. 그러나 아동의 가정환경의 영향에 관한 이러한 가정은 최근 행동유전학에서 발견된 증거에 의해 도전 받고 있다. 쌍둥이와 생애 초기에 입양된 아동을 대상으로 한 연구 결과들은 과거의 연구들이 아동 발달에 대한 양육의 역할을 과장했다고 주장하고 있다. 이것이 입증된다면 이러한 비판은 대부분의 정신역동적 또는 정신분석학적 접근의 논리적 토대를 제거할 것이고, 다른 주장들 사이에서 현재의 제안을 방어할 수 없게 만들 것이다.

그러므로 우리는 이러한 비판을 검토하고, 환경론자의 입장을 강력하게 방어하려고 시도해야 필요가 있다. 이 방어 과정에서, 우리는 초기 경험의 역할이 유전자 발현을 결정하는 것에 결정적이며, 초기 환경의 영향이 잠재적 유전형에서 표현형으로의 진행에 대한 조절요인으로서 매우 중요하다고 주장할 것이다. 우리는 정신화를 이 조절 과정의 중심에 두고, 실제 환경이 아닌 환경의 해석이 유전적 표현을 지배한다고 주장한다. 이러한 생각은 후기 발달에서 애착 영향의 재구성으로 우리를 안내한다. 초기 관계가 이후 관계에 대한 형판을 제공한다고 보는 모델(보다 최근의 증거에 비추어 보면 순진해 보이는 모델)에서 벗어나, 우리는 초기 경험에 의해 형성될 수 있는 것은 심리사회적 환경의 질, 즉 '처리의 깊이(depth of processing)'라고 주장한다. 우리는 실제로 초기 관계의 진화적 기능이 스트레스가 많은 사회적 세계에서 효과적으로 기능하기 위해 필요한 정신화 기술을 아동이 갖출 수 있게 해 준다고 제안한다. 애착관계의 불안정은 일부 정신화 기술의 제한에 대한 신호일 수 있다. 이 경우 자기 표상은 사회적 관계에서 그리 탄탄하지 못하게 되고, 아동 또는 성인은 친밀한 대인관계에 대처하기 위한 특별한 전략이 필요하게 된다. 우리는 이러한 전략을 일반적인 불안정 유형으로 인식한다. 즉, 회피 또는 무시 전략과 저항 또는 몰입 전략이다. 완전한 정신화 실패의 경우는 더 이상 명확한 애착 전략으로 특징지어지지 않는다. 애착의 비조직화는 이례적일 정도로 빈약한 정신화의 표지일 수 있다.

▌서론

지난 10년 동안 발달 전문가뿐 아니라 일반 대중을 포함하는 우리는 무의식적으로 아동 및 성인 발달의 심리사회적 모델에서 종종 선행요인으로 부모–자녀 관계에 대한 고려를 배제하는 유전생물학적 준거 틀로 전환하였다. 비공식적인 연구에서, 우리는 지역사회 아동 정신건강 클리닉 외래에 의뢰된 20명의 아동의 부모에게 아동 문제의 가능한 원인에 대해 연속적으로 질문하였다. 그들이 모두 두뇌 화학작용을 가장 높은 순위에 놓은 것은 놀라운 일이 아니었다. '나쁜 유전자'가 두 번째 순위에, 또래가 세 번째였고, 식품첨가물에 겨우 앞서며, 초기 생활 경험이 다섯 번째에 오른 것이 더욱 놀라운 것이었다. 왜 이런 일이 발생한 것일까? 참신함과 과학적 발견의 흥분이 분명 이것과 관련이 있을 것이다. 그러나 이것은 충분한 설명이 아니다. 유전적으로 미리 구성된 뇌 화학물질의 배열로 마음을 축소시키는 것은 매력적이다. 우리의 의식, 자유의지, 마음은 의심의 여지없이 우리의 가장 소중한 소유물이지만, 이것은 또한 우리의 모든 슬픔, 갈등, 통증, 고통, 불행의 근원이기도 하다. 인과관계의 유전적 모드로 병리학 모델을 축소시키는 것은 의심의 여지없이 우리 모두에게 상대적으로 편안한 해결책이지만, 모든 위안이 그렇듯 그것에는 대가가 있다.

단절된 선이 현대의 발달정신병리학을 관통한다. 이 책의 저자와 같은 열광적인 환경결정론자들은 지속적으로 보다 개선된 심리사회적 치료 및 예방 전략을 수립하기 위해 발달에서 주요한 사회화 과정을 파악하는 과업을 좇는다. 이들의 연구는(예를 들어, 애착 연구) 분명히 행동 및 분자 유전학자의 연구를[새로운 선천론자(nativist)] 의식하지 못한다. 행동 및 분자 유전학자들은 그동안 발달적 인과관계의 전체 이슈를 다루며, 적어도 원칙상에서 병리적 두뇌 발달을 설명하는 유전자와 단백질을 찾기 위해 분주하다. 마이클 러터(Rutter, Silberg, O'Connor, & Simonoff, 1999a, 1999b), 데이비드 리스(Reiss, Neiderhiser, Hetherington, & Plomin, 2000), 로버트 플로민(Plomin, Fulker, Corley, & DeFries, 1997)과 같이 이 사이의 틈을 연결하려고 시도하는 학자들은 상대적으로 적은 수다. 점차 줄어들고 있는 열광적인 환경결정론의 주창자로서, 단절된 선을 이으려고 시도하는 학자들에게 무슨 일이 일어나는지 인식하면서, 우리 또한 연결을 만들려고 노력하고 있다.

모든 미스터리는 어디로 간 걸까? 최근에 우리 중 한 명은 같은 날 3명의 새로운 남성 사례를 보았다. 그들은 매우 달랐다. 성적 문제가 있는 우울한 언론인, 결혼을 앞두고 있지만 양극성 질환력으로 고민하는 젊은 남성, 폭력적인 행동 문제가 있는 청소년이 그들이었다. 초기 평가에서 자신의 문제에 대한 환자 자신의 생각을 이끌어 내기 위한 시도는 흥미로웠다. 이런 질문을 하였다. "왜 이런 일이 당신에게 일어났다고 생각합니까?" 또는 "왜 당신 같은 사람이 우울해진다고 생각합니까?" 바로 이날, 놀랍게도 세 사람 모두 똑같은 대답을 하였다. "어머니로부터 부정적인 것을 찾는 경향을 물려받았다고 생각합니다." 언론인이 말했다. 양극성장애가 있는 예비신랑은 "제 생각에는 제 유전자에 의해 생긴 화학적 불균형 때문입니다."라고 말했다. "저에게 사람들을 때리게 만드는 나쁜 유전자가 있다고 들었습니다."라고 청소년은 대답했다.

각각의 사례에서 그들이 대답할 때, 시간이 무너진 것 같았다. 아버지의 정자가 어머니의 난자를 뚫고 들어간 순간과 현재의 순간 사이에 공간이 없었다. 물론 각 사례에서, 그들의 경험이 그들에게 닥친 어려움에 대처할 수 있는 능력을 어떻게 돕거나 방해했는지를 탐색하며, 의미 있는 삶의 내러티브를 만들려는 자연스러운 인간의 욕구가 작용했다고 보는 것이 가능했다. 심리치료는 환자의 어려움의 기원에 대한 어떤 지적인 확신보다 더 깊이 뿌리를 내린 생물학적 힘에 기반한다. 그러나 그들이 각각의 순진한 선천론자적인 견해를 장황하게 설명할 때, 대화의 여지는 없었다. 거기에는 단지 하나의 간단한 말이 있었다. '제 문제의 원인을 묻지 마십시오.', '제 기억이나 생각, 느낌을 캐묻지 마십시오.', '알려고 하지 마십시오.', '답은 제 유전자에 있습니다.' 인간의 신비에 대한 공간은 없었다. 이렇게 심리적 및 심리사회적 원인을 그릴 수 없는 무능은 이들이 상담실에 가져온 심리적 문제의 근원인 동시에 순진한 선천론자 관점의 핵심에 있다.

▌사회화의 종식: 양육 vs. 유전

서구 사회에서 아동의 사회화에는 가족, 또래 집단, 학교 또는 어린이집의 세 가지 주요 요인이 있다(Maccoby, 2000). 전문적으로 또한 문화적으로 강조되는 것은 사회화의 요인으로서의 가족이다. 지난 세기의 가장 중요한 부분은 심리학적 이론(예: Alexander & Parsons, 1982; Bowlby, 1958; Patterson, 1976; Winnicott, 1963)과 대중적인 심리학적 견해(Leach, 1997; Spock & Rothenberg, 1985) 모두에서 개인의 가치, 신념, 성격 그리고 자연스럽게, 적응에서의 기능장애의 형성에 부모와의 경험이 중심적이라는 인식에 동의했다는 것이다. 흥미로운 점은 지난 세기를 지배했던 두 가지 심리학적 접근인 학습이론과 정신분석 중에 후자가 사회화에 대한 구조적인 한계에 대한 일부 강조를 유지했다는 것이다(예: Freud, 1912–1913, 1920g; Neu, 1992).

20세기 후반에는 발달이론의 극적인 재정비가 있었다. 인지 심리과학(예: Barasalou, 1991; Johnson-Laird, 1983)의 출현은 일부 학습이론 및 많은 정신분석 원리를 정보처리의 언어로 해석하는 것을 촉진시켰는데, 이 정보처리의 언어는 심적 표상상에 예측 가능한 편향과 왜곡을 만드는 과거 경험의 심적 작용을 가정하고 있다(예: Bandura, 1977; Mischel, 1973). 발달과 정신병리에 대한 인지행동적 접근은 다음의 두 요인을 통해 반복과 순환의 고리에서 궁극적으로 빠져나왔다. ① 이 이론은 인지행동치료와 같은 일련의 간단하고 효과적인 심리사회적 개입을 고무시켰다(예: Beck, 1976; Meichenbaum, 1997). ② 발달이론에 변증법적 모델을 도입하였다(예: Chess & Thomas, 1979; Kagan, 1989).

인지 사회학습이론에서 나온 사회화에 대한 견해는 아동이 자기 자신의 사회화 경험을 결정하는 데 중요한 역할을 한다는 것을 강조했다. 분명히 감정성이 높은 영유아를 보살피는 것은 사회적이거나 감정적이지 않은 영유아를 보살피는 것과 비교하여 꽤 다른 모성 행동을 야기할 것이다. 이러한 인식은 초보 정신병리학자의 부모 비난적 경향을 근본적으로 그리고 유익하게 조절하는 것에 결정적이다. 이러한 아동에서 부모로의 영향의 교환 모델은 이후에 다시 등장하는 선천론자가 제안하는 주장을 지지하기 위해 사용되지만, 대부분의 영역에서 인지 사회학습이론은 정신분석적 이론의 환경결정론자의 전통을 유지한다. 동시에 독립적으로 등장한 1960년대 후반의 가족 체계 관점(예: Minuchin et al., 1975)과 1970년대 브론펜브레너(Bronfenbrenner, 1979)의 영향력 있는 생태학적 아이디어는 사회화의 설명력을 증가시켰고, 사회적 환경에 대한 발달학자들의 관심을 더욱 강화시켰다.

사회학습이론의 변증법으로 스며든 발달정신병리학은 마이클 루터(Michael Lutter), 앨런 스로우프(Alan Sroufe), 로버트 엠드(Robert Emde), 단테 치체티(Dante Cicchetti)와 같은 유명한 학자들과 함께 노먼 가메지(Norman Garmezy)의 지휘하에 아동 정신질환의 역학을 지배하게 되었다. 주요 연구 문제는 개체발생적 발달을 통한 심리적 장해의 발생에서 사람과 환경 특성의 신비로운 전개, 통합 및 상호작용이었다. 변증법적 교환 모델의 명백한 공헌에도 불구하고(예: Garmezy, Masten, & Tellegen, 1984), 발달정신병리는 늘 사회화, 특히 가족 내 사회화에의 강조를 유지했다(Cicchetti, 1987; Rutter, 1993; Sameroff, 1995). 애착이론은 이 접근을 이끄는 틀 중의 하나가 되었고(예: Cicchetti & Cohen, 1995; Sroufe & Rutter, 1984), 존 볼비(John Bowlby)는 사후에 많은 사람들에게 이 분야의 선구자 중 한 명으로 인정받았다(Sroufe, 1986). 따라서 인지심리학 및 사회

학습이론의 지배에도 불구하고, 발달정신병리학은 넓은 학파를 유지하며 많은 정신역동적 생각 [특히 초기 관계(예: Cicchetti, 1987), 정서 조절(예: Sroufe, 1996), 관계 표상(예: Dodge, 1990), 동일시 과정(예: Crittenden, 1994), 내면화(예: Fonogy et al., 1995), 자기 조직화(예: Fischer & Ayoub, 1994)에 대한 초점]을 간직했다.

20세기 후반에 발달정신병리학자들은 대부분 위험요인, 특히 가족이 가장 중요한 역할을 담당하는 위험요인에 관심이 있었다(예: Masten & Garmezy, 1985). 발전의 초기 시기에 발달정신병리학은 위험의 사회적 및 문화적 측면(예: Masten & Braswell, 1991), 부모–영유아 관계, 양육에 영향을 미치는 인식론적 및 동기적 심적 상태(예: Belsky, 1984), 경제적 및 사회적 불이익과 양육의 상호작용(예: McLoyd, 1990; Quinton, Rutter, & Liddle, 1984), 아동의 정서적 및 인지적 구조에 대한 과거 경험의 왜곡된 영향(예: Fox, Platz, & Bentley, 1995; Parker, Barrett, & Hickie, 1992), 대처(Thatcher)와 레이건(Reagan) 시대의 사회과학자들의 고민이 증가하는 원천이 되었던 전반적 사회적 불평등의 매개요인으로서의 부모 행동(예: Conger, Ge, Elder, Lorenz, & Simons, 1994; McLoyd, 1998; Petit, Bates, & Dodge, 1997)에 특히 관심이 있었다. 이러한 모든 아이디어를 관통하는 것은 정신병리의 전개가 발생한 맥락은 아동의 주요 사회화 환경인 가족이라는 개념이었다. 가족, 특히 부모는 이러한 전개가 발생하는 배경을 제공했다. 가족, 부모의 특징은 아동이 하는 발달적 선택, 아동의 행동, 그리고 치료와 예방 모두에서 중요한 협력에 결정적이었다.

그러나 20세기의 마지막 10년 동안, 아마도 부분적으로는 인간 게놈 프로젝트의 흥분에 의해 촉발되었고, 또한 보다 통계적으로 정교화된 연구 설계에 의해, 양적 행동유전학이 초기 발달 연구에서 유행하였다. 특정 시각에서 보면, 유전학에 관한 연구가 애착이론과 같은 양육에 강조를 둔 고전적 사회화 이론을 위한 자리를 없애고, 초기 가족 경험의 핵심 역할을 옹호했던 모든 이론을 논박하는 것처럼 보인다(Scarr, 1992 참조). 예를 들어, 행동유전학자인 로웨(Rowe)는 다음과 같이 썼다. "대부분의 전문 직업군에 종사하는 부모는 자녀가 성인으로서 어떤 특질을 결과적으로 발달시킬지에 대해 거의 영향을 미치지 않는 것 같다"(1994, p. 7). 그는 계속해서 부모가 하는 어떤 것으로 인해 아동이 보이는 바람직하지 않은 특질이 크게 수정될 수 있을지 의문이라고 말하였다. 공평하게 말하면, 이러한 의견은 발달에 대한 유전적 및 사회적 영향 모두에 동등한 비중을 두는 연구를 통한 자료가 공개되기 전에 발표되었다는 점에 주목해야 한다.

행동 유전학 연구 결과

1990년대의 생물학적 (유전적) 운동은 우리가 이 책에서 우리가 주장하는 환경결정론자와 같은 주장의 타당성을 위협하는 것처럼 보이는 몇 가지 쟁점을 강조한다.

1. 초기 양육과 사회화 결과 사이의 전반적인 연관성은 상당히 약하고, 종단 연구에서 양육은 무시할 수 있는 수준의 분산에 해당하는 것으로 나타났다. 초기 관계 경험을 성격 및 정신병리의 발달과 연결할 수 있는 것에 대해서는 매우 제한된 증거가 있다. 더욱이 유전적 영향이 생애 초기에만 발생하고, 따라서 후기에 나타나는 개인 간 차이는 환경에 의한 것으로 가정해도 안전하다는 암묵적인 가정이 틀린 것으로 드러났다. 유전적 영향은 환경적 영향만큼 변화하고 역동적인 것이다. 예를 들어, IQ에 대한 유전적 영향은 생애 초기에는 비교적 적지만, 아동이 청소년이 되어 갈수록 상당히 증가하고(Rutter et al., 1997), 이와 반대로 적성 검사 점수에 대한 양육의 영향은 감소한다(Plomin, Fulker, Corley, & DeFries, 1997). 앞으로 보게 되겠지만, 분자적 수준에서 일부 유전자는 발달의 초기 단계에 휴면 상태이지만, 후속 단계에서 활동이 촉진될 가능성이 있다. 사실 반사회적 행동과 같은 동일한 특질에 취약하게 하는 유전적 영향은 유전적 요소의 크기가 바뀌지 않은 채 발달 과정에서 변화할 수 있다. 따라서 반사회적 행동의 유전 가능성은 초기 청소년기에는 63%, 후기 청소년기에는 68%이지만, 분산의 약 1/3 정도만이 서로 겹친다(즉, 약 1/3 만이 각 단계에서 유전자 구성의 동일한 부분이다.) (Neiderhiser, Reiss, & Hetherington, 1996).

2. 쌍둥이 및 입양 연구의 행동유전 모델은 유전자로 설명되는 특정 특질의 분산(h^2)을 100에서 빼어($E = 100 - h^2$), 유전적(h) 및 환경적(E) 요소로 분산을 분할한다. 대부분의 영역에서 h^2는 50~60%로, 절반 이하가 E에 해당한다. 주의력결핍 과잉행동장애(ADHD)의 경우, 유전 가능성은 55%에서 82% 사이로 다양하게 측정된다(Nigg & Goldsmith, 1998; Smalley, 1997). 큰 규모의 연구가 계속 등장하면서, 유전적 영향을 제외한 후 남겨진 분산의 비율이 줄어들고 있다.

3. 행동유전학 연구는 이전에 환경으로 간주되었던 영향(예를 들어, 주 양육자가 책을 읽어 준 아동은 그렇지 않았던 아동보다 읽는 것을 더 빨리 배운다는 것 등)이 실제로 주 양육자와 자녀

의 공유된 유전적 소인에 의해 대부분 매개된다는 사실을 밝혀냈다(Kendler et al., 1996). 명백하게 환경적으로 매개된 가족의 영향은 사실상 주 양육자와 자녀의 공유된 유전적 소인에 의해 설명되며, 따라서 아마도 그 자체가 중요하지 않을 수 있다(J. R. Harris, 1998; Rowe, 1994). 최근 콜로라도 입양 프로젝트(Colorado Adoption Project)의 분석 결과에 따르면 부모의 이혼과 관련된 사회 적응에 대한 경미한 어려움 중 많은 부분이 사실 유전적인 것으로 나타났다. 즉, 이후 이혼하게 된 부모로부터 떠나 다른 가정으로 입양된 아동은 이혼하지 않은 가족으로 입양되었더라도 적응 문제가 발생했다(O'Connor, Caspi, DeFries, & Plomin, 2000). 스트레스, 생애 사건, 외상 (그리고 아마도 모성 조율과 민감성)을 포함하는 발달에 매우 중요한 것으로 생각되는 환경의 질은 모두 유전될 수 있다. 우리가 종종 아동에 대한 부모 행동의 결과라고 생각하는(또한 아동이 그렇게 경험할 수 있는) 성격 특성은 사실상 유전적 소인이다. 아동의 특정한 성격 특질과 이와 관련된 양육(비판, 온화함 또는 심지어 학대)은 모두 부모와 아동의 동일한 유전자의 결과일 수 있고, 또는 아동 특질의 전구 형태가 [예를 들면, 환기된 투사적 동일시에 의해서(Spillius, 1992)] 부모에게 아동과 함께 있는 특정 방식을 촉발시킬 수 있다.

4. 초기 양육의 특성과 이후 아동 행동 간의 상관관계는, 어떤 관련성도 부모와 생물학적 자녀 사이 50%의 유전적 중첩에 기인할 수 있다는 점을 고려하여 재해석될 수 있다. 이 것은 수동적 유전형–환경 상관(passive genotype–environment correlation)으로 불려 왔다. 유전적 요인이 독립변인(사회적 환경의 척도)과 종속변인(사회적 적응의 척도)에 영향을 미치기 때문에, 혼재요인이 될 여지가 있다. 출판된 사회화 연구의 대다수에서, 이 가능성은 언급되지 않는다. 리스 등(Reiss, Neiderhiser, Hetherington, & Plomin, 2000)은, 청소년 발달에 대한 유전적 및 환경적 영향에 대한 획기적인 연구에서 가족관계(예: 부모의 온화함 또는 형제자매 관계)와 적응 측정치(예: 우울 및 반사회적 행동) 간에 통계적으로 유의한 52개 상관관계를 발견했는데, 44개는 유전적 영향이 공분산의 절반 이상을 설명하였다. 52개 중 약 절반에서 유전적 영향을 고려하게 되면, 가족관계와 청소년의 기능 간의 상관이 거의 없어졌다. 콜로라도 입양 프로젝트에서 가족 내 부정성과 온화함에 대한 부모 보고와 아동이 보고한 성취 지향이 유의한 상관을 보였는데, 하지만 성취 지향은 유전적으로 결정되는 것으로 밝혀졌고, 이는 이 가족 환경 측면이 아동의 유전적으로 기원한 특성의 영향에 취약하다는 것을 제안한다(소위 아동에서 부모로의 영향)(Deater-Deckard,

Fulker, & Plomin, 1999).

5. 행동유전학 연구가 가족 환경을 중요하게 다룬다면, 중요한 것은 동일 가족 내 각 아동에게 특정적인 환경, 비공유 환경이다(Plomin & Daniels, 1987). 환경은 공유 및 비공유 요소로 구분될 수 있다. 공유된 환경적 영향은 입양된 아동 및 이들의 형제자매가 입양된 다른 가정의 자녀와의 상관관계를 비교하는 입양 연구에서 추정될 수 있다. 양육과 같은 환경의 공유된 측면이 정말로 발달에 중요한 것이라면, 동일 가정에 거주하는 입양된 형제자매가 다른 가정에 거주하는 혈연관계가 없는 아이들보다 유의하게 더 유사해야 한다. 유전적 요소와 공유된 환경적 요소가 측정된 후 남는 것은 비공유 환경이다($E_{us} = 100 - h^2 - E_s$). 비공유 환경은 환경적 요소의 대부분을 차지하는 것처럼 보인다. 즉, 부모의 민감성과 같은 공유 환경은 거의 분산을 설명하지 못한다(Plomin, 1994). 입양된 아동은 다른 가정에서 자라는 혈연관계가 없는 아동보다 입양된 가정의 형제자매와 더 비슷한 것 같아 보이지 않는다(Plomin & Bergeman, 1991). 상대적으로 취약한 관찰된 공유 환경의 영향은 발달정신병리학에서 일반적으로 유해하다고 여겨지는 환경(예를 들어, 높은 수준의 부모 갈등, 부모의 정신병리 또는 상대적인 사회적 불이익 등)이 이전에 생각했던 것보다 덜 중요하거나 또는 사실상 유전적으로 매개된다는 것을 제안하기 때문에 중요하다(Plomin, Chipuer & Neiderhiser, 1994). 플로민(Plomin)은 이것을 꽤 우아하게 표현한다.

> 우리는 지나치게 자주 아동 발달의 주요 영향들이 공유된다고 가정해 왔다. 부모의 성격, 아동기 경험, 부모의 부부관계의 질, 아동의 교육적 배경, 아동이 자라난 이웃 환경, 부모의 학교 교육 및 훈육에 대한 태도 등이 그 예다. 그러나 이러한 영향들이 공유되는 정도만큼, 이것들은 우리가 관찰하는 아동 결과에서의 차이를 설명할 수 없게 된다(1994, p. 23).

6. 비공유된 환경적 영향조차 유전에 기반하여 더 잘 이해될 수 있다고 주장되고 있다. 아동 행동의 유전적으로 영향받은 측면이 부모와 타인에게서 특정 관찰된 반응을 유발할 수 있다. 이는 종종 환기적 공분산(evocative covariance)이라 불리는데, 상이한 유전적 소인을 가진 아이들이 주 양육자로부터 상호 보완적인 반응을 이끌어 내는 경우를 말한다. 따라서 아동의 비공유된 (특정) 환경이 때로 아동의 유전자가 아닌 부모의 행동으로 잘못 귀인될 수 있다(O'Connor, Deater-Deckard, Fulker, Rutter, & Plomin, 1998). 입양아에 대한 몇몇 연구에서는 아동의 적대적 행동을 설명하는 것으로 생각되는 권위적인 양육

이 아동의 저항적이거나 산만한 행동으로 인해 발생할 수 있다고 제안한다(Ge, Conger, Cadoret, Neiderhiser, & Yates, 1996).

따라서 지난 10년 동안 발달 전문가들뿐 아니라 일반 대중을 포함하는 우리는, 무의식적으로 정신역동적 아이디어와 일치하는 아동 및 성인의 심리사회적 모델에서 종종 선행 요인으로서 부모-자녀 관계에 대한 고려를 배제하는 유전-생물학적 준거 틀로 전환했다. 이제 우리는 양육에 대한 강조, 특히 초기 애착관계에 대한 강조를 축소시키는 증거가 행동-유전학 자료의 잘못된 평가에 기반을 두고 있으며, 아마도 과거 우리의 양육의 역할에 대한 강조는 부모의 영향을 단순히 관계의 질, 내면화, 내사, 동일시 등으로 보려고 했다는 점에서 다소 순진했다고 주장하고자 한다. 우리는 ① 초기 애착 경험이 개인 유전형 발현의 주요 조절요인일 수 있다는 것과, ② 애착의 주요 진화적 기능이 실제로 그것이 심적 메커니즘의 개체발생적 발생에 주는 기여로, 유전자 발현과 관련된 심리사회적 경험을 조절하는 역할을 할 수 있음을 보이고자 노력할 것이다.

유전학 연구의 검토

앞에서 설명한 것처럼, 유전적 결정요인에 대한 연구는 2개의 기둥을 형성한다. ① 사회화 증거의 취약함과 ② 정량적 행동유전학의 발견이다. 우리는 우선 첫 번째 것을 잠시 다루고, 두 번째 것에 집중할 것이다.

행동유전학자(예: Maccoby & Martin, 1983)들이 광범위하게 인용하는 고전 문헌에서는 양육과 사회화 결과 간의 약한 상관을 보여 주는 경향이 있고, 대안적인 유전적 해석을 고려하게 한다. 그러나 측정의 폭과 깊이 측면에서 사회화 연구에서의 상당한 방법론적 진전이 있었고, 이에 부응하여 효과 크기도 증가했다. 예를 들어, 마틴 말도나도-두란과 동료들(Maldonado-Duràn, Helmig, Moody, & Millhuff, 출판 중; Maldonado-Duràn et al., 2003)은 메닝거 아동가족센터(the Menninger Child & Family Center)에서 진행한 연구에서 약 150명의 영유아를 대상으로 구조화된 임상 평가를 진행했다. 아이들의 70% 이상은 2~4년 후까지 추적 조사를 받고 있다. 영유아기 행동 문제는 여러 영역에서 후기 행동장애를 강하게 예측했다. 영유아기에 관찰된 양육은 학령전기 감정적 어려움을 예측했다. 특히, 방임적이고 적대적인 면 모두를 가진 부모의 자녀는 더 많은 행동 문제를 보였다. 이것은 영유아기 행동 문제를 통제했을 때에도 마찬가지였다. 관찰된 아동에 대한 방임과 적대감은 영유아의 행동을 통제하였을 때조차 4세 때 아동의 행동 문제와 .36의 상관을 보였다. 이것은 양육이 구체적으로 아동 행동 문제의 선행요인에 대한 부모의 반응 측면에서 설명될 수 있는 것 이상의 예측 효과를 가졌다는 것을 의미한다. 이와 같은 잘 통제된 연구가 축적되고 있으며, 사회화 문헌에 대한 현재의 문헌 고찰은 보다 고무적인 결론을 산출하는 경향이 있다(Maccoby, 2000).

발달에 걸쳐, 나아가 각 발달 단계 내에서도 시간에 걸쳐, 양육 환경이 상당히 다양하다는 인식으로 인해 사회적 환경을 행동–결과의 상관관계로 해석하는 것에 상당한 복잡성이 도입된다. 치료 경험은 치료사와 환자 간 상호작용의 특정 '핵심 순간'의 이례적인 영향을 보여 주는데, 이 순간에 경험은 상황의 합일에 의해 명확한 안도를 가져오고, 심리 내적 요인이 불현듯 치료적 변화를 가능하게 한다. 이 아이디어는 대니얼 스턴(Daniel Stern), 에드 트로닉(Ed Tronick), 칼렌 라이언스–루스(Karlen Lyons-Ruth)의 연구와 보스턴 그룹의 치료 과정에 잘 설명되어 있다(Fonagy, 1998; Lyons-Ruth, 1999; Stern, 1998; Stern et al., 1998). 그들은 치료에서의 변화가 치료사와 환자 간 조율의 특별한 순간의 기능일 수 있다고 주장한다. 보다 일반적으로, 양육 영향을 통한 아동(자연스럽게 긍정적 및 부정적 유인가 모두)에 대한 부모의 영향의 특별한 순간에서도 같은 것이 적용될 수 있는데, 얼마나 중요하고 형성적이든지 간에 이것은 사회화의 모래사장에서의 바늘 찾기와 같이 거의 불가능할 수 있다. 축적된 또는 시간을 기준으로 수집한 행동에 초점을 둔 관찰 연구가 이러한 핵심 순간을 얼마나 많이 포착할 수 있을지 바라는 것은 상상하기 어렵다. 관찰된 양육과 아동의 결과 사이의 상관은 양육의 진정한 영향을 절대 반영할 수 없을 것이다.

하지만 어떤 경우라도, 양육과 사회화 사이의 상관이 얼마나 강하든지 간에, 보다 간결한 설명이 유전학일 가능성을 배제할 수 없다. 특질이 얼마나 구체적인지에 상관없이, 분산의 넓은 영역을 설명하는 것이 유전적 연구 결과의 분명한 힘이고, 발달정신병리학에 어두운 그림자를 드리운다. 하지만 유전적 발견이 보여지는 것만큼 확실한 것일까? 정량적 행동유전학에 대한 간단하고 강력한 반박을 해 보겠다.

행동유전학으로부터의 증거는 조심스럽게 해석되어야 한다. 이것에는 ① 방법론적, ② 개념적, ③ 경험적인 이유가 있다. 방법론적으로 일란성 및 이란성 쌍둥이의 대조는 유전적 유사성과 환경적 영향을 혼란스럽게 한다. 일란성 쌍둥이는 이란성 쌍둥이보다 더 유사한 환경을 가진다고 주장되어 왔다(예를 들어, 그들은 좀 더 공동의 친구를 갖고, 부모는 이들을 좀 더 유사하게 대한다—Reiss et al., 2000). 가법 모델을 사용하여 빼는 과정을 통해 환경의 영향을 추론하는 것에도 의문이 제기되어 왔다(Elman et al., 1996; Turkheimer, 1998). 특히, E는 환경요인을 직접적으로 측정하지 않고 추정된다. 만약 유전 가능성의 추정치인 G가 높다면, E는 반드시 낮아진다. 실제로 G와 E가 결합하여 표현형을 생성한다. 그러나 단순한 가법 모델에서는 이 상호작용을 유전적 영향에 포함시키게 될 것이다. 부모로부터 부모 자신에 대한 자료와 함께 자녀에 대한 자료 또한 수집하면, 내재된 유전적 편향이 발생한다. 행동 관찰이나 자기 보고가 아닌 아동 행동에 대한 부모의 보고를 통해 자료를 수집할 경우 유전 가능성 추정치는 부풀려진다. 부모가 자녀의 공격성을 평가할 때, 부모의 공격성과의 상관이 증가된다는 것은 놀라운 일이 아니다(Cadoret, Leve, & Devor, 1997; Miles & Carey, 1997).

개념적 수준에서 우리는 비공유 환경의 개념에 의문을 제기할 것이다. 왜냐하면 이것은 단지 환경이 아닌 형제자매 간의 차이를 의미하기 때문이다. 사실상 공유된 환경은 가족 내 유사성을 증가시키는 만큼, 필시 가족 내 아이들을 서로 다르게 만드는 역할도 할 수 있는데, 공유된 환경이 두 아이들에게 매우 다르게 경험될 수 있기 때문이다. 추가적인 개념적 문제는 개인차에만 근거한 유전 가능성의 추정에 관한 것이다. 즉, 사회경제적 추세 변동과 같은 공유된 환경적 영향을 배제하고 환경 연구에 극히 제한된 추정을 한다. 신장, IQ 및 여러 심리장애의 유병률(예: 비행 및 섭식장애)은 의심의 여지없이 환경 변화의 결과로 지난 세기 동안 현저하게 증가했지만, 환경적 영향을 추정하는 현재의 행동유전학적 방법은 이러한 것들의 고려를 막는다.

경험적으로 우리는 유전적 영향을 배제한 후 환경적 결정요인의 실질적인 영향이 드러나는 연구를 지적할 수 있다(Johnson, Cohen, Brown, Smailes, & Bernstein, 1999). 우리는 가정된 것이 아닌 실제적인 주 양육자의 형제자매에 대한 상이한 반응에 대한 질문을 제기할 수 있다. 형제자매가 얼마나 다르게 대해지는지에 대한 증거는 사실 상당히 혼재되어 있다. 행동유전학 연구 증거의 유일하게 아동의 환경을 추론하기보다는 실제로 들여다본 리스(Reiss), 플로민(Plomin), 헤더링턴(Hetherington)과 동료들은 비공유 환경의 개념에 대한 직접적인 증거를 발견했다(Reiss et al., 2000). 한 쌍의 쌍둥이들 간에 양육의 강압성 수준 사이의 차이는 절대적인 부정성 수준보다 더 예측적이었다(Reiss et al., 1995). 그러나 주디 던(Judy Dunn)의 형제자매에 대한 선천론자적 관찰 연구는 실제로 횡단적으로 부모는 형제자매를 다르게 대하는 것으로 보일 수 있지만, 종단적으로 보면 여러 연령대의 아동이 비슷한 정도의 대우를 받는다고 제안한다(Dunn & McGuire, 1994). 여기서의 명백한 함의는 보다 체계적인 접근법에 대한 것이다.

형제자매의 상이한 대우와 관련된 궁극적인 결론에 관계없이, 사회적 발달에 대한 연구가 단일의 아동을 바라보는 경향이 있다는 사실은 이 연구들이 양육과 다른 공유 환경의 영향을 모두 과소평가했다는 것을 의미한다. 나중에 보게 되겠지만, 체계 내에서의 각각의 사람이 독특한 역할을 갖는 것에 대한 욕구의 일환으로 가족 체계에서 형제자매의 다른 반응에 대한 특정 압력이 있을 수 있다. 흥미롭게도 차이에 대한 압력은 유전적 분화가 적을 때 더 클 수 있다. 최근의 연구에서 파스코 피어론(Pasco Fearon)과 피터 포나기(Peter Fonagy)는 애착 양상에 대한 유전적 영향의 역할을 확립하려고 시도했다(Fonagy, Fearon, & Target, 1999). 유전적 영향에 관한 질문은 애착 양상의 일관성에 대한 세대 간 연구에 의해 제기되었다(자녀가 태어나기 전 안정 애착이었던 어머니들은 1년 후 안정 애착된 자녀를 갖는 경향이 있다—van IJzendoorn, 1995). 이것은 유전적 영향의 또 다른 예일까? 일란성 및 이란성 쌍둥이 연구에서 우리는 일란성 쌍둥이 사이에서 애착 양상의 더 큰 일치에 대한 증거를 거의 찾지 못했다. 그러나 우리는 어머니가 평가한 쌍둥이의 기질에 의해 애착 양상의 일치 가능성이 예측되는 것을 발견했다. 간단히 말해서, 어머니가 두 영유아의 기질을 보다 비슷하게 평가할수록 쌍둥이의 애착 분류가 다를 가능성이 높았다. 반대로 어머니가 쌍둥이의 기질을 구별할수록, 쌍둥이들의 애착 분류가 동일할 확률이 높았다. 이러한 결과를 해석하면서, 우리는 잠정적으로 만약 어머니가 자녀들을 의식적으로 구분 짓는 것에 실패하면, 어머니는 무의식적 기대를 쌍둥이 자녀 중 적어도 한 명에게 투사할 가능성이 높아지고, 이는 쌍둥이 자녀들이 어머니와의 관계를 다르게 하도록 강요하게 된다고 제안한다. 그렇지 않으면, 일부 수준에서 다르게 인식되는 것은 쌍둥이들이 자신이 가족 체계 안에서 자신의 자리를 찾아야 한다고 느끼지 않는다는 것을 의미할 수 있다. 어머니가 쌍둥이의 개별성을 볼 수 있다면, 그들은 자신의 소인과 일관되게 행동할 수 있다.

더욱이 치료 및 예방 개입의 일환으로 환경을 실험적으로 조작하는 경우, 상대적으로 큰 효과를 가져왔다. 사회화에의 가족의 중요성에 대한 두 가지 주요 반론(J. R. Harris, 1998; Rowe, 1994) 모두 부모 교육을 다루지 않는다는 것은 주목할 만하다. 적대적 반항장애가 있는 아동을 위한 부모 교육의 평균 효과 크기는 약 1이며(Serketich & Dumas, 1996), 이는 치료 받은 아동이 적어도 대조군의 84%보다 치료가 끝나는 시기에 더 나아진다는 것을 의미한다. 이 맥락에서 더 중요한 것은 축적되는 증거가 범죄성과 비행 위험의 감소에 있어 장기적인 유익한 효과를 보이며 가정 방문(예: Olds et al., 1998)과 같은 부모와의 실험적 개입의 유용함을 지지한다는 사실이다. 물론 환경적 조작의 효과는 종종 기대하는 만큼 크지는 않다. 또한 치료의 장기 추적 관찰 연구는 상대적으로 드물며, 실험적 개입으로 시작된 상당히 인상적인 변화조차 사라지기도 한다(Fonagy, Target, Cottrell, Phillips, & Kurtz, 2000).

임상가로서, 행동유전학적 자료에 대한 우리의 주된 반론은 방법론적, 개념적 또는 경험적인 것이 아니라, 실용적인 면이다. 유전적 영향은 직접적일 뿐 아니라 간접적일 수 있다. 특정 환경 위험에 대한 높은 유전적 부하조차도, 그 위험 요소와 관련된 결과가 환경적으로 매개되는 것이 아니라 필연적으로 유전적이라는 것을 의미하지는 않는다. 예를 들어, 만약 아동 학대가 큰 유전적 구성 요소를 가지고 있는 것으로 밝혀진다면, 그것의 유해한 영향은 순수한 유전적 과정을 통해서가 아니라, 여전히 학대받는 아동의 세상에서 발생한 신뢰의 파괴에 의한 것일 것이다. 따라서 임상적 개입에 대한 행동유전학적 자료의 의미는 상당히 제한적이다. 그러나 유전학 연구와 환경적 연구에 기반한 관점 간의 계속되는 긴장은 유전적 모델에 기저하는 가정들의 논쟁으로 끝나서는 안 된다. 행동유전학에서 얻은 결과들은 매우 탄탄해 보이며, 유전적 자료를 환경적 이론과 통합하는 것이 환경결정론자들이 해야 하는 일이다. 다음으로 이어지는 것은 매우 겸손한 예비적인 시도로, 선택적인 유전학적 결과를 이 책에서 고려하는 영역, 즉 정신화와 초기 애착관계 간의 관계에 대한 환경결정론자적 관찰과 통합하는 것이다.

▌유전자와 환경의 접점에서의 주체성

유전형의 발현에서 경험의 역할

발달정신병리학이 유전-환경 상호작용과 관련된다는 것은 널리 알려져 있다. 꿀벌의 경우, 군집 구성원의 생식적 및 사회적 역할이 유생 발달 초기 며칠 동안 발생하는 사건에 의해 고정된다. 일벌 또는 여왕벌 지위는 명백하게 유전형에 부호화되어 있지 않지만, 일벌이 유충을 차별적으로 대하는 것에 따라 비롯되고, 결과적으로 차별된 유전자 발현(상향 조절 및 하향 조절 모두가 작용)을 가져온다(Evans & Wheeler, 2000). 일부 정량적 인간 행동-유전 연구들 또한 환경적 노출이 유전적 취약성을 촉발하는 상호작용 과정을 강력히 제안한다. 예를 들어, 조현병에 대한 고전적 핀란드 입양 가족 연구는 조현병이 있는 생물학적 부모를 가진 아동이 역기능 가정에 입양된 경우, 오직 이러한 경우에만 다양한 정신질환 문제가 발전할 가능성이 더 높다는 것을 제안한다(Tienari, Wynne, Moring, Lahti, & Naarala, 1994). 보면(Bohman, 1996)은 생물학적 부모가 범죄자인 아동이 역기능적 가정에 입양된 경우에만 범죄성이 유전적 위험과 관련된 것으로 보인다고 보고했다. 즉, 유전적 위험은 아동이 노출된 가족 환경의 질에 따라 나타날 수도 있고, 그렇지 않을 수도 있다. 그러나 이것이 만연한 과정이라면 유전-환경 상호작용에 대한 정량적 행동-유전적 증거가 드문 이유는 무엇일까? 경험적으로, 이 상호작용은 상당히 찾기 어렵다는 것이 입증되었다. 지금은 다소 오래되긴 하였지만, 플로민(Plomin, DeFries, McLearn, & Rutter, 1997)은 체계적 문헌 검토에서 상대적으로 고립된 사례에서만 증거를 발견했다.

우리는 유전자의 발현을 촉발하는 환경이 객관적이지 않기 때문에, 행동유전학에서 종종 '잘못된' 환경을 연구한다는 사실에 답이 있다고 제안한다. 유전자 발현은 관찰 가능한 객관적인 환경에 의해 촉발되지 않는다. 아동의 환경에 대한 경험이 중요한 것이다. 환경이 경험되는 방식은 유전형을 표현형으로 발현하는 필터로 역할할 것이다. 그리고 여기서, 우리는 정신분석과 애착이론의 중추적인 중요성에 주목한다. 이 이론들의 주요 관심사는 발달적 결과를 창출하는 것에 있어 표상의 다층 간 상호작용이다. 유전학에서 산출된 자료는 특정 개인에서 유전자가 발현되거나 발현되지 않는 방식을 이해하는 것에 있어 정확히 이러한 정교함을 요구한다.

유전자와 표현형 사이의 경로는 유전학과 환경이 끊임없이 상호작용하는 복잡한 것이다(El-man et al., 1996). 분자 수준에서 긍정적 및 부정적 환경이 유전자 발현을 변화시킬 수 있다는 증거가 있다. 즉, 유전자가 RNA로 전사되는 속도와 뒤따르는 단백질 합성은 적어도 원칙적으로, 인간 두뇌의 구조와 기능에 영향을 미칠 수 있다. 내부 및 외부 자극, 두뇌 발달 단계, 호르몬, 스트레스, 학습 및 사회적 상호작용 모두가 전사 조절자의 결합을 변화시킨다(Kandel, 1998). 특히 흥미로운 것은 동물 연구로, 여기서는 동물의 다양한 형태의 학습이 환경적 자극(예를 들어, 새가 서로 주고받는 노래, 부르는 신호 등)이 휴면 유전자의 RNA 전사를 활성화하는 과정을 반영한다고 제안한다. 이 과정은 이어지는 새로운 단백질의 합성과 시냅스의 구조 및 기능의 변화를 가져온다(Chew, Vicario, & Nottebohm, 1996; Nguyen, Abel, & Kandel, 1994). 즉, 이 학습 과정이 유전적으로 통제될 수 있다. 군소(Aplysia)의 아가미 반사 작용 조절에 관련된 환경적 자극은 기억 억압 유전자를 차단하는 작용을 한다(Abel & Kandel, 1998). 애착의 관점에서 우리에게 보다 중요한 것은 아마도 새끼 쥐에 대한 고전적 연구일 것이다. 생후 첫 2주간 어미 쥐와 분리되었던 새끼 쥐들은 부신피질자극호르몬방출인자(corticotrophin–releasing factor: CRF)의 분비를 통제하는 유전자의 발현이 영구적으로 증가하는 것으로 나타났다(Plotsky & Meaney, 1993). 모성이 박탈된 새끼 쥐들이 이 유전자 발현의 영구적인 증가로 인해 스트레스에 대한 일생의 취약성을 얻게 되는 반면, 젖을 먹이는 동안 새끼를 핥거나 털을 손질해 주면서 새끼에 대한 증가된 보살핌을 보여 준 어미 쥐는 새끼에게 스트레스에 대한 일생의 보호를 제공하는 것으로 보인다. 이 후자의 과정은 글루코코르티코이드 수용체(glucocorticoid receptors)를 조절하는 유전자 발현의 증가와 이에 따른 CRF 합성을 조절하는 유전자의 억제를 통해 매개되는 것으로 보인다.

스트레스 및 역경에 대한 반응에는 상당한 개인차가 있다. 이러한 다양성의 대부분은 빈약하게 이해되고 있지만(Rutter, 1999), 이것은 정신 내 변인의 잠재적 중요성을 강조한다. 특정 환경 요인이 유전자의 발현을 촉발하는지 여부는 그러한 요인의 본질뿐 아니라 영유아나 아동이 그것을 경험하는 방식에 따라 달라질 수 있으며, 이는 이러한 경험에 대한 의식적 또는 무의식적인 의미 귀인에 의해 결정되는 정신 내 기능일 수 있다. 애착이 제공하는 경험적 필터의 질은 결국 유전적 또는 환경적 영향 또는 이것들의 상호작용의 함수일 수 있다(Kandel, 1998). 따라서 정신 내 표상 과정은 단지 환경적 및 유전적 영향의 결과가 아니라, 이러한 영향의 결정적인 조절요인일 수 있다.

아동에 의한 환경의 이해가 환경 그 자체나 환경이 상호작용하는 유전자보다 더 쉽게 수정될 수 있기 때문에, 이것은 상당한 임상적 중요성을 지니고 있다(Emde, 1988). 정신 내 관점에서 애착이론은 무엇이 성격과 성격장애를 촉발시키는지뿐 아니라, 어떤 과정이 장애가 호전되거나 악화되는 경과에 영향을 주는지 고려하는 것에 도움이 될 수 있다. 지난 5년 전까지만 해도 이것은 이론이었지만, 지금은 분자유전학과 애착이론의 협력으로, 현실화되고 있다. 우리는 이 강력한 패러다임의 세 가지 예를 제시할 것이다.

붉은털원숭이 연구에서 뛰어난 증거가 발견되었다(Suomi, 2000). 즉, 5-HTT 유전자의 '짧은' 대립 유전자를 지닌 개체는 '긴' 대립 유전자를 가진 개체보다 모성 박탈에 의해 유의하게 더 심한 영향을 받는다(Bennett et al., 2002). 실제로 전체 내용은 다소 복잡하다. 지난 10년 동안 수오미(Suomi)의 연구실에서 수행한 연구 결과에 따르면, 모성이 박탈된 상태로 또래-양육된 새끼 붉은털원숭이는 본질적으로 사회적으로 불안해하고, 반응적 기질(감정적으로 각성되고, 공격적이며, 충동적이고, 두려워하게 되는 경향)을 가지며 집단서열에서 바닥으로 추락하며 자라난다는 것을 보여 준다(Higley, King, et al., 1996; Suomi, 1997). 만약 초기 애착 경험이 빈약하면, 이들의 신경-내분비 기능이 매우 비정상적이게 된다. 즉, 이들은 뇌척수액(cerebrospinal fluid: CSF)에 5-HIAA의 농도가 낮은데(Higley, Suomi, & Linnoila, 1996), 이는 세로토닌 작용의 감소를 의미한다. 이들은 또한 더 많은 양의 알코올을 섭취하고(Higley, Hasert, Suomi, & Linnoila, 1991), 세로토닌 전환율과 함께, 내성이 더 빨리 발달할 것이며(Higley et al., 출판 중), 이는 결과적으로 세로토닌 운반체의 가용성과 관련되어 있다(Heinz et al., 1998). 5-HTT는 세로토닌 운반체 유전자로, 유전자의 짧은 대립 형질이(Heils et al., 1996) 손상된 세로토닌 기능의 원인임을 보여 준다 (Lesch et al., 1996).[1] 수오미(Suomi)의 붉은털원숭이 군집에서 5-HIAA의 CSF 내 농도는 5-HTT 의 짧은 대립 형질을 가진 원숭이에서 낮았는데, 이것은 또래-양육된 원숭이에게서만 나타났다. 어미가 키운 개체의 경우, 5-HIAA 농도는 각각의 대립 유전자를 가진 원숭이에게서 동일했다(Bennett et al., 2002). 부적절한 초기 환경에서의 경험은 5-HTT 유전자의 발현을 촉발시켰다.

의도적으로 번식된 높은 반응성 새끼 원숭이의 대리모 양육을 실험적으로 조작한 연구에서 유전적 취약성의 가역성이 나타났다. 애정 어린 대리모에게 할당된 반응적 새끼 원숭이는 행동이 조숙하고 특이하게도 안정적인 것으로 나타났다. 보다 큰 사회 집단으로 옮겨졌을 때, 그들은 다른 집단 구성원을 동맹으로 모집하고 유지하는 것에 특히 능숙했으며, 집단서열에서 높은 지위로 상승하여 유지했다(Suomi, 1991). 애정 어린 어미가 키운 높은 반응성의 암컷의 모성 양식은 그들 자신의 기질이 아닌 애정 어린 대리모의 양식을 반영하였다. 따라서 애정 어린 대리모 양육의 이점은 전달 방식이 본질적으로 비유전적임에도 불구하고, 분명히 다음 세대로 전달될 수 있다(Suomi & Levine, 1998). 이러한 유전적으로 취약한 개체에 대한 차분한 양육은 이 유전형과 관련된 위험을 감소시킬 뿐만 아니라, 특별히 민감한 보살핌을 받는다면, 회복 탄력성의 특별한 능력을 발달시킬 것이라는 일부 증거가 있다.

동일한 종류의 유전-환경 상호작용에 대한 또 다른 예는 메닝거 클리닉(Menninger Clinic)에서 한 우리의 공동연구에서 찾을 수 있다(Fonagy, Stein, & White, 2001). 우리는 두 번째 도파민 수용체(DRD2)의 대립 유전자에 초점을 두었다. A1 또는 A1A2 대립 유전자는 정상군의 소수에서만 존재한다(일반적으로 20% 이하). 그 출현율은 다양한 임상 집단에서 증가하는 것으로 나타났는데, 특히 알코올 중독(Blum et al., 1990; Gelernter, Goldman, & Risch, 1993), 도박(Comings, Muhleman, & Gysin, 1996), 물질 오용(Uhl, Blum, Noble, & Smith, 1993), 그리고 섭식장애(Comings, 1997) 문제가 있는 경우 그러했다. 이러한 결과의 설명에서 대부분 D2 수용체의 감소된 수가 관찰되었다. 우리는 이러한 결과를 대부분 자연스럽게 의존성 및 다른 유사한 문제가 있는 메닝거 클리닉의 외상을 입은 경계성 성격장애 피험자군에서 반복해서 확인할 수 있었다. 조기 외상의 영향에 대한 연구의 일환으로, 우리는 토니 비풀코(Toni Bifulco)의 보살핌과 학대의 아동기 경험 척도(Bifulco, Brown, & Harris, 1987)를 사용하여 아동기 외상에 관한 후향적 정보를 수집하고 있다. 동시에 이 피험자들이 메닝거 치료 유치원에 다녔기 때문에, 평가받은 피험자의 상당한 하위 집단에서 아동기 자료가 수집되었다.

---

1) 문헌에서는 짧은 대립 형질과 위험 회피 및 높은 불안 측정치 간의 관련성을 보여 주는 4개의 연구를 보여 준다(Greenberg et al., 2000; Katsuragi et al., 1999; Osher, Hamer, & Benjamin, 2000; Ricketts et al., 1998). 2개의 후속 연구에서는 혼재된 결과를 보여 주었다(Gelernter, Kranzler, Coccaro, Siever, & New, 1998; Rosenthal et al., 1998). 그러나 9개의 연구에서는 아무런 관련성이 나타나지 않았다(Ball et al., 1997; Deary et al., 1999; Ebstein et al., 1997; Flory et al., 1999; Gustavsson et al., 1999; Hamilton et al., 1999; Herbst, Zonderman, McCrae, & Costa, 2000; Jorm et al., 2000; Kumakiri et al., 1999). 따라서 복잡한 새 시대의 많은 경우에서와 같이, 5-HTT의 짧은 대립 형질에 대한 진정한 중요성은 아직 알 수 없다.

상대적으로 작은 표집(*n* = 78)에 대한 매우 예비적인 분석에서 A1 대립 유전자가 특정 유형의 외상의 영향에 대한 생물학적 지표가 될 수 있다는 것이 나타났다. 대체로 후향적 정보에 근거하여, 우리는 조너선 힐(Jonathan Hill)과 동료들의 성인 성격 기능 척도(Adult Personality Functioning Assessment: APFA; Hill, Harrington, Fudge, Rutter, & Pickles, 1989)로 측정한 성인 성격 기능에 대한 외상의 영향이 A1 대립 유전자를 가진 하위 집단에 제한된다는 것을 발견하였다. 그러나 그 영향은 특정 종류의 대인관계 외상, 즉 신체적 및 성적 학대에 제한된 것으로 나타났다. 이것은 상당히 적은 표집에 대한 매우 예비적인 분석이므로, 이러한 결과는 유지되지 못할 수 있다. 단지 특정 유형의 유전-환경 상호작용을 설명하기 위해 여기에 소개하였다. 그러나 이것은 (일정한 것은 아니지만) 종종 DRD2*A1과 외상에 대한 민감성을 연관 짓는 혼재된 증거와 일치한다(Comings et al., 1991, 1999). 이것이 의미하는 것은 초기 외상이 유전자를 활성화시키고, 이는 대인관계 적응 능력을 감소시킴으로써 개인을 이후 외상에 취약하게 만든다는 것이다. 이 가설과 일치하는 증거가 있다. 우리는 연구에서 평가집의 일부로, 사이먼 바론-코헨(Simon Baron-Cohen)의 '눈에서 마음 읽기(reading the mind in the eyes)' 과제(Baron-Cohen, 2000)를 사용했다. 우리는 외상 경험이 있는 피험자가 이 과제에서 덜 민감하다는 것을 발견했다. 또한 눈 과제 점수를 공변인으로 사용하여 정신화를 통제하였을 때, 이전에 관찰된 유전자-환경 상호작용이 사라졌다. 이것은 심적 상태에 대한 민감성이 실제로 외상의 선택적 영향의 매개요인이라는 것을 시사한다. 외상의 결과 또는 유전적 소인과 관련되어 A1 대립 유전자를 가진 사람들은 대인관계 민감성이 낮았으며, 사회적 기능에서 큰 외상 관련 장애를 보였다.

A1 대립 유전자는 아마도, 건강한 피험자에서의 분리된 성격(Laakso et al., 2000), 알코올 중독 재발에 대한 취약성(Guardia et al., 2000), 사회 공포증(Schneier et al., 2000) 등을 예측하는 낮은 도파민 운반체 결합에 대한 지표일 것이다. 적어도 D2 대립 유전자가 특정 종류의 대인관계 취약성에 대한 지표를 제공한다고 주장하는 것이 가능하다. 우리의 표본 집단에서, A1 대립 유전자는 외상이 없는 경우 성격장애의 유의한 증가와 결부되었지만, 외상이 존재하는 경우, 외상과 관련된 기능장애가 두드러졌다. 이것은 외상이 아마도 D2 수용체의 감소를 통해 병리를 생성하는 유전자의 발현을 야기하는 것이거나, 그렇지 않으면 다른 대립 유전자가 초기 외상적 경험을 적절히 대사하고 초기 외상화에 뒤따를 것으로 기대되는 다양한 형태의 후유증을 피하는 개인의 능력을 나타내는 것일 것이다. 이 자료가 진행 중인 연구의 예비 자료 분석에서 나왔다는 것을 강조하겠다. 최종적인 결과는 이러한 잠정적인 결과를 지지하지 않을 수 있다.

마지막으로, 최근 중요한 결과가 부다페스트 영유아-부모 연구(The Budapest Infant-Parent

Study)에서 발표되었다(Lakatos et al., 2000). 이 연구자들은 12개월 영유아에게서 DRD4 수용체 세 번째 엑손(DRD4 exon III) 다형성과 비조직형 애착 유형 사이의 연관성을 발견했다. 수년에 걸쳐, 상당한 증거들이 DRD4 유전자의 7-반복서열 대립 유전자(DRD4-7R)를 아동 및 성인 모두의 행동 문제와 연결하였다. 특히 모든 연구에서 동의하는 것은 아니지만(Castellanos et al., 1998), ADHD가 시사되었다(Faraone et al., 1999; LaHoste et al., 1996; Rowe et al., 1998; Smalley et al., 1998; Swanson et al., 1998). 스완슨과 동료들(Swanson et al., 2000)의 문헌 고찰에서는 시냅스 후 수용체의 민감성을 낮추고, 따라서 행동 억제에 대한 신경 회로의 효율성을 감소시킬 수 있는 것에 있어, 이 유전자의 7-반복서열 대립 유전자의 역할 가능성을 확인하였다. 커밍스와 동료들(Comings et al., 1999)은 DRD4 유전자의 7-대립 유전자와 7-대립 유전자가 아닌 것에 초점을 맞추는 것보다 더 큰 복잡성을 시사해 주는 충동적·강박적·중독적 행동과 관련된 결과를 보고하였다. 영유아기 비조직형 애착과 아동 중기 임상적 상태를 연관시킨 최근의 연구 결과의 시각에서 보면, 이 연구에서 비조직형이 아닌 집단에서는 29%에서만 확인된 것과 달리, 비조직형으로 분류된 영유아의 71%가 적어도 하나의 7-반복서열 대립 유전자를 가지고 있다고 나타난 것이 특히 중요할 수 있다. 따라서 비조직형으로 분류된 영유아는 이 대립 유전자를 지니고 있을 확률이 네 배 이상 높았다.

이러한 발견은 신경학적(Pipp-Siegel, Siegel, & Dean, 1999) 및 신생아(Spangler, Fremmer-Bombik, & Grossmann, 1996) 행동 조직화를 통해 비조직형 애착 유형을 예상할 수 있다는 관찰과 일치한다. 일견 보기에는 이상하게 보일 수 있지만, 영유아의 비조직형 애착이 해결되지 않은 어머니와 관련된 상실 또는 외상과 관련된다는 고전적 관찰을 고려할 필요가 있다(Lyons-Ruth & Jacobovitz, 1999; Main & Hesse, 1990). 팻 휴스(Pat Hughes)가 이끈 최근의 전향적 연구에 따르면 출생 전후기에 애도를 경험한 어머니들은 통제 집단과 비교하여 비조직형 영유아 자녀를 가질 가능성이 훨씬 높았다. 이전 아기를 임신 기간 중 잃은 어머니의 약 45%의 자녀는 1세 때 비조직형으로 분류되었는데, 연령과 사회경제적 지위(socioeconomic status: SES), 교육력을 짝지은 대조군 어머니들의 경우 20%만이 그러했다. 자녀의 출생 전에 수집된 성인 애착 면접은 비조직화의 위험을 발견했다. 슬픔 해소의 부족은 사산 경험과 낯선 상황으로 측정된 '뒤이어 태어난 아기(replacement infant)'의 비조직화 간의 연관성을 매개하였다.

그러나 특이도가 비교적 높음에도 불구하고(비조직형 영유아의 80%는 미해결형 어머니를 가졌다.) 미해결형 AAI 유형의 어머니의 62%만이, 비조직형 유형의 영유아 자녀를 가졌다. 비조직화에 있어 슬픔 해소의 부족은 필요조건이지만 충분조건은 아닌 것으로 보인다. 부다페스트 연구에서 7-반복서열 대립 유전자를 가진 아동 중 1/3만이 비조직형 애착을 보였기 때문에, 7-반복서열 대립 유전자의 존재를 확인하는 것도 물론 차이를 설명할 수 있을 것이다. 애도의 해소 결여와 관련된 것으로 생각되는 영유아-어머니 상호작용의 이상은 D4 수용체의 7-반복서열 대립 유전자가 지표가 되는 중변연계 도파민 체계가 효율적으로 기능하지 못하는 사람들에게 더 큰 영향을 줄 가능성이 있다. 중변연계 도파민 체계는 보상에 의해 동기화된 행동을 통제하는 것으로 제안되고 있고(Robbins & Everitt, 1999), 덜 민감한 D4 도파민 수용체(Van Tol et al., 1992)는 어머니 반응의 신호적 가치를 더 왜곡시킬 수 있다. 스완슨과 동료들(Swanson et al., 2000)의 문헌 고찰은 도파민 저활동성이 주의 체계를 손상시킨다는 것을 제안하고, 이는 영유아와 관련된 어머니 행동의 미묘한 이상을 과장할 수 있다(예: 일시적 해리, 위협받은 또는 위협하는 행동 등, Solomon & George, 1999 참조). 분명히 이것은 추측이지만 우리가 제안하는 일반적인 상호작용 모델의 선상에서 쉽게 검증할 수 있는 가설이다.

요약하면, 우리는 분자생물학의 자료가 초기 가족 환경에 대한 연구, 특히 양육과 애착에 대한 연구에 의해 조명될 수 있는 세 가지 예를 확인했다. 첫 번째 예에서, 적절한 양육의 부족은 세로토닌 활동에 기능장애를 일으키는 5-HTT 유전자의 대립 유전자 중 하나의 침입과 분명히 연관되어 있었다. 두 번째의 경우에는 심리적 (및 신체적) 학대 경험이 있고, D2 유전자의 A1 대립 유전자를 가진 사람들은 가장 심한 성격장애를 보였다. 세 번째 예에서는, 어머니의 외상 후 상태가 또 다른 도파민 수용체와 상호작용하여, 역기능적인 애착 조직화와 뒤이은 심리장애를 유발하였다. 이러한 모든 발견은 현재로서는 다소 미약한 것이지만, 세 가지 모두 유전자 발현을 촉발하는 유전적으로 결정된 소인의 경우에도, 대상에 대한 초기 경험이 발달에 중요하다는 가설과 일치한다. 종합하면, 이 연구들은 표본을 수집하고 분석할 수 있는 상대적 편의성을 감안할 때, 발달정신병리에 대한 우리의 대부분의 연구에서 중요한 부가적인 자료가 될 수 있는 상당히 유익한 연구 방식을 제안한다.

평가 메커니즘의 발생

지금까지 우리는 가족 환경의 중요성이 행동유전학 연구에서 방법론적·개념적·경험적 이유로 과소평가되어 왔을 수 있다고 주장했다. 우리는 또한 유전형과 표현형 사이에서 능동적인 필터를 형성하는 표상 체계에 대한 일단의 증거를 구성하려고 노력하였다. 다시 말하면, 경험의 심적 처리 과정이 유전물질의 발현에 결정적이며, 여기에 유전자와 환경 사이의 실질적인 상호작용이 있다. 우리는 이제 유전형과 표현형 사이에서 능동적인 필터를 형성하는 표상 체계의 발생이 본질적으로 초기 대상관계의 질과 관련되어 있다고 주장할 것이다. 증거가 부족하기는 하지만, 향후 관계의 질을 형성하는 것을 넘어, 초기 관계 환경은 아마도 개인이 처리 과정 체계를 갖추도록 돕는 역할을 할 것이다. 주장하건대, 이 표상 체계의 발생이 주 양육자와의 애착의 가장 중요한 진화적 기능이다. 이 관점을 채택하는 것은 사회화의 주요 힘으로서의 가족의 중심성에 대한 만연한 편견을 바로잡는 것을 돕는데, 또한 경험의 내용에서 심리적 구조 또는 심적 메커니즘으로 강조점을 이동시키고, 애착의 진화적 기능에 대한 현재의 생각을 확장시키는 데 기여한다.

주요 다윈학자인 존 볼비(John Bowlby, 1991)는 분리에 저항하는 영유아의 명백한 선택 이득에, 즉 포식으로부터의 보호에 깊은 인상을 받았다(Bowlby, 1969). 계통발생적으로 그리고 개체발생적으로 영유아기가 극한 위험의 시기라는 점을 감안할 때, 자연 선택이 애착 능력이 있는 개체를 선호할 것이라는 것은 논쟁의 여지가 없다. 볼비의 시대 이후로 진화이론에 혁명이 있었다. 우리는 이제 '적자생존(survival of the fittest)'이 행동의 자연 선택을 보장할 수 없다는 것을 알게 되었다. 오직 유전물질의 번식만이 이것을 달성할 수 있다(W. D. Hamilton, 1964). 이것이 포괄 적응도(inclusive fitness) 이론이다. 유전자의 복제를 위해 개체가 반드시 생존하고 번식해야 할 필요는 없다. 예를 들어, 일부 유기체는 유전적으로 가까운 친척의 번식 가능성을 보장하기 위해 번식을 포기한다. '포괄 적응도'의 개념은 진화적 사회생물학의 중심 단계에 유전적 근접성 확립을 매개하는 핵심 행동 메커니즘으로서 애착이론을 자리매김하게 한다. 왜냐하면 애착은 우리의 유전자의 번식에 누구의 생존이 유리한지 우리가 안다는 것을 보장하는 과정이기 때문이다. 물론 이것은 추가적인 진화적 기능을 가질 수 있다. 프로이트(Freud, 1900a)의 다중 결정의 원리는 꿈 해석과 증상 발현에서와 마찬가지로 진화이론에도 적용된다. 애착은 이종 교배 및 근친상간과 관련된 생물학적 위험 때문에 우리가 짝을 지어서는 안 되는 개인을 표시할 수 있다. 성인 애착은 또한 상호 이타주의에 대한 지표가 될 수도 있다. 이타주의와 협동(Axelrod, 1984; Trivers, 1971), 즉 비친족이 자신에게 무엇을 해 주었을 때, 오직 그럴 때에만 비친족을 돕는 '상호 교환(quid-pro-quo)' 전략은 애착 메커니즘으로 또한 뒷받침될 수 있다. 애착은 집단에서 장시간에 걸쳐 공평하게 보답하지 않는, 애착 형성 가능성이 낮은 개인인 '부정행위자(cheaters)'의 역효과를 최소화할 수 있다. 이것은 하나의 목적(취약한 영유아의 보호)을 위해 진화된 메커니즘이 후속 발달 단계의 적응 문제 맥락에서 좋은 생물학적 활용으로 어떻게 자리 잡을 수 있는지를 보여 주는 진화의 흥미로운 측면에 대한 좋은 예다. 그러나 이러한 모든 잠재적인 생물학적 기능은 인간의 영유아에서처럼, 애착의 동물 모델에도 쉽게 적용될 수 있다. 애착의 생물학적 기능이 양육의 중요성에 대한 우리의 주장의 기둥이 되려면, 우리는 이것을 인간 고유의 능력으로 제한할 필요가 있다.

근접성을 확립하고 유지하는 역할을 하는 애착 행동의 일반적으로 인정되는 구성 요소는 다음과 같다. ① 주 양육자의 주의를 아동에게 돌리는 신호(예: 미소), ② 동일한 기능을 수행하는 혐오적 행동(예: 울음), ③ 아동을 주 양육자에게 데려가는 골격근 활동(주로 이동). 그러나 신체적 보호의 이슈를 넘어, 인간 애착의 전체 기능에 더 나은 진화적 근거를 제공하는 네 번째 요소가 있다. ④ 볼비(Bowlby)에 따르면 3세경이 되면, 목표 수정적 동반관계(goal-corrected partnership)를 나타내는 행동이 출현한다. 목표 수정적 동반관계를 매개하는 주요 심리적 과정은 내적 작동 모델이다.

볼비(Bowlby)의 본래의 개념은 이후 애착 분야의 대학자들에 의해 사려 깊게 정교화되었고 (Bretherton, 1991b; Bretherton & Munholland, 1999; Crittenden, 1990, 1994; M. Main, 1991; Main et al., 1985; Sroufe, 1990, 1996), 여기서 이것을 반복하려는 시도는 하지 않을 것이다. 그러나 이러한 재구성에 내포된 네 가지 표상 체계를 요약하는 것은 도움이 될 것이다. ① 생후 첫 1년간 생성되고 이후 정교화되는 초기 주 양육자의 상호작용 속성에 대한 기대, ② 애착 관련 경험의 일반적 및 특정적 기억이 부호화되고 인출되는 것을 통한 사건 표상, ③ 진행 중인 개인 내러티브 및 자기 이해의 발달과 관련하여 특정 사건이 개념적으로 연결되어 있는 자서전적 기억, ④ (욕구 및 감정과 같은 인과적·동기적 마음 상태와 의도 및 신념과 같은 인식론적 마음 상태를 추론하고 귀인하는 것을 통한) 타인의 심리적 특성에 대한 이해와 자기의 그것과의 구별이 그것이다. 따라서 내적 작동 모델에서 핵심적인 발달적 성취는, 이전 상호작용 역사의 재발하는 변치 않는 양상으로부터 추론되는 욕구, 감정, 의도 및 신념과 같은 안정적이고 일반화된 지향적 속성군의 측면에서, 자기(그리고 중요한 타인)에 대한 처리 과정 체계의 생성이다. 아동은 주어진 상황에서 추론된 지엽적이고 보다 일시적이고 지향적인 상태와 관련하여 타인의 또는 자기의 행동을 예측하기 위해 이 표상 체계를 사용할 수 있게 된다.

고전적으로 애착이론에서 행동에서 표상으로의 이 위상 변화는 일반적으로 인지 발달에 의해 추진되는 애착 체계의 변화로 간주된다(Marvin & Britner, 1999). 여기에 대한 우리의 견해는 그 반대다. 애착의 생물학적 역할을 다른 생물학적으로 주도된 성숙 변화의 결과로 인해 개체발생적으로 옮겨 가는 것으로 보기보다, 우리는 인간에게 애착에 의해 부여된 주요 선택적 이점이 사회적 지능과 의미 생성의 발달에 제공하는 기회라고 제안한다. 보그던(Bogdan)이 "생물학적으로 서로에 대한 이해가 중요한 맥락에서 유기체가 서로를 이해하려는 것"(1997, p. 10)이라고 정의하는 '해석(interpretation)'의 능력은 타인이 '경험, 정보, 정서의 공유에 심리적으로'(p. 94) 관여되었을 때 인간 고유의 것이 된다. 인간의 행동을 해석하는 능력, 즉 서로를 이해하는 것에는 지향적 자세(intentional stance)가 필요하다. 지향적 자세란 "당신이 행동을 예측하고자 하는 대상을 신념과 욕구를 가진 합리적 주체로서 대하는 것"이다(Dennett, 1987, p. 15).

심리학 영역에서 해석할 수 있는 능력은 단지 애착 경험의 생성요인 또는 매개요인이 아니다. 이 해석할 수 있는 능력을 대인관계 해석 메커니즘(Interpersonal Interpretive Mechanism: IIM), 즉 IIM이라고 부르겠다. 이것은 또한 영유아기에 일차적 대상 또는 애착 대상인 다른 인간 존재와의 가까운 근접성에 의해 발생하는 복잡한 심리적 과정의 산물이다. 이것은 볼비(Bowlby)의 내적 작동 모델(Internal Working Model: IWM)이 아니다. 이것은 IWM(Bowlby, 1980)의 일부, 또한 아마도 컨버그(Kernberg)의 자기-대상-정서 체계(1983)의 일부다. 이것은 경험의 표상을 포함하지 않고, 주 양육자와의 개인적 만남을 저장하는 곳이 아니다. 오히려 이것은 새로운 경험을 처리하는 메커니즘으로 비온(Bion, 1962a)의 알파 기능에 더 유사하다. IIM은 타인의 행동을 설명하고 예측하기 위해 독립적인 심적 상태를 타인에게 귀인하는 능력인 '마음이론'의 개념과 밀접하게 관련되어 있다(Leslie, 1987). 이 책의 앞부분에서 우리는 마음이론 요소의 다소 좁은 조작적 정의를 확장시키기 위해 반영기능과 정신화 개념(제1장)을 소개했다. 우리는 IIM을 반영기능 또는 정신화에 기저하는 사회적 정보에 대한 처리 과정 체계이지만, 그 이상의 많은 기능을 가질 수 있는 지배적인 가설적 신경 구조로 본다. 이 장에서 우리는 유전자 발현의 가능성을 향상시키거나 감소시키기 위해 유전형과 상호작용하는 가정된 신경 메커니즘으로서 IIM을 사용한다. 이어지는 장에서 우리는 거의 완전히 우리의 관심을 심리학적 관찰에 국한시킬 것이고, '정신화' 또는 '반영기능'의 용어를 사용하는 것에서도 이를 알 수 있을 것이다. 반영기능은 우리의 연구에서 정신화가 조작적으로 정의된 것을 말한다. 우리는 IIM 기능의 질이 정신화의 질에 반영되어 있다고 가정한다. 제4장에서는 IIM의 발달이 민감하고 조율된 초기 보살핌에 의해 촉진되는 방식을 개략적으로 설명하고, 제5장에서는 자기의 형성과 관련하여 정신화의 개체발생에 대한 포괄적인 설명을 제공한다.

IIM은 RNA와 유사한 방식으로, 행동 양상으로의 유전적 영향을 전사하는 마지막 단계일 수 있다. 해석적 메커니즘은 편향의 형태로 유전 정보를 부호화하지만, 우리는 매우 구체적이고 상황적인 특성을 의심할 것이다. 한 맥락에서의 사회적 행동 해석은 또 다른 맥락에서의 이해와 상관이 빈약할 수 있다. 예를 들어, 아리에타 슬레이드(Arietta Slade) 및 동료들의 부모 발달 면접(Parents Development Interview: PDI; Slade, Bernbach, Grienenberger, Wohlgemuth–Levy, & Locker, 미간행 원고)을 사용한 메리 타깃(Mary Target)의 연구에서, 우리는 부모의 반영기능이 각각의 부모–자녀 관계에 특정적이라는 것을 발견한다. 우리의 쌍둥이 연구에서, 각 쌍둥이에 대한 부모의 표상이 낯선 상황 관찰을 독립적으로 예측하였다. IIM 또는 이와 같은 메커니즘은 사회적 환경에 대한 아동의 지각을 수정함으로써 유전적 영향을 조절하는 역할을 한다. 따라서 예를 들어 반사회적 행동에 대한 유전적 소인이 주어졌을 때, 가정에서의 긍정적 행동은 아동을 반사회적으로 되는 것으로부터 보호할 수 있다(Reiss et al., 2000). 왜냐하면 이러한 긍정적 행동이 그 아동에게 있는 대인관계 해석 메커니즘의 기능을 증진시키고, 따라서 덜 악의적인 대인관계 귀인의 생성을 돕기 때문이다. 물론 그러한 온화함은 신체적 매력, 쉬운 기질 등과 같은 아동의 타고난 특성의 결과일 수도 있다. 환경적 영향에 대한 우리의 제안은 순진한 환경결정론자로 돌아가는 것을 필요로 하지 않는다.

대인관계 평가 메커니즘(IIM)의 개체발생

IIM은 안전기지로부터 어떻게 발생할까? 분명히 여기에는 생물학적 준비가 되어 있어야 하지만, 우리의 견해로는 이것은 보살핌 환경에 대한 영유아의 경험과 분리할 수 없다. 이 질문에 답하기 위해 우리는 조지 게르게이(George Gergely)와 존 왓슨(John Watson)의 모델을 사용할 것이다(Gergely & Watson, 1996, 1999). 이 책의 핵심 제안은 내성을 통한 우리 마음 상태의 의식적 이해가 기본적이고, 직접적이며, 아마도 우리 마음의 선–연결된(prewired) 능력일 수 있다는 개념의 거부다. 우리는 심적 주체로서의 자기에 대한 지식이 타고난 것이라고 믿지 않는다. 오히려 우리는 이것을 초기 관계로부터 진화하는, 발달하는 또는 구성된 능력으로 본다. 제4장에 감정 상태의 이해에 대한 우리 모델의 발달적 뿌리를 전체적으로 기술하였고, 제5장에는 선천론자의 상호주관적 견해의 문제를 비판적으로 고려한다. 현재 장에서 우리는 개체발생적 모델의 간략한 개요와 함께 이러한 논쟁을 준비하고, 성격에 대한 유전적 영향을 조절하는 대인관계 해석 과정 체계에 대한 가정의 보다 광범위한 시사점에 초점을 맞춘다.

우리의 핵심 아이디어는 애착 맥락이 제4장에서 자세히 설명되는 메커니즘인 게르게이(Gergely)가 '심리 피드백(psycho-feedback)'이라고 부른 사회적 바이오피드백을 통해 영유아가 자기 상태에 대한 민감성을 발달시킬 수 있는 환경을 제공한다는 것이다. 아동은 동기적 및 인식론적 마음 상태를 위한 이차적 상징 표상 체계를 발달시킴으로써 민감성에 대한 이 능력을 획득한다. 이 표상 체계의 발달을 촉발하는 것은 영유아의 불쾌감에 대한 어머니의 비춰 주기 반응(보살핌 행동)의 내면화로, 이는 내적 상태를 표상하게 된다. 어머니의 공감적 감정은 영유아에게 자신의 감정 상태에 대한 피드백을 제공한다. 영유아는 자신의 감정 상태에 대한 이차적 표상을 발달시켜, 어머니의 공감적 표현을 내면화한다. 여기서 어머니의 공감적 얼굴은 기표(signifier)에, 영유아의 감정적 각성은 기의(signified)에 해당한다. 어머니의 표현은 결정적으로 그것이 어머니의 경험이 아니라 자기 상태의 조직자로서 인식됨에도 불구하고, 그것이 본래의 경험으로부터 분리되고 다르게 되는 정도만큼 감정을 완화시킨다. 바로 이 '상호주관성'이 애착과 자기 조절 사이의 밀접한 연관성의 근원이다.

그러나 제5장에서 볼 수 있듯이 이 맥락에서 상호주관성은 잘못된 용어 사용일 수 있다. 이 단계에서 영유아는 자신이 타인의 주관적 상태를 보고 있다는 것을 인식하지 못한다. 이 시기의 영유아는 타인에게 내적 느낌이 있다는 것을 아직 모르는 것 같다. 인간 근접성의 이 수준에서 타인의 주관적 상태는 자동적으로 자기에게 돌려진다. 영유아기에 애착 대상의 수반된 반응은 보호해 주는 존재가 안심을 제공하는 것보다 훨씬 더 많은 것을 수행한다. 이것은 우리가 우리 자신의 내적 상태에 대한 이해를 습득하는 주된 수단으로, 심리적 실체로서 타인에 대한 이해(지향적 자세)의 습득을 위한 중간 단계다. 우리는 뛰어난 스티븐 미첼(Stephen Mitchell, 2000)과 같은 관계 분석가가 치료 맥락에서의 상호주관성을 기술할 때, 이 메커니즘을 언급하는 것이라고 믿는다.

생후 첫해에 영유아는 특정한 내적 · 감정적 상태에 있다는 기본적 인식만을 가지고 있다. 이러한 인식은 체계에 의해 기능적으로 사용되지 않는다는 점에서 비인과적 또는 우발적이다. 영유아와 어머니의 사이의 심리 피드백 과정에서 이러한 내적 경험이 더 면밀히 주의 받고 기능적 역할(신호적 가치)로 진화되며, 행동을 조절하거나 억제하는 기능을 획득한다. 따라서 내적 상태의 기본적 인식에서 기능적 인식으로의 이동을 가능하게 해 주는 것은 애착 과정이다. 기능적 인식에서는 분노의 느낌이 시뮬레이션에 사용될 수 있고, 따라서 타인의 상응하는 심적 상태를 추론하게 된다. 이것은 반영을 통해서가 아니라 행위에 의해 성취된다. 아동은 특정한 방식으로 행동하는 것이 특정한 결과를 가져올 것이라는 것을 '안다'. 하지만 아동은 그 결과가 자신이 대상에 야기한 내적 상태의 결과라는 추론을 할 필요가 없거나 또는 아직 할 수 없다. 내적 상태에 대한 기능적 인식은 또한 행위를 가져오는 신호적 가치의 역할을 한다. 인식의 다음 수준은 반영적 인식이다. 여기서 개인은 행위를 야기하지 않은 채 주의의 대상이 되어, 인과적 마음 상태를 만들 수 있다. 기능적 인식이 본질적으로 행위와 결합되는 반면, 반영적 인식은 그것과 분리되어 있다. 이것은 물리적 현실에서 벗어날 수 있는 능력을 가지고 있으며, 실제가 아닌 것처럼 느껴질 수 있다. 마지막 단계는 자서전적인 것으로, 아동은 심리적 상태로 가득 찬 경험의 기록을 개인으로서 자신의 역사를 나타내는 순서로 배치할 수 있다. 주체로서의 자기 발달의 이 단계들은 제5장에 자세히 설명되어 있다.

많은 연구가 이 모델과 일치하는 증거를 제공한다(제1장 및 제5장 참조). 예를 들어, 앞에서 언급한 연구에 따르면 불쾌감을 경험하는 6개월 아기의 급속한 진정은 진정시키는 과정 동안 어머니 표정의 감정적 내용의 평가에 기반하여 예측할 수 있었다. 빠르게 반응한 아기의 어머니들은 상대적으로 다소 많은 두려움, 다소 적은 기쁨을 보였는데, 가장 전형적으로는 두려움과 슬픔에 더하여 다양한 다른 정서를 보였다. 빠르게 반응한 아기의 어머니들은 복합적인 정서 상태(복잡한 정서)를 나타낼 가능성이 훨씬 컸다. 우리는 이러한 결과가 어머니의 얼굴을 영유아의 경험(동일하면서, 또한 동일하지 않은)에 대한 이차적 표상으로 본 게르게이(Gergely)와 왓슨(Watson)의 개념을 지지하는 것으로 해석했다. 이것은 정서 상태를 조절하는 능력에 대한 기능적 인식이다.

후속 연구들이 부다페스트에서 게르게이(Gergely)와 동료들에 의해 수행되고 있을 뿐 아니라 런던의 우리 연구실에서도 수행되고 있다. 또한 캔자스주의 토피카에서는 1세 영유아의 갈등 정서 이해를 탐색하는 반복 검증 연구가 진행되고 있다(Koós, Gergely, Gervai, & Tóth, 2000). 한 연구에서, 12개월의 애착 분류(특히 안정 애착과 비조직형)가 수정된 무표정 패러다임에서의 6.5개월의 영유아 행동에 의해 예측되는 것으로 나타났다(Koós et al., 2000). 이 패러다임에서 어머니는 무표정 프로토콜에 따른 지시를 받지만 거울을 보고 있고, 영유아는 어머니의 얼굴을 보거나 완벽히 수반된 이미지(자기 자신)를 보는 것 중 선택을 하게 된다. 6개월 후 안정 애착으로 분류된 영유아는 자신의 어머니가 일시적으로 접근하기 어려워졌을 때에만(즉, 무표정 기간) 거울에 비춰진 자기상에 대한 적극적인 시험을 유의하게 많이 하였다. 대조적으로, 6개월 후 비조직형 애착을 나타낸 아기들은 연구실 실험 동안 내내 완전히 수반된 자기 움직임의 상에 이끌렸다. 흥미롭게도 구스 등(Koós et al., 2000)의 연구는 또한 무표정 기간 이후에 자신의 자기상을 보며 수반성 시험을 더 많이 했던 영유아가 이 과제 이후 보다 긍정적인 정서를 보였다는 것을 보여주었다. 이것은 안정 애착과 비교하여 비조직형 영유아의 보다 성공적인 정서 조절을 가져온다. 그러나 인간 상호작용의 맥락에서 내적 상태를 인식하기 위한 시도로 완벽한 수반성을 찾는 것은 장기적으로 제한된 효과를 보일 것이다. 이것은 주의 조직화의 해리된 양상의 특징으로, 비조직형 애착에서 전형적으로 나타난다.

제5장에서 우리는 영유아가 자신의 행위에 완벽히 수반되는 자극을 선호하는 단계에서 자신의 행위를 단지 부분적으로 비춰 주는 자극, 즉 수반되지만 분명 완벽하지는 않은 자극에 더 큰 흥미를 보이는 단계로 나아가는 발달적 이동을 고려한다. 5개월 미만의 영유아를 특징짓는 완벽한 수반성에 대한 선호는, 분명히 영유아를 자신의 신체적 자기로 향하게 한다. 이것은 자기 몸의 기준을 고유수용감각적으로 설정하고, 자신에게 완벽히 수반된, 또한 행위와 관련된 아직 완전히 발달하지 않은 의지 상태에 수반된, 시각적 경험을 제공한다. 제5장에서 우리는 5개월 이후 비슷하지만 불완전한 수반성에 대한 선호를 수반하는 발달적 단계가 인간 영유아를 자신의 애착 대상과의 사회적 상호작용으로 향하도록 전환시킨다고 주장한다. 인간은 완벽한 수반성에 반응하는 것에 유능하지 못하다. 사회적 세계에의 지향은 주 양육자가 영유아 신호의 많은 부분에 반응하는 것을 실패하는 것과 같이, 불완전한 수반성에 대한 큰 내성을 수반한다(Tronick, 1989, 1998). 불완전한 수반성에 대한 생물학적 준비에도 불구하고, IIM이 발달할 수 있는 대인관계 학습 환경은 아마도 '거의 비슷하지만 분명히 동일하지는 않은' 경험이 진화하기 위한 최소한의 수준의 수반된 반응을 요구할 것이다. 이러한 경험은 의심의 여지없이 대인관계 상징적 능력의 발생에 핵심적이다. 비조직형 애착은 아마도 불완전한 수반성을 흡수할 수 있는 영유아 능력의 내성 한계를 충족시키는 데 실패한 대인관계 맥락의 발달력상의 결핍을 나타낼 수 있다. 따라서 우리 모두에게 '자기 안의 타인'[우리가 '이질적 자기(alien self)'라고 부르게 될 자기의 부분]을 내면화시키는 조율 실패(또는 비수반성)의 경험은 일부 사례에서 영유아가 견딜 수 있고 일관되고 지속적인 정체감을 느낄 수 있는 수준을 넘어서게 된다. 우리 대부분에게, 비반응 또는 부적절한 반응의 경험은 일반적으로 내러티브 자기의 생성을 통해 일관성의 환영을 부여하는 정신화를 통해 우리의 자기 구조 내에서 통합될 수 있다. 이 일관성은 우리가 양립할 수 없는 경험을 함께 엮어 하나의 정체성을 형성함으로써 기능적 현실이 된다. 주장하건대, 계속되는 자기 구조 내 부조화감과 '설명되지 않는 부분'은 더 큰 통합과 이해를 위해 일생 동안 추가적인 애착관계를 찾게 하는 일부 동기를 제공한다. 다른 사람들에게는 자기 내 이질적 경험은 이후 애착관계를 통한 통합에 대한 더욱 강력한 욕구를 창출하면서도, 그러한 관계를 형성하고 유지하는 것을 방해하는 동화할 수 없는 핵심으로 남는다. 그러면 반영기능의 취약성은 이후 애착 외상에 의해 가중되고, 이는 통제감을 회복시키기 위한 노력으로, 학대하는 사람의 마음 상태와의 동일시를 야기할 수 있다. 이 일련의 경로는 제10장에서 더 자세히 탐색할 것이다.

대인관계 평가 메커니즘(IIM)에 대한 증거

IIM이 애착 안정성에 의해 그 효율성이 조절되는 애착관계에서 진화한다는 증거는 무엇일까?

1. 20년간의 종단 연구를 통해 밝혀진 명백한 증거가 있다. 즉, 영유아기의 안정 애착은 탐색과 놀이, 지능 및 언어 능력, 자아 회복 탄력성 및 자아 통제, 좌절 내성, 호기심, 자기 인식, 사회 인지 능력 등과 같은 해석적 및 상징적 기술에 의존하는 다양한 능력의 조숙한 발달과 강하게 연관되어 있다. 애착 안정성은 인지 능력, 탐색적 기술, 감정 조절, 의사소통 양상 및 그 외 다른 결과들의 전조가 된다. 우리의 견해에서, 이것은 아동의 자신감, 주도성, 자아 기능 또는 보다 광범위한 성격 과정에 대한 애착 안정성의 일반적인 영향 때문이 아니라, 오히려 애착 과정이 대인관계 해석 능력의 발달을 위해 주요한 진화적으로 준비된 경로를 제공하기 때문이다.

   따라서 발달에 중요한 것은 첫 번째 애착이 아니고, 이 현란한 척도의 집합에서 좋은 결과를 예측하는 것은 애착 안정성 그 자체가 아니다. 오히려 생애 첫해 동안 애착 안정성을 생성하는 대인관계 환경의 특징이 또한 대인관계 해석의 빠르고 유능한 개체발생적 진화에 대한 토대를 마련해 준다. 영유아기 안정 애착의 장기적 결과의 일부를 추적하는 것에 있어서의 한 가지 문제는 이 해석 능력의 다양한 측면을 통제하는 적당히 보수적인 전략이었다. 언어 유창성이나 심지어 IQ를 통제하면 애착관계가 틀림없이 인과적 역할을 하는 분산의 일부가 제거된다. 하지만 이것은 다른 시대에서의 이슈다.

2. 문헌에서 찾을 수 있는 몇 가지 구체적 결과는 애착을 IIM의 발달과 연관시킨다. 라이블과 톰슨(Laible & Thompson, 1998)은 안정적으로 애착된 아이들이 부정적인 감정을 이해하는 능력이 더 높다고 보고했다. 주드 캐시디(Jude Cassidy)와 동료들(Cassidy, Kirsh, Scolton, & Parke, 1996)의 독특한 연구에 따르면 안정 애착된 유치원생들은 모호한 내용의 이야기에서 적대적인 의도를 덜 추론하였다. 이 편향은 사회 측정적 지위에서의 이 아이들의 우위를 매개하는 것으로 보였다. 런던 부모-아동 연구(London Parent-Child Study)에서 피터 포나기 외 연구자들(P. Fonagy, H. Steele, M. Steele, & J. Holder, 1997)은 영유아기 안정 애착력이 있는 5세 아동에게서 마음이론 과제의 조숙한 수행을 보고했다. 이러한 결과는 또한 이후 다른 연구자들에 의해서도 보고되고 있다(Fonagy, 1997; Meins

et al., 1998).

3. 초기 애착과 이후 발달을 연관 짓는 연구 결과에 대한 비교적 전체적인 탐색에서, 로스 톰슨(Ross Thompson)은 "영유아의 안정성과 이후 사회 성격 기능 간의 관계의 강도는 보통 수준"(1999, p. 280)이라고 결론지었다. 이 관계는 예측적일 때보다 동시적일 때 더 강하다. 현재 이론의 맥락에서, 초기 경험에 의해 결정될 가능성이 있는 것은 내적 작동 모델의 내용이 아니다. 오히려 모델의 존재 또는 모델의 질 또는 견고성이 이후 사회 성격 기능을 결정한다. 따라서 애착 유형의 분류는 영유아기부터 아동 중기에서 청소년기에 이르기까지 안정적일 수도, 안정적이지 않을 수도 있다. 예측이 애착 안정성을 통해서가 아니라, IIM을 통해서 이루어지기 때문에 이것은 큰 고려 사항은 아니다.

　연구의 초점은 IIM의 상관 요인으로서 유의함을 갖지만 거의 안정적이지 않고 예측적 가치가 거의 없을 것으로 예상되는 애착 안정성이 되어서는 안 된다. 현재 이론의 맥락에서 초기 경험에 의해 결정되는 것으로 생각되는 것은 자기-타인 표상의 본질이 아니다. 오히려 현재 조사의 초점은, 대상관계를 표상하는 구조의 존재, 대인관계 상호작용을 다루는 데 필요한 처리 기술, 모델의 견고성, 해석 메커니즘이 스트레스하에서 기능할 수 있고 감정적으로 부하된 정보를 처리할 수 있는 정도 등을 초기 경험이 위태롭게 할 수 있는 정도에 있다. 예측적으로 유의한 메커니즘은 내측 전전두 피질에 위치하는 것으로 생각되는 유전적으로 정의된 능력인 대인관계 해석 메커니즘이다. 안와 전두 및 내측 전두 병변 환자 연구는 타인의 심적 상태에 대해 생각하는 것이 필요한 과제에서의 특정적 손상을 반복적으로 제안해 왔다(Channon & Crawford, 1999, 2000; Stuss, Gallup, & Alexander, 2001). 피험자에게 타인의 심적 상태에 대한 추론을 하도록 요구한 PET(양전자 방출 단층 촬영, positron emission tomography) 및 fMRI(기능적 자기 공명 영상, functional magnetic resonance imaging) 연구 모두에서 내측 전두 피질의 정신화와 관련된 활성화를 발견했다. 또한 측두-두정 접합에서 활성화가 유발되었다(Gallagher et al., 2000; Goel, Grafman, Sadato, & Hallett, 1995).

　우리가 IIM을 생성할 것으로 생각하는 대인관계 경험을 박탈당한 루마니아 입양아들에 대한 PET 스캔 연구에서, 이 구조의 발달적 취약성에 대한 독립적 증거가 발견되었다(B. Perry, 1997). 이 전두 영역의 손상(Adolphs, Tranel, Damasio, & Damasio, 1995; Alexander, Stuss, & Benson, 1979; Brazzelli, Colombo, Della Sala, & Spinnler, 1994; Channon

& Crawford, 1999, 2000; Damasio, 1994, Rogers et al., 1999)은 사회적 판단 능력 손상, 화용론 손상, 자기 조절 결함, 사회적 상황과 개인의 정서적 표지 간의 저하된 연관성과 같은 대인관계 해석 능력 상실의 개념과 관련된 사회적 및 성격적 결함과 일관되게 관련되어 왔다(예: Craik et al., 1999; Stuss 1983, 1991). 독립적으로 물론 우리는 이러한 입양아들의 애착 분류가 3세 때 비조직형이었고, 8세 때 그들의 사회적 행동이 비정상이었다는 것을 알고 있다. 또한 초기 아동기에 학대 받은 아이들의 정신화 능력이 계속해서 상당한 제한을 가진다는 증거도 있다.

4. 마이런 호퍼(Myron Hofer)의 새끼 쥐 연구는 어미-새끼 관계 내의 조절적 상호작용을 확인하였는데, 이러한 결과는 여기서 제안하는 것과 명확한 유사성이 있다(Hofer, 1995; Polan & Hofer, 1999). 호퍼(Hofer)의 30년에 걸친 연구 결과에 따르면, 어머니와 가까이 있고 상호작용하는 것의 진화적인 생존적 가치는 보호를 훨씬 넘어서는 것으로, 영유아의 생리적 및 행동적 체계의 조절을 위한 많은 경로로 확대될 수 있는 것으로 나타났다. 호퍼(Hofer)의 관점은 애착 "관계가 어머니가 자신의 자녀와의 양상화된 상호작용을 통해 자녀의 생리적 및 행동적 발달 모두를 형성할 수 있는 기회를 어머니에게 제공한다"(Polan & Hofer, 1999, p. 177)고 제안한다는 점에서 우리와 유사하다. 애착은 그 자체가 목적이 아니다. 애착은 주요 개체발생적인 생리적 및 심리적 과업을 달성하기 위해 진화에 의해 적응된 체계다.

호퍼(Hofer)의 숨겨져 있지만 부모-영유아 상호작용 내에서 관찰 가능한 조절 과정으로서의 애착의 재구성은 애착의 이름하에 일반적으로 논의된 현상의 범위를 설명하는 매우 다른 방식을 제공한다. 전통적인 애착 모델은 명백히 순환적이다. 분리에 대한 반응은 분리 반응의 존재로부터 그 존재가 추론되는 사회적 유대의 붕괴로 귀인된다. 우리는 '상실'에서 잃어버린 것이 유대가 아니라 고차적 조절 메커니즘, 즉 심적 내용의 평가 및 재구조화 메커니즘을 생성할 수 있는 기회라고 주장한다. 우리는 복잡한 심리적 삶을 복잡하고 적응적인 행동 체계에 가져오는 과정으로 애착을 개념화한다. 전부는 결코 아니지만, 일부 이러한 심적 기능은 인간에게 독특한 것이다. 이것(애착관계)을 생성하는 메커니즘은 비인간 종에 걸쳐 진화적 연속성을 보여 준다. 새끼 쥐에서와 마찬가지로, 생물학적 조절요인의 개체발생적 발달은 어머니-영유아 단위에 의존하고, 따라서 인간 발달에서 심리적 해석 능력은 어머니와의 반복적인 상호작용의 맥락에서 진화한다.

5. 메닝거 클리닉의 일련의 연구에서 우리는 성인 애착의 다양한 자기보고 측정의 요인 구조를 탐색했다. 지역사회 및 임상 표본 모두에서 우리는 세 번의 조사에 걸쳐 매우 비슷한 결과를 발견했다. 첫 번째 연구에서(Allen et al., 2000), 성인 애착 양상의 두 가지 척도, 관계 질문지(the Relationship Questionnaire; Bartholomew & Horowitz, 1991) 및 성인 애착 척도(Adult Attachment Scale; Collins & Read, 1990)가 253명의 피험자(99명의 여성 외상 환자 집단과 154명의 지역사회 통제 집단)에게 실시되었다. 요인 공간은 안전-두려움 축 및 무시-몰입 축의 합리적인 이차원적 결과를 제공했다.[2] 우리는 혼합된 집단에서 5개의 성인 애착 질문지 척도를 사용한 스타인(Stein)과 동료들의 반복 연구에서 동일한 두 가지 요인, 즉 안전-두려움 축 및 무시-몰입 축을 발견했다. 표본 피험자들, 환자군 및 지역사회 통제군 모두를 동일한 두 가지 주성분 그래프 위에 나타냈을 때, 안전-두려움 축이 지역사회 집단을 환자 집단과 구분하는 데 탁월했던 반면, 무시-몰입 축은 집단을 잘 구별해 주지 못하는 것이 명확히 나타났다. 또한 분명했던 것은 다소 예측하지 못한 요인 점수 사이의 관계였다. 두 척도 사이의 전체적인 상관은 무시할 만했지만, 기대할 수 있듯이 무시와 몰입 간의 구별이 안전-두려움 차원의 중간 지점으로 향할수록 다소 커졌다.

이러한 자료를 해석하는 한 가지 방법은 안전성이 친밀함에서의 안전 경험을 나타내는 반면, 두려움은 애착의 비조직화와 관련된다고 가정하는 것이다. 두려움은 애착관계 특정적인 것으로 보이는데, 비애착관계는 이 차원에서 거의 높게 평가되지 않기 때문이다. 무시형 애착 양상은 고립을 통해 자기에게 보호를 제공하는 것으로 나타나는 반면, 몰입에 휩싸인 자기 보호는 아마도 타인의 증폭에 의해 자기의 부인 또는 예속에 의해 제공될 것이다.

우리는 안전에서 두려움의 차원이 IIM 기능의 질과 상응한다고 주장한다. 가장 높은 수준에서 개인은 타인 및 자기의 복잡한 내적 상태를 잘 표상할 수 있다. 타인과 자기의 심리적 상태를 구별할 수 있는 잘 확립된 고차적 능력이 있으면, 생산적인 대인관계를 수행하기 위한 추가적인 전략이 필요하지 않다. 중요하게 애착을 지지하는 심리적 메커니즘이 다소 약할 때(애착력 또는 생물학적 기능의 함수로 인해), 자기와 타인의 명확한 구별을 유지하는 능력 또한 약해진다. 이러한 상황에서 개인은 대인관계에 만남을 다룰 수 있는 구체적인 전략이 필요할 것이다. 두 가지 원형적 전략은 회피적 및 저항적 전략이다.

---

2) 주성분 분석에서, 2요인 결과가 1보다 큰 모든 고유값(eigen value)과 전체 분산의 67.2%를 설명했다.

그런데 이런 전략이 필요한 이유는 무엇일까? 둘 모두 강렬한 대인관계의 맥락에서 자기를 보호하는 역할을 한다. 앞서 보았듯이 우리는 타인의 산물인 자기가 항상 사회적 영향에 취약한 상태로 남아 있기 때문에 이러한 전략이 필요할 수 있다고 가정한다. 이러한 불안정성을 피하기 위해, 상대적으로 불안정한 내적 작동 모델의 바탕에 맞서, 개인은 의도적으로 타인 표상에 관한 자기 표상을 철회하고 향상시키거나(무시), 또는 타인 표상을 보호적으로 과대 증폭하고 과장할(몰입) 수 있다. 두 경우 모두 표상적 측면의 전략은 의도적으로 타인을 자기 표상과 분리시키는 것에 대한 것이다.

둘 모두가 특정 수준의 취약성을 시사하지만, 이 두 가지 전략 모두가 본질적으로 병리적인 것은 아니다. 안전에서 두려움의 극단적인 차원에서는, 애착 체계가 일관된 방어를 유지하기 위해 거기에 존재하지 않기 때문에 전략이 없을 수 있다. 이러한 경우 사회관계를 유지하는 해석 메커니즘이 너무 빈약하게 기능하여, 자기에 대한 능력과 독립된, 타인의 동기적 및 인식론적 마음 상태 표상에 도달하는 능력이 심하게 손상된다. 이것은 애착 비조직화 또는, 나아가 애착을 유지하는 심리적 기능의 부재다. 따라서 우리는 애착 비조직화를 애착 안정성 척도의 반대 끝에 있는 것으로, 또한 대인관계 해석 메커니즘의 잦은 실패에 대한 지표로 생각한다. 이 책 전반에서 우리가 주장하듯이, 우리는 해석 능력의 질이 정상 집단과 임상 집단에 걸쳐 크게 다를 것이라고 생각한다. 이 척도의 가장 낮은 끝에는 자기 자신 및 타인의 행동을 해석할 때 지향적 자세보다는 목적론적 자세를 사용하는 개인들이 있다(제5장과 제8장 참조). 앞으로 보겠지만 이 취약점의 이유는 예를 들어 부모와의 놀이적 상호작용의 부족 또는 훨씬 이후 연령에서의 노골적인 학대 등으로 인해(제10장과 제11장 참조) IIM의 견고성을 손상시키거나(특히 제4장 참조) 또는 주관성의 발달적 초기 형태 표상을 적절히 통합하는 것에 실패함으로써(제6장 참조) 취약성을 창출할 수 있는 최적이 아닌 초기 환경과 연관되어 있을 수 있다.

요약하면, 우리는 애착의 주요 선택적 이점이 내적 상태에 대한 이해의 발달일 수 있다고 제안하는 적어도 다섯 가닥의 수렴되는 증거가 있다고 생각한다. ① 안정 애착은 넓은 범위의 관련 과제에 걸친 호의적인 결과와 관련되어 있다. ② 안정 애착은 구체적으로 상징적 능력을 요구하는 과제에서 조숙한 수행을 예측한다. ③ 초기 애착 분류 유형은 애착 경험의 발생 여부보다 예측 부하가 적다. ④ 애착이 포유류 종에서 여기서 제안되는 애착의 진화적 기능과 유사점을 갖거나 평행할 수 있는 다른 개체발생적 생물학적 기능을 갖는다는 것이 밝혀졌다. ⑤ 성인 애착 척도의 요인 구조는 애착의 유형(아마도 내적 작동 모델) 및 애착의 질(아마도 대인관계 해석 메커니즘)과 관련 있는 한 요소를 구분한다.

▌ IIM-a 및 IIM-c의 신경해부학적 기반

지금까지 우리는 IIM을 우리가 하나의 단일한 체계로 생각한 것처럼 논의했다. 제5장에서 우리는 18개월경 즈음, 욕구에 대한 이해의 습득이 인식론적 상태(신념과 같은)를 이해하는 능력의 습득에 선행한다는 증거를 제시한다. 발달 일정상의 이러한 불일치는 감정 및 신념 상태를 고려하는 대인관계 이해의 분리된 메커니즘이 고려되어야 함을 시사한다. 이 절에서 우리는 같은 방향을 가리키는 몇 가지 신경심리적 증거를 제시한다. 우리는 IIM이 해부학적으로 IIM–a[정서(affect)의 a]와 IIM–c[인지(cognition)의 c]의 두 하위 구조로 세분화된다고 믿는다. 정서적 공명(공감)은 전자의 전형적인 예가 될 수 있고, 인식론적 상태에 대한 추론은 후자에 대한 원형이 될 수 있다. 정신화와 신념 상태의 이해를 같은 것으로 보려는 문헌에 대해서는 편견이 존재하지만, '마음이론', 또는 '정신화'라는 용어는 현재 이러한 두 측면 모두를 다루며 사용된다.

공감의 개념은 다양하게 정의되어 왔다. 이 맥락에서는 한 개인이 다른 사람의 관점을 가정하고, 추론하고, 또한 어느 정도 그들의 감정적 마음 상태를 경험하게 해 주는 메커니즘의 유효성이 핵심이다. 우리는 우리가 IIM-a라고 명명한 심리적 메커니즘이 이것을 담당한다고 믿는다(Bleiberg, Fonagy, & Target, 1997; Fonagy, 2000). 다른 연구자들도 독립적으로 매우 유사한 이론적 결론에 도달했다(Blair, 1995; Corcoran, 2000). 다윈(Darwin)은 동정심이 타인의 불쾌감을 자동적으로 느끼는 것과 관련되어, 안락함 또는 안도감을 주는 이타적인 시도를 가져오기 때문에, 이것을 핵심적인 도덕적 감정으로 생각했다(O'Connell, 1998).

신경생리학적 연구는 이 구분을 지지한다. SPECT(단일 광자 방출 전산화 단층 촬영, single-photon emission computed tomography)(Baron–Cohen et al., 1994), PET(Blair, Jones, Clark, & Smith, 1997; Goel et al., 1995) 및 fMRI(Gallagher et al., 2000)를 활용한 연구에서 타인의 신념 상태를 인식하는 순수한 인지 과제가 BA8(브로드만 영역 8, Brodmann Area 8) 주변의 내측 전전두 지점의 활성화와 관련되어 있었다. 영유아의 자신의 감정적 반응에 대한 이해(의미상, 공감의 선행 요인) 그 자체는 주 양육자와 아동 사이의 초기 비춰 주기의 복잡한 과정에서 발생하며, 이는 아동의 정서 상태에 대한 이차적 표상의 창출을 가져온다(Gergely & Watson, 1996, 1999). 이 모델은 제4장에 자세히 설명되어 있다. 표정으로 표현된 감정, 특히 두려움 또는 슬픔 표현에 대한 타고난 감정 반응은 공감 및 도덕성 또는 도덕 감정의 습득을 뒷받침한다(Blair et al., 1997). 편도체(amygdala: AM) 및 안와전두 영역은 이러한 능력의 매개요인으로 시사되어 왔다(Anderson, Bechara, Damasio, Tranel, & Damasio 1999; Blair, Morris, Frith, Perrett, & Dolan, 1999).

이 구분은 극단적인 임상적 예, 즉 반사회적 성격장애(antisocial personality disorder: ASPD)를 통하여 가장 효과적으로 설명될 수 있다. 일부 심한 반사회적 정신병리 환자들은 성인 도덕 감각이 결여되어 있다고 일반적으로 간주되어 왔고, 따라서 '도덕적 무능(moral imbecility)'(Hare & Cox 1987)이라는 용어가 사용되었다. 이러한 개인들은 옳고 그름, 죄책감이나 후회에 대한 감각을 느낄 수 없는데, 왜냐하면 이러한 경험의 기초가 되는 신경 메커니즘(IIM-a)이 손상되어, 공감이나 동정을 모두 느끼지 못하기 때문이다(Blair et al., 1997; Damasio, 1994a).

우리는 타인의 감정을 예측하고 경험하는 능력이 두뇌의 2개의 대인관계 해석 센터의 기능적 연결에 의해 매개될 수 있다고 제안한다. 보통 내측 전전두 피질(IIM-c)의 마음의 인식론적 상태에 대한 표상과 안와 전두 피질(Orbital Frontal Cortex: OFC) 및 측두엽의 감정 통제 센터를 연결하는 것을 통해 자기와 타인의 내적 상태의 사회적 중요성(의미)를 평가하는 것이 가능하다. 이러한 기능적 연결이 반사회적 성격장애가 있는 개인들에게 손상되었다고 주장할 수 있다. 이들 중 일부는 IIM-a 기능을 가지고 있지 않고(공감을 전혀 느낄 수 없음), 대부분은 IIM-a와 IIM-c 체계 사이에 빈약한 연결(맥락에 적절한 공감을 느끼지 못함)을 가지고 있다.

극단적인 ASPD(높은 정신병리)의 개인들은 불쾌한 표정에 자동적으로 반응하지 않는다. 그들은 누군가에게 해를 입히는 도덕적 위반(moral transgressions)과 사회적으로 지장을 주지만 개인을 해치지 않는 관습적 위반(conventional transgressions)의 구별에 둔감해 보인다. 이 구별을 습득하기 위해서는 불쾌감에 대한 반응성이 필수적이다. 이것은 적어도 두 수준의 손상일 수 있다. 일부는 이 반응이 AM에 의해 이루어지고, 이 구조의 손상이 ASPD 개인의 제한된 도덕성을 설명한다고 제안했다(Blair et al., 1999). 다른 연구자들은 OFC의 초기 손상이 심하게 손상되고 미성숙한 도덕적 판단과 관련이 있으며, OFC 병변의 증거는 사회적 자극에 대한 자동적 반응의 상실과 관련이 있다고 제안했다(Anderson et al., 1999).

공감에 대한 능력이 제한된 일부 개인들은 아이 얼굴에 나타난 불쾌감에 대한 묘사에서 제한된 AM 반응을 보일 것이고, 반면 다른 일부 개인들은 AM 손상은 보이지 않지만 제한된 OFC 활성화를 나타낼 것이라고 우리는 제한한다. AM 장애가 있는 사람들은 자신의 감정 반응에 대한 적절한 이해를 습득하는 것에 실패할 가능성이 있고, 이것은 공감의 실패를 직접적으로 야기한다. 둔감한 주 양육자의 아동은(아마도 비조직형 초기 애착) 감정 상태의 이차적 표상을 습득하지 못할 수 있고, 이 수준의 무능은 OFC 기능장애에서 나타난다. 내측 전두 영역과 안와전두 영역(IIM-a 및 IIM-c) 사이의 단절의 결과로, 세 번째 수준의 실패가 발생할 수 있다. 여기서 개인은 타인의 불쾌감과 관련하여 정서를 경험할 수 있지만, 이것은 부적절하거나 불충분하게 그 사람의 신념 및 의도적 상태의 표상과 연결되어 있다. 기능적 단절의 이 후자 양상은 발달의 후기 단계에서의 심각한 사회적 역경의 작용으로 인해 발생할 가능성이 가장 높다.

▌임상적 시사점

환경결정론(environmentalism)과 선천론(nativism)의 화해가 갖는 임상적 시사점은 무엇일까? 노벨상 수상자 에릭 캔들(Eric Kandel)이 추측한 바와 같이 치료적, 특히 예방적 개입이 효과적일 것이라고 생각하는 것은 타당해 보인다. 이것이 유전적 발현 메커니즘을 변화시키기 때문이다(Kandel, 1998, 1999). 심리사회적 개입을 통해 초래된 사회적 환경의 변화는 특정 유전자 발현에 변화를 가져올 수 있다. 이러한 메커니즘에 대한 지식은 우리의 개입 전략을 예리하게 하는 것에 도움이 되며, 새로운 모드의 예방적 또는 치료적 개입을 발전시키도록 우리를 촉진시킬 수 있다. 우리는 적어도 정신분석이나 정서 훈련과 같은 예방적 노력(예: PATHS 프로그램; Kusche & Greenberg, 2001)의 일부 심리사회적 치료들이 효과가 있다고 제안한다. 왜냐하면 이것들은 IIM의 기능을 향상시키고 유전자 발현을 조절하기 때문이다. 물론 정신화를 강화함으로써, 일반적인 사회적 적응이 향상될 수도 있다. 어느 경우든지 우리는 타인 마음에 대한 애착 관련 초기 사회적 경험이 이것의 발생을 위해 필요하다는 주장을 유지한다. 왜냐하면 대인관계 해석 과정의 정상적인 기능은 인식론적 및 정서적 정보에의 동시적 접근을 요구하기 때문이다. 신경 가소성의 발달적 기간에서 애착 맥락에서의 사회적 경험이 우리가 해부학적으로 분리되어 있지만 기능적으로 정상적으로 통합된 정서적 및 인지적 구조라고 가정하는 것들 사이의 연결을 향상시킨다는 것이 가장 가능성 있어 보인다. 이것이 효과적인 심리치료, 특히 내적 상태에 대한 정신적 표상 능력이 취약한 개인의 심리치료가, 반드시 정서뿐 아니라 인지에 초점을 맞추어야 하고, 애착관계의 발달을 허용하는 대인관계 맥락에서 전달되어야 하며, 신경 네트워크(예: Rumelhart & McClelland, 1986)와 특정 유전자의 활성화(Kandel, 1998, 1999)를 발생시키기 위해 자극의 반복이 필요한 것과 같은 맥락에서 일관성의 기준을 충족해야 하는 이유다.

아마도 미래에는 정신병리의 발달과 관련된 특정 부위에서 특정 유전자 발현의 변화를 추적함으로써(두뇌, 내분비 기관 등) 심리사회적 개입의 결과를 측정할 수 있을 것이다. 보다 현실적으로는 특정 유형의 치료에 대한 적합성이 유전적 변이의 측면에서 결정될 수 있다. 그렇게 발전해 가는 동안 우리는 IIM을 건드릴 수 있는 측정치(RF 척도, '눈으로 마음 읽기' 과제)를 사용하여 개입의 영향을 측정할 수 있다.

▍결론

여기에 제안된 내용은 급진적으로 들릴지도 모르지만, 면밀히 들여다보면 사실상 새로운 내용이 거의 없다. 우리는 정신분석의 지적인 성취를 위해, 인지신경과학을 살펴보아야 한다고 제안한다. 신경과학의 현재 이론은 슬프게도, 아동의 주체성을 직접적인 주제로 다루는 사회적 발달과 같은 주제에조차 감정적 삶과 관계성에 대한 관심이 전혀 없다. 다행스럽게도 이 경로의 지식 습득을 추구하는 다양한 활발한 시도가 진행되고 있고(예: Solms, 1997a, 1997b), 새로운 저널인 '신경정신분석(Neuro-Psychoanalysis)'은 이러한 발전을 위한 준비된 토론의 장을 제공한다.

연구 결과들은 분명히 아동의 유전형적 운명이 개채발생이 일어나고 전체 체계의 조직화 목적인 건강한 적응이 발생하는 사회적 환경에서 다소 고립되어 있는, 밀폐된 두뇌에서 완성된다고 가정하는 것이 순진하다는 것을 보여 준다. 주체성, 즉 개인의 반응에 대한 이해는 유전적 발현의 미생물학적 퍼즐 조각을 맞추는 데 필수적일 것이다. 주체성의 표상과 초기 발달에서 이것이 어떻게 출현하는지에 초점을 맞추는 정신분석은 기본적 심리 메커니즘이 발생하는 기능의 질상에서 개인차가 발생하는 방식에 대한 이해에 큰 도움이 될 수 있다. 우리는 영유아 애착 기능이 적어도 부분적으로 대인관계 해석 능력의 발달을 촉진한다고 제안하고 있다. 초기 관계의 질은 이 능력의 견고성을 결정하는 데 중요한 역할을 하지만, 애착 안정성 그 자체는 이후 발달과 관련성이 적다. 해석 능력은 결과적으로 사회적 경험의 처리에 중요한 역할을 한다. IIM의 기능 수준은 자기와 타인 표상 사이의 구별을 증폭시키는 전략에 의지하지 않고 친밀한 대인관계에서 기능하는 개인의 능력에 반영될 것이다. 시간이 지남에 따른 장애의 진행은 해석 능력의 영향을 받는다. 우리는 자기와 타인의 심리적 상태를 구분하기 위해 고안된 메커니즘의 빈약한 기능에 의해 병리적 유전형의 발현 가능성이 높아질 것으로 추측한다.

이것은 유전형에서 표현형으로의 힘든 이동이 이런 방식의 영향을 받기 때문에 대단히 중요한 요인이다. 생활 경험에 대한 개인적 정신화된 표상과 유전적 소인의 발현 간의 상호작용에 대한 완전한 이해는 다음 세대 발달정신병리학의 과제다. 에릭 켄들(Eric Kandel, 1998)은 『파리, 생쥐, 그리고 인간(Of Flies, Mice and Men)』을 쓴 프랑수아 자코브(François Jacob, 1998)의 말을 인용한다. "끝이 다가오는 이 세기는 핵산과 단백질에 몰두했다. 다음 세기는 기억과 욕구에 집중할 것이다. 이것이 제기된 질문에 답할 수 있을까?"(Jacob, 1998, p. 152).

발달적 관점

제2부에서 우리는 영유아기에 시작되어 청소년기에 마무리되는 심리적 자기감의 발달에 대한 포괄적인 그림을 제시한다. 제4장에서 우리는 비춰 주기(mirroring)의 사회적 바이오피드백 관점을 소개한다. 이것은 영유아가 주 양육자와의 상호작용을 통해 공동 조절에서 자기조절의 주체로 발달하면서, 정서 상태를 인식하고 통제하는 것을 배워 가는 것을 설명하는 메커니즘이다. 비춰 주기의 사회적 바이오피드백 관점은 정신분석이론의 근본적인 확장이다. 이것은 정상 발달의 설명으로서 중요할 뿐 아니라, 이후 심리사회적 스트레스와 정신병리에 대한 취약성을 설명해 주는 기반으로서 중요하다(이것은 제7장의 사례 자료에서 분명히 드러난다.). 제5장에서는 자기의 다섯 측면, 즉 신체적 · 사회적 · 목적론적 · 지향적 · 표상적 (또한 자서전적이기도 함) 측면을 설명하는 것으로 이동한다. 지향적 자세(또한 이것의 목적론적 자세와의 관계)의 개념은 심리 철학으로부터 가져온 것이다. 이것은 어떻게 인간이 타인을 헤아리는 것을 통해 자기 자신을 헤아리는 것을 배우는지 상세히 설명해 주기 때문에 우리의 관점에서 특히 중요하다. 우리는 여기서 초기 발달 과정에서 시작된 이래로, 상호주관성의 중심적인 중요성에 대한 예시를 보여 준다. 그러나 우리는 상호주관성이 처음부터 존재한다는 현재의 인기 있는 논쟁을 비판하며, 대신에 그것이 정신화 능력과 함께 애착관계 내에서 발생한다고 주장한다. 제6장에서는 발달 순서를 따라간다. 여기서는 '정신적 등가(psychic equivalence)' (심리적 현실이 반드시 신체적 현실에 그려져야 함)와 '가장(pretend)' (심리적 및 신체적 현실은 서로 완전히 분리되어 있음) 사이의 변증법을 강조한다. 이것은 아동기 경험의 두 가지 모드로, '현실과의 놀이(playing with reality)'를 통해 통합되어, 마음이 부분적으로만 외부 현실을 반영한다는 평가로 이어진다. 제7장은 이러한 발달적 과정의 왜곡의 결과로 인해 어머니와의

손상된 관계가 있는 어린 소년을 이해하고자 할 때 이러한 개념의 유용성을 임상적으로 보여 준다. 제8장에서는 청소년기의 정상적 및 병리적 스트레스의 근거가 되는 과정에 초점을 맞추어, 심각한 정신병리를 보여 주는 사례 자료를 제시한다.

제4장

정서 비춰 주기의 사회적 바이오피드백 이론:
영유아기 감정적 자기 인식 및 자기 통제의 발달

여러 면에서 이 장은 자기 발달에 있어 정서의 역할에 대한 우리의 생각의 핵심을 이룬다. 이것에 대한 이론적 및 개념적 문제에 대해서는 제5장에서 더 충분히 다룬다. 이번 장은 우리의 이론적 및 임상적 작업의 핵심에 있는 개념인 지향성과 정신화의 발달의 틀 내에서 감정의 구성 요소를 고려하며 시작한다. 그리고 나서 우리는 자기 및 타인의 감정에 대한 이해의 창발과 관련된 발달 과정의 본질에 초점을 맞춘다. 생후 첫해 동안의 감정 발달은 이 책의 구성 개념 중 하나로, 자신의 행위와 지각된 환경적 영향 사이의 유관성에 대한 영유아의 민감성의 맥락에서 다루어진다. 우리는 감정 발달에 관한 사회적 바이오피드백 이론을 설명하는데, 우리는 이것이 초기 경험과 이후 심리사회적 스트레스에 대한 취약성 사이의 연결을 이해하기 위한 열쇠라고 생각한다. 우리는 또한 이후 심리적 장해 및 주체로서 자기의 취약성을 야기할 수 있는 초기 영유아-주 양육자 상호작용의 다양한 병리적 모드에 대해 간략하게 언급한다. 그리고 이어지는 제5장에서는 자기와 주체성의 초기 발달에 대한 우리의 보다 일반적인 이론적 접근 내에서 이 장에서 설명된 감정 발달의 특정 견해를 통합하고자 시도한다.

▌마음이론 관점에서 본 감정 발달

지난 10년 동안 철학자들(Dennett, 1987; Fodor, 1987, 1992)과 인지 발달학자들(Astington, Harris, & Olson, 1988; Baron-Cohen et al., 1993; Hirschfeld & Gelman, 1994; Perner, 1991; Wellman, 1990; Whiten, 1991)은 인과적 심적 상태를 타인에게 귀인하는 능력의 본질 및 발달적 기원에 초점을 맞춰 왔다. 데넷(Dennett, 1987)은 그가 '지향적 자세'라고 부른 정신화 해석 전략을 적용하는 것은 다른 주체의 행동을 예측하는 데 매우 성공적인 진화적 적응이라고 주장했다. 따라서 현재 지배적인 인지발달 관점은 어린아이들조차 행위의 원인으로서 목표, 감정, 욕구 및 신념과 같은 지향적인 심리적 상태를 타인에게 귀인하는 소위 신념-욕구 심리학자들이라고 주장한다.

그러나 연구자들은 어떻게 아이들이 타인 또는 자기 자신의 마음 상태를 인식하고 귀인하는지에 대한 질문에 답할 때, 서로 다른 관점을 취한다. 시뮬레이션 이론가들(예: Goldman, 1993; P. L. Harris, 1991, 1992)은 인간이 자신의 심적 상태에 대해서는 직접적인 내성 접근을 가지고 있지만, 타인의 심적 상태는 자신을 타인의 위치에 놓고 시뮬레이션한 심적 경험을 타인에게 귀인함으로써 간접적으로 추론해야 한다고 가정한다. 반면, 다른 연구자들(Dennett, 1987; Gopnik, 1993; Gopnik & Wellman, 1994)은 마음 상태에 대한 직접적인 지각적 접근은 환영이라고 주장하며, 심적 상태의 인식이 자기와 타인의 경우 동등하게 추론적이라고 제안한다.

아이들이 지향적 자세를 취하고, 다른 주체의 마음 상태를 추론하기 시작하는 시기는 언제일까? 틀린 신념과 같은 명확히 보다 복잡한 지향적 상태의 귀인은 일반적으로 약 3~4세경에 나타나고(이 능력의 창발에 대한 포괄적인 발달적 설명은 제5장 참조, Perner, 1991; Wellman, 1990; Wimmer & Perner, 1983), 많은 연구자들(예: Bretherton, 1991a; Stern, 1985; Tomasello, 1999)은 가리키기 및 시선 주고받기(E. Bates, 1979; Bretherton & Bates, 1979; Murphy & Messer, 1977), 또는 사회적 참조(Campos & Stenberg, 1981; Klinnert, Campos, Sorce, Emde, & Svejda, 1983)와 같은 생후 1년 후반기에 창발하는 특정한 새로운 행동이 적어도 주의 상태 또는 감정과 같은 일부 마음 상태를 다른 주체에게 귀인하는 영유아의 초보적인 능력의 출현을 암시한다고 믿는다. 일련의 습관화 연구에서 치브라, 게르게이 및 동료들(Csibra, Gergely, Brockbank, Bíró, & Koós, 1999; Gergely et al., 1995)은 9개월 및 12개월 된 영유아가 실제로 한 주체의 행동을 목표 지향적이고 합리적인 것으로 해석할 수 있고, 그것에 근거하여 새로운 상황에서 목표를 향한 미래의 행위를 예측할 수 있다는 증거를 제공한다. 그러나 6개월 된 영유아는 지향적 행동의 이러한 이해의 징후를 아직 전혀 보이지 않았는데, 이는 영유아가 다른 주체에 대한 '지향적 자세'를 취할 수 있는 발달의 가장 이른 시기가 생후 1년이 끝나갈 즈음이라는 일반적 가정과 일맥상통한다(Tomasello, 1995, 1999).

'마음이론'의 관점은 타인의 감정 상태를 이해하고 귀인하는 영유아 능력의 기원을 고려할 때 분명 의미가 있다. 마음이론 문헌에서의 논의의 대부분은 신념과 욕구에 집중되어 있지만, 감정 또한 우리가 타인의 행동을 설명하고 예측하기 위해 타인의 마음에 귀인하는 지향적 심적 상태의 유형에 속하는 것이 명확하다. 사실상 감정은 지향적 심적 상태를 특징짓는 많은 표상적 속성을 공유한다. 신념 및 욕구와 같은 심적 상태의 '지향성'은 그것의 '겨냥(aboutness)'(Brentano, 1874; Dennett & Haugeland, 1987)을 말한다. 따라서 신념은 세상의 일에 대한 실제적인 또는 가능한 상태를 '겨냥'한 것이고, 욕구는 일의 미래 상태를 '겨냥'한 것이다. 분명히 이러한 의미에서 감정은 또한 일의 어떤 상태를 '겨냥'한 심적 태도다[피터(Peter)가 지갑을 잃어버린 것에 관해 화가 났을 때와 같이]. 그리고 그 정보를 한 사람에게 귀인하는 것은 분명 그 사람의 행동을 설명하고 예측하는 것을 돕는다.

그러나 누군가에게 감정을 귀인할 때, 우리는 또한 태도가 겨냥하는 지향적 대상보다, 태도 자체와 더 관련된 성향적 정보를 귀인한다. '지갑을 잃어버린 것에 대한 분노'를 피터에게 귀인하는 것은, 예를 들어 피터가 개를 보면 발로 찰 것이라고 예상하는 것과 같이, 그의 분노가 겨냥하는 것과 단지 부수적으로 관련된 그의 미래 행동에 대한 예측들을 생성하도록 해 준다. 감정이 표현하는 성향적 정보는 특정 상황하에서 주어진 성향적 감정 상태에 있는 사람이 다른 방식이 아닌 특정 방식으로 행동할 가능성이 있다는 것을 구체화한다. 다시 말하면, 그것은 '가정된 인과적(if-then)' 조건문의 집합으로 명제적으로 설명될 수 있는 일의 잠재적 상태 집합을 구체화한다. 우리가 누군가에게 감정 상태를 귀인할 때, 우리는 마음속에 일에 대한 이러한 조건문의 적어도 일부를 생성할 수 있어야 한다. 그렇지 않으면 우리는 그 사람의 미래 행동에 대해 어떤 것도 추론하지 못할 것이다.[2]

따라서 마음이론의 관점에서 감정 발달에 대한 심리학의 중심적 질문은 다음과 같다. ① 영유아는 감정의 성향적 내용에 대해 어떻게 알게 되는가? ② 그들은 감정 상태가 겨냥하는 것이 무엇인지 어떻게 인식하는가? ③ 행동에 대한 추론을 지지하기 위해 위의 정보를 타인에게 귀인하기 시작하는 때는 언제인가? ④ 타인(또는 특정 문제에서는 그들 자신)에 대한 감정 귀인이 정당화되는 조건을 어떻게 배우는가?

후반부와 관련하여, 우리는 신념과 욕구와 같은 다른 지향적 심적 상태와 감정이 흥미로운 방식으로 다르다는 것을 지적해야 한다. 첫째, 감정은 다른 사람에게서 추론하는 것이 보다 용이하다. 왜냐하면 감정은 현저한 (기본 감정의 경우, 보편적일 수 있는) 얼굴 표시의 표현을 동반하기

---

1) 감정이 지향적 심적 상태에 속한다는 것은 또한 감정 용어들이 다른 '지향적 관용어'들과 유사하게, 명제 태도를 표현하고, '지칭 불투명(referential opacity)'의 의미적 속성을 갖는 특징이 있다는 사실에서도 보인다(Dennett & Haugeland, 1987; Quine, 1960). 이 속성은 동일한 지시 대상에 대한 용어의 대체 가능성과 같은 특정 논리 연산이, 'x가 p라고 믿는다' 또는 'y가 q라고 원한다'와 같은 지향적 관계가 관여되는 표현의 경우에서는 깨어진다는 사실을 의미한다. 따라서 "오이디푸스(Oedipus)는 라이오스(Laius: 그리스신화에서 오이디푸스의 아버지)의 말에 화가 났다"는 진술이 참일 때, '라이오스'와 '오이디푸스의 아버지'가 동일한 인물을 지칭한다고 해도, "오이디푸스는 그의 아버지의 말에 화가 났다" 또한 참인 것은 아니다.

2) 사실상 성향적 내용 외에도 우리는 감정에 대해 추론할 때, 예를 들어 감정의 전형적 원인에 대한 지식, 또는 감정적으로 행동하는 것의 전형적 결과에 대한 지식과 같은, 다른 종류의 지식 또한 종종 이용한다(Watson, 1995).

때문이다(Ekman, 1992; Ekman, Friesen, & Ellsworth, 1972; Izard, 1977). 또한 감정을 갖는 것은 생리적 각성(적어도 몇 가지 기본 감정의 경우, Ekman, Levenson, & Friesen, 1983 참조)뿐 아니라 특징적 주관적 느낌 상태에 구체적이고 차별적인 변화와 관련되는 것으로 보이고, 논쟁의 여지가 있지만, 정확한 자기 귀인을 상대적으로 쉽게 해 준다. 게다가 보편적이고 생득적인 기본 감정의 집합이 있다고 제안하는 증거가 있다(Ekman, 1992; Ekman et al., 1972; Izard, 1977, 1978). 이러한 생각을 기반으로 감정이 영유아가 마음에 귀인하는 최초의 심적 상태 중 하나인지 여부를 묻는 것이 타당해 보인다(Meltzoff & Gopnik, 1993 참조).

▌감정 상태의 모방 기반 귀인: 멜초프-고프닉 가설

멜초프와 고프닉(Meltzoff & Gopnik, 1993)은 생득적인 메커니즘이 생애의 시작에서부터 영유아가 감정 상태를 타인에게 귀인할 수 있게 해 준다고 제안했다. 이들의 이론은 혀 내밀기 및 입 벌리기 등과 같은 성인의 특정 얼굴 움직임과 또한 아마도 일부 기본 얼굴 감정 표현의 구성 요소(Field, Woodson, Cohen, Garcia, & Greenberg, 1983)를 모방하는 신생아의 타고난 능력과 경향을 보여 주는 멜초프(Melzoff)의 확장된 연구(Meltzoff & Moore, 1977, 1989)에 기반을 두고 있다. 추가적으로 이들의 모델은 선연결된 얼굴 근육 운동 양상으로 표현되는 타고난 기본 감정 집합의 존재를 가정한다(Ekman, 1992b; Ekman et al., 1972; Izard, 1977, 1978).

성인을 대상으로 한 에크먼과 동료들(Ekman et al., 1983)의 연구 결과에 기반하여 멜초프와 고프닉(Meltzoff & Gopnik)은 얼굴 감정 표현과 그에 상응하는 분화된 생리적 감정 상태 사이의 출생 시부터 활성화되는 선연결된 양방향적 연결이 있다고 제안한다. 따라서 이들은 "어린 영유아에게 생득적인 느낌을 표현하는 색인이 있다(Malatesta et al., 1989, p. 6)"는 감정의 분화 이론(Izard, 1977; Izard & Malatesta, 1987; Malatesta & Izard, 1984)의 기본 가정을 포용한다. 그들은 영유아가 성인의 얼굴 감정 표현을 모방할 때, 이러한 선연결된 연결을 통해 자동적으로 상응하는 자기 내 몸적 감정 상태를 활성화한다고 가정한다. 그들의 말을 인용하면, "행동의 모방은 다른 사람의 내적 심적 상태가 '건널 수 있는' 다리를 제공하고, 그 자신의 경험된 심적 상태가 되게 한다"(Meltzoff & Gopnik, 1993, p. 358). 멜초프와 고프닉(Meltzoff & Gopnik)에 따르면 모방에 의해 생성된 감정 상태는 내성적으로 접근되며, 느껴진 정서는 타인의 마음에 귀인된다.

그러나 분리된 생득적 감정 표시가 초기 영유아기에 감정 특정적인 의식적 느낌 상태를 자동적으로 활성화한다는 가정을 지지하는 직접적인 증거는 없다. 사실상, 많은 연구자들은 정서 상태가 생후 첫 몇 개월 동안 비분화되어 있을 가능성이 있고, 분화된 의식적 느낌 상태의 출현은 인지발달의 결과일 수 있다고 주장하며 이 가능성을 분명하게 거부한다(예: Sroufe, 1979). 루이스와 마이클슨(Lewis & Michaelson, 1983)은 영유아기 초기 단계 동안 내적 상태와 표현적 행동은 아직 협응되어 있지 않고, 분리된 표현적 표시와 연관된 의식적 느낌 상태는 사회화와 인지적 성장의 영향으로 인해, 이후에야 출현한다고 주장한다(Kagan, 1992; Lewis & Brooks, 1978 참조).

아직 지지가 철회되지 않은 초기의 감정 표현과 특정 느낌 상태 간의 연결에 대한 생득론적 가정을 포용하는 것에 더하여, 멜초프–고프닉(Meltzoff–Gopnik) 모델은 모방에 의해 생성된 감정 상태를 타인의 마음에 귀인하는 것에 뒤따르는 것을 설명하는 보다 선천론자적인 가정을 제공해야 한다. 이것이 없다면, 제안된 모방에 의해 매개되는 감정 전염 과정은 성인의 표현된 정서와 일치하는 감정 상태를 영유아에게 생성하겠지만, 그 과정은 거기서 멈추고, 어떤 심적 상태 귀인도 발생하지 않을 것이다. 이에 부응하여 멜초프와 고프닉(Meltzoff & Gopnik)은 계속해서 "정신주의(mentalism)의 하나의 근원적인 가정(외적·시각적 행동은 현상학적으로 심적 상태 위에 그려진다.)은 분명 생득적으로 주어진다"고 주장한다(1993, p. 340). 이 '일차적 상호주관성'의 가정은 제5장에서 광범위하게 조사된다.

그러나 멜초프–고프닉(Meltzoff-Gopnik) 모델의 생득론적 일련의 가정을 수용하더라도, 감정 발달에 대한 마음이론의 관점에서 결정적인 것으로 보이는 모방으로 생성된 정서 상태의 본질에 대한 의문은 여전히 남는다. 분화된 현상학적 질을 경험하는 것 외에, 이것은 아기가 감정 상태의 성향적 내용(또한 그것이 겨냥하는 것) 또한 인식하게 된다는 것을 제안하는 것일까? 멜초프와 고프닉(Meltzoff & Gopnik, 1993)이 감정의 성향적 내용이 또한 유전적으로 구체화되어 있다고 생각하는지는 명확하지 않다. 그러나 강력한 생득론적 가정 없이는, 순수한(해석되지 않은) 생리적 느낌 상태를 타인에게 귀인하는 것이 '지향적 자세'의 필수적인 진화 기능이 되지 못할 것이라는 점, 즉 영유아의 타인 행동 예측을 돕지 못할 것이라는 것은 명확하다.

마지막으로, 멜초프–고프닉(Meltzoff-Gopnik) 모델의 중심 가정은 생애의 시작에서부터 영유아가 그들의 내적 감정 상태에 직접적인 내성적 접근을 가지고 있다는 진술이다. 그러나 자기에 대한 심적 상태가 (반드시) 내성을 통해 직접적으로 접근되고, 타인의 그것은 간접적 증거에 기반하여 추론되어야 한다는 것에 따르는 고전적 데카르트학파 입장의 생존 능력은 마음이론 문헌에서 활발한 논쟁의 문제가 되고 있다[이 데카르트학파의 가정에 대한 자세한 비판은 제5장 참조]. 사실상 고프닉(Gopnik, 1993)도, 발달에서 타인과 자신의 마음 상태를 이해하는 것은 동시에 나타나고, 둘 모두의 경우에 유사한 추론 과정에 기반한다고 강력히 주장했다(Dennett, 1987, 제4장 참조). 대조적으로 감정에 대해서는, 멜초프-고프닉(Meltzoff-Gopnik, 1993) 모델은 자기의 정서 상태에의 생득적으로 주어진 직접적 내성적 접근을 시사한다. 그러나 우리는 다음 절에서 감정이 이 측면에서 특별한 경우로 여겨져서는 안 된다고 주장한다. 우리는 대안적인 시각으로 영유아가 그의 초기 상태에서 아직 분리된 감정 범주를 나타내는 내적 상태 신호 집단에 민감하지 못하다고 제안한다.

요약하면, 멜초프-고프닉(Meltzoff-Gopnik) 모델은 지적으로 흥미롭고 일부 중요한 통찰에 기반하고 있지만, 생득론적 가설에 크게 의존하고 있고, 그중 일부는 영유아기 정서 귀인의 이해를 가져오는 발달선상의 과정을 설명하기에 적절하지 않다고 우리는 믿는다. 이어서 우리는 초기 감정 발달을 개념화하는 대안적인 접근을 개략적으로 설명한다. 이 접근법은 보다 단순하다고 할 수 있지만, 인정하건대 유사하게 사변적이다.

▌ 내적 vs. 외적 자극에 대한 초기 민감성

우리는 감정 상태의 성향적 내용을 출생 시 영유아가 인식할 수 있다는 가정에 대한 설득력 있는 근거가 없다고 믿는다. 물론 이것은 특정 입력 조건하에서 활성화된 복잡한 선연결된 행동적 구조로서 개념화할 수 있는 생득적인 기본 감정의 잠재적 존재를 부인하는 것이 아니다. 이러한 감정 프로그램은 목표(예: 장애물의 제거), 주어진 감정(분노)의 특성인 특정 행동 경향(예: 접근 및 공격)에 대한 정보를 담을 수 있고, 이것은 적어도 가능한 행위에 대한 일부 예측을 지지하는 데 사용될 수 있다. 그러나 우리는 이 정보가 절차적 지식으로서 암묵적 형태로 표상되어 있고, 처음에는 영유아에게 인지적으로 접근이 불가능하다고 가정한다.

그 대신에 우리는 감정의 성향적 내용이 처음에는 타인의 드러난 정서 표현 표시를 관찰함으로써, 그리고 그것을 이러한 감정 표현에 동반되는 상황 및 행동적 결과와 연합함으로써 학습된다고 제안한다. 물론 만약 멜초프와 고프닉(Meltzoff & Gopnik)의 영유아가 자신의 생득적 일차 감정 상태에 대한 직접적인 내성적 접근을 가지고 있다는 가정이 옳다면, 이러한 지각적 학습은 자기뿐 아니라 타인의 감정 상태를 감시하는 것에 기반할 수 있다.

영유아의 초기 상태가 내적 상태에 대한 직접적인 내성적 접근을 특징으로 한다고 가정하며, 멜초프와 고프닉(Meltzoff & Gopnik, 1993)은 오래된 발달이론가들의 전통을 따른다. 예를 들어, 프로이트(Freud)와 다른 정신분석학자들(예: Mahler et al., 1975)은 초기에 영유아가 외부 자극보다 내부 자극에 더 민감하다는 견해를 오랫동안 유지해 왔다. 브루너, 올버, 그린필드(Bruner,

Olver, & Greenfield, 1966)는 또한 영유아가 내적인 고유수용감각적(proprioceptive) 신호에 대한 초기 의존에서 신체외부감각적(exteroceptive) 신호에 대한 의존으로 이동한다고 제안했다(Birch & Lefford, 1967; Gholson, 1980; Rovee-Collier, 1987 참조).

그러나 콜롬보 등(Colombo, Mitchell, Coldren, & Atwater, 1990)이 지적했듯 영유아 학습 문헌에서 이 고전적 가정을 직접적으로 뒷받침하는 경험적 자료는 없다. 대조적으로 이 가정을 확인하기 위해 고안된 일련의 실험에서, 이 저자들은 3개월 영유아가 신체내부감각적(interoceptive) 신호뿐 아니라, 신체외부감각적(exteroceptive) 신호에도 기반하여 변별학습을 보인다는 것을 입증했다.[3] 나아가 6개월 및 9개월 영유아에서는, 학습에서 신체내부감각적 신호보다 신체외부감각의 우위를 사실상 발견했다.

따라서 영유아의 초기 상태에서 내적 자극의 우위를 가정한 것을 고려할 때, 고전적 가정을 포기하는 것의 결과를 탐색해 보는 것이 의미 있어 보인다. 사실상 우리는 생애의 시작에서, 지각 체계는 외부 세계에 주의를 주고 탐색하는 편향된 구성체로 신체외부감각적 신호에 주로 기반하여 표상을 형성한다고 가정한다. 이 견해에서 보면, 감정 상태를 표현하거나 감정 상태에 있을 때 활성화되는 내적(내부 장기의, 또한 고유수용감각의) 신호 집단은 처음에는 영유아에게 의식적으로 지각되지 않거나, 또는 적어도 특이적 정서 상태로서 영유아가 지각적으로 접근할 수 있을 만큼 범주적으로 집단화되어 있지 않다.[4]

이것은 다음의 질문을 제기한다. 이 이론에 기반했을 때, 어떻게 영유아가 범주적으로 구분된 감정 상태로서 내적 상태 신호군에 대한 인식을 발달시키고, 표상할 수 있게 될까? 우리는 정서 조절 상호작용 동안 영유아의 드러난 감정 표현 표시의 얼굴 및 음성 반영에 대한 종특이적인 인간의 성향이 이 발달적 과정에 결정적인 역할을 한다고 제안한다. 다음 절에서 우리는 감정 조절적 상호작용 동안 영유아를 정서 반영적 행동 표시에 노출하는 본능적인 인간의 경향의 여러 중요한 발달적 결과를 지적한다. 우리는 또한 이러한 모든 결과가 기저하는 동일한 기

---

3) 또한 콜롬보 등(Colombo et al., 1990)의 연구에서 시선 고정에 기반하여 측정된 위치 신호가 신체외부감각적(exteroceptive) 신호인, 코의 위치에 기반하여 산출되었을 가능성을 배제할 수 없다는 점에 주목하라(Bower, 1974 참조).

4) 이후 명확해지겠지만, 우리의 제안은 생애의 시작에서, 영유아는 자신의 내적 상태에 대한 거의 모든 인식이 부족하다는 (급진적인 것에 근접하기는 하지만) 더 급진적인 시각을 의미한다고 할 수 없다. 영유아가 범주적 감정을 시사하는 내적 상태 신호 집단에 속하는 자극 요소에 대한 일부 인식을 가지고 있을 가능성이 있지만, 이것은 단지 영유아가 경험하는 내적 감각 인상의 '만연하고 소음 같은 혼동(blooming, buzzing confusion)'(W. James, 1890)의 일부다. 이러한 상태 신호는 또한 영유아 인식의 전반적인(긍정적 또는 부정적인) 쾌감의 질에 기여한다. 상대적으로 덜 급진적인 우리의 제안은 다음과 같다. ① 성향적 감정 상태를 시사하는 내적 상태 신호 집단은 처음에는 특이적 느낌 상태로서 지각적으로 접근할 수 없다. ② 영유아의 지각 체계는 처음에, 내적 자극보다는 외적 자극을 활발하게 탐색하고 범주화하기 위해 편향되어 있다.

본 메커니즘, 즉 유관성 탐지 및 최대화에 의해 매개된다고 주장한다. 그러나 우리의 모델을 설명하기 전에, 생애 첫해의 감정 발달 동안 정서 조절 상호작용의 역할과 본질에 대한 경험적 증거를 간단히 검토해 보겠다.

▍생애 첫해의 감정 발달

지난 30년 동안, 우리는 영유아의 초기 상태에 대한 우리의 개념화를 급진적으로 변화시키는 발달심리학에서의 강력한 증거들의 축적을 목격했다. 얼마 전까지만 해도, 표준적 견해는 생애의 시작에서 영유아는 기본적으로 자극 장벽에 둘러싸인 수동적이고 미분화된 모호한 유기체라는 것이었는데(예: Mahler et al., 1975), 이제는 영유아가 처음부터 현저하게 풍부한 지각적 · 학습적 · 표상적 능력과 자신 주변의 신체적 및 사회적 세계의 구조에 대한 구체적인 준비를 갖추고 있다는 것이 일반적으로 수용된다(Bower, 1974; Emde, 1988; Gergely, 1992; Meltzoff, 1990; Stern, 1985).

이러한 관점의 변화는 또한 영유아기 감정 표현 및 감정적 의사소통에 있어, 강하게 생물사회적으로 준비된 상태를 가정하는, 초기 감정 발달에 대한 최신 연구의 특징에서도 드러난다(Ekman, 1992a; Ekman & Oster, 1979; Izard, 1977; Izard & Malatesta, 1987; Malatesta et al., 1989; Tronick & Cohn, 1989). 다윈(Darwin, 1872)의 초기 통찰을 기반으로, 얼굴 감정 표현에 대한 최근의 교차 문화적 연구(Ekman, 1992b; Ekman et al., 1972; Izard, 1977, 1978)는 간문화적이고 보편적으로 인식되는 동일한 얼굴 근육 운동 양상으로 표현되는 생득적인 기본 감정군(적어도 즐거움, 분노, 두려움, 슬픔, 혐오, 놀라움을 포함)이 있음을 보여 준다. 어린 영유아는 성인이 기본 감정을 표현하는 데 사용하는 거의 모든 근육 운동을 한다고 보고되고 있고(Ekman & Oster, 1978; Oster, 1978), 흥미, 기쁨, 혐오, 놀라움, 불쾌의 얼굴 표현이 어린 아기에서 확인되었다(Izard, 1978). 더욱이 보편적 감정의 적어도 일부의 표현과 관련된 얼굴 근육 활동은, 성인에서 주어진 감정에 특정적이고 분화된 생리 각성 양상을 생성하는 것으로 나타났다(Ekman et al., 1983).

이와 같은 발견에 기초하여 많은 심리학자들은 기본 감정은 적응적 기능을 가진 생득적인 역동적 행동 조직화로, 분화된 생리적 반응 구조에 대한 선연결된 활성화 채널을 통해 연결되는 특정 얼굴 표시 양상을 특징으로 한다는 견해를 받아들였다(Ekman, 1992b; Ekman & Oster, 1979; Izard, 1977, 1978; Izard & Malatesta, 1987; Malatesta et al., 1989; Meltzoff & Gopnik, 1993).

나아가 현재 지배적인 감정 발달에 대한 생물사회적 시각은, 어머니와 영유아가 출생 시부터 정서적 의사소통 체계를 형성한다고 주장하는데(Beebe, Jaffe, & Lachmann, 1992; Bowlby, 1969; Brazelton, Kowslowski, & Main, 1974; Hobson, 1993; Sander, 1970; Stern, 1977, 1985; Trevarthen, 1979; Tronick & Cohn, 1989), 여기서 어머니는 영유아의 정서 상태 조절에 필수적인 상호작용 역할을 한다. 어린 영유아는 정서적 자기 조절의 초보적인 수단(예: 과잉각성시키는 자극에서 떨어지기, 또는 손가락 빨기 등, Demos, 1986; Malatesta et al., 1989)을 가지고 있지만, 모성 상호작용의 질이 영유아의 정서 상태 변화에 강한 조절적 영향을 준다는 것에 대한 동의가 있다(Field, 1994; Malatesta & Izard, 1984, 1989; Tronick, Ricks, & Cohn, 1982). 어머니는 일반적으로 영유아의 감정 표시를 읽는 것에 꽤 효율적이고, 민감한 어머니는 영유아의 감정 상태를 조절하기 위해 자신의 감정적 반응을 조율하는 경향이 있다(Malatesta et al., 1989; Tronick & Cohn, 1989). 비록 4개월 미만의 영유아의 경우 얼굴 감정 표현의 구분이 전체적인 표현적 양상에 기반한 것인지 여부에 대해서는 의문이 있지만(C. Nelson, 1987 참조), 영유아가 생애 초기에 적어도 일부 얼굴 감정 표현을 지각적으로 구분할 수 있다는 증거 또한 있다(Field et al., 1983; Malatesta & Izard, 1984). 무표정 절차(Tronick, Als, Adamson, Wise, & Brazelton, 1978) 또는 지연된 피드백 기법(Murray & Trevarthen, 1985; Nadel, Carchon, Kervella, Marcelli, & Reserbat-Plantey, 1999; Bigelow & DeCoste, 2003)을 사용한 연구들은 어린 영유아들이 대면 상호작용에서 유관성 구조에 민감하고, 적어도 3개월 이후에는, 갑작스럽게 박탈되었을 때 그러한 의사소통 양상을 다시 확립하기 위해 적극적으로 찾는다는 것을 제안한다. 대면 상호작용의 구조를 살펴보기 위해 시간 기반 미량분석적 방법(예: Gottman, 1981)을 사용하여 여러 연구자들은 어머니와 영유아 간 행동의 양방향적 영향 및 정서적 의사소통의 상호 조절의 초기 존재에 대한 증거를 제시한다(Beebe, Jaffe, Feldstein, Mays, & Alson, 1985; Beebe & Lachmann, 1988; Cohn & Tronick, 1988; Tronick, Als, & Brazelton, 1977; Tronick & Cohn, 1989). 6개월 즈음이 되면 영유아의 감정 표현은 벌써 잘 조직화되고, 환경적 사건과 체계적으로 관련되게 된다(Weinberg & Tronick, 1996). 어머니-영유아 상호작용 동안 모방 일치 활동이 빈번하고(Uzgiris, Benson, Kruper, & Vasek 1989), 어머니-영유아 쌍이 영유아의 연령에 맞추어 일치성 및 동시성의 측면에서 협응 수준을 증가시킨다는(Tronick & Cohn, 1989) 증거가 있다. 어머니의 모방 행동은 비모방적 반응과 비교하여 3개월 반 아기의 미소 및 발성을 보다 촉발시키는 것으로 나타났다(Field, Guy, & Umbel, 1985).

다수의 영유아 연구자들(예: Beebe & Lachmann, 1988; Papousek & Papousek, 1987; Stern, 1985; Trevarthen, 1979; Tronick et al., 1982)은 정서적 행동의 얼굴 및 음성 비춰 주기가 생애 첫해 동안 부모의 정서 조절 상호작용의 중심적인 특징일 수 있다고 제안했다. 이 견해와 맥을 같이하여 어머니들이 영유아의 감정 표현에 분화된 표정 조율로 반응하고, 보다 '임의적'인 얼굴 움직임(예: 경련 또는 희미한 미소)보다 아기의 범주화된 감정 표시를 모방할 가능성이 더 높다는 것이 보고되었다(Malatesta, Culver, Tesman, & Shepard, 1989; Malatesta & Izard, 1984). 영유아의 슬픔 및 분노에 대한 표현은 그들의 어머니에게 슬픔과 분노의 정서적 반응을 일으키는 것으로 관찰되었으며(Tronick, 1989), 부적 정서에 대한 어머니의 반응은 부적 정서를 흉내내는 표현을 포함한다(Malatesta & Izard, 1984).

우울한 어머니와 그들의 영유아 자녀 사이의 얼굴 및 음성 상호작용에 관한 연구(Bettes, 1988; Cohn, Matias, Tronick, Connell, & Lyons-Ruth, 1986; Tronick, 1989)는 어머니로부터의 보다 침투적이고 부정적인 정서 표현뿐 아니라, 유관적인 정서적 상호작용 횟수의 감소를 보여 주었다. 나아가 이러한 영유아의 정서적 및 조절적 반응과 이후의 애착 안정성이 우울한 어머니의 정서 및 행동과 관련 있는 것으로 밝혀졌다(Field, 1994; Field et al., 1988; Murray, 1992; Pickens & Field, 1993; Tronick, 1989).

일반적으로 이러한 발견은 어머니의 비춰 주기 기능을 초기 감정 및 성격 발달에 있어 중요한 인과요인으로서 오랫동안 지적해 온 정신분석 이론가들의 견해를 지지하는 것으로 보인다(예: Bion, 1962a, 1962b; Jacobson, 1964; P. F. Kernberg, 1984; Kohut, 1971, 1977; Mahler & McDevitt, 1982; Mahler et al., 1975; Winnicott, 1967). 그러나 이러한 영향을 매개하는 인과적 메커니즘의 정확한 본질은 아직 밝혀지지 않았다.

요약하면 문헌 검토한 연구 결과들은 영유아의 생애 첫해를 다음과 같이 설명한다. ① 자신의 감정 상태를 자동적으로 표현하는 생득적인 경향을 보이고, ② 대면적 정서 의사소통의 유관성 구조에 민감하며, ③ 감정 표현의 구분된 얼굴 양상을 변별할 수 있고, ④ 감정적 자기 조절의 수단으로서 부모의 정서 조절 상호작용에 크게 의존하고, ⑤ 자신의 정서 상태의 질과 자기 조절 반응의 창발이 부모의 정서적 의사소통 행동의 특성에 의해 강하게 영향을 받는다.

그러나 생애 첫해 말에 이르면, 감정의 인식과 통제의 새로운 수준을 보이고, 감정 상태에 대한 이해, 귀인, 추론이 시작되는, 질적으로 새로운 의사소통 행동 능력의 창발을 목격할 수 있다. 감정 표현에 대한 수의적 통제의 첫 징조 중 하나는, 1세 때 낯선 상황 절차(Ainsworth et al., 1978)에서 회피형(A유형)에 속한 영유아의 행동에서 나타난다. 이 아기들은 심박수 증가(Sroufe & Waters, 1977b)뿐 아니라 코르티솔 수준의 증가(Spangler & Grossmann, 1993)로 확인되는 분리로 유발된 부적 정서의 자율신경 표현을 억제하는 것으로 보인다. 또한 2세 동안에는 안면 근육의 조절을 통한 어느 정도 수준의 정서 조절에 대한 증거가 있다(Demos, 1986; Malatesta et al., 1989).

정서적 행동에 대한 도구적 자기 조절의 또 다른 초기 형태는 생애 첫해 말 즈음의 사회적 참조의 창발로 나타난다(예: Campos & Stenberg, 1981; Klinnert et al., 1983). 이 시기의 영유아는 모호한 상황에 처해 있어 다수의 행동 대안 중 결정을 내릴 수 없을 때(예: 시각 절벽을 건너 어머니에게 갈 것인지 여부), 부모의 얼굴 감정 표시를 살피는 경향을 보이며, 표현된 감정 정보를 자신의 행동을 조절하기 위해 사용한다. 사회적 참조에 기저하는 정확한 메커니즘은 아직 명확하지 않다. 다수의 서로 다른 해석이 제안되었다. 일부는 이 현상을 단순한 조작적 조건형성의 사례로 설명하고자 하고(Barresi & Moore, 1996; Gewirtz & Pelaez-Nogueras, 1992; Moore & Corkum, 1994), 일부는 이것이 부모에게 마음 상태를 추론하고 귀인하는 것과 관련되므로, 영유아의 마음이론 창발의 첫 징후 중 하나라고 주장한다(Bretherton, 1991a; Stern, 1985). 또한 이 시기 즈음이면 감정 조절 비춰 주기 상호작용에 잘 훈련된 영유아가 부모에게서 명확히 해 주는 정서 비춰 주기 신호를 능동적으로 찾는 것으로 보는 것도 가능하다. 이러한 부모의 정서 비춰 주기는 영유아에게 현재 상충하고 있는 감정 상태 중 하나에게 우위를 주게 하고, 그것을 강화함으로써 망설임을 해결해 준다. 이것은 자기 조절 목적을 위해 부모의 감정 의사소통의 능동적인 도구적 사용을 보여 주는 흥미로운 사례다.

사회적 참고는 타인의 주의 상태의 수의적 조작을 포함하는 지향적 의사소통의 다른 새로운 형태와 함께 동시에 나타난다(Bretherton & Bates, 1979; Bates, Benigni, Bretherton, Camaioni, & Volterra, 1979; Carpenter, Nagell, & Tomasello, 1998; Moore & Corkum, 1994; Murphy & Messer, 1977; Tomasello, 1995, 1999). 여기에는 가리키기, 시선 따라가기뿐 아니라 물체를 보여 주는 것과 같은 원선언적 몸짓(protodeclarative gesture)[5]이 포함된다.

귀인된 감정 상태를 기반으로 행동을 추론하는 생애 첫해 말에 창발하는 능력은 스펠케, 필립스, 우드워드(Spelke, Phillips, & Woodward, 1995)의 연구에 의해 밝혀졌는데, 이들은 8개월 영유아는 아직 한 사람의 시선의 방향과 얼굴 감정 표현을 토대로 그 사람의 다음 행동을 추론할 수 없었지만, 12개월 된 영유아는 이미 그렇게 할 수 있다는 것을 보여 주었다. 따라서 1세의 아기는 타인의 분리된 감정 표현을 분별할 수 있을 뿐 아니라, 표시된 감정의 성향적 내용에 기반하여 추론을 하는 것 또한 가능하다.

따라서 생애 첫해가 끝날 무렵, 영유아는 이미 감정 상태에 '단순히 있는' 것보다 더 많은 것을

---

5) 역자 주: 원선언적(protodeclarative; 元宣言的) 몸짓은 타인과의 의사소통 목적이 내포된 사회적 의사소통 발달의 초기 형태를 보여 주는 몸짓으로, 단순히 기계적으로 물체를 가리키는 몸짓인 원명령적(protoimperative; 元命令的) 몸짓과 구분된다.

할 수 있고, 타인의 감정 표시에 정서적인 방식으로 반응할 수 있다. 즉, 이들은 타인에게 감정을 귀인할 수 있고, 그 정보를 타인의 행동에 대한 추론에 사용할 수 있다. 이것은 영유아가 이미 인지적으로 접근 가능한 형태로 적어도 일부 기본 감정 상태의 성향적 내용을 표상할 수 있다는 것을 의미한다. 우리는 감정 표상의 이 수준이 기본 감정의 선연결된 자동 현상으로 암묵적이고 절차적 표상인 초기의 일차적 수준과 질적으로 다르다고 주장하고자 한다.

▋ 자기 상태 표상의 수준: 자동적 vs. 통제된 과정

인지 이론에는 절차적/명시적, 암묵적/외현적, 무의식적/의식적, 자동적/통제적과 같은 여러 이분적 개념이 있는데, 이는 인간의 정보 표상의 질적으로 다른 수준을 지칭한다(예: Karmil-off-Smith, 1992; Shiffrin & Schneider, 1977). 자동화된 과정은 정보가 암묵적으로 표상되어 있고, 절차에 내포되어 있으며, 마음의 다른 표상 체계에서는 사용할 수 없는 행동 조직화의 선연결된 또는 과잉학습된 구조를 말한다. 이러한 자동증(automatisms)은 유연하지 않고, 지각적으로 주도되며, 의식의 밖에서 작동한다. 대조적으로 심의적 또는 통제된 과정은 유연하고 수정 가능하며 고차적 인지 목표에 의해 지배될 수 있고, 자동증을 중단시킬 수 있는 수의적이고 의식적인 작업을 말한다.

이 틀에서 영유아의 일차적 감정은 처음에는 자신이 전혀 통제할 수 없는 선연결되어 있고, 자극 주도적이며, 역동적 행동 자동증으로 생각할 수 있다. 정서 조절은 주로 영유아의 자동적 감정 표현을 읽어 주는 주 양육자가 적절한 정서 조정 상호작용으로 그들에게 반응하면서 수행된다. 이 견해에서 감정적 자기 통제는 다음의 특징을 갖는 이차적 통제 구조를 확립함으로써 가능해질 수 있다. ① 유기체의 일차적 수준의 역동적 정서 상태 변화를 감시, 탐지 및 평가, ② 예상되는 자동적 정서 반응이 고차적 인지 계획을 위태롭게 하는 경우, 그 감정 반응의 억제 또는 수정.

그러므로 일차적 정서 상태의 수의적 통제 및 자기 조절에 대한 전제 조건은, 자동화된 과정 수준에서 발생되는 유기체의 진행 중인 성향적 상태 변화에 대해 심의적 과정 수준에 정보를 주어야 한다는 것이다. 이 틀 내에서, 의식적으로 느껴지는 감정은 유기체의 자동적 정서 상태 변화에 대해 심의적 과정의 수준에 알리는 신호로 생각할 수 있다.

일차적 정서 상태의 이차적 표상이 확립됨에 따라, 이것은 감정 표현을 상황 유형 및 특징적 행동 결과와 연결하는 학습 과정의 결과로서 표상적 정교화 과정의 대상이 된다. 이 시점에서 이차적 표상 구조에 부호화되는 감정의 성향적 내용은 인지적으로 접근 가능하게 되고, 감정 상태가 자기 또는 타인에게 귀인될 때 행위 예측의 기반으로 역할할 수 있다.

이어서 부모의 정서 비춰 주기가 하는 다양한 기능에 대한 설명을 발전시키며, 우리는 비춰 주기가 또한 생애 첫해가 끝나갈 즈음이 되었을 때 이차적 감정 표상의 확립에 중요한 인과적 역할을 한다고 제안한다.

▌부모의 정서 비춰 주기의 사회적 바이오피드백 모델

앞서 우리는 감정 상태에 있을 때 활성화되는 내적 상태 단서가 처음에는 의식적으로 지각되지 않거나, 적어도 특이적 감정 상태로 지각적으로 접근할 수 있는 범주 집단을 형성하지 못했다고 가정했다. 이제 우리는 영유아의 정서 표현적 표시에 대한 외적 반영의 반복적인 제시가 관련된 내적 상태 단서에 대한 점진적 민감화뿐 아니라 아기가 있는 특이적 감정 범주에 상응하는 정확한 내적 자극군의 인식을 가져오는 중요한 '교육적' 기능을 한다고 제안한다. 이 과정의 결과 영유아는 범주적 감정 상태를 나타내는 특이적 내적 단서에 대한 인식을 발달시키게 될 것이고, 자신의 특정 성향적 감정 상태를 감지하고 표상할 수 있게 될 것이다.

물론 어떤 방식으로 아기의 실시간 내적 정서 상태와 유관된 외적 정서 표시의 제시가 이전에는 의식적으로 접근할 수 없었던 내적 상태에 대한 민감화와 인식을 가져오는지 의문을 가질 수 있다. 나아가 이러한 외적으로 유도된 내적 상태에 대한 민감화가 가능하다는 것을 보여 주는 증거가 있을까?

사실상 우리는 현재 제안하는 것과 높은 수준의 가족 유사성을 보여 주는 과정에 대한 적어도 하나의 흥미로운 예로 바이오피드백 훈련 절차를 지적할 수 있다(예: Dicara, 1970; Miller, 1969, 1978). 이러한 연구들에서는, 혈압과 같이 피험자들이 처음에 직접적인 지각적 접근을 갖지 않는 일부 내적 자극 상태의 진행 중인 상태 변화에 대해 지속적인 측정을 한다. 내적 상태 변화는 피험자가 직접 관찰할 수 있는 대응하는 외적 자극으로 표시되는데, 이것의 상태는 내적 자극의 상태와 공변한다. 내적 상태에 대한 이러한 외재화된 표상에의 반복적 노출은 결과적으로 내적 상태에 대한 민감화와, 특정 경우에는 후속적 통제를 가져온다.

우리는 정서 비춰 주기와 관련된 심리적 메커니즘이 바이오피드백 훈련 과정에서 나타나는 것과 동일한 과정이라고 가정한다. 우리의 제안은 부모의 정서 비춰 주기가 영유아에게 정서 발달에 결정적인 역할을 하는 자연스러운 사회적 바이오피드백 훈련과 유사한 것을 제공하고, 정서 비춰 주기와 바이오피드백 훈련 모두의 영향을 매개하는 기저하는 학습 메커니즘은 유관성 탐지 및 유관성 최대화라는 것이다(Gergely & Watson, 1996, 1999; Lewicka, 1988; Watson, 1972, 1979, 1985, 1994 참조). 이 가설을 세부적으로 발전시키기 전에, 유관성 탐지 메커니즘과 영유아 발달에서 이것의 역할에 대해 알려진 것들을 간략히 요약해 보겠다.

▌유관성 탐지 모듈: 영유아의 유관성 분석 및 유관성 최대화

많은 연구들이 어린 영유아가 자신의 신체적 반응과 그 결과 발생하는 자극 사건 사이의 유관적 관계에 매우 민감하다는 것을 보여 주고 있다(예: Bahrick & Watson, 1985; Field, 1979; Lewis, Allessandri, & Sullivan, 1990; Lewis & Brooks-Gunn, 1979; Papousek & Papousek, 1974; Rochat & Morgan, 1995; Watson, 1972, 1994). 예를 들어, 왓슨(Watson, 1972)은 2개월 영유아가 유관적 사건(모빌의 움직임)이 결과적으로 발생할 때 다리를 차는 행동의 비율을 증가시키지만, 비슷하지만 비유관적인 사건을 경험할 때는 그렇지 않다는 것을 보여 주었다. 사실상, 모빌의 움직임에 대한 인과적 통제를 탐지하는 것은 영유아를 긍정적으로 각성시키는 것으로 입증되었다. 유관성을 어느 정도 경험을 한 후, 영유아들은 유관적인 모빌을 보며 미소 짓고 좋아하며 소리내기 시작했다. 또한 비슷한 패러다임에서, 루이스와 동료들(Lewis et al., 1990)은 2개월 영유아가 이전에 경험한 자극 사건에 대한 유관적 통제가 더 이상 유지되지 않을 때, 좌절감과 불쾌감을 표현한다는 것을 보여 주었다.

어린 영유아들이 어떻게 반응-자극 유관성을 이렇게 효율적으로 지각할까? 왓슨(Watson)의 폭넓은 연구에 기반하여(Watson, 1979, 1985, 1994), 최근 게르게이와 왓슨(Gergely & Watson, 1999)은 반응과 자극 사건 간의 유관적 관계의 확률 구조를 분석하는 생득적 유관성 탐지 모듈의 존재를 제안했다. 왓슨(Watson, 1979, 1994)은 영유아의 유관성 탐지 장치가 유관적 반응-자극 사건의 조건부 확률 구조를 분석하기 위해 2개의 독립적인 메커니즘을 적용한다는 증거를 제시했다. 하나는 이후 시간을 내다보며, 앞으로 발생할 자극 사건의 조건부 확률을 '충분 지수(sufficiency index)'라고 불리는 방출된 반응의 함수로 등록한다. 반면 또 다른 메커니즘은 이전 시간을 돌아보며, 주어진 자극 사건이 주어진 반응에 선행했던 상대적 가능성을 감시하는데, 이는 '필요 지수(necessity index)'라고도 한다. 2개의 개별 지표들은 서로 독립적으로 변할 수 있는 유관성 관계의 두 측면을 추정하고, 유관된 관련성에 대한 상이한 크기의 척도를 제공한다.

예를 들어 설명해 보겠다. 영유아의 오른 다리에 실을 묶어 모빌과 연결하고, 아기가 다리를 찰 때마다 모빌이 움직인다고 상상해 보라. 따라서 자극 사건을 야기하는 영유아 반응의 조건부 확률은 1.0(충분 지수)이다. 만약 영유아가 다리를 차면 늘 모빌이 움직이지만, 차는 행동이 부재할 때에는 절대 움직이지 않는다면('필요 지수' 또한 1.0이 됨), 영유아는 모빌 움직임에 대한 완벽한 유관적 통제에 있게 된다. 그러나 모빌 움직임의 절반이 바람에 의해 유도되거나 또는 모빌과 또 다른 실로 연결된 실험자에 의해 유도된다고 상상해 보라. 이 경우 모빌 움직임에 선행하는 발차기가 있었는지 이전 시간을 돌아보며 확인하면, 단지 0.5의 조건부 확률(필요 지수)을 보일 것이다. 반면, 충분 지수는 1.0에서 완벽하게 유지될 것이다. 따라서 영유아의 반응이 자극 사건을 가져오는 데 계속해서 완전히 효과적일지라도, 모빌 움직임에 대한 영유아의 전반적인 통제 정도는 감소된다. 실제로 이러한 상황은 아기의 사회적 환경과의 관계에서 볼 때, 오히려 더 전형적이다. 가장 반응성이 높은 부모조차도 아기가 울 때마다(반응) 아기를 안아 줄 수 없고(자극 사건)(이것은 충분 지수를 낮춤), 울지 않을 때 아기를 안아 주는 경우도 있을 것이다(이것은 필요 지수를 낮춤).

정서 비춰 주기의 문제로 돌아가기 전에, 우리는 유관성–탐지 모듈의 작동에 관한 정보가 한 가지 더 필요하다. 왓슨(Watson, 1979)은 유관적 통제의 두 지수가 동일하지 않을 때면 늘 영유아가 자신이 자극 사건에 대해 갖는 진정한 통제 정도의 탐지에 실패할 가능성이 있다고 주장했다. 예를 들어, 영유아가 감시하는 반응군이 '어느 쪽 다리로든 차는 것'이라고 상상해 보자. 그러나 모빌은 아기의 오른쪽 다리와만 묶여 있고, 따라서 영유아가 오른 다리로 찰 때에는 모빌이 움직이지만, 다른 쪽 다리로 찰 때에는 움직이지 않는다고 가정해 보자. 영유아가 양 다리를 동등한 빈도로 찬다고 할 때, 아기는 다리 차기가 단지 절반 정도 빈도의 모빌 움직임을 가져온다고 알게 될 것이고, 이때 충분 지수는 0.5가 된다. 그러나 모든 모빌 움직임이 (오른)발차기가 선행한 후 발생하기 때문에 필요 지수는 1.0이 될 것이다.

따라서 필요 지수가 충분 지수보다 높을 때는 늘 감시된 반응군이 너무 넓을 가능성이 존재하며, 이것을 좁게 함으로써 영유아는 이전에 추정한 것보다 자극 사건에 보다 통제력을 가지고 있다는 것을 발견할 것이다. 우리의 예에서, 영유아가 '오른 다리로 차는 것'까지 점점 반응군을 좁혀 간다면, 아기는 충분 지수를 높이게 되고, 결국 두 지수가 일치하게 되는데, 이것은 모빌 움직임에 대한 완벽한 통제를 의미한다. 그렇다면 일반적으로 필요 지수가 충분 지수보다 높을 때에는, 자극 사건에 실제로 가지고 있는 최대한의 유관적 통제 정도를 발견하기 위해서, 살펴보는 반응군을 좁히는 것이 영유아에게 좋은 전략이 된다. (이것은 반대 방향으로도 잘 작동한다. 즉, 충분 지수가 필요 지수보다 높을 때에는 유관성을 최대화하기 위해 살펴보는 반응군을 확장하는 것이 필요하다.)

왓슨(Watson, 1979)은 사실상 영유아가 충분 대 필요 지수로 확인되는 유관적 통제의 불일치도의 함수에 기반하여 살펴보는 반응 범주를 축소시키거나 확장시키는 적극적인 실험을 함으로써 이러한 세련된 유관성 최대화 전략을 적용할 수 있다고 주장한다. 충분 및 필요 지수 모두가 합리적으로 높고 동등할 때 반응율이 가장 높다는 그의 발견은 이 가설과 동일선상에 있다(유관성 탐지 및 유관성 최대화 모델과 이것을 지지하는 증거에 대한 자세한 내용은 Gergely & Watson, 1996; Watson, 1972, 1979, 1994 참조).

지금까지 우리는 시간적 유관성과 관련된 유관성 탐지 모듈의 작동에 대해서만 설명하였다. 이 메커니즘에 대한 많은 증거들이 순전히 시간적인 유관성에서 발견되었지만, 사실상 유관성에는 다음과 같은 3개의 분리된 독립적인 기반이 있다. 시간적 측면, 감각적 측면(상대 강도), 공간적 측면(공간적 분포 또는 양상의 유사성)이 그것이다(Watson, 1984). 이것은 정서 비춰 주기의 경우를 고려할 때 특히 중요하다(아래 참조). 여기서 부모의 표시는 영유아의 감정 표현적 행동과 유관적으로 관련되어 있는데, 시간적 유관성 측면에서뿐 아니라 상대적 강도 및 양상의 유사성 측면에서도 유관적으로 관련되어 있기 때문이다(다음 절에서 논의하는 '정서 조율'에 대한 견해에 대해서는 Stern 1984, 1985 참조).

이에 상응하여 게르게이와 왓슨(Gergely & Watson, 1999)은 유관성 탐지 모듈이 입력하는 쪽에서는 모든 세 가지 유관성 모수를 동시에 감시하고 등록하면서 출력으로는 반응과 자극 간의 인과적 관계 정도에 대한 추정을 나타내는 종합적인 값을 산출하는 분석 장치라고 주장한다. 영유아가 유관성 탐지에서 세 가지 정보 기반 모두를 사용한다는 수렴되는 증거가 있다(Gergely & Watson, 1999, pp. 103–107 참조).

▌유관성 탐지의 발달적 기능

자기의 분화

왓슨(Watson, 1994, 1995)은 유관성 탐지 메커니즘의 주요 기능 중 하나는 자기 탐지라고 제안했다. 한 사람의 운동 행위는 필연적으로 완벽하게 반응 유관적인 자극을 발생시키는(예: 손을 움직이면서 손을 바라봄) 반면, 외부 세계에서 발생하는 자극에 대한 지각은 전형적으로 보다 낮은 정도의 반응 유관성을 보인다. 그러므로 원심성 (운동) 활성화 양상과 결과적으로 지각되는 자극 사이의 유관도의 탐지는 외부 세계로부터 자기를 구별하는 본래의 기준으로 작용할 수 있다.

바릭과 왓슨(Bahrick & Watson, 1985; 또한 Rochat & Morgan, 1995; Schmuckler, 1996 참조)의 중요한 연구에서는, 영유아가 3개월의 이른 시기부터 자신의 신체적 움직임과 자기 탐지 및 자기 지향에 대한 결과적인 피드백 사이의 완벽한 유관성의 지각을 이용할 수 있다는 것을 보여 주었다. 일련의 실험에서, 5개월 및 3개월 된 영유아들을 자유롭게 다리를 움직일 수 있는 방식으로 2개의 모니터 앞 높은 의자에 앉혔다. 한 모니터는 피험자인 영유아의 움직이는 다리의 실시간 이미지를 제시하여, 영유아의 반응과 완벽히 유관된 시각적 자극을 제공했다. 다른 모니터에서는 사전에 녹화된 영유아의 움직이는 다리 이미지를 제시했고, 따라서 아기의 현재 움직임과 유관적이지 않았다. 5개월 된 영유아는 두 화면의 이미지를 명확히 구별하며, 비유관된 화면을 훨씬 더 오래 보았다. 자기의 실시간 이미지를 움직이지만 비유관적인 다른 아기의 이미지와 대조시킨 다수의 주시 선호 연구들(Lewis & Brooks-Gunn, 1979; Papousek & Papousek, 1974; Rochat & Morgan, 1995; Schmuckler, 1996)은 또한 4~5개월 영유아가 반응-자극 유관성에 기반하여 타인으로부터 자기를 구별하고, 자기와 먼(다른) 것에 시선을 고정하는 것을 선호한다는 것을 보여 준다.

흥미롭게도, 바릭과 왓슨(Bahrick & Watson, 1985)은 3개월 아기의 경우, 선호의 분포가 유의하게 양봉 분포를 보인다는 것을 발견했다. 한 하위 집단은 완벽히 유관된 이미지를 선호한 반면, 다른 하위 집단은 비유관된 이미지를 선호했다. 필드(Field, 1979)는 또한 3개월 아기 표집 집단에서 비유관된 이미지가 아닌 완벽히 유관된 자기 이미지에의 시각적 선호 지향을 보고하였다. 생애 첫 한 달 동안 '일차적 순환 반응'이라고 불리는 자기 움직임의 순환적 반복이 지배적이라는 피아제(Piaget, 1936)의 관찰은 또한, 완벽한 반응-자극 유관성에 대한 몰두의 초기 단계를 제안한다. 이러한 자료를 바탕으로, 왓슨(Watson, 1994, 1995)은 처음 2~3개월 동안 유관성 탐지 모듈은 완벽히 반응 유관적인 자극을 찾고 탐색하도록 유전적으로 설정된다고 제안했다. 왓슨(Watson)은 이 초기 주의 편향이 몸의 운동 움직임의 필연적인 감각적 결과이면서 영유아가 완벽한 통제를 연습하는 이러한 자극의 확인을 통해 환경에서 구분된 대상으로서의 몸적 자기의 초기 표상을 발달시키는 진화적 기능을 제공한다고 가정한다. 기계 손이 물체에 정확하게 손을 뻗는 것을 이끌어 내도록 컴퓨터 네트워크를 가르치는 연결주의자들의 시뮬레이션 연구 결과를 참조하며(Jordan & Rumelhart, 1991), 왓슨(Watson, 1995)은 자기 찾기 행동의 초기 단계가 이후 환경에 대처하는 능력을 위한 필수적 준비 단계일 수 있다고 제안한다.

왓슨(Watson, 1994)은 이에 더하여, 3개월경이 되면, 성숙 요인에 의해, 유관성 탐지 메커니즘의 선호되는 목표값이 높지만 불완벽한 정도의 (사회적) 유관도로 전환된다고 가정했는데, 이는 전형적으로 영유아의 정서적 의사소통 표시에 조율된 애착 대상의 반응에서 발생한다. 이 가정을 뒷받침하며, 왓슨(Watson)의 후속 연구(1979, 1985)에서는, 유관도를 다양하게 설정하고 실험하였을 때, 4~6개월 아기는 중등도로 높은 유관성에 참여하는 것에 가장 동기화되었고, 반면 매우 낮거나 거의 완벽한 유관성 크기에서는 실패하는 것을 보여 주었다. 높지만 불완벽한 유관성에의 주의 편향을 가져오는 3개월 때의 이 가정된 '전환'은 바릭과 왓슨(Bahrick & Watson, 1985)의 연구에서 5개월 집단과, 3개월 집단의 일부 하위 집단에서 나타난(유관성이 이미 '전환'되어 재설정됨), 3개월 이후 월령에서의 완벽히 유관적인 자기 이미지에 대한 회피를 또한 설명한다. 이러한 성숙적 변화는 3개월 이후의 영유아가 자기 탐색(완벽한 유관성)에서 멀어져, 부모의 환경으로 제시되는 사회적 세상의 탐색과 표상(필연적으로 완벽하지 않은 반응 유관성)으로 향하게 되는 기능을 한다.

▌바이오피드백 훈련 및 부모의 정서 비춰 주기에 기저하는 메커니즘으로서의 유관성 탐지

우리는 위에서 설명한 유관성 탐지 메커니즘의 기능 중 하나가 바이오피드백 훈련의 결과 발생하는 내적 상태 단서에 대한 민감화를 매개한다고 제안한다(Dicara, 1970; Miller, 1969, 1978). 바이오피드백에서 피험자는, 예를 들어 혈압과 같은 내적 표적 상태를 감시하라는 지시를 받는데, 이것의 상태 변화는 외부적으로 제시되는 대응되는 자극의 유무와 유관적으로 관련되어 있다. 표적 상태의 변화는 피험자의 내적(신체내부감각적 및 고유수용감각적) 상태에 결과적인 변화들을 가져올 것이고, 주변적인, 외적으로 지각 가능한 상태 변화 또한 유발할 가능성이 있다. 이러한 내적 및 외적 자극 단서군은 그것을 유발하는 내적 표적 상태뿐 아니라 내적 표적 상태와 공변하는 외적 피드백 자극과도 유관된 변화를 나타낼 것이다. 외적 피드백 단서가 나타날 때마다 피험자가 외적 바이오피드백 단서인 '가르침' 자극의 시작 전에 존재했던 내적 및 행동적 반응의 존재에 대해 훑어보는, 이전 시간을 돌아보는 유관성 분석(필요 지수)을 해야 한다고 가정해 보자. 더불어 피험자는 또한 이후 시간을 내다보며, 외적 바이오피드백 자극의 발생을 어느 정도 예측하는지 시험하며, 내적 및 외적 상태 단서의 표집된 집단의 유관적 효과에 대해 감시해야 할 것이다(충분 지수). 유관적 통제의 필요 지수와 충분 지수 사이의 불균등 방향의 함수를 활용하여, 표적 상태와 관련된 것으로 생각되는 상태 단서군을 점진적으로 확장하거나 축소하면서(유관성 최대화), 피험자는 결국 바이오피드백 단서 및 이와 연관된 내적 표적 상태와 가장 높은 유관도 변화를 보이는 내적 및 외적 상태 단서군을 찾게 될 것이다. 그 결과 피험자는 결국 결합된 존재가 내적 표적 상태의 변화를 나타내고, 따라서 내적 상태의 존재를 탐지하고 그것을 자신에게 귀인할 수 있게 해 주는 이러한 (내적 및 외적) 상태 단서를 범주화하는 것에 민감해지고, 그것을 배울 것이다.

유사하게 우리는 부모의 정서 비춰 주기의 작용으로 자기의 감정 상태 단서에 대한 민감화와 범주화를 이끄는 발달 과정이 또한 유관성 탐지 모듈에 의해 매개된다고 가정한다. 아기의 감정 상태의 시작은 두 가지 유형의 자율신경 자극 결과를 가져온다. ① 이것은 일군의 내적 생리적 상태 변화를 유발한다. ② 이것은 감정 범주의 표현적 행동 표시를 촉발한다. 감정 표현적 표시 행동의 활성화는 내적 표적 상태와 유관된 변화를 보여 주는 추가적인 내적 (고유수용감각적) 자극군을 생성할 것이다.

이와 같은 자극 단서 중 일부는, 독립적으로 고려되었을 때, 표적 상태와 관련하여 상대적으로 낮은 정도의 예측 타당도를 가질 수 있다. 이것이 다른 내적 상태의 존재에서도 또한 촉발될 수 있기 때문이다. 그러나 내적 상태 단서의 독특한 양상뿐 아니라 표현적 행동 단서의 독특한 형태의 활성화를 유발하는 기본 감정 상태군이 있다는 것을 보여 주는 증거가 있다(Ekman, 1992b; Ekman et al., 1983; Izard & Malatesta, 1987). 따라서 집단으로 결합하였을 때의 이 단서들의 예측 타당도는 기저하는 감정 상태의 존재를 높게 시사한다. 그러나 앞서 우리가 가정했듯이, 영유아는 초기에 여기서 초점이 되는 내적 상태 단서의 범주적 집단을 인식하지 못한다. 그러므로 자신의 내적 감정 상태를 탐지하고 그것을 자신에게 귀인하는 능력을 성취하기 위해서는 내적 성향적 상태와 공변하는 내적 상태 단서 관련 집단에 민감해져야 하고, 그것들을 함께 범주화해야만 한다. 현재의 가설에 따르면, 이 학습 과정은 영유아의 상태 표현적 감정 표시에 대해 공감적 반영의 형태로 상태 유관적인 외적 바이오피드백 단서를 부모가 직관적으로 제공함으로써 가능해진다.

이 견해에서, 영유아와 달리 아기의 정서 표현적 얼굴, 음성 또는 자세의 감정 표시를 읽고 해석할 수 있는 부모는, 아기가 보여 주는 정서 표현적 표시에 대한 외적 반영의 반복적 생성을 포함하는 감정을 조정하는 상호작용 행동을 생성할 것이다. 이 상호작용 과정은 영유아의 성향적 감정 상태의 존재와 유관된, 부모의 정서 반영적 감정 표현의 반복된 제시가 '교사'로 역할하는 직관적으로 지시된 학습의 예라고 생각할 수 있다.[6]

따라서 우리는 부모의 정서 비춰 주기 감정 표현을 지각하며, 아기는 자신의 어떤 내적 및 행동적 반응이 부모의 정서 비춰 주기 표시의 시작에 선행하는지 확인하기 위해 이전 시간을 되돌아보며 유관성 탐지 알고리즘을 적용하기 시작할 것이라고 가정한다(필요 지수). 영유아는 또한 부모의 표적 행동에 대한 예측력 정도를 확인하기 위해 이후 시간을 내다보며, 내적 및 행동적 단서의 표집군의 유관된 결과를 시험할 것이다(충분 지수). 유관성 최대화 전략에 따라(Watson, 1979), 아기의 학습 메커니즘은 경험된 유관적 통제가 등록되는 정도를 이후 시간을 내다보며, 또한 이전을 돌아보며 시험한 것을 비교할 것이고, 그에 따라 필요 지수 대 충분 지수 사이의 불균등 방향의 함수에 기반하여 외적인 부모의 피드백에 대한 유관적 통제에 기여하는 것으로 생각되는 단서군을 확장하거나 축소시킬 것이다. 이 과정은 결합된 예측 타당도가 부모의 정서 비춰 주기 표시에 대한 가장 높은 정도의 유관도 통제를 보이는 내적 및 행동적 단서군에서 0이 될 것이다. 나아가 후자가 부모에게 귀인되는 영유아의 내적 성향적 감정 상태와 공변하기 때문에 유관성 분석 과정에서 함께 범주화된 내적 및 행동적 단서군은 영유아의 감정 상태를 나타낼 것이다.

▌부모의 정서 비춰 주기와 감정 상태의 실시간 조절

부모의 정서 비춰 주기 행동의 기능에 대한 표준적 견해는 부모의 도움에 의해 영유아가 성취하는 실시간 상태 조절에 이것이 관여한다는 것이다. 이 진술은 논란의 여지가 없는 것처럼 보

---

6) 심리학자들에게 건네준 데넷(Dennett)의 많은 통찰적 제안 중, 그(Dennett, 1991)는 시야장애 환자에서 '의식을 높이기' 위해 고안한, 바이오피드백 훈련 절차와 다소 유사한 것에 대해 서술했다. 후두 피질의 두뇌 손상으로 인해 장애가 발생한 시야장애 환자들(Weiskrantz, 1986)이 자신의 시야의 일부에 대한 의식적 인식을 상실하지만, 그럼에도 불구하고 추측해 보라고 요청받았을 때, 우연 수준 이상으로 보이지 않는 시야에 있는 시각적 자극의 특정 특성의 존재에 대해 보고한다는 것은 잘 알려져 있다. 그러나 그들은 추측해 보라고 자극받았을 때에만, 이러한 방식으로 비의식적인 시각적 정보를 사용할 수 있다. 데넷(Dennett)의 제안은 성공적인 추측을 가능하게 해 주는 그들이 언제 (무의식적) 정보 상태에 있는지 나타내 주는 외적 바이오피드백 단서를 그들에게 제공하는 것을 통해, '언제 추측해야 하는지 추측하게' 하는 시야장애 환자들의 훈련을 시도하는 것이다. 처음에 이러한 '바이오피드백 보조장치'에 의지하는 것을 통해, 시야장애 환자들이 종국에 성공적으로 언제 추측해야 하는지 추측하는 것을 배울 수 있을지 데넷은 질문했다(Dennett, 1991, p. 332). 그는 만약 그럴 수 있다면, 이 환자들은 또한 정보가 주어지는 것에 대한 의식적인 감각을 발달시킬 수 있을 것이라고 생각했다. 그는 이렇게 말한다. 환자는 "단지 빛의 움직임에 대한 정보를 받게 되는 것이 아니다. 환자는 자신이 정보를 받게 된다는 것에 대해 인식한다. …… 환자는 자신이 방금 일차적 사고를 했다는 영향에 대한 이차적 사고를 갖는다(pp. 332–333)."

이지만, 그럼에도 그 타당성에 의문을 제기할 수 있는 몇 가지 관찰을 고려해 볼 필요가 있다. 예를 들어, 공감적 감정 비춰 주기 행동이 정서 조정 상호작용 동안 발생한다고 해서 이것이 영유아에게 원하는 상태 변화를 가져오는 데 실제적인 인과적 역할을 한다고 확신할 수는 없다고 주장할 수 있다. 결국 정서 비춰 주기는 영유아 상태의 수정을 가져오는 것에 명확히 도구적인 것처럼 보이는 신체 접촉, 다정하게 안아 주기, 음성 자극, 불쾌한 자극으로부터의 방향 전환 등과 같은 다른 부모 행동군에도 담겨 있다. 나아가 부모의 부적 정서의 표시가 비록 그것이 영유아의 조절되어야 할 감정 표시를 반영한다고 해도 사실상 아기의 부적 감정 상태의 악화가 아니라 오히려 감소로 이어진다는 것이 어떤 이들에게는 역설적으로 보일 수 있다. 이러한 논거를 토대로, 사실상 부모의 정서 비춰 주기 표시가 영유아의 정서 조절에 직접적인 인과관계가 없을 수 있다고 논리적으로 주장할 수 있다. 대신 이것들은 단순히 아기의 정서 상태에 대한 부모의 감정적 인식 및 공감적 인지의 부산물로 볼 수 있으며, 이로 인해 안아 주기와 같은 실제로 효과적인 정서 조절 활동을 가져온다고 할 수도 있다.

그럼에도 불구하고 우리의 관점에서 볼 때, 상태 조절 상호작용 동안 부모의 정서 비춰 주기 표시 행동은 참으로 영유아의 감정 상태 수정을 가져오는 데 중요한 역할을 한다. 우리는 부모의 감정 반영적 표시 해석에 관여하는 유관성 탐지 및 최대화 과정이 영유아와 하는 부모 상호작용의 정서 조절적 영향에 기여하는 몇 가지 방식이 있다고 주장한다.

첫째, 달래기(soothing) 상호작용의 관찰은 부모의 정서 비춰 주기가 영유아의 진행 중인 부적 감정 표시에 지속적인 방식으로 동반되지 않음을 보여 준다. 오히려 부모는 공감적 감정 반영 표시를 짧게 보여 주며 잠시 동안 '참여'한 후, 비춰 주기로 다시 돌아오기 전에 잠시 중단하여 쉬는 시간을 가질 가능성이 높다. (잠시 중단한 시간 동안, 물론 주 양육자는 안아 주기, 어루만지기, 아기에게 말하기와 같은 다른 비반영적 달래기 활동에 계속해서 참여할 수 있다.) 시간 경과에 따른 비춰 주기 활동 분포의 이러한 주기적 특징은 타인의 감정 상태에 대한 공감적 인식의 본질로 인한 자연스러운 결과일 수 있다. 즉, 공감적 감정 표현은 보다 지속적인 상태 표현이라기보다는 짧은 의사소통 행위 또는 몸짓이 되기 쉽다. 그러나 비춰 주기 상호작용에 뒤따르는 이러한 주기적 시간적 구조는 유관성 분석의 관점에서 고려되었을 때 흥미로운 결과를 낳는다.

영유아의 유관성 탐지 체계가 이전 시간을 돌아보며(필요 지수) 부모의 비춰 주기 표시가 나타나는 것에 선행하는 아기의 감정 상태 단서의 조건부 확률을 시험하고 있다고 가정해 보자. 조율된 부모는 아기가 문제가 되는 부적 정서를 적극적으로 표현할 때에만 공감적 비춰 주기 표시를 보이는 경향을 보일 것이기 때문에, 명확히 이것은 필요 지수에 매우 높은 유관성 값을 부여할 것이다. 그러나 아기가 이후 시간을 내다보며(충분 지수) 자신의 감정 반응이 부모의 비춰 주기 표시의 시작을 가져오는 확률을 확인하기 위해 시험하고 있다면, 영유아는 충분 지수에서 단지 중간 정도의 유관적 통제를 등록할 것이다. 잠시 중단된 시간 동안은 영유아의 감정 표시가 부모의 공감적 정서 반영으로 이어지지 않기 때문이다. 따라서 전반적으로 보면, 조율되고 공감적인 부모를 가정할 때, 시간에 걸친 공감적 감정 비춰 주기 표시의 주기적 분포로 인해 충분 지수는 필요 지수보다 낮은 정도의 유관성 통제를 보일 것이다.

유관성 최대화 가설에 따르면(Watson, 1979), 필요 지수가 충분 지수보다 높다는 것을 알게 되면 두 지수를 보다 일치하도록 할 수 있는지 보기 위해 영유아는 반응군을 축소시키게 될 것이고, 자신이 부모의 비춰 주기 표시에 가진 진정한 유관성 통제도를 발견할 것이다. 그 결과 영유아는 자신이 생성하는 감정 반응의 집합 및 빈도와 강도를 감소시킬 것이다. 따라서 영유아의 비춰 주기 표시에 대한 유관적 통제의 최대 수준을 확인하려는 시도의 순효과는 부적 감정 표현의 빈도 및 강도의 감소이고, 이는 부적 정서 상태의 조절(약화)을 가져온다.

영유아의 유관성 분석으로 인한 정서 조절의 또 다른 근원은 부모의 정서 비춰 주기 표시를 가져오고 통제하는 것에 있어서의 인과적 효능성의 결과적인 경험이다. 앞서 살펴보았듯 높은 수준의 유관성 통제의 탐지는 영유아를 긍정적으로 자극하여, 미소와 같은 긍정적인 사회적 반응을 일으키고(Watson, 1972, 1994), 유관성 통제의 실제적 수준을 확인하기 위해 영유아는 자신의 행동을 수정하는 것에 동기 부여된다(Watson, 1979)는 것을 보여 주는 증거가 있다. 따라서 부모의 정서 비춰 주기 표시에 대한 유관적 통제의 탐지는 영유아에게 긍정적인 감정을 유발할 것이고, 이는 상호 호혜적 억제를 통해, 영유아의 부적 감정 상태를 더욱 감소시킬 것으로 기대될 수 있다.

앞에서 설명한, 복잡한 유관성 탐지 및 최대화 과정의 흥미로운 추가적 특징은 영유아가 뒤따르는 감정 상태 조절을 능동적인 인과적 주체로서 경험할 것이라는 것이다. 성인의 감정 반영적 표시의 형태로 자신의 내적 정서 상태의 외재화된 형태를 가져오는 것에 대한 인과적 효능성을 경험하는 것 외에도, 영유아는 자신의 부적 정서 상태에 뒤따르는 긍정적 수정을 또한 동시에 등록할 것이다. 따라서 부모 정서 비춰 주기와 관련된 성공적인 감정 조절적 상호작용은 자기 조절의 주체로서의 자기감을 확립하는 것에 대한 경험적 기반을 제공할 수 있다는 가설을 세울 수 있다.[7] 다시 말하면, 정서 조절적 비춰 주기 상호작용은 영유아가 자신의 내적 감정 상태를 외재화함으로써 자신의 정서적 충동의 성공적 조절을 성취할 수 있다는 것을 배우는 본래의 원-상황(proto-situation)을 제공할 수 있다고 제안된다. 이 단계에서 부모는 외재화의 매개체로서 이 과정에서의 핵심적인 도구적 역할을 하지만, 이후 가장 놀이에서는 아동이 부모의 매개 없이 자신의 내적 상태의 외재화 형태를 생산할 수 있을 것이다[이 점은 제7장의 '매트(Mat)' 사례의 설명에서 더 자세히 기술된다.].

▌ 부모의 정서 비춰 주기의 표상적 결과: '현저함' 가설

이제 부모의 정서 비춰 주기 상호작용의 본질에 관한 다소 다른 질문을 다루어 보겠다. 앞서 언급했듯이 상태 조절적 상호작용 동안 부모의 정서 비춰 주기의 가장 흥미롭고 명백하게 역설적인 측면 중 하나는 아기가 부적 상태에 있을 때 부모가 부적 감정 표시의 반영을 보여 주면서도 성공적으로 영유아를 진정시킨다는 사실이다. 아기는 부모의 부적 정서-표현을 어떻게 해석할까? 그리고 부적 정서 표시를 보이는 것이 영유아의 감정 상태를 긍정적인 방향으로 조절하는 것에 도구적으로 작용하는 것이 어떻게 가능한 것일까?

앞서 우리는 영유아가 타인의 정서 표현의 행동적 결과를 관찰함으로써, 감정 표현적 표시의 성향적 내용에 대해 처음으로 배운다고 주장했다. 영유아가 주어진 정서 표현의 성향적 내용을 이러한 방식으로 이미 표상하게 되었다고 가정하면 정서 조절적 상호작용 동안 부모에 의한 상응하는 감정 반영적 표시의 제시는 오귀인의 잠재적 위험이 있을 수 있다. 명확히, 부모의 정서 반영적 표시는 영유아가 인식할 수 있는 범주의 감정 상태를 표현하지만, 이 표현이 부모의 상태가 아니라 자기 자신의 상태에 대한 것이라는 것을 아기는 어떻게 알 수 있을까? 표현된 감정을 부모에게 오귀인하는 것은 부모의 정서 반영적 표시가 두려움이나 분노와 같은 영유아의 부적 감정 상태를 표현하는 정서 조절적 상호작용인 경우 특히 문제가 된다. 영유아가 표현된 부

---

7) 이 관점에서, 예를 들어 '붕괴적 달래기(disruption-soothing)'라고도 불리는 행동과 같이 종종 비슷하게 효과적인 감정 조절에 대한 부모의 다른 방식과 부모의 정서 비춰 주기가 관여하는 감정 조절적 상호작용을 대조해 보는 것이 의미 있을 것이다. 정서 조절의 이 유형은 조절되어야 하는 부적 정서와 양립할 수 없는 일부 강렬한 대안적 감정을 영유아에게 갑작스럽게 유발시키는 것과 관련된다. 예를 들어, 아기를 공중으로 던져 올리거나, 간지럽히는 것 등이 있다. 이러한 감정 조절적 사건에서 영유아는 자신이 겪는 상태 변화에 대한 유관적 통제를 전혀 갖지 못하기 때문에, 영유아의 경험은 외적으로 유발된 정서 조정에 수동적일 것이다. 붕괴적 달래기와 비춰 주기를 통한 달래기 간의 추가적인 흥미로운 차이점은 영유아가 경험하는 상태 변화에 대한 지각된 인과적 통제의 위치에 있다. 비춰 주기를 통한 달래기에서, 영유아는 뒤따르는 상태 조절에 대한 유관적 통제를 갖게 되어, 능동적인 인과적 효능감과 주체감을 경험하면서, 내적인 인과적 통제를 지각한다. 반면, 붕괴적 달래기에서 영유아는 자신의 상태 변화에 대한 인과적 통제의 위치를 외적 주체나 사건에 두게 된다. 영유아기에 체계적으로 노출된 부모의 달래기 양식의 유형은, 통제 소재에 대한 문헌에서 다루어지는, 인지적인 인과적 귀인 양상에 대한 개인차 형성(내적 또는 외적 통제)에 기여할 수 있다고 추측할 수 있다(Rotter, 1966).

적 정서를 부모에게로 오귀인하게 되면, 영유아 자신의 부적 감정 상태는 조절되는 것이 아니라, 악화될 가능성이 높다. 두려워하거나 화가 난 부모를 보는 것은 명확히 공포의 원인이 되기 때문이다. (그리고 이것이 체계적으로 발생하는 경우, 외상의 원인이 될 가능성이 있다—Main & Hesse, 1990 및 제7장의 사례 참조).

따라서 의문이 발생한다. 아기는 자신이 통제하고 있는 것처럼 보이는 외적 감정 표시에 의해 표현된 성향적 상태가 결국 그것을 실제적으로 표현하고 있는 부모가 아니라 오히려 자신에게 속한 것이라는 것을 어떻게 알게 되는 것일까? 다시 말해서 부모의 정서 비춰 주기 표시가 부모가 아닌 영유아의 상태를 반영하는 한, 특별한 종류의 참조적 속성의 특징을 갖는다는 것을 아기는 어떻게 이해하게 되는 것일까? 우리는 이러한 귀인 문제가 부모의 정서 표현적 표시의 특정한 지각적 특징, 즉 우리가 '현저함(markedness)'이라고 하는 것에 의해 해결된다고 주장한다.

어머니의 비춰 주기 기능에 관한 독창적인 논문에서, 위니콧(Winnicott)은 영유아가 자신을 바라보는 자신의 어머니를 바라볼 때, 어머니 얼굴에 있는 자기 자신을 본다고 제안한다. 위니콧(Winnicott)은 이렇게 설명한다. 왜냐하면 '어머니가 아기를 볼 때…… 어머니가 무엇을 보는지는 그녀가 거기서 보는 것과 관련이 있기' 때문이다(1967, p. 131). 그러나 위니콧(Winnicott)의 통찰은 어머니의 얼굴이 아기의 얼굴과 관련된 방식의 복잡한 구조적 본성을 암묵적인 것으로 남겨 둔다. 다음으로 우리는 영유아가 비춰 주는 얼굴을 자기 자신 상태의 반영으로서 해석하게 하는, 비춰 주는 자극의 이러한 측면을 구체화하기 위해 정서 조절적 비춰 주기 상호작용의 구조를 자세히 살펴보겠다.

가장 먼저, 우리는 부모 얼굴의 비춰 주기 표현을 바라보는 것은 거울에 반사된 자신의 모습을 보는 것과 질적으로 다르다는 것을 인식해야 한다. 거울 속 자신을 인식하는 것은 아기에게 쉬운 일이 아니다. 사실 이러한 인지 능력은 생후 2세 말 이전에는 성취되지 않는다(Gallup & Suarez, 1986; Gergely, 1994, 2001a; Lewis & Brooks–Gunn, 1979). 나아가 부모의 정서 반영적 감정 표시와 달리, 거울상은 영유아의 시각적 특징 및 영유아의 행동 모두와 완벽하게 유관적이다. 따라서 영유아가 부모의 정서 비춰 주기 표시를 자신을 참조하는 것이라고 해석할 수 있게 해 주는 과정은 거울의 반사적 성질의 이해와 관련된 것과 다르다고 주장할 수 있다.

사실 부모의 비춰 주기 표현의 자극 특성과 영유아의 상태 표현적 행동의 자극 특성 간의 구조적 관계를 살펴보면, '비춰 주기(mirroring)'라는 용어가 심각하게 오해의 소지를 제공한다는 것이 명확해진다. 우선, 부모가 아기의 상태와 아무리 잘 조율되어 있더라도, 어머니의 비춰 주는 얼굴 및 음성 행동은 영유아 행동 표현의 시간적·공간적·감각적 강도와 절대 완벽하게 일치하지 않는다는 점에 주목해 보자. 영유아가 완벽한 것과 높지만 완벽하지 않은 정도의 반응-자극 유관도 사이의 구분에 극히 민감하고, 이 정보를 생애 매우 이른 시기부터 활용하여 자극을 자기에게 속하는 것과 사회적 대상에 속하는 것으로 각각 구분하여 범주화한다는 것을 제안하는 증거가 있기 때문에(Bahrick & Watson, 1985; Watson, 1979, 1994), 이것은 결정적인 차이다. 이것이 중요한 이유는 영유아 자신의 상태 표현적 행동과 성인의 정서 비춰 주기 표시 간의 높은 (그러나 필연적으로 완벽하지 않은) 정도의 상응에 대한 단순한 인식만으로는 아기가 부모의 표현적 표시를 자기를 참조하는 것으로 해석하기에 충분하지 않다는 것을 명확히 해 주기 때문이다.

두 번째로, 우리는 다음을 인식해야 한다. 만약 어머니가 아기의 정서 표시를 가능한 한 정확하게 비춰 주려는 시도로, 상응하는 감정의 평소의 실제적인 표현을 생산한다면, 오귀인의 가능성이 급격히 증가하게 된다. 이 경우 영유아는 어머니의 정서 표현을 실제적인 감정 표시로 인식하게 되고, 상응하는 성향적 감정 상태를 어머니에게 귀인하게 되기 때문이다.

따라서 반영된 감정을 부모에게 오귀인하는 것을 피하기 위해, 어머니는 자신의 실제적 감정 표현과 지각적으로 차별화될 수 있도록, 정서 비춰 주기 표시를 본능적으로 두드러지게 현저하게 표시하게 된다고 제안된다(Gergely, 1995a, 1995b, 2000 참조). 현저하게 표시하는 것은 전형적으로 부모의 실제적 감정 표현의 과장된 형태를 생산함으로써 성취되는데,[8] 이는 가장 놀이에서 특징적으로 생산되는 감정 표시의 현저한 '가정(as-if)' 방식과 유사하다. 그럼에도 현저한 정서 표시는 영유아가 감정의 성향적 내용을 인식하기에 부모의 규범적인 감정 표현과 충분히 유

---

8) 물론 어린 아동에게 하는 표현에서 분리 등록 또는 현저한 의사소통 코드는 새로운 개념이 아니다. 이것은 '영유아 지향어(infant-directed speech)' 또는 '모성어(motherese)'로서의 언어적 의사소통 영역에서 설명되어 왔고(Ferguson, 1964; Fernald, 1991, 1992; Snow, 1972), 음운적 및 구문적 수정과 높은 음고 및 과장된 음고 조정과 같은 운율 신호를 특징으로 한다. 아동 지향어의 특이적 운율 양상의 여러 측면이 초기 언어 발달을 돕는다고 제안되어 왔는데(예: 단어 간 구분의 강조를 통해), 연구자들은 또한 영유아의 주의 향하게 하기, 각성과 정서 조정하기, 또는 감정과 의도 소통하기 등과 같은 영유아 지향어와 관련된 여러 일차적인 전언어적 기능을 지적한다(Fernald, 1991, 1992; Stern, Spieker, Barnett, & Mackain, 1983). 사실상 과장된 운율에 대한 생득적 선호 및 영유아 지향어에서의 과장된 억양 변화(Cooper & Aslin, 1990)의 교차 문화적 보편성에 대한 증거가 있다(Fernald, 1991). 퍼날드(Fernald, 1992)는 영유아 지향어의 과장된 운율은 신호 증폭 및 직접적인 상태 조정 특성을 가진 영유아의 지각적 및 생리적 체계에 대한 진화적 적응이라고 주장한다.

현재의 제안은 영유아를 향한 의사소통에서 과장된 표현 양상을 사용하는 보편적 경향이 정서 비춰 주기 표시에도 또한 존재할 것이라는 것이다. 우리는 주 양육자가 정서 표현적 표시에서 억양적인 음성 양상을 과장하는 것 외에, 또한 감정 표시의 시각적 얼굴 특성도 과장할 것이라고 제안한다. 사실상 퍼날드(Fernald, 1992)는 청각장애 아동의 어머니가 본능적으로 자신의 의사소통적 얼굴 표현에서 시각적 특성을 과장한다고 보고한다. 자동적인 결과로 부모의 감정 비춰 주기의 얼굴 및 음성 표현은 상응하는 부모의 실제적 정서 표현과 지각적으로 다르게 현저하게 표시될 것이다. 따라서 정서 비춰 주기 표현의 '현저함(markedness)'과 그것의 표상적 결과(아래 참조)는 과장된 표현 양상으로 영유아와 의사소통하는 보편적인 부모 경향의 추가적이고 분리된 진화적 기능으로 생각할 수 있다.

사한 것으로 남는다. 그러나 표시의 현저함으로 인해, 지각된 감정을 부모에게 귀인하는 것이 억제될 것이라고 가정된다. 현저한 정서 표시의 해석에서 감정 표현과 그 표시를 생산하는 주체의 상응하는 성향적 상태 간의 참조적 연결이 잠시 유보된다는 사실에 기반하여, 우리는 이 과정을 참조적 분리(referential decoupling)[9]라고 부르고자 한다. 지각된 감정 표시는 그것을 생산한 참조자와 '분리(decoupled)'될 것이다.

그러나 그 현저함으로 인해 부모의 감정 표시는 그것의 참조자로부터 분리될 수 있지만, 영유아는 여전히 누군가의 감정을 표현한다는 참조적 관점에서 그것을 해석해야 한다. 우리는 이 '참조적 정위(referential anchoring; 參照的 定位)' 과정이 부모의 정서 반영적 표시와 영유아의 감정 표현적 행동 간의 높은 수준의 유관적 관계에 의해 결정된다고 제안한다. 영유아의 유관성 탐지 체계는 부모의 표현과 자기 자신의 진행 중인 정서 행동 사이의 시간적 유관성 및 양상의 교차 모드적 유사성에 대해 등록할 것이다. 이 유관적 관계에 대한 지각은 참조적 해석의 기반과 참조적으로 분리된 감정 표시의 바탕을 제공할 것이다. 그 결과, 영유아는 현저한 비춰 주기 자극을 자신의 자기 상태를 표현하는 것으로서, 참조적으로 정위할 것이다.

이 견해에서 시간이 지남에 따라 영유아들은 타인의 감정 표시를 실제적인 것과 현저한 것의 두 가지 형태로 경험할 가능성이 있다. 우리는 아기가 이러한 두 가지 형태를 질적으로 다른 감정 표현 양상으로 표상하게 될 것이라고 가정한다. 이것은 지각적 특성 측면에서의 현저한 차이 때문만이 아니라, 더불어 추가적인 독특한 두 가지 특성이 있기 때문이다.

1. 실제적 감정 표현(예: 화가 난 어머니가 보임)과 연관성을 갖게 될 상황적 특성 및 행동적 결과는 대응하는 현저한 표시의 특징(즉, 화를 반영해 주는 어머니가 보임)과 질적으로 다를 것이다. 다시 말해서, 실제적 감정과 연관된 성향적 결과는 현저한 표현의 경우 유지되지 않을 것이다. 즉, 실제적 분노 표시에 전형적으로 수반되는 부적인 행동적 및 감정적 결과 대신, 현저한 분노 반영적 표시와 직면했을 때에는, 영유아가 성공적인 정서 조절의 형태로 긍정적인 결과를 경험할 가능성이 더 높다.

---

9) '참조적 분리(referential decoupling)'와 '참조적 정위(referential anchoring; 參照的 定位)'라는 용어는 앨런 레슬리(Alan Leslie, 1987, 1994)가 가장 놀이에서 생산되는 의사소통적 표현의 표상적 속성의 특징을 설명하기 위해 처음으로 소개하였다. 정서 비춰 주기 표현의 현저함과 '가장' 모드 의사소통에서의 표현의 현저함 사이의 잠재적인 기능적 및 표상적 관계는 제7장의 '매트(Mat)' 사례 내용에서 설명된다. (역자 주: 참조적 정위에서 anchoring의 번안은 닻을 내려 위치를 정한다는 의미로, '정위(定位)'로 하였다.)

2. 또한 타인의 실제적 및 현저한 감정 표시는 영유아의 진행 중인 활동과 상이한 유관성 관계를 갖는다는 측면에서도 차별화될 수 있다. 실제적인 감정 표현은 현저한 감정 반영적 표시와 비교하여 훨씬 덜 영유아의 유관적 통제하에 있다. 예를 들어, 어머니의 얼굴에 드러난 두려움과 같은 실제적 표현은 영유아의 특정 행동 통제하에 있다기보다는 어떤 외적 사건과 유관적이거나, 어머니의 어떤 정신 내적 자극에 의해 유발될 가능성이 더 크다. 그러나 감정 표시의 현저한 정서 반영적 양상은 아기의 유관적 행동 통제하에 있다. 왜냐하면 이것은 정서 조절적 비춰 주기 상호작용 동안 영유아의 상응하는 감정 표현에 대한 반응으로 생성되기 때문이다.

우리는 정상 발달에서 현저한 표시를 실제적 표시와 구분하게 되는 행동적 변화가 ① 표시를 생성하는 주체로부터 표현된 내용의 참조적 분리, ② 감정을 표시하고 있는 주체가 아닌 다른 주체에게로 표현된 내용을 참조적으로 정위,[10] ③ 표현된 내용에 대한 실제적인 성향적 결과의 일시적 유보와 연관되어 일반화된 의사소통 코드로 확립될 것이라고 제기한다(Gergely, 1995a, 1995b, 2000). 이러한 특성들은 생후 두 번째 해 동안 가장 놀이를 이해하고 생산할 수 있는 능력이 처음으로 등장하면서, '가정(as-if)' 모드 의사소통의 중심적인 특징이 될 것이다(Fonagy & Target, 1996; Leslie, 1987, 1994 참조).

또한 정서 비춰 주기 표시의 현저함은 추가적인 흥미로운 효과를 가지고 있다. 비춰 주기 표시가 지각적 현저함, 상이한 성향적 결과, 및 아기의 정서 행동과의 높은 수준의 유관성으로 인해 상응하는 실제적 감정 표현과 구별되기 때문에, 우리는 영유아가 그것에 대한 별도의 표상을 구성할 것이라고 가정한다. 정서 조절적 상호작용 동안 등록된 영유아의 자율신경 정서 반응과의 유관적 연관성 때문에, 이 표상은 아기의 일차적 수준의 정서 상태와의 연합적 연결을 유지할 것이다. 따라서 분리되어 표상된 현저한 감정 표시는 이차적 표상 구조로서 기능할 것이고, 이것은 주어진 성향적 감정 상태에 상응하는 내적 상태 단서군이 영유아에게 활성화될 때마다 연합된 경로를 통해 활성화될 것이다. 이후 감정 상태의 발생은 아기의 인식에서 이 '원–상징적(proto-symbolic)' 이차적 감정 표상의 자율신경 활성화를 가져올 것이며, 아기가 성향적 감정 상태를 자신에게 귀인할 수 있게 해 줄 것이다.

---

10) 정서 조절적 상호작용의 본래의 원–상황(proto-situation)에서 현저한 감정이 영유아에게 유관적 통제의 경험의 결과로서 정위된다는 것에 주목하라. 그러나 이후에는 (예를 들어, 가장 놀이에서의 현저한 코드 사용에서는) 그 표현된 내용이 현저한 행동을 생산하는 사람이 동일시하는 다른 주체(상상의 인물일 수 있음)에게 정위될 수 있다.

요약하면 감정 조절적 상호작용 과정 동안 영유아를 현저한 정서 반영적 행동적 표시에 노출시키는 부모의 본능적 경향성은 다음의 세 가지 중요한 발달적 결과를 가져온다고 주장할 수 있다. ① 영유아는 자신의 범주적으로 구분된 성향적 감정 상태를 나타내는 내적 상태 단서군을 탐지하고 집단화하게 될 것이다. ② 영유아는 자신의 감정 상태에 접근하고 귀인하기 위한 인지적 수단을 제공하는 일차적 수준의 절차적 정서 상태와 관련된 이차적 표상을 수립할 것이다. ③ 영유아는 참조적 분리, 참조적 정위 및 실제적 결과의 일시적 유보의 표상적 기능을 특징으로 하는 '현저한' 표현의 일반화된 의사소통 방식을 습득할 것이다.

▌사회적 바이오피드백 이론 관점에서의 '정서 조율'

스턴(Stern, 1984, 1985; Stern, Hofer, Haft, & Dore, 1985)은 또한 초기 사회 감정 발달에서의 부모의 정서 반영적 행동의 역할에 관한 이론을 제안했다. 우리의 입장과 유사하게, 스턴(Stern)은 부모의 감정 반영적 표시와 관련된 상호작용이 자기 발달 및 정서적 자기 조절에 중요한 영향을 준다고 믿는다. 그러나 정서 반영적인 부모의 상호작용과 관련된 발달적 기능 및 매개 메커니즘에 대한 그의 시각은 몇 가지 중요한 측면에서 우리와 상이하다.

스턴(Stern)의 이론은 그가 '정서 조율(affect attunements)'이라고 부른 정서 반영적 상호작용의 특정 유형에 초점을 맞추고 있다. 그는 이 정서 조율이 9개월에서 12개월 사이의 정상 어머니–영유아 상호작용에서 자주 발생한다는 것을 보여 주었다(Stern et al., 1985). 그는 자유 놀이 동안 어머니가 주기적으로 영유아 행위의 일부 측면을 아기의 행동과 부분적으로 일치하는 것을 다른 모드에서 제공하는 방식으로 반영한다고 언급했다. 예를 들어, 그는 손이 닿지 않는 곳에 있는 장난감으로 손을 뻗는 8개월 반 남자 아기에 대해 설명한다. 아기가 자신의 목표를 달성하기 위한 명백한 수의적 노력으로 몸을 뻗고 있을 때, "아기의 어머니는 "어어어……. 어어어어!"라고 점점 커지는 발성 노력으로 말한다. 어머니의 점점 증가하는 발성–호흡의 노력은 영유아의 점점 커지는 신체적 노력과 일치했다(Stern et al., 1985, p. 250).

스턴(Stern)은 이러한 행동 조율의 행위의 본질에 관한 몇 가지 흥미로운 점을 제시한다. 그중에서도 그는 이것이 단순한 모방 행위가 아니라는 사실을 강조한다. 이것이 상이한 모드로 제시된 영유아의 표적 행동의 무형적 특성(시간, 강도, 형태)과의 부분적 일치와 관련되기 때문이다. 그는 또한 다음과 같이 지적한다. "아직 검증되지는 않았지만, 생후 첫 반년 동안, 우리 인상에는 조율보다 모방이 지배적이다. 9개월 이후에는 그 반대가 된다(Stern, 1984, p. 11)."

스턴(Stern)은 9개월경에 어머니가 무의식적으로 영유아의 행동에 단순히 모방적 모사를 제공하기보다 '조율'을 선택하는 이유는 어머니가 영유아의 표면적 행동보다 내적 정서 상태를 참조하려고 하기 때문이라고 제안한다. 스턴(Stern)의 관점에서 대응된 무형의 특징은 외적인 행동적 행위에 수반되는 정서의 추상적 표상의 형태에 상응한다. 따라서 이러한 정서 조율의 제안된 기능은 영유아의 내적 정서 경험을 '공유'하거나 그것에 '참여'하는 '대인관계 교감'이다. 물론 영유아가 정서 조율을 자신의 내적 심적 상태를 부모가 공유한 것을 나타내는 것으로 해석하기 위해서는 ① 자신의 정서 상태를 인식해야 하고, ② 부모 또한 내적 심적 상태를 경험한다는 것을 반드시 이해해야 하며, ③ 그것이 공유될 수 있거나, 또는 영유아의 특정 심적 상태와 상이할 수 있다는 것을 이해해야 한다. 스턴(Stern)은 9개월에 시작되는 부모의 모방에서 조율로의 우위 변화의 창발과 같은 시기에 발생하는 영유아의 '연결될 수 있는 마음에 대한 순진한 이론(naive theory of interfaceable minds)'(Bretherton & Bates, 1979)의 창발 간의 가능한 상관관계에 대해 지적하며 이 견해를 주장한다.

스턴(Stern)의 아이디어를 우리의 견해와 대조하기 전에, 우리에게 다소 의심스럽게 보이는 그가 제안한 몇 가지 측면을 지적하겠다.

1. 스턴(Stern)의 주장에 중심적인 것은 약 9개월경 모드 내 충실한 모방에서 무형의 속성을 다른 모드로 제시하는 교차 모드적 조율로 어머니의 반영 행동에 전환이 있다는 견해다. 그러나 기술적인 면에서 모든 모방 행동은 (적어도 부분적으로) 교차 모드적이라는 점에 주목해야 한다. 즉, 혀 내밀기가 혀 내밀기로 충실하게 모방되면 영유아는 자기 자신의 행동과 부모의 모방 행위 간에 모드 간(운동-시각) 상응을 경험한다. 또한 갓 태어난 아기조차도, 신생아 모방과 같은 현상에서 볼 수 있듯이, 교차 모드적 상응을 인식할 수 있다는 것이 잘 알려져 있다(Kaye & Bower, 1994, 1979; Meltzoff & Moore, 1977, 1989; Stern, 1985). 그렇다면 스턴(Stern)이 염두하고 있는 것은 감각 내 모드와 감각 간 모드의 문제는 명백히 아닐 것이다. 오히려 조율 행동이(무형 속성의 측면에서 부분적인 대응을 보여 주기는 하지만) 영유아의 표적 행동과 상이한 행위라는 사실일 것이다.

2. 9개월경 모방에서 조율로의 질적인 전환에 대한 스턴(Stern)의 생각을 경험적으로 입증할 수 있는지 여부는 아직 밝혀지지 않았다. 분명 어머니들은 훨씬 일찍 조율 행동에 참여한다[왓슨(Watson, 1972)이 설명한 원형적 주제-변형 게임에서와 같이]. 그러나 우리가 스

턴(Stern)과 같이 9개월 이후에 모방보다 조율에 더 많이 참여하는 통계적 경향이 있다고 가정하더라도, 영유아에게 창발하는 정신화에 대한 스턴(Stern)의 설명보다는 이것에 대한 보다 평이한 이유가 있을 것으로 보인다. 생후 첫해가 끝날 무렵, 영유아는 보다 이동성이 증가하고, 이전에 지배적이었던 대면 상호작용은 대상 지향적 공동 활동으로 대체된다(Stern, 1985; Trevarthen & Hubley, 1978). 이것은 영유아가 접근할 수 있는 방식으로 어머니가 영유아의 표적 행동을 반영하고자 할 때, 어머니의 행동 선택에 실용적인 제약을 부과한다. 예를 들어, 아기가 부모가 아니라 장난감을 향해 손을 뻗으며 시각적으로 향하고 있을 때, 어머니는 아기의 운동적 노력을 음성으로 조율할 수밖에 없을 수 있다.

3. 공동주의, 가리키기, 시선 추적 또는 사회적 참조와 같은 9개월 이후 영유아 능력의 중대한 변화를 일부 연구자들은 지향적 마음 상태에 대한 이해의 창발을 나타내는 것으로 해석하는 반면(Bretherton, 1991a; Bretherton & Bates, 1979; Stern, 1985), 다른 일부 연구자들은 이 유혹에 저항하며, 동일한 현상에 대한 비-정신화적 해석을 제안한다(Barresi & Moore, 1996; Gergely et al., 1995; Gewirtz & Pelaez-Nogueras, 1992; Moore & Corkum, 1994). 예를 들어, 우리 중 한 사람이 다른 곳에서 상세히 논한 것처럼(Csibra & Gergely, 1998; Gergely & Csibra, 1997), 생애 첫해 말에 창발하는 이 새로운 능력은 '합리적 행위에 대한 순진한 이론'의 측면에서 이해할 수 있다. 이것은 아직 비-정신화 상태의 목적론적 해석 체계다. 나아가 9개월 아기는 마음 상태에 대한 인식을 아직 갖지 못할 수 있는데, 어머니는 분명히 훨씬 더 이른 월령에서부터 영유아에게 지향성과 정신화를 귀인할 것이다 [브루너(Bruner), 스턴(Stern) 등의 인지적 발판화 연구 참조. 그 외 Bruner 1983; Reznick, 1999; Stern, 1985; Wood, Bruner, & Ross, 1976 참조]. 조율의 기능이 귀인된 내적 정서 상태의 공유를 신호하는 것이라는 스턴(Stern)의 가설을 고려할 때, 이것은 주 양육자가 영유아가 9개월이 되기 전에도 정서 조율에 참여한다는 것을 예측할 것이다.

우리 생각에, 앞의 주장은 스턴(Stern)의 정서 조율의 기능과 본질에 대한 해석을 고려할 때 충분한 의문을 불러일으키고, 이 호기심을 자극하는 발달 현상에 대해 대안적 접근을 탐색할 필요가 있다. 우리의 정서 반영적인 부모의 행동에 대한 유관성 기반 사회적 바이오피드백 모델은 이러한 대안을 제공한다.

우선 스턴(Stern)이 정서 조율에서 대응되는 추상적 자극 속성으로 지적한 세 가지 무형적 특성(시간, 강도, 형태)은 모두 유관성 탐지 모듈에 의해 감시되는 유관성의 세 가지 속성(Gergely & Watson, 1999)과 일치한다. 따라서 조율 행동이 단일한 경우에 제시된다고 해도, 세 유관성 변수의 결합된 값은 영유아의 선행 행동에 의해 통제되는 높지만 불완벽하게 유관된 외적 자극을 가리키기에 충분할 수 있다. 다시 말해서, 유관성 탐지 장치는 부모의 조율 행동을 영유아의 진행 중인 활동의 인과적 결과로서 범주화할 것이고, 이는 일시적인 인과적 효능감 및 수반되는 긍정적 각성의 유발을 가져올 것이다. 뒤이어 빠르게 지나가는 인과적 통제감과 도구성은 영유아가 조율되어 있는 동안 참여한 특정 행동과 연합될 것이다. 이것은 반영적 조율의 발달적 기능에 관한 우리의 첫 번째 제안을 이끈다. 즉, 일시적으로 아기와 조율됨으로써, 부모는 계속 보고 싶거나 미래에 반복되기를 원하는 영유아의 정서적, 수의적, 또는 놀이적 행위를 선택적으로 강화할 수 있다. 다시 말해서, 반영적 조율은 초기 비언어적 사회화의 효과적인 도구로, 부모는 영유아의 창발하는 수의적, 목표-지향적 또는 놀이적 사회 활동을 선택적으로 강화하고 조성할 수 있다.

다소 추측에 근거한 측면에서, 우리는 또한 선택적 조율이 추가적인 민감화 및 표상-형성 기능을 도울 것이라고 제안하고자 한다. 스턴(Stern)과는 달리, 우리 모델은 영유아가 처음에는 자신의 행동에 동반하는 내적 정서적 및 고유수용감각적 상태에 대한 인식이 부족하다고 가정하는 점을 상기하라. 상이한 행동적 형태로 표적 행위의 일부 무형적 특성의 부분적 제시를 제공하는 것을 통해, 조율 행동은 영유아에게 자신의 일상적인 절차적 행동의 동일하지 않지만 높게 유관되고 외재화된 형태를 제시한다. 그 결과, 영유아는 지각된 높은 유관도로 인해 영유아의 진행 중인 활동에 대한 비의식적이고 일차적인 절차적 표상과 연합되게 되는 반영된 무형적 특성의 표상을 형성할 것이다. 이러한 방식으로 반영적 조율은 일차적인 절차적 상태의 이차적 표상의 확립에 기여하고, 이로 인해 보다 인지적으로 접근 가능하고, 보다 의식적 인식의 대상이 될 수 있게 된다.

이 가정된 이차적 표상 형성 과정은 아넷 카밀로프-스미스(Annette Karmiloff-Smith, 1992)가 '표상적 재기술(representational redescription)'이라고 부른 것의 특별한 경우로 생각할 수 있다. 그녀는 인간의 마음이 비의식적·자동적·절차적 일과에 담긴 암묵적으로 표상된 구조적 정보를 보다 명시적이고 인지적으로 접근 가능한 형태로 접근하고 재-표상(re-represnet)할 수 있는 능력을 가지고 있다고 주장했다. 카밀로프-스미스(Karmiloff-Smith)의 이론이 자기 자신의 마음에 대한 '자기 발견'의 과정과 같은 것을 수행하는 생득적인 내생적 인식 추동을 가정하는 반면, 우리의 사회적 바이오피드백 모델은 비의식적인 일차적 표상의 무형의 내적 구조를 재-표상하기 위한 정보의 기반으로서 사회적 타자가 제공한 유관적인 반영적 외재화를 제시한다.

그런데 스턴(Stern)이 제안한 바와 같이 정서 조율이 대인관계 교감 또는 내적 상태 공유의 기능 또한 수행할까? 우리의 추측은, 초기에는 이 경우가 아직 아닐 것이라는 것이다. 특히, 영유아가 아직 자신의 내적 범주적 정서 상태에 민감화되지 않은 한 그렇다. 이것은 정서 반영적 상호작용에 의해 제공되는 사회적 바이오피드백 훈련의 결과 형성된다. 그러나 우리는 내적 상태의 공유에 대해 의사소통하는 것이 이후 조율 행동의 이차적 기능이 될 수 있다는 것에 동의한다. 언어적 행동에서 다른 말로 바꾸어 표현하는 것(paraphrasing)은 종종 표면적 발언에 기저하는 의미가 정확하게 부호화되었음을 타인에게 알리는 기능을 수행한다. 비언어적인 반영적 조율 또한 이후 유사한 의사소통 기능을 제공하게 될 것이다.

▌ 멜초프와 고프닉의 '동일한 나' 가설

멜초프와 고프닉(Meltzoff & Gopnik, 1993; Gopnik & Meltzoff, 1997; Meltzoff, 1990)은 주 양육자와 영유아 사이의 모방적 상호작용은 아기들이 동종의 인간에게 특별한 주의를 기울이게 하는 기반을 제공할 수 있다고 제안했다. 이것은 아기가 주 양육자를 모방한 때가 아닌, 주 양육자가 영유아를 모방한 시기와 특별히 관련되어 발생한다. 멜초프와 고프닉(Meltzoff & Gopnik)은 영유아가 자신의 생득적인 교차-모드적 능력을 사용하여 주 양육자의 시각적 운동을 주 양육자가 모방하고 있는 자신의 움직임의 고유수용감각적 느낌과 연결시킬 수 있다고 제안한다. 주 양육자의 움직임은 (주의를 이끄는) 매력적인 것이 되는데, 이는 (연결시킨 것을 통해) 아기 자신과 매우 흡사하게 지각되기 때문이다. 예를 들어, 멜초프(Meltzoff, 1990)는 선호적 상호작용 패러다임을 사용했는데, 여기서 14개월 된 영유아는 두 성인 모델에 직면하게 된다. 한 모델은 아이의 대상 관련 행동을 최대한 모방하였고, 반면 다른 모델은 시간적으로 유관적이지만 동일하지 않은 (공간적으로 비유관적인) 동작을 항상 수행했다. 영유아들은 자신과 시간적으로만 유관된 행위를 하는 모델보다 자신을 흉내 내는 성인을 더 많이 보며 더 미소 지었다. 멜초프와 고프닉(Meltzoff & Gopnik)은 영유아의 '동일한 나(like me)' 경험이 시간적으로만 유관된 경우보다 흉내 내는 성인 모델에게 영유아가 선호적 주의 및 미소를 보인 것을 설명한다고 가정한다.

우리의 유관성 기반 사회적 바이오피드백 이론 또한 부모의 '비춰 주기' 행위에 대한 영유아의 이끌림에 대해 구체적인 예측을 생성하기 때문에, 우리의 입장과 멜초프와 고프닉(Meltzoff & Gopnik)의 입장과의 두 가지 중요한 차이점을 분명하게 하고 싶다. 첫째, 멜초프와 고프닉(Meltzoff & Gopnik, 1993)은 영유아가 생애 시작부터 내적 '느낌 상태(feeling states)'에 대한 직접적인 내성적 접근을 가지고 있다고 가정한다. 대조적으로 우리는 초기에는 영유아의 상태 전환의 많은 부분이 그들의 지각적 인식 밖에 있다고 가정하고 있다. 우리는 이것이 기본 감정 상태에 동반하는 체강 내 내장 및 생리적 상태 단서와 안면 근육 운동의 고유수용감각적 결과의 많은 부분에서 그러하다고 가정한다. 실제로, 우리 모델의 핵심적 측면은 이러한 영유아의 내적 상태 단서들이 부모의 비춰 주기 상호작용의 결과로 야기되는 일정 기간의 바이오피드백 민감화 이후에만 인식의 역치를 넘어서게 된다는 것이다. 그러나 영유아에게 '느껴지는(felt)' 것과 그렇지 못하는 것에 대한 가정에서의 차이는 경험적으로 밝힐 수 없을 것으로 보인다. 이러한 비관론의 이유는 우리 그리고 아마도 멜초프와 고프닉(Meltzoff & Gopnik)도, '느껴지는(felt)'이라는 용어를 의식적 인식 상태감의 의미로 사용하고 있다는 것에 있다. 예를 들어, 우리는 영유아가 사회적 비춰 주기 경험 이전에 안면 근육 운동으로부터의 고유수용감각적 피드백을 기능적으로 사용하지 않는다고 주장하지 않는다. 우리가 주장하는 것은 이러한 피드백이 존재하고 다양한 운동 통제 체계에서 사용되지만, 의식적 인식으로 들어가지 못한다는 것이다. 성인인 우리에게 많은 운동 사건들은, 안구 운동, 머리 회전, 흉부 횡경막 확장, 나아가 사지 운동조차도, 우리가 주의를 주기 전까지 역치하에서 발생한다. 그러나 영유아의 주관적 경험과 관련하여 이러한 구분을 어떻게 측정할 것인가를 생각하는 것은 쉽지 않다.

사회적 비춰 주기의 매력에 대한 우리 모델과 멜초프와 고프닉(Meltzoff & Gopnik)의 '동일한 나' 가설 간의 두 번째 차이점은 경험적인 평가가 보다 가능하다. '동일한 나' 가설은 비춰 주기 행위가 영유아의 행동을 보다 유사하게 재생산할수록 아기에게 그것이 더 매력적이라는 것을 명확히 예측하는 것처럼 보인다. 대조적으로 우리는 약 3개월 이후가 되면 정상 인간 영유아의 유관성 탐지 메커니즘의 표적 설정이 높지만 불완벽한 정도의 유관도를 찾는 쪽으로 전환된다고 가정한다(Bahrick & Watson, 1985; Watson, 1994 참조). 이것은 완벽한 유관성보다 높지만 불완벽한 유관적 비춰 주기 표시에 대한 선호를 예측하는 반면, '동일한 나' 가설은 이 반대를 예측한다.

멜초프(Meltzoff, 1990)의 연구에서 나타난 주시 양상에 대한 우리의 설명은 흉내 내는 모델이 높지만 그럼에도 불구하고 불완벽한 유관적 행위를 제공하였고, 이것이 훨씬 낮은 정도의 유관성을 산출하는 단순히 시간적으로 유관된 모델보다 선호되었다는 것이다. 우리는 멜초프와 고프닉(Meltzoff & Gopnik)이 영유아가 두 모델을 구별하기 위해 공간적(이들의 표현으로는, 구조적) 정보를 사용한 것으로 보인다고 한 것에 동의한다. 그러나 재차 말하자면, 우리는 단순히 시간적(대안 모델)인 유관성보다 시간적이고 또한 공간적(흉내 내는 성인)인 유관성에 대한 선호는 단지 흉내 내는 모델이 대안 모델과 비교하여 유관성 탐지 메커니즘의 유관성 목표 기준(높지만 불완벽한)에 보다 가까운 크기의 유관성을 제공했다는 것을 보여 주는 것이라고 제안한다.

▌'유사한 나' 가설

그러나 멜초프(Meltzoff)와 고프닉(Gopnik)의 '동일한 나' 가설과 대조적으로, 우리는 만약 멜초프(Meltzoff)가 사용한 완벽히 유관적인 것과 높지만 불완벽하게 유관적인 모방적 표시 사이의 선택을 3개월 이후 월령의 영유아에게 제시한다면 후자에 선호적인 주의를 기울일 것이라고 예측한다. 다시 말하면, 우리는 영유아가 '동일한 나'보다 '유사한 나(nearly, but clearly not, like me)'에 이끌릴 것이라고 예측한다. 왜냐하면 자기 같은 (완벽한) 유관성에 선호적으로 지향하기보다, 영유아는 구체적으로 자기 기반이 아닌(즉, 완벽하지 않은) 유관성에 참여하려고 하기 때문이다.

이 가설을 검증하기 위해, 우리 중 한 명은 어린 아동의 손 활동에 대한 완벽한 피드백 및 모방적 피드백의 유효성이 어린 아동의 행동에 주는 영향을 구체적으로 비교하는 연구를 수행했다(Magyar & Gergely, 1998 참조). 우리는 18개월에서 36개월 사이 월령의 32명의 아이들을 대상으로 실험했다. 아이들은 2개의 TV 모니터 앞에 앉았고, 각 모니터 화면은 도식적인 손의 움직이는 이미지를 보여 주었다. 피험자들은 앞에 있는 테이블 위에서 (내부에 컴퓨터 마우스가 숨겨져 있는) 작은 금속 그릇을 자유롭게 움직였다. 스크린 중 하나는 피험자가 수동 조작하고 있는 그릇에 의해 제어되는 컴퓨터 프로그램에 의해 생성된 도식적 손의 완벽하게 반응 유관적인 움직임을 보여 주었다. 두 번째 화면은 인간 실험자의 모방적 노력에 의해 생성된 도식적 손의 높지만 불완벽하게 반응 유관적인 이미지를 보여 주었다. 이 실험자는 다른 방에서 별도의 모니터를 통해 보이는 도식적 손을 통한 피험자가 생성한 운동의 시각적 안내(완벽한 피드백 화면)하에서 마우스를 움직이며 피험자의 행동을 충실히 복제하려고 시도하였다. 이 절차는 인간의 직접 모방 행위의 정상적 지연 및 불완벽함을 제공하려는 시도로 사용되었다. 우리는 아이들이 완벽하게 유관적인 이미지보다 모방에 기반한(높지만 불완벽한) 유관적 이미지에 더 주의를 기울인다는 것을 발견했다($p < 0.04$). 이것은 아동들이 '동일한 나'보다는 '유사한 나'의 반응 유관적 자극에 선택적으로 더 이끌린다는 우리의 가설을 뒷받침한다.

▌발달정신병리 및 치료적 개입에의 함의

지금까지 정상 감정 발달이론의 틀 안에서 우리의 정서 비춰 주기의 사회적 바이오피드백 모델을 제시하였다. 이제 우리는 대상관계이론에서 발전된 비춰 주기에 대한 현재의 정신역동적 접근과 애착이론을 통합하려는 목적을 가지고, 우리 모델의 임상적 함의에 대해 논의할 것이다.

우리의 정서 비춰 주기의 사회적 바이오피드백 모델은 영유아가 본능적으로 자신의 내적 정서 상태의 역동적 변화를 행동적으로 표현하고, 어머니가 본능적으로 영유아의 상태 표현적 행동을 현저한 형태로 반영하는 복잡한 생물사회적 체계를 상정한다. 이 체계는 두 가지 주요 발달기능을 담당한다. 비춰 주기 환경은 ① 영유아의 역동적인 정서 상태 변화의 실시간 항상성 조절에 기여하고, ② 영유아의 일차적 감정 상태에 대한 이차적 표상의 확립을 통해 모성 정서 조절 기능의 내면화를 가져오는 일종의 '교육적' 또는 '발판화' 환경을 제공한다. 사실 이 이론은 애착이론(Bowlby, 1969), 대상관계이론(Bion, 1962a; Winnicott, 1965), 자기심리학(Kohut, 1971, 1977), 또는 분석적 발달이론(Stern, 1985)에서 설명하는 영유아의 모성 환경의 발달적 기능에 대한 특정 정신역동적 특징과 비슷한 것을 다룬다고 주장할 수 있다.

이러한 다양한 접근법들은 어머니의 생물학적으로 결정된 능력과 영유아의 상태 표현적 행동을 읽고, 조정하고, 다시 반영해 주려는 성향이 영유아의 초기 정신 발달에서 중요한 인과적 역할을 한다고 강하게 강조한다는 점을 공유한다. 이 이론들은 또한 아기에게 실시간 욕구 만족과 상태 조절을 제공하는 것과 별도로, 이러한 모성 돌봄이 정신적 구조 구축 및 감정적 자기 인식 및 통제의 창발에도 크게 기여한다는 것에 동의한다. 사실상, 이 이론들의 대다수가 영유아의 정서적 상태를 적응적으로 '비춰 주고', '반향하고', '일치시키는' 어머니의 능력이 초기 자기 발달에 기저하는 중요한 중심적인 메커니즘이라고 분명하게 밝혔다(Bion, 1962a, 1962b; P. F. Kernberg, 1984; Kohut, 1971, 1977; Mahler & McDevitt, 1982; Mahler et al., 1975; Stern, 1985; Winnicott, 1967). 그러나 이 중 어떤 모델도, 정서 비춰 주기가 그것에 귀인되는 다양한 발달 기능을 성취하는 것을 통해 심리적 과정의 특징을 보여 주는 특정 모델로 발전하지는 못했다. 따라서 예를 들어 위니콧(Winnicott) 모델의 어머니의 안아 주기 기능(mother's holding function; Winnicott, 1965), 코헛(Kohut)의 모델의 모성적 비춰 주기 기능(maternal mirroring function; Kohut, 1971, 1977), 또는 비온(Bion)의 모델의 모성적 담아 주기(maternal containment; Bion, 1962a, 1962b)로 논의된 정서 반영적 모성 환경의 (적어도 일부의) 발달적 영향을 매개하는 기저된 심리적 메커니즘을 우리의 사회적 바이오피드백 모델이 구체화하는 것으로 해석할 수 있다고 제안하고 싶다.

예를 들어, 위니콧(Winnicott)과 코헛(Kohut)은 모두 영유아의 욕구 상태에 대한 어머니의 조율 및 비춰 주기에 의해 제공되는 전능감의 영유아 초기 경험의 건강한 자기 발달에의 중요성을 강조한다. 이 임상적 통찰은 우리의 사회적 바이오피드백 모델에서 제안하는 유관성 탐지 메커니즘의 작동과 관련이 있을 수 있다. 이 견해에서, 영유아 전능감은 적응적 비춰 주기 상호작용 동안 유관성 탐지 메커니즘에 의해 생성된 인과적 효능감 및 통제감에 상응하는 것으로 해석될 수 있다.

또 다른 예는 모성 '담아 주기' 기능에 대한 비온(Bion)의 영향력 있는 개념의 특정 특징에 담겨 있다(Bion, 1962a, 1962b). 비온(Bion)에 따르면 어머니는 영유아가 어머니에게 투사하는 부정적 내용을 수정된 형태로 '담아 주고', 다시 제시한다. 그는 다음과 같이 제안한다. "어머니는 자신의 몽상적 능력으로, 불쾌한 감각을 변형시킨다. …… 그리고 그 후 완화되고 수정된 감정적 경험을 재–내사하는 영유아에게 안도감을 제공한다"(Grinberg, Sor, & De Bianchedi, 1977, p. 57). 비온(Bion, 1962a)은 또한 아기의 부적인 내적 상태에 대한 어머니의 담아 주기(containment), 변형(transformation), 및 재–제시하기(re-presentation)가 영유아가 자신의 경험을 반영하고 처리할 수 있게 하는, 비온(Bion)의 말로 하면 자기 자신의 생각을 생각하고 자기 자신의 느낌을 느끼기 위한, 필수적 전제 조건임을 강조한다. 우리의 사회적 바이오피드백 모델 측면에서 이러한 아이디어는, 한편으로는 유관적이고 현저한 감정 반영적 표시를 생산하여 영유아의 부적 정서를 조정하는 어머니의 능력과, 또한 이에 뒤따르는 현저하고 분리된 정서 반영적 어머니 표현의 내사를 통한 영유아의 일차적 감정 상태의 이차적 표상의 확립을 의미하는 것으로 해석될 수 있다.

지금까지 부모의 정서 비춰 주기의 본질에 대한 우리의 논의는 적응적이고 성공적인 감정 조절적 상호작용과 정상 발달의 결과에 중점을 두었다. 그러나 우리의 모델을 기반으로 우리는 또한 정상에서 벗어난 부모의 비춰 주기 환경에서 감정의 병리적 발달을 초래할 수 있는 일부 과정을 구체화할 수 있다

▌정서 비춰 주기의 정상적 결과 vs. 병리적 결과

우리의 모델에 따르면, 적응적인 정서 반영적 상호작용은 정상 발달에서 다음과 같은 결과를 가져온다. ① 비춰 주기 표시의 현저함으로 인해, 표현된 정서는 부모로부터 분리된다. ② 영유아의 감정 상태와 현저한 정서 비춰 주기 표시 간의 높은 유관도의 결과, 표현된 감정은 아기에게 속한 것으로 참조적으로 정위될 것이다. ③ 영유아는 자신의 암묵적이고 절차적인 일차적

감정 상태와 연결되어 연합될 부모의 현저한 감정 표현에 대한 분리된 표상을 확립할 것이다. ④ 부모의 상응하는 실제적 감정 표시와의 유사성(그리고 범주적 정체성)으로 인해, 내면화된 현저한 감정 표상은 이미 부모의 실제적 감정 표현과 연합되어 있는 성향적 정보를 '물려받을' 것이다. 이러한 방식으로 영유아는 자신의 일차적 감정 상태의 이차적이고 인지적으로 접근 가능한 표상을 획득할 뿐 아니라, 그 감정과 관련된 성향적 정보를 자신에게 귀인할 수 있게 되고, 이는 그 상태에 있게 되었을 때 자신의 가능한 행동을 표상하고 예측할 수 있는 능력을 가져온다.

정상 발달에서의 이러한 결과를 고려할 때, 우리의 정서 비춰 주기의 사회적 바이오피드백 모델은 또한 병리적 결과를 초래할 수 있는 일탈된 비춰 주기 양식의 특정 구조적 유형을 발견하게 해 준다. 특히, 현저함 또는 범주적 일치의 선택적 결여는 일탈된 비춰 주기 양식을 생성할 수 있고, 이것이 영유아의 경험에서 지배적인 것이 되면 특징적인 병리적 결과가 초래될 수 있다.

일탈된 정서 비춰 주기 양식

1. **현저함의 결여.** 우선 범주적으로 일치하지만, 지각적 현저함이 결여된 정서 비춰 주기의 경우를 살펴보자(일탈된 정서 비춰 주기의 이 경우의 사례가 제7장에 소개된다). 자기 자신의 해결되지 않은 정신 내 갈등으로 인해, 담아 줄 수 없고, 자녀의 부적 정서 표현에 압도되게 되는 어머니들은 이것과 같은 비춰 주기의 구조적 양상을 보일 것으로 예상된다. 메리 메인(Mary Main)의 성인 애착 면접(George et al., 1985; Main & Goldwyn, 1991)[11]에서 '몰입형'의 (E) 프로파일을 보이는 경계성 환자 또는 부모는 이러한 종류의 현저하지 않은 정서적 반응을 나타낼 가능성이 높은 사람들이다(Fonagy, Steele, et al., 1995 또한 참조).

이러한 부모는 범주적으로 일치하는 동일한 감정 표현을 생산하여 영유아의 부적인 정서 표현에 반응하지만, 현저하지 않고 실제적인 방식으로 생산한다. 우리의 가설에 따르면 이러한 종류의 일탈된 비춰 주기 양식의 우세는 다음과 같은 결과를 초래할 가능성이 높다. ① 비춰 주기 정서 표시가 현저하지 않기 때문에, 이것은 주 양육자와 분리되지 않을 것이고, 부모의 실제 감정으로써 부모에게 귀인될 것이다. ② 현저하지 않은 감정 표

---

11) 패트릭 등(Patrick, Hobson, Castle, Howard, & Maughan, 1994)은 경계성 병리와 성인 애착 면접의 'E' 분류 간의 강한 상관을 보여 주는 증거를 제공했다. 그리고 이것은 성격장애 비교군이 있는 더 큰 표본의 연구에서 재확인되었다(Fonagy, Leigh, et al., 1996).

시가 분리되지 못하였기 때문에 이것은 또한 영유아에게 정위되지 않을 것이다. 그 결과 아기의 일차적 감정 상태의 이차적 표상이 확립되지 않을 것이고, 이는 정서의 자기 지각 및 자기 통제에 상응하는 결핍을 가져올 것이다. ③ 영유아가 비춰진 정서를 부모에게 귀인할 것이기 때문에 아기는 자신의 부적 정서가 자기 자신이 아닌 타인에게 속한 것으로, '바깥에' 있다고 경험하게 될 것이다. ④ 영유아의 부적 정서를 조절하는 대신 상응하는 실제적인 부적 감정을 부모에게서 지각하는 것은 아기의 부적 상태를 악화시킬 것이고, 이는 담아 주기가 아닌 외상화로 이어진다(Main & Hesse, 1990).

이러한 양상은 경계성 성격장애의 병리적 방어 기제 특성인 투사적 동일시의 임상적 특징에 해당한다(Kernberg, 1976; Klein, 1946; Sandler, 1987; H. Segal, 1964). 따라서 영유 아기의 범주적으로 일치하지만 현저하지 않은 정서 비춰 주기의 지속적인 경험은 경계성 성격 발달에서 감정 경험의 지배적인 형태로서 투사적 동일시의 확립에 중요한 인과적 역할을 할 것이라는 가설을 세울 수 있다.

2. **범주적 일치의 결여.** 두 번째 유형의 일탈된 비춰 주기 구조는 현저하지만 일치하지 않고 범주적으로 왜곡된 부모 비춰 주기의 우세로 인해 생성될 수 있다. 영유아의 정서에 대해 방어적으로 왜곡된 부모의 지각 및 과잉통제하는 부모의 태도는 이러한 종류의 비춰 주기 양식을 낳을 수 있다. 영유아의 신체적 접촉에 대한 성애적으로 착색된 흥분이 몸적인 애정과 관련된 어머니의 정신 내 갈등으로 인해, 어머니에게 불안과 방어적인 분노를 유발하는 경우를 떠올려 보자. 어머니는 아기의 리비도적 흥분을 공격성으로 왜곡되게 지각할 것이고, 그 결과 영유아에게 방어적인 감정 반응을 투사할 수 있다. 그 후 어머니는 이것을 조정하려고 할 것이고, 따라서 (오)지각된 아기의 정서에 대해 공격적인 표시로 (어머니가 오지각한 것의) 적절한 현저한 비춰 주기를 하게 될 것이다.

현재의 가설에 따르면 이러한 종류의 현저하지만 범주적으로 왜곡된 정서 비춰 주기가 영유아의 경험에 지배적이게 되면 다음과 같은 결과를 가져올 수 있다. ① 비춰진 정서의 현저함으로 인해 이것은 부모로부터 분리될 것이다. ② 비춰 주기 표시가 영유아의 (오범주화된) 정서 상태와 충분히 높은 유관도를 보이기 때문에, 영유아는 비춰진 정서 표시를 자신의 일차적 정서 상태로 참조적으로 정위시킬 것이다. ③ 그러나 비춰진 정서의 범주가 영유아의 실제 정서 상태와 일치하지 않기 때문에, 영유아는 자신의 일차적 감정 상태의 왜곡된 이차적 표상을 확립할 것이다. 그 결과 영유아는 자신의 실제 (일차적) 감정 상태와 일치하지 않는 성향적 정보를 자신에게 귀인할 것이고, 이는 자기 상태에 대한 왜곡된 지각을 가져올 것이다.

그러므로 현저하지만, 범주적으로 왜곡되고 일치하지 않는 정서의 비춰 주기가 병리적으로 왜곡된 자기 표상과 인과적으로 관련되었을 것으로 추측할 수 있다. 이는 예를 들어 리비도적 흥분이 공격성으로 지각되는 성적 병리에 기저할 수 있다.

이러한 종류의 일탈적 비춰 주기는 우리 모델과 위니콧(Winnicott)의 거짓 자기개념 간에 연관성을 제공한다. 위니콧(Winnicott, 1960a)에 따르면 환경의 착취는 영유아의 생각 또는 느낌을 이해하는 것에 대한 주 양육자의 어려움에서 발생할 수 있는데, 어머니는 아기의 지향적 상태를 아기에게 표상해 주는 대신 어머니 자신의 몸짓으로 대체하며, 몸짓을 부정하고, 아기의 전능성의 환영을 가로막는다. 영유아의 저항에도 불구하고 이것이 계속되면 위니콧(Winnicott)은 여러 반응이 발생할 수 있다고 제안한다. 즉, 자기가 압도당하고, 추가적인 착취를 예상하며 불안해질 수 있으며, 착취와 반대로 행동할 때에만 자기를 경험할 수 있게 되고, 마침내 자신의 능력을 약화시키며 자기 자신의 몸짓을 묵인하고 숨길 수 있다. 후자의 경우, 위니콧(Winnicott)은 영유아의 자기가 보살핌 환경을 흉내 내는 것으로 끝나고, 결핍으로 물러나며, 창조적인 몸짓을 제쳐 놓고, 심지어는 아마도 그것이 존재했는지조차 잊는다고 가정했다. 위니콧(Winnicott)은 영유아가 주 양육자의 몸짓을 마치 자신의 것인 것처럼 순응적으로 관련짓고, 이러한 순응적 자세가 영유아의 거짓 자기 구조의 근원에 있다고 제안했다. 참 자기의 특징에 대한 위니콧(Winnicott)의 견해에 따르면, 거짓 자기는 자발성 또는 독창성의 결여로 드러난다. 또한 거짓 자기 구조가 어떻게 비롯되는지에 대한 그의 이해에 따르면, 이러한 개인들은 이후에 순응적 관계의 경험과 그것을 기반으로 자신의 존재에 대한 실제감을 재창조하기 위해 외적 착취를 찾아 나선다. 위니콧(Winnicott)은 또한 실제인 것처럼 보이지만 초기 대상과의 동일시로 형성된, 따라서 자신만의 독창적인 무언가가 결여된 자기의 유형을 확인했다.

위니콧(Winnicott)은 거짓 자기가 어떻게 때로 자신이 실제인 것처럼 설정하고, 타인에게 이러한 인상을 일반적으로 전달하는지 설명하였는데, 하지만 이것은 기계적으로 하는 것으로, 내적 상태 및 행위의 진실된 연결이 결여된 것이라고 하였다. 자신의 정질적 상태를 인식하지 못한 자기는 빈 자기다. 이 공허함은 정질적 자기 내에서 정서적 활성화에 상응하는 연결이 결여된 이차적 표상의 활성화를 반영한다. 감정적 경험은 의미를 잃게 되고, 개인은 융합될 강력한 타인을 찾거나, 또는 빌려온 힘 또는 생각의 공백을 채우기 위해 외부적으로 야기된 (약물-유발된) 신체적 각성 경험 찾게 될 수 있다. 특히, 강렬한 관계에서, 전인적 사람으로서 자발적으로 행동해야 할 필요에 도전받을 때에만, 그 한계가 분명해질 것이다.

거짓 자기는 참 자기를 숨기고, 이를 통해 참 자기를 보호하는 역할을 한다고 생각된다. 참 자기는 부모의 비춰 주기에서 대부분 표상되지 않는 정질적 상태다. 따라서 예를 들어 신체적 또는 심리적 병리의 경과에서와 같이, 내면화되었지만 비참조적인 표현이 더 이상 감정의 격변을 가릴 수 없는 감정적 각성의 극단적 상태의 과정에서만 나타날 수 있다. 증상 형성은 참 자기를 표현할 수 있다. 왜냐하면 발달력상에서 이것이 창발하는 자기가 환경에 압도되지 않은 상태로 어떻게 존재할 수 있는지 발견한 방식이기 때문이다. 즉, 창조적 몸짓을 대체하거나 무시하는 것이다.

박탈과 결여를 구별하기 위해 위니콧(Winnicott, 1960a)은 환경의 영향에 대한 이해에서 중요한 개념을 가져왔는데, 이는 현재의 두 가지 양식의 정서 비춰 주기와 밀접하게 관련되어 있다. 결여(privation)는 영유아가 모성 보살핌에 대한 인식을 갖지 못하는 단계에서 경험된다. 박탈(deprivation)은 영유아가 자신의 욕구와 대상 모두를 인식하게 되고, 환경적 부적응을 지각한 때에만 발생할 수 있다. 결여는 비춰 주기가 현저하지만 왜곡되어, 자신의 경험에 대한 영유아의 인식을 약화시킬 때 발생한다. 박탈은 비춰 주기가 현저하지 않고, 주 양육자의 일치된 정서가 조정 없이 영유아에게 떠맡겨졌을 때 발생한다.

이러한 구별은 우리의 반사회적 행동의 이해에 결정적이다. 이 경우 위니콧(Winnicott)의 표현으로 하면 자기 내 어느 정도의 통합이 이미 이루어졌지만 박탈은 충분히 심각하고 만성적이어서, 충분히 좋은 환경(good-enough environment)의 표상이 위태롭게 된다(Winnicott, 1967). 이러한 경우 참 자기의 표현에 대한 능동적인 좌절은 없다. 오히려 아이는 자아 지지의 실패 또는 철회에 대처할 수 없으며, 자신의 자기감을 보호하기 위해 반사회적 경향이 발달한다. 자기가 보다 원시적인 수준에서 재구조화되기 때문에 관심의 능력이 제한적이다. 위니콧(Winnicott)의 모델 안에서, 관심의 능력은 보상의 건설적이고 창조적인 경험으로 인해 아동이 책임감을 느끼게 되는 생후 2세 말경에 성취될 수 있다. 일단 관심이 확립되면 개인은 일과 놀이에서 공격성의 건설적인 요소를 사용할 수 있다.

타인의 마음에서의 자기의 지각은 아동 경험의 표상, 표상적 세계의 표상이 된다. 위니콧(Winnicott)의 관찰과 일관되게, 지향적 자기의 표상을 발달시키는 데 실패한 아동은 자신의 이미지 안에 때로는 심적이고 때로는 신체적인 타인의 표상을 포함할 가능성이 있다. 그렇게 되면 자기의 상은 '거짓'이 될 것이다. 아동의 자신에 대한 경험은 어떻게 타인이 생각하고 느끼는지에 대한 자신의 초기 지각에 지나치게 영향을 받게 되고, 이상하게도 자신이나 타인이 현재 경험하고 있는 것과 접촉하지 않게 되기 때문에 왜곡된다. 이것은 많은 방임되거나 학대당한 아이들이 대상영속성에서의 명백한 실패를 보이며, 원시적 분리 불안 또는 대상과 융합되는 느낌으로 이어지게 되는 이유일 수 있다. 실제에서 이들은 타인의 마음에서 자신의 지향성을 계속해서 찾는 자기 지속적 보조적 반영기능과, 보다 미묘하게는 자기와 이질적이고 불일치하는 것으로 경험되는 자기 표상 부분의 외재화를 위한 장치로서, 타인의 물리적 존재에 실존적으로 계속 의존한다. 이 이질적 타인은 자기 구조의 일부로 여전히 내면화되지만, 자기 표상이 일관되게 기능할 수 있게 해 주는 적절한 연결과 연합이 부재한다.

이러한 일의 상태는 심각한 성격장애가 있는 사람들에게 엄청난 부담을 지운다. 자기가 일관적이기 위해서는 이질적이고 동화되지 않는 부분이 외재화되어야 한다. 즉, 증오하고, 폄하하고 또한 때로는 파괴될 수 있는 타인의 일부로 보여야 한다. 이 기능을 수행하는 물리적 타인은 이 복잡한 과정이 작동하기 위해 계속 존재해야만 한다. 경계성 아동 또는 성인은 (종종 치료사인) 타인이, 겁주고 위협하기 위해, 유혹하고 흥분시키기 위해, 굴욕감을 주고 무력감으로 위축시키기 위해 존재하지 않으면 자신이 자기임을 느낄 수 없다. 타인의 떠남은 이러한 '외사'로의 재귀와 이러한 투사를 통해 아동이 성취한 일관성의 파괴를 알리는 신호다.

이질적 자기는 우리 모두에게 존재한다. 일시적 방임은 일상적인 양육의 일부이기 때문이다. 가족 또는 또래 집단에서의 이후의 외상 경험으로 인해 아동이 (외상 경험의) 가해자를 확인하기 위해 이질적 자기를 사용하여 고통에서 해리되도록 강제되는 경우, 치명적이게 된다. 따라서 공허한 자기는 가해자의 이미지에 의해 지배받게 되고, 아동은 자신을 악마와 괴물로 경험하게 된다. 이어지는 장에서는 우리는 어떻게 이것이 다음과 같은 세 가지 중요한 변화를 차례로 가져오는지 자세히 설명할 것이다. ① 애착 맥락에서 정신화의 거부, ② 자기 내 타인의 창발로 인한 심리적 자기의 파괴, ③ 외재화를 위한 수단으로서 타인의 물리적 존재에 대한 생존적 의존. 이 순서에 있어서의 추가적인 왜곡은 이후 애착관계 내에서의 야만화(brutalization)가 극심한 수치심을 낳을 때 더해질 수 있다. 영유아기 방임력 및 이에 따른 정신화 능력의 취약성과 결부되어 이것은 정신화를 통해 외상을 희석시킬 수 없을 정도의 경험된 굴욕의 강도로 인해, 공격성에 대한 잠재적인 촉발요인이 될 수 있다. 그러면 정신화되지 못은 수치심은 자기의 파괴로 경험된다. 우리는 이것을 '자아 파괴적 수치심(ego-destructive shame)'이라 부른다. '자아 파괴적 수치심'의 개념은 청소년기 및 성인기의 폭력에 대한 우리의 논의에서 핵심적인 역할을 한다(제8장~제10장 참조).

▌치료적 개입 메커니즘으로서의 정서 비춰 주기

정서 비춰 주기와 정신적 구조 형성에 대한 정서 비춰 주기의 결과적인 영향이 발달의 초기 단계에만 한정된다고 믿을 만한 특별한 이유는 없다. 유관성 탐지는 전 생애에 걸쳐 활성화되는 광범위한 정보처리 메커니즘일 가능성이 있고, 공감적 정서 비춰 주기 몸짓은 부모-영유아 상호작용뿐만 아니라 성인 의사소통의 특징이다. 사실 감정 비춰 주기는 아동 심리치료에서 치료적 변화의 잠재적인 중심 메커니즘이라고 할 수 있으며, 성인 심리치료에서도 또한 대면 환자-치료사 상호작용의 특징인 것이 입증되었다(Krause, 1997).

사실상 정서 비춰 주기의 사회적 바이오피드백 모델이 소위 말하는 심리치료의 비춰 주기 해석의 치료적 영향에 기저하는 중요한 매개적 메커니즘을 구체화한다고 제안하고 싶기도 하다. 제6장은 사회적 바이오피드백 모델을 정신적 현실의 발달에 대한 가정된 모델의 맥락에서 마음 이론의 관점으로 확장시킨다. 간단히 말하자면 우리는 우리가 '정신적 등가'와 정신화의 '가장' 모드라고 명명한 정상 발달에서의 두 가지 수준의 표상적 기능의 존재를 제안한다. '정신적 등가(psychic equivalence)'[프로이트(Freud)의 정신적 현실 개념에서 파생된 것, Freud, 1900a, 1950 [1895] 참조]는 느낌 및 환상이 현실을 표상하는 심적 상태가 아닌 현실로서 경험되는 보다 원시적 수준의 심적 기능을 말한다. 반면 '가장(pretend)' 모드는 외적 현실에서 비롯된 심적 표상을 '분리' 함으로써 가능하게 되는, 경험의 표상적이고 정신화적인 본질에 대한 인식과 관련된다. '가장' 모드에서 외상적 기억, 위협적인 감정적 충동, 또는 수용될 수 없는 환상은 안전하게 활성화되고 다루어질 수 있는데, 이는 현실과의 연결이 유보되었기 때문이다(Freud, 1920g; Gergely, 1995a; Gergely & Watson, 1996 참조). '가장' 모드는 명확하게 현저해야 하고, 실제 현실과의 관련성의 상실은 종종 과장된다(Fónagy & Fonagy, 1995 참조). 우리는 또한 '가장' 모드의 확립을 위한 전제 조건으로, 아동은 자신의 느낌과 생각이 다른 사람에 의해 현저한 방식으로 반복적으로 반영되는 경험을 해야 할 필요가 있다고 제안한다. 아동은 '함께 놀이하는' 성인 또는 연상의 아동이 필요한데, 이 과정에서 아동은 성인의 마음에 표상된 자신의 환상이나 아이디어를 보게 되고, 이것을 다시 내사하고, 자기 자신의 생각의 표상으로서 이것을 사용한다(제7장의 사례 참조).

제6장에서 우리는 4세 소녀, '레베카(Rebecca)'의 정신분석적 심리치료를 살펴본다. 레베카는 이미 정신화의 '가장' 모드를 사용하는 일반적 능력을 성취한 반면, 레베카의 마음에는 알지 못하는 아버지 및 최근 할아버지의 사망과 관련된 외상적 느낌과 환상에 대한 '정신적 등가의 섬'이 남아 있다. 심적 기능의 '가장' 모드 발달의 이러한 지엽적 정체는 부재하는 아버지에 대한 아동의 좌절의 표현과 공격적 환상을 현저한 방식으로 견뎌 주고 반영해 주지 못하는 어머니의 무능과 관련이 있었다. 이는 어머니 자신도 또한 이 영역에서 정신적 등가 모드에 고착되어 있는 경향이 있었기 때문이다. 분석 과정에서, 놀이 치료의 틀 안에서 아동의 느낌과 생각에 대한 현저한 비춰 주기 해석을 제공하는 것을 통해, 이 '정신적 등가의 섬'을 정신화의 '가장' 모드로 통합하는 것이 가능하다는 것이 증명되었다.

우리 견해에서, 우리의 정서 비춰 주기의 사회적 바이오피드백 모델은 위의 사례에서 '정신적 등가의 섬'을 야기하는 발달적 정체 및 기능의 '가장' 모드로의 통합을 가져오는 치료적 개입 모두를 매개하는 심리적 메커니즘으로서 유익하게 적용될 수 있을 것으로 보인다. 따라서 어린 소녀의 어머니가 아버지의 부재와 관련된 아동의 표현된 감정에 대한 정서 반영적 상호작용을 체계적으로 회피하였거나, 또는 아동의 강렬한 부적 정서를 현저하지 않게 실제적으로 재-제시하는 데 관여했을 가능성이 제안될 수 있다. 이것은 아동의 외상적 부적 감정 반응을 더욱 심화시켰을 뿐 아니라, 이 내용 영역에서 이차적인 현저한 정서 표상의 부재를 가져왔을 가능성이 있다. 그러나 어린 소녀는 이미 사고의 다른 영역에서 정신화의 '가장' 모드를 획득했기 때문에, 분리를 나타내고 자기 참조를 제안하는, 현저한 표현의 일반화된 의사소통 코드를 가지고 있었다. 그 결과 현실과 분리된 놀이치료의 틀에서 레베카의 외상적 느낌과 환상의 현저한 비춰 주기 해석을 적용하는 것을 통해, '정신적 등가의 섬'을 보다 안전하고 견딜 수 있는 감정 경험의 '가장' 모드로 끌어올릴 수 있는 이차적인 현저한 표상 구조를 확립하는 것이 가능하게 되었다.

▌결론

영유아의 감정 표현에 대한 부모의 비춰 주기는 초기의 심리적 발달에서 중심적인 역할을 하는 것으로, 학술적 및 정신분석적 발달심리학 모두에서 오랫동안 고려해 온 인간에게 독특한 본능적인 성향인 것으로 보인다. 그러나 부모의 정서 반영적 상호작용과 관련된 다양한 발달적 기능들은 거의 예외 없이 직접적인 증거보다는 임상적 재구성과 통찰에 기반해 왔고, 가정된 발달적 영향을 매개하는 기저된 심리적 메커니즘은 대부분 구체화되지 못한 상태로 남아 있었다. 이와 대조적으로, 이 장에서 우리는 초기 감정 조절적 상호작용 동안 부모의 정서 비춰 주기의 본질에 대한 새로운 이론을 발전시켰다. 이것은 관련된 심리적 과정에 대한 구체적인 모델을 제공하고, 이러한 과정이 관여하는 발달적 기능들의 집합을 확인시켜 준다.

우리의 부모의 정서 비춰 주기의 사회적 바이오피드백 모델은 구체적으로 두 가지 경험적 증거에 기반한다. 즉, 유관성 탐지 및 최대화와 관련된 영유아 학습 문헌과, 또한 성인 바이오피드백 훈련 연구 문헌에 기반하고 있다. 우리의 핵심적 제안은 영유아의 감정 표현적 표시를 과장된 '현저한' 형태로 반영함으로써 주 양육자는 영유아에게 자연적인 바이오피드백 민감화 훈련의 일종을 제공하고, 이것의 영향은 반응–사건 유관성 관계를 탐지하고 분석하는 아기의 정교한 능력에 의해 매개된다는 것이다. 우리는 부모의 정서 비춰 주기에 의해 제공되는 네 가지 개별적인 발달적 기능을 확인했다.

1. 민감화 기능: 바이오피드백 훈련의 결과, 영유아는 자신의 범주적으로 구분된 성향적 감정 상태를 나타내는 내적 상태 단서군을 탐지하고 집단화할 수 있게 된다.

2. 표상 형성 기능: 영유아의 감정 표현적 행동과 유관된, 부모의 '현저한' 감정 반영적 표시에 대한 분리된 표상을 설립함으로써 아기는 자신의 일차적인 비의식적 절차적 정서 상태와 연합되게 되는 이차적 표상을 확립한다. 이러한 이차적 표상 구조는 자신의 감정 상태에 접근하고 자기에게 그것을 귀인하기 위한 인지적 도구를 제공할 것이고, 아기가 자신의 성향적 감정 상태를 추론할 뿐 아니라 통제하게 해 주는 영유아의 창발하는 능력의 기반을 형성할 것이다.

3. 상태 조절 기능: 아기의 부적 정서 표현의 공감적인 부모의 비춰 주기 동안, 영유아의 유관성 탐지 장치는 주 양육자의 비춰 주기 표시에 대한 아기 자신의 감정 표현의 높은 수준의 유관적 통제를 등록한다. 이것은 상호 호혜적 억제를 통해 영유아의 부적 정서 상태의 감소를 가져오는 인과적 효능감 및 긍정적 각성을 생성한다. 나아가 영유아가 달래기 상호작용 동안 부모의 정서 반영적 표시에 대한 유관적 통제의 최대 한계를 확인하려는 시도의 부산물로서, 아기는 자신의 부적인 감정 표현적 행동을 수정하고 사실상 감소

시킬 것이며, 이는 또한 달래기 효과에 기여한다.

4. **의사소통 및 정신화 기능:** 일차적 자기 상태와 연합된 '현저한' 이차적 표상을 내면화함으로써 영유아는 참조적 분리, 참조적 정위 및 실제적 결과의 유보의 표상적 기능을 특징으로 하는 '현저한' 표현의 일반화된 의사소통 코드를 획득할 것이다. 이것은 정서 상태에 대한 정신화 및 의사소통의 새로운 '가장' 모드를 창출하고, 이것은 어린 아동에게 감정적 자기 조절 및 표현에 대한 강력한 표상적 도구를 제공할 것이다.

제5장 **자기 및 주체성 이해의 발달**

이 장의 목적은 우리의 견해에서 자기 발달의 정신분석적 이해와 직접적으로 관련되어 있으며, 일차적인 장해가 비조직화된 자기 표상 및 정서조절장애에 근원을 두고 있는 개인들의 치료에 대한 명백한 임상적 함의를 가지고 있다고 여겨지는 지난 20년간의 발달 연구의 가장 중요한 발견들을 제시하는 것이다. 우리는 이 책에서 제안하는 자기 발달과 정서 조절의 모델을 다른 현시대의 발달적으로 기반한 정신분석학적 견해와 구별하고자 한다. 우리는 영유아기부터의 정신화 발달을 추적하고, 지향적 자세가 정확히 언제 성취되는지에 대한 발달적 논쟁을 논한다. 우리의 견해로는, 최근의 많은 공헌들이 자기 발달에서 초기 상호주관적 과정에 대한 것을 과장하고 있다. 우리는 상호주관성이 애착 맥락 내에서 초기 상호작용 과정의 기능으로 확립되는 창발(創發)적[1] 현상이라고 주장한다. 제3장에서 우리는 대인관계 이해에 뿌리를 둔 자기 발달 모델을 위한 기반을 마련했다. 이 장에서는 이 모델을 자세히 설명하고, 주체로서의 자기 발달을 다섯 단계로 구분한다. 이 장에서는 또한 사회적 행위에서의 인과성에 대한 초기 비정신화적 지각(목적론적 자세)의 측면에서 경계성 성격장애의 탐색을 위한 결정적인 토대를 마련한다. 마지막으로, 이 장은 지향적인 심적 주체로서 자기 및 타인의 이해의 발달과 관련된 발달 문헌들을 비교적 포괄적으로 요약한다.

---

1) 역자 주: 창발(emergence; 創發)은 복잡계 이론에서 사용되는 용어로, 부분들의 합이 전체가 되는 것이 아닌, 부분들의 합을 통한 질적으로 새로운 현상의 출현을 의미한다. 아무것도 없는 곳에서 발생하는 것이 아닌 내적인 잠재성이 드러나게 된다는 의미를 강조하며 동일한 용어(emergence)를 '발현'으로 번안하는 경우도 있으나, 이 책의 저자들이 질적으로 새로운 기능의 출현의 의미를 강조하며 이 용어를 사용하고 있기 때문에 복잡계 이론에 기반하여 '창발'로 번안하였다.

▎서론: 마음이론 발달의 시각에서 본 주체로서의 자기에 대한 초기 이해

오랜 시간 동안 '심적 주체로서의 자기'에 대한 연구는 등한시된 주제였다. 역사적으로, 이것은 윌리엄 제임스(William James, 1890)가 '경험적 자기', 즉 'Me'라고 고전적으로 명명하였고, 현대의 용어로는 종종 '개념적' 또는 '범주적' 자기 개념 또는 자기 표상이라고 불리는 자기 지식의 다른 주요 측면에 비해 훨씬 적은 관심을 받았다(Harter, 1999; Lewis & Brooks-Gunn, 1979; Neisser, 1988). '범주적 자기(categorical self)'는 그 사람이 자신에 대해 참이라고 믿는 특징과 속성들의 집합에 대한 표상(파란 눈, 잘생긴 외모, 수학을 잘함, 축구를 못함 등)을 말하는 것으로, 대부분 자신의 사회적 환경에서 자기에게 향한 반응들을 통해 추론된다(Harter, 1999 참조).

제임스학파의 '주관적 자기', 즉 'I'에 비하여 범주적 자기 개념의 사회적 구성을 연구하는 것에 대한 역사적 편향은, 한 사람은 자신의 지향적 마음 상태에 직접적이고 틀림없는 내성적 접근을 갖는다고 주장하는 '일인칭적 특권(first-person authority)'에 대한 데카르트 사상의 전통적으로 강한 개념적 영향에 의해 설명될 수 있다. 데카르트 사상의 영향은 내성을 통한 우리 마음 상태의 의식적 이해가 우리 마음의 기본적이고 직접적이며 아마도 선연결된 능력이라는 믿음을 고무시켰고, 이는 심적 주체로서의 자기에 대한 지식이 발달하거나 구성된 능력이라기보다는 생득적으로 주어진 것이라는 확신을 가져왔다. 앞으로 살펴보겠지만, (특히, 초기 상태 '상호주관성'의 현재의 대중적인 견해에 대한 논의에서 다룸) 데카르트 사상은 여전히 많은 발달 연구자들 사이에서 그 영향력을 갖고 있는 것으로 보인다. 그러나 현대의 심리 철학, 인지신경과학, 발달이론은 마음에 대한 데카르트 사상의 관점에 크게 도전했다(Damasio, 1994a; Dennett, 1991; Gopnik, 1993; Wegner & Wheatley, 1999). 이와 동시에, 지향적 행위의 표상에 대한 최근의 철학적(D. Davidson, 1980; Searle, 1983) · 인지적 · 신경심리적(C. D. Frith, 1992; Jeannerod, 1999; Pacherie, 1997; Prinz, 1997) 모델들은 지향적 마음 상태의 표상이 의식적 접근이 부재하거나 또는 부분적이고 또한 다양한 요인에 의존할 수 있는 다소 복잡한 내적 구조를 가진다는 것을 보여 준다(Dienes & Perner, 1999). 이것은 욕구, 의도, 신념과 같은 서로 다른 유형의 지향적 마음 상태의 이해에 대해, 호기심을 자극하는 복잡한 발달적 전개를 보여 주는 현대의 마음이론 연구의 연구 결과들과 함께(Bartsch & Wellman, 1995; Perner, 1991), 심적 주체로서의 자기에 대한 성숙한 이해가 또한 다소 복잡한 발달적 과정의 산물일 가능성이 있음을 강하게 나타낸다. 따라서 이 장의 목적은 이러한 새로운 이론적 및 경험적 진보에 비추어, 영유아기의 신체적 및 사회적 주체에 대한 초기 이해에서부터 초기 아동기의 심적 주체로서의 자기에 대한 보다 성숙한 이해에 이르기까지 자기 지식 발달의 단계들을 추적하는 것이다.

　우리는 발달하는 인간 영유아가 획득하는 자기의 주체성에 대한 점진적인 이해의 다섯 수준을 신체적·사회적·목적론적·지향적·표상적 수준으로 구분할 수 있다. (이것은 제3장에서 간략히 소개된 바 있다.) 신체적 설명의 수준에서, 행위는 두 가지 유형의 인과적 관계에 속하게 된다. 이것은 인과적 에너지원을 제공하는 몸과 관련되고, 또한 이것은 전에는 존재하지 않았던 일의 상태를 야기하며 환경에 인과적 영향을 준다. 따라서 자기를 '신체적 주체(physical agent)'로서 이해하는 것은 최소한 이러한 인과관계에 대한 약간의 평가와 관련된다. 신체적 실체로서의 자기는 행위의 원천인 힘을 지니고 있고, 주체로서의 자기는 행위를 통해 자신의 근접 환경에 변화를 가져온다(Leslie, 1994). 나아가 출생에서부터 인간 영유아는 자신의 주 양육자와의 종특이적 상호작용에 참여한다(Meltzoff & Moore, 1977; Stern, 1985; Trevarthen, 1979). 그러한 교환에서 영유아의 표시는 이들이 부모에게 유발하는 행동적 반응 및 감정 표시의 형태로 효과를 가진다. 따라서 '사회적 주체(social agent)'로서의 자기에 대한 초기 이해는 적어도 종특이적 의사소통 표시가 사회적 환경에 가져올 수 있는 거리를 둔 인과적 효과의 표상과 관련된다(Neisser, 1988). 그러나 행위를 그것의 주체와 연결하고, 또한 세상과 연결하는 인과관계의 유형은 신체적 설명 수준을 넘어서고, 이에 상응하여 성인과 어린 아동은 발달함에 따라 이러한 두 관계 모두에 대해 훨씬 더 많이 이해하게 된다. 따라서 8~9개월경이 되면(Tomasello, 1999), 영유아는 행위를 그것의 결과와 구별하게 되고, 목표 상태를 가져오는 기능의 수단으로서 행위를 표상하게 된다. 이 수준의 자기는 '목적론적 주체(teleological agent)'로서 이해되고(Csibra & Gergely, 1998; Leslie, 1994), 대안적인 행위들 중에서 특정 상황의 제약하에서 목표를 달성하는 데 가장 효율적인 것을 선택할 수 있다. 때때로 2세 동안 영유아는 이미 주체성의 정신화된 이해를 발달시킨 것으로 보인다. 이들은 행위가 욕구와 같은 선행하는 지향적 심적 상태에 의해 야기되는 '지향적 주체(intentional agent)'로서의 자기를 이해하기 시작한다(Wellman & Phillips, 2000). 이 시점에서 이들은 또한 행위가 세상의 물리적 속성뿐 아니라 심적 속성도 변화시킬 수 있음을 이해한다. 예를 들어, 이들은 선언적 가리키기 몸짓(declarative pointing gesture)이 다른 주체의 주의 상태를 변화시키는 기능을 한다는 것을 명확히 이해한다(Corkum & Moore, 1995). 3~4세경이 되면 심적 인과관계에 대한 주체성의 이해는 또한 신념과 같은 인식론적 마음 상태의 표상을 포함하게 된다(Wimmer & Perner 1983). 이 단계에서 어린 아동은 이미 행위가 본질적으로 표상적이라고 이해되는 욕구 및 신념과 같은 지향적 심적 상태에 의해 발생하는 '표상적 주체(representational agent)'로서의 자기에 대한 이해를 보여 준다(Perner, 1991; Wellman, 1990). 지향적 마음 상태의 '인과적 자기 참조성(causal self-referentiality)'에 대해 이해하는 능력(Pacherie, 1997; Perner, 2000b; Searle, 1983), 일관된 인과적-시간적 구조로 자기의 지향적 활동 및 경험의 기억을 관련시키는 표상적 능력(Povinelli & Eddy, 1995)과 같은 이 단계에서의 진전은 시간적으로 '확장된' 또는 '적절한' 자기(W. James, 1890)의 확립, 즉 '자서전적 자기(autobiographical self)'에 대한 이해를 가져온다. 이 간략한 소개가 보여 주듯이, 자기 및 주체성에 대한 이해의 발달은 매우 복잡하며, 현재 많이 연구되고 있는 연구 분야다.

▌ '신체적 주체'로서 자기의 초기 발달

전통적으로 신생아의 세계는 기본적으로 유아론적(solipsistic; 唯我論的)이며, 영유아는 처음에 자기에게 속한 자극과 환경에 속한 자극을 구별할 수 없다고 믿어 왔다(Freud, 1911b; Piaget, 1936). 그러나 이러한 구별은 행위 및 신체적 자기와 행위 및 외부 세계 사이의 인과적 관계의 표상과 관련된 신체적 주체감의 발달을 위한 전제 조건으로 보인다. 현대의 연구들는 초기의 미분화 상태에 대한 전통적 믿음에 도전해 오며, 다른 물리적 대상 사이의 공간을 움직이는 구별된 대상적 실체로서의 '생태학적 자기(ecological self)'(Butterworth, 1995; Neisser, 1988)의 직접적인 지각을 제공하는, 다수의 대상적 정보의 출처 및 상응하는 생득적 탐지 메커니즘을 밝혔다. 깁슨(Gibson, 1966)의 생태학적 관점 이후, 일련의 연구들이 어린 영유아가 공간에서 자기 운동에 동반되는 시각적 정보의 흐름에서의 불변성 양상을 기반으로, 환경과 비교하여 몸적 자기(bodily self)를 탐지하고 구별할 수 있다는 것을 보여 주었다. 예를 들어, 리와 아론슨(Lee & Aronson, 1974)은 '움직이는 방'(시각적으로 벽이 접근하거나 멀어짐)에서 실험을 했을 때, 아기는 시각적으로 특정된(하지만 존재하지 않는) 균형의 상실을 몸의 자세를 조정하면서 보상하려고 하였고, 이로 인해 흔들리거나, 비틀거리거나, 넘어지기까지 하였다. 버터워스와 동료들(Butterworth & Cicchetti, 1978; Butterworth & Hicks, 1977)의 추적 연구에서는 2개월 된 아기들조차 움직이는 방에서 시각적으로 특정된 불안정성이 지각되었을 때, 보상적 머리 움직임을 보였고, 자신의 머리 자세를 통제하기 위해 시각적 피드백을 사용할 수 있는 것으로 나타났다. 어린 영유아들은 또한 충돌하는 경로로 접근하는 물체가 지각되었을 때, 머리 자세를 수정하거나 눈을 깜박였다(Dunkeld & Bower, 1980; Pettersen, Yonas, & Fisch, 1980).

제4장에서 상세히 논의되었듯이, 다수의 연구들은 어린 영유아가 자신의 신체적 반응과 그에 따른 자극 사건 사이의 유관적 관계에 매우 민감하다는 것을 보여 주었다(예: Bahrick & Watson,

1985; Field, 1979; Lewis, Alessandri, & Sullivan, 1990; Lewis & Brooks-Gunn, 1979; Papousek & Papousek, 1974; Rochat & Morgan, 1995; Watson, 1972, 1994). 우리가 주장한 바와 같이(Gergely & Watson, 1999 참조), 이러한 증거는 영유아가 운동 반응과 결과적인 감각 사건 사이의 유관적 관계의 정도를 분석하기 위한 생득적인 유관성 탐지 모듈을 갖추고 있다는 견해를 지지한다. 바릭과 왓슨(Bahrick & Watson, 1985)은 3개월 이전에 영유아가 완벽한 유관성에 주의를 기울이고 탐색하는 선호적 편향을 보인다는 것을 보여 주었다. 이러한 연구 결과를 바탕으로, 왓슨(Watson, 1994)은 유관성 분석자의 일차적 기능이 자기 탐지라고 가정하였다. 운동 반응과 완벽히 유관된 감각 자극을 확인하는 것을 통해, 모듈은 환경에서 구분된 대상으로서 신체적 자기의 일차적 표상을 구축한다(자세한 내용은 제4장 참조).

생후 3개월 이후 영유아는 외부 세상에 대한 자신의 행위의 덜 완벽한 유관적 효과에 주의를 돌리기 시작한다(Watson, 1994). 피아제(Piaget, 1936)는 4개월경이 되면 영유아는 '흥미로운 것들을 지속시키기' 위해 외부 환경에 두드러진 변화를 일으키는 운동 행위를 반복하는 경향['이차적 순환 반응(secondary circular reactions)']이 있다고 보고했다. 5~6개월 아기를 대상으로 한 습관화 연구들(Leslie, 1984; Woodward, 1998)은 이 월령이 되면 영유아가 다른 (무생물의) 물리적 대상으로부터 움켜잡는 손을 변별하며, 공간에서 물체를 이동시키는 것과 같은 특별한 인과적 힘을 그것에 귀인한다고 제안했다.

요약하면 생득적인 정보 처리 장치는 영유아가 생애 첫 6개월 동안 행위를 시작하고 환경에 인과적 영향을 행사할 수 있는 공간에서 구별되는 대상으로서, 자신의 몸적 자기를 표상하는 것을 가능하게 해 준다는 수렴되는 증거가 있다. 이러한 신체적 주체로서의 자기의 표상은 주체를 행위와, 행위를 결과와 관련짓는 인과적 관계에 대한 민감성과 확실히 관련이 있는데, 이러한 이해는 이 단계에서는 여전히 중요한 방식에서 제한적이다. 예를 들어, 행위가 눈에 보이는 결과를 가져오는 인과적 힘을 갖는다는 인식은 아직 목표와 행동 수단의 변별을 포함하지 않는다(Piaget, 1936). 이것은 6~8개월 미만의 영유아가 이전에 눈에 보이는 결과를 가져온 행동을 반복해서 하지만, 예를 들어 물체에 도달하기 위해 새롭게 삽입된 장애물을 피해서 돌아가지 않는 등, 상황에서의 의미 있는 변화에 대한 반응으로 자신의 행위를 수정하지 않는다는 사실에서 나타난다. 그러나 목표와 수단을 변별하는 능력은 목적론적 틀 내에서 지향적인 목표를 향한 행위를 이해하기 위한 전제 조건이다(Csibra & Gergely, 1998; Gergely et al., 1995; Tomasello, 1995, 1999). 이것은 현실의 변화하는 제약을 고려하여 가장 효율적인 방식으로 목표 상태를 실현하는 행위를 다수의 대안 중에서 선택하는 능력을 포함한다. 영유아는 8~9개월경에 벌써 이러한 합리적인 방식으로 목표 상태에 따라 자신의 행위를 조직하기 시작하고(Piaget, 1936; Tomasello, 1999; Willatts, 1999), 또한 이 시기에 동일한 목적론적 해석의 틀 안에서 다른 주체의 목표 지향적 행위를 해석하고 예측하기 시작한다(Csibra & Gergely, 1998; Csibra et al., 1999).

직접적인 접촉과 관련된 행위를 통한 물리적 환경에의 자신의 인과적 힘에 대한 초기 이해와는 별도로, 영유아는 또한 왓슨(Watson, 1972)의 모빌 연구 결과(유관성–탐지 모듈에 의해 매개된 민감성)와 같이, 멀리 떨어진 대상에 대한 인과적 영향에 대해 초기 민감성을 보인다(제4장에서 자세히 논의됨, Gergely & Watson, 1999 참조). 원거리에서의 이러한 인과적 효능감의 자연적인 영역은 사회적 상호작용의 영역으로, 다음 절에서 우리는 '사회적 주체'로서의 자기 이해의 근원을 살펴보겠다.

▌'사회적 주체'로서 자기의 초기 이해

많은 연구 결과들은 생애의 시작에서부터 영유아가 사람을 구별하고, 능동적으로 사람에게 향한다는 것을 보여 준다(Stern, 1985). 이들은 얼굴 양상에 대해 매우 초기부터 민감성을 보이고(Fantz, 1963; Morton & Johnson, 1991), 자궁 내에서부터 어머니의 목소리에 습관화되어, 출생 후 이것을 인식하며(DeCasper & Fifer, 1980), 얼굴 움직임의 신생아 모방을 보인다(Meltzoff & Moore, 1977, 1989). 어린 영유아들은 '원–대화적(proto–conversational)' 주고받기 구조를 특징으로 하는 주 양육자와의 상호작용에 참여한다(Beebe et al., 1985; Brazelton et al., 1974; Brazelton & Tronick, 1980; Stern, 1985; Trevarthen, 1979; Tronick, 1989). 현재 지배적인 감정 발달의 생물사회적 시각은 어머니와 영유아가 생애의 시작에서부터 정서적 의사소통 체계를 형성한다는 견해를 유지한다(Bowlby, 1969; Brazelton et al., 1974; Hobson, 1993; Sander, 1970; Stern, 1977, 1985; Trevarthen, 1979; Tronick, 1989). 여기서 어머니는 영유아의 정서 상태 조절에 핵심적인 상호작용 역할을 한다. 상호작용 동안 주 양육자는 종종 영유아의 정서를 조절하기 위해, 아기의 감정 표시를 얼굴과 음성으로 비춰 주는 것에 참여한다(Gergely & Watson, 1996, 1999; Malatesta & Izard, 1984; Papousek & Papousek, 1987; Stern, 1985).

따라서 영유아는 인간의 얼굴/음성 및 행동적 표시에 대한 초기 종특이적 민감성을 보이며, 주 양육자와의 정서적 상호작용에 참여하는 생득적인 성향을 보이는 듯하다. 그러나 이들은 어떻게 이러한 정서적이고 사회적인 상호작용과 어머니와의 관계에서 사회적 주체로서의 자신의 인과적 역할을 이해하는 것일까? 이 흥미로운 질문에 대해서는 넓은 스펙트럼의 서로 다른 이론적 견해가 있다.

1. 우선 우리가 '강한 상호주관론자'의 입장이라고 부르는 것이 있다. 여기서는 다음을 가정한다. ① 인간의 영유아는 초기 유관적인 사회적 상호작용 동안 의도, 느낌과 같은 심적 상태를 타인의 마음에서 식별하고 귀인하는 생득적 메커니즘을 가지고 태어난다. ② 생애 시작에서부터 영유아가 내성적으로 접근할 수 있는 감정, 의도, 동기, 목표와 같은 자기에 대한 비교적 풍부한 분화된 심적 상태군이 있다. ③ 이러한 자기의 주관적 심적 상태는 타인의 상응하는 심적 상태와 유사한 것으로 인식될 수 있으며, 따라서 어머니와 '공유되는' 것으로서 경험된다(예: Braten, 1988, 1992; Braten, 1998; Stern, 1995; Trevarthen, 1979, 1993).

예를 들어, 트레바텐(Trevarthen, 1979)은 어머니와 영유아 사이에서 관찰할 수 있는 풍부한 구조의 초기 정서적 상호 교환이 그가 '일차적 상호주관성(primary intersubjectivity)'이라고 부르는 것을 시사한다고 주장한다. 잘 알려진 머레이와 트레바텐(Murray & Trevarthen, 1985)의 6개월 및 12개월 영유아를 대상으로 한 연구는 종종 이 입장의 경험적 지지를 제공하는 것으로 인용된다. 독창적인 패러다임을 통해, 영유아가 TV 모니터를 통해 어머니의 실시간 이미지와 상호작용하는 것을 관찰하였다. 일정 시간이 지난 후 TV 이미지는 어머니가 아기와의 상호작용에 참여했던, 이전에 녹화된 비유관적 이미지로 전환되었다. 이 매우 어린 영유아들은 상호작용의 유관성 구조의 미묘한 변화를 감지하였고, 모성 유관성의 상실에 대해 불만족과 부적 정서의 표시로 반응하였다고 보고된다. 따라서 트레바텐(Trevarthen, 1993)은 영유아가 '가상의 타인(the virtual other)'(Braten, 1988 참조)에 대한 생득적 감각과 함께 대화적 마음(dialogic mind)을 지니고 태어나고, 기저된 동기, 느낌, 의도, 목표의 풍부한 집합의 측면에서 타인의 정서적으로 조율된 상호작용을 해석할 수 있다고 제안한다. 스턴(Stern) 또한 "아주 어린 월령에서부터 영유아는 자기와 타인에게서 의도를 지각하고, 이러한 행동을 조직하는 의도를 읽기 위해 드러난 특정 행동의 '과거를 돌아본다'"(1995, p. 420)고 제안한다. 제4장에서 설명했듯이 멜초프와 고프닉(Meltzoff & Gopnik, 1993; Meltzoff & Moore, 1997, 1998 참조) 또한 신생아 모방을 매개하는 생득적 '능동적 모드 간 연관' 메커니즘이 또한 초기 모방적 상호작용 동안 타인에게 의도적, 동기적 및 느낌의 상태를 귀인하는 메커니즘으로 기능한다고 짐작하며, 일차적 상호주관성 가정을 수용한다.

'강한 상호주관론자'의 입장을 옹호하는 사람들과 대조적으로, 다른 많은 연구자들은 초기 정서적 및 모방적인 사회적 상호작용 현상이 '일차적 상호주관성'을 가정하지 않고 간결하게 설명될 수 있다고 믿는다(예: Gergely & Watson, 1996, 1999; R. Thompson, 1998; Tomasello, 1999). 이 견해에서 만약 인간의 얼굴 양상과 정서적 표시에 대한 주의와 반응성이 생득적인 것이라면, 상호작용의 행동적 교환에서의 유관성 구조에 대한 초기 민감성과 인간 얼굴 움직임을 모방하려는 생득적 성향은 예를 들어 '무표정' 절차(Tronick et al., 1978) 또는 머레이와 트레바텐(Murray & Trevarthen, 1985)의 지연된 피드백 절차 패러다임에서와 같이 실험적으로 유도된 유관적 교환의 흐름에 대한 동요에의 영유아의 정서적 및 행동적 반응뿐 아니라, 초기 영유아의 구조화된 양방향 정서적 상호작용을 설명할 수 있는 충분한 기반을 제공한다.

첫째, 위에서 설명한 바와 같이 어린 영유아가 자극 사건이 발생하는지에 대해 높은 정도의 통제를 가지고 있다는 것을 발견하면 긍정적으로 각성되는 반면(Lewis et al., 1990; Watson, 1972), 이전에 경험된 유관성의 상실은 자극이 인간이 아닐 때조차 좌절과 불쾌의 표현을 가져온다는 것(Lewis et al., 1990)을 보여 주는 다수의 증거가 있다. 따라서 유관적 통제의 상실에 대한 민감성이 위에서 논의한 머레이와 트레바텐(Murray & Trevarthen, 1985)의 발견을 설명하기에 충분한 것으로 보인다(영유아기 사회적 유관성 지각에 중심적 역할을 귀인하는 다른 연구로 다음을 참조, Bigelow, 2001; Bigelow & DeCoste, 2003; Muir, & Hains, 1999; Nadel & Tremblay-Leveau, 1999; Rochat & Striano, 1999; Tomasello, 1999).

나아가 4명의 2개월 영유아만을 대상으로 했던 머레이와 트레바텐(Murray & Trevarthen)의 연구 결과는 3개월 미만의 영유아를 대상으로 한 방법론적으로 개선된 설계를 사용한 연구에서 반복검증하는 것이 어렵다는 것이 밝혀졌다. 나델 등(Nadel, Carchon, Kervella, Marcelli, & Reserbat-Plantey, 1999)은 2개월 월령에서 그 효과를 반복검증하였지만, 로차트, 네이서 및 메리언(Rochat, Neisser, & Marian, 1998)은 2~3개월 영유아를 대상으로 한, 두 번의 연구에서 반복검증에 실패하였고, 비글로우와 데코스테(Bigelow & DeCoste, 2003)는 4개월 및 6개월 월령에서는 그 효과를 발견했지만, 2개월 집단에서는 또한 반복검증에 실패하였다.

이러한 연구 결과의 양상을 유관성 탐지 모듈의 선호되는 표적 값의 성숙적 '전환'이 3개월경에 발생한다는 왓슨(Watson, 1994)의 가설에 비추어 생각해 보는 것은 흥미롭다. 우리가 보았듯 바릭과 왓슨(Bahrick & Watson, 1985)의 연구에서 3개월 아이들 중 상당 비율이 완벽하게 유관된 자기상에 몰두된 것으로 보였지만(Field, 1979도 참조), 5개월 아이들은 비유관적인 이미지를 좀 더 바라보며, 완벽하게 유관된 표시를 피하는 것을 선호하였다. 왓슨(Watson)의 이후 후속 연구들은 이 경향성이 비유관성에 대한 선호라기보다는 완벽한 유관성에 대한 회피 때문이라고 제안한다. 왓슨(Watson, 1979, 1985)은 3개월 이후 선호되는 유관도를 확인하고자 하였다. 그는 조건 확률상 0보다 약간 큰 값에서부터 1보다 약간 작은 값까지의 범위에서 반응–자극 유관성의 상이한 크기를 설정하여 4~6개월 아기의 반응을 실험했다. 그는 이 월령의 영유아가 0.5 미만의 유관성 크기에는 큰 어려움을 가진다는 것을 발견했다. 동시에, 이 아이들은 또한 1에 접근하는 유관성에 참여하는 것에도 실패했다. 이와 대조적으로 영유아들은 높지만 불완벽한 유관성에 참여하는 것에 매우 동기부여되어 있었다.

제4장에서 논의했듯이 이에 따라 왓슨(Gergely & Watson, 1999; Watson, 1994)은 3개월 경에 정상 영유아인 유관성 분석자의 표적 값이 높지만 불완벽한 유관성에 대한 선호로 '전환'된다고 가정하였다. 이는 잘 조율된 사회적 대상의 영유아를 향한 반응 행동의 특징이다. 이 성숙적 변화는 3개월 이후 영유아가 자기 탐색(완벽한 유관성)에서 벗어나, 사회적 세상의 탐색과 표상을 향하도록 기능한다. 이러한 가정은 3개월 미만에서 부모의 상호작용에 의해 제공되는 유관도가, 부모가 유사한 상호작용이지만 비유관된 행동을 계속해서 보일 때, 영유아가 그것의 사라짐을 탐지할 수 있을 만큼 충분히 높지 않을 가능성을 제기한다. 그렇다면 이것은 생후 3개월 미만을 대상으로 한 여러 연구에서 머레이와 트레바텐(Murray & Trevarthen, 1985)의 연구 결과를 반복검증하는 것이 어려웠던 것을 설명할 수 있다(Bigelow, 2001 참조). 일부 최근 연구 결과들은 생후 3개월경의 영유아는 높지만 불완벽한 사회적 유관성에 대한 민감성이 창발하기 시작하는 과도기에 있다는 입장에 대한 추가적인 지지를 제공한다. 비글로우와 데코스테(Bigelow & DeCoste, 2003)의 연구에서, 2개월 영유아들은, 집단으로 보았을 때 유관적 표시와 비유관적 표시를 구별하지 못하는 것으로 나타났음에도 불구하고, 약 절반 정도가 개별적으로 실험했을 때 비유관적 표시에 대한 시각적 주의의 감소를 보였다. 나아가 레거스티와 바기스(Legerstee & Varghese, 2001)는 유사한 패러다임을 사용하여, 상호작용에서 따뜻하고, 민감하며, 영유아의 신호에 조율되어 있는 어머니를 가진 3개월 영유아 하위 집단이 비유관적 표시보다 유관적 표시에서 보다 높은 시각적 주의, 미소, 즐거운 발성으로 반응했다고 보고했다. 그러나 이러한 측정치에서 점수가 낮았던 어머니의 영유아들은 두 유형의 표시 간에 이러한 차이를

보이지 않았다. 조율되고 매우 반응적인 집단의 어머니들이 3개월 영유아가 탐지하기에 충분히 높은 유관도의 반응을 제공했고, 이로 인해 비유관적 표시에서의 유관성의 갑작스러운 상실이 이 아기들에게 변별 가능하게 된 것으로 보인다. 제3장에서 보다 자세하게 설명했듯이, 이 발견은 또한 주 양육자가 나타내는 민감성 수준이 자신의 내적 상태에 대해 통제를 발휘하는 능력을 아동이 획득하는 속도에 영향을 준다는 주장을 뒷받침한다.

'강한 상호주관론자' 입장에 대한 두 번째 반론은 생득적 메커니즘이 지향적 및 감정적 상태를 타인의 마음으로 식별하고 귀인한다는 가정에 대한 것이다. 타인의 주관적 심적 상태에 접근하기 위한 선연결된 구조의 두 가지 유형이 이 과제를 수행하는 것으로 생각해 볼 수 있다. ① 생득적인 특정 촉발 표시를 통한 직접적 지각 및 ② 운동 시뮬레이션을 통한 타인의 주관적 상태에 대한 추론적 접근.

일부 연구자들은 사실상 신생아가 행복, 놀라움, 또는 슬픔과 같은 구분된 기본 감정 표현군을 구별할 수 있다고 주장했다(Field et al., 1983; Haviland & Lelwica, 1987; Izard & Malatesta, 1987). 그러나 이후 연구에서는(C. Nelson, 1987) 아기가 정말로 감정 간 구별을 하는 것인지, 아니면 일부 다른 비감정 특이적 지각 특징 간 구별을 하는 것인지 의문을 제기했다. 예를 들어, 앨버트 캐론, 로즈 캐론, 마이어스(Caron, Caron, & Myers, 1985)는 4~7개월 된 아이들이 치아를 드러낸 것과 치아를 드러내지 않은 감정 표현을 구별할 수 있었지만, 치아가 모두 드러난 경우, 분노와 행복 표현 간 구별을 하지 못한다는 것을 보여 주었다. 앨버트 캐론, 로즈 캐론, 맥린(Caron, Caron, & MacLean, 1988)은 또한 4개월 아이들이 역동적인 얼굴 및 음성 표현에서 행복을 슬픔과 구별할 수 없었고, 5개월 아이들은 행복과 분노 표시에서 구별에 실패하였다는 것을 보여 주었다. 이러한 결과들은 비록 보편적이고 선연결된 구분된 얼굴 감정 표현군이 있다는 개념을 수용하더라도(Ekman, 1992b; Izard, 1991; Malatesta & Izard, 1984), 영유아가 5~6개월 이전에 이러한 감정 표현적 얼굴 양상을 타인에게서 구별할 수 있다는 설득력 있는 증거가 없는 것으로 보인다. 얼굴 감정 표현 외에도, 일부 생득론 학자들은 자기 추진 운동이나 운동의 방향과 같은 특정 유형의 행동 단서가 자동적으로 다른 주체에게 지향성 또는 목표를 귀인하도록 촉발한다고 제안했다(Leslie, 1994; Premack, 1990; Premack & Premack, 1995). 그러나 최근의 습관화 연구들(Csibra et al., 1999)과 유발된 시선 쫓기 연구들(Johnson, Slaughter, & Carey, 1998)은 이러한 단서들이 유용한 정보일 수 있지만 9개월 및 12개월 영유아에게조차 목표 귀인을 촉발하는 데 필요하지도, 충분하지도 않다는 것을 보여 주었다.

영유아가 생득적 분석기를 통해 직접적으로 감정을 지각한다는 생각의 대안은 운동 시뮬레이션을 통해 타인의 의도와 느낌을 생성하고 경험함으로써 그것을 추론할 수 있다는 제안이다. 앞서 보았듯 멜초프와 동료들(Meltzoff & Gopnik, 1993; Meltzoff & Moore, 1989)은 신생아 모방의 '능동적 모드 간 연관' 설명에서 이러한 메커니즘을 제안했다. 이 메커니즘을 이용하여 이들은 영유아 모방의 사실 그 자체뿐 아니라, 주관적 심적 상태를 타인에게 귀인하기 위해서는 영유아가 지향적 및 감정적 자기 상태 간의 구별을 할 수 있고 또한 이러한 구별된 심적 상태에 대한 내성적 접근이 가능해야 한다는 보다 강한 생득론적 가정이 필요하다는 가정된 사실 또한 설명하고자 한다. 따라서 '강한 상호주관론자'의 관점은 다음을 시사한다. ① 타인의 표현적 표시에 대한 모방은 상응하는 감정적 및 지향적 자기 상태를 유발한다(상응 가정), ② 운동 시뮬레이션에 의해 생성된 자기 상태는 내성을 통해 영유아에게 직접적으로 접근 가능하다(일차적 접근 및 자기-인식 가정), ③ 영유아는 자신의 모방으로 생성된 자기 자신의 느껴지는 주관적 상태를 참고하여 주관적 내적 상태를 타인의 마음에 귀인한다(다른 마음 가정).

그러나 이러한 가정들을 뒷받침하는 증거는 매우 적다. 예를 들어, 영유아가 초기 정서적 상호작용 동안 어머니에게서 관찰한 표현과 동일한 유형의 감정 상태를 경험할까? 분화된 감정 이론을 지지하는 연구자들(Izard, 1991; Malatesta & Izard, 1984)이 MAX(Maximally Discriminative Facial Movement Coding System; Izard, 1979) 또는 AFFEX(A System for Identifying Affect Expressions by Holistic Judgments; Izard, Dougherty, & Hembree, 1983) 코딩 체계를 사용하여 두려움, 분노, 또는 슬픔과 같은 감정의 표현이 초기 영유아기에 분화되어 있을 수 있다고 주장함에도 불구하고 다른 연구자들(Oster, Hegley, & Nagel, 1992)은 Baby-FACS(Facial Action Coding System for infants; Oster & Rosenstein, 1993)와 같은 다른 코딩 체계를 사용하여 이 주장에 반박하며, 어린 아기들의 부적 표현은 처음에는 단지 미분화된 불쾌만을 보인다고 주장한다. 캄라스(Camras, 1992)는 어린 아기들에게 특정 감정 표현을 유발하는 조건이 1개월 영유아가 신맛의 비타민을 먹었을 때 슬픔을 표현하는 경우와 같이 종종 특이적이고 예상 밖임을 지적했다. 최근 캄라스(Camras, 2000)는 아기의 감정 표현이 성인이 경험하는 것과 같은 내적 느낌과 관련이 있으며, 이러한 표현은 성인이 반응하는 것과 같은 동일한 종류의 자극에 의해 촉발될 것이라는 견해에 이의를 제기하는 다수의 경험적 현상에 대한 문헌 고찰을 발표하였다.

사실상 많은 감정 연구자는 아기들이 생후 첫 몇 개월 동안 아직 감정을 구별할 수 없고, 또는 그것에 의식적 접근을 갖지 못한다고 믿는다. 이들은 이러한 능력이 초기 자기 조직화 역동 체계 과정(Fogel et al., 1992; Lewis & Granic, 2000), 또는 정서적 상호작용 동안의 감정의 초기 사회화(Gergely & Watson, 1996, 1999; Sroufe, 1979, 1996), 또한 인지발달(Barrett & Campos, 1987; Kagan, 1992; Lewis & Brooks, 1978; Lewis & Michaelson, 1983)의 결과라고 주장한다.

'강한 상호주관론자' 견해에 대한 위의 비판과 양립할 수 있는 두 가지 대안적인 이론적 접근이 있다. ① '약한 상호주관론자' 입장이라고 부를 수 있는 것과, ② 우리가 '시작 상태 부재 상호주관론' 입장이라고 이름 붙인 것이다.

2. **'약한 상호주관론자' 입장**(Tomasello, 1999 참조)은 초기의 정서적 및 모방적 상호작용의 존재가 타인을 '동일한 나'로 '동일시'하는 독특한 인간의 생물학적 적응을 반영한다는 것을 수용한다. 토마셀로(Tomasello)의 시뮬레이션 이론에서, 인간의 '동일시' 성향은 영유아가 자기의 내적으로 경험된 주관적 심적 상태와의 비유를 통해 타인을 이해하게 되고, 주관적 상태를 귀인하게 된다는 점에서 타인의 마음에 대한 이해의 발달에 결정적인 역할을 한다. 그러나 토마셀로(Tomasello)는 "다른 사람들을 이해하려고 시도하며, 인간 영유아는 이미 자기 자신에게서 경험한 것을 적용한다. …… [그러나] 이 자기의 경험은 초기 발달에서 특히 자기 주체성과 관련하여 변화한다"(1999, p. 70)고 강조한다. 그러므로 토마셀로(Tomasello)는 9개월 미만의 영유아가 의도나 목표와 같은 자신의 주관적 내적 상태에 대한 분화된 이해를 아직 갖고 있지 않고, 따라서 이러한 지향적 상태를 타인에게서도 이해할 수 없다고 믿는다는 점에서 '강한 상호주관론자' 입장의 지지자들과 상당히 다르다. 그는 다음과 같이 말한다. "일부 연구자들, 특히 트레바텐(Trevarthen)은 이러한 초기 상호작용이 '상호주관적'이라고 믿지만, 내 견해로 볼 때, 영유아가 타인을 경험의 주체로서 이해하기 전까지는 상호주관적일 수 없다. 영유아는 9개월이 되기 전까지 그렇게 하지 못한다"(p. 59).

멜초프(Meltzoff)의 저술 중 일부 또한 '약한 상호주관론자'의 틀 안에서 가장 잘 해석될 수 있다. 예를 들어, 멜초프와 무어(Meltzoff & Moore)는 "영유아는 타인에 대한 개념을 행위를 공유할 수 있는 실체에서 목표와 의도를 공유할 수 있는 실체로 발전시킨다"(1998, p. 49)고 제안한다. 또한 이들은 "신생아는 출생 시 타인에게서 고립되어 있지 않지만 …… 2세 아이가 하는 것만큼 타인의 내적 느낌과 심적 상태를 이해하는 것은 아직 못한다"(p.

49)고 말한다. 따라서 이러한 '약한 상호주관성'의 견해가 다른 인간과의 동일시를 위한 생득적 메커니즘을 가정하기는 하지만, 이 메커니즘은 상응하는 주관적 상태가 이미 확립되어 있고, 자기에서 의식적으로 접근할 수 있을 때에만 주관적 심적 상태를 타인에게 귀인하는 결과를 가져올 수 있다.

3. 우리의 세 번째 이론적 대안인 '시작 상태 부재 상호주관론' 입장은 초기 상태 상호주관성이 존재한다고 주장하는 학자들이 초기 정서적/의사소통적 및 모방적 교환으로 귀인하는 경향이 있는 기능에 추가적인 반론을 제기한다. 영유아와 주 양육자가 서로의 주관적인 정서적 및 지향적 상태를 '공유하거나 참여하기' 위해, 또는 타인의 의도와 느낌의 주관적 세상를 '발견하기' 위해 이러한 상호작용에 참여한다고 종종 가정된다(Meltzoff & Gopnik, 1993; Stern, 1985; Trevarthen, 1979). 이러한 가정된 기능들은 물론 생애 시작에서부터 주관적 심적 상태를 타인에게 귀인하는 영유아의 생득적 능력을 전제로 한다.

그러나 이 능력의 가정을 필요로 하지 않는, 이러한 초기 상호작용에 대한 그럴듯한 대안적인 진화적 기능이 있다. ① 주 양육자와의 정서적 상호작용에 참여하는 영유아의 생득적 준비가 애착 대상과의 근접성을 확립하고 유지하는 기능을 할 수 있다(Bowlby, 1969). 영유아의 반응성이 주 양육자를 매우 강화하기 때문이다. ② 정서적 상호 교환에 부모를 참여시키는 영유아의 생득적 성향은 두 가지 방식으로 정서적 자기 조절에 기여한다. 아기는 부모와의 상호작용의 직접적인 정서 조절적 영향을 통해 긍정적 각성을 경험하고 유지하며, 만약 부모의 행동에 대한 유관적 통제가 탐지되면(위 참조), 아기는 또한 인과적 효능감을 경험한다. ③ 마지막으로, 생득적인 사회적 반응성은 부모의 영유아를 향한 정서 표현 및 비춰 주기 표시의 형태로 촉진적인 학습 환경을 창출하는 진화적 기능을 가질 수 있다. 이러한 환경에서 타인의 성향적 표시, 지향적 및 정서적 자기 상태에 대한 민감화, 및 자기의 일차적 감정 상태에 대한 이차적 표상의 확립 등에 대한 학습이 최적화된다(Fergagy, 2000; Gergely, Koós & Watson, 출판 중; Gergely, & Watson, 1996, 1999 참조). 이 주장은 이 책의 제3장에서 활발히 발전되었다. 그 장에서 상세히 논의된 주장을 보다 일반적으로 기술하자면, 우리는 영유아와 주 양육자 사이의 초기 상호작용이 자기 주체성을 뒷받침하는 주관성의 감각 및 대인관계 해석 과정의 확립에 핵심적인 심적 메커니즘의 발달을 촉진시키는 주요한 생물학적 기능을 갖는다는 강한 주장을 할 수 있다고 믿는다. 이 주장의 중심에는, 영유아에게 주관성이 가정될 수 없고, 오히려 상호작용의 과정에서 획득되는 것으로 생각되어야만 한다는 견해가 있다.

예를 들어, 게르게이와 왓슨(Gergely & Watson, 1996, 1999; Gergely, Koós & Watson, 출판 중)은 마음 간 상호주관적 의사소통을 위한 장치를 제공하는 대신, 초기 유관적 정서 조절적 상호작용이(다수의 다른 기능들과 함께) 이후 상호주관성을 위한 하나의 중요한 전제 조건을 확립하는 기능을 한다고 제안한다. 즉, 자기의 분화된 정서적 및 지향적 상태에 대한 내성적 접근이다. 고전적인 데카르트 사상의 관점과 대조적으로, 제4장에서 설명된 '부모의 정서 비춰 주기의 사회적 바이오피드백 이론'은 초기에 영유아는 분화된 기본 감정 상태에 대한 내성적 인식이 부족하다고 가정한다. 지각 체계는 편향되어 외부 세계에 주의를 기울이고 탐색하도록 설정되어 있고, 외부로부터 받은 자극에 기반하여 주로 표상을 형성한다고 제안된다. 아기는 자신의 자율신경 감정 표현과 주 양육자의 결과적인 정서 반영적 얼굴/음성 표시 사이의 유관적 관계에 대한 유관성 탐지 메커니즘의 적용을 통해 구분된 감정 표현에 수반되는 생리적 자극 및 체강 내 내장 자극의 독특한 내적 양상에 민감하게 된다.

이것의 임상적 타당성은 상당하다. 내적 상태의 비춰 주기가 역기능적이라면, 내적 상태는 명명될 수 없고, 혼란스러워지며, 상징화되지 못하여 조절하기 힘든 것으로 경험될 것이다. 제10장에서 소개되는 '엠마(Emma)'의 사례가 이 현상의 한 예일 수 있다. 제6장에서 살펴보겠지만 주관적 자기 상태 감각의 상호작용적 기원은 아이들이 자신의 주관적 경험을 해석하는 방식과 극단적으로는 아마도 공황장애의 특정 유형과 같이 내적 상태의 왜곡된 해석과 강하게 연관된 임상적 조건 상태 사이의 상당한 차이를 설명할 수 있다.

결론적으로, 생애 첫 몇 개월 동안 구조화된 정서적 어머니–영유아 상호작용이 어린 영유아의 측면에서 자기 자신의 분화된 심적 상태를 내성적으로 접근하는 능력과 관련되거나, 영유아가 상응하는 주관적 지향 및 느낌 상태를 타인의 마음에 귀인할 수 있다는 상호주관론자의 개념을 지지하는 강력한 증거는 없다. 물론 이것은 이러한 조율된 또는 모방적인 상호작용 동안 어머니와 영유아가 유사한 주관적 상태를 경험할 수 있음을 부인하는 것이 아니다. 그러나 우리의 견해로는 이러한 '정서 공유하기'는 기껏해야 '대상적 상호주관성(objective intersubjectivity)'으로 불릴 수 있다고 본다. 왜냐하면 부모와 영유아의 주관적 상태가 공감적 부모의 비춰 주기 또는 부모의 정서 표현에 대한 영유아 모방으로 인해 맞추어질 수 있더라도 이것이 어린 영유아가 타인과 주관적 상태를 공유하는 것을 인식한다거나, 또는 그와 관련하여 타인이 주관적 상태를 경험한다는 것을 인식한다고 시사해 주는 것은 전혀 아니기 때문이다.

그렇다면 우리는 주 양육자와의 초기 정서 조절적 상호작용 동안 어린 영유아의 자신의 사회적 주체성의 경험의 특징을 어떻게 설명할 수 있을까? 우리는 3개월 이후 영유아가 자신의 반응에 대한 자극의 유관도가 높지만 불완벽한 상호작용에 가장 큰 흥미를 보이기 시작한다는 것을 보았다(Watson, 1994). 주 양육자와의 조율되고 모방적인 상호작용이 이러한 풍부한 (하지만 불완벽한) 유관성을 제공하기 때문에, 우리는 주 양육자의 반응에 대한 영유아의 높은 유관적 통제도의 발견이 긍정적으로 아이들을 각성시키고, 아이들에게 인과적 효능감의 느낌을 준다고 가정할 수 있다. 이들은 또한 부모의 정서 조절적 달래기 상호작용이 가져오는 (그리고 연합하게 되는 Gergely & Watson, 1996, 1999 참조) 자신의 정서적 상태의 유쾌한 변화를 경험할 가능성이 있다. 이러한 조율된 상호작용이 종종 정서 비춰 주기와 관련되기 때문에, 영유아는 부모의 비춰 주기 표시에 대해 자신이 갖는 통제와 후속하는 자신의 정서 상태에서의 긍정적 변화를 연합하게 될 수 있고, 이는 자기 조절적 주체로서의 자기 경험을 이끈다(Gergely & Watson, 1996, 1999; Gergely et al., 출판 중). 이 단계에서 영유아가 보다 분화되고 분리된 감정 또는 구체적인 내용의 의도 및 목표를 경험하는지 여부는 현재 불확실하지만, 명확히 현재 밝혀진 증거들은 이러한 가정을 필요로 하지 않는다.

그러면 영유아기의 어느 시점에서, 타인의 마음에 대한 '진정한' 상호주관적 이해가 시작되는 것일까? 타인의 주관적 느낌 상태를 자신의 것과 구별하여 이해하는 것의 한 가지 분명한 징후는 2세 후반의 어느 시점에서의 성숙한 공감적 반응의 등장과 함께 발생한다(Hoffman, 2000; R. Thompson, 1998). 주의, 욕구, 의도와 같은 타인의 지향적 심적 상태를 이해하는 것 또한 2세 동안 지배적이게 되는데(Bartsch & Wellman, 1995; Corkum & Moore, 1995; Wellman, 1990), 이러한 능력은 소위 공동주의 관련 기술들이 처음으로 나타나는 9~12개월 사이에 창발하기 시작한다(Carpenter et al., 1998; Tomasello, 1999). 타인의 주의의 심적 상태를 수정하는 것을 목표로 하는 의사소통적 몸짓인 원선언적 가리키기와 같은 이런 기술들의 일부는 적어도 일부 유형의 지향적 심적 상태를 타인에게 귀인하는 능력을 시사하는 것으로 보인다. 반면, 원요청적 가리키기 또는 모방 학습과 같은 다른 것들은 여전히 비정신화적인 목적론적 해석의 틀에서 설명될 수 있다(아래 참조, Gergely & Csibra, 2000 참조).

그렇다면 중요한 이론적 질문은 생후 6~9개월 사이에 주 양육자와의 정서적 및 모방적 상호작용에 참여하는 인간 영유아의 생득적 성향이 이후 1세경에 시작되는 상호주관적인 정신화적 자세의 창발과 관련된 방식에 대한 것이다. 우리는 다음의 세 가지 입장을 검토했다. ① '강한 상호주관론자' 견해(Trevarthen, 1979)는 이러한 초기 정서적 의사소통 교환이 출생 시부터 존재하는 이미 완전히 기능하는 마음 읽기 능력의 예라고 주장한다. ② '약한 상호주관론자' 입장은 이러한 초기 정서적 상호작용을 다른 인간의 주관적 관점을 '동일시'하는 것에 특화된 인간 고유의 생득적 메커니즘의 존재에 대한 증거로 간주한다. 그러나 이 견해에서는 이 메커니즘에 의한 타인의 분화된 지향적 마음 상태의 시뮬레이션은 9개월경이 되어서야 가능해진다고 말한다. 이는 특정 유형의 자기의 지향적 마음 상태가 이 월령이 되기 전까지 상응하는 주관적 상태를 타인에게 귀인하기 위한 기반으로서 기능할 수 있을 만큼 분화되지 않았고, 내성적으로 접근할 수 없기 때문이다(Tomasello, 1999). ③ 마지막으로 우리는 '시작 상태 부재 상호주관론' 관점을 고려했다. 이 입장은 초기 정서 조절적 및 모방적 상호작용은 많은 중요한 진화적 기능(예: 근접성 유지 및 정서 조절)을 하지만, 이러한 기능이 영유아의 측면에서 주관적 심적 상태를 타인에게서 읽고 타인에게 귀인하는 능력과 관련되지 않는다고 주장한다. 그러나 이러한 진화적 기능 중 하나가 전제 조건 중 하나(영유아 자신의 구분된 감정적 및 지향적 마음 상태에 대한 인지적 접근 가능성)의 확립을 도와준다는 측면에서 이후 창발하는 상호주관적인 정신화적 자세와 관계를 갖는다고 제기된다(Gergely & Watson, 1996, 1999). 이 견해에서, 주 양육자와의 초기 정서 조절적 비춰 주기 상호작용은 유관성 탐지 및 사회적 바이오피드백 과정을 통해 내적 상태에 대한 민감화와 이차적 표상 형성이 발생할 수 있는 환경을 제공하고, 이는 자기의 주관적 심적 상태에 대한 인지적으로 접근 가능한 표상의 확립을 가져온다. 그러나 2세 동안의 진정한 정신화적인 상호주관적 자세의 창발은 표상적 능력(마음이론)의 성숙의 결과로 생각되고, 이것은 타인과 자기 모두에게 가능한 지향적 마음 상태의 측면에서 행위의 인과적인 정신화적 해석을 생성한다.

▌ '목적론적 주체'로서 자기 및 타인의 이해: 9개월 사회인지 혁명

많은 연구 결과들이 생후 9개월경 영유아가 목표 지향적 행위에 대한 질적으로 새로운 수준의 이해를 발달시킨다는 것을 보여 준다(예: Csibra et al., 1999; Piaget, 1936; Tomasello, 1999; Uzgiris & Hunt, 1975; Willatts, 1999). 이것은 9개월 사회 인지 혁명이라고 그에 맞게 일컬어져 왔다(Rochat & Striano, 1999; Tomasello, 1999). 이 새로운 능력은 목표와 그것을 가져오는 수단을 구별하고, 새로운 상황에 맞게 행위를 수정하고, 가능한 선택 중에서 가장 효율적인 방식으로 목표를 달성하는 수단을 선택하는 능력을 포함한다. 피아제(Piaget, 1936)는 이러한 지향적이고 협응된 수단-목표 행동의 첫 등장을 7~9개월 사이로 기술했다(4단계). 이 단계 이전 영유아들은 현저한 효과를 재생산하기 위해 이전에 성공적이었던 행위 도식을 반복할 것이다. 그러나 그들은 변화하는 환경의 요구에 맞추기 위해 자신의 행위를 조정하고 변화시키는 것에는 실패할 것이다. 예를 들어, 영유아와 목표 대상 사이에 장애물이 놓여지면, 4~6개월 영유아는 단순히 포기하거나, 목표 대상을 의식하지 못하게 된 듯이 보이며 장애물 자체에 대해 행동하기 시작한다. 반면, 8개월 영유아는 이미 원하는 대상에 도달하고 손으로 잡기 위해 의도적인 방식으로 장애물을 제거하기 위해 나아간다(Piaget, 1936; Willatts, 1999).

최근 게르게이, 치브라 및 동료들(Csibra et al., 1999; Gergely & Csibra, 1998; Gergely et al., 1995; Woodward & Sommerville, 2000 참조)은 일련의 시각적 습관화 연구를 통해 영유아들이 의도적인 목표 지향 행위 산출에서 수단-목표 협응이 가능해지는 것과 같은 시기에, 또한 타인의 행위를 목표 지향적이고 합리적인 것으로 해석하기 시작한다는 것을 보여 주었다. 예를 들어, 6개월 영유아는 아니었지만, 9개월 및 12개월 영유아는 추상적인 컴퓨터 애니메이션 도형의 행동을 목표 지향적인 것으로 해석하고, 새로운 상황에서 그것의 새로운 행위를 추론할 수 있는 것으로 나타났다. 실험에서 영유아들은 작은 원이 큰 원과의 사이에 있는 직사각형을 '뛰어넘어' 큰 원에 반복적으로 접근하는 사건에 습관화되었다. 실험 단계에서 그 '장애물'이 제거되었을 때, 영유아는 작은 원이 익숙한 점프 동작을 반복하면 더 길게 응시하였다. 이것은 '장애물'이 부재한 상황에서 새로운 보다 효율적인 직선 경로(합리적 접근)를 취하는 것과 비교하여 더 이상 '현명한' 목표 접근 방식으로 간주되지 않았다. 그러나 이러한 응시 시간의 차이는 습관화 단계에서 시작부터 '장애물'이 없다는 점만 달랐고, 따라서 작은 원이 비합리적인 방식으로 빈 공간을 뛰어넘어 큰 원에 접근했던 통제 조건에서는 관찰되지 않았다. 이는 영유아가 상황의 제약(즉, '장애물'의 존재)하에서 결과 상태를 가져오는 합리적이고 효율적인 수단으로 행위(뛰어넘는 접근)를 평가한 경우에만, 행위의 목표로서 목표 상태(큰 원에 접촉)를 귀인했다는 것을 제안한다.

이러한 결과를 바탕으로, 게르게이와 치브라(Gergely & Csibra, 1997; Csibra & Gergely, 1998)는 생후 9개월경 영유아는 목표 지향적인 공간적 행동을 '목적론적 자세(teleological stance)' 또는 '합리적 행위의 순진한 이론(naive theory of rational action)'상에서 해석할 수 있게 된다고 제안했다. 목적론적 설명은 인과적인 설명과 두 가지 측면에서 상이하다. ① 설명하는 요소가 지시하는 것은 설명될 행위와 다른 시간적 관계에 있다. 목적론적 해석은 행위에 뒤따르는 결과를 지시하지만, 인과적 설명은 사건 이전의 일부 필요조건을 가리킨다. ② 이것들은 상이한 수용 기준을 사용한다. 인과적 설명은 발생적인 원천을 제공하여 행위를 필요하게 하는 선행 조건을 선별한다. 대조적으로 결과 상태를 지시하는 것은 그것이 정당화될 때, 행동에 대한 목적론적 설명(이유)으로 수용된다. 즉, 현실의 제약을 고려할 때 그 행동은 목표 상태를 가져오는 분별 있는 방식으로 간주될 수 있다.

목적론적 해석 체계는 행동(action: A), 목표 상태(goal state: G), 물리적 현실의 유의미한 제약 (relevant constraints: RC)의 세 가지 표상 요소들 간의 설명적 관계를 확립함으로써 목표 지향적 행위를 표상한다. 앞의 사례에서 유의미한 제약은 장애물의 존재 또는 부재다. 이러한 목적론적 은 표상은 주체가 물리적 현실의 제약하에서 가장 합리적이거나 또는 효율적인 방식으로 목표를 추구한다고 가정하는 '합리적 행위 원칙'에 기반한다. 게르게이(Gergely)와 치브라(Csibra)는 합 리적 행위 원칙에 의존하여, 1세 영유아가 다른 두 가지 요소에 대한 지각적 정보가 제공되었을 때, 세 표상 요소(A, G, RC) 중 나머지 하나를 추론할 수 있음을 보여 주었다(Csibra et al., 1999; Csibra, Bíró, Koós, & Gergely, 2002; Gergely & Csibra, 1998, 2000 참조).

성인은 "작은 원이 다른 원에 도달하기를 원하고, 장애물을 관통할 수 없다고 생각하기 때문 에 뛰어넘어 간다"와 같이, 정신화 관점에서 목표 지향적인 점프 행위를 설명하는 경향이 있다 (Heider & Simmel, 1944 참조). 그러나 이러한 정신화적 귀인 없이, 실행 가능한 목적론적 해석을 하는 것이 가능하다. 이 해석은 영유아 자신이 표상한 목표 접근과 미래의 현실(큰 원에 접촉하는 목표 상태)을 제한하는 장애물의 존재와 같이, 현재 현실의 의미 있는 상태만을 참조하는 경우에 도 적용 가능하다. 따라서 영유아는 선행 욕구와 신념을 행위자의 마음에 귀인시키지 않고, 실 행 가능한 목적론적 행위 해석이나 예측을 구성할 수 있다. 따라서 게르게이와 치브라(Gergely & Csibra 1997; Csibra & Gergely, 1998)는 초기 형태에서, 영유아의 '목적론적 자세'는 목표 지향 적 행위에 대해 정신화적이지도 인과적이지도 않은 현실 기반 표상을 생성한다고 제안했다.[2]

제9장에서 우리는 목적론적 자세의 개념을 핵심으로 하는 발달정신병리 모델을 구축한다. 이 러한 논의를 앞두고, 우리는 지향적 자세의 사용이 정상 범위를 벗어난 생물학적 결함이나 사회 적 경험에 의해 단지 부분적으로 접근 가능하거나 또는 가로막힌 개인들이, 특히 애착 맥락에서

---

2) '목적론적 자세'의 표상적 요소들은 레슬리(Lesile)의 모듈주의자 주체성 이론의 두 번째 수준에 상응한다(마음이론 메커니즘 (Theory of Mind Mechanism; ToMM)/시스템 1). 이 두 번째 수준에서 주체의 행위적 요소는 '목적론적 인과성(teleological causality)' 측면에서 표상된다(Lesile, 1995). 그러나 레슬리(Lesile)의 시각에서는 행위자를 내적 '힘'을 가진 신체적 주체로서 나타내는 자기 추진적 운동과 같은 생득적인 특정 자극 단서에 의해 행위의 목적론적 해석이 촉발된다(Lesile, 1994). 프리맥 (Premack, 1990)과 바론-코헨(Baron-Cohen, 1994)의 대안적인 모듈주의자 접근에서는, 자기 추진이 행위자를 지향적 주 체로서 범주화하는 것을 직접적으로 촉발한다. 이러한 제안과는 대조적으로, 치브라 등(Csibra et al., 1999)은 주체 또는 애니 메이션의 운동 단서가 목적론적 해석의 발생에 필요하지도 또한 충분하지도 않다는 것을 보여 주는 증거를 제공했다. 그들의 견해에서 목표 귀인은 생득적으로 특정된 자극 단서의 지각이 아닌 합리적 행위 원칙의 적용 가능성에 기반한다. 그리고 목적 론적 해석은 상황적 제약을 고려한 행동의 타당한 조정의 지각의 결과로서 제공된다.

의 대인관계 행동의 해석에 있어 목적론적 자세로 빈번하게 후퇴한다고 주장하고자 한다. 이러한 사회적 현실에 대한 목적론적 구성의 지배가 일차적 정질적 자기 상태의 이차적 표상과 같은 지향적 자세의 구성 요소가 처음에 확고하게 확립되지 않았던 개인들에서 더 많을 것으로 생각되는 것에 주목해야 한다.

9개월 사회 인지 혁명은 또한 대상 또는 상황에 대한 공동주의와 관련된 영유아와 부모 간의 목표 지향적 협응 활동과 같은 일군의 질적으로 새로운 의사소통 행동의 창발에서도 나타난다(Carpenter et al., 1998; Corkum & Moore, 1995; Tomasello, 1995; Trevarthen & Hubley, 1978). 이 단계에서 영유아는 성인의 시선을 안정적으로 쫓기 시작하고(시선 쫓기), 자신의 행동을 수정하기 위해 익숙하지 않은 대상이나 상황에 대한 성인의 얼굴 및 음성 태도 표현에 적극적으로 주의를 기울이고(사회적 참조), 성인이 대상에게 행동하는 방식으로 대상에게 행동한다(모방 학습). 또한 영유아들은 성인의 주의와 행동을 대상이나 상황으로 향하게 하기 위해 가리키기 또는 물체 보여 주기와 같은 의사소통적 몸짓을 사용하기 시작한다(요청적 및 선언적 몸짓). 카펜터 등(Carpenter et al., 1998)은 이 일련의 '공동주의 기술들'(원요청적 및 원선언적 몸짓, 모방 학습, 협동 학습 및 지향적 교육을 포함)이 인간의 영유아에서 9~15개월 사이에 협응된 방식으로 창발한다는 것을 보여 주었다.

이 증거를 토대로 토마셀로(Tomasello, 1995, 1999)는 9개월경 영유아가 다른 사람을 이해하기 위해 질적으로 새로운 해석 체계를 사용하기 시작한다고 제안하며, 영유아에게 창발하는 합리적인 목표 지향적 행위를 해석하는 능력의 본질을 포착하는 대안적 이론을 발전시켰다. 그는 이를 '지향적 자세(intentional stance)'라고 하였다. 토마셀로(Tomasello, 1999)는 생애 첫해 말에 등장하는 공동주의 기술군이 [치브라-게르게이(Csibra-Gergely) 유형의 습관화 과제에서의 영유아의 수행과 함께] 지향적 주체로서의 다른 사람에 대한 새로운 이해에 동일하게 기반하는 상이한 행동적 표출이라고 주장한다.

토마셀로(Tomasello, 1999)에 따르면 지향적 자세의 창발은 두 요소에 의존한다. 첫째, 이것은 목표 상태를 그것을 가져오는 수단과 변별하는 능력뿐 아니라(Piaget, 1936), 목표를 실현하기 위해 주어진 상황에서 가장 합리적이거나 또는 효율적인 행위를 가능한 대안군에서 선택하는 것과 관련된 능력을 전제로 한다(Gergely et al., 1995 참조). 토마셀로(Tomasello)의 견해에서 영유아가 자신의 목표를 자신의 행위 도식과 별도로 표상하고, 유연한 수단-목표 협응을 시작하게 되면, 즉각적으로 다른 주체의 목표 지향적 행동을 의도 및 수단의 합리적 선택으로 해석할 수 있게 된다. 이 추론은 토마셀로(Tomasello) 이론의 두 번째 구성 요소에 의해 가능해진다. 그는 영유아가 '그들과 꼭 같은' 다른 인간과 '동일시'하고, 자신의 자기 경험과의 비유를 통해 주관적 지향적 상태를 그들에게 귀인한다고 가정한다. 그러므로 9개월경 행위 산출에서 수단-목표 협응과 또한 타인의 의도적인 목표 지향적 행위를 이해하는 능력의 동시적인 창발은 영유아 자신이 목표와 가능한 수단에 대해 자기 자신의 지향적 행위의 분화되고 협응된 표상을 획득하였을 때에만, 목표 귀인과 합리적 수단의 선택에 대한 타인의 지향적 행위를 시뮬레이션할 수 있게 된다는 사실에 의해 설명된다.

9개월 사회 인지 혁명에 대한 게르게이(Gergely)와 치브라(Csibra)의 '목적론적 자세' 설명과 토마셀로(Tomasello)의 '지향적 자세' 설명을 비교할 때, 우리는 두 접근 방식을 구별하는 세 가지 명확히 관련된 이론적 이슈를 확인할 수 있다. 이것은 ① 시뮬레이션의 역할, ② 목표 지향적 주체로서의 자기 대 타인의 이해 메커니즘, ③ 정신화의 이슈다.

1. **목표 지향적 주체로서의 타인 이해에서 시뮬레이션의 역할: 전체 시뮬레이션 vs. 초기 시뮬레이션.** 지향적 행위의 이해에서 시뮬레이션론자의 이론들은 욕구나 의도와 같은 심적 상태가 타인의 행동이 '나와 꼭 같은(Just like me)' 것으로 지각되는 한에서 타인에게 귀인된다고 가정하는 경향이 있다. 멜초프(Meltzoff, 1995)의 중요한 입증은 자주 인용되는 예다. 여기에서 18개월 아이는 인간 모델이 실패한 시도를 인식하는 것을 관찰하였을 때, 기저하는 의도를 추론하고 재연하지만, 동일한 행위를 '나와 꼭 같은' 방식으로 하지 않는 로봇이 수행했을 때에는 그렇게 하지 못했다. 그러나 모방이 관여하지 않는 습관화 연구에서, 게르게이와 치브라(Gergely & Csibra, 1998; Csibra & Gergely, 1998; Csibra et al., 2002)는 행위자가 인간이 아니고 얼굴 특징이나 생체역학적인 운동 특징이 없는 컴퓨터가 산출한 2차원 디스크인 경우조차 12개월 영유아가 불완전한 행위의 목표를 이미 추론할 수 있다는 것을 보여 주었다. 실제로 치브라와 동료들(Csibra et al., 1999)은 이차원 디스크인 행위자의 행동이 '나와 꼭 같다'는 판단을 촉발할 것으로 기대될 수 있는 자기 추진적, 불규칙적, 생체역학적 운동과 같은 모든 활동적 또는 주체적 단서가 부족한 경우에조차 9개월의 이른 월령에서의 목표 귀인을 보여 주었다. 따라서 이러한 결과는 초기 목표 귀인이 사실상 사람이나 움직이는 주체에 국한되지 않는다는 것을 제안한다. 그러면, 멜초프(Meltzoff)의 18개월 피험자들이 목표 지향성을 시사할 수 있는 행동을 하는 무생물 로봇을 모방하지 않은 이유는 무엇일까? 치브라와 동료들(Csibra et al., 1999)은 이것이 인간 행위에만 제한된 목표 귀인이라기보다는 모방이기 때문일 수 있다고 제안했다. 사실상, 레거

스티(Legerstee, 1991)는 인간과 무생물 대상의 유사한 행위 수행을 보여 주었을 때, 영유아가 인간 모델만을 모방한다는 것을 제안하는 증거를 제시했다.

위의 결과는 초기 목표 귀인이 적어도 초기에는 표면적 행동이 '나와 꼭 같은' 판단을 보증하는 사람 또는 생물 주체의 영역에 국한되지 않는 다소 일반적인 과정일 수 있음을 시사한다. 이것은 결국 자기에의 비유를 통한 시뮬레이션이 타인의 목표 지향적인 의도적 행위의 해석을 매개하는 유일한 (또는 그것에 관해서 가장 중심적인) 메커니즘이 아닐 수 있다는 것을 제안한다.

토마셀로(Tomasello)의 '지향적 자세'와 대조적으로 게르게이(Gergely)와 치브라(Csibra)의 '목적론적 자세'는 시뮬레이션을 주요 기반으로 하지 않는다. 오히려 타인에 의해 또는 자기에 의해 수행되었는지에 상관없이, 영유아의 '합리적 행위에 대한 순진한 이론'이 목표 지향적 행위에 직접적으로 적용 가능한 것으로 본다. 이 이론의 핵심 요소는 관찰된 행위가 특정 상황에서 목표 상태를 가져오는 효율적인 수단을 구성하는지 여부에 대한 평가의 과정을 추진하는 합리적 행위의 원칙이다. 이 판단은 단단한 장애물의 불침투성과 같은 상황적 제약과 행위자를 특징짓는 생물학적 및 성향적 제약에 대한 영유아의 가용 지식을 바탕으로 한다. 이 후자의 요점을 설명하자면, 목표에 대한 직진의 접근이 인간 행위자에게 가장 효율적인 수단으로 판단될 수 있는 반면, 캥거루의 경우에는 영유아가 캥거루의 껑충껑충 뛰는 우위적인 성향을 안다고 가정할 때, 껑충껑충 가는 접근이 더 적절해 보일 수 있다. 따라서 주체에 대한 유의미한 정보는 그러한 성향이 자기의 성향과 상응하지 않는 경우에도 합리적인 목표 지향적 행위의 평가에 영향을 줄 수 있다.

그럼에도 불구하고 시뮬레이션은 게르게이(Gergely)와 치브라(Csibra)의 목적론적 모델에서 중요한 역할을 한다. 우리는 이것을 '초기 시뮬레이션(default simulation)'이라고 부를 수 있다. 만약 주체의 성향적 제약에 대해 사용 가능한 사전 지식 또는 현재의 지각적 증거가 없다면 영유아는 자기와 유사한 것으로, 따라서 가능한 행위에 대한 동일한 제약의 대상으로서 초기 상태로 그 주체를 시뮬레이션할 것이다. 그러나 시뮬레이션은 타인에 대한 의미 있는 정보가 부족할 때에 물러나는 초기의 선택일 뿐이다. 사실상 치브라와 게르게이(Csibra & Gergely, 1998)는 최근 주체의 성향에 대한 지각적 정보가 주체가 쫓을 특정 목표 접근이 무엇인지에 대한 영유아의 기대를 실제로 수정할 수 있다는 것을 보여 주었다.

2. **자기 vs. 타인의 이해.** 토마셀로(Tomasello)의 시뮬레이션 학자들의 설명의 필연적 결

과로, 그는 영유아가 타인의 행동을 의도적이고 목표 지향적인 것으로 이해할 수 있기 전에, 우선 지향적 노력의 느낌과 같은 내성적 증거에 주로 기반하여 행위 도식의 수단—목표 분화와 자기 자신의 행위와 관련된 이것의 효과의 이해를 성취해야만 한다는 견해를 보인다(Piaget, 1936; Tomasello, 1999). 토마셀로(Tomasello)에게 이것은 타인의 행동을 목표 지향적이고 의도적인 것으로 시뮬레이션하기 위한 표상적 전제 조건이다. 그러나 지향적 행위의 이해가 정말로 타인보다는 자기와 관련되어 먼저 성취되는지 여부는 확인하기 어렵다. 이것은 이러한 이해를 제안하는 행동적 증거가 7~9개월 사이이경에 목표 지향적인 의도적 행위를 생산하고 해석하는 것 모두에서 다소 동시적으로 창발하기 때문이다. 토마셀로(Tomasello, 1999)는 자기 자신의 행위와 관련한 수단—목표 분화가 성취되자마자, 또한 즉각적으로 다른 주체의 지향적 행위의 이해를 위한 시뮬레이션에 적용된다고 제안하며 이 창발의 동시성을 설명한다.

지향적 행위를 이해하는 것이 주로 자기 상태에 접근하는 것에 의존한다는 것을 보여주는 발달상의 비동시성은 없다. 지각된 행위에 대한 의식적 주체 판단을 하는 데 있어 내적 정보에 의존하는 성인의 능력에 관한 문헌에서는 내적 단서보다는 신체외부감각적 정보(예를 들어, 시각적 정보)의 우세를 보여 준다(Jeannerod, 1997; Pacherie, 1997). 생후 6개월 및 9개월 아이의 변별 학습에서 고유수용감각적(머리 방향) 단서에 대한 신체외부감각적(시각적) 단서의 우세를 보여 주는 증거가 있지만, 우리는 영유아기의 지향적 행위의 내적 상관의 대한 내성적 접근 가능성의 정도에 대해서는 더 적게 안다(Colombo et al., 1990). 따라서 게르게이와 왓슨(Gergely & Watson, 1996, 1999)은 신체외부감각적 자극에 기반한 학습이 사실상 영유아기에 우선권을 가질 수 있으며, 상이한 정서적 및 지향적 상태와 관련된 내적 단서에 대한 민감성이 유관성 탐지 및 '사회적 바이오피드백' 과정의 작용으로 발달할 수 있다고 주장했다(이전 내용 참조).

따라서 이러한 고려는, 자기 및 타인의 지향적 행위 이해 창발의 명백한 동시성과 함께, 자기 지식의 발달이 9개월 혁명에서 우선권을 누리지 못한다는 관점과 양립될 수 있다. 이 맥락에서, 게르게이와 치브라(Gergely & Csibra, 1997)의 영유아의 목적론적 자세 이론은 합리적 행위의 추론 원칙이 타인과 자기에 동시적으로 목표 지향적 행위에 대한 질적으로 새로운 수준의 이해를 가져온다는 주장을 유지한다. [주체를 이해하는 것에 있어 '일인칭적 특권'의 우월성에 대한 데카르트 사상의 개념에 반대하는 주장에 대해서는 Dennett 1987; Gopnik, 1993 참조]

3. **정신화의 기원.** 토마셀로(Tomasello, 1995, 1999)에게 9개월의 지향적 자세는 (자기뿐 아니라) 다른 주체의 행위가 욕구 및 의도와 같은 인과적 심적 상태에 의해 야기된다는 이해의 첫 등장을 나타낸다. 이 주장에 대한 토마셀로(Tomasello)의 증거는 두 가지다. ① 그는 원선언적 몸짓과 같은 9~15개월 사이에 나타나는 공동주의 기술들 중 적어도 일부는 (Carpenter et al., 1998 참조) 주의와 같은 다른 주체의 지향적 심적 상태에 대한 이해(그리고 영향)와 관련된 것으로 보인다는 중요한 사실을 강조한다(Leslie & Happé, 1989 참조). ② 토마셀로(Tomasello)의 시뮬레이션론자적 관점은 9개월 된 아이가 자기 자신의 내적으로 경험한 주관적 심적 상태(주의, 의도)를 참조로, 타인의 관찰 가능한 행동의 심적 원인을 시뮬레이션을 하는 것을 통해, 타인의 목표 지향적 행위의 인과적 조건을 표상하기 시작한다는 것을 의미한다. 이것은 '나와 꼭 같게' 지각되는 다른 사람의 주관적 관점과 '동일시' 하는 인간 특이적 진화적 적응에 대한 가설에 의해 설명 가능하다. 토마셀로(Tomasello)에게 생후 1년 말 공동주의 기술군의 협응적 창발은 심적 시뮬레이션에 대한 이러한 성향에 의해 뒷받침된다.

이 견해를 뒷받침하며, 토마셀로(Tomasello, 1999)는 영장류가 자연 환경에서 공동주의 기술들을 습득하지 못하는 이유는 자기 자신의 행위와 관련한 수단과 목표의 분화된 표상을 성취할 수 없기 때문이 아니라고 주장한다. (그들은 명확히 그것을 달성한다. 영장류 인지에 대한 문헌 고찰은 Tomasello & Call, 1997 참조) 오히려 영장류에게 부족한 것은 다른 주체의 주관적 관점에 대해 '동일시'하는 인간 특이적인 생물학적 적응이다. 즉, 영장류는 다른 주체의 주관적 경험을 심적으로 시뮬레이션하는 능력이 부족하다.

대조적으로, 게르게이와 치브라(Gergely & Csibra, 1997; Csibra & Gergely, 1998)는 9개월 아이의 목표 지향적인 합리적 행위에 대한 이해를 매개하는 목적론적 자세가 인과적인 지향적 심적 상태를 표상하는 능력에 아직 귀인하지 않는 간결한 모델이 될 수 있다고 주장한다. 이들의 견해에서(Csibra & Gergely, 1998; Gergely & Csibra, 2000 참조), '순수한' 목적론적 해석 체계의 요건은, 이후의 마음이론의 요건보다 덜 엄격하다. 왜냐하면 목적론적 이해는 신념 및 욕구(Fodor, 1992; Leslie, 1987, 1994) 또는 지향적 마음 상태의 표상적 본질에 대한 이해(Perner, 1991)와 같은 명제적 태도 상태의 표상을 요구하지 않기 때문이다. 따라서 목적론적 체계는 그것의 설명적 요소가 해석하는 이 자신의 (현재 및 미래의) 현실 상태의 표상과만 관련되기 때문에 존재론적으로 더 제한적이고, 타인의 지향적 심적 상태의 추론 및 귀인과 관련되지 않기 때문에 산출적으로 더 단순하다. 또한 이것은 지각이 지식을 가져온다는 사실과 같은 신념 고착의 인과적 조건 (Leslie, 1995)을 이해하지 않고도 작동할 수 있다. 이러한 차이는 사실상 9개월경 이러한 해석의 상당히 이른 등장을 설명하는 것에 도움을 준다.

물론 게르게이(Gergely)와 치브라(Csibra)의 습관화 연구 결과가 이러한 '빈약한' 비정신화적인 해석을 직접적으로 필요로 하는 것은 아니다. 예를 들어, 켈레멘(Kelemen, 1999)은 영유아의 이러한 과제에 대한 초기 역량이 이미 행위자에게 욕구 또는 의도와 같은 심적 상태를 귀인하는 것을 반영할 수 있다고 제안했다. 이러한 견해를 어떻게 경험적으로 구별할 수 있을까? 켈레멘 (Kelemen)의 목적론적 추론의 정신화적 해석은 영유아의 목적론적 관계와 그것에 대한 지향적 마음 상태의 이해가 독립적인 것이 아니라, 주체에게 인과적 심적 상태를 귀인하는 기저된 동일한 생득적 능력의 측면이라고 제안한다. 이 견해에서는 두 유형의 능력이 어떤 유기체 또는 종에서 동시에 존재하거나 또는 부재하여야만 한다고 예측한다. 따라서 목적론적 해석을 위한 능력과 인과적인 지향적 마음 상태의 이해 간의 해리는 이 입장에 대한 잠재적인 반증을 나타낸다.

이와 대조적으로 게르게이와 치브라(Gergely & Csibra, 2000; Csibra & Gergely, 1998)가 주장하는 '독립적 목적론(independent teleology)'의 입장은 목적론적 자세가 목표 지향적이고 합리적인 공간적 행동을 해석하고 표상하기 위해 마음이론과는 독립적으로 진화했을 수 있는 생물학적 적응이라는 주장을 유지한다. 진화적 환경에서 수많은 종(쥐 포함, Tolman, Ritchie, & Kalish, 1946 참조)에서의 행동의 목표 지향적 조직화의 광범위한 존재는 목표 지향적 행위의 변별과 예측에 특화된 메커니즘의 진화에 선택적 압력을 가했을 수 있다. 이 견해에서 정신화적인 '마음이론' 자세는 현실의 상태(현재 및 미래) 표상뿐 아니라 허구적 또는 반사실적 상태의 심적 표상을 심적으로 표상된 명제적 태도 관계의 형태로 포함시킴으로써 목적론적 자세의 존재론적 강화를 이끄는 추가적인 생물학적 적응을 나타낸다(Fodor, 1992; Leslie, 1987, 1994).

따라서 목적론적 자세는 실제하는 현실의 측면을 진실하게 표상하는 인과적 심적 상태에 의해 야기된 지향적 행위의 (제한된) 영역에서만 유용한 해석 전략이 될 수 있다. 이는 이러한 경우에 행위의 목적론적 해석이 행위자의 현실에 대한 심적 표상을 고려하지 않고, 직접적으로 현실에 기반할 수 있기 때문에 그러하다. 그러나 목적론적 자세는 행위자의 인과적 마음 상태가 가장 또는 틀린 신념 기반 행위와 같이 허구적 또는 반사실적 현실을 표상하는 지향적 행위일 경우 무너질 것이다. 이것은 지향적 행위의 정신화적 이해가 부족하지만, 손상되지 않은 (현실 기반) 목적론적 추론 능력을 보일 수 있는 유기체 또는 종 내의 해리 가능성을 예측한다.

현 명제의 임상적 유용성은 목적론적 사고가 반드시 지향적 자세 또는 정신화에 대한 지식을 수반하는 것은 아니라는 가정에 있다. 제9장~제11장에서 우리는 깊은 성격장애를 가진 일부 개인들이 애착 맥락에서 지향적 자세를 활용할 수 없지만 목적론적으로 생각할 수 있고, 이로 인해 이들의 사회적 관계에 큰 손상을 줄 수 있다는 가정과 일치하는 임상적 증거를 검토한다.

아래에서는 '독립적 목적론' 입장을 선호하는 것으로 보이는 두 유형의 해리[3]의 증거를 고려한다(Gergely & Csibra, 2000, 참조).

해리 1:
자폐 아동의 손상된 마음이론, 손상되지 않은 목적론적 이해

자폐 아동은 틀린 신념과 같은 지향적 마음 상태를 타인에게 귀인하는 것이 요구되는 과제에서 저조한 수행을 보인다(Baron-Cohen, Leslie, & Frith, 1985; Leslie & Thaiss, 1992). '마음이론 손상' 설명에 따르면, 아동기 자폐는 지향적 심적 상태의 표상을 가능하게 하는 생득적 '마음이론' 모듈의 유전적 결함으로 인한 원발성 인지 기능장애다. 따라서 목적론적 해석이 항상 지향적 마음 상태를 표상하는 것과 관련된다면, 자폐 아동은 치브라–게르게이(Csibra–Gergely) 유형의 영유아 습관화 연구에서 사용된 것과 같은 목적론적 추론이 필요한 과제에서 동일하게 손상되어 있을 것이다(Csibra et al., 1999; Gergely et al., 1995). 대조적으로, '독립적 목적론'의 입장은 자폐 아동이 목표 지향적 행위의 해석을 위한 손상되지 않은 현실 기반 '목적론적 자세'를 가질 수 있는 반면, 전반적인 상위 표상 결함으로 인해(Leslie, 1994), '적절한' 마음이론을 형성하기 위해 자신의 목적론을 존재론적으로 강화하지 못할 수 있다고 예측한다.

예를 들어, 아벨, 하페, 퍼스(Abell, Happé, & Frith, 2001)의 연구는 이러한 해리의 증거를 제공한다. 자폐 아동군과 짝지은 대조군에서 사건에 대한 언어적 설명을 촉발시키는 삼각형과 같은 추상적 도형을 이용한 세 유형의 컴퓨터 애니메이션 사건을 보여 주었다. 임의적인 애니메이션 조건에서 삼각형은 상호작용을 하지 않고, 공간을 유영하고 가장자리에서 부딪혀 반동하며 목적 없이 서로 독립적으로 주변을 움직였다. 목표 지향적 애니메이션 조건에서는 한 삼각형이 다른 삼각형의 행동을 쫓거나, 추격하거나, 싸우는 등으로 반응하는 것이 포함되었다. 마음이론 애니메이션 조건에서는, 예를 들어, 유혹하기, 숨바꼭질하기, 달래기, 놀리기 등과 같이 한 삼각

---

3) 여기서 '해리'는 정신의학적 맥락이 아닌 논리학적 맥락에서 사용된 것이다.

형이 다른 것의 심적 상태에 반응했다. 정상 성인은 임의적인 과제에서는 물리적 행위 설명을 두드러지게 활용하였고, 목표 지향적 사건에서는 목적론적 상호작용 설명을, 마음이론 과제에서는 정신화적 설명을 두드러지게 활용하였다. 흥미롭게도, 고기능 자폐 아동의 경우 마음이론 과제에서 정확한 정신화적 설명을 제공하는 것에서는 짝지은 대조군만큼 잘하지 못한 반면, 물리적 또는 목적론적 설명을 제공하는 능력에는 차이가 없었다. 따라서 이들의 수행은 이들의 손상되지 않은 목표 지향적 상호작용을 목적론적으로 해석하는 능력과 이들의 손상된 마음이론 사이의 해리를 보여 준다.

올드리지, 스톤, 스위니, 바우어(Aldridge, Stone, Sweeney, & Bower, 2000)는 18개월 정상 영유아에게 성인 모델의 의도한 행위를 실현하는 것에 대한 세 번의 실패 시도를 목격한 후 성인 모델이 수행하려고 의도한 목표 지향적 행위를 추론하고 재상연하도록 하는 멜초프(Meltzoff, 1995) 과제(위 참조)를 자폐 아동에서 흥미롭게 반복검증하여 보고하였다. 올드리지와 동료들(Aldridge et al.)은 자폐 아동이 혀 내밀기와 같이 목표 지향적이지 않은 성인의 몸짓을 모방할 때 통제군보다 훨씬 수행이 나빴지만, 그럼에도 불구하고 모델의 실패한 시도에서 암시되는 의도된 (하지만 실제로 관찰하지는 않은) 목표 지향적 행위를 재현하는 것에 어려움이 없다는 것을 발견했다. 올드리지와 동료들(Aldridge et al.)은 이 발견이 자폐 아동이 행위자의 마음에 심적으로 표상된 의도를 추론하고 귀인한다는 것을 보여 준다고 주장하는데, 이 결과는 아동 자폐의 마음이론 결함 설명을 고려할 때 모순적인 것으로 보인다고 하였다. 멜초프(Meltzoff)는 보다 조심스러운 견해를 피력하며, 18개월 된 "영유아는 마음의 기저하는 심적 상태를 아직 고려하지 않은 채, 인간의 행위가 목표를 가지고 있다고 생각할 수 있다"고 제안한다(1995, p. 848). 이것은 사실상 목적론적 자세의 가정과 정확하게 부합한다(Gergely & Csibra, 1997). 올드리지 등(Aldridge et al.)의 연구 결과는 따라서 자폐 아동의 (타인의 마음 상태에 대한 가정을 반드시 요구하지는 않는) 행위를 목표 지향적인 것으로 해석하는 능력이 타인의 지향적 심적 상태를 추론하는 능력에 대한 이들의 결핍에 영향을 받지 않는다는 명제에 대한 추가적인 증거라고 볼 수 있다.

우리가 보았듯이 토마셀로(Tomasello, 1999)는 비인간 영장류가 '그들과 꼭 같이' 행동하는 타인의 내적 경험을 '동일시'하는 인간 특이적인 진화적 적응이 결여되어 있다고 주장한다. 이 결과, 이들은 9개월 인간 영유아와 비슷한 방식으로 자신의 목표 지향적 행위의 수단-목표 협응을 성취함에도 불구하고, 이러한 자기 표상을 다른 주체의 목표 지향적 행위를 추진하는 인과적인 지향적 마음 상태의 시뮬레이션을 위해 사용할 수 없다. 지향적 자세를 취할 수 없는 이러한 불능은 비인간 영장류가 인간 영유아에게 9~15개월 사이에 창발하는 일련의 의사소통적 공동주의 기술들(Carpenter et al., 1998)을 일반적으로 발달시키지 못하는 이유를 설명할 수 있다. 이 일련의 기술들은 지향적 자세를 취하는 능력에 의존하는 것으로 여겨진다.

유인원에 대한 인간 문화화(enculturation)의 영향에 대한 문헌 고찰에서, 토마셀로(Tomasello, 1999; Call & Tomasello, 1996)는 부분적으로 이 이론적 견해와 상충하는 입장을 취했다. 그는 인간에 의해 길러진 침팬지에게서 두 가지 '공동주의 기술'이 창발한다고 보고한다. 이 기술들은 물체를 획득하기 위한 원요청적 가리키기와 모방 학습을 통한 새로운 대상 지향적 행위의 획득이다. 그러나 인간에 의해 길러진 침팬지가 원선언적 몸짓 또는 지향적 교육과 같은 다른 공동주의 행동군을 성취하는 것으로 보이지는 않는다. 하지만 토마셀로(Tomasello)가 가정한 것처럼, 만약 '동일시'를 통해 타인의 지향적 상태를 시뮬레이션하는 인간 특이적인 생득적 능력이 정말로 이러한 모든 공동주의 기술들의 전제 조건이라면 인간이 키운 유인원이 어떻게 이러한 부분적인 지향성의 이해를 발달시킬 수 있을까?

비인간 영장류는 지향적 마음 상태를 표상하는 생득적 능력이 부족하지만, 그럼에도 불구하고 목표 지향적인 행위를 해석하기 위해 비정신화적인 목적론적 자세를 적용할 수 있다는 견해를 수용하면, 인간이 키운 침팬지가 어떻게 이 특정한 '공동주의 기술들'의 하위 기술군(즉, 원요청적 가리키기 및 모방학습)을 발달시키는지 설명할 수 있게 된다. 이러한 기술들과 예를 들어 원선언적 의사소통 또는 지향적 교육과 같은 것의 결정적인 차이는 이것들이 목표가 외부 현실의 눈에 보이는 변화를 포함하는 목표 지향적 활동으로 구성되어 있다는 것이다. 대조적으로, 원선언적 의사소통은 타인의 보이지 않는 지향적 마음 상태를 야기하거나 수정하는 것을 목표로 한다. 의미 있게도 자폐 아동 또한 목적론적으로 해석할 수 있는 목표 지향적 행위인 원요청적 가리키기 몸짓을 산출하고 이해할 수 있지만, 목표의 정신화적인 구성을 요구하는 원선언적 가리키기를 이해하거나 산출하는 데 실패한다(Baron-Cohen, 1991).

인간과 유인원에 모두에서 공통적인 비정신화적인 목적론적 해석 체계는 유인원이 원요청적 의사소통 행위 또는 모방학습 상황에서 모델로 제시된 새로운 도구적 행위를, 겨냥하는 목표 상태를 가져오는 수단과 분화하여 행위 목표로서 가시적인 결과의 측면에서 분석하고 표상할 수 있게 한다. 나아가 인간에 의한 양육은 모델링, 조성, 선택적 보상 등을 통해 모델링된 특정 수단에 구체적으로 주의를 주고 모방적으로 산출하도록 유인원을 가르칠 수 있고, 따라서 대적(emulation)에서 볼 수 있듯이 현저한 결과 상태에만 선택적으로 주의를 주는 유인원의 자연적으로 지배적인 경향을 극복할 수 있게 한다. 그러나 문화화로 타인의 지향적 마음 상태를 유발하고, 공유하고, 수정하는 것과 같은 비가시적이고 심적인 행위 목표를 표상하도록 유인원을 교육시킬 수는 없다. 유인원은 지향적 · 심적 상태를 표상하는 마음이론 능력이 결여되어 있기 때문이다.

결론적으로, 우리는 타인의 의도와 같은 지향적 마음 상태를 표상하고 귀인하는 인간 특이적 능력과 독립적으로, 비정신화적인 목적론적 자세가 진화했을 수 있다는 견해를 지지하는 두 유형의 해리 증거를 검토했다. 이 목적론적 해석 체계는 목표 지향적인 합리적 행위를 산출하고 타인의 이러한 행위를 해석하는 질적으로 새로운 능력의 창발과 관련된 인간 영유아의 9개월 사회 인지 혁명을 간결하게 설명한다. 목적론적 자세가 인간 정상 영유아에서 9개월경 나타날 뿐 아니라 비인간 영장류와 자폐 아동에게서도 또한 나타난다고 제안하는 증거가 있다. 그러나 후자의 두 경우는 정신화적 · 지향적 자세가 결여된 것으로 보이는데, 이것은 우리가 타인의 마음을 이해하고 소통할 수 있도록 진화된 추가적인 인간 특이적 적응인 것으로 보인다.

▌'지향적 심적 주체'로서 자기와 타인의 이해

인간 발달에서 다음의 질적 단계는 미래의 목표 지향적 행위를 설명하거나 예측하기 위해 '사전 의도(prior intentions)'(Searle, 1983)를 타인과 자기에게 귀인하는 창발하는 능력이다. 2세경이 되면 영유아는 타인이 이전에 또는 실제로 행위하지 않은 채 사전 의도 또는 욕구를 가질 수 있다는 것을 이해하는 첫 징후를 보이고, 목표 지향적 행위 자체를 관찰하는 것 이외의 증거로부터 이러한 사전 의도를 타인에게 귀인할 수 있다. 이것은 지향적 심적 상태(정신화)를 표상하는 능력을 명확히 시사하며, 추론된 사전 의도로부터 목표 지향적 행위를 예측하는 능력은 심적 인과관계 측면에서 생각하는 능력을 시사한다.

2세경 인과적 지향에 대한 이러한 정신화적 이해의 등장에 대한 증거는 여러 문헌에서 나온다(최근 문헌 고찰은 Wellman & Phillips, 2000 참조). 예를 들어, 바치와 웰먼(Bartsch & Wellman, 1995)은 2세 영유아들이 자발적으로 자기 자신이나 다른 사람의 특정 욕구에 대해 주로 '원한다(want)'는 단어를 사용하여 언어적 참조를 사용한다는 것을 보여 주었는데, 욕구 기반 행위가 아직 수행되지 않았거나 또는 실행된 행위가 그 귀인된 욕구를 충족시키지 못했을 때조차도 그러했다. 이 연령에서 욕구나 의도에 대한 언어적 참조는 또한 2세 아이들이 자신과 타인의 주관적 욕구 상태를 구별할 수 있다는 것을 명확히 보여 준다. 레파촐리와 고프닉(Repacholi & Gopnik, 1997)은 18개월 된 아이가 실험자에게 무언가 먹을 것을 주라고 요구 받았을 때, 아이들이 실험자에게 사전에 실험자가 좋아한다는 표현(처음 음식 품목을 마주했을 때 '우웩' 또는 '얌얌'이라고 말하며)을 한 특정 음식 품목(브로콜리와 금붕어 과자 중)을 제공한다는 것을 보여 주었다. 따라서 이들은 자기 자신의 선호와 타인의 욕구가 다를 때조차, 이전의 다른 행위에 기반하여 사전에 타인에게 귀인한 욕구의 특정 내용을 고려하면서 실험자에게 음식을 주는 자기 자신의 목표 지향적 행위를 조정했다. 대조적으로 14개월 아이들은 타인의 유의미한 사전 의도를 고려하지 못한 채 자신의 선호에 기반하여 선택하며 자기 자신이 좋아하는 음식 품목을 실험자에게 주었다.

친사회적 행위를 이끄는 관심에 대한 성숙한 공감적 반응 또한 2세 동안 등장한다(Hoffman, 2000; R. Thompson, 1998; Zahn-Waxler & Radke-Yarrow, 1990). 이 연령의 영유아들은 타인에게 주관적 감정 상태를 귀인할 수 있고, 자기 자신의 느껴진 감정과 이 상태를 구별할 수 있는데, 이는 타인의 감정 상태를 수정하는 것을 목적으로 하는 목표 지향적인 친사회적 행위를 고안하는 능력에서 보여진다.

2세 이후부터 어린아이들은 또한 다른 유형의 지향적 심적 상태 사이에 존재하는 인과적 연결에 대한 약간의 민감성을 보이기 시작한다. 예를 들어, 아이들은 주어진 행위에 의해 충족되지 못한 욕구가 기쁨보다는 슬픔 또는 좌절감을 촉발하고, 추가적인 대안적 목표 지향적 행위를 생성할 것이라고 추론할 수 있다(Wellman & Phillips, 2000 참조).

따라서 이러한 연구 결과는, 2세경 영유아가 도구적 행위를 야기하는 힘을 가지고 있고, 다른 유형의 심적 상태와 인과적 연결을 가지고 있는 세상에 대한 가설적 상태(목표 상태)를 표상하는('겨냥'하는) 지향적 심적 상태로서 욕구에 대한 기초적인 개념을 가진다는 것을 명백히 시사한다. 이 표상 체계는 '순진한 마음이론'에 해당하는데(Fodor, 1992; Leslie, 1987; 1994; Leslie & Keeble, 1987), 여기에서는 세상의 일의 상태를 표상하고 인과적으로 서로 체계적으로 연결된 지향적 심적 상태에 의해 목표 지향적 행위가 야기된다고 본다.

특정 목표 지향적 행위와 분리될 수 있는 비교적 지속적인 인과적 지향적 심적 상태 측면에서 주체를 표상하는 능력 또한 아이들이 어떻게 행동을 예측하고 해석할 것인지에 대한 새로운 조건을 확립한다. 비슷한 상황에서 주 양육자 또는 형제자매와 같은 중요한 타인의 목표 지향적 행위의 유사한 유형에 대한 반복적 경험의 결과, 아이들은 일반화된 의도 또는 태도를 그들에게 귀인하기 시작할 것이다. 이것은 이러한 타인에 대한 표상의 안정적인 특징이 된다. 이러한 일반화되고 지속되는 특정 개인의 지향적 속성은 이들의 행동을 예측하거나 해석하기 위해 합리적 행위 원칙을 적용할 때, 상황적 및 성향적 제약에 더하여 추가적인 제약 요인으로 기능할 것이다. 이 시점에서 우리가 '심적 일관성의 원리(principle of mental coherence)'(Dennett, 1987 참조)라고 부를 수 있는 순진한 마음이론의 새로운 추론 원리가 작용하게 된다. 이것은 합리적인 주체의 인과적 지향은 모순적이지 않다는 가정이다. 아동은 잘 형성된 행위 예측을 산출하려면, 이 가정을 할 수 있어야 한다. 만약 주체의 의도가 모순된 목표와 관련된다면, 행위의 합리적인 과정을 추론하는 것이 불가능하다. 발달정신병리학에서, 자녀에 대한 행동이 학대적이고 해리적인 부모는 모순적인 일반화된 지향을 이들에게 귀인하는 추론적 기반을 제공한다. 이것이 발생한 경우 이것이 역기능적인 마음이론과 그에 따른 비조직화 및 분열과 관련된 자기 발달의 병리적 양상을 야기할 것으로 가정되고 있다(Fonagy, Target, & Gergely, 2000; Gergely, 2000; Gergely, Koós, & Watson, 출판 중 참조). 일반화된 의도나 태도를 귀인하는 능력의 발달적 왜곡은 경계성 장애의 넓은 임상적 특징에서 나타나는데, 특히 자기와 타인의 분열된 표상의 우세(제9장 참조) 및 외적 현실과 그 현실의 내적 표상 간의 구분에 대한 표상의 일반적 실패(제10장 참조)에서 나타난다.

2세 동안 자기 개념의 발달

주체를 일반화되고 지속적인 지향적 속성의 측면에서 표상하는 이 정신화적 지향적 자세를 적용하는 2세 아이의 능력은 또한 새로운 수준의 자기 이해를 가져온다. 토마셀로(Tomasello, 1993, 1999)는 (자기 발달의 사회적 구성주의의 오랜 전통을 유지하는 설명에 대해서는 Baldwin, 1902; Cooley, 1912; Fonagy & Target, 1997; Mead, 1934 참조) 주 양육자 및 또래에 의해 어린 아동에게 반복적으로 표현된 지향적 행위 및 태도는 아동이 자신의 사회적 파트너의 행동을 합리화하기 위한 시도로 일반화된 지향적 성향을 자신에게 추론하고 귀인하는 것을 야기한다고 주장한다. 이것은 '범주적' 자기 개념, 또는 자기 표상(제임스학파의 'Me')의 확립이 발생하는 방식이다(Harter,

1999; Lewis & Brooks-Gunn, 1979). 직접적으로 지각할 수 있는 '경험적' 자기의 특성과 달리, 이러한 자기 표상은 사회적으로 추론되는 일반화된 지향적 속성을 포함한다. 예를 들어, 발달 정신병리에서 비현실적으로 부정적인 자기 귀인은 애착 대상으로부터 아동이 받은 학대적이거나 심각하게 방임적인 처우를 합리화하기 위한 아동의 시도에서 발생하는 것으로 보인다(Allen, 1995, 2001; Cicchetti & Toth, 1994; Fonagy & Target, 1997; Fonagy, Target, & Gergely, 2000). '엠마(Emma)'(제10장)의 사례가 도움이 되는 설명일 수 있다. 양극성장애를 가진 자살 충동을 보이는 어머니와 편집성 정신증적 아버지에 의해 양육된 엠마는 미치고 예측할 수 없는 것으로 자신의 모습을 내면화하였고, 그것에 따라 행동하였다. 그러나 이러한 자기 구조로의 내면화는 생각과 느낌에서의 어려움에 대한 타인의 문제를 처리할 수 있는 유능하고 도움을 주는 사람으로서의 자신에 대한 엠마의 표상과 구분되고 분리되어 있었다. 임상적인 문제는 정신이 나가고 때로는 학대적인 보살핌 대상이, 정질적 자기의 표상으로서 동일한 표상 체계에 내면화되어 있고, 따라서 둘 다 제임스학파의 'Me'의 일부로 느껴진다는 것이다.

지속적인 속성이 있는 객관적 실체로서의 인지적 개념 또는 자기 표상의 발달적 기원은 또한, 초기 거울에서의 자기 인식에 관한 폭넓은 연구 결과를 기반으로, 2세 말과 연결지어져 왔다(Amsterdam, 1972; Gallup, 1991; Gallup & Suarez, 1986; Lewis & Brooks-Gunn, 1979; Parker, Mitchell, & Boccia, 1994). 그 이전에는 못하지만, 18~24개월 사이의 영유아가 자신의 코나 이마 위에 우연히 묻은 립스틱 자국을 자신에게 속한 것으로 거울에서 인식할 수 있다(거울상이 아닌 자기 자신의 몸에서 그것을 지우기 위해 시도한다는 사실에서 나타남)는 사실은 자신의 거울상에 대한 이전의 경험에 기반하여 영유아가 직접적으로 지각할 수 없는 자신의 얼굴의 시각적 특징을 자신의 자기 표상에 추론하고 귀인했다는 것을 나타낸다. 그러나 이 월령의 자기 개념의 표상적 본질에 대한 이러한 발견의 의미는 논란의 대상이 되어 왔다(Parker et al., 1994 참조). 일부 학자들(예: Bertenthal & Fisher, 1978; Menzel, Savage-Rumbaugh, & Lawson, 1985)의 경우 거울 자기 재인을 향상된 지각운동 기술의 측면에서 설명하지만, 반대편 극단의 갤럽(Gallup)과 그의 지지자들(예: Gallup & Suarez, 1986)의 경우, 이 능력이 자기 인식과 타인의 지향적 마음 상태 이해와 본질적으로 연관된 표상적 자기 개념의 획득을 의미한다고 주장한다. 그러나 이러한 거울 자기 재인에 대한 강한 정신화적 해석은 예를 들어, 마음이론이 결여된 것으로 여겨지는(Baron-Cohen et al., 1985; Call & Tomasello, 1999) 침팬지(Gallup, 1970)와 자폐 아동(Dawson & McKissick, 1984) 모두에서 거울 자기 재인을 관찰할 수 있다는 사실이 관찰되는 등으로 인해 여러 분야의 수많은 연구자에 의해 도전받았다(예: Gergely, 1994; R. W. Mitchell, 1993; Povinelli,

1995; Povinelli & Simon, 1998).

하우와 커리지(Howe & Courage, 1993, 1997)는 거울 자기 재인에서 입증되는 2세경 인지적 자기 개념의 등장은 개인적으로 경험된 사건에 대한 자서전적 기억의 전제 조건으로, 이 능력의 하한 경계를 나타낸다고 주장하였다. 이들의 관점에서, 잘 알려진 영유아기 기억상실 현상은 2세 이전 인지적 자기 개념의 결핍에 기인할 수 있다. 개인적 사건 기억을 통합되고 일관된 기억 구조로 조직화하는 것은 이후 자서전적 회상을 가능하게 하는데, 이것은 시간적 및 인과적 연속성이 있는 객관적 실체의 표상으로서 자기의 인지적 개념이 확립되는 것을 통해 가능하게 된다고 이들은 제안한다. 이것은 개인적 경험의 특정 기억 흔적이 부호화된다는 측면에서 일반적인 개념 도식을 제공한다. 다음의 마지막 절에서 우리는 거울 자기 재인이 현재와 연결된 자기['현재 자기(the present self)' Povinelli, 1995 참조]에 대한 제한적 이해만을 나타낼 수 있다고 제안하는 자기 개념 발달에 대한 일부 흥미로운 새로운 발견을 검토한다. 자기에 의해 경험된 과거의 사건들이 인과적으로 현재 자기와 통일된 자기 개념['적절한 자기(the proper self)', W. James, 1890 참조]으로 통합되는 자서전적 기억에 기저하는 시간적으로 '확장된 자기(extended self)'의 구성은 표상 능력의 추가적인 발달을 요구하는 것 같다. 이것은 4~5세경이 되어서야 성취되는 것으로 보인다.

▎'표상적 주체'로서 자기와 타인의 이해 및 '자서전적 자기'의 발달

심적 주체성에 대한 성숙한 이해, 즉 순진한 마음이론은 욕구 및 신념과 같은 지향적 마음 상태의 상이한 유형을 귀인하고 표상하는 능력, 이들이 인과적으로 어떻게 관련되어 있는지의 이해, 이러한 심적 상태의 표상적 본질에 대한 이해(Perner, 1991) 및 이것들이 행위를 발생시킬 수 있는 인과적 잠재성이 있으며 이것들 자체가 지각적 경험, 언어적 증언 또는 추론으로 야기되었다는(즉, '인과적 자기 참조성'의 속성, Campbell, 1997; Perner, 2000a; Searle, 1983) 지식을 포함하는 다수의 요인들과 관련된다(Fodor, 1992; Leslie, 1987 참조). 어린아이들의 특정 연령대에서 마음에 대한 지식의 이러한 상이한 측면들이 표면화된다는 사실의 이유는 지난 20여 년 동안 열띤 논쟁과 이론화의 주제가 되어 왔다(예: Astington et al., 1988; Baron-Cohen, Tager-Flusberg, & Cohen, 2000; Carruthers, 1996; Davis & Stone, 1995; Lewis & Mitchell, 1994; Whiten, 1991). 앞서 제1장에서 간단히 설명하였듯이, 4세경 성숙한 마음이론의 발달을 가져오는 기저된 인지적 메커니즘의 본질과 관련하여 세 가지 주요 입장이 있다. ① 생득적 모듈주의 접근(Fodor, 1992; Leslie, 1987, 1995), ② 시뮬레이션주의 견해(Gordon, 1995; P. L. Harris, 1991, 1992), ③ 이론-이론 입장(Gopnik & Wellman, 1992, 1994; Perner, 1991)이 그것이다. 제1장에서 우리는 마음이론의 발달과 애착 과정의 통합에 대해 설명하는 방식에 대한 관점에서 이러한 이론들을 대조하였다. 여기서 우리는 이 이론들의 상대적인 장점을 검토하거나 평가하려고 하지 않을 것이다. 그보다 우리는 3~4세 사이에 등장하는 것으로 보이는 표상적 주체로서의 자기 및 타인에 대한 이해의 일부 질적으로 새로운 측면의 특징에 단순히 집중할 것이다.

중심적 이슈 중 하나는 욕구에 대한 정신화적 이해가 2세경에 존재하는 것으로 보이는 반면, 틀린 신념 기반 행위의 이해 능력으로 판단되는 신념의 표상적 이해가 3~4세경까지 지연되는 이유에 대한 질문이다. 비머와 페르너(Wimmer & Perner, 1983)는 한 사람이 방에서 나가기 전에 A 상자에 물체를 둔 채 나가고, 그 사람이 부재한 상태에서 물체가 B 상자로 옮겨지는 것을 목격한 3세 아동이, 그 사람이 돌아왔을 때, 그 사람이 물체를 두고 나간 A 상자가 아니라 물체가 실제로 있는 B 상자를 찾아볼 것이라고 예측하는 오류(실제 기반)를 보인다는 것을 처음으로 입증했다. 4세 또는 5세가 되면, 아이들은 더 이상 이 오류를 저지르지 않는다. 이들은 그 사람이 A 상자를 찾아볼 것이라고 정확히 예측하는 경향을 보이는데, 이는 틀린 신념을 그 사람에게 귀인할 수 있기 때문이다.

이 틀린 신념 이해의 늦은 발생을 설명하기 위해 다수의 이론적 입장이 제시되었다. 레슬리(Leslie, 1987, 1994) 및 포더(Fodor, 1992)와 같은 모듈주의자들은 욕구, 가장, 또는 신념과 같은 명제적 태도 개념을 표상하는 데 필요한 상위 표상 체계가 2세 말경에 완전히 자리 잡는다고 주장한다(가장 놀이를 산출하고 이해하는 능력으로 입증됨, Leslie, 1987 참조). 레슬리(Leslie)의 견해에 따르면 틀린 신념의 귀인은 예를 들어 지각이 지식을 이끄는 것과 같이, 신념 고착의 인과적 조건에 대해 주의를 주고 학습하는 데 있어서의 수행 제한으로 인해 지연된다(Leslie & Roth, 1993 참조). 이와 대조적으로, 페르너(Perner) 및 다른 연구자들(예: Gopnik & Wellman, 1992, 1994; Perner, 1991, 2000b)은 4세 이전에 아이들은 지향적 마음 상태를 '표상'으로서 아직 이해하지 못한다고 주장한다. 즉, 어떤 실제적 또는 가설적인 일의 상태를 '겨냥'하는 심적 상태로서, 그리고 그러한 일의 상태와 관련하여 참 또는 거짓으로 평가될 수 있는 것으로서 아직 이해하지 못한다(Perner, 2000b). 더불어 페르너(Perner)는 신념을 '표상으로서' 이해하는 것은 또한 행위가 현실 그 자체보다는 현실의 표상에 의해 심적으로 야기된다는 것을 이해하기 위한 필연적 요건이라고 주장한다.

페르너(Perner) 및 다른 연구자들(Mitchell & Riggs, 2000; Perner & Lang, 1999 참조)이 행동에 대한 인과적 힘을 가진 심적 표상으로서의 지향적 상태의 이해에 3~5세경이 되어서야 도달한다고 주장하기 위해 의존하는 새롭게 등장하는 증거 중 한 유형은 틀린 신념 기반 행위의 이해(마음이론)와 집행기능 과제에서 나타나는 성숙한 자기 통제 능력 및 반사실적 추론 과제의 숙달 사이에서 발견된 흥미로운 상관에서 비롯된다. 4세경 이러한 다소 상이한 과제 영역에서 나타나는 서로 상관을 보이는 극적인 향상을 설명하기 위해, 페르너(2000a)는 이것은 모두 이것과 관련된 지향적 심적 상태가 심리 철학에서 가져온 개념인 '인과적 자기 참조성(causal self-referentiality)'의 속성을 가진다는 사실의 이해를 요구한다고 주장한다(Campbell, 1997; Searle, 1983 참조). 간단히 말해서 이 개념은 심적 지향적 상태를 적절히 이해하기 위해서는, 예를 들어 의도를 행동화하기 위해 우리는 의도가 어떤 일의 상태를 표상한다는 것뿐 아니라, 이것이 행위하려는 의도에 의해 야기된 의도된 행위를 (그 내용에서 표상하며) 구체화한다는 것 또한 인식해야만 한다고 제안한다(Perner, 2000b, p. 300). (이것은 우리 인식 또는 주체감뿐 아니라 행위의 소유에 대한 표상적 기반을 형성한다.) 유사하게 자서전적 기억에서 하나의 항목으로 회상되기 위해서는 그 사람이 경험한 특정 사건의 기억 표상이 사건 자체를 구체화해야 할 뿐 아니라 그 사건에 의해 그 기억이 야기되었다는 사실도 표상해야만 한다(지식의 인과적 출처에 대한 기억).

페르너(Perner, 2000b)는 4~5세 이전의 아이들이 자신의 신념의 인과적 출처를 찾지 못하는 것으로 악명 높다는 것을 보여 주는(예를 들어, 상자 안에 있는 것이 무엇인지를 본 적이 있는지, 들은 적이 있는지, 또는 추론했는지 등, Gopnik & Graf, 1988; Wimmer, Hogrefe, & Perner, 1988; Wimmer, Hogrefe, & Sodian, 1988 참조) 마음이론 연구의 증거들을 문헌 고찰한다. 3세 아동 및 자폐 아동이 실패하는(Hughes & Russell, 1993; J. Russell, 1996 참조) 위스콘신 카드 분류 과제와 같은 집행 기능 과제는 적응적 반응을 위해 자연스러운 반응 경향성을 억제해야 하는 필요와 관련된 마음이론 과제의 실패와 상관을 보인다. 자연스러운 반응을 가져오는 심적 성향의 인과적 힘에 대한 자기 인식이 이 자연스러운 반응을 억제할 수 있게 되기 전의 필연적인 전제 조건이라고 제안된다(Pacherie, 1997; Perner, 2000b; J. Russell, 1996, 1997 참조). 또한 조현병에서 의도의 자기 감시의 어려움이 자기 통제의 어려움 (그리고 자기 자신의 지향적 내용을 외적 출처로 잘못 귀인하는 것) 및 마음이론 문제의 동시 발생에 기저한다(C. D. Frith, 1992)고 제기되고, 더불어 자폐 아동에게서는 집행 기능 문제 및 마음이론 어려움의 동시 발생에 기저한다(Carruthers & Smith, 1996; Pacherie, 1997; J. Russell, 1996, 1997)고 제기된다.

자서전적 자기의 창발

페르너(Perner)는 또한 영유아기 기억상실(3~4세경 이전에 발생하는 개인적으로 경험된 사건에 대한 진정한 기억의 결여, K. Nelson, 1992, 1993; Perner, 1990, 1991 참조)이 어린아이들의 "개인적으로 경험된 사건을 개인적으로 경험된 것으로 부호화하는 것"(Perner, 2000b, p. 306)의 불능에(즉, 영유아의 인과적 정보의 출처의 측면에서 '본 것으로서' 부호화하는 것의 본능) 기인한다고 주장한다. 4~5세경이 되면 정보의 출처를 표상하는 능력뿐 아니라 지식의 내용이 마음이론 과제에서 창발하면서 개인적으로 경험된 사건으로서의 기억의 자서전적 구조화 또한 확립된다.

포비넬리(Povinelli)와 동료들의 독창적인 최근 일련의 연구에서, 4~5세 미만의 아이들이 자기 관련 경험을 시간이 확장된 자기 개념상에서 일관된 인과적-시간적 조직화로 통합하는 것을 극도로 어려워한다는 것을 확인했다(Povinelli & Eddy, 1995; Povinelli, Landau, & Perilloux, 1996; Povinelli, Landry, Theall, Clark, & Castille, 1999; Povinelli & Simon, 1998). 2세경 거울 자기 재인이 자기에 대한 안정적인 인지적 개념의 구성을 알려 준다는 이전에 널리 받아들여졌던 믿음(Gallup & Suarez, 1986; Howe & Courage, 1993; Lewis & Brooks-Gunn, 1979 참조)은 짧게 지연된 비디오 피드백에서의 자기의 재인이 4~5세경 이전에는 부재하다는 포비넬리(Povinelli)의 증명으로 도전 받았다. 한 연구(Povinelli & Simon, 1998)에서 실험자와 게임을 하는 동안 아이들을 비디오 녹화하였는데, 실험자는 게임을 하는 동안 아동의 머리에 큰 스티커를 아이 몰래 붙였다. 3분 후 아이들에게 녹화된 비디오를 다시 보여 주었을 때, 3세 아이는 비디오에 나타나는 아이가 누구인지 질문하였을 때, "나예요"라고 말하거나 자신의 이름을 말하며 일반적으로 자신의 비디오상을 자신으로 '재인'할 수 있었음에도 불구하고, 머리에 있는 (녹화 화면에서 보이는) 스티커를 제거하기 위해 손을 뻗는 것에는 실패하였다. (그러나 스티커가 어디에 있었냐고 물었을 때 이들은 자기 자신의 머리가 아닌 "저 아이의 머리 위예요"라고 답하는 경향이 있었다.) 그럼에도 이들은 거울을 보여 주었을 때에는 스티커를 제거하기 위해 손을 뻗었다. 이와 대조적으로 4~5세 아이들은 지연된 비디오 피드백을 현재의 자기와 관련시킬 수 있었다. 이들은 녹화된 비디오를 보여 주었을 때 스티커를 제거했다.

페르너(Perner)는 "3세 아이들은 녹화된 사건과 녹화된 기록에서 이들이 보는 것 사이의 인과적 연결에 대한 이해가 부족한 것 같다"(2000b, p. 302)고 주장하며 이 연구 결과를 설명한다. 그러나 일련의 통제된 연구들에서 포비넬리 등(Povinelli et al., 1999)은 3세 아이들이 비디오에서 물체가 숨겨진 것을 목격하고 이후 성공적으로 그것의 위치를 파악할 수 있다는 것을 보이며,

지연된 비디오상과 실제 세계 사이의 동등성을 이해한다는 것을 보여 주었다. 포비넬리의 이론(Povinelli & Eddy, 1995; Povinelli & Simon, 1998; Povinelli et al., 1999)에서 '자서전적 자기'의 개념은 아동의 표상적 능력의 변화의 작용으로 4세경에 창발한다. 우선, 2세 말경 영유아는 현실의 현재 지각된 측면과 비교할 수 있는 세상의 단일 표상 또는 모델을 마음에서 유지하는 능력이 발달(Olson & Campbell, 1993; Perner, 1991 참조)한다. 이것은 18~24개월 사이에 거울 속 자기를 인식하는 능력에 기저한다. 자기의 행위 및 신체적 특징의 단일한 심적 표상, 즉 '현재 자기'는 등가적 관계가 가정되는 거울상과 비교된다. 그러나 4세경이 되면, "아이들은 세상에 대한 다수의 표상 또는 모델을 동시적으로 마음에 유지할 수 있게 된다"(Povinelli & Simon, 1998, p. 189). 이것은 이전에 부호화된 자기에 대한 경험의 기억들 간에 시간적 및 인과적 관계를 확립할 수 있게 하며, 특히 인과적으로 "현재 자기에 대한 이전의 자기 상태의 관련성을 평가"(p. 189)하게 한다. 따라서 4~5세 아이들은 만약 몇 분 전에 스티커가 자신의 머리 위에 붙어 있었다면(비디오에서 드러났듯이), 자신의 현재 상태가 이러한 과거 사건의 영향을 받을 수 있고, 따라서 스티커가 아마도 여전히 자신의 머리 위에 있을 것이라는 인과적 추론을 도출할 수 있다. 따라서 다수의 표상을 관련짓는 능력은 추상적인 역사적–인과적 자기 개념의 확립(즉, '자서전적 자세')에 기저하고, 이것은 이전에 관련되지 않은 자기 상태의 기억을 구조화되고 일관되며 통일된 자서전적 자기 표상으로 통합한다. 자기에 대한 다수의 표상을 조작하는 것에 심각한 자기 병리가 있는 개인들의 큰 제한에 대한 치료적 함의는 제10장에서 다시 다루어진다.

▌발달정신병리에의 함의

이 장에서 우리는 출생부터 약 5세까지, 어린 아동에게 발생하는 환경에서 주체로서의 자기와 타인에 대한 창발하는 이해에 대한 복잡하고 난해한 발달을 추적했다. 우리의 논의는 어린 아동이 사람과 그들의 행위 간의, 그리고 행위와 그에 따른 환경의 변화 간의 (물리적이고 심적인) 인과적 관계에 대한 표상적 이해를 발달시키는 방법에 초점을 두었다. 우리는 주체성 및 자기됨을 이해해 가는 발달을 다섯 단계로 구분하는 것이 유용하다는 것을 발견했다.

1. '신체적 주체'로서의 자기는 환경에 물리적 변화를 야기할 수 있는 분리된 역동적 실체로서의 몸(body)의 분화된 표상과 관련된다.

2. '사회적 주체'로서의 자기는 영유아와 주 양육자가 출생 시부터 참여하는 그들의 주관적인 감정적-지향적 상관을 포함하는 종특이적 정서적 의사소통 상호작용을 나타낸다.

3. '목적론적 주체'로서의 자기는 9개월경 창발하는 목표 지향적 합리적 행위에 대한 아직은 비정신화적이지만 질적으로 새로운 이해와 이것에 기저하는 소위 말하는 '9개월 사회 인지 혁명'을 말한다.

4. '지향적 심적 주체'로서의 자기는 2세경에 출현하고, 그것이 생성하는 행위 이전에 그 행위와 분리되어 존재하는 것으로 표상되는 욕구 및 의도와 같은 일부 인과적인 지향적 마음 상태에 대한 정신화적인 이해와 관련된다.

5. '표상적 주체'로서의 자기 및 '자서전적 자기'의 창발은 4~5세경에 발생하고, 지향적 마음 상태의 '표상적'이고 '인과적으로 자기 참조적'인 속성을 이해하는 능력과 관련되며, 다른 것들과 함께 추상적인, 시간적으로 확장된, 역사적-인과적인 '자서전적 자기' 개념의 확립을 가져온다.

유관성 탐지는 주체로서의 자기의 병리적 형성과 관련된 정신병리의 다양한 양상에서 주요한 역할을 할 수 있다. 우리는 유관성에 대한 비정상적 민감성과 관련된 모든 장해의 스펙트럼을 생각해 보았다. 한쪽 극단은 주로 생물학적 이유로 인해, 완벽한 유관성 이외의 것에 대한 민감성의 부족이 발생하여 사회적 발달의 가능성을 전적으로 약화시킬 수 있는 경우일 것이다. 왓슨(Watson)은 아동기 자폐의 병인이 유전적으로 기반한 유관성 탐지 모듈의 '전환 메커니즘(switching mechanism)'상의 병리적 기능과 관련될 수 있다고 제기했다(Gergely, 2001b; Gergely et al., 출판중; Gergely & Watson, 1999; Watson, 1994). 이 가설에 따르면, 자폐 아동은 유관성 분석기가 완벽히 자기 유관적인 자극을 우선적으로 찾고 처리하는 본래의 설정에 영원히 '갇혀' 있다. 그 결과 자폐 아동은 사회적 환경에서 제공되는 완벽하지 않은 유관성에는 흥미의 결여를 보이면서, 전 생애에 걸쳐 상동증적 자기 자극 또는 반복적 물체 조작에 의해 생성되는 완벽한 유관성에 지속적인 노력을 쏟게 된다(Gergely, 2001b 참조, 예비적 지지 결과에 대해서는 Gergely, Magyar, & Balázs, 1999; Gergely & Watson, 1999, pp. 125-130 참조). 유관성 탐지에서의 이러한 주요한 결함으로부터, 아동기 자폐와 관련된 다양한 국소 증상이 야기될 수 있다. 여기에는 행동적 상동증 및 리듬성[4]의 우세, 반복적 일과의 변화에 대한 과민, 집행 기능 결함과 관련된 우세한 또는 습관적인 반응 억제의 어려움, 사회적 대상에 대한 혐오, 마음 읽기 기술을 야기하는 사회적 단서에 대한 민감성의 부족과 같은 것들이 있다(Gergely 2001b; Gergely & Watson, 1999 참조).

이 책 전반에 걸쳐 우리는 덜 심각한 사례에서, 자기의 행위와 타인의 반응 사이에서 유관성의 역기능적 양상과 관련된 애착 환경이 유관성 탐지의 왜곡된 기능을 초래할 수 있다고 제안한다. 이것은 결과적으로, 개인에게 자기 주체성 구조 발달의 일부 주요한 형성 요소를 박탈시키며, 이것의 정상 발달을 약화시킬 수 있다. 우리가 위에서 지적했듯 생물학적으로 결정된 소인으로 인해 대인관계 맥락에서 완벽하지 않은 사회적 유관성에 참여하는 것에 실패함으로써 자기의 구조화에서 부적절함이 발생할 수 있다. 또는 자기의 정상 발달이 주 양육자의 적응적인 유관적 반응의 부적절한 제공으로 인해 약화될 수 있다. 예를 들어, 외상과 관련하여 해결되지 않은 것이 있는 학대적인 주 양육자 또는 몰두된 해리적 주 양육자는 학대 삽화 동안 또는 부모의 해리 기간 동안 주기적으로 유관적 반응성의 심각한 감소를 보인다. 이러한 재발하는 삽화 동안 아동은 자신의 정서적 및 의사소통적 반응의 유관적 효과성상에서 급격한 손실의 기간을 반복적으로 경험한다(Koós & Gergely, 2001).

이것은 자기 발달의 비조직화를 야기할 수 있는데, 이것은 애착 맥락에서 자기 생성된 완벽한 유관성에 대한 몰입에 동반하는 해리 경향을 특징으로 한다. 비조직화된 영유아 애착과 완벽한 유관성에 대한 비정상적 선호 사이의 초기 연관성을 보여 주는 예비적 증거(Koós & Gergely, 2001; Koós et al., 2000)는 이 견해를 뒷받침해 준다.

우리의 견해로 볼 때, 주 양육자의 유관적 반응의 부적응적 특성과 영유아의 사회적 유관성에 대한 부적절한 민감성 두 가지 모두, 완벽한 유관성에 대한 비정상적 집중의 확립 및 병리적 자기 주체성의 발달을 결정할 수 있다. 어떤 경우든, 주체적인 자기 구조의 빈약한 확립에 기인하는 초기 취약성이 가장 타당하게 관찰된다.

발달정신병리학자의 관점을 고려할 때 이러한 구분은 이후의 장해, 특히 성격장애의 일부 주요 특징을 이해하는 데 도움이 될 수 있다. 아동기 학대, 다양한 종류의 환경적 외상과 같은 특정한 극단적 사회적 기능장애와 관련하여, 어느 정도의 유연성을 가지고 행동하는 개인의 능력

---

4) 역자 주: 리듬성(rhythmicity)은 다양한 의미로 활용되고 있고, 자폐 아동에게서도 다양한 리듬성 또는 병리적 리듬성이 관찰될 수 있겠으나, 아동 발달에서 행동적 리듬성 측면에서의 리듬성은 기질적 활동성 수준상에서의 규칙성의 의미로 사용되는 경우가 많다. 이러한 의미에서의 여기서 리듬성이란 식이, 수면, 배변과 같은 기초적 신체 기능에서 리듬과 같은 규칙적인 양상의 존재 또는 부재를 의미하는 것으로 해석할 수 있다.

이 발휘되지 못하게 되는 것은 분명하다. 이러한 대인관계 행동의 기능장애 중 일부는 개인의 측면에서 정서적으로 깊은 관계를 맺어 온 사람들로부터 완벽에 가까운 유관적 반응을 요구하는 개인의 강화된 욕구를 반영하는 것으로 이해될 수 있다. 이것은 마치 이러한 관계가 타인의 반응에서 자기를 재발견하고자 하는 욕구를 촉발하고(제3장 및 제4장 참조), 따라서 높은 수준의 유관적 반응에 대한 욕구를 재활성화하는 것 같다. 이후 장에서 우리는 이 욕구가 무의식적으로 경험된다는 우리의 생각과, 이후 애착관계에서 상연되게 되는 병리적 해결책을 우리가 어떻게 이해하는지 설명한다.

이어지는 장에서 우리는 우리가 앞의 세 장에서 검토한 발달적 개념과 연구를 주관성 발달의 임상 모델(제6장 참조), 아동기의 그것의 왜곡(제7장 및 제10장 참조), 및 성인 성격장애(제8장 및 제9장 참조)와 통합하고자 시도한다. 이 장에서 우리가 이어지는 장에서 설명할 심각한 성격 문제의 발달적 모델에 대한 토대를 마련하였기를 바란다. 우리는 우리가 성격장애에 대한 우리의 발달적 이해와 관련된다고 믿는 전–정신화적 기능의 일부 특징을 확립하였기를 바란다. 일반적으로 우리는 이러한 환자들에게서 확인되는 많은 공통적인 증상들과 문제들이 주체로서의 자기에서의 정신화적 기능의 부재에 의해 '드러난다'고 믿는다. 충동성, 감정조절장애, 원시적 방어의 우세와 같은 특징들은 정신화에 선행했던 과정의 적응으로, 또는 가용 능력의 제한된 범위에 적응하려는 마음의 시도로서, 혹은 이 두 가능성의 일부 조합으로 볼 수 있다.

| 제6장 | **'현실과의 놀이':**
주관성의 발달에 대한 발달 연구 및 정신역동 모델 |

이 장에서는 정상 발달 동안 정신적 현실에 대한 아동 지각에서의 변화를 다룬다. 오이디푸스 단계에서 아동의 마음에 대한 이해에 주요 전환(마음이론)이 정점에 달하는데, 우리는 이것을 자기가 표상적 주체가 되는 정신화 발달의 질적인 전환에 대응하는 것으로 본다(제5장 참조). 우리는 이 전환에 대한 경험적 연구를 4세 소녀의 정신분석 자료와 통합하였다. 우리는 심적 상태 인식의 발달에 대한 정신분석적 모델을 제안한다. 이 모델에서는 매우 어린아이가 내적 상태를 표상하는 두 가지 모드, 즉 (정신분석적 용어로는) 정신적 현실(psychic reality)을 사용하는 것으로 본다. 우리는 이것을 '정신적 등가(psychic equivalent)' 및 '가장(pretend)' 모드라고 하는데, 이 두 모드는 내적 및 외적 현실 간의 가정된 관계에서 주요한 차이가 있다. 우리는 이중 모드를 단일한 반영적 모드로 통합하는 것이 정서의 정신화가 신념 상태 또는 인지의 정신화를 가져오는 것과 함께 정상적으로 4세경에 완성된다고 주장한다. 아동은 우선 사람들이 서로 다른 느낌을 갖는다는 것을 이해하고, 그다음에 사람들이 동일한 외적 현실에 대해 상이한 사고를 가질 수 있음을 이해한다. 우리는 프로이트(Freud)의 정신적 현실에 대한 고전적 개념과 상징화에 대한 현재 정신분석적 개념화를 연결한다. 이 장에서는 아동기 정상적인 심리적 성장에 대해 설명한다. 다음으로 이번 장과 제4장에서 소개된 모델을 어린 아동에게 적용한 추가적인 임상적 사례를 제시한다. 제8장은 청소년기에 발생하는 변화를 다루고, 이후 이어지는 두 장은 동일한 발달 모델을 사용하여 성인 성격장애에서 나타나는 이러한 결정적인 인지적 전환의 실패를 고려한다.

▌정신적 현실의 개념

대부분의 정신분석학자들은 무의식 과정에 영향을 받는 주관적 경험을 의미하기 위해 비공식적으로 '정신적 현실(psychic reality)'이라는 용어를 사용한다(Michels, 1984). 따라서 환자의 정신적 현실에서 분석가는 전이에서 파괴적이고 잔인하게 또는 완전하고 전능하게 번갈아 표상될 수 있다. 프로이트(Freud)의 본래 개념은 그가 '외적 현실(external reality)'과 구별한, '사고–현실(thought–reality)'이었다. 이러한 구별의 중요성은 내적 경험이 특정 상황에서 마치 외부 세상만큼이나 실제처럼 다루어질 수 있다는 것으로, 프로이트(Freud)는 특히 자아가 사고의 '질'을 판단하는 방식과 감정적 심적 부착 및 언어가 이러한 자아 기능에 미치는 영향에 관심이 있었다. "따라서 사고–현실의 암시 또는 말의 암시의 심적 부착을 수반하는 사고는 인지적 사고 과정의 가장 상위의 가장 안전한 형태다"(1895, p. 374). 이 장에서 우리는 개인이 어떻게 발달의 여러 단계에서 자신의 '사고–현실'을 경험하고 평가하는지, 그리고 모든 것이 잘 발달되었을 때, 어떻게 자신 및 타인 모두에 대한 내적 상태의 현실 검증의 일종인 가장 상위의 인지적 과정을 실행하게(Hartmann, 1956) 되는지 살펴보겠다.

프로이트(Freud)는 아동기 외상(예를 들어, 성적 유혹)에 의해 야기된 신경증적 현상이 어떻게 발병의 사건이 전혀 발생하지 않은 것으로 여겨지는 사례와 구별이 되지 않을 수 있는지 설명하기 위해 정신적 현실의 개념을 사용하였다(Freud, 1900a). 사건은 심리적으로 '실제'일 수 있으며, 개인은 자신 또는 타인이 실제적 사건에 반응하는 방식으로 소망적인 환상에 반응할 수 있다. 프로이트(Freud)는 다음과 같이 썼다. "신경증 환자의 죄책감 뒤에 있는 것은 항상 정신적 현실로 결코 사실적인 것이 아니다. 신경증 환자를 특징짓는 것은 이들이 사실적 현실보다 정신적 현실을 선호하고, 정상적인 사람들이 현실에 반응하듯이 사고에 진지하게 반응한다는 것이다"(1912–1913, p. 159). 이 등가의 감각은 라플랑슈(Laplanche)와 퐁탈리스(Pontalis)가 정신적 현실에 대해 '주체의 정신에서 물질적 현실에 의해 보여지는 것에 견줄 만한 일관성과 저항을 나타내는 것'이라고 정의한 것에서도 또한 제안된다(Laplanche & Pontalis, 1973, p. 363). 프로이트(Freud)는 바깥세상의 자극과 무의식적 과정의 산물로 발생하는 자극 사이의 불완전한 구별('현실 검증', Brenner, 1955)이 있을 때, 정신적 현실이 위험에 처한다고 생각했다. 신경증적 성인은 경험이 내적으로 기원했는지 또는 외적으로 기원했는지 알지만, 그럼에도 외부 세상에 대한 자신의 지식에 주는 것보다 특정 내적 경험에 더 많은 비중을 둔다. 예를 들어, 강박적인 사람은 문이 잠겨 있다는 것을 '알지'만, 여전히 여러 번 확인을 한다. 왜냐하면 안전하지 않은 집에 대한 내적 상이 자신의 감각을 통해 제공되는 외적 상보다 훨씬 큰 의미와 힘을 갖기 때문이다. '정신적 현실'은 이제 다양한 함의를 갖기 때문에, 우리는 프로이트(Freud) 시각에서의 정신적 현실의 지배를 의미하기 위해 '정신적 등가(psychic equivalence)'라는 용어를 사용하겠다.

▌발달적 관점의 중요성

'정신적 현실'이라는 용어의 모호성은 정신분석에서 발달적 관점의 활용이 불충분했기 때문일 수 있다. 알로(Arlow, 1984)는 물리적 및 인간(심리적) 현실의 지각에 있어 질적인 차이를 강조했다. 그의 논문에서 우리는 이 심리적 현실에 대한 견고한 감각이 발달적으로 그리고 복잡성 측면에서 물리적 세계에 대한 명확한 그림의 획득에 뒤처질 것이라고 추론할 수 있다. 이 차이에 기저하는 것은 우리의 심적 세계의 상대적인 모호함이다(Brentano, 1874). 사실상 정신적 현실의 개념은 우리가 앞서 말했듯이 프로이트(Freud)가 1895년 '과학적 심리학 초고'(Freud, 1950 [1895])의 시기부터 고심하고 있었던, 주관적 경험의 본질과 관련하여 광범위한 질문을 하게 만든다. 우리는 어떻게 우리의 마음을 아는 것일까? 정신적 현실은 통증과 다른 감각의 경우와 같이 직접적으로 경험되는 것일까? 또는 아마도 사고, 신념, 욕구 및 의도와 같은 심적 상태로, 발달의 초기에서부터 구축된 우리 마음의 구성 요소일까? 만약 발달 과정이 정신적 현실의 진화에 기반한다면, 그것의 본질은 무엇이며, 아동의 현실에 대한 주관적 경험이 성인과 어떻게 다른 것일까? 정신분석적 임상 자료가 이 진화를 밝혀 줄까? 심리 철학자들 또는 발달심리학의 관찰 연구로부터 정신적 현실이 진화한 방식에 대해 배울 수 있을까?

다수의 심리 철학자들은 심적 상태의 경험은 내재적이고, 정신적 현실은 '주어진' 것이며(예: Searle, 1983), 타인의 심적 상태의 인식은 타인의 심적 상태를 시뮬레이션함으로써 도달하게 된다고 가정한다(Goldman, 1992; Gordon, 1986, 1992). 우리가 제안하는 모델은 프로이트(Freud)의 정신적 현실 개념을 발달적 관점에서 본다. 우리는 앞의 세 장에서 이미 심적 세계에 대한 우리의 이해는 주어진 것이 아니고, 어린 아동에게서는 극히 다르며, 이것의 건강한 발달은 충분히 온정적이고 반영적인 타인과의 상호작용에 결정적으로 의존한다는 우리의 견해를 지지하는 경험적 증거와 발달적 관찰을 제시하였다. (이 기본적 입장에 대한 철학적 논증은 Cavell, 1991 참조) 제3장에서 우리는, 인지과학의 관점에서는 위험한 주장이라고 지각될 수 있지만 정신분석적 관점에서 볼 때에는 훨씬 덜 그렇게 보이는, 인간의 초기 대상관계의 주요 진화적 기능 중 하나가 어린 아동에게 타인과 자기의 심적 상태를 이해하기 위한 처리 능력이 완전히 발달할 수 있는 환경을 갖추어 주는 것이라는 주장을 제기했다. 따라서 사고의 사회적 본질은 주관성의 바로 그 핵심의 일부다.

정신적 현실의 발달에 대한 경험적 관찰

제4장에서 우리는 생후 첫 달에서부터 아동이 사회적 세계에 강하게 관심을 가진다는 것을 보여 주는 증거를 고려하였다(예: Stern, 1985, 1994; Trevarthen, 1980). 그러나 3세 또는 4세 아동이 대인관계 현실을 (그리고 그 안에서의 자신의 역할을) 경험하는 방식은 보다 연상의 아동이나 성인이 경험하는 것과 질적으로 다르다는 것 또한 분명하다. 이 중요한 차이의 한 예는 아이들이 자신의 마음이론에서의 마음을 가진다는 것을 이해하는 데 있다(예: Baron-Cohen, 1995; Mayes & Cohen, 1992). 행위에 대한 설명으로서 목표, 욕구, 신념과 같은 지향적 심적 상태를 자신 또는 타인에게 귀인하는 능력은 4세경이 되기 전까지는 완전히 발달하지 않는다(Wellman, 1990). 그러나 대부분의 발달심리학자들은 가리키기와 응시하기 또는 낯선 상황에서 주 양육자의 반응을 확인하기 위해 뒤돌아보기와 같은 이 능력의 전구기능이 생애 첫해의 다른 사람의 마음에 대한 인식을 암시한다고 믿는다(Butterworth, Harris, Leslie, & Wellman, 1991; Klinnert et al., 1983; Stern, 1985 참조). 제4장과 제5장에서 설명한 게르게이(Gergely)의 실험 패러다임은 8~9개월 아기가 사건에 목적을 귀인한다는 것을 보여 주는 것으로 보인다. 생후 1년 말이 지나면 곧 아이들은 암묵적으로 내적 표상과 현실 간의 차이에 대한 부분적 인식을 보여 준다. 레디(Reddy, 1991)는 1세의 아이들의 겉모습/실제 구분에 대한 인식의 놀라운 예를 제공한다. 그는 아동이 자신은 어머니가 초콜릿 바 전부를 자신이 가지고 있도록 허락할 것이라고 진짜로 상상하지 않았다는 것, 또는 손을 붙잡지 않은 채 길을 건너는 것을 허락할 것이라고 상상하지 않았다는 것 등을 '놀리며' 즐겁게 보여 주는 것을 관찰했다.

제5장에서 볼 수 있듯 3세경이 되면 정신적 현실의 본질을 이해하기 위한 여러 중요한 구성요소들이 자리 잡는다(예: Wellman, 1990). 예를 들어, 아이들은 꿈의 이미지, 사고, 그리고 실제의 것을 구별할 수 있고, 가장 게임을 시작하며, 다른 사람의 가장 의도(예: 아빠는 강아지예요.)를 쉽게 인식한다. 그럼에도 불구하고 2세 또는 3세 아이의 자신의 내적 세계에 대한 인식은 5세 아동의 그것과 상당히 다르다. 우리는 매우 어린 아동의 정신적 현실감은 이중(dual)의 특징을 갖는다고 제안하고자 한다. 아동은 일반적으로 아이디어가 표상되는 것으로 느껴지는 것이 아니라, 오히려 현실의 직접적인 복제이고, 따라서 늘 참인 '정신적 등가(psychic equivalence)'

모드에서 작동한다. 그러나 다른 경우에 아동은 아이디어가 표상되는 것으로 느껴지지만, 그것의 현실과의 상응은 검토되지 않은 '가장(pretend)' 모드를 사용한다. 우리는 이것에 대한 증거를 차례로 살펴볼 것이다.

정신적 현실을 경험하는 것의 '정신적 등가' 모드

3세 아동에게 바위처럼 보이도록 색을 칠하고 모양을 만든 스펀지를 주고, 그 물체가 무엇같이 보이고, 실제로는 무엇인지의 질문을 하면, 그 대답이 동일한 경향이 있다(Flavell, Green, & Flavell, 1986). 아동에게 물체를 보여 주고, 느껴 보도록 했다.

Q: 이것이 무엇처럼 보이나요?
A: 바위 같아 보여요.
Q: 이건 무엇이지요?
A: 바위예요.

아동이 물체를 움켜쥐도록 유도한다.

Q: 이것이 무엇이라고 생각하나요?
A: 스펀지예요.
Q: 무엇처럼 보이나요?
A: 스펀지 같아 보여요.

아동은 겉모습과 실제를 동등한 것으로 본다. 매우 어린 아동들은 마치 자기 자신 및 다른 사람의 사고가 충실하게 실제 세계를 비추는 것처럼 행동한다.

19세기와 20세기 초기 철학자들은 한 사람이 틀린 신념을 상상할 수 있게 되면, 겉모습과 실제 사이의 동등성의 가정이 유지될 수 없게 된다는 것을 지적했다(Brentano, 1874; B. Russell, 1905). 반대로 동일한 물리적 현실이 대안적인 아이디어를 생성할 수 있다는 것의 이해 없이, 어린 아동은 자신의 신념이 다양할 수 있고, 틀릴 수 있으며, 다른 사람의 그것과 다를 수 있음을 인식할 수 없다. 따라서 다른 관점을 상상할 수 있는 능력은 자신의 정신적 현실이 외적 세계와 어떻게 상응하는지 보여 주는 자신의 사고의 위상에 대한 아동의 가정의 결정적인 지표다.

이 지표에 대한 많은 경험적 연구 중 한 예를 제시하겠다. 페르너와 동료들(Perner et al., 1987)은 3세 아이들에게 친숙한 사탕 상자를 보여 주었다. 각 아동은 그 상자가 사탕으로 채워져 있을 것으로 기대했지만, 상자 안에는 연필이 들어 있었다. 그리고 각 아동에게 밖에서 기다리는 친구가 상자 안에 있는 것이 무엇이라고 생각할지 아동의 생각을 물었고, 아동은 다른 아동이 연필이 들어 있을 것으로 생각할 것이라고 자신 있게 대답했다. 여기서 물리적 현실이 반영된 이들의 현재 정신적 현실이 타인의 정신적 현실의 표상을 지배했고, 이들이 타인의 신념이 틀릴 수 있다는 것을 이해하지 못하는 것이 나타났다. 이들은 다른 아이가 놀라며 반응하는 것을 보고, 다른 아이가 무슨 생각을 했는지 명시적으로 말해 주었을 때에도 계속해서 이 오류를 보였다(Moses & Flavell, 1990; Wellman, 1990). 타인의 마음은 아직 잠재적으로 다른 견해를 가지는 분리된 실체로서 표상될 수 없었다. 동등하게, 아이들은 자기 자신이 상자 안에 사탕이 있다고 생각한 적이 있다는 것을 회상할 수 없었다. 아이들은 다른 종류의 어려움이나 실수는 자유롭게 인정하면서도, 자신이 처음부터 안에 연필이 있다는 것을 알고 있었다고 단호하게 믿었다. 어린 아동이 무언가를 믿는다면, 그것은 정말 그래야만 하는 것으로 보인다. 만약 그것이 그렇다면 다른 누군가도 같은 방식으로 그것을 볼 것이다. 만약 이전에 그것이 그랬다면 아이는 이전에도 그것을 그렇게 보았을 것이다.

어린 아동이 자기 자신과 타인의 느낌 및 욕구에 대한 정신적 현실감은 신념과 대조적으로 보다 진전된 것으로 보인다. 2세가 된 아동은 적어도 피상적으로 어떤 소망은 이루어지지 않을 수 있다는 것을 인정하는 것을 배운다(Astington & Gopnik, 1991). 3세경이 되면 자기 자신의 느낌이 타인의 그것과 부합하지 않을 수 있다는 것을 인식한다. "제가 두 가지를 모두를 보길 원하나요? 저는 두 가지를 보고 싶지 않아요!"(Wellman & Banerjee, 1991). 이들은 상자가 사탕 또는 연필로 가득 차 있는지 여부에 대한 대안적 신념을 인식하는 것보다 누군가가 좋아하지 않는(우웩) 것으로 생각하는 것을 좋아하는(얌얌) 것으로 생각한다고 말하는 것에 보다 준비되어 있다(Flavell, Flavell, Green, & Moses, 1990). 이러한 발견들과 이 외의 다른 발견들은 감정과 욕구가 신념보다 발달적으로 우선한다는 것과 욕구의 다양성에 대한 아동의 인식의 전개에서 예상되는 발달적 압력을 지적하며, 정신분석적인 강조점과 일치한다.

정신적 및 물리적 현실 사이의 등가 유지에 대한 어린 아동의 욕구는 외부 세계가 아동의 내적 표상을 조정하도록 요구할 때 가장 분명해진다. 따라서 아동에게 자신의 심적 상태에 대한 외적 표상, 즉 상징이 제공되면 이러한 과제에 대한 아동의 수행이 향상되어야 한다. 그리고 이것은 그러한 것으로 밝혀졌다. 미첼과 라코헤(Mitchell & Lacohée, 1991)는 신념-변화 과제에서 아동이 사탕 상자에 있을 것으로 기대했던 초콜릿 그림을 주었고, 이렇게 했을 때 아동은 자신과 타인의 신념에 관한 질문에 더 잘 대답할 수 있었다. 자신의 신념의 단서에 대한 접근을 가진 것이 현재의 물리적 현실과 독립된 그것에 대한 정체성을 형성했다. 자신의 이전 표상에 대한 표상, 즉 상징의 부재 상태에서는 3세 아이들은 그것을 마음에 담아 두지 못했다.

그렇다면 3세 아이는 어떻게 자신의 마음을 이해하는 것일까? 이 아동의 정신적 현실의 본질은 무엇일까? 매우 어린 아동은 아이디어와 느낌의 단순히 표상적인 본질을 인식하는 능력을 아직 가지고 있지 않다. 보다 연상의 아동은 어떤 것에 대해 자신이 생각하거나 믿는 것이 반드시 현실을 반영하지는 않는다는 것을 안다. 아직 정신화할 수 없는 어린 아동은 사고와 느낌을 그 자체로 외부로부터 반영하기 위해 자신의 사고와 신념이 필연적으로 그리고 정확하게 실제 세상을 반영한다고 믿도록 강요받는다.

브리튼(Britton)은 클라인학파의 시각에서 신념과 지식 사이의 관계에 대해 생각했다. 우리의 입장과 브리튼(Britton)의 관련된 생각 간의 차이를 명확히 하는 것이 중요하다. 그는 성숙한 정신화를, 한 사람이 믿을 수 있지만 자신이 알지 못한다는 것을 아는 '인식론적 태도'로서 설명했다. 브리튼은 이것을 보다 정신증적인 마음의 틀과 대조한다. "신념이 지식이라는 상반되는 가정은 망상의 기반이며, 편집-분열적 자리(paranoid-schizoid position)의 특징이 된다. 지식과 신념을 동등하게 보는 것으로부터의 해방은 우울적 자리(depressive position)를 훈습해 나가는 측면이다"(1995, p. 22). 우리는 매우 어린 아동이 어떤 의미에서 신념이 지식이라고 믿음에도 불구하고, 아동의 태도는 아이가 '세상에서 마음으로(world-to-mind)'라기보다 '마음에서 세상으로(mind-to-world)'에 더 맞추려는 경향이 있다는 측면에서 정신증적 사람들의 그것과 다르고, 이러한 방식에서 정신증적 사람과 비슷하기보다는 좀 더 풍향계와 비슷하다고 제안한다(Searle, 1983). 여전히 이 정신적 경험의 모드에서 기능하는 어린 아동 및 다른 환자들과 작업할 때, 굉장히 그리고 가끔은 위협적으로 두드러지는 것은 아동 마음의 내용이 아니라 외적 현실이다. 아동의 사고와 신념은 대조적으로 매우 취약하고 희미한 것으로 보인다. 우리는 놀이에 대해 논의할 때 이 지점으로 다시 돌아간다.

정신적 현실을 경험하는 것의 '가장' 모드

지금까지 우리는 이 이야기의 한쪽 측면만을 살펴보았다. 이로 인해 여러분은 우리가 발달심리학자들과 함께 실제 아동의 덜 흥미로운 측면인, 상상보다는 인지만을 보고 있다고 느꼈을 수 있다. 우리는 부분적으로는 아동 생애의 이 시기에서 상상의 큰 중요성을 이해하기 위해서, 또한 부분적으로는 계속해서 이러한 제한을 보이는 어린 아동 및 보다 연상의 환자들에게 적절한 기술을 적용하기 위해서, 아동 생각의 형태와 한계를 이해할 필요가 있다는 주장을 유지한다.

아동은 의자가 탱크라고 가장할 수 있지만, 그러면서도 이것이 실제 조개껍질을 쏠 것이라고 기대하지 않는다. 또한 어린 아동들은 실제보다는 놀이에서 과제를 수행할 때 대안적인 또는 변화하는 신념을 마음에서 유지할 수 있다는 실험적 입증이 있었다.[1] 비고츠키(Vygotsky)는 다음과 같이 적었다. "놀이에서 아동은 늘 자신의 평균 연령보다 상위에, 자신의 일상 행동보다 상위에 있다. 놀이에서는 마치 아이가 자기 자신보다 머리 하나만큼 더 큰 것 같다"(1978, p. 102). 놀이의 세계에서는 부분적으로 참조물로부터 자유롭게 표상하는 것이 가능하게 되고, 잠재적인 심적 구조의 창발을 고무시키는 사고의 보다 유연한 모드를 창출하며 이러한 자유로워진 표상이 수정되도록 허용하는 것이 가능해진다(Marans et al., 1991). 놀이기(playfulness)는 거의 사용되지 않은, 발달적으로 상위의, 또는 중심 단계로 가기 위해 막 형성되기 시작한 기능 방식을 가능하게 한다. 따라서 때때로 놀이 또는 가장에서 놀라운 역량이 드러나고, 반면 다른 경우에는 이것이 퇴행의 기회와 무의식적 걱정을 표현하는 기회를 제공하기도 한다. 어린 아동들은 존재하지 않는 것을 시각화하도록 요청 받았을 때, 이 말을 "머릿속에 그림을 그려라."로 쉽게 이해한다. 아이들은 이 머리의 은유를 상상의 상황이나 대상을 창조하고 살펴볼 수 있는 그릇으로서 사용한다. 놀이를 할 때 어린 아동조차도 정신적 경험의 정신화 모델을 가지며, 자신의 마음을 아이디어, 욕구, 다른 느낌들을 표상하는 것으로서 본다. 그러나 이 연령의 아이들에게는 '가장 세계'와 생각의 '가장' 모드에서의 외적 현실 간의 연결을 방지하는 것이 필요한 것으로 보인다. 당연히 등가 모드와 가장 모드 사이의 차이는 명확히 현저하게 표시되어야 하고, 실제 현실과의 연결의 부족은 자주 과장된다(Fónagy & Fonagy, 1995). 만약 이것이 보장되지 않는다면, 내적 및 외적 현실의 동형이질성이 암시와 많은 사건의 실제적 위험에 대한 제한된 인식을 가진 아동에게 얼마나 위협적인 것이 될 수 있는지 빠르게 명확해진다. 아이가 자신의 생각에서 두 현실을 엄격하게 분리하더라도, 놀이에서의 아이의 정서적 노력은 부모와의 관계 또는 위험한 소망에 대한 행동화의 상상된 결과와 같은 '진지한' 현실의 가려진 조각이 아이의 환상에 포함된 정도를 직접적으로 반영할 것이다.

---

1) 고프닉과 슬로터(Gopnik & Slaughter, 1991)는 신념-변화 과제의 '가장 과제' 방식을 만들었다. 이들은 아이들에게 빈 잔에 초콜릿 음료가 들어 있는 것처럼 가장하도록 요구했다. 그 후에 성인에 의해 그 컵은 '빈 것으로 가장'되었고, 아동은 그 잔이 이제 레모네이드로 가득 차 있는 것으로 가장하도록 요구받았다. 본래 상상했던 내용물이 초콜릿 음료였다는 것을 기억하는 것에 어려움이 있는 3세 아동은 거의 없었다.

정상 발달의 두 사례는 어린 아동의 사고의 잠재력을 설명해 줄 수 있다. 4세 남자아이의 어머니가 아이에게 귀신 이야기를 읽어 주었다. 그 이야기가 특별히 무서울 것으로 예상된 것이 아니었음에도 불구하고, 아이는 그 이야기에 눈에 띄게 동요되었다. 어머니는 재빨리 안심시켜 주었다. "사이먼(Simon), 걱정하지 마. 이건 정말 일어난 일이 아니란다." 아이는 명백히 이해받지 못했다고 느끼고 항의하며 대답했다. "하지만 엄마가 읽어 주었을 때, 이건 정말 저에게 일어났어요!" 또 다른 예는 3세 남아와 아버지다. 아들은 아버지에게 해외 여행에서 배트맨 의상을 찾아봐 달라고 요청했다. 아버지는 어려움이 있었지만 결국 멋진 옷가게를 찾아 값비싼 의상을 구입했다. 불행하게도, 그 의상은 너무 실제 같아서, 아이는 거울 속 자신을 보자 겁을 먹고 다시 입는 것을 거부했으며, 다시 어머니의 치마를 배트맨 망토로 사용했다. 이와 비슷하게, 2세 또는 3세 아동들이 가끔 게임 그 자체를 시작할 기회도 놓친 채, 가장 놀이의 역할과 규칙을 협상하며 '장면 설정'에 많은 시간을 할애하는 공통된 관찰은 이 연령대 아이들의 '놀이'와 '실제' 사이의 분명한 구분의 중요성을 강조해 준다.

성인이 아이들의 놀이에 대해 생각할 때, 종종 정신적 현실에 대한 아이들의 관점보다는 자기 자신의 관점을 사용하여 생각한다. 놀이 중인 아동이 틀린 신념을 포함하여 마음 상태에 대해 반영할 수 있기 때문에, 아이가 자신의 놀이 밖에서도 이것을 할 수 있을 것이라고 가정하기 쉽다. 놀이하는 어린 아동은 사고를 사고로서 생각할 수 있다. 왜냐하면 사고가 명확하고 신중하게 사람들의 그리고 사물들의 실제 세상과의 연결을 끊기 때문이다. 또한 성인이 필요한 틀을 제공해 주고, 외부 현실의 강렬한 특징으로부터 아동을 보호해 주기 위해 거기에 있을 때에만, 아이가 놀이 중에 실제 생활 사건에 대한 사고와 느낌에 대해서 반영할 수 있을 수 있다는 사실을 간과하기 쉽다. 위니콧(Winnicott)은 놀이하기 위해 아동이 성인에게 필요로 하는 필수적인 중재 역할에 대해 인식하였다. 그는 놀이에 대한 우리의 태도에 대해 다음과 같이 지적했다. "놀이가 늘 쉽게 위협적인 것이 될 수 있다는 인식을 반드시 포함해야 한다. 게임과 그것의 조직화는 놀이의 위협적인 측면을 방지하기 위한 시도의 일환으로 보아야만 한다. 놀이의 위태로움은 이것이 항상 주관적인 것과, 대상적으로 지각된 것 간의 이론적 선 위에 있다는 사실에 의한다"(1971, pp. 58-59). 매우 어린 아동의 마음에 대한 이해는 외부 현실과 이것과의 구분으로 인해, 놀이가 아닌 경우 아동이 경험할 수 있는 사고에 대한 현실의 침해감으로부터의 회피로 인해, 놀이에서 발달적으로 진전될 수 있다.

경험의 이중 모드의 통합: 정신화하는 것의 학습

4세와 5세경에 '정신적 등가'와 '가장' 모드가 정상 발달에서 점차 더 통합되고, 정신적 현실의 반영적 또는 정신화 모드가 확립된다(Gopnik, 1993). 아이들은 사물이 겉으로 보이는 것과 다를 수 있고, 다른 사람은 외부 현실을 다르게 지각할 수도 있고, 신념이 다른 정도의 확실성을 가질 수 있고, 과거에는 어떤 것에 대해 다르게 느꼈을 수 있다는 점을 인식하기 시작한다(Baron-Cohen et al., 1985). 이러한 자신의 경험에 대한 새로운 사고방식을 통해, 아동은 자기 자신 및 자신의 대상의 행동이 심적 상태 측면에서 설명이 된다는 것의 이해를 보여 줄 뿐 아니라 이러한 상태가 가능한 관점의 범위에서 그중 하나에 기반하기 때문에 틀릴 수 있고 변화할 수 있는 표상이라고 인식하는 것을 배운다.

우리는 이러한 인지적 통합 및 정신화 능력 획득의 결정적인 중요성을 강조해야 한다. ① 이것은 심리적 자기의 경험에서 연속성의 가능성을 가져온다(Fonagy, Moran, & Target 1993). 아동은 과거에 사고한 자신과의 연속성을 잃으며 자신의 마음을 변화시키기 위해 자신을 변화시켜야(문자 그대로, '마음을 바꾸어야') 하는 것처럼 느끼지 않고 자신의 생각을 세상에 맞출 수 있다. ② 이것은 아동이 사고와 느낌의 귀인을 통해 사람들의 행위를 의미 있는 것으로 보는 것을 가능하게 해 준다. 이것은 그들의 행위가 예측 가능해진다는 것을 의미하고, 결과적으로 타인에 대한 순간순간의 의존을 줄인다. 이것은 개별화 과정의 중요한 구성 요소다. 4~5세경의 아동은 어머니가 아이 마음의 제한된 관점을 지속적으로 품어 주지 않아도, 흔히 어머니가 무엇을 하는 중이고, 왜 하는 것인지 이해할 수 있다(예: "할머니의 병이 걱정되기 때문에 저는 그것을 지금 할 수 없어요." 등). 이것은 아동이 어머니가 이해한 것을 빌리기 위해 훨씬 덜 서로를 참조하게 하며, 아동과 주 양육자 모두가 증가하는 심적 및 신체적 독립에 이르게 해 준다. ③ 이것은 내적 및 외적 진실을 구별할 수 있게 하여, 아동이 누군가가 특정 방식으로 행동한다는 사실이 그것들이 늘 그렇다는 것을 의미하는 것이 아니라는 것을 이해할 수 있게 해 준다. 모든 맥락에서 이것이 중요하지 않을 수 있지만, 우리는 이것이 아동이 심리적으로 생존할 수 있게 해 주고, 경험을 구체적인 방식으로 재경험하는 압력을 완화시켜 주면서, 학대나 외상의 사례에서 중요성을 갖는다고 믿는다. 아이가 정신화할 수 있게 되면, 그는 정신적 경험을 약화시키는 결정적인 기능이 가능해진다. ④ 타인의 심적 상태에 대한 명확한 표상이 없으면 의사소통은 심하게 제한된다. 철학자 그라이스(Grice, 1975)는 대화의 보다 우선하는 원칙을 협업의 하나로서 규정했는데, 여기서 효과적인 발화자는 상대방의 관점을 지속적으로 유념하게 된다고 하였다. 정신화 능력의 부재 또는 발달 저하는 분석 작업을 하는 가능성을 제한하는 영향을 가질 수 있으며, 따라서 이러한 사람의 분석에 착수할 때의 기술에 대한 함의가 있다. ⑤ 마지막으로 그리고 가장 중요하게, 정신화는 타인과의 더 깊은 경험의 측면에서, 그리고 궁극적으로 더 의미 있게 경험되는 삶의 측면에서 개인의 보다 높은 수준의 상호주관성의 성취를 도울 수 있다.

우리는 신념에 감정적으로 생생하지만 관리 가능하며, 따라서 방어되지 않아도 된다는 의미를 부여하는 것이 내부와 외부의 성공적인 연결이라고 생각한다. 이 통합 성취의 부분적 실패는 신경증적 상태로 이어질 수 있다. 더 깊고 넓은 통합의 실패에서는 현실이 감정적으로 의미 없는 것으로 경험될 수 있다. 이러한 경우에 타인과 자기는 사물처럼 관계 맺게 되며, 그 관계 자체가 매우 구체적인 수준에서 발생한다. 그러나 정신화 능력의 성취가 또한 오이디푸스적 소망과 같은 환상이 외부 현실에 대항하는 안정된 표상이 될 때, 갈등을 잠재적으로 엄청나게 증가시킨다는 것을 잊어서는 안 된다. 위니콧(Winnicott, 1971)은 다음과 같이 기술했다.

> 여기에서 현실 수용의 과업이 결코 완성되지 않고, 인간은 누구도 내적 및 외적 현실의 관계의 부담으로부터 자유롭지 않으며, 이 부담의 완화는 도전 받지 않는 경험의 중간 영역(예술, 종교 등)에서 제공된다고 가정된다(Riviere, 1936 참조). 이 중간 영역은 놀이에서 '길을 잃은' 어린 아동의 놀이 영역의 직접적인 연장에 있다(p. 15).

▌ 정신화 능력의 발달에서 타인의 역할

대부분의 발달학자들은 정신화 능력의 발달을 단순히 성숙하는 것이라고 생각한다. 발달에 대한 많은 정신분석적 이론들은 자기가 개인 내에서부터 초월적으로 발달한다고 가정했다. 나르시시즘에 대한 논문에서 프로이트(Freud, 1914c)는 "자아의 본래의 리비도적 심적 부착은 일부는 이후 대상에게 발산되지만, 근본적으로 지속되고, 아메바의 몸이 자신이 뻗은 위족과 관계 맺는 것과 같이 대상-심적 부착과 관련된다"(p. 75)고 주장했다. 프로이트(Freud)에게 영유아기와 초기 아동기에 외부 세계에 있는 타인은 자신의 확장이다. 이것이 현상학적인 정확한 묘사일 수 있겠지만, 우리에게는 자기를 근본적으로 타인의 경험의 확장으로 보는 것이 더 정확해 보인다. 초기 영유아기와 관련하여 기술하였듯이, 자기의 발달은 타인의 마음과의 상호작용을 요하는 대인관계 과정이다. 이 장에서 우리는 주 양육자의 참여와 또한 보다 적은 정도의 연상의 형제자매의 참여가 3세 또는 4세 아동이 생각의 이중 모드를 유지하기 위해 자신의 자아 기능을 분열시킬 필요 없이 내적 및 외적인 두 현실을 수용할 수 있도록 돕는 것에 결정적인 역할을 한다고 주장한다.

비정신화하는 현실–지향된 모드와 정신화하는 비현실–연결된 모드와의 통합을 성취하기 위해서 완전히 정신화된 정신적 현실을 창조하기 위해 아동은 다음 세 가지의 반복적인 경험이 필요하다. ① 아동 자신의 현재 심적 상태, ② 대상의 마음에 표상된(생각된) 아동 자신의 현재 심적 상태, ③ 성인의 정상적으로 외적으로 현실 지향된 관점에 의해 표상된 틀. 우리는 부모님이나 다른 아이들에 의해 제공된 '틀'이 이 모델의 필수적인 부분이라고 믿는다. 아동은 '함께 놀이'할 성인이나 연상의 아동을 필요로 하고, 이를 통해 아동은 성인의 마음에 표상된 자신의 환상이나 아이디어를 보고, 이것을 다시 내사하고, 자기 자신의 생각의 표상으로 이것을 사용할 수 있다. 전지전능한 부모가 놀이하듯이 바나나가 전화기라고 아동과 가장할 때, 아동은 동시적으로 가장 모드와 진지한 모드 사이의 구분을 명확히 하면서도 겉모습과 실제를 동일하게 볼 수 있다. 아이는 경험과 동시에 자신의 아이디어 또는 소망에 대해서 '알' 수 있다. 아동의 세계에 놀이하듯이 들어감으로써, 아동은 성인이 아동 자신의 지향적 상태에 '가정(as–if)' 태도를 적용하고 있는 것을 볼 수 있다. 아이가 자신의 사고 또는 느낌이 '실제'가 아니라는 것을 알면서도 바깥에서, 부모의 마음에서, 그것을 지각할 수 있도록 이 틀이 제시된다. 자신의 내적 상태를 외부에서의 그 상태의 지각과 연결 짓는 것은 내적 상태의 표상(상징)을 제공한다. 이것은 그 상태와 상응하면서도, 등가적이지는 않다. 부모의 놀이 같은 태도가 결정적이다. 아동의 심적 상태는 아이가 인식할 수 있도록 충분히 명확하고 정확하게 표상되어야 하면서도, 그것의 실제적인 면에 아동이 압도당하지 않도록 충분히 놀이 같아야 한다. 이러한 방식으로 아동은 궁극적으로 자신의 상징적 사고의, 자기 자신의 표상에 대한 자신의 표상의 씨앗으로서 자신의 내적 현실에 대한 부모의 표상을 사용할 수 있다.

만약 성인의 태도가 비춰 주기나 반영을 제공하면서, 외부 현실의 틀을 담아 주는 이중성을 불가능하게 한다면, 통합과 정신화를 향한 아동의 전환이 위태로워질 수 있다. 아동은 성인의 마음을 탐색하고 그 안에서 자신을 발견해도 괜찮다고(안전하다고) 느끼지 못할 수 있다. 또는 거기서 아동이 자신의 경험을 표상하기 위해 안전하게 사용할 수 없는, 자신의 심적 상태에 대한 왜곡되고, 손상된 그림을 발견할 수 있다. 그렇지 않고, 만약 주 양육자가 아동의 심적 상태의 수용적이고 인식 가능한 반영을 포함하는 방식으로 현실과 환상 사이의 연결을 빈번하게 제공한다면, 아동에게 정신적 등가 모드와 가장 모드를 연결하는 수많은 경험을 조직화하고 비교하는 기반을 제공하게 된다. 점차적으로 아동은 주 양육자와의 반복된 상호작용을 통해 그리고 아마도 다른 아이들과의 상호작용을 통해, 그 과정을 내면화함으로써 정신화하는 자세를 스스로 유지할 수 있게 된다. 이 과정의 본질은 단순한 놀이가 아니라, 현실과의 접촉을 유지하면서 정신적 등가를 깨는 놀이다. 다시 말해 아동은 부모의 마음을 사용하여 현실과의 놀이(play with reality)를 할 수 있다.

우리는 전통적으로 오이디푸스 갈등과 관련이 있는 시기에, 이 인지적 전환을 아동이 달성하거나 달성하지 못하는 것이 우연이 아니라고 제안한다. 많은 학자가 최근 오이디푸스 상황의 성공적인 훈습이 우리와 다른 학자들이 현실과의 놀이를 통해 발생할 수 있다고 제안하는 삼각 공간으로의 사고의 개방과 관련된다고 제안했다. 한나 시걸(Hanna Segal, 1957)의 상징 형성에 대한 연구와 비온(Bion, 1970)의 모델로서의 오이디푸스 삼각 구조에 대한 추상적 탐색에 뒤이어 오그딘(Ogden, 1985)은 기능의 가장 모드를 상징, 상징된 것, 그리고 해석하는 주체의 삼각 구조에서 발달하는 것으로 생각한다. 브리튼(Britton, 1989, 1994)은 오이디푸스 상황을 해결하는 것과 관련된 애도에 대한 우울적 자리 생각을 적용하는 맥락에서 이 삼각 구조의 근원과 중요성을 탐색하기 위해 많은 노력을 기울였다. 그는 내적 삼각관계의 수용이 생각을 위한 공간과 삼자의 관점에서 양자관계를 바라보는 가능성을 제공할 뿐 아니라 우울적 자리를 강화하고, '안정화되는 구조'를 제공한다고 주장한다(Britton, 1994). 그는 삼각 오이디푸스 상황의 중요한 측면이 아동이 자신이 관찰을 받는 것을 마음속에 그리고, 암시에 의해 생각되는 것을 마음속에 그리는 것을 가능하게 하는 것이라고 강조한다. "이것은 우리에게 타인과의 상호작용에서 우리 자신을 보는 능력과 우리 자신의 시각을 유지하면서 다른 시각을 즐기는 능력, 우리 자신으로 있으면서 우리 자신을 반영하는 능력을 제공한다"(Britton 1989, p. 87). 우리는 이 능력이 반영할 수 있는 안전한 내적 맥락을 제공하는 아동의 놀이에 대한 성인이나 때로는 다른 아이들의 지지를 통해 구체적으로 육성된다고 제안한다. 아동은 현실에 대해 알기 위해 다른 사람을 신뢰할 수 있게 된다.

우리는 정상적으로 4세경 발생하는 이 전환을 강조했지만, 심적 상태를 표상하는 능력이 한번에 모두 획득되는 것이 아니라는 점을 강조해야 한다. 오히려 이것은 모든 심적 능력과 같이 발달적 성취이며, 어느 한 시점에서 어느 개인에게나 더 많거나 더 적게 존재할 수 있다. 우리가 참조한 경험적 자료의 경향은 아동이 실험적 상황에서 과제를 '통과'하기 전까지 어떤 의미에서 그 기능이 존재하지 않는다고 제안하는 것이다. (물론 실험주의자들은 대개 마음에 갑자기 창발하는 능력은 없다는 것과, 실험 과제가 시사할 수 있는 것은 그 순간에 그 아동이 그 주어진 상황에서 그 기능을 수행할 수 있는 것으로 보인다는 것이라는 것을 누구보다 잘 인식하고 있다.) 실험주의자의 참조 틀은 증명할 수 있는 원인과 효과에 관한 것이다. 임상적으로든, 또는 사회심리적으로든 아동의 행동을 관찰하는 이들(예: Dunn, 1994)은 아동의 행동을 발달적 종착지를 염두하며 해석하고, 따라서 함께 발생하는 과정에서 기능의 구성 요소들을 볼 수 있다. 이 해석적 전통의 취약점은 부분적 증거임에 틀림없는 것에 근거하여 아동에게 완전한 역량을 돌리는 피할 수 없는 경향이다. 우리의 생각은 새로운 경험에 직면하여 편집-분열적 자리와 우울적 자리 사이에 계속되는 진동 또는 평형(Bion, 1963)이 있다는 현재의 클라인학파의 견해와 연결되어 있다. 통합이 이루어진 이후에조차, 감정적 요인은 특정 영역에서 정신화 역량의 활용 가능성을 저해할 수 있다. 스타이너(J. Steiner, 1992)는 두 가지 기본 클라인학파의 자리 내 상이한 수준에서 작동하는 방어를 탐색하는데, 우울적 자리 내 분화에 대한 그의 논의는 우리가 이 장에서 기술한 전환과 관련이 있다. 스타이너(Steiner)의 미묘한 구분을 지나치게 단순화하는 위험을 안고, 우리는 그가 우울적 자리에서 '대상의 상실에 대한 두려움' 수준에서 기술한 '정상적 분열(normal splitting)'이 적어도 어린 아동에게서 정신적 현실의 이중 모드를 통해 작동하는 것을 포함하는 것으로 볼 수 있다고 제안한다. 그러면 정신적 등가 모드는 (상대적으로 해롭지 않은) 투사적 동일시를 통해 작동하는 것으로 볼 수 있는데, 그는 이것이 상실의 두려움을 완화하는 주요 메커니즘이라고 기술한다. 스타이너(Steiner)가 기술한 보다 성숙한 우울적 자리는 대상 통제(의 환상)를 포기하고 분리와 애도가 발생할 수 있게 하는 '대상 상실의 경험'과 관련된다. 이 논문에서 스타이너(Steiner)는 이 과정을 오이디푸스 상황의 해결과 연결 짓지 않지만, 우리는 정상 발달에서 독점적 소유의 환영의 상실을 수용하고, 삼각관계의 창발을 허용하는 것이, 우울적 자리 내에서 보다 높은 수준에서 기능하는 기회를 제공하는 주요 전환점이 될 수 있다고 생각하며, 이는 아이디어가 단지 아이디어일 뿐이라고 수용하는 것과 결정적으로 연결되어 있다고 본다.

이제 우리는 어린 아동이 이 발달적 과정에서 자신의 저항을 극복하고, 정신적 현실을 이해하는 두 모드를 연결할 수 있었으며, 더 큰 내적 및 외적 통합을 발견한 분석 과정 자료를 통해 이 생각들을 보여 주고자 한다.

▌5세 미만 아동의 정신분석치료 사례: 레베카

레베카(Rebecca)[2]는 명백히 우울할 때조차 매력적이고 조숙한 귀여운 작은 소녀였다. 어머니는 4세인 레베카를 안나 프로이트 센터로 데려왔다. 그 전 1년 동안 레베카에게 재발하는 악몽, 늘 그런 것은 아니었지만 주로 분리와 관련된 주간 공포, 떨어지지 못하는 매달림, 그리고 과잉 행동, 공격성, 외로움과 죽음에 대한 두려움과 같은 불안을 보여 주는 다른 증상들을 포함하는 여러 문제가 발전되었기 때문이다. 때때로 레베카는 불안으로 인해 파괴적이고, 불복종적이며, 공격적으로 되었고, 어머니에게뿐 아니라 학교에서도 다소 따돌림을 당하는 아이가 되었다. 평가에서 레베카는 자신의 악몽과 거미와 달팽이에 대한 두려움에 대해 이야기하려고 했다.

레베카는 아빠 인형이 엄마 인형을 안고 있는 장면을 상연하려고 하다가, 아빠 인형의 머리를 벽에 쾅쾅 치는 것으로 마무리하며 아빠가 살해당했다고 알렸고, 장면에서 아빠를 쫓아냈다. 이러한 방식으로 레베카는 아버지가 자신의 삶에서 왜 부재해 왔는지에 대한 자신의 살인적인 환상을 빠르게 전달했다. 레베카는 젊은 미혼 여성의 외동아이로, 어머니는 18세에 레베카를 낳았고, 이전에 두 차례의 임신중절력이 있었다. 어머니는 직업 경력을 만들어 가는 데 원대한 꿈과 조급한 모습을 보였다. 레베카의 아버지는 어머니의 가벼운 파트너였다. 아버지는 어머니의 임신을 확인한 후에 완전히, 확실하게 멀리했다. 레베카는 자주 꺼내 보는 아버지의 사진을 가지고 있었지만, 아버지를 만난 적은 한 번도 없었다. 레베카는 종종 아버지를 만나고 싶다고 말해 왔지만, 의뢰가 될 즈음에는 이러한 요구는 약화된 상태였다. 나와의 면담에서 레베카의 어머니는 아이의 아버지에 대한 어머니의 감정 문제가 언급되자 곧바로 눈물을 보였다. 어머니는 이 주제를 딸과 함께 나눌 수 없을 것이라고 분명히 말했다.

레베카는 때로는 조부모와, 그리고 때로는 아이 돌보미로 일하는 어머니와 함께 복잡한 환경에서 자랐다. 가정에는 어머니의 일시적인 파트너들과 할아버지의 이전 결혼생활에서 태어난 다른 아이들이 함께 있었다. 레베카가 4세가 되었을 때, 카리스마 넘쳤던 할아버지가 사망했다. 레베카 어머니의 애도 반응과 함께 레베카의 증상이 시작되었다.

레베카 치료의 초기 단계에는 어려움이 있었다. 레베카는 어머니가 방에 있어야 한다고 주장했지만, 어머니의 존재로 인해 분명히 억제되었고, 레베카의 놀이는 억눌려 있었으며, 반복적이었다. 레베카는 판에 박힌 그림을 그렸고, 각각의 그림은 어머니에게 보여 줘야 한다고 했다. 그리고 나에 대한 레베카의 방어적 배제가 명확했다. 나는 그녀의 불안을 직접 해결하기로 결정했고, 그것은 나와의 관계에서 어머니를 배제하는 것으로, 그렇게 되면 어머니가 화를 내고 덜 사랑하게 될 수도 있다. 이로 인해 레베카는 어머니를 방에서 나가게 하였지만, 레베카의 불안은 완전히 완화되지 않았다. 혼자서 나와 함께 있는 것은 레베카를 대단히 불안하게 만들었다. 레

2) 이 사례는 일인칭 시점으로 기술된다. 분석가는 피터 포나기(Peter Fonagy)였다. 피터 포나기(Peter Fonagy)는 이 사례에 지도적 조언을 해 준 로즈 에지컴브(Rose Edgcumbe)에게 깊은 감사를 표한다.

베카는 환경에 명령을 함으로써 불안에 대해 방어했다. 레베카는 동요된 모습으로 의자, 놀이 탁자, 그리고 나의 큰 책상의 위치조차 재조정하라고 나에게 명령하였다. 그러고 나서 레베카는 자신이 '공연을 조직하는 것'을 돕기 위해, 나에게 조명을 조정하는 일을 맡겼다. 그때는 낮이었기 때문에 조명은 레베카가 필사적으로 통제하에 두기를 원하는 환경의 또 다른 측면을 의미하는 것이 명확했다. 나는 레베카가 외부의 가구를 움직이는 것이, 상담실의 낯선 영역을 나의 것인 것만큼이나 자신의 것으로 만들고자 한다는 느낌을 받았고, 또한 자신의 마음 상태에 대한 대화로 나아가는 것을 방지하기 위한 것으로 느껴졌다. 나는 레베카에게 레베카가 가구를 움직였듯이 내가 레베카를 움직일까 봐 걱정하는 것 같다고 말했다. 그러나 가구를 옮기는 동안, 레베카는 자신의 걱정에 대해 생각할 필요가 없었다. 나중에 나는 우리가 함께하는 시간이 마치 조명이 짧은 순간 켜지는 것처럼 너무 갑자기 시작되고 끝나는 것 같아 레베카가 무척 힘들 것 같다고 덧붙였다.

이렇게 레베카의 정신적 현실에 다시 초점을 돌리는 것이 도움이 되었다. 그 후 레베카의 놀이 양상이 변화되었다. 레베카는 놀이 점토를 가지고 놀이하기 시작했고, 자신의 의도가 '점토 세상 만들기'라고 선언했다. 나의 역할은 레베카가 피겨(figure)를 만드는 동안 '점토를 부드럽게 만들기'였다. 레베카가 협동하여 나와 함께 놀이한 것은 이것이 처음이었다. 레베카는 상징적으로 자신의 마음에서 가혹하고 고정된 생각을 유연하게 만들기 위해 내가 필요하다는 것을 전달했다. 레베카 자신은 이것을 조작할 수 없었다. 레베카는 모든 사람, 모든 것들을 덮을 수 있는 '점토 세상 담요'를 만들었다고 주장하며, 장난감 상자에 있는 모든 피겨를 자신이 만든 평평한 점토 조각 아래 놓으면서, 나에게 하게 한 그 역할에 대한 내 느낌의 일반성을 확증해 주었다. 이 일은 어려웠다. 비록 상당한 양의 점토를 평평하게 했음에도 불구하고 모든 피겨들을 적절히 덮을 수 없었다. 레베카가 조심스럽게 놓았음에도 불구하고 일부는 '추운 밖에 남겨졌다.' 이 점에 대한 레베카의 불안에 주목하며, 나는 내 생각에 누군가가 우리의 작은 세상에 들어오지 못하는 것이 레베카를 힘들게 할 수 있을 것 같다고 언급했다. 레베카는 '세상 담요'를 말아 단지 2개의 피겨가 아래에 있을 수 있는 공간만 남게 하며 자신의 불안의 근원이, 적어도 부분적으로는 레베카 자신과 나와의 관계의 배타성일 수 있다는 것을 확인해 주었다. 나머지 모든 것들은 매우 신중하게 상자에 다시 넣었다. 나는 레베카가 망설이며 고른 마지막 피겨가 엄마 모형과 할머니 모형인 것을 확인했다. 나는 말했다. "많은 아이가 엄마를 아래층에 두고 여기에 올라오는 것을 두려워해. 때로는 엄마에게 무슨 일이 생길까 봐 두려워하고, 또 때로는 자신에게 무슨 일이 일어날까 두려워해." 그러고 나서 레베카는 스스로 점토를 가지고 놀이하며, 뱀 모양으로 점토 조각을 돌돌 말아 인형의 머리 위에 왕관처럼 놓았다. 레베카는 소녀가 큰 뱀을 가졌기 때문에 다른 모든 피겨들이 어린 소녀 인형을 무서워한다고 말했다. 나는 큰 뱀이 그녀의 머릿속에 있는 걱정과 같다고 말했는데, 그것은 그녀의 어머니가 거기에 없을 때뿐만 아니라 오늘 밤에도 그녀를 두렵게 하는 것이었다. 레베카는 나를 올려다보았고, 처음으로 약간 미소를 지으며 사람들은 단지 뱀에 겁먹은 척하고 있는 거라고 말했다. 나는 사람들이 소녀에게 거기에 정말로 두려워할 것이 아무것도 없기 때문에 무서워할 필요가 없다고 종종 이야기했을 거라고 확신한다고 말했지만, 우리 두 사람은 소녀의 걱정이 소름끼치게 진짜처럼 느껴진다는 것을 알고 있었다. 그리고 레베카가 말했다. "해적처럼 말이에요?" 내가 말했다. "아마 네가 엄마를 볼 수 없을 때, 해적들이 엄마를 데려갈까 봐 두려운가 보구나." 놀랍게도 레베카가 말했다. "소녀는 그래요." 그제야 나는 레베카의 악몽과 주간 공포에서 어머니나 할머니가 해적들에게 납치당한다는 것을 이해했다. 레베카의 불안 및 다른 감정의 현실에 대한 나의 수용은 걱정 뱀의 손아귀에서 레베카의 마음을 자유롭게 하는 데 결정적이었다.

이때 레베카는 보다 복잡한 게임을 하기 시작했고, 어린 시절의 상황에 의해 왜곡된 오이디푸스적 불안이 전면에 드러났다. 레베카는 왕실 가족 놀이를 했다. 왕 인형과 여왕 인형은 딸이 한 명 있었다. 왕 인형과 여왕 인형이 껴안을 때 딸 인형은 방임되었지만, 이후 딸 인형은 왕 인형과 여왕 인형 사이에 삽입되었다. 이 주제의 성애화는 모든 장면이 소파로 옮겨지고, 딸 인형이 떨어질 때까지 모두가 점프를 하면서 보다 분명해졌다. 그 후 집을 연기로 가득 채우고 거리 전체를 태워 무너지게 한 거리의 큰 불이 있었다. 나는 이렇게 말했다. "나는 너무 흥분되는 것을 무척 두려워하는 어떤 작은 소녀들을 알아. 왜냐하면 그런 생각이 소녀들을 뜨겁고 혼란스럽게 만들거든. 그리곤 모든 것이 잘못돼." 레베카는 말했다. "제 생각에는 저도 그 소녀들 중 한 명이에요."

레베카 치료의 대부분은 명백하게 무수히 변형되는, 단일한 게임으로 구성되어 있었다. 게임에서 레베카는 다소 연상의 소녀인 해나(Hannah)인데, 해나는 아버지가 있고, 분석가가 아버지의 역할을 했다. 해나와 아버지 피터(Peter)는 많은 모험을 했는데, 대부분이 해나의 친구인 '가장된 레베카[3]'를 방문하는 것과 관련되어 있었다. 가장된 레베카는 실제 레베카와 같은 집에 살지만, 게임에서 가장된 레베카에게는 어머니와 함께 제프(Jeff)라는 아버지가 있었다. 제프는 자주 일을 그르치는 한심하고 무능한 대상이었고, 그런 경우 대부분 어머니에 의해, 가끔은 가장

---

3) 가장된 레베카는 상상의 친구였다. 환아와 이름을 공유하지만, 분명히 내레이터인 환아, 즉 실제 레베카와 동일 인물은 아니었다. 환아와 분석가 모두 가장된 레베카에게 말했고, 환아는 대부분 해나로서 가장된 레베카에게 말했다.

된 레베카에 의해 종종 가차 없이 장면에서 내보내졌다. 해나는 제프의 입장에서 가장된 레베카와 어머니를 민감하게 중재했다. "당신들은 제프를 이해하지 못해요!" 한번은 해나가 가장된 레베카를 질책했다. "네가 제프에게 망쳐 놓았다고 야단을 쳐서 (제프가) 화가 난 거야." 해나의 아버지로서 나는 똑같이 행동하도록 부추겨졌다. "레베카가 이해하지 못하는 척해요. (가장된) 레베카에게 친절하지 못했다고 말하는 척해 주세요." 나는 제프같이 큰 남자를 나가게 할 만큼 분노가 너무 힘이 세다고 생각하는 것이 두렵기 때문에 레베카가 이해하고 싶지 않았을 것 같다고, 그리고 레베카가 분노를 느껴서 많이 두려워하는 것 같다고 말했다.

아버지를 제공해 주지 않은 어머니에 대한 레베카의 분노 또한 이러한 교환에서 이내 표면으로 드러났고, 스스로 아버지를 붙잡는 것에 실패한 데 대한 레베카의 수치심과 좌절감 또한 드러났다. 예를 들어, 한번은 해나가 가족의 강아지를 돌보지 않는 것에 대해 어머니를 질책했는데, 이내 강아지를 잃어버려 해나의 아버지는 강아지를 찾으러 나가야만 했고, 그래서 해나와 함께 놀이하기 위해 있어 줄 수 없었다. 해나 역할을 하며 레베카는 매우 화가 나고 상기되어 상상의 어머니가 앉아 있는 의자에 불평을 하였다. "아빠가 없는 것은 다 엄마 잘못이에요!" 나는 해나가 무척 화가 났다고 반영해 주었고, 아마도 해나는 엄마가 고의로 강아지를 나가게 한 것같다고 느꼈다. 해나는 나의 의심에 동의해 주었고, 여전히 역할놀이를 하며 다음과 같이 덧붙였다. "엄마는 우리가 아침 만들기 놀이하는 것을 원치 않았어요." 이후 이 게임에서 해나가 스스로 강아지를 잃어버린 것으로 밝혀졌지만, 해나는 그것을 인정하는 것을 당황스러워하였다. 나는 약간 다른 시각에서 해나의 분노를 다루어 줄 수 있었다. "아마 해나는 개를 잃어버리고 아빠와 놀 기회를 망친 것이 창피하게 느껴져서 엄마한테 무척 화가 났나 봐." 레베카는 아마도 해나가 분명 그랬을 것이라며 동의했다.

점차적으로, 아버지가 어머니와의 압도적으로 흥분되는 성적 결합으로 죽었다는 무서운 환상이 상연되었고, 나는 이러한 공포를 아버지(제프)가 가장된 레베카와 어머니의 격렬한 분노와 탐욕스러운 남자를 소모하는 성적 욕구가 무서워서 도망갔을 수 있다고 해석할 수 있었다. 이것은 모두 분석 과정에서 일반적이고, 이 아동의 정신적 현실의 측면을 명확히 보여 준다. 여기서 우리는 레베카와의 작업의 구체적인 특징인 레베카의 게임에서 가장과 현실 간의 미묘한 구분의 중요성과 현실과의 놀이를 통해 레베카의 문제의 본질에 대해 알게 된 것에 초점을 맞추고자 한다.

정체성의 혼란은 반복되는 주제였다. 해나가 레베카 집에서 밤새 머물렀을 때, 해나의 아버지가 레베카의 침실로 해나를 찾으러 왔지만, 그가 모르는 사이에 해나와 레베카는 이층 침대에서 자리를 바꾸었다. 해나를 찾았지만, 레베카를 발견한 아버지는 놀랐을 것이다. 맥락에 따라 이

게임은 해석할 것들이 많이 있었다. 한번은 해나의 아버지가 누구를 찾을지 해나와 가장된 레베카 모두 특히 흥분되어 보였는데, 나는 해나와 가장된 레베카가 모두 아버지에게 특별한 사람으로서 발견되고 싶어 하는 소망이 있음을 찾을 수 있었다. 방어적으로 가장된 아이에게 옮겨져 있는, 아버지에게 발견되기를 바라는 오이디푸스적 소망이 자명했다. 그러나 이 시나리오는 너무 자주 등장했고, 명백히 다른 많은 결정요인이 있었다. 정체성의 혼란과 함께 레베카의 내적 세계의 헝클어진 특징을 전이에서 표상하여 성인 분석가에게 자신의 혼란을 외재화하는 전이 만족, 아버지에 대한 통제를 가지고 있는 이상화된 해나와 불량하고 무정한 부모 대상과 함께 자존감을 유지하기 위한 버둥거리는 힘없는 레베카 간의 자기 표상 및 대상 표상에 있어서의 분열 등이 그 예다. 어떤 하나의 해석도 단일하게 결정적으로 중요해 보이지 않았고, 이 게임은 계속되었다. 놀라움의 경험으로 두드러지는 레베카가 제공한 시나리오는 무엇보다 이야기 속 모든 이들이 무엇을 생각하는지에 대해 추측할 수 있는 풍부한 기회를 만들어 주는 것으로 보였다. 예를 들어, 가장된 레베카의 아버지는 가장된 레베카로부터 끊임없이 질문을 받는다. "해나를 찾았을 때 무슨 생각을 했어요? 제가 사라졌다고 생각했나요?" 제프를 찾을 수 없었던 다른 경우에 환아와 분석가는 제프가 왜 거기에 없었고, 가장된 레베카는 그것에 대해 어떻게 생각하는지에 대해 훈습해 나가기 위해 상당한 시간을 보냈다.

가장 다루기 어려웠던 것은 내레이터, 즉 레베카가 게임 도중 해나로서 또는 가장된 레베카로서 분석가인 나에게 부여되었던 모든 역할에서 나를 자신의 아버지로 경험한 경험이었다. 해나 또는 가장된 레베카가 나를 아빠가 아닌 다른 방식으로 부르는 경우는 없었다. 내가 분석가로서 말할 때, 레베카는 즉각적으로 게임을 중단했다. 창밖을 바라보며 지나치게 밖으로 기대는 것을 제지하기 위해 레베카에게 약간의 제한 설정이 필요할 때, 내가 가장된 아버지로서 중재하지 않으면 해나 게임은 갑자기 중단되었다. 나는 역전이에서 내레이터인 실제 레베카에 대한 나의 실제 역할을 다루는 것이 얼마나 힘들게 느껴지는지 알게 되었다. 레베카가 왜 이 게임을 놀이하는지에 대한 어떤 관찰을 하는 것도 불가능해 보였다. 레베카와 내가 레베카의 실제의 경험을 다루고 있기 때문에 이 영역에서는 해석을 위한 공간이 없는 것 같았다. 레베카에게 그리고 아마도 레베카와 같은 발달 단계에 있는 모든 아이들에게, 전이는 그것을 느낀 순간 환상이 아니라 물리적 대상만큼이나 실제 같은 주관적 경험이다. 한번은 제프가 사라졌을 때, 레베카가 거의 울 뻔하였다. 내가 말했다. "집에서 아빠를 가진 적이 없는 어린 소녀에게는 어디로 가는 건지 단서도 없이 갑자기 사라질 수 있는 아빠에 대해 생각하는 것이 몹시 힘들어." 이렇게 나는 가장된 레베카보다는 내레이터의 아버지가 사라진 슬픔을 다루어 주었다. 여기서 레베카는 즉시 게임을 중단했다. 다음 회기에서 레베카는 자신이 아버지를 만났다고 신이 나서 말하며, 아버지는 키가 크고, 턱수염이 있고, 대머리라고 설명했다. 나는 어제 내가 실제 아빠가 있는 것처럼 혼란스럽게 만들었고 망쳤다고 말했지만, 레베카는 아버지를 가장놀이에서 갖는 것이 얼마나 중요한지 알았고, 아버지의 다른 사진을 가져오며 그것을 도왔다. 처음으로 레베카는 울었고 결국 말했다. "선생님은 아빠와 꼭 같아 보이지만, 선생님이 제 치료사라는 것을 알고 있어요." 이런 방식으로 레베카는 사고와 현실의 등가의 순간적인 환영을 포기하는 것과 관련된 슬픔을 내가 인식하게 해 주었다.

나는 우리가 이 게임을 처음 시작했을 때부터 분명했던 것을 아주 점차적으로 해석했다. 그것은 할아버지나 분석가가 자신의 실제 아빠이기를 바라는 레베카의 소망이 실현될 수 없음을 깨닫는 일의 참을 수 없는 실망이었다. 역할놀이에서 레베카는 왜 자신의 아버지가 아버지 역할을 인정하기를 거부했는지, 왜 명백히 죄책감과 분노감을 느낀 자신의 어머니가 자신과 그 문제에 대해 이야기할 수 없는지, 그리고 자신이 아버지를 만나겠다고 요구하면 아버지에게 그랬듯이 어머니가 화를 내며 자신을 쫓아낼 수 있다는 것이 얼마나 진짜로 느껴지는지에 대한 자신의 혼란을 탐색할 수 있었다.

다음 삽화는 자료의 본질에서의 변화의 일부 측면을 보여 준다. 한 회기에서 레베카는 뮤지컬 〈올리버(Oliver)〉를 보러 가는 것에 대해 흥분해 있었다. 레베카는 단지 노래가 재미있기 때문에 가는 것이라고 주장했지만, 곧 "올리버는 길을 잃었어요. 정말 슬퍼요."라고 추가적으로 말하며 강하게 고개를 끄덕였다. 나는 레베카가 올리버처럼 자주 길을 잃고 혼자라고 느끼기 때문에 재미있는 부분에 집중하고 싶어 하는 것 같다고 말했다. 그러자 레베카가 물었다. "아빠가 없는 아기들이 매우 슬픈 것 아세요?" 그리고 레베카는 나에게 아빠 기린과 아기 기린의 그림자 인형으로 기린 게임을 하자고 요구했다. 아빠 기린은 아기 기린에게 점프하는 것, 걷는 것, 나무에서 열매를 먹는 것을 가르쳐야 했다. 이 게임에서 남근기의 자기애적 측면이 명백했음에도 불구하고, 나는 이 게임의 맥락에서 레베카의 즐거움만을 취하여 레베카의 슬픔이 더 잘 느껴지게 해 주었다. 아기 기린은 정말 명석한 아빠 기린을 가졌지만, 레베카는 자신을 가르쳐 주는 진짜 아빠가 없고, 나 또한 레베카에게 정말로 적절한 아빠는 아니기 때문에, 레베카는 너무 슬펐다. 레베카는 나를 향해 얼굴을 돌리고, 고리타분한 교사처럼 나를 바라보며 말했다. "선생님은 단지 그림자 아빠예요."

정신분석적 개념화

치료 작업의 대부분의 정신분석적 해석은 두 가지 주요한 명제(예: Abrams, 1987, 1990)를 공유한다. 즉, 병리가 발달적으로 원시적인 심적 구조와 관련이 있다는 것과 정신분석이 거부된 무의식적인 심적 구조를 발달적으로 고차적인 의식적인 것으로 재조직화하고 통합하는 과정을 통해 변환의 영향을 발휘한다는 것이다. 한 가지 예를 들자면, 어머니가 무서운 괴물로 그려지며 어머니가 아버지를 떠나게 만들었다거나 아버지를 죽였다는 레베카의 환상은 레베카 자신의 상당한 공격성의 투사로 인해 증폭된 원시적 아이디어였다. 레베카는 고차적 생각으로 조정되지 않은, 이 발달적으로 원시적인 무의식적 그림에 사로잡혀 있었다. 레베카의 분석은 오이디푸스적이고 보다 퇴행적인 전능적 환상에 의해 증폭되고 레베카의 상처받은 나르시시즘을 보호하기 위해 구조화된, 자신의 삶에서의 아버지의 부재에 기인한 거부되고 위협적인 환상을 재통합하는 것을 도왔다. 현대의 클라인학파 관점에서 보면(예: Spillius, 1994), 하나뿐인 그리고 다소 예측할 수 없는 부모에 대한 레베카의 완전한 의존과 함께, 어머니에 대한 레베카의 두려운 질투와 분노의 투사적 동일시(발달적으로 원시적인 생각의 편집-분열 모드의 특징)가 레베카의 대상 표상과 미성숙한 자아에 지속적인 분열을 가져왔다고 추가할 수 있다. 따라서 레베카는 여러 면에서 잘 기능했지만, 우울적 자세에서 대상 경험의 어머니 특징을 보다 통합적 시각으로 발달하는 것이 가로막혔다(Klein, 1935, 1940).

레베카의 어려움에 대한 이러한 사고방식은 분석 자료의 측면을 이해하는 데 도움이 된다. 그러나 대부분의 전통적인 정신분석적 설명에서, 병리와 치료적 행위의 설명으로서 발달적 정체 또는 정신적 구조의 변화에 대한 비유는, 가까이 들여다보면, 어린 아동의 내적 경험이 성인의 그것과 다른 방식에 대한 구체성의 부족과, 어떻게 전자(어린 아동의 내적 경험)가 아동을 장해의 위험에 처하게 하고, 어떻게 후자(성인의 내적 경험)가 정신분석적 대면의 맥락에서 구할 수 있게 해 주는지에 대한 설명의 부족을 고려할 때, 상대적으로 공허하고 순환적이라는 것이 드러난다.

레베카와 레베카의 분석: 놀이와 자기

경험적 연구 결과와 우리의 인지 발달 모델이 레베카의 어려움과 치료에 대해 무엇을 말해 줄까? 레베카의 행동은 완전히 상징적이었고, 어떤 일반적인 의미에서도 '구체적'인 것으로 간주될 수 없었다. 레베카는 분석가와 함께 가장 놀이를 시작했고, 가장 놀이가 환영 받는 곳으로서의 분석가의 분석 상황 설정을 쉽게 수용했다. 레베카는 자신의 느낌, 꿈, 환상에 대해 명명하고 이야기할 수 있었으며, 이것들을 물리적 현실과 구별할 수 있었다. 레베카는 자발적이었고, 레베카의 내적인 세계에 대한 레베카의 진정한 인식에 의문이 제기될 수 있는 상투적인 것에 거의 의지하지 않았다. 그럼에도 불구하고 레베카의 정신화 능력은 몇 가지 중요한 측면에서 결함이 있었고, 치료 과정에서 발생한 특정 변화들은 3~5세 사이 아동의 정신적 현실의 발달에 대해 경험적 연구에서 기술된 것들과 닮아 있었다.

레베카는 아마도 바위처럼 보이는 스펀지를 상상할 수 있었던 반면, 분석가가 치료사이자 아빠처럼 보이는 사람이기도 하다는 사실을 받아들이는 것에 대해서는 겉모습과 현실의 일종의 통합에서 물러섰는데, 이것은 레베카의 전이 경험으로 인해 요구되는 것이었다. 레베카는 그녀의 분석가가 자신의 아버지를 가장하는 것이라고 가장할 수 있었고, 이것이 실제가 아니라는 것을 알 수 있었다. 놀이하는 동안 실제 레베카가 알지 못했던 것은 자신이 단지 아버지처럼 느껴지는 분석가와 놀이하고 있다는 것이었다. 레베카에게 아버지처럼 보이고 아버지처럼 행동하는 분석가는 그 순간에 현실이었다. 이것에 대한 질문은 게임을 망쳐 놓았고, 파괴적인 상실감을 이끌었다. 이것은 프로이트(Freud, 1912-1913)가 신경증의 특징으로 기술하기도 한, 사실적 현실보다 정신적 현실에의 선호의 발달적 유사를 통해 발생했다. 레베카는 발달적으로 그 구분을 볼 준비가 되어 있었고, 감정적으로 덜 두드러진 상황에서는 그것을 사용할 수 있었다. 하지만 레베카는 실제 아버지 및 전이에서 아버지상의 실현에 대한 강렬한 열망으로 인해 이 맥락에서 그것을 완전히 경험하는 것이 가로막혔다. 레베카가 그것을 느낀 순간 레베카에게, 그리고 아마도 동일한 발달 단계에 있는 모든 아이들에게, 전이는 환상이 아니었고 물리적 대상만큼이나 실제인 주관적 경험이었다. 물론 이것은 분석에서 특정 시기에 많은 환자들에게 동일하게 그러할 수 있지만, 레베카의 분석은 적어도 초기에는 아버지로서의 분석가에 대한 내레이터의 경험을 바라보고 이해할 수 있는 '잠재적 공간(potential space)'(Winnicott, 1971)이 없는, 정신적 등가 모드에 의해 완전히 지배되었다. 자신의 놀이에 대한 분석가의 심적 표상을 관찰하는 것을 허용해 주는 분석에서의 현실과의 놀이에 의해서만이, 레베카는 아버지에 대한 자기 자신의 욕구의 잠정적인 상을 발달시킬 수 있었고, 이것을 외부 세계가 아닌 환상의 일부인 소망으로 볼 수 있었다. 그래야만 이러한 소망이 외적 현실에 대한 레베카의 생각으로 이동될 수 있다.

우리는 레베카의 어머니가 이 환상에 너무 가혹하게 반응했기 때문에 레베카가 아버지가 있다는 '놀이'를 감당할 수 없었다고 제안한다. 부재한 아버지에 대한 레베카의 슬픔의 자신 안의 반영은 너무 실제적이었다. 이것은 자신에게 아버지가 있다고 놀이하는 것에 대한 레베카의 초기 무능과, 이 놀이가 가능해졌을 때 강박적이고 중독적이었던 놀이의 질의 주된 이유였을 것이다. 일반적으로 어린 아동은 실제와의 모든 연결이 제거된 놀이할 수 있는 가장과 환상의 영역에서 수용할 수 없는 아이디어를 다루는 방어 전략을 채택하는 경향이 있다. 아마도 이것은 놀이가 수동적 경험을 능동적인 것으로 재작업하는(Drucker, 1975), 숙달의 발달(Freud, 1920g)에서 핵심적인 역할을 한다고 말할 수 있는 방법이다. '가장' 모드에서 아이디어는 위협할 수 없다. 아이디어는 실제인 것과의 등가를 잃는다. 그러나 현실로부터 환상을, 외적인 것으로부터 내적인 것을 분리시키려는 레베카의 시도는 자신의 욕구의 강도(그리고 그것의 실제성의 아이디어를 포기하는 것에 대한 레베카의 주저함)에 의해서뿐 아니라 또한 레베카의 아이디어와 느낌을 주관적 현실로 가져오는 것에 대한 어머니의 무능으로 인해 약화되었을 수 있다.

레베카의 어머니는 레베카의 좌절과 불행에 대한 진정한 인식을 견딜 수 없었다. 왜냐하면 어머니 자신도 이 영역에서 정신적 등가의 모드에 갇혀 있는 경향이 있었기 때문이다. 레베카의 아버지에 대한 아이디어의 탐색인, 환상의 아버지는 너무 실제적이었고, 레베카의 어머니에게는 견딜 수 없는 것이었다. 이 아이디어는 소망으로서 놀이하거나, 진정으로 지닐 수 없었다. 레베카는 자신의 정신적 현실의 '실제성'으로 인한 어려움으로 분석 상황에 도달했다. 레베카의 느낌의 강도가 아이디어를 가장이지만 실제가 아닌 환상의 세계로부터 심적 내용이 물리적 현실과 대응되는 레베카 마음의 일부로 밀어냈기 때문에 레베카의 정상 발달 진행이 정체되었다. 이러한 상황에서 우리는 이 영역에서 아동은 가장 모드를 포기할 수 있으며, 아이디어는 정신적 등가 모드에 빠지게 된다고 제안한다. 어머니에게 위협을 주는 만큼 아동에게 이것은 '실제'인 것이 된다.

정신적 현실의 비표상적 모드와 표상적 모드 사이의 발달적 단계를 성취하려고 시도하는 어린 아동은 매우 취약한 상태에 있다. 가장(표상적이지만 비실제) 및 실제(비표상적이지만 실제)의 통합은 실제가 된 표상이 위험을 신호할 때 아동을 특정 어려움에 직면시킨다. 가장의 세계와 현실의 세계는 분리되어 있지만, 아동의 정신적 현실은 이것의 참 또는 거짓이 외부 세계와 결합하여 평가된다면 매우 갈등적인 환상적 표상이 포함될 수 있다. 이성의 부모에 대한 성적 소유의 환상은 가능성 또는 불가능성의 관심이 물리적 현실과의 관계가 부재하는 정신적 현실의 가장 모드에서 유지되는 한 안전하다. 의식적이더라도, 가장된 욕구는 갈등을 야기하지 않는다. 가장의 표상적 모드가 외적 현실과 대응되는 정신적 현실의 경험과 점차적으로 통합되어 갈 때에만(사고가 갑자기 실제가 됨), 아동의 소망을 보는 것에서 타인의 느낌의 증가하는 명백한 상을 통해 무서운 갈등이 발생한다. 이러한 딜레마의 해결은 일반적으로 우선 가장 모드에서 그리고 이후 사고의 무의식 모드에서, 이러한 위험한 환상의 철저한 제한을 통해, 억압 장벽의 확립을 통해 일어난다.

레베카의 사례에서처럼, 내적 및 외적 환경이 이러한 진행을 어렵게 만드는 것에 함께 작용할 수 있다. 두 기능 모드가 완전히 통합되기 전에, 가장 모드에서의 표상이 너무 강하고 활발하게 자극되어, 아동의 심적 세상이 정신적 등가 모드에 잠식될 수 있다. 레베카의 아버지의 부재와 알 수 없음이 이러한 상황요인이었을 수 있다. 카리스마적인 할아버지가 자신의 아버지였다는 레베카의 신념은 사실의 질을 획득했고, 할아버지의 죽음은 그렇지 않았을 때보다 훨씬 더 큰 강렬한 외상이 되었다. 실제와 가장 사이의 정신적 장벽의 침투, 걱정하는 사고를 특징화하는 실현의 느낌, 가능성과 확실성을 변별하는 것의 어려움은 모두 어린 아동의 불안을 증폭시키는 역할을 한다. 아동이 이러한 경험의 현실을 인정하는 것은 표상적 수준을 향해 이동을 시작하게 하기 때문에 이것이 유일한 치료의 시작점이며, 안심의 주요 원천이다.

레베카는 함께 가장하고 반영하는 '타인'이 없었기 때문에, 어떤 의미에서 레베카는 현실과 동형인 아버지상의 아이디어를 마음에 유지할 수밖에 없었다. 레베카는 '믿는 것이 갖는 것이다.'라는 해답에서 어떤 안도감을 찾았음에 틀림없다. 아버지가 없다는 상처와 수치심은 견딜 수 없었고, 자신의 주관적 경험 내에 이 '정신증적인 섬(psychotic island)'(Rosenfeld, 1971)을 유지함으로써 회피할 수 있었다. 로젠펠드(Rosenfeld)의 개념에 따르면, 주관적 경험과 물리적 현실의 등가가 유지되지만, 주관적 경험이 실제 현실에 투사되고 실제 현실을 왜곡하는 방식으로 유지되어, 결과적으로 무서운 불안의 원천이 되는 환자 생각의 일부가 있다.

자신의 걱정을 자기 밖에 둔 레베카의 뱀의 비유는 구체적인 물리적 대상으로서의 사고의 특징적인 예였다. 레베카는 스스로 아이디어를 형성할 수 있기 위해, 더 이상 순수한 환상이거나 힘든 현실이 아니고 '세계 담요'가 자신의 내적 세상의 모든 대상을 덮기를 소망했던 것과 같이 자신의 경험의 전체 범위를 덮을 수 있는 정신적 세계를 스스로 창조할 수 있기 위해, 자신의 아이디어를 부드럽게 해 줄 성인이 필요했다. 많은 이들이 뱀의 상을 남근의, 위험하지만 아마도 분석을 표상하거나 또는 단지 성인 남성의 헌신적인 관심을 표상하는 높이 평가되는 소유물로서 볼 것이다. '세계 담요'는 또한 레베카의 성적 소망과 희망이 보다 투명해질수록 증가하게 되는 불안에 대한 보호였을 수 있다. 이 자료에 대한 이러한 견해는 우리가 제안하는 관점과 다분히 양립할 수 있다. 우리는 성적 소망이 그렇게 걱정스러운 이유가 정신적 등가 모드에서 그것이 경험되기 때문이라고 제안하기 때문이다. 이것들은 환상이 되기에는 지나치게 실제로 느껴진다. 이것이 가장될 수 있으면서 또한 실제로 느껴질 수 있다는 것이 인식되기 위해서는 분석가가 필요하다.

늘 그렇듯이 여기에는 대가가 있고, 실재하는 아버지의 아이디어를 유지하는 것의 안도는 오래갈 수 없다. 성적 파괴와 소멸에 대한 레베카의 무의식적 환상은 이 아이디어와 함께 등장했고, 정신적 등가의 실제 세계로 들어오며, 이것들을 더욱 실제로, 두렵게 만들었다. 모든 아이들이 이러한 환상을 가지고 있지만, 일반적으로 이 아이디어는 그에 따른 결과 없이 부모에 의해 허가되고 지지되는 놀이를 통해 [비온(Bion)의 용어를 빌리자면] '소화'될 수 있다. 가짜 전투 놀이에서 앉아 있는 아버지는 이런 말을 듣게 된다. "아빠는 괴물이에요. 내가 아빠를 죽일 수 있게 일어나 줘야 해요!" 만약 아버지가 충실하게 일어나 준다면, 아버지는 자녀가 살인의 환상을 소화시키고 훈습할 수 있게 돕는 것이다. 만약 아버지가 앉은 채로 있거나, 또는 특히 지나치게 실제가 될 수 있을 것 같다는 아동의 감각을 강화하며 아동의 환상에 불허, 분노, 슬픔 또는 두려움으로 반응한다면 살인 사고는 소화되지 않은 채 남게 된다. 이들은 가장 모드에서 정신적 등가 모드로 되돌려질 수 있으며, 자신의 아이디어를 아이디어로서 볼 수 있는 아동의 기회가 상실된다. 자신의 아버지의 사망 후 이어진 레베카 어머니의 우울증은 어머니가 상실감을 느낀 순간에, 레베카의 상실감을 고려해 주는 것을 견딜 수 없게 만들었을 가능성이 높고, 실제적인 슬픔의 반응은 이러한 사고와 관련하여 정신적 등가의 모드로 후퇴시켰다.

레베카를 처음에 분석에 오게 한 급성 분리불안 또한, 심리적 자기의 경험에서의 연속성의 결핍을 나타내는 것으로 이해될 수 있다. 이전 장들에서 우리는 위니콧(Winnicott)과 비온(Bion)의 작업에 기초한 초기 자기 발달의 변증법적 이론을 설명했는데, 이 이론에 따르면 영유아는 자신의 상을 어머니의 마음에서 사고와 느낌을 가진 개인으로서 발견한다(Fonagy, Moran, & Target, 1993; Fonagy & Target, 1995 참조). 위니콧(예: Winnicott, 1967)은 영유아가 자신의 상을 위해 어머니를 볼 때, 어머니 자신의 고착된 몰입 또는 방어적 노력이 아닌, (비록 더 담아 줄 수 있도록 처리되었더라도, Bion 1962a, 1962b) 자기 자신의 상태의 반영을 보는 것이 영유아에게 핵심적이라고 강조했다. 레베카의 어머니는 분명히 레베카가 태어났을 때 우울했고 분노한 상태였다. 아기는 계획된 일이 아니었고, 아이의 아버지는 임신 소식에 대한 반응으로 어머니를 떠났다. 레베카의 어머니는 아기를 미래에 대한 자신의 희망을 파괴하는, 자신의 독립에 대한 처참한 위협으로 느꼈다. 우리는 아기 레베카가 자신과 자신의 마음 상태에 대한 어머니의 그림을 찾는 과정에서 파괴자, 가장 소중한 것을 훔치는 무자비한 침략자의 상에 직면하였을 수 있다고 제안한다. 이것은 이후 레베카의 두려운 상에서 해적으로 드러난다. 이 해적의 아이디어는 아버지의 사라짐에 대한 아이디어와 같이 놀이와 환상이 아닌 '정신적 등가'의 세계의 일부가 되면서 레베카에게 지나치게 실제가 되었다.

레베카는 두 사람 모두를 위협하는 것으로 느껴지는 파괴의 두려움뿐 아니라 또한 초기 어머니로부터 내면화된 자신의 부정적인 '해적' 상으로부터 벗어날 수 있는 유일한 시간이 역설적이게도 자신의 현재의 실제 외적인 어머니와 함께 있을 때였기 때문에 어머니와 떨어지지 못하는 밀착 행동을 보였을 수 있다. 어머니와 함께 있을 때, 레베카는 그 이질적인 것, 해적의 두려운 이미지를 외재화할 수 있었고, 보다 명확한 오염되지 않은 자신의 상을 유지할 수 있었다. 자주 그랬듯이 레베카가 어머니와 투쟁할 때, 이 내사된 상은 더 이상 레베카의 자기 표상을 모호하게 하지 않았고, 레베카는 분명한 안도감을 느꼈다. 이 전략의 대가는 레베카의 주간 공포와 악몽에서 그랬던 것처럼 자신의 핵심 경험으로 떠오르는 해적의 상을 회피하려면 물리적으로 그 대상과 가깝게 있어야만 한다는 것이었다.

그래서 자신과 자신의 어머니의 공격성과 성욕의 위험함에 대한 레베카의 사고는 부분적으로 레베카의 정신적 현실의 발달과 통합을 가로막았고, 사고와 실제가 동일하게 다루어지는 레베카의 마음의 일부에 남겨지게 만들었다. 이것은 어머니의 실제적인 분노와 레베카에 대한 거절 반응과 관련된 불안감으로부터 레베카를 보호했지만, 생각의 두 모드의 통합에 뒤따르는 다른 형태의 보호를 박탈하였다. 이 통합과 함께, 정신화하고, 아이디어를 사실이 아닌 단순한 아이디어로 보고, 다른 시각을 가지고 놀이하는 능력을 갖게 되고, 현실에 맞서 아이디어를 시험하고, 따라서 그것의 영향을 조정하는 능력이 발생한다. 불안 촉발적인 아이디어와 관련되어 '실제로' 발생할 수 있는 것과 발생할 수 없는 것이 무엇인지에 대한 지식으로부터 단절된 채, 이 영역에서의 자신의 사고와 느낌에 대한 레베카의 공포는 이것들이 반복적으로 표면화되고, '실제'처럼 경험되면서 증폭되었다.

동일한 현상이 분석가를 레베카의 분석가이거나 또는 레베카의 아버지일 수 있었지만 결코 아버지를 표상하는 분석가로는 보지 못하는 전이에서 드러났다. 분석가가 아빠처럼 보이지만 실제로는 치료사인 이중 현실로 레베카의 주의를 이끌었을 때, 레베카는 아버지를 보다 실제로 만들며, 즉 정말 분석가처럼 생긴, 자신이 정말로 만난 사람으로 만들며 반응했다. 그러나 우리는 또한 분석가가 레베카의 아이디어와 놀이할 수 있고, 그것이 외적 현실이 아닌 레베카의 내적 세계의 일부라는 것을 인식해 주는 것이 얼마나 중요했는지 볼 수 있다. 소망의 충족을 포기하는 것과 관련된 상실은 레베카의 두려움이 사실이 아닌 두려움이라는 것과 또한 레베카 혼자서는 숙달할 수는 없지만, 그것을 가지고 놀이할 수 있고, 두 마음 사이의 '잠재적 공간'에서 보다 안전하게 만들 수 있다는 안심을 통해 분석 과정 동안 상쇄될 수 있었다. 정신분석은 여러 면에서 '가장' 경험이다. 마음 발달에 대한 우리의 정신분석적 모델에서 놀이가 핵심적인 것과 같이, 놀이는 이것에 핵심적인 것이다. 분석가와 환자는 동시에 그들이 거짓이라고 '아는' 환상, 느낌, 아이디어를 논의한다. 클라우버(Klauber, 1987)는 환영으로서의 전이에 대한 자신의 논문에서 이것에 대해 수려하게 기록했다. 분석가의 역할에 대한 이러한 재조명은 아동이 자신의 마음을 구성하고, 그것의 표상(효과적으로는 상위 표상)을 발달시키는 것에서 성인이 하는 역할을 강조한다.

레베카는 주관적 경험과 같이 실제이지만, 동시에 단순히 아이디어라는 것을 아는, 분석가/아버지에 의해 표상된 것의 통합에 도달할 수 있었다. 역할놀이에서 레베카는 자신의 사고와 느낌의 경험을 이것들이 점점 더 분화되는 발달적으로 보다 상위 수준으로 이동시켰다. 레베카는 자신을 안에서(가장된 레베카로서) 그리고 밖에서(해나로서) 바라보면서, 또한 반복적으로 자신이 부여한 특정 역할을 하는 타인이 자신을 인식하고 이해했는지 여부를 지속적으로 감시하면서, 자기 경험의 경계를 탐색했다. 레베카의 놀이는 레베카가 수많은 관점을 취할 수 있게 하였는데, 각각은 대상과 관련된 레베카의 상상의 장소의 실험을 제공했고, 각각의 자기 표상은 대상의 내적 상과 명확히 분리되고 구분되었다. 레베카는 삼자의 시각을 취하며, 자기 자신과 대상 간의 관계를 관찰했고, 따라서 타인과 관계 맺는 자기 자신에 대한 자신의 표상의 일관성과 안정성을 크게 강화했다. 이런 방식으로 레베카는 정신적 등가에 의해 강화된 소망을 단념하고, 이것을 정신화하는 것이 아동에게 제공하는 방어로 대체할 수 있었다. 이것은 단지 특정 사고를 다루어 주는 것뿐 아니라 일반적으로 사고에 대해 다루어 줌으로써, 평범한 가정생활 또는 분석에서 점진적으로 발생한다. 레베카의 게임에서 중요한 것은 단순히 부재한 아버지에 대한 아이디어로 놀이하는 것이 아니었고, 각 사람의 사고와 느낌이 상상되고 고려될 수 있는 구조를 설정하는 것이었다. 시기가 되자, 많은 분석 작업을 통해, 레베카는 분석가의 역할에 대해 훨씬 명확하게 되었다. 분석가가 실수로 레베카의 아빠 기린 그림자 게임을 레베카의 유기에 대한 올리버 트위스트(Oliver Twist)[4] 같은 느낌의 위안으로 언급했을 때, 레베카는 분석가를 바로잡을 수 있었고, 그것이 만든 경험이 실제이지만 동시에 환영인 그림자와 같다는 것을 알았다는 것을 보여 줄 수 있었다.

레베카의 문제에 대한 배경은 자신의 실제 가정환경에 대한 혼란과 무지의 상태였다. 이는 어머니가 그것에 대해 생각하지 않으려 하는 것에 기인한 것으로, 이것은 레베카에게 자신 주변의 가능한 느낌에 대해 생각하는 것을 더 두렵게 만들었고, 자신의 불안을 도움 없이 해결하는 것을 불가능하게 만들었다. 가정에서 레베카가 내적인 것과 외적인 것 간의 간극을 연결하는 것을

---

4) 역자 주: 올리버 트위스트(Oliver Twist)는 찰스 디킨스(Charles Dickens) 소설의 주인공으로, 아버지를 모르고 어린 시절에 어머니를 잃은 고아다.

도와줄 수 있는 성인의 부재로 인해, 레베카는 놀이와 반영에 필요한 틀을 제공해 주는 또 다른 성인, 분석가를 필요로 했다.

따라서 아동과의 분석가의 놀이는 중요한 발달 증진 기능을 갖는다. 이것은 아동의 표상 체계에 참여하게 해 주는 유일한 길일 뿐 아니라, 심적 상태의 본질에 대한 보다 나은 이해를 획득할 수 있는 아동의 발달적 기회다. 레베카의 놀이에서 모든 등장인물(모두 8명)은 느끼고, 생각하고, 믿고, 소망했으며, 이들의 공유된 세상(상담실)은 이들의 다른 관점, 이들의 때로는 고통스럽고 부적당한 세상에 대한 경험의 날카로운 대비를 가져왔다. 자연스럽게 이들의 대인관계적 및 정신 내적 갈등, 걱정, 관계는 해석을 위한 풍부한 자료의 원천을 제공했을 뿐 아니라, 레베카의 정신적 기능의 일반적 상태와 더불어 전이에 대한 레베카의 지각과 느낌에의 통찰을 제공했다. 그러나 여기에는 또 다른 것이 있었다. 레베카는 분석가와의 자신의 놀이를 자신의 마음과 타인의 마음이 어떻게 기능했는지에 대한 자신의 아이디어를 시험하는 것에 사용했다. 레베카가 분석가(해나의 아버지로서)가 해나를 기대했던 곳에서 레베카를 찾았을 때 깜짝 놀라는 시나리오를 되풀이하며 반복했을 때, 레베카는 아버지와의 놀라운 재결합의 환상 또는 성인이 아동에게 갖는 정상적인 우위의 역전을 즐겼을 뿐 아니라, 또한 레베카의 가정환경이 일반적으로 제공해 주는 것보다 안전한 맥락에서 성인 신념의 오류 가능성의 경험을 연습했고, 성인의 마음에서 자신의 존재의 재확립을 인식하며 크게 기뻐했다.

▌초기 대상관계의 발달 모델과 정신적 현실의 진화

앞에서 설명했듯이, 주 양육자는 복잡한 언어적 및 상호작용적 과정을 통해 주로 영유아 및 아동을 향해 아이가 결과적으로 자기 자신의 행동이 자신의 행위와 자신에 대한 타인의 반응을 결정하는 아이디어, 신념, 느낌 및 소망의 측면에서 가장 잘 이해될 수 있다고 생각하도록 이끄는 방식으로 행동하면서 지향성을 산출한다. 무의식적으로 그리고 전반적으로, 행동을 통해 주 양육자는 심적 상태를 아동에게 돌려주며, 이는 궁극적으로 아동에 의해 지각되고, 심적 자기됨의 핵심 감각의 발달을 허용하며 내면화된다. 원형적으로 놀이기에서 성인은 아동의 심적 자세를 취하고, 이것을 상징적으로 두 사람 모두의 마음에 유지되는 제삼의 대상과 관련하여 아동에게 다시 제시해 준다. 우리는 이것이 생애 초기 동안 매일 발생한다는 면에서 대체로 일상적인 과정으로, 영유아와 주 양육자 모두에게 전의식적이고, 반영이나 조정이 접근하기 어렵다고 가정한다. 그러나 주 양육자는 이 가장 자연스러운 인간 기능을 수행하는 방식에서 차이가 있다. 일부는 지향성의 가장 초기 암시에 기민할 수 있고, 일부는 아이의 심적 상태를 지각하고 그것에 반응하기 전에 보다 강한 표시가 필요할 수 있다. 비고츠키(Vygotsky, 1966)의 틀을 사용하여 우리는 이것을 자신의 마음에 대한 아동의 이해의 '인공적 발달'을 위해 제공된 발판화의 힘이라고 생각할 수 있다. 이 분야에서 연구하는 대부분의 인지주의 학자들이 그러하듯이 우리는, 웨딩턴(Waddington, 1966)의 용어를 사용하면, 마음이론의 발달이 운하를 만든다고 가정한다. 하지만 그 운하는 생물학이 아닌 영유아–부모 상호작용에 의해 물길이 만들어진 것이다.

우리는 주 양육자와 영유아의 공생적 관계가 심리적 자기인 지향적 귀인의 'I'의 창발을 구조화한다고 제안한다. 마음과 지향적 자세에 대한 지식은 아동과 주 양육자의 심적 세계가 겹쳐지는 순간에 발생한다. 이 상호주관적 상태는 아동과 주 양육자 사이의 경험 또는 융합의 환상을 암시할 필요는 없지만, 아동과 어머니 모두 그들에 대한 그들의 지식과 평행하는 상대방에 대한 친밀한 지식을 구축하는 일차적 몰입 상태에 있다. 따라서 자신과 다른 사람들의 심적 상태에 대한 발달하는 아동의 지각은 자신의 주 양육자의 정신적 현실에 대한 아동의 감각에 의존한다. 심적 세계의 본질을 이해하는 것은 혼자서는 할 수 없다. 이를 위해서는 타인의 눈을 통한 자기의 이해가 필요하다.

우리는 부모가 현실의 조각을 포함하거나 생각할 수 없고, 그래서 아동이 두려운 아이디어에 대한 놀이를 통해 안전하게 그렇게 할 수 있도록 하지 못할 때, 이 현실은 정신적 등가 모드에서 경험되는 것으로 남게 된다고 제안한다. 아동이나 부모 모두 사고를 '소화'할 수 없으며, '생각할 수 없는' 사고는 한 세대에서 다음 세대로 전달된다. 매일의 수준에서, 레베카의 어머니는 아버지가 없는 상황의 수용할 수 없는 현실에 대해 레베카를 도울 수 없었다. 집단적인 수준에서 유태인 대학살 경험과 같은 외상은 전달될 수 있지만, 외상을 계속되는 고정된 현실로서 재경험하는 것만이 아닌 생각하고 이야기할 수 있는 공유된 현실의 일부가 되게 허용하는 부모의 능력에 따라 그렇지 않을 수도 있다.

아동이 정신화할 수 있게 되면 정신적 경험에 대한 중요한 완화 기능을 사용할 수 있게 된다. 아동은 현실의 지각을 방어적으로 막거나 수정하기 위해 심적 표상을 조작할 수 있다. 신경증적인 아동은 '실제' 및 '가장' 모드를 표상적 틀로 완전한 통합을 성취하는 것에 실패하고, 특정 아이디어들이 외적 현실과의 직접성을 유지한다. 두 모드의 통합이 성취되기 이전에 아동은 모든 종류의 겉모습에, 특히 그들 주위의 성인과 관련된 것에 취약하다. 정신화하는 것을 통해 아이디어와 느낌을 자신과 타인에게 귀인하면서, 아동은 자신의 인간 세상을 보다 자신에게 설명될 수 있게 만든다. 겉모습 너머의 단계로 올라서서 이것과 이것을 뒷받침할 수 있는 심적 상태 간의 구분을 파악할 수 있을 때까지, 아동은 자신의 대상의 즉각적인 감정적 반응에 취약한 채로 남아 있다. 이 경우 대상의 행동에서의 모순이나 적개심은 자신에 대해 어떤 나쁜 것을 보여 주는 것으로 보이는 그대로 받아들여질 수 있다. 대조적으로 아동이 철수되고 불행한 어머니의 분명한 거부적인 행동을 자신이 나쁘고 매력 없기 때문이 아닌 어머니의 감정적 상태(우울로 인한 또는 어떤 외적 상황에 대한 분노로 인한 것)로 귀인할 수 있다면, 아동은 자기 자신에 대한 자신의 시각에서 지속되는 상처로부터 보호받을 수 있다.

우리의 자기 발달에 대한 변증법적 관점의 수용은 담아 주는 대상의 내면화로부터 담아 주는 대상 내로부터 생각하는 자기의 내면화로 전통적인 정신역동적 강조점을 전환시킨다. 이것이 타고난 상호주관적 생각과 같은 개념을 만드는 것이다. 공유된 경험은 심적 상태 개념의 '바로 그 논리'(Sellars, 1963, p. 189)의 부분이다. 어린 아동을 대상으로 한 모든 분석 작업에는 이 발달 과정의 요소가 포함되며, 일부 환자의 치료는 심적 또는 심리적 실체로서의 자기의 정교화에 거의 전부 집중될 수 있다. 분석 과정의 반영적 측면은 단순한 공감(심적 상태의 정확한 비춰 주기)이 아닌 이해다. 아동을 정신적 등가 모드에서 정신화 모드로 이동시키기 위해서는 어떠한 이론 기반의 분석적 반영도 아동의 내적 상태를 단지 '복사(copy)'해서는 안 되고, 다르지만 경험적으로 적절한 재표상(re-presentation)을 제공하며 그것을 넘어 한 단계 더 나아가야 한다. 발판화(Vygotsky, 1966)로서 역할하는 분석가의 마음은 심적 자기에 대한 아동의 경험에서 지속적으로 한 단계 앞서 있으면서 아동의 정신적 현실에서 표상의 발달을 증진시키기 위해 설계된다. 따라서 아동 정신분석은 단순히 정신화에 대한 장애물을 제거하는 것 그 이상이다. 이것은 순수한 형태의 발달적 우주의 훈련이다. 분석가는 아동 경험의 강렬한 현실을 인정하는 것에서 시작해야만 하고, 가장 세계로 들어가 아동의 심적 경험과의 접촉을 통해 이것이 공유되고, 놀이되고, 변화될 수 있는 표상의 집합이라는 것을 단지 점진적으로 보여 주어야 한다.

제7장

현저한 정서 비춰 주기 및 가장 놀이의 정서 조절적 사용의 발달

제6장에서는 부모와 자녀 간 상호작용의 질과 밀접한 관련이 있는 완전한 주관성 발달을 위한 정신분석적 모델을 제안했다. 내적 현실이 완전히 실제이거나 또는 완전히 비실제인 것이 아닌 진정으로 표상적인 것으로 경험되기 위해서는 아동의 내적 현실의 가급적이면 놀이 같은 방식에서 이루어지는 대상에 의한 비춰 주기가 전제 조건이라는 것을 보여 주기 위해 임상 사례를 제공했다. 이 장에서는 아동과 주 양육자 사이의 놀이적인 비춰 주기 상호작용과 관련된 과정의 심리적 토대를 추가적인 사례 보고의 맥락에서 자세히 설명한다. 내적 표상의 질적 변화에 영향을 미치는 상호작용의 구체적인 특징은 내적 경험을 물리적 현실과 분리하거나 떼어놓는 핵심 자질을 통해 아동의 내적 상태의 '현저한 외재화(marked externalizations)'를 만드는 주 양육자와 관련되고, 이는 경험에 대한 통제감을 제공하고, 쾌와 소망 충족을 증가시키는 방향으로 경험의 내용을 잠재적으로 수정한다. 가장 놀이 또는 공감적 친사회적 행위의 맥락에서의 현저한 부모의 비춰 주기는 영유아가 ('비결과성'을 신호하고, 물리적 현실과 분리하는)표현의 현저함, (불쾌 및 소망 충족의 감소를 가져오는) 내용 수정 및 (정서적 경험에 대한 통제와 숙달을 발휘하는) 주체적 측면의 향상의 특징을 부호화할 수 있는 초기 기회를 제공한다. 이러한 상호작용은 영유아 자신이 정서적 자기 조절을 위해 이러한 특징을 적극적으로 사용하는 것의 창발을 촉진하는 중요한 경험적 전제 조건을 제공할 수 있다.

우리는 부모 비춰 주기의 부재가 정신적 등가 수준에서의 발달적 정체를 가져올 수 있다고 주장한다. 주 양육자의 반응에서 '현저함(markedness)'의 부재는 정서적 기능장애로 이어질 수 있으며, 이는 궁극적으로 아동 측면에서 외재화의 두려움을 가져온다. 아이는 주 양육자의 비춰 주기가 예상되는 사회적 상호작용에 들어가기는 것을 꺼리게 된다. 이것은 아동이 이러한 발달적 일탈을 바로잡을 수 있는 사회적 경험을 찾는 것을 어렵게 만든다. 우리는 치료적 개입이 아동의 정신사회적 박탈을 보완할 수 있는 힘을 가진 것을 보여 주는 4세 아동의 사례를 제시한다. 또한 청소년 및 성인을 위한 정신분석 치료 과정에서 효과적일 수 있는 면을 이해하는 도약으로서, 치료의 인지적 분석을 사용한다.

▎서론

이전 장에서 우리는 마음의 표상적 본질의 이해와 정서 조절 간의 관계에 대한 밀접하게 관련된 두 가지 발달적 이론, 즉 정신적 등가 및 정신화의 가장 모드 이론(제6장) 및 부모의 정서 비춰 주기의 사회적 바이오피드백 이론(제4장)을 제안했다. 역사적인 관점에서 이 두 이론은 모두 정신적 현실의 본질(Freud, 1900a, 1950 [1895]) 및 정서적 삶에서 가장 놀이의 역할(Freud, 1920g)에 대한 프로이트(Freud)의 독창적 제안을 마음이론 발달 틀 안에서 현대적으로 정교화한 것으로 볼 수 있다.

제6장에서 제시된 첫 번째 이론은 표상적 기능의 두 가지 기본 유형, 즉 정신화 능력의 완전한 발달에 선행하는 내적 경험 표상의 '정신적 등가' 및 '가장' 모드를 구별한다(Fonagy, 1995b; Fonagy & Target, 1996; Target & Fonagy, 1996). '정신적 등가(psychic equivalence)'는 사고, 환상, 느낌과 같은 내적 마음 상태가 현실과 혼동되고, 현실의 표상이 아닌 현실로서 경험되는, 심적 기능의 보다 원시적 수준을 말한다. 대조적으로, 정신화하는 '가장(pretend)' 모드는 내적 마음 상태의 표상적 본질에 대한 인식과 관련된다. 즉, 현실로부터 심적 표상을 '분리'함으로써(Leslie, 1987), 아동은 자기 스스로는 이 표상과 물리적 현실 간의 유용한 연결을 만들 수 없음에도 불구하고, 사고와 환상을 실제 현실과 구별할 수 있다. 이 이론은 정신화의 발달이 '현저한' 방식으로 아동의 느낌과 사고를 반영하는 놀이적인 주 양육자와의 상호작용의 반복적 경험의 과정에서 주로 발생하는 '가장'과 '등가' 모드의 통합으로서의, 초기 애착 경험의 질의 작용이라고 주장한다. 이 이론은 또한 심적 기능의 이러한 두 수준이 정서 조절 및 자기 조직화의 정상적 및 정신병리적인 형태의 발달에 미치는 역할을 고려하고, 감정적 자기 인식 발달에서 게르게이-왓슨(Gergely-Watson)의 사회적 바이오피드백 모델을 사용한다(제4장 참조).

게르게이와 왓슨(Gergely & Watson, 1996)에 의해 처음 개발된 제4장에서 설명한 두 번째 이론은 애착 맥락 내에서의 공감적인 정서 조절적 비춰 주기 상호작용이 어떻게 개체발생적으로 정서 상태의 이차적 표상의 확립 및 정서적 자기 조절의 보다 성숙한 형태로서 이것의 적응적 사용에 기여하는지에 대한 구체적인 유관성 기반 심리적 메커니즘(부모의 정서 비춰 주기에 대한 사회적 바이오피드백 모델)을 제안한다. 이 이론은 또한, 애착 대상에 의한 초기 정서 조절적 비춰 주기 상호작용의 부족 또는 일탈된 형태가 어떻게 정서적 및 해리적 장애의 병인 및 자기의 병리에 관여될 수 있는지에 대한 구체적인 가설을 제시한다(제4장 및 제5장 참조).

이 장에서 우리는 정신화 및 정서 조절에의 결함과 관련된 자기의 특정 병리의 개체발생에 대한 우리의 이해를 위해, 이 두 이론의 설명적 타당성을 보여 주는 임상 사례를 제시한다. 이 사례 삽화는 또한 이러한 환자들에게 표상적 기능의 교정적 변화를 유발할 수 있는 심리치료적 개입을 통해 이러한 이론들이 심리적 과정의 이해를 어떻게 이끌어 낼 수 있는지에 대해 밝혀 준다. 그러나 사례 자료로 들어가기 전에, 먼저 우리는 우리의 두 이론에서 결정적인 역할을 하고 또한 논의될 사례 연구에서 중대하게 여겨지는 중요한 핵심 개념을 면밀히 살펴볼 것이다. 즉, 정서적으로 부하된 내적인 심적 내용의 '현저한 외재화(marked externalizations)'의 개념이다. 우리는 구성 요소의 특성과 기능적 속성에 대해 간략하게 논의하고, 성숙한 표상적 기능에서 만나게 되는 가장 놀이, 소설, 예술, 환상, 백일몽, 또는 상상과 같은 이것의 다양한 형태를 확인한다. 마지막으로 우리는 정서적 자기 조절에 대한 현저한 외재화를 사용하기 위해서 드러나는 능력에 대한 표상적 및 경험적 전제 조건을 논의하고, 이 능력의 발달에 유관된 정서 조절적 비춰 주기 상호작용의 역할에 대한 우리의 주요 발달 가설을 개괄적으로 설명한다.

▌'현저한 외재화' 및 정서적 자기 조절

인간은 언어, 회화적 표상, 관습적인 몸짓 등과 같은 상징의 지향성[즉, 상징의 '겨냥(aboutness)']을 표상하는 독특한 심적 능력을 진화시켰다. 이 능력은 서로 의사소통하기 위하여(즉, 생존을 증진시키는, 자신의 종의 다른 구성원과 문화적으로 중요한 정보를 교환하기 위해) 자신의 심적 내용(자신의 신념, 욕구, 의도 및 감정 등)을 외재화하기 위해 인간에 의해 널리 사용되었다. 그러나 이 책 전반에 걸쳐, 우리는 지식 소통 외에도 이 중요한 표상적 능력이 또한 다소 다른 진화적 기능을 수행한다는 점을 강조했다. 즉, 사람들은 종종 자신의 정서 상태를 조절(유지, 수정, 약화, 또는 강화)하기 위해 정서적으로 부하된 심적 내용을 외재화한다. 분명히 사람들은 감정 조절의 기능으로 긍정적 및 부정적인 정서적 충동 모두를 외재화할 수 있다(Stern, 1985 참조). 그럼에도 불구하고, 적어도 역사적으로 임상가들은 부적 정서 상태를 '제거'하거나 수정하기 위해 외재화의 상이한 형태를 사용하는 환자의 경향성에 특히 관심을 가져왔다. 이러한 상태는 외상적 생애 사건의 고통스러운 기억으로부터, (실제적 또는 환상적) 대인관계 갈등 및 상호작용의 의식적 또는 무의식적인 심적 표상으로부터, 또는 불안, 무력감, 죄책감, 수치심, 분노, 두려움, 화 등의 고통스러운 느낌을 발생시키는 사회적으로 수용될 수 없는 욕구로부터 발생할 수 있다.

그러나 '외재화'라는 용어의 임상적 의미는 투사, 투사적 동일시, 상연, 행동화와 같은 현상을 포함하기 때문에 다소 광범위하다. 이 모든 경우에 있어, 정서 조절적 목적으로 외재화된 내적 경험은 개인에게 실제적인 외적 현실의 일부로서, 자기에게 속하지 않은 것으로서 지각되는 것으로 보인다. 우리는 현실 지각의 방어적 왜곡과 관련된 외재화의 사례와, 현실 검증을 약화시키지 않고 외재화의 정서 조절적 기능이 충족되는 가장 놀이, 상징적 소묘 및 그림, 연극 및 드라마, 동화 듣기, 예술 창조하기, 환상하기 또는 백일몽 꾸기와 같은 경우의 사례를 구분하고자 한다. 이러한 사례에서는 외재화된 정서적 내용이 분명히 '실제가 아닌 것'으로 이해된다. 이것은 현실과 '분리'된 것으로(Lesile, 1987), 실제가 아닌 허구의 세계에 속한 현실의 표상일 뿐인 것으로(Perner, 1991) 개념화된다. 우리는 주체가 외재화된 상징적 형태의 표상적 본질에 대한 어느 정도 수준의 인식과 이해를 늘 유지하는, 내적 내용 표현의 후자 유형만을 지칭하기 위해 '현저한 외재화' 및 '상징적 외재화'라는 용어를 사용한다.

이러한 외재화된 표현을 해석할 때, 실제 현실과의 혼란을 피하기 위해 이것의 표상은 단지 현실의 '표상'으로서 '표시'되거나, '현저'하게 되어야 할 필요가 있다. 앞서 우리는 제4장 및 제6장에서 논의된 정서 반영적 부모의 비춰 주기 표시뿐 아니라 가장 놀이의 경우에서, 외재화가 '실제가 아닌 것'을 나타내며 아동 마음의 부적인 감정 내용이 지각적으로 명확하게 '현저한' 형태로 외재화된다고 주장했다. 가장 놀이의 예를 들면, 여기에서 현저함은 가장 행위 또는 가장된 감정 표현을 실제적인 것과 구별하는 일련의 두드러지는 지각적 특징에 의해 전달된다. 다 안다는 듯한 표정, 다소 기울어진 머리, 높은 음고와 느려지는 목소리, 과장된 음조 곡선, 도식적이고 축약된, 또는 단지 부분적인 행위 도식의 실행 및 비가시적인 상상의 대상의 사용은 모두 명확하고 두드러지게 가장된 표현이 이것이 실제적으로 대응되는 것과 범주적으로 다르다고, 즉 이것은 '실제가 아닌 것'이라고 아동에게 나타내 준다. 우리는 적응적인 부모의 정서 비춰 주기 상호작용의 경우, 정서 반영적 감정 표시가 두드러지게 다른, 감정 표현의 현저한 형태를 가져오는, 상응하는 실제적 감정 표시에 대한 동일한 종류의 변형에 의해 또한 수정된다고 주장한다(제4장 참조). 그 결과 비춰 주기 표시의 정서적 내용이 아동에게 인식되면서도, 부모의 실제 감정으로서 부모에게 귀인되지는 않을 것이다. 즉, 이것은 '실제가 아닌 것'으로 해석될 것이다. 이 현실과 분리된 해석은 가장 및 공감적 비춰 주기 모두에서의 현저한 표현과 행위의 '비결과성(noncon sequentiality)'

의 경험으로 인해 더욱 강화된다. 동일한 표현의 실제적이고 현저하지 않은 형태에 뒤따를 것으로 기대되는 정상적으로 경험되는 전형적인 결과가 지각된 표시 또는 행위가 '현저한' 가장 모드에서 수행되었을 때에는 뒤이어 발생하지 않는다. 우리는 현저함의 지각이 표현을 그것의 실제 현실의 참조물과 '분리'되게 하는 어린 아동의 상위표상적 체계를 활성화한다(Leslie, 1987)고 제기한다(제4장 및 Gergely & Watson, 1996 참조). 허구의 세계를 참조하는 것으로서, 따라서 실제적인 결과를 갖지 않는 것으로서의 현저한 가장 또는 정서 비춰 주기 표시에 대한 뒤따르는 이해는 정서 조절에 중대하게 기여한다. 아동은 아무런 실제적인 부적 결과가 발생할 수 없는 표상적 상연의 '분리된' 허구적 세계에서 안전하게 느낀다(Gergely & Watson, 1996).

18개월 손자의 '포르트-다(fort-da)' 가장 게임에 대한 프로이트(Freud, 1920g)의 유명한 분석은, 부적 정서에 대한 정서적 대처를 키우는 현저한 외재화 사용의 몇 가지 중요한 특징을 강조한다. 그는 자신의 손자가 실을 감는 실패를 자신의 요람 커튼 너머로 던지며, 물체가 시야에서 사라지자 '포르트(없는; away)'라고 말하고, 다시 찾아오며 '다(돌아온; back)'라고 말하는 것과 관련된, 동일한 이 사건을 반복적으로 놀이하는 것을 관찰했다. 프로이트(Freud)의 해석에 따르면, 가장 에피소드의 첫 번째 사건(포르트)에서 아동은 일상생활의 과정에서 불가피하게 발생하는 자신의 어머니와의 분리를 외재화하고 있었다. 그러나 연속되는 사건의 두 번째 부분(다)은 이러한 고통스러운 분리의 소망적 상상의 취소에 대응된다. 아동의 기억에 표상된 실제 사건 동안에는 외상적인 분리 사건을 수동적으로 경험하는 무력한 주체였던 반면, 상연 동안에는 아동이 가장 에피소드를 전개하는 통제권을 가진 능동적 주체였다는 면에서, 외재화된 가장 형태는 기억상에 부호화된 내적으로 표상된 외상적 사건과 달랐다. 원래의 외상적 사건에 대한 질적으로 변형된 현저한 외재화의 지각은 본래의 사건 기억과 관련된 부적 감정을 중화시키는 주체성 및 재결합의 긍정적인 정서를 생성한다는 면에서, 감정적으로 교정적인 경험을 가져왔다. 따라서 허구적인 표상적 세계의 안전한 '가장 모드' 내에서의 이러한 유형의 자기 통제적인 수정된 상연은 외상적 사건의 고통스러운 기억에 대한 대처를 돕는 효과적인 방법을 제공한다.

지금까지 우리는 우리가 '현저한 외재화'라고 부르는 것을 예증하는 두 유형의 현상, 즉 공감적 부모의 정서 비춰 주기 및 가장 놀이를 논의했다. 두 경우 모두에서 아동의 내적 정서 내용의 현저한 표현은 실제로 '외재화'되었다. 이것은 아동에게 세상의 '바깥'에 있는 외적 사건으로 지각된다. (소묘, 그림, 조각 또는 놀이에서의 주인공 같은 외부의 매체를 사용하는 표현의 '상징적 외재화'의 경우에도 물론 마찬가지다.) 그러나 또한 순수하게 심적으로 생성된 주관적인 '내적 사건'과 관련되고, 백일몽, 환상, 상상에서와 같이 내성적으로만 지각되는, 자기 조절적 목적을 위해 자신의 내적 정서적 내용을 표현하는 다른 방식들도 있다(상상의 파트너와의 가장 놀이와 토론은 외재화 및 내적 심상의 진정으로 '혼합'된 형태의 전형적인 예다.).

성인 환자에서의 정서 조절 형태를 다루는 정신화된 정서성에 관한 제11장에서, 우리는 자신의 마음에서 자신에게 표현되고 표상된 것으로서의 자기 자신의 감정에 대한 자기 반영적이고 내성적인 이해 및 인식과 관련된 '정서의 내부 표현(inward expression of affects)'의 개념을 발전시킨다. 우리는 이러한 '자기 반영적 감정 경험의 내적 형태'가, 일차적 감정 경험에 대한 정서 조절적 표현을 위해 외적인 것이 아닌 내적 매체의 표상을 사용한다는 사실을 제외하면, 가장 놀이와 공감적 정서 비춰 주기에서의 '현저한' 및 '상징적인 외재화'와 동일한 범주에 속한다고 주장하고자 한다. 현저한 외재화에서 감정적으로 교정적인 정서 조절적 경험에 기여하는 것으로서 우리가 밝힌 세 가지 특징(지각적 현저함, 수동적인 주체에서 능동적인 주체로의 경험하는 사람의 역할 변형, 내용 수정)은 또한 백일몽, 환상, 상상에서도 발견된다. 사실 이러한 '내적 표현'은 또한 본질적으로 분리되고 표상적인 것(현저함)으로 ('마음의 눈'에서) 지각된다. 그렇기 때문에, 이것은 이것이 내부적으로 표현하는 실제 감정적 경험과 혼동되지 않는다. 내성하는 주체는 이러한 내적 정서 표현이 '실제가 아닌 것'이라는 것을 인식하고 있다. 동일한 맥락에서, 감정적으로 부하된 사건 기억 또는 환상의 내부 표현은 주체에 의해 적극적으로 통제될 수 있고, 이것의 내용은 외적으로 표상된 가장 놀이의 경우에서와 같이 의도적으로 수정될 수 있다.

발달적 시각에서 우리는 표현의 외적 매체를 사용하는 내적 정서적 내용의 현저한 외재화가 정서적 자기 조절의 도움으로 정서 상태의 순수한 '내부 표현' 형태의 발달에 선행하고, 이것을 위한 길을 만들어 준다고 제기한다. 특히, 공감적인 부모의 정서 비춰 주기에서 외재화의 행위, 표현의 지각적 현저의 표시, 그 내용의 부분적 수정(부분적 비춰 주기 또는 '혼합된 감정' 보여 주기의 경우에서와 같이—Fónagy & Fonagy, 1995 참조)은 모두 영유아가 아닌 비춰 주는 성인에 의해 수행된다는 것에 주목할 필요가 있다. 이 경우, 뒤이은 정서 조절적 경험에 대한 영유아의 통제감 및 주체감까지도 아기의 감정 표현과 비춰 주기 표시 간의 높은 유관도 관련성의 탐지에 의해 자동적으로 생성된다. 따라서 우리는 정서 조절적 부모의 비춰 주기의 반복된 경험이 영유아에게 자신의 내적 정서 상태에 대한 현저한 외재화를 아직 스스로 생성할 수 없는 월령의 시기에 현저한 외재화의 초기 원형적 형태를 제공한다고 제안한다. 그러므로 우리는 ('비결과성' 및 물리적 현실로부터의 분리를 나타내는) 현저함, (불쾌의 감소 및 소망 충족을 가져오는) 내용 수정 및 (통제와 숙달을 행사하는) 부모의 비춰 주기 표시의 주체적인 측면을 부호화하는 초기 기회가, 이러한 특징들 간의 연합의 형성 및 뒤따르는 정서 조절적 경험과 함께, 영유아 스스로의 감정적 자기 조절을 위한 이러한 특정의 능동적인 사용 창발을 촉진하는(가장 놀이 또는 2세 동안 등장하는 공감적인 친사회적 행위에서와 같이-제5장 참조) 중요한 경험적 전제 조건을 제공할 수 있다고 믿는다.

▌ '현저한 외재화'의 정서 조절적 사용에 대한 생물학적 및 사회적 결정요인

표상의 관점에서, 지향적 자기 표현의 이러한 외적 및 내적의 모든 상이한 형태는 본질적으로 상위 표상적이다(Leslie, 1987). 이것들은 이차적 표상의 유효성(Dennett 1991; Dennett & Haugeland, 1987) 및 현실로부터 표상을 '분리'하는 능력(Leslie, 1987, 1994)을 전제로 한다. 정확히 이러한 이유로 인해, 일차적 정서 내용에 대한 자기 표현의 모든 이러한 상이한 형태가 정서적 자기 조절에 사용될 수 있는 잠재성을 갖는다. 이것들은 '실제가 아닌 것'으로, '비결과적'인 것으로 경험될 수 있고, 통제를 행사하는 것을 통해 안전과 주체성의 경험을 제공하고, 수정된 감정적 내용으로 현저한 '가정(as-if)' 모드에서 재경험함으로써 부적 정서 기억의 교정적인 감정적 '다시 쓰기'를 생성할 수 있다.

이 관점에서 내적 정서 상태를 표현하기 위한 이차적 표상의 결핍 또는 참조적 분리를 위한 상위 표상적 능력의 결핍은 자기와 타인에서 신념 및 욕구와 같은 지향적 심적 상태의 빈약한 또는 전무한 이해를 가져올 것으로 예상될 수 있다는 결론이 나온다. 마음이론에서의 이러한 주요한 결핍은 아동기 자폐장애의 특징인 '마음 맹(mindblindness; Baron-Cohen, 1995)'의 약화 상태의 중심적 특징이다. 우리가 여기에서 강조하고자하는 추가적인 예상 가능한 결과는 자폐 아동에게 또한 매우 전형적인 정서적 충동 조절의 부족이다(Hobson, 1993 참조). 이차적 표상을 형성하는 심적 능력 및 참조적 분리를 위한 관련 능력은 아동기 자폐에서 유전적으로 손상된 것일 수 있는(Baron-Cohen et al., 1985; U. Frith, 1989) 인간 마음의 생득적 적응으로 밝혀질 수 있다(Fodor, 1992; Leslie, 1987, 1994).

그러나 마음이론을 위해 필요한 생득적인 표상적 능력이 손상되지 않았다 하더라도, 우리의 견해는 역기능적인 초기 애착 환경의 특정 유형이 여전히 정신화하는 능력의 지연되거나 빈약한 전개 및 정서적 자기 조절을 위한 이것의 적응적 사용의 획득 제한을 초래할 수 있다는 것이다. 정신화 발달의 부분적으로 심리사회적인 모델의 예는 제3장에서 행동유전학 연구의 배경에 반론하며 제시되었다. 애착 맥락 내 정서적 반응성의 일탈된 양상이 초기 정신화 능력의 기능적 사용의 발달에서 획득 결함 또는 발달 정체를 야기할 수 있는 여러 인과적 경로가 있다.

1. 제4장에서 가설을 제기했듯(Gergely & Watson, 1996 참조) 사회적 바이오피드백 과정을 통해 영유아에게 조율된 정서 비춰 주기 환경이 내적 상태 단서에 대한 감정 특정적 양상의 민감화를 통해 분화된 감정 표상을 확립하는 것에 중요한 역할을 할 수 있다. 나아가 이미 전언어적 단계 적응적 정서 비춰 주기 동안에 영유아가 유관된 내적 정서 상태와 연합하게 되는 현저한 비춰 주기 표시의 내면화된 표상의 형태로 일차적 정서 상태의 이차적 표상 확립을 위한 초기 기회를 제공할 수 있다. 따라서 애착 맥락 내에서 이러한 적응적 비춰 주기의 심각한 부재는 미분화된 내적 정서 상태, 감정적 자기 상태의 빈약한 인식 및 외적 현실과 내적 마음 상태의 혼동 경향성을 야기할 수 있다. 다시 말하면 이것은 심적 상태와 현실 상태가 혼동되고 미분화된 것으로 남아 있는 '정신적 등가' 기능 수준에서의 발달적 정체를 가져올 수 있다.

2. 주 양육자의 현저하게 표시되지 않고 실제적인 부적 감정적 반응의 형태로의 영유아의 부적 정서의 외재화와 관련된 일탈된 비춰 주기 교환은 아기의 부적 정서 상태의 조절이 아닌 악화를 가져올 수 있다. 이것은 부적인 내적 내용의 외재화와 결과적인 평형화 장애 및 외상화 간의 강한 연합을 확립할 수 있다. 이러한 애착 환경은 자기 조절의 수단으로서 일반화된 외재화의 회피를 가져올 수 있고, 이는 충동 조절의 심각한 문제를 야기한다. 나아가 참조적 분리 및 비결과성(즉, 현실로부터의 분리를 나타내는 것으로서 가장 모드의 일반화된 의사소통 부호의 획득)을 나타내는 현저함의 지각적 단서의 중요성에 대한 학습은 심각하게 지연되고 빈약해지게 된다. 이것은 일종의 '현저함에의 맹(blindness to markedness)'을 가져오며, 이는 현실과 가장을 혼동하는 경향을 야기한다.

▌임상 사례: 매트

매트(Mat)는 일련의 행동적 및 충동 통제 문제로 4세 1개월의 나이에 어머니에 의해 심리치료에 왔다. 어머니가 볼 때, 이러한 문제들 중 가장 심각한 것은 4세경까지 배변 훈련 달성에 실패한 것과 아동의 대변을 보지 않으려는 강한 경향성이었다. 매트는 수일 동안 심한 변비를 보이며, 변기 위에 앉아 대변 보기를 거부했고, 기저귀를 입혔을 때에만 별 수 없이 대변을 보았다. 매트의 어머니는 또한 어린이집과 가정 모두에서 발생하는 매트의 통제할 수 없는 감정적 폭발과 빈번한 분노 발작 및 외현화되는 폭력적 행동에 대해 몹시 불평했다. 매트는 어린이집에서 종종 다른 어린아이들을 공격했고, 집에서는 자신의 개를 고문했다. 매트는 또한 자신의 어머니와의 관계에서 고집스럽고, 반항적이며, 통제하는('명령하는') 것으로 언급되었다. 매트의 어머니는 아이가 '바보 같은 질문'을 늘 한다고 불평했는데, 이것은 심각한 거세 불안, 물리적 침입의 환상, 아기에 대한 공포증적 두려움 및 제왕절개에 대한 불안한 염려를 나타냈다.

매트는 질병(아동기 급성 호흡 곤란 양상의 상기도막힘증, 폐렴, 알레르기)과 입원의 병력이 있는 병약한 아동이었다. 소아과전문의의 조언에 따라 매트의 어머니는 매트의 생애 첫 3년 동안 아이와 함께 집에 있었다. 매트는 치료를 시작하기 바로 직전부터 어린이집에 오전 시간 동안에만 가기 시작했다. 매트는 어머니에게 불안하고 양가적인 애착 태도를 보였고, 어머니에게 달라붙으면서도 동시에 어머니의 시선을 회피했다. 매트는 어린이집에 남겨졌을 때나 치료를 위해 나의 치료실에 들어올 때 강한 분리불안을 보였다.[1]

매트의 어머니는 둔마된 감정성을 가진, 경직되고 무표정한 얼굴을 한, 그럼에도 불구하고 나에게 자신의 격분, 불만족, 그리고 아들에 대한 잦은 공개적인 적대적 느낌(분노와 혐오를 포함하는)을 전달하는 것을 주저하지 않는 여성이었다. 어머니는 자신이 절망적으로 버릇없고 쓸모없다고 설명한 자신의 아이에게 다소 무시적이었다. 어머니는 매트와의 상호작용에서 차갑고, 침입적이며, 과잉통제적이었다. 어머니는 종종 자신이 매트에게 소리치고 매트를 때리며 '이성을 잃는다'고 말하였다. 이들은 분노, 격분, 그리고 종종 악화되는 부적 정서에 의해 지배되는 밀접한 공생관계에서 살았다. 나에게 그녀는 현저하게 자녀의 심적 상태에 대한 공감적 또는 조율적 느낌을 가질 수 없는 것으로, 일반적으로 아들의 부적 감정을 상당히 다룰 수 없는 것으로 보였다. 매트의 부적인 정서 표시에 직면했을 때, 어머니는 종종 보완적이고 실제적인 자기 자신의 부적 감정으로 반응했고, 이것은 보통 아동의 부적 상태의 악화를 야기했다.

이것에 대한 좋은 예는 배변을 시작하는 것에 대한 매트의 의도적인 거절과 관련하여 재발하는 상호작용 양상에 대한 어머니의 설명이다. 어머니에 의해 어린이집에 남겨졌을 때 매트는 대변을 보는 것을 거부했지만, 오후에 어머니가 데리러 왔을 때 매트는 집으로 가는 길에 대변을 참을 수 없었다. 집에서 어머니는 매트를 변기에 앉히고, 자신도 매트 옆에 앉았다. 그러나 매트는 (종종 고통스러움에도 불구하고) 대변을 보는 것을 거부했고, 이들은 '수 시간 동안' 이렇게 앉아 있었다. 어머니는 점점 더 매트에게 화를 냈고, 대변을 보라고 애원했으며, 자신의 애원을 매트를 처벌로 위협하는 것과 약속을 하는 것으로 강화했다. 결국 어머니는 깊이 분개하게 되었

---

[1] 치료사는 기오르기 게르게이(György Gergely)였다.

고, 매트에게 기저귀를 입히고 매트를 요람에 놓은 후, 방에서 나가려고 시도했다. 그러나 분리 가능성에 직면한 매트는 즉시 기저귀에 배변을 했다. 어머니가 돌아와서 매트를 씻겨야 했기 때문에 이것은 어머니를 격분하게 했다. 이 시점에서 어머니는 종종 매트에게 소리쳤고, 격노하여 매트를 때렸다.

나는 매트의 어머니가 자신의 자녀의 심적 상태를 확인시켜 주는 성향적 표시에 주의를 주고 그것을 읽는 능력이 상당히 부족하다는 강한 인상을 받았다. 이것은 매트의 어머니가 무심한 목소리로 나와 나눈 매트의 누나에 대한 거의 믿기 힘든 이야기를 통해 확증되었다. 매트의 누나는 실제로 시각장애를 가지고 태어났지만, 수년간 이 사실을 부모가 알아채지 못했다. 부모는 아이가 보육원에서 일상적인 의료 검진을 받은 3~4세경이 되었을 때에야 아이의 상태에 대해 알게 되었다. 두 부모는 모두, 매우 가까이 다가가 직접적으로 마주하기 전까지 부모를 보지 못하는 아이의 거의 완전한 무능을 명백히 놓쳤다. 이것은 이 무시적 어머니의 자녀의 성향적 표정 단서에 대한 감시의 무감각 및 결핍의 심각함에 대해 내가 생각하게 하였다.

오랫동안 매트는 치료 회기 동안 심각하게 퇴행적인 기능을 보였다. 매트는 도착했을 때 극도로 두려워하였고 울며 어머니에게 매달렸으며 어머니가 대기실로 나가는 것을 막으려고 시도했다. 매트는 서투르고, 다소 지저분하고 냄새가 났다. 매트는 무겁게 숨 쉬었으며, 계속해서 약간 침을 흘렸고, 작은 소리에도 쉽게 두려워했다. 매트는 나의 존재를 무시하며 나와의 눈맞춤을 회피했고, 매트와 접촉하려는 나의 시도에 언어적으로 또는 다른 방식으로도 반응하지 않았다. 매트는 명령할 때에만 나에게 말했다. 여기서 우리는 치료의 초기 단계에서 점점 명백해진 매트 행동의 두 가지 병리적 특징에 집중할 것이다.

하나는 매트의 부적절하고 때로는 괴상한 언어의 사용이었다. 매트는 정상적인 의사소통 교환에 기저하는 암묵적인 화용적 규칙(Grice, 1975)을 따르지 않았다. 즉, 매트는 매우 자주 언어적 질문에 반응하지 않았는데, 다만 종종 단조로운 반향적 방식으로 질문을 반복했다. 말을 할 때, 매트는 때로 문장에서 1인칭, 2인칭 및 3인칭 대명사를 혼합하여 사용했다. 매트의 해석은 구체적이고 문자적이었으며, 종종 모호하고 기이한 의미의 낱말을 사용하였고, 사용된 맥락에 관계없이 표현을 해석했다.

두 번째의 두드러지게 역기능적인 특징은 매트가 상징적 놀이 및 가장을 산출하거나 이해할 수 없는 것처럼 보였다는 사실이었다. 매트의 놀이 활동은 주로 탑과 길을 만들기 위해 목제 집 짓기 블록을 사용하는 반복적이고 상동적인 행동만으로 구성되었다. 매트는 장난감 자동차에 매료되었는데, 이것을 목제 구조 사이에서 왔다 갔다 하며 밀었다. 그러나 대부분의 놀이에서 매트는 인형과 같은 피겨 장난감을 사용하는 것을 회피하였고, 어떤 가장 활동에도 참여하지 않았다. 매트를 상징적 놀이에 참여시키려는 나의 시도는 전반적으로 소용이 없었다. 매트는 인간이나 동물 장난감 피겨에 명백한 혐오를 보였고, 이것들을 제공하였을 때, 외면하거나 내던졌다. 어머니에 따르면, 매트는 집에서도 결코 피겨 장난감을 가지고 놀지 않는다고 했다. 매트는 오직 컴퓨터 게임과 집짓기 블록에만 관심이 있었다. 매트는 이행 대상을 가진 적이 전혀 없었다. 매트의 그림은 식별할 수 있는 어떤 피겨도 없이, 산만한 선들과 얼룩진 물감으로 구성되었다.

또 매트가 가장 활동 및 의사소통을 해석하는 것에 심각한 어려움을 가지고 있고, 현저하고 과장된 표현의 가장 모드를 이해하는 데 어려움이 있다는 것이 곧 명확해졌다. 예를 들어, 매트가 그림을 그리는 동안 내가 매트 컵의 오렌지색 물을 가리키며 "봐봐, 꼭 오렌지 주스 같다!"라고 말했다. 매트는 두려움에 올려다보며 말했다. "하지만 선생님은 그걸 마실 수 없어요!" 내가 현저한 가장된 억양으로, 그 '오렌지 주스'를 마시려고 명확히 가장하며 나의 입으로 컵을 들어올리면서 농담처럼 답했다. "물론 나는 할 수 있어." 매트는 더욱 두려워하며 (내가 물감 물을 실제로 마실 것이라고 분명히 믿으며) 소리쳤다. "그러지 마세요. 그건 마실 수 없어요!" 또 다른 상황에서, 나는 여우 손가락 인형을 꺼내어, 매트에게 손가락 인형을 가지고 놀이하고 싶은지 물었다. 그는 원치 않는다고 즉시 말했다. 하지만 나는 손가락 인형을 움직이기 시작했고, 주변을 걷는 것처럼 움직이며, 여우 같은 현저한 억양으로 말했다. 매트는 여우 인형이 마치 정말 살아 있는 것처럼, 강렬한 두려움을 보이며 여우를 바라보았다. 그리고 거의 울먹이면서, 매트는 손가락 인형을 좋아하지 않는다고 거의 소리치며 나에게 멈춰 달라고 애원했다. 마지막 예로, 한번은 매트와 내가 특정 위치에 도달했을 때 작은 보물 상자를 얻을 수 있는 보드게임을 하였다. 게임의 규칙을 따르지 않은 채, 매트는 늘 승리하는 위치에 자신의 조각을 놓으며 모든 보물 상자를 모았고, 나는 아무것도 받지 못하였다. 나는 (분명히 현저한 방식으로) 어떤 보물도 얻지 못했다고 불평하며 우는 척을 하였다. 매트는 두려움에 나를 바라보며 소리쳤다. "하지 마세요! 아기들만 우는 거예요! 선생님은 아기가 아니에요!"

앞에서 설명한 매트의 가장 놀이를 이해하거나 산출할 수 없는 무능과 언어 사용의 기능장애는 모두 아동기 자폐 증상의 핵심적 특징이다. 충동 조절에의 어려움, 분노 발작 경향, 피겨가 아닌 사물을 이용한 전반적이고 반복적인 상동적 대상 조작 활동, 눈맞춤의 결핍, 자동차에 대한 강박적 관심과 같은 매트의 병리의 다른 특징들 또한 자폐장애 가능성을 시사했다. 자폐가 있는 아동은 틀린 신념과 같은 타인의 지향적 심적 상태를 이해하는 것과, 가장을 이해하는 것 모두에서 표상적 전제 조건이라고 주장되는 '분리(decoupling)'(Baron-Cohen et al., 1985; Leslie, 1994)

를 위한 상위 표상 능력이 부족한 것으로 보인다(Leslie, 1987). 정상 발달에서 아이들은 생후 2세 말경에 가장 놀이를 이해하고 산출하기 시작하고(Harris & Kavanaugh, 1993), 4세경에 소위 말하는 틀린 신념 마음이론 과제(Wimmer & Perner, 1983)를 통과한다(제5장 참조). 그러나 자폐가 있는 아동은 4세보다 상당히 높은 정신연령에서조차 이러한 과제에서 실패하는 경향이 있다. 실제와 겉모습을 구별하는 것과 관련된 능력(어떤 것이 X처럼 보이지만, 실제로는 Y임을 이해하는 것) 또한 4세경에 창발한다(Flavell et al., 1987). 나는 매트가 4세 6개월 및 5세가 되었을 때(정상 발달 아동들이 다음의 과제들을 이미 통과하는 연령), 매트에게 표준적 틀린 신념에 대한 두 과제와 표준적 겉모습-실제 과제를 시험했다. 매트는 틀린 신념뿐 아니라 겉모습-실제 구분 이해에서의 명확한 결함을 보여 주며 각 과제에서 실패하였다.

이것은 매트가 실제로 자폐라는 가능성을 뒷받침하는 증거가 될 수 있지만, 이러한 초기 의심은 휴면 중이던 가장 놀이를 이해하고 사용하는 능력이 창발하기 시작한 치료를 통한 이후 발달을 통해 명백하게 반박되었다. 이러한 발달에 비추어 볼 때, 매트의 상징적 놀이 및 가장을 이해하고 산출하는 것에 대한 전반적인 어려움이 유전적으로 기반한 상위 표상 능력의 결핍이 아닌 심리사회적 요인에 기원한 것이었다는 것이 분명해졌다. 우리는 매트가 어머니가 제공한 일탈된 외상적 정서 비춰 주기 환경으로 인해 '정신적 등가'(Fonagy & Target, 1996 및 제6장 참조) 수준에서 발달 기능이 정체되어 있었다고 믿는다. 그러나 이 가설을 확장시키기 전에 매트의 치료에서의 두 가지 충격적인 삽화를 간략하게 설명하겠다. 우리는 이 삽화들이 매트의 심적 기능이 정신적 등가 수준에서 정체되어 있었다는 우리의 가설을 잘 보여 준다고 믿는다.

외상화하는 '현실 놀이': 정신적 등가 수준에서의 기능

치료의 초기 단계에서, 사실상 매트가 인간인 사람에 대한 비유적이고 상징적인 장난감을 사용하여 '놀이'에 참여하는 것이 가능하다는 것을 입증하는 두 번의 경우가 있었다. 그러나 두 차례 모두 매트는 놀이를 현실과 혼동하고 놀이에서 외재화된 공격적이고 불안한 환상을 (재)외상화하는 강도의 실제적 현실로 경험하며, 상황의 '가정'적 본질에 대한 이해의 명백한 부족을 보여 주었다. 그 결과 이러한 놀이 삽화 동안 매트는 점점 더 흥분하고, 두려워하고, 공격적이며, 불안에 가득 찼다. 이러한 부적 정서는 몇 주간 매트가 그 장난감을 회피하고 심지어 이 놀이 삽화가 발생했던 상담실의 모퉁이를 회피할 정도의 외상적 강도로 악화되었다.

첫 번째 삽화 동안, 나는 매트를 상담실의 모퉁이에 있는 장난감 욕실로 주의를 기울이게 하였다. 그 안에는 욕조와 변기가 있었고, 우연한 이유로 오븐이 있었다. 그곳에는 또한 상당한 양의 놀이 점토가 있었고, 2개(작은 것과 큰 것)의 발가벗은 아기 인형이 있었다. 매트는 우선 인형 중 하나를 집어 욕조에 넣었다. 그런 다음 매트는 그 인형을 꺼내어 변기에 앉혔고, 대변을 보게 만들었다. 나는 놀이 점토로 매트의 주의를 환기시키며, 매트가 원한다면 놀이 점토로 똥을 만들 수 있다고 말하였다. 매트는 흥분하며 한 조각을 떼어냈고, 인형 아래 변기 안에 그 조각을 놓았다. 매트는 그다음 장난감 주걱을 발견하였고, 그것을 나에게 보여 주며, 어떻게 사용하는지 물었다. 내가 말해 주었지만, 매트는 확고한 "아니에요."로 나의 설명을 거부했다. 매트는 놀이 점토 덩어리에서 조각을 잘라내는 것에 주걱을 사용하기 시작하며 말했다. "이것은 인형 안에 큰 똥을 넣기 위한 거예요!" 그리고 매트는 인형을 변기에서 가져 와, 자신이 주걱으로 자른 '똥'을 인형의 엉덩이에 붙였다. 매트는 놀이 점토의 한쪽 끝이 늘어나 '뾰족'하게 보이는 다른 조각을 가져왔다. "이것은 큰 뾰족한 똥이에요!" 매트가 흥분하며 말했고, 무겁게 쌕쌕거리며 다른 인형의 엉덩이에 붙였다. "첫 번째 인형이 아직 다 누지 않았어?" 내가 물었다. "아니, 아니요. 똥을 많이 눠야 해요. 봄까지 거기 있을 거예요." 매트가 말했다. 그러고는 매트는 작은 인형을 변기에서 꺼내고, 대신 큰 인형을 똥을 누게 하기 위해 변기에 놓았다. 매트는 작은 인형을 엉덩이부터 오븐에 밀어 넣기 시작하며 소리쳤다. "우리는 이 아이의 엉덩이를 요리할 거예요!" 그러고서 그는 '요리된' 작은 인형을 오븐에서 꺼내고, 큰 인형을 밀어 넣으려고 했지만, 성공하지 못했다. 그래서 매트는 대신 큰 인형을 욕조에 넣었다. "목욕하고 있어?" 내가 물었다. "아니요, 죽었어요!" 매트가 대답했다. "어떻게 죽었어?", "불과 물 때문이에요. 불에서, 물에서!!!" 매트는 통제할 수 없는 흥분으로 온몸을 떨며 소리쳤다. 그 후 매트는 다른 인형을 다시 오븐에 넣었다. "우리는 이 아이의 엉덩이도 요리할 거예요. 이 아이도 죽을 수 있게요!", "이 아이들은 누구야?" 내가 물었다. "조니와 매트에요." 매트가 말했다[조니(Johnny)는 보육원에서 매트의 친구였다.].

약 2개월 후 두 번째 삽화의 시작에서, 나는 분리하면 그 안에 더 작은 인형이 들어 있고, 그 인형을 또 분리하며 더욱 작은 인형이 들어 있는, 그림이 그려진 큰 러시아 인형인 마트료시카 인형으로 매트의 주의를 끌었다. 매트는 매우 흥미로워했다. 매트는 인형을 안에 넣었다가 다시 꺼냈다. 그러곤 매트가 말했다. "TV에서 많은 아기들을 봤어요. 다들 장애가 있었어요. 손이 없고, 다리가 없고, 귀가 없고, 그리고 고추가 없었어요!" 그는 흥분하여 웃으며, 선반에 있는 인형 쪽으로 달려가 남성의 성기가 있는 인형을 찾으려 했다. 매트는 한 인형을 찾았고, 첫 번째 외상화하는 '현실 놀이'에서 사용된 오븐이 있는 장난감 욕실이 있던 상담실의 모퉁이로 그 인형을 들고 달려갔다. 매트는 두 달 전에 '죽을 때까지 요리한' 작은 인형을 찾으려고 오븐을 열었다. 매트는 성기가 있는 인형을 들고, 소리치기 시작했다. "내가 이 아이의 고추에, 엉덩이에, 그리고 팔에 주사를 놓고 있어요." 매트는 날카로운 연필을 주삿바늘로 사용하여, 점점 더 흥분하며 인형의 여러 부위에 주사를 놓았다. "너도 주사를 맞은 적이 있어?" 내가 매트에게 물었다. "예, 제 팔이에요." 매트가 말했다. 그리고 나서 매트는 자신이 인형의 성기를 연필로 쿡쿡 찌르는 동안 나에게 그 인형의 엉덩이에 주사를 놓으라고 명령했다. 그리고 매트는 외쳤다. "이 아이의 배를 잘라 아기를 같이 꺼내요!" 그리고서 매트는 연필이 부러질 때까지 점점 더 사납게 그 인형에게 주사 놓기를 계속했다. "이제 우리는 이 아이의 고추에 못을 넣을 거예요! 못 박힌 아기!!!" 매트가 울부짖었다. "우리는 이 아이를 데울 거예요! 우리는 이 아이가 차가운 샤워를 하게 할 거예요!!!" 매트는 인형의 못 박힌 성기를 장난감 프레즐('차가운 샤워')로 가능한 한 세게 누르며 소리쳤다.

가장 모드 기능으로의 이동: 현저함 및 가장 놀이의 정서 조절적 잠재력의 발견

약 6개월 후 매트의 행동과 상위 의사소통이 질적인 향상의 조짐을 보이기 시작했다. 매트는 훨씬 덜 비조직적이었고, 매트의 말은 깔끔해졌고, 혼동과 이전에 보였던 특이한 요소들을 훨씬 덜 보였으며, 눈맞춤까지도 시작했고, 회기에 오는 것을 즐기기 시작한 것으로 보였다. 이러한 변화는 가장 모드 기능의 정서 조절적 잠재력과 표현의 현저한 '가정' 모드의 의미를 '발견한' 것으로 보이는 현저한 놀이 삽화와 동시에 발생하였다. 이 삽화는 치료의 과정을 명확히 바꾸어 주었다.

우리는 작은 보물 상자를 상으로 받을 수 있는 앞서 언급한 보드게임을 하고 있었다. 나와 게임의 규칙을 모두 무시하며, 매트는 주사위를 던지고, 반복해서 가능한 한 많은 보물 상자를 모았고, 그동안 나는 하나도 갖지 못하였다. 이때가 내가 명확하게 현저하고 과장된 '가정' 억양으로 조금 우는 척을 한 때다. 매트는 매우 두려워하며, 나에게 아기들만 우는데, 나는 아기가 아니니 멈춰야 한다고 말했다. 나는 즉시 멈추고, 내가 정말로 슬픈 것이 아니고, 정말로 우는 것이 아니고, 우는 척을 하는 것뿐이라고 부드럽게 설명하며 매트를 진정시키려고 하였다. 매트는 마치 이 말이 의미하는 바를 (아마도 처음으로) 천천히 이해하는 듯이 오랫동안 나를 주의 깊게 바라보았다. 매트는 진정된 것으로 보였고, 놀이를 계속 했다. 다음 회기에 매트는 얼굴에 큰 미소를 지으며 들어왔고, 그 보드게임을 다시 하고 싶다고 즉시 말하였다. 내 차례가 되었을 때,

매트는 미소 지으며 나를 보았고, 내게 지난번에 내가 슬펐던 것을 기억한다고 말하며, 자신이 내가 보물 상자를 얻을 수 있는 위치로 바로 갈 수 있게 해 줄 것이기 때문에 이번에는 내가 더 이상 슬플 필요가 없다고 하였다. 그다음 매트는 보드게임에서 용이 지키고 있는 탑의 빗장 잠긴 문을 가리키며 말했다. "여기가 우리가 들어가서 여자를 구해야 하는 곳이에요!", "용이 무섭지 않아?" 내가 매트에게 물었다. "아니요, 함께 우리가 용을 죽여요!" 매트가 미소 지으며 말했다. 그리고 나서 매트는 다시 나에게 내가 슬픈지 물었다. 나는 정말로 조금 슬픈 느낌이 든다고 대답하며, 약간 우는 척을 하였다. 매트는 내가 '우는' 것을 호기심 있게 바라보았고, 그 후 내가 보물을 좀 더 얻을 수 있게 도와주며 나를 위로했다. 그다음 매트는 직접 탑으로 가서, 용을 죽이고, '여자'를 구했다.

우리가 놀이를 마쳤을 때, 매트는 체스와 다소 비슷한 또 다른 보드게임을 발견했다. 매트는 나에게 그것을 어떻게 하는지 물었고, 나는 만약 매트가 내 말에게 올라서면 나는 '죽고' 내 말을 보드게임 판에서 내보내야 한다고 매트에게 말했다. 그리고 매트는 내 말 위로 올라서며, 그것을 보드게임 판에서 내보냈고, 조심스럽게 나를 바라보며 내가 죽게 되어 슬픈지 물었다. 매트가 나에게 무엇을 기대하는지 추측하며, 나는 조금 우는 척을 했다. 매트는 크게 미소 지으며 나에게 말했다. "슬퍼하지 말고, 제 말에게 올라서세요. 그러면 제가 죽을 거예요!", "그러면 매트는 슬퍼하지 않을 거야?" 내가 물었다. "네, 저는 죽는 것을 좋아하니까요!" 매트가 쾌활하게 대답했다.

우리는 이 두 게임을 몇 달 동안 반복해서 놀이했다. 우리는 동일한 주제에 대해 여러 가지 변형을 개발했다. 예를 들면, 우리 중 한 명이 어떤 곤경에 처하고, 상대방이 변함없이 구하러 올 때까지 슬퍼서 울거나 죽는 척을 했다. 주제들은 늘 죽었다가 다시 살아나고, 곤경에 처했다가 구해지고, 상처를 입었다가 치료받고, 슬퍼졌다가 격려 받는 것과 관련되어 있었다. 매트는 이러한 게임을 대단히 즐겼다. 매트는 마치 완전히 새로운 세계, 즉 '가정' 현실의 세계를 발견한 것 같았다.

마지막 회기에서 우리는 우리가 정글의 사냥꾼이 되는 새로운 보드게임을 했다. "선생님은 엄마 사냥꾼이고, 저는 아빠 사냥꾼이에요." 매트가 말했다. 늘 그랬듯이 우리는 모든 종류의 곤경에 몇 번이고 빠졌지만, 각각의 곤경에서 변함없이 상대방에 의해 구해졌다. 회기 시간의 끝무렵에 나는 대기실까지 매트와 함께 가고 싶었다(우리는 2개의 문을 통과한 후 계단을 올라가야 했다.). 매트가 말했다. "아니에요, 여기에 계세요. 저 혼자 갈래요." 나는 멀리서 매트를 따라갔고, 매트가 놀라는 어머니를 혼자 만나는 것을 바라보았다. 매트는 크게 미소 지으며 어머니에게 말했다. "저는 자라면, 사냥꾼이 되서, 토끼를 쏠 거예요!" 매트의 어머니는 매트를 다시 치료에 데려오지 않았다.

▌논의

우리는 매트의 사례가 정서 비춰 주기 상호작용 및 상상의 가장 놀이 모두에서 정서적 자기 조절의 수단으로서 현저함의 역할에 대한 우리의 이론을 잘 보여 준다고 믿는다. 이 사례는 또한 부적 정서의 적응적 비춰 주기가 정신적 등가 수준에서 가장 놀이가 가능한 정신화 수준으로의 어린 아동의 표상적 기능의 전환에 중요한 역할을 한다는 우리의 가설을 설명하는 데 도움을 준다. 마지막으로, 이 사례는 아동의 부적 정서적 표시가 주 양육자의 유관되지만 현저하지 않은 실제적인 부적 감정적 반응을 가져오는 일탈된 부모의 비춰 주기 환경의 특정 유형이 어떻게 정신적 등가 기능 수준에서의 발달적 정체를 초래하는지를 밝혀 준다. 논의에서 우리는 매트 사례의 이 측면에만 관심을 한정하고자 한다.

매트의 어머니는 무시적이고, 동시에 침습적이며 과잉통제하는 성격을 가졌다. 또한 어머니는 적응적으로 비춰 주어 자녀의 부적 정서 상태를 조정하는 능력이 부족해 보였다. 이들의 감정생활은 부적 정서가 지배적이었고, 정서적 상호작용의 결과 진정되기보다는 오히려 악화되는 경향이 있었다. 매트의 부적 느낌에 대한 표현은 어머니의 유관적이고 실제적인 부적 정서적 반응을 가져오는 경향이 있었고, 이는 매트의 부적 정서 상태를 때로는 외상화하는 강도까지 증가시켰다. 이러한 일탈적인 (현저함이 결여된) 정서 비춰 주기 상호작용의 예는 완강하게 변을 누지 않는 소년이 변기에 '몇 시간 동안' 앉아 있고, 그동안 어머니는 소년의 옆에 앉아 배변하도록 소년을 설득하려고 시도하는 반복적인 삽화에서 나타난다. 매트가 복통, 불안, 분노, 예기불안과 같은 다양한 증가하는 부적 느낌을 경험하면서, 적어도 이러한 느낌의 일부를 표시했다고 가정할 수 있다. 매트의 배변 활동에 대한 완고한 거부와 부적 정서 표시는 어머니에게 증가하는 좌절감, 분노, 증오, 그리고 결과적으로 격노를 야기했다. 이러한 끔찍한 상호작용은 예상할 수 있듯이, 매트의 어머니가 '이성을 잃고' 매트를 때렸을 때, 결국 폭력과 외상화에 이르렀다.

부적 정서의 현저한 부모의 비춰 주기가 관여하는 적응적 정서 조절적 상호작용에서, 아동은 자신의 부적 감정 상태의 유관적 외재화(부모의 현저한 비춰 주기 표시의 형태임)가 긍정적인 진정 효과를 가져온다는 것을 경험한다(Gergely & Watson, 1996, 1999). 이러한 상호작용은 외재화하는 사람의 부적 정서와 결과적인 정서 조절 간의 연합을 형성한다. 따라서 우리는 이러한 정서 조절적 비춰 주기 상호작용이 성공적인 자기 조절을 성취하기 위한 노력으로 가장 놀이 및 상상에서 자신의 부적 상태 외재화의 현저한 형태를 능동적으로 사용하는 아동의 이후 능력을 위한 원형적 형태 및 경험적 전제 조건을 제공할 수 있다고 제기한다. 우리는 매트에게 현저함, 부적 정서의 외재화 및 결과적인 정서 조절이 연합될 수 있는 이러한 감정 조절적 상호작용의 결정적인 경험이 박탈되었다고 믿는다. 그 대신 매트의 고통스러운 정서의 (조정이 아닌) 악화를 가져오는, 어머니가 현저하지 않은 실제적인 방식으로 매트의 부적 상태를 비춰 주는 어머니와의 외상화하는 상호작용이, 부적인 내적 상태의 유관적 외재화를 예기되는 외상화와 관련짓는 연합을 야기했다. 이것은 뒤이어, 상상, 상징 놀이, 비유적 소묘 및 그림의 형태로 내적 상태의 상징적 외재화의 가능성에 대한 공포적 회피를 가져왔다.

현저함이 관여하는 적응적 비춰 주기 상호작용의 결핍은 또한 현실과의 분리를 나타내는 일반화된 의사소통 부호로서 현저함의 기능적 중요성을 인식하는 능력의 저하를 가져왔다. 그 결과 매트는 초기에 실제로부터 가장을 구별하는 것에 상당히 무능하였고, 부적 정서의 현저한 상징적 외재화를 단지 현실의 표상인 것이 아닌 실제인 것으로서 경험하였다. 다시 말하면, 매트는 느낌, 사고, 환상, 및 가장 활동이 모두 현실의 일부로서 단일한 수준에서 경험되는 정신적 등가 기능 수준에서 정체되었다. 예를 들어, 매트가 주걱을 대변을 뜨기 위해 사용했을 때, 매트는 실제의 주걱의 적절한 기능은 완전히 다르다는 것을 동시에 이해할 수 없었다. 상상적 기능은 현실 자체가 되었다.

그러나 매트는 정신적 등가의 심적 세계에 영원히 갇혀 있지 않았다. '우는 것을 가장하는' 삽화에서 있었던 치료적 극복은 부적 정서의 적응적 비춰 주기가 관여된 교정적인 감정적 및 표상적 경험이 가능하고 치료적이라는 것을 보여 준다. 치료사의 슬픔과 울음에 대한 현저하고 놀이 같은 표현에 대한 매트의 첫 번째 반응은 정신적 등가의 수준이었다. 즉, 매트는 현실과의 가장의 초기 혼동을 보였고, 결과적으로 두려워했다. 그러나 부정적 결과의 눈에 보이는 결핍, 명확히 현저한 감정 표시의 반복된 제시, "이것은 실제가 아니야."라는 안정시키는 언어적 설명은 아동의 휴면 중인 표상적 능력을 활성화시킬 수 있었고, 결국 연습을 통해, 현저함 및 정신화의 가장 모드에 대한 기능적 사용의 적응적 이해로 이어졌다. 매트는 아마도 처음으로 부적 정서 상태의 현저한 외재화가 반드시 외상으로 끝나야 할 필요가 없고, 공유, 공감, 안정의 긍정적 감정을 가져올 수 있음을 경험할 수 있었다. 매트는 자신이 자기 조절적인 타인과 함께 가장 모드에 있는 한 '죽는 것을 좋아한다'는 것을 발견하였다.

▌결론

매트의 사례는 감정적 자기 조절에서 현저한 외재화의 역할에 대한 두 가지 주요점을 보여 준다. ① 이것은 일차 애착 대상과의 현저한 정서 비춰 주기와 관련된 초기 감정 조절적 경험의 지속된 결핍이 어떻게 정신적 등가 기능 수준에서의 발달적 정체를 가져오는지 예증한다. ② 이것은 아동 심리치료에서 치료사의 부적 정서의 현저한 외재화의 민감한 사용이, 정서 조절을 통해 아동이 정신적 등가 수준에서 심적 기능의 가장 모드의 적응적 사용으로 이동하도록 도와주면서, 교정적인 감정적 및 표상적 경험을 가져올 수 있다는 것을 보여 준다.

매트의 사례에서 매트의 상위 표상적 능력이 유전적으로 손상되지 않았다는 것이 명확해 보였지만, 이것의 정서적 자기 조절에의 활용은 현저함이 부족하고 결과적으로 매트의 부적 정서 상태의 외상적 악화를 야기한 일탈된 양상의 어머니의 정서적 반응성에 대한 경험으로 인해 심각하게 미발달되거나 제한되어 있었다. 그러나 우리는 매트의 사례에서 이 획득된 표상적 기능 장애가 얼마나 전반적이었는지 알지 못한다. 매트의 상징적 외재화에 대한 공포적 회피가 어머니와 관련된 특정 애착 맥락 및 어머니로부터의 분리와 관련된 상황(어린이집 또는 치료실과 같은)에 제한되어 있었을 가능성이 있다. 우리는 매트가 아버지 또는 할머니와 같은 자신의 삶의 다른 애착 대상과는 상이하고 보다 적응적인 감정적 상호작용을 해 왔을 가능성을 배제할 수 없다. 이 경우 사실상 매트는 심적 기능의 가장 모드를 이미 획득했을 수 있다.

제1장에서 논의한 것과 같이(Cicchetti & Rogosch, 1997; Rutter, 1987; E. E. Werner, 1990 참조), 표상 발달을 촉진하는 적어도 하나의 친화적인 애착 맥락의 존재는 상대적으로 성숙한 정신화 또는 반영기능을 확립하기에 충분할 수 있다. 높은 반영기능은 외상화의 잠재적으로 위험한 정서적 결과를 성공적으로 소화시키고 대처할 수 있는 능력과 상관관계를 보여 왔다(Allen, 2001; Fonagy, Steele, et al., 1994). 만약 매트가 이미 일부 대안적 애착 맥락에서 가장 모드를 사용할 수 있는 능력을 확립했다면, 치료사의 성공은 자기 조절을 위해 현저하고 상징적인 외재화를 사용하는 매트의 기능하고 있는 능력에 대한 영역 특정적 억제를 해제시킨 것에 불과할 것이다(유사한 예로, 제6장에서 논의된 레베카의 사례 참조).

그러나 아동이 합리적인 애착관계를 전혀 갖지 못하고, 오직 심리치료에서만 현저한 정서 비춰 주기와 정서 조절적 상징적 외재화를 경험하게 되었다면 어떨까? 사실 이것이 매트의 경우에 해당할 수 있다. 이러한 치료 경험이 정신화 능력의 발달을 가져오고, 따라서 심적 기능을 정신적 등가에서 가장 모드로 전환시키는 안정 애착의 효과를 어느 정도로 기능적으로 대체할 수 있을까? 우리는 향후 임상 연구가 이 중요한 질문에 더 빛을 비추어 줄 수 있기를 바란다.

나아가 또 다른 관련된 이슈는 정신적 등가 수준 심적 기능의 병리적 고착을 보이는 청소년 및 성인 환자의 치료에 관한 것이다. 예를 들어, 우리의 발달 모델과 이것의 아동 심리치료에의 적용이 성인 경계성 환자의 정신분석치료가 성취할 수 있는 치료적 변화의 본질에 대해 재조명해 줄 수 있을까? 제9장~제11장에서 우리는 이 문제를 보다 자세하게 다루고자 한다. 여기에서는 성인 환자의 정신분석 심리치료는 아동 심리치료에 사용되는 것과는 다른, 예를 들어 환기적인 가장 놀이 대신 자유연상 및 언어적 해석과 같은 보다 연령에 적합한 방법을 적용하지만, 그럼에도 불구하고 이러한 기법이 부모의 정서 비춰 주기 및 상징 놀이에서 작용하는 현저함, 유관성 탐지, 사회적 바이오피드백과 같은 동일한 기저된 심리적 메커니즘을 활용하는 것으로 보인다고 지적하는 것으로 충분할 것이다. 예를 들어, 분석 계약에 명시된 행동 규칙뿐 아니라 정신분석 장면의 형식적 특징은 분석적 대화에서의 언어의 사용을 일상적인 의사소통적 교환에서의 그것과 명확하게 구분할 수 있는 현저함의 두드러진 특징을 확립하는 것으로 해석될 수 있다. 일상 언어 의사소통의 일차적인 규범적 기능은 언어 공동체 구성원 사이에서 생존을 촉진시키는 새롭고 중요한 정보의 효율적인 교환이다. 우리가 일상적인 의사소통에서 자동적으로 고수하는 소위 말하는 그라이스의 대화격률(Gricean maxims; 예: '관련성의 격률', '방법의 격률' 등, Grace, 1975)에서 명시된 언어적 의사소통의 암묵적 화용 규칙은 정확히 이 기능을 최적화하는 역할을 한다(Sperber & Wilson, 1995 참조). 그러나 정신분석과 정신분석치료에서 이러한 언어 사용의 일차적 기능은 명시적으로 역–강조(de-emphasized)된다. 즉, 환자(또한 치료사)는 그라이스의 대화 격률을 유보하고 이를 '자유 연상'의 규칙으로 대체하여 언어적 의사소통의 규범적 제약으로부터 효과적으로 '빠져 나온다'. 고전적 정신분석에서 소파에 누워, 눈맞춤을 하지 않고, 결과적으로 언어적 교환 동안 치료사로부터의 실시간 상위 의사소통적 피드백을 박탈하는 것 또한 일상적 의사소통을 지배하는 화용규칙의 적용을 유보하는 역할을 한다. 이러한 규범적 규칙은 분석가와 관련해서도 유사하게 유보된다. 즉, 분석가는 침묵을 유지하는 것을 선택할 수 있고, 환자의 질문에 정보를 주는 답변을 제공하지 않을 수 있으며, 또는 의식적으로 의도된 의미를 다루기보다는 환자의 기저된 동기에 대해 물으며 질문을 되물을 수 있다. 분석가는 또한 환자의 언어적 의사소통의 문자 그대로의 의미가 아니라 그것의 추론된 기저하는 정서적 내용에 대한 해석을 제공하는 것이 허락된다.

이러한 고도로 구체화된 언어적 교환의 정신분석 규칙이 내적 정서적 내용의 외재화를 치료적 맥락 내에서 언어 사용의 일차적 기능으로 만드는 역할을 한다는 것에 주목해 보자. 어두운 방,

이완되고 안전한 분위기, 그리고 소파에 누워 있는 환자는 모두 안전하고 현실과 분리된 분석 상황의 '가정' 세계 안에서 외재화되는 자신의 내적 심적 내용에 환자의 주의를 집중시키는 목적을 수행한다. 정신분석 장면의 차별적 특징과 규칙은 내적 정서적 내용의 외재화된 언어적 표현을 '실제가 아닌 것'이자, '비결과적'인 것으로 '표시'하는 기능을 한다.

치료사의 '떠 있는 주의(hovering attention)'는 조율의 특화된 상태로, 환자의 내적 정서 상태를 확인하여 현저한 해석 및 반응의 형태로 환자에게 그것을 비춰 주기 위한 목적을 갖는다. 전이를 통해 본래의 애착 맥락의 발달 환경이 재창조되고, 부모의 정서적 반응의 역기능적인 형태가 분석 상황의 현실과 분리된 안전한 환경에서 재경험된다. 동시에 분석가는 비춰 주기 해석 및 표현의 형태로 환자의 정서에 대한 감정 조절적인 현저한 외재화를 제공하는 것을 통해 환자에게 교정적인 감정적 및 표상적 경험을 제공한다. 부모의 정서 비춰 주기에서의 사회적 바이오피드백의 과정과 유사하게, 이러한 유관적이고 현저한 외재화는 복합적인 기능을 수행한다. ① 환자를 자신의 내적 정서적 상태에 민감화하고, ② 언어적 명명을 제공함으로써, 이러한 상태에 대한 이차적 표상을 확립시키며, ③ 수정된 해석적 관점에서 외재화함으로써 정서적 내용을 적응적으로 변형시킨다.

그러므로 정신분석의 중심적인 치료적 목적은 환자의 '정서성의 정신화(mentalization of affectivity)'에 대한 역량을 길러 주는 것이다. 이것은 우리가 제11장에서 더 자세히 다루는 주제다. 자신의 내적 정서 상태에 민감화되고, 이에 대한 이차적 표상을 형성하는 것을 통해 환자는 외적 현실과 혼동될 위험이 최소화된 상태에서 자신의 주관적 정서적 내용을 정신화된 표상적 상태로서 이해하고 반영할 수 있게 된다. 사회적 바이오피드백 과정을 통해, 환자의 내적 정서적 내용에 대한 치료사의 현저한 외재화는 '정서의 내부 표현'에 대한 환자의 새로운 내성적 능력 확립에 도움을 준다. 이것은 치료사의 비춰 주기 해석으로 제공된 정서 조절적인 현저한 외재화의 새롭게 경험된 안전한 형태의 내면화를 통해 발생한다. 이를 통해, 환자는 점진적으로 정서적 자기 조절의 새로운 심적 기술을 배운다. 즉, 환자는 내적 정서적 내용에 대한 내부 표현의 현저한 형태를 산출하는 것을 통해 '자기 자신을 비춰 줌'으로써 내적으로 표현하고, 이해하고, 자신의 감정적 충동을 수정할 수 있게 된다. 제11장에서 우리는 다양한 수준의 정서장애가 있는 성인 환자에게서 마주칠 수 있는, 상이한 수준의 정서성의 정신화를 보여 주는 임상 사례를 제공한다.

제8장 정상 발달 청소년 및 청소년 붕괴에서의 발달적 이슈

이전 장들에서 우리는 자서전적 자기가 처음으로 출현하는 5세경까지의 정신화 발달을 다루었다(제5장 참조). 이 연령에서 이미 분명해지는 특정 발달장애도 있지만, 많은 장애들은 청소년기 또는 그 이후까지 드러나지 않는다. 이 장에서는 정신화의 개체발생에 대해 청소년기와 관련된 인지 발달의 함의를 고려하여, 반영기능의 발달에 대한 우리의 설명에 이후 발달 단계를 추가한다. 이 장에서 다루어지는 핵심 질문은 이 발달 단계에서의 다양한 종류의 정신장애의 증가된 빈도, 기존 상태의 악화, 그리고 청소년기와 구체적으로 관련된 새로운 상태의 창발뿐만 아니라 이 연령 시기의 발병과 연관되고 전 생애에 걸쳐 문제가 되는 여러 발병을 고려한다. 즉, 우리는 청소년기에 붕괴가 상대적으로 자주 발생하는 이유에 대한 겉보기에 간단해 보이는 질문에 답하고자 시도한다. 우리는 이것이 이 발달 단계 동안의 반영기능에서의 역경과 관련하여 부분적으로 이해될 수 있다고 제안한다. 이 장은 지금까지의 논의의 실을 하나로 모으는, 이 책에서 옹호하는 자기 발달의 시각에 대한 요약으로 시작하겠다.

▍서론

청소년기 정신병리의 증가에 대한 한 가지 설명은 라우퍼 부부(the Laufers)가 제공한 것이다. "청소년기 발달 과정의 붕괴는 병리다. 왜냐하면 이러한 붕괴의 결과, 성적 존재로서 자신과의 왜곡된 관계, 동성 부모와의 수동적 관계, 그리고 소망의 포기 및 유아 성욕을 두고 가는 능력의 포기를 야기하기 때문이다"(Laufer & Laufer, 1984, pp. ix–x).

우리는 모두 청소년기의 성욕의 열기를 회상한다. 하지만 이것이 일반적으로 붕괴의 원인일까? 또는 붕괴가 성적 느낌의 강화로 채색된 형태의, 초기 발달 장해의 결과일까? 우리는 후자에 보다 가까울 것이라고 생각한다. 우리가 호르몬의 격변 너머를 볼 필요가 있다고 제안하는 단서의 예는 사춘기가 점점 더 일찍 시작되는 반면, 모든 청소년 장애가 보다 이른 연령에 발생하지는 않는다는 것이다. 섭식장애가 보다 어린 연령에서 발생하는 반면, 범죄적 행위 및 자살은 그렇지 않다(D. J. Smith, 1995). 이는 유병률이 신체적(또는 성적) 압력보다 사회적 압력을 반영한다는 것을 의미한다. '청소년기 격동'의 그림은 1980년대와 1990년대에 감정적 격변을 촉발할 수 있는 일련의 연속적인 몸의 변화 모델로 대체되었다. 어떤 생물학적 사건이 그 역할을 하는지는 그 청소년에게 나타나는 특정 변화의 정도에 따라 상당히 개인특이적일 수 있다(Paikoff & Brooks-Gunn, 1991).

이 장에서 우리는 청소년기 다수의 상이한 종류의 병리에서 중심에 있을 수 있는 두 가지 성숙 과정의 상호작용에 초점을 맞춘다. 첫 번째는 형식적 조작적 사고로의 도약과 결과적인 대인관계 이해에 대한 강화된 압력이다. 이것은 일반적으로 생물학적 측면에서 생각되지만, 우리의 기준 틀에서 상징적 사고의 발달은 아동기에 걸친 애착 맥락에서의 감정적 성장과 얽혀 있다. 이 부분이 우리가 두 번째 과정과의 연결을 짓는 부분이다. 즉, 외적인 부모 및 내적으로 표상된 부모로부터의 분리에 대한 압력은 보다 초기 생애에 확립되었지만 이 초기 단계에서는 감출 수 있었던 발달적 실패 또는 취약성이 드러날 수 있다고 우리는 제안한다. 좀 더 구체적으로 말하면, 우리는 청소년기의 일부 정서적 장해가 어떻게 상징적 능력의 부적절한 응고의 측면에서 생각될 수 있는지 설명하고자 시도한다.

따라서 우리는 분리의 성취를 이끌어 내는 (또한 탈선시킬 수도 있는) 것이 새롭게 향상된 인지적 복잡성이라고 믿는다. 이는 청소년이 자기 자신 및 타인의 느낌과 동기에 대한 훨씬 더 복잡한 사고군을 통합하는 과업에 직면한다는 것을 의미한다. 그 결과 심적 상태에 대한 발달적 과민성이 있고, 이는 몸의 증상 또는 신체적 행위를 통하지 않고 사고 및 느낌에 대처하는 청소년의 능력을 압도할 수 있다. 이러한 청소년들은 심적 상태에 대해 꽤 유창하게 말하고 생각할 수 있는 것으로 보일지라도, 심적 상태에 대한 보다 추상적인 아이디어는 청소년의 체계에 상당한 부담을 생성한다. 이것은 정신화에 대한 명백한 극적인 붕괴, 사회적 세계로부터의 철수, 불안과 상연의 증대로 이어질 수 있다. 이러한 변화가 장기적인 어려움을 야기하는 정도는 청소년의 정신적 구조의 타고난 힘뿐 아니라, 청소년의 약화된 정신화하는 기능을 지지해 주는 환경적 능력에 달려 있다. 자연스럽게도 이것은 청소년이 자신을 지지하는 기관의 역량을 약화시킬 수 있다는 사실에 의해 더욱 복잡해진다.

▌자기 발달이론

청소년기에 대한 우리의 아이디어가 기반하는 자기 발달이론은 앞의 장들에서 설명하였다. 여기서는 청소년 정신병리에 대한 논의에서 중심이 될 이론 내 명제들을 간략하게 요약하겠다.

1. 심리적 자기는 심적 상태의 자기 및 타인으로의 귀인에 기원한다(제1장과 제3장).

2. 이 능력은 비춰 주기 과정을 통한 애착관계의 맥락에서 주 양육자와의 상호작용을 통해 창발한다(제4장 참조). 내적 경험은 주 양육자의 비춰 주기 행위에 대한 내면화를 통해 이차적 표상을 획득한다(제5장).

3. 내적 세계에 대한 기초적인 초기 경험은 '정신적 등가'(내적 = 외적) 모드와 '가장'(내적인 것이 외적인 것과 영원히 분리됨) 모드의 대체 가능한 두 가지 모드로 구성된다(제6장).

4. 주 양육자와의 안전하고 놀이 같은 상호작용은 이러한 모드의 통합을 이끌며, 정신화를 만든다(제6장).

5. 만성적으로 둔감하거나 잘못 조율된 양육의 경우, 자기의 구성상에 결함이 발생하여, 영유아가 대상의 마음 상태 표상을 자신의 핵심 부분으로 내면화하게 한다(제7장).

6. 초기 발달에서 이 '이질적 자기(alien self)'는 외재화에 의해 다루어진다. 정신화가 발달함에 따라, 이것은 자기에 점점 더 얽혀져서, 응집의 환영을 만들어 낼 수 있다(이것에 대해서는 제3부의 제9장 및 제10장에서 좀 더 자세히 논의된다.).

7. 자기의 비조직화는 어떤 애착관계에서도 이질적 자기의 외재화를 위해 투사적 동일시에 대한 지속적인 필요를 야기하며, 애착관계를 비조직화한다(제3부, 제10장).

▌청소년기 주요 과업으로서의 분리

그러면 이 모델이 청소년기의 정상 및 비정상 발달을 이해하는 데 어떻게 도움이 될 수 있을까? 마거릿 말러(M. Mahler et al., 1975)는 분리–개별화를 생애 주기에 걸쳐 상실한 공생적 어머니의 내사로부터의 다소 지속적인 거리두기의 과정으로서, 의존에서 독립 기능으로의 전환이 진행되는, 어머니로부터의 점진적인 거리두기로 보았다. 피터 블로스(P. Blos, 1979)는 말러(Mahler)의 모델을 확장하여, 유아적 대상 유대의 완화를 청소년기의 결정적인 변화로 보았다. 그는 개별화가 하나의 과정이나 성취로 간주될 수 있는데, 둘 다 청소년기 과정의 필수 구성 요소라고 강조했다. 말러(Mahler)의 모델과 피터 블로스(Peter Blos)의 확장은 분명히 우리의 생각과 관련이 있다. 말러(Mahler)의 공생적 어머니는 우리의 이질적 자기의 개념과 기능적으로 동등하다.[1] 청소년기의 더 커진 분리는 이질적 자기 또는 공생적 어머니가 더 이상 주 양육자와의 상호작용에서 외재화될 수 없음을 의미한다. 부모에게 이질적 자기를 투사하는 것에 필요한 상연 및 조작은 분리가 증가함에 따라 더욱 극적으로 되어야 한다. 이것(예를 들어, 부모와 싸우는 것)은 독립적인 정체성을 성취하기 위한 분투로 잘못 인식될 수 있다. 청소년이 공생적 관계를 다시 확립할 수 있는 파트너를 찾을 때까지, 이질적 자기를 통합할 수 없는 청소년에게 막대한 압력을 생성하는 외재화에서의 틈이 생긴다.

에릭슨(Erikson)은 자기 정체성의 달성을 진정한 참여의 전제 조건으로 본다(Erikson, 1968). 개별화에 대한 이러한 우선적인 강조는 이것의 변증법적 대응인 애착을 소홀히 한다(Blatt & Behrends, 1987; Blatt & Blass, 1990). 진정한 분리는 차이와 유사성을 모두 인식할 수 있는 능력을 의미하며, 역설적이게도 전자가 아닌 후자가 자율성의 진정한 표지일 수 있다. 청소년기의 정체성에 대한 도전은 차이가 아닌 유사성을 수용하는 것에서 비롯된다. 주 양육자와의 안정된 연결감 및 유사감이 있는 청소년은 신체적 분리를 견딜 수 있는 반면, 자기의 일부를 투사하고, 완전히 다르게 주 양육자를 지각해야 하는 청소년은 자신이 어머니와 분리되면 자신의 정체성을 상실한다고 느낀다. 따라서 달라야 한다는 지나친 주장은 자기의 투사된 부분으로의 회귀를 위협하는 분리의 압력에 대한 방어적인 반응으로 볼 수 있다.

내적 일관성 및 자기와 대상의 심적 분리는 따라서 타인의 물리적 존재를 요구한다. 그렇지

---

1) 단, 다음의 부분은 제외한다. 스턴(Stern)과 함께 우리는 공생을 정상적인 단계로서 보지 않고 '공생적 어머니(symbiotic mother)'를 매우 흔한 정상 발달의 일탈로 본다.

않으면 청소년은 남겨진 핵심적 자기가 압도되고, 이것과의 접촉을 잃고, 자신의 정체감을 상실할 것을 두려워한다.

우리의 관점에서 신체적 분리됨은 청소년기에 각 아동이 직면하는 두 가지 발달상의 도전 중 상대적으로 작은 것이다. 두 번째 도전은 감정적 및 인지적 복잡성에 대한 향상된 인식에서 발생하는 것으로, 가장 중추적으로 애착관계 맥락에서 발생한다. 청소년기에 감정적 발달은 추상적 사고 능력과 함께 '새로운 발달층'(Fischer et al., 1990)에 이른다. 정서의 이해와 표현 모두 새로운 차원에 진입하고, 따라서 여러 새로운 의미를 갖게 된다. 예를 들어, 기본 감정 상태에 귀인하기보다, 청소년들은 감정에 대한 성인과 같은 사건도식을 고려하기 시작한다. 시기심 또는 분개심과 같은 느낌은 시나리오로 정교화된다. 추상화 및 정교화에 대한 새로운 역량은 발달 과정에서 생성된 감정적 스트레스에 의해 미약하게 유지되고 빠르게 뒤집힌다. 이러한 스트레스는 흔히 내적이지만(예를 들어, 갈등 또는 비친숙한 강렬한 감정 상태에 의한 것), 부모의 정신질환과 같이 압도적인 외적 상황에 의해 발생할 수도 있다.

피아제(Piaget)의 가역성(reversibility) 개념을 바탕으로, 톰슨(A. E. Thompson 1985, 1986)은 아동이 자신이 현재 느끼고 있는 것 이외에 대상 또는 느낌에 대한 다른 반응을 상상할 수 없을 때, 정서가 '비가역적(irreversilble)'이라고 생각한다. 가역성은 중기 아동기와 초기 청소년기 사이에 점진적으로 창발한다. 천천히 아동은 자신이 느끼는 것처럼 느끼지 않거나, 대상에 대한 느낌 상태를 변화시키지 않는 것에 어떤 결과가 따를지 궁금해한다. 형식적 조작을 완전히 활용하여, 아동은 감정을 설명하거나 변화시킬 수 있는 특정 상황의 측면보다는 일반적인 원칙을 생각하기 시작한다. 그러나 추상적 사고 능력의 향상이 청소년을 한 걸음 물러나 자신과 타인을 감시할 수 있게 해 주는 반면, 이것이 반드시 좋은 것으로 느껴지는 것은 아니다. 자신과 타인 안의 정서에 대한 경험자로서, 청소년에게 세계는 갑자기 훨씬 더 복잡하고 혼란스러워진다. 따라서 청소년은 때때로 대안적 동기의 파생으로부터 휴식을 취하기 위해 상호작용이나 정신화로부터 전반적으로 철수할 필요가 있다.

예를 들어, 우울한 어머니의 자녀는 3세에 자신의 어머니가 침대에 누워 있는 것이 자신이 나쁘거나 지루하거나 사랑스럽지 않기 때문이라고 느낄 수 있다. 5세가 되면 이 아동은 어머니의 행동이 자신에 대한 어머니의 느낌과 반드시 관련지을 필요가 없는 어머니의 마음 상태인, 어머니 자신의 머릿속에 있는 무언가라고 할 수 있는 우울증을 반영한다는 것을 인식하게 된다. 7세가 되면 이 아동은 맥락적 설명을 산출할 수 있다. "엄마가 우울한 것은 엄마의 엄마가 죽고, 그리곤 아빠가 떠나고, 우리에게 거의 돈이 없기 때문에, 그리고 엄마에게 친구가 거의 없기 때문이에요." 그러나 대략 11세경부터, 여러 가지 방해적인 새로운 가능성들이 장면에 들어오면서, 감정 상태가 그대로 있을 필요가 없고, 그것에 어떻게 반응할지에 대해 사람들이 선택할 수 있다는 사실을 가리게 된다. 흥미롭게도 이것은 아동을 자신의 첫 번째 가정의 보다 정교한 형태로 되돌아가게 할 수 있다. "엄마가 그렇게 끔찍하게 느낀다면, 왜 일어나서 무언가를 하려고 하지 않을까? 만약 엄마가 침대에 누워 있으면서 무언가를 얻는 게 아니라면, 이렇게 오랫동안 계속 그렇게 하지 않을 거야. 좋아, 엄마는 기분이 끔찍하지만, 일어날 수도 있고 학부모 저녁 모임에 올 수 있을 거야. 엄마가 정말로 나를 사랑한다면, 그렇게 할 거야." 이후 이 청소년의 해석은 우울증을 사랑의 상실, 갈등, 부모의 결혼생활, 또는 보다 자기중심적으로 자신에 대한 부모의 실망의 결과의 측면으로 생각할 수 있다. 사람들의 느낌과 행동뿐 아니라 자신의 느낌과 행동에 대한 이러한 새로운 생각의 방식은 압도적일 수 있으며, 청소년은 그 함의를 흡수할 필요가 있다. 더불어, 정신화에 대항하는 반응도 있을 수 있다. 일부 청소년들은 비디오 컴퓨터 게임, 인터넷 검색 등에 참여할 수 있다. 또 다른 일부 청소년들은 감정이 단순하고 강렬한 것으로 표현되는 정형화된 드라마, 연애 소설에 빠질 수도 있다. 청소년들은 또한 명백히 마음을 마비시키는 음악으로 도망칠 수도 있다.

전체적인 발달 과정은 유동적이고 역동적이다. 향상된 인지 능력으로 풍성한 정신화를 생성하고, 이는 뒤이어 불안 및 몰두를 야기한다. 이 상태가 추상적 사고를 약화시킴에 따라, 청소년은 명백히 안도를 위해, (종종 정말 마음 없는 활동으로 신경을 끄는 것에 더하여) 생각 없고 사회적으로 둔감한 상태로 퇴행할 수 있다. 따라서 부모는 분명히 다른 사람들을 염두에 둘 수 있고, 자신의 행위의 영향을 상상할 수 있는 청소년 자녀의 눈치 없고, 이기적이고, 의도적으로 경솔한 듯한 행동에 격노하게 된다.

두 번째 부분에서 우리는 우리가 청소년기의 이중 도전으로 보는 정신화 손상의 상이한 방식과 정도를 보여 주는 두 사례를 설명한다. 즉, 역기능적인 애착 맥락에서 분리에 대한 추동의 잠재적으로 파멸적인 결과와 정신화로의 도약의 직면에서의 퇴행이다.

▍임상 사례: 토니

토니(Tony)는 15세에 거주형 청소년 정신건강의학과 병동에 의뢰되었다. 토니의 부모, 교사, 그리고 정신건강의학 주치의는 토니가 부모, 또래친구, 그리고 여교사들에게 가한 명시적인 폭력적 위협에 대해 매우 염려하게 되었다. 토니는 칼로 다른 남자 아이를 협박하여 입원하였다. 토니는 다부진 체격의 뚱한 소년으로, 병동에서 의료진이나 또래와 말을 하지 않고, 이들이 토니를 참여시키려고 시도하면, 주로 이들을 노려보며 으르렁거렸다.

토니는 실패한 사업가와 전직 교사의 외동아들이었다. 토니의 예측할 수 없는 폭력적인 폭발은 입원 6개월 전 악화되었는데, 이것은 토니의 부모님이 토니에게 사회복지 보호소에 가 보도록 권한 때였다. 토니의 발달력은 표면상 사랑스럽고 애정 어린 어머니와의 상당히 가까운 관계를 제외하고는, 폭력적인 청소년에게 흔치 않은 것과 거리가 멀었다. 토니는 부모님이 아이를 가질 수 없다고 생각해 온 오랜 기간 뒤에 갖게 된 아이로, 아기였을 때 토니는 이루 말할 수 없이 귀했다고 한다. 토니의 어머니는 아기 토니를 돌보는 데 자신의 모든 시간을 쏟기 위해 교육행정 분야의 유망한 경력을 포기했다. 이들 사이의 관계는 매우 강렬해서, 아버지 또한 아들을 갖게 되어 기뻤음에도 종종 시기심과 분개심을 느꼈다. 어머니는 몇 년 동안 아버지를 제외시키며, 토니와 침실을 공유할 것을 주장했다. 토니가 10세가 될 때까지 어머니는 토니를 다른 사람과 남겨 두고 싶지 않아서, 아버지와 밤에 외출하지 않았다.

토니의 아버지는 결코 토니에게 폭력적이지 않았다. 그러나 아버지는 아내를 학대했다. 아버지의 사업 거래에서의 좌절과 토니의 어머니에게 방임되는 듯한 느낌은 아버지를 더욱 공격적이고, 소리 지르며 위협적이게 만들었다. 아버지는 간헐적으로 어머니를 때렸고, 그러면 어머니는 신경질적인 화와 아버지의 행동에 대한 아들과의 친밀한 토의로 반응했다. 예상할 수 있듯이, 아버지 화의 초점은 주로 토니였다. 토니를 보호하고 만족시켜 주려는 어머니의 소망은 아버지의 비웃음과 어머니를 떠나겠다는 위협으로 대응되었다. 토니는 종종 이러한 대립을 목격했고, 어린 소년인 토니는 어머니를 보호하려고 시도했다고 보고되었다. 좀 더 나이가 들자 토니는 어머니를 혼자 내버려 두지 않으면 아버지를 죽이겠다고 위협했다.

그동안에 토니의 상태가 나빠졌다. 토니는 10세가 될 때까지 유분증이 있었다. 초등학교에서 토니는 빈약한 교육적 진전을 보였고, 괴롭힘과 따돌림을 당했다. 중학교에 가자, 토니는 예측할 수 없는 폭력적인 폭발로 운동장을 공포에 떨게 하며 괴롭히는 아이가 되었고, 교사가 교실에서 토니를 다루기가 무척 어려워졌다.

토니가 청소년 병동에 입원하였을 때, 모두 토니를 두려워했다. 토니는 입원 주치의와의 발달력 면담을 거부하였고, 간호사나 다른 환자들과 거의 말하지 않았다. 아무도 토니와 병실을 같이 쓰고 싶어 하지 않았다. 특히 젊은 남자 환자들이 토니를 피하며 조롱했고, 토니와 비슷하게 뚱하고 고립된 소녀인 일레인(Elaine)만이 토니를 방어했다. 일레인이 토니를 옹호하는 사건이 있은 후, 이들은 타인에 대한 증오에 기반한 말 없는 우정을 형성했다. 토니가 조금 말을 나눈 유일한 사람은 토니의 심리검사를 수행했던 젊은 수련 심리사였다. 이 심리사는 토니가 거의 읽을 수 없고, 최하의 산술 능력을 갖고 있다는 것을 발견했으며, 적성 및 성취 검사의 지뢰 찾기 과제를 수행하기 위해 토니가 방향 찾는 것을 도와주어야 한다는 것을 알게 되었다. 검사를 진행하며, 토니는 자신이 얼마나 학교와 그곳에 있는 모든 사람들을 미워했는지, 자신이 얼마나 절실하게 더 잘 읽는 것을 배우기 위해 혼자 시도했고, 하지만 수치심과 좌절감에 포기하게 되었는지 표현하기 시작했다. 토니가 어느 정도 그 심리사와 말을 하는 것으로 보였기 때문에, 치료팀은 치료적 관계가 가능한지 여부를 보기 위해 토니에게 심리사와의 몇 회기를 제공하기로 결정했다.

심리사와의 첫 회기에서 토니는 아버지에 대한 화를 설명하며, 자신은 아버지를 살해하고 싶다고 덧붙였다. 토니는 분노로 가득 차 있었고, 토니 자신에게 대항하고, 모두 자신의 뒤에서 자신을 조롱하는 것으로 느껴지는, 다른 젊은 사람들에 대해 악의에 차서 말했다. 토니는 병동의 최소한의 규칙에도 격분해하며, 식사, 모임 등에 대한 어리석은 병동 시간표에 맞추는 것을 거부하겠다고 말했다. 심리사는 토니가 사람들이 자신을 많이 싫어한다고 느낀다면, 혼자 하는 것을 선호하는 것은 놀랄 일이 아니라고 부드럽게 제안하며, 하지만 토니가 외로운 것처럼 보이기도 한다고 하였다. 토니는 자신이 결코 친구를 만들 수 없었던 것에 대해 말했다. 심리사는 의료진에게 아버지를 죽이려 하는 토니의 소망을 보고했다. 하지만, 토니가 점차 적응해 가는 것으로 보여, 면밀한 관찰하에 개방 병동 입원을 유지하였다.

토니의 다음 회기는 이틀 후 오후였다. 그날 아침 일레인은 심하게 자신의 손목을 그었고, 침대에 실려 그 병동에서 이동되었다. 토니는 일레인을 보호하지 못한 의료진을 비난하며 명백히 동요된 상태로 회기에 왔다. 토니의 분노는 빠르게 상담실을 에워쌌고, 토니는 위협적이게 되었다. 토니는 심리사의 열쇠를 탁자에서 가로채며, 상담실 문을 안쪽에서 잠그고, 열쇠를 자신의 상의를 거쳐 바지로 밀어 넣었다. 토니는 심리사에게 열쇠를 되찾아 보라고 조롱하며 명백한 흥분을 보였다. 심리사는 자신에게 그것을 돌려 달라고 요구하며, 자리에 앉아 발생한 일에 대해 토니가 어떻게 느끼는지 이야기해 보자고 했다. 하지만 토니는 심리사를 자신의 자비 아래에 둔 느낌에 매우 흥분된 것이 명확했고, 자진해서 그 우위를 포기하지 않을 것이 분명했다. 토니는 그녀를 밀쳤고, 열쇠를 얻기 위해서는 자신의 바지에 손을 뻗어야 한다고 반복해서 말했다. 심리사는 경보 버튼을 눌렀고, 토니에게 이것은 의료진이 와서 밖에서 도움을 줄 수 있다는 것을 의미한다고 설명했다. 하지만 토니가 열쇠를 돌려주고 다른 사람들이 들어올 필요 없이 회기를 계속할 수 있다면 더 좋을 것이라고 말했다. 토니는 마치 열쇠를 돌려주려는 듯 바지를 풀었지만, 심리사에게 자신을 노출시켰고, 더욱 흥분하여, 심리사를 경보 버튼에서 멀리 떨어진 창문으로 밀며, 심리사의 옷을 벗기려고 했다. 2명의 남성 의료진이 상담실에 들어갔다.

토니는 바지가 무릎에 내려온 채, 다른 환자들과 의료진들이 차를 마시기 위해 모여 있는 주 병실을 가로질러, 붙잡힌 채 끌려갔다. 면담에서 토니는 심리사가 "자신(심리사)에게 그렇게 하게 만들었다"고 공격적으로 주장했고, 또한 토니는 예정된 회기에서 심리사가 자신을 보는 것을 확실히 하고 싶어 했다. 토니는 그날 토니가 병동에 있는 모든 젊은 환자들이 두려워하는 장소인, 보안이 높은 성인 병동으로 옮겨질 것이기 때문에 그런 일은 없을 것이라고 들었다. 토니는 또한 이송이 준비되는 동안 강제로 약물을 투여 받았고, '타임아웃' 시간의 연장 상태로 있게 되었다.

토니는 창문을 부수고, 병동에서 줄을 타고 빠져 나왔다. 경찰은 토니의 어머니가 집에서 전화로 신고를 할 때까지 24시간 동안 토니를 찾을 수 없었다. 토니는 밤에 집에 침입했고, 아버지를 칼로 찔러 살해하였다. 토니는 보안 수준이 가장 높은 정신병원에 무기한으로 넘겨졌다.

토니는 방임되지 않았다. 토니는 (학교에서 크게 괴롭힘당했지만) 부모에게 체벌당하지 않았으며, 그 살인은 상대적으로 보살핌을 받는 상황에서 발생한 사건에 의해 촉발되었다. 우리는 토니가 신체적으로 방임되지는 않았지만, 감정적 경험 및 자기 조직화의 발달 수준에서는 그랬다고 제안하고자 한다(Fonagy & Target, 1995에서 보다 상세히 논의됨). 분리되지 않으려는 어머니 자신의 욕구와 관련된 것으로 보이는 과도한 헌신을 한 토니 어머니도, 분노와 시기심이 있는 토니의 아버지도, 실제적으로 토니 그 자체를 이해하지 못했다. 이들은 토니의 진정한 느낌과 경험을 이해할 수 없었고, 이러한 애착 대상에 의한 인식의 부재가 품행장애 및 폭력성에 대한 취약성을 생성했다.

과도한 거리감과 마찬가지로 과도한 친밀감은 심리적 자기를 약화시킨다. 영유아는 주 양육자의 표현에서 자신의 내적 상태에 상응하는 표상을 찾으려고 애쓰지만, 부질없는 노력이 된다. 자기는 불완전하게 조직화된 채 남아 있고, 내적 현실은 '정신적 등가' 모드에서 계속 경험된다. 따라서 이후 해로운 경험의 내사에 취약하게 된다.

토니는 밝은 소년이 아니었다. 토니는 느리고, 서투르며, 괴상해 보이고, 위생상태가 좋지 못하다고 또래에게 지독하게 괴롭힘을 당했다. 이러한 괴롭힘은 아동을 둘러싼 성인들과 또한 정신화하는 관점을 적용할 수 있는 다른 아이들에게 사소한 것으로 보일 수 있다. 그러나 괴롭힘은 굴욕의 느낌을 소멸의 느낌과 구별할 수 없는 아이들에게는 말 그대로 치명적이다. 유사한 자기 파괴적 수치심이 가정에서 희미하게 가려진 토니의 폭력 경험에 동반되었다. 어머니와 지나치게 동일시된 상태에서 논쟁을 목격하면서, 토니는 자신이 학대당했다고 느꼈고, 자신 또는 자신의 어머니의 고통을 막는 것에 무력함을 느꼈다. 이것은 공격성과의 동일시를 통해서만 벗어날 수 있는 동일한 무력한 수치스러운 굴욕감을 불러일으켰다. 비조직화된 애착의 잔여물인 불완전한 자기 조직화의 맥락에서, 공격자와의 동일시는 결코 성공할 수 없다. 학교에서 가정에서 그리고 아마도 문화 전반에서 공격성에 적응하여 폭력의 분위기에 착색되게 된 것은 해리된 자기의 이질적 부분이다.

토니의 비극적인 결과는 상대적인 방임과 뒤이은 야만화(野蠻化)를 경험한 다른 아동에서와 마찬가지로, 자기의 일부가 나머지 자기의 파괴자가 된 것이다. 토니의 편집증적인 모든 관계에 감도는 매우 실제적인 내적 학대감을 고려할 때, 자기의 일관성은 외재화에 의해서만 회복될 수 있었다. 일반적으로 비조직화된 애착에서, 외재화는 파괴적이지 않은 것일 수 있고, 이것의 결과는 단순히 통제하는 양상의 상호작용일 수 있다. 자기 또는 타인에 대한 폭력성 모두, 이 비조직화가 어떤 시점에 야만화로 이어진 곳에서 발생한다. 이질적 자기는 너무도 가학적이기 때문에, 이것의 투사는 훨씬 더 시급하고 지속적인 과제다. 자존감에 대한 어떤 위협도 이 외재화를 촉발하고, 이것은 이어서 이질적 타인을 파괴하려는 희망에서 공격을 촉발할 수 있다.

토니가 결국 자신의 아버지의 살해에 이른 사건의 순서를 다시 생각해 보자. 토니는 자신의 무례한 행동에도 불구하고 청소년 병동에 입원된 것에 안도하였다. 그리고 토니는 자신을 이해한다고 느껴지는 두 명의 여성을 발견했다. 이해 받는 느낌은 말로 표현하기는 힘들었지만, 강한 애정과 희망을 주었다. 토니를 향한 이들의 배려는 사랑의 느낌과 사랑받고 싶은 욕구를 불러일으켰는데, 토니는 이것을 상황에 적절하게 내적으로나 외적으로 알맞게 맞출 수 없었다. 이러한 사례에서 우리가 종종 정서 조절상의 결함을 고려할 때, 우리는 긍정적 느낌이 발생했을 때 그것에 적용되는 동일한 어려움을 잊은 채, 부적 정서를 담고 있는 것의 어려움에 초점을 맞춘다. 사랑의 희망을 상실하며 토니는 굴욕감을 느꼈고, 이 경험은 뒤이어 토니의 공격성을 촉발시켰다. 심리사에 대한 토니의 성추행은 자기 보호 행동의 한 수준이었다. 일레인의 사라짐으로 인해 토니에게 위협받는 느낌과 두려움이 도래했고, 자신의 사랑과 욕구를 표현할 수 있는 유일한 방법은 우선 두려움과 무력감으로 가득 찬 자신의 이질적 자기를 심리사에게 외재화하는 것이었다. 심리사를 인질을 잡고 있는 동안, 토니의 애정과 감사가 (서투르게) 드러날 수 있었다. 토니의 자기 표상상의 불연속성이 다루어지자, 토니는 애정을 표현하는 것에 거의 다다를 수 있었다. 슬프게도 이것은 이 위협적인 위치를 유지하는 동안에만 가능했다. 토니는 필사적인 방어적 노력으로, 수용될 수 있는 가능성을 파괴했다. 토니를 볼 수 있었고, 이해를 보여 줄 수 있었던 심리사는, 이제 토니에게 추가적인 굴욕감을 가져다주었다. 심리사는 토니의 조롱에 도움을 요청하는 것으로 반응했는데, 이는 이해할 수 있고 또한 아마도 필요한 반응이었지만, 토니에게는 이중 상실이었다. 우리는 심리사가 먼저 토니의 보다 부드럽고 좀 더 사랑스러운 면을 보지 못하게 된 채, 유일한 현실이라 명백히 생각하며 (정신적 등가에서와 같이) 위협적인 자세만을 보게 되었다고 토니가 느꼈을 수 있다고 상상할 수 있다. 심리사의 마음에서 악마로서의 자신의 모습을 파괴하기 위해, 토니는 심리사가 공격받아야 한다고 느꼈을 수 있다.

나머지 이야기는 정신화하는 것을 성취하기 위해 분투하는 사람을 수용해야 하는 (가장 좋은 의도를 가지고도 늘 마음맹이 되기 쉬운) 기관에서 종종 무슨 일이 발생할 수 있는지에 대한 불가피한 비극을 보여 준다. 이 사건은 약간의 공황을 발생시켰고, 수련생을 이런 위험에 노출시킨 것에 대한 큰 죄책감을 불러일으켰으며, 모든 사람들은 수련생에 대한 뒤늦은 지지를 보이며 반응했고, 자아 파괴적인 처벌을 가하게 되었다. 아무도, 이 사건의 다소 혼돈스러운 여파 속에서 토니의 행위와 상실의 느낌 그리고 그 안에 담겨 있는 사랑을 이해하는 소통을 하지 못했다. 토니는 또래 앞에서의 완전한 굴욕의 기억과, 친밀함에 대한 희망의 돌이킬 수 없는 상실, 그리고 토니가 이미 몹시 괴롭게 여겼던 것보다 훨씬 더 마음맹인 환경의 공포에서 혼자였다.

우리는 이러한 마음 상태가 어떻게 살인을 초래했는지 생각해 볼 수 있다. 토니는 아마도 일레인의 심각한 자살 시도를 어머니에 대한 아버지의 공격과 어머니를 구하는 것에 대한 자신의 실패의 반복으로 경험하였을 것이다. 이러한 감정들을 담아 주지 못한 채, 토니는 그다음 날 밤 최종적인 복수를 선택했다. 그는 굴욕감이 소멸의 위협을 가한 자신의 자기감을 회복해야 했다. 병동과 아버지가 융합되게 되었고, 이것의 파괴는 토니가 정체성을 획득할 수 있다는 환영을 발생시켰다.

이러한 느낌은 토니의 의식적 인식에서 떨어진 것이 아니었다. 보안 수준이 가장 높은 병원을 청소년 병동 심리사가 방문했을 때, 토니는 이제 아버지가 사라진 상태에서, 어머니와의 (이상적인) 결합에 대한 희망에 대해 이야기할 수 있었다. 그러나 더욱 깊고 무의식적인 희망은 토니의 살인 행위로 명백히 성취된, 어머니와의 분리였을 것이다. 병동의 권위가 아마도 아버지를 표상했던 것과 같이, 이해와 친밀함의 가능성은 아마도 토니에게 어머니와의 친밀함의 미칠 듯한 유혹을 상기시켰을 것이다. 토니는 아마도 어머니와 분리되어, 일관된 자기감과, 나아가 진정으로 이해하는 애착관계까지 재발견하기를 희망했을 것이다. 하지만 슬프게도 그 대신 토니는 정신화를 더욱 무너지게 하는 곳을 발견하였다.

토니의 고뇌 어느 면에 청소년기의 특징이 있을까? 토니의 폭력성은 늘 존재했지만, 사춘기 시기에 이르러 점차 치명적인 수준이 되었다. 토니의 어머니와의 '공생적 관계'는 토니가 자신의 심적 상태의 경험을 위한 수단으로 어머니를 이용하는 정도를 숨겼다. 토니의 아버지는 훨씬 더 파괴적인 방식으로, 토니가 자신의 증오와 혐오를 외재화하는 것을 가능하게 하는 동일한 기능을 수행하며, 토니를 보호자의 역할에 놓았다. 부모와 떨어진 긴 시간은 이것이 유지되기 어렵게 하였다. 토니의 상연은 토니의 자기가 일관됨을 느끼기 위해 필요한 부모의 정서적 변화를 성취하기 위해서 더욱 극적으로 되어야 했다. 대화에서와 같이, 화자가 점차 멀어질수록 목소리는 점점 더 커지게 된다. 역설적이게도 이것은 더욱 큰 분리를 가져왔다. 즉, 토니를 사회복지 보호소의 돌봄을 받게 한 것은 존 스타이너(John Steiner, 1993)가 설명하고, 그 이전에 허버트 로젠펠드(Herbert Rosenfeld, 1987)가 기술한, 폐쇄공포적 불안을 창출했다. 공포는 외재화에 대한 가능성을 잃은 채 자기의 이질적 부분이 영원히 갇히게 되는 것에 대한 것이었다. 이것은 폭력적인 청소년들의 두드러진 특징인 절망으로 토니를 몰고 갔다.

▌임상 사례: 글렌

글렌(Glen)[2]은 심각하게 해리된 상태에서 분석을 시작했다. 글렌은 15세였음에도 10세 아동처럼 보였고, 그 나이의 반 정도 된 아동처럼 행동했다. 글렌은 철수되고 화나고 우울한 상태에서, 자신의 작은 체구에 비해 너무 큰 텐트 같은 코트 속에 웅크린 채, 그저 의자에 앉아 있었다. 종종 글렌은 손으로 자신의 얼굴을 가리고, 자신이 만든 손가락들 틈으로 나를 가끔 바라보았다. 방에는 엄청난 적대감과 담겨지지 않은 혼동감이 있었다. 글렌이 말할 수 있었던 회기가 있었고, 이러한 때에 글렌의 심적 기능의 유아적 본성이 극명하고 불편한 방식으로 드러났다. 글렌의 임상적 진단은 주요 우울증과 강박장애였다. 그러나 이러한 명명은 글렌의 삶을 엄습한 말과 사고의 불가사의를 적절히 전달할 수 없었다. 글렌의 삶은 아침에 일어나 (순서가 틀렸다고 느껴질 때 종종 반복되는) 특정 순서로 자신의 방을 정돈하는 순간부터 방과 자신의 몸에 대해 특정 각도로 베개를 놓아야 하는 잠드는 순간까지 의식들로 구성되었다. 표면적으로, 글렌은 '불운'을 피하고

---

2) 글렌(Glen)은 피터 포나기(Peter Fonagy) 박사의 치료를 받았고, 이것은 그가 보고한 것이다.

싶어 했지만, 외계인, 거미, 박테리아로 구체화되는 침투적 사고에 대한 두려움이 기저하는 것을 쉽게 볼 수 있었다. 글렌은 영화 〈에일리언(Alien)〉에 나오는 외계인이 벽난로나 정원에 있다는 지속적인 침투적 사고로 공포에 떨었다. 글렌은 또한 자신의 어떤 자발적인 행위가 다른 사람에게 해를 줄 수 있다는 자신의 공격적인 공상과 지속적인 두려움에 억압되었다.

글렌의 마음 상태를 정당화하는 배경은 거의 없었다. 글렌의 아버지는 분명히 공감이 부족한 권위주의적인 남성이었지만, 또한 자신의 아들에 대해 염려하고 아들의 이상한 행동에 직면하여 무력함을 느꼈다. 글렌의 어머니 또한 우울함에도 불구하고 돌봐 주는 사람으로 보였다. 어머니는 글렌의 장해의 전반적인 면을 부인하였고, 글렌 아버지와 자신과의 관계를 깊은 문제가 있는 것으로 보고했다. 글렌이 겪는 어려움의 촉발요인은 어머니의 만성적 질환과 그로 인한 수술일 수도 있었다. 글렌의 어려움을 어떻게 이해해야 할지 알기 어려웠다. 글렌은 어느 정도 똑똑하고, 어떤 면에서는 재능 있는 것으로 보였지만, 강력한 파괴적 공상을 담으려는 퇴행적 압력에 대항하기 위한 지속적인 투쟁으로 궁지에 몰려 있었다. 글렌의 증상은 이 치료에 의뢰되기 전에 급격히 악화된 것이었고, 글렌은 자신이 미쳐 간다는 것에 두려워하고 있었다.

나는 글렌을 어떻게 도와야 할지 갈피를 잡지 못했다. 해석 작업을 했지만, 거의 얻은 것이 없었다. 나는 글렌을 혼란스럽게 만들고 미칠 것같이 만드는 나에 대한 글렌의 두려움, 글렌에 대한 나의 그리고 나에 대한 글렌의 공격성에 대한 글렌의 공포, 자신의 부모님이 자신을 포기한 채 자신을 나에게 유기했다는 글렌의 감각, 글렌 자신과 나에 대한 글렌의 희망 상실, 상담실 안에서 구체적으로 나에게 보여 준 치료 상황 밖에서의 글렌의 고립, 말하는 것이 마음에 대한 글렌의 미약한 통제를 깰 것이라는 글렌의 두려움 등에 초점을 맞추었다. 이러한 해석 중 어떤 것도 눈에 띄는 성과가 없었다. 나는 글렌을 꿰뚫지 못하고 있었다. 나는 화가 났고, 글렌을 포기하려는 유혹에 저항하기가 어렵다는 것을 발견했다. 나는 다른 사람들을 비난했다. 적절하게 검사를 해 주지 못한 진단팀, 글렌의 어려움을 알아주지 못한 글렌의 부모, 그리고 무엇보다 나를 무력하게 만들고 접근할 수 없는 상태로 있는 글렌을 비난했다.

치료를 시작한지 약 2개월 반경, 크리스마스 연휴 즈음에, 나는 방향을 바꾸기로 결정했다. 나는 글렌에 대한 나의 형식적인 해석 방식 중 일부를 버리고, 수동-공격적 자세에서 벗어나도록 글렌을 설득하려고 시도하는 등 보다 자유로워졌다. 나는 농담을 하기 시작했고, 나에 대한 글렌의 분노감과 내가 자신을 귀찮게 하는 것을 '완전히' 멈추게 하기 위해 나를 죽이고 싶어 하는 글렌의 소망에 대해 농담하였다. 나는 나에게 보여지는 글렌의 모습을 말해 주기보다는 보여 주기 위해 글렌의 행동을 모방했다. 나는 나의 지저분한 방에 대해 글렌에게 이야기했고, 글렌이 그것을 싫어하지만 내가 불쾌할 수 있기 때문에 말하지 않으려 하는 것을 내가 어떻게 생각하는지 말했다. 비 오는 아침에, 우리는 50분간 상담실에 와서 나로 인해 지루해지려고 비에 젖는 것에 글렌이 화가 난 것에 대하여 말했다. 나는 분석을 쉬는 크리스마스 연휴가 다가올 때의 글렌의 신나는 해방감에 관해서 말했다. 한번은 글렌이 자신의 선생님 중 대머리인 교사에 대해 언급했을 때, 글렌은 무심코 나를 바라보았고, 나는 글렌에게 머리카락이 있고 나에게 없는 것에 대해 글렌이 얼마나 기쁠지, 그리고 내 모습을 글렌이 얼마나 우스꽝스럽다고 생각할지에 대해 말했다.

다행히도 이 전략의 변화는 열매를 맺기 시작했다. 천천히 글렌은 눈에 띄게 이완되었고, 자세가 변하였고, 코트를 벗게 되었다. 글렌은 말문이 열렸고, 특히 해야 하는 일과 관련해서 무엇이 결정적인 불안으로 드러났는지 말하였다. 글렌은 숙제를 할 수 없는 것에 대한 자신의 고민을 공유하였고, 교사에게 인정받고 싶은 소망과, 자신이 교사를 실망시킬지도 모른다는 것에 대한 두려움에 대해 이야기하였다. 나는 그 동안의 전이의 지배적인 특징이 무엇이었는지 해석할 수 있었다. 그것은 글렌이 내가 자신에 대해 어떻게 생각하고 느끼는지에 대해 신경 쓰기 시작했을 때, 나를 실망시키는 것에 대한 끔찍한 느낌이었다.

분위기가 바뀌었다. 글렌은 나를 바라보기 시작하였고, 긴 침묵의 시간이 전보다 줄어들었다. 글렌은 자신이 철수되었을 때의 자신의 사고와 느낌에 대해 이야기하기 시작했다. 글렌은 칼을 내 몸에 던지거나 나에게서 빗나가게 한 후 통제와 고문의 느낌을 즐기는 것을 상상했다고 했다. 글렌은 자신을 향한 나의 권력에 대한 글렌의 두려움이 나를 통제하고 두려워하게 만들고 싶은 그의 소망과 관련되었을 수 있다고 해석할 공간을 나에게 주었다. 즉, 글렌이 사람들을 파괴하고 싶어 하는 소망은 글렌이 그들을 너무 두려워하기 때문이지만, 글렌의 분노가 너무 명백해서 글렌 자신을 위협하고, 끔찍한 죄책감을 느끼게 한다고 해석할 수 있다. 글렌은 나의 해석에 점점 더 고마움을 표했고, 나를 만나는 것을 거의 기뻐하는 것처럼 보였다. 6개월이 끝나갈 무렵 치료적 동맹이 발전되었고, 글렌은 나를 유용하면서도 전체적으로 해롭지 않은 사람으로 보기 시작하였다. 그러나 주요 전이 주제는 동일하게 유지되었는데, 그것은 내가 글렌의 분노와 미친 듯한 사고를 담아 주고 견뎌 줄 수 없다는 것이었다. 나의 자세에서 가장 작고 미묘한 변화도 엄청난 불안감으로 이어질 수 있었고, 나에게서 철수되는 것을 촉발시킬 수 있었다. 나는 우리의 작업이 이제 시작되었다고 느꼈다.

다음 해 동안, 글렌은 점차 분석을 좋은 방식으로 활용하였고, 글렌과 글렌의 부모가 명확히 인식할 수 있을 만큼 증상이 호전되었다. 예를 들어, 의식에 몰두되는 것이 멈추었고, 글렌의 강박적 작업 양상이 훨씬 이완되었지만 여전히 조직화된 태도로 바뀌었다. 몇 가지 주요한 사항이 있었다. 첫 번째는 글렌이 느린 학생으로 간주되어 보충 수업을 받게 되었던 학령기 초기 시기의 중요성에 대한 우리 공동의 인식이었다. 글렌은 그 경험이 굴욕적이었다고 했는데, 이것은 특히 형의 특출 나게 우수한 수행과 아버지의 감추지 않은 조롱 때문이었다는 것을 발견했다. 글렌의 강박적인 작업 양상이, 한편으로는 교육에서의 굴욕감을 피하고 싶은 소망에 대한 자신의 갈등과, 다른 한편으로는 자신을 조롱하는 부모, 형, 교사에 대한 자신의 분노에 대한 갈등을 반영한다는 것을 인식해 가면서, 일에 대한 글렌의 태도가 바뀌었다. 글렌은 동일한 일을 6번 반복하도록 자신을 몰아붙이는 것을 중단했다. 그 대신 글렌은 학교에서 집에 돌아온 후 특정 시간 동안만 작업하기로 결정하였고, 작업이 누적되는 것에 대해 걱정하는 것을 멈추었다.

글렌의 가학증에 대한 두려움을 다루기 시작하자, 글렌의 자존감이 향상되었다. 이것은 글렌이 회피하고 싶어 했던, 〈쉰들러 리스트(Schindler's List)〉 영화를 보기 위한 학교 외부 활동에 의해 촉발되었다. 글렌은 이 영화를 크게 불편해했고, 결국 자신이 유대인 노동자를 목표물로 두고 연습하는 캠프 지휘관이 되는 공상을 했다고 밝혔다. 이것은 빠르게 이러한 공상에 대한 정교화로 이어졌고, 글렌이 지속적으로 사람들을 공격하고 고통스러운 방식으로 그들을 죽이는 것에 대해 공상한다는 부끄러운 폭로를 가져왔다. 우리는 나를 고문하는 공상에 대한 글렌의 즐거움에 대해 어느 정도 길게 이야기를 나누었고, 글렌은 특히 내가 자비를 구하는 아이디어를 즐기며, 나에게 고통을 주는 생각을 했던 다양한 방식에 대해 설명했다. 흥미롭게도 이것은 글렌의 아버지의 기분에 대한 글렌의 신경증적인 염려와 연관되어 있었다. 글렌은 특히 자신이 가족에게 장난스러운 놀림의 대상이 된 후에, 아버지가 자신의 서재에서 글렌을 나가게 하는 것에 대해 걱정하고 있었다. 글렌은 아버지가 자살을 할까 봐 두려워했고, 비난을 받는 것과 자신을 비난하는 것 모두를 몹시 무서워했다. 발달력에서는 아버지의 민감성에 대한 글렌의 경험과 부모 부부관계의 취약함에 대한 현재와 과거의 사고가 드러났다. 결국 아버지보다 어머니의 우울증에 대한 글렌의 걱정이 훨씬 크다는 것을 알게 되었다. 글렌의 어머니가 때로는 오후 6시의 이른 시간에 아이들이 스스로 자신을 돌보도록 남겨둔 채 침대에 드는 것이 글렌을 두렵게 하는 것으로 보였다. 나의 취약성에 대한 글렌의 두려움이 이내 우리 두 사람 모두에게 좀 더 이해가 되었고, 글렌은 '농담을 할 수 있다'는 것을 인식했을 때 자신이 얼마나 안심이 되었는지 나에게 말하였다. 글렌은 상담 회기에서 더욱 이완되었다. 글렌은 의자에 축 늘어져 앉아, 내 비용으로 게임을 했고, 내 상담실을 놀리며, 내 습관을 흉내 내고, 나의 대머리와 단조로운 옷에 대한 생각을 말했다. 전이에서 나는 우울하기 전의 어머니가 된 것으로 보였고, 글렌은 이것을 눈에 띄게 즐겼다. 센터에서 일하는 다른 임상가들도 글렌의 변화를 알아챘다. 내가 모르는 사이, 글렌이 휘파람을 불며 계단을 내려갔기 때문이다.

치료 시작 후 12개월경, 글렌은 자신의 성적인 비밀에 대해서도 나를 신뢰하기 시작했다. 글렌은 자신이 성적인 성숙에 도달했고, 사정을 하기 위해 자위하기 시작했다고 밝혔다. 글렌은 나체의 여성 사진에 흥분하였다. 글렌은 이것에 대해 깊이 부끄러워했으며, 자신의 행위를 공개한 후 내가 자신을 만나는 것을 거부할지 궁금해했다. 외계인에 대한 두려움의 일부는 글렌의 가학적인 성적 소망의 분열적 측면과 명백히 연결되어 있었다. 글렌의 공격성은 글렌의 성욕에 스며들었다. 총기, 타인의 고통, 성적 쾌락에 대한 흥분은 글렌의 마음에서 뒤섞여 있었다. 이러한 환상에 대한 나의 수용은 엄청난 안도감을 주었고, 글렌은 여자에게 데이트를 신청하는 것에 대해 생각하기 시작했다.

회기에서 발췌한 한 부분은 글렌의 진전을 보여 준다. 나는 지난 금요일 회기를 취소했고, 글렌은 다음 월요일에 우울한 상태로 방문하여, '나쁜 주말'을 보냈다고 했다. 글렌은 자신이 외로움을 느끼며 서성였던 학교 불꽃놀이 파티에 대해 이야기했다. 또한 해야 하는 숙제의 양에 압도되는 느낌에 대해 나에게 말했다. 그리고 "정말 열받았어요."라고 하며 말을 끝맺었다. 나는 글렌의 외로움과 압도감을 취소된 회기와 연결 지으려고 시도했다. 글렌은 내가 그렇게 말할 것을 알았다고 반응했고, 자신의 우울한 느낌을 알아채기 위해 왜 훈련된 분석가가 필요한지 냉혹하게 물었다. 글렌은 특히 일찍 일어날 필요가 없었기 때문에 사실 금요일을 즐겼다고 주장했다. 하지만 이내 학교에서의 파티와 자신을 격려하려는 아버지의 애처로운 시도에 대한 이야기를 이어 갔다. 그러나 실제 문제는 글렌에게 친구가 없다는 것이었다. 나는 회기 취소가 글렌에게 나 역시 진정한 친구가 아닌 것처럼 느끼게 하고 분석이 글렌을 격려하기 위한 한심한 시도에 불과하다고 생각했다고 말했다. 글렌은 이야기를 나눌 사람을 아무도 찾지 못한 채 파티에서 서성인 것에 대해 슬프게 이야기했고, 경멸하는 방식으로 물총을 서로에게 뿜으며 뛰어다닌 남자아이들에 대해서 말했다. 불꽃놀이조차 전만큼 좋지 않았다. 글렌은 아버지는 다른 부모들과 이야기하며 좋은 시간을 보냈다고 생각했다. 글렌은 잠시 대화를 들었지만, 그들 또한 바보 같다고 결론지었다.

나는 글렌이 그 날의 불꽃놀이처럼 충분히 좋지 못했던 것 같다고 하며, 나에 대한 글렌의 실망감과 소외되는 것의 고통에 대한 이야기로 이어 갔다. 글렌은 해야 하는 일에 대한 이야기로 돌아갔다. 글렌은 자신이 한 일이 충분히 좋지 못하다는 것과 완벽하고자 하지만 이내 뒤처지는 것에 대해 정말 걱정된다고 말했다. 그리고 나서 글렌은 자신을 따라왔던 파티의 광대에 대해 언급했다. 글렌은 광대에게서 떨어지려 시도한 것과 자신 주변을 둘러쌌던 흥청대는 파티를 설명하며 상당히 불쾌해했다. 나는 글렌이 글렌에 대한 내가 주장하는 관심과 글렌을 격려하려 시도한 아버지에 의해 조롱당했다고 느끼는 것과 같이, 파티에서 조롱당했다고 느끼는 것 같다는 나의 생각을 말했다. 이러한 것들은 전혀 진정하게 느껴지지 않았고, 내가 내내 글렌을 몰래 조롱하고 있었다는 생각에 글렌은 정말 열받았다고 느끼는 것 같다고 했다. 글렌은 동의했다. 글렌은 자신이 우스꽝스럽게 느껴졌고, 오늘 아침 나를 만나러 오고 싶지 않았다고 말했다. 글렌이 특히 싫어하는 주제인, 사진에 대한 긴 장황한 비난이 있었다. 글렌은 지난 주말에 필름 한 롤을 찍었어야 했다고 불평했고, 자신의 프로젝트를 위해 일을 마치기 위한 고군분투에 대해 설명했다. 글렌은 자신의 사진 교사가 여자아이들 찍는 것만을 좋아한다고 언급했고, 그것은 글렌이 사진 촬영을 자제하는 성격에 대한 단서를 주었다. 나는 글렌이 내가 여자아이들에 대한 자신의 관심을 조롱하거나 놀릴까 봐 두려워하는 것 같아도, 아마 기회가 있다면 글렌이 여자아이들의 사진을 찍는 것을 꺼리지 않을 것 같다고 제안했다. 사진 교사에 대한 장황한 비난은 점차 맹렬해지며 계속되었다. 사진 교사는 '진짜 음탕한 나쁜 놈'이고, 여자아이들에게만 적절한 교육을 해 주는, 뚱뚱하고 못생긴 사람이라고 하였다. 아이들은 이 교사를 '뚱뚱한 섹스맨 샘'이라 부른다고 했다. 나는 글렌이 여자아이들의 사진에 대한 자신의 관심을 정말 내려놓지 못하는 것에 대해 너무 죄책감을 느끼기 때문에 글렌이 무척 힘들 것 같다는 나의 생각을 말했고, 분석을 포함한 모든 다른 일들이 압도적으로 보일 것 같다고 하였다.

글렌은 주말에 숙제를 다 마칠 때까지 자위행위를 안 하고 싶었던 자신의 노력을 설명하며 이야기를 이어 갔다. 결국 글렌은 그 투쟁에서 졌고, 굴복했는데, 글렌은 이것에 대해 끔찍하다고 느꼈다. 하지만 이것은 그 교사와 동일하지는 않았다. "그 사람은 자신의 흥미를 통제할 수 있어야 해요. 세상에, 예순 살이라고요." 이것이 글렌이 그 교사를 증오하는 이유였다. 나는 내가 글렌과의 작업을 나의 여자아이에 대한 관심보다 우선시하지 못했기 때문에 금요일 회기를 취소하지 않았는지 아마도 글랜이 궁금했을 것 같다고 말했다. 글렌은 웃으며 지금부터 나를 샘이라고 불러야겠다고 말했다. 그러나 글렌은 성적 관심을 가진 어른에 대해 생각하는 것이 매우 불쾌하다는 것을 알게 되었다고 덧붙였다. 그러고 나서 글렌은 아버지가 최근 자주 부재중이었다고 말했다. 나는 아마도 글렌을 불쾌하게 하는 부모님의 성욕에 대한 어떤 것이 있는 것 같다고 머뭇거리며 말했다.

글렌은 안도하며 대답했다. "선생님이 먼저 말해 주어서 기뻐요." 주말 동안 글렌은 부모님이 성에 대해 논쟁하는 것을 우연히 들었고, 어머니가 더 이상 아버지와 성관계를 갖는 것을 원하지 않는 것으로 보였다고 했다. 글렌은 부모님이 싸우기 시작하거나 어머니가 떠날까 봐 걱정이 되었다. 글렌은 아버지가 미웠고, 종종 진짜 나쁜 놈이 된다고 말했다. 나는 부모님의 대화를 우연히 듣게 된 것이 얼마나 속상하고 혼란스러웠을지 이해한다고 말하며, 글렌이 자기 자신의 일부를 너무도 중요하게 만들기 때문에, 아마 글렌은 파티에서 아버지의 흥분된 토론에서 한 것처럼, 거기서 그냥 떠나고 싶었을 것이라고 했다. 나는 글렌이 아버지와 같은 남자로 성장할까 봐 때로는 어른이 되는 것을 두려워한다는 것을 덧붙이고 싶었는데, 글렌이 말했다. "선생님은 제가 커서 아빠 같은 나쁜 놈이 될 거라고 생각하세요?"

나는 글렌이 말하는 것이 소외되고 버려진, 그리고 제대로 된 성기가 아닌 물총만을 가졌기 때문에 놀림 받을 수 있는 어린 소년처럼 느껴지는 것과, 놀림의 대상이 될 뿐 아니라 분개와 증오의 대상이 되는 성욕을 가진 뚱뚱한 샘처럼 성장할 수 있다는 느낌 사이에서, 글렌이 자신이 처했다고 느끼는 끔찍한 덫인 것 같다는 나의 생각을 말했다. 여기에는 대안이 없는 것 같이 보였고, 그냥 평범한 사람이 될 수 있는 가능성이 없어 보였다. 글렌은 자신이 이성 친구를 가질 수 있을 것이라고 생각해 본 적이 없고, 아무도 자신을 원하지 않는다고 다소 슬프게 말했다. 나는 그것은 일부분에 해당하는 것이라고 설명했지만, 글렌은 또 다른 누군가가 그럴까 봐 두렵다고 말했다. 글렌은 이 말이 정말 사실이라고 했다. 이 회기는 글렌이 기운을 회복하며 끝났지만, 글렌은 나가면서 다음과 같이 덧붙였다. "저는 아직 지난 금요일 일에 대해 선생님을 용서하지 않았어요."

글렌의 분석은 3년 반 만에 종결되었다. 이 기간 동안, 발달적으로 기대할 수 있듯이 시험 수행에 대한 불안, 자위 행동, 그리고 성욕의 다른 측면들이 등장했다. 글렌의 강박적인 의식들은 중단되거나 글렌을 힘들게 하지 않는 수준이 되었다. 글렌의 시험 수행은 매우 좋았고, 다수의 대학에서 입학을 제안 받았다. 글렌은 다음 해에도 심리치료를 이어 갔고, 종결 후 좋은 진전을 만들어 갔다.

논의

글렌의 문제는 글렌의 무의식적 갈등을 다루는 것뿐 아니라 느낌과 아이디어를 가지고 놀이할 수 있는 공간을 제공받는 것을 통해 빠르게 회복되었다. 분석 환경은 글렌이 내적 현실을 경험하는 두 모드를 다시 한번 함께 가져오는 것을 허용했다. 글렌은 분명히 생각할 수 없어 하며, 대인관계의 복잡성으로부터 자신의 텐트 같은 코드 안으로 철수되어 있었다. 그러나 글렌의 어려움은 글렌의 발달적 도약으로 인해 야기된 정신화의 과활성화에 기반하고 있었다. 이 도약은 글렌을 정신적 등가 모드로 돌아가게 만들었고, 이로 인해 자신의 마음의 내용이 글렌을 두렵게 만들었지만, 분석가의 발판화로 완화될 수 있었다. 글렌은 사고는 사고일 뿐이고, 느낌은 느낌일 뿐이라는 것을 알았지만, 글렌이 청소년기에 발견하게 된 자기 자신 및 자신의 부모의 느낌의 복잡성에 대한 몰두는 글렌을 무너지게 했고, 글렌은 정신적 현실의 본질을 인식하지 않는 심적 상태에서 피난처를 찾았다. 정신적 등가가 생성하는 공포를 회피하기 위해 가장으로 도망치는 두 살배기와 같이 글렌은 다른 많은 청소년들처럼 해리 상태로 후퇴했다. 글렌의 강박성은 정신적 등가의 보다 직접적인 표현이었다. 그러나 이것은 기질적인 것이 아니었고, 정신화의 회복과 함께 사라졌다.

토니와 글렌의 사례에는 많은 차이점이 있지만, 여기에서 특히 한 가지 특징에 주목해 보겠다. 토니와 글렌은 모두 심적 기능의 이중 모드로의 퇴행을 경험했는데, 토니의 사례에서만 이것이 파괴적이고 적대적인 이질적 자기를 드러냈다. 둘 모두 정신적 등가로의 복귀로 인해 굴욕감과 수치심에 크게 취약했다. 초기 경험에서 훨씬 더 야만적 경험을 했던 토니의 사례에서만, 이 수치심이 자아 파괴적인 것이 되었다. 외재화의 힘(투사적 동일시)은 두 환자 모두에서 강렬했고, 이것은 우리가 앞서 언급한 분리에 대한 압력을 고려할 때, 실제로 대부분의 청소년 분석의 특징일 수 있다. 글렌의 경우 자신의 이질적 자기의 외재화는 외적 지지의 방식을 거의 필요로 하지 않는 보다 성숙하고 손상되지 않은 구조를 남겼다. 토니와 같은 사람을 치료하는 것의 도전은 치료사가 외재화 없이는 관계 맺지 못하는 환자의 외재화를 수용하는 것이 요구된다는 것뿐 아니라, 환자가 되어 주기를 바라는 사람이 된 치료사는 발판화와 지지 그리고 환자의 진정한 (사랑스러운) 자기에 대한 인식을 제공해 주어야 한다는 것이다. 환자가 외부에서 보아야 하는 공포를 반영해 주고 신체적 폭행을 막아내며 이렇게 하는 것은 대부분의 치료사들에게 요구할 수 있는 것을 넘어서는 것이다.

그러면 우리는 어떻게 퇴행된 청소년 환자들에게 대처할 수 있을까? 우리가 염두에 두는 환자들은 부모가 부모의 원초적 상이 부모에게 다시 투사되게 하기 위해 더 이상 그곳에 없기 때문에, 자신의 자기가 압도되는 것에 대한 매우 깊은 불안을 경험한다. 상담 기술은 이것을 고려해야 한다. 종종 초기에 해석 없이 투사를 수용하는 것이 특히 중요할 수 있다. 환자는 좋고, 나쁘고, 가치 있고, 싫어하는 대상으로 쉽게 만들어져, 엄청난 속도로 예상치 못하게 거대한 정신 내적 영역을 통해 옮겨질 수 있다. 이 청소년들에게는 자신의 명백한 '성적인 혼란'을 발생시키는 이질적 자기에 대한 대상의 역할을 할 대안적 대상에 대한 지속적인 탐색이 있다. 슬프게도 대부분의 사람들은 이들의 투사를 수용하지 않고, 깊은 거절의 경험은 이 어린 청소년들을 괴롭힌다.

한 가지 기술적 어려움은, 무언가가 환자에게 보다 실제적으로 느껴질수록, 더 많이 이야기할 수 있다는 것일 수 있다. 왜냐하면 물리적인 방식으로만 다룰 수 있는, 원시적이고 구체적인 경험처럼 느껴지기 때문이다. 실제적으로 느껴지는 것은 분명히 작은 경험일 수 있는데, 특히 전이에서 전적으로 참을 수 없는 것으로 느껴질 수 있고, 만약 분석가가 이러한 것들에 접근하면, 동맹에 극적인 파열이 있을 수 있다. 보다 일반적인 전이의 측면에서의 해석을 유혹하는, 구체적인 해결책에 대한 괴이한 요구가 있을 수 있다.

분석적 도움은 자율적인 정체성을 향한 움직임을 촉진시키는, 이 단계의 발달적 과업과 일치하는 방식으로 제공될 필요가 있다. 이것은 어린 아동과 놀이하는 것과 유사한 과정을 통해 발생하는데, 청소년이 자신의 심적 상태를 신체적이라기보다는 심리적으로 표상하고 다룰 수 있도록 돕는다. 이것은 전이를 통해 자신의 초기 관계의 견딜 수 없는 측면에 대한 외적 도구를 재발견하려는 환자의 노력과 함께 이루어져야 한다.

임상적 관점

제3부에서 우리는 우리가 소개한 이론적 및 발달적 견해를 보여 주는 사례 자료의 분석을 아동 및 청소년에서 성인으로 확장한다. 우리는 두 개의 장을 통해 경계성 성격장애의 사례에 초점을 맞춘 심각한 성격 병리를 다루었다. 여기서 이 병리가 어떻게 정신화의 실패 및 지향적 자세의 유지와 관련된 문제에 기원하고 있는지 보인다. 우리는 또한 이 환자들의 정체감에서 견딜 수 없는 장해와 자해의 취약성 및 치료적 관계를 포함하여 애착이 절실하게 요구되면서도 이내 빠르게 견딜 수 없게 되는 사실을 설명하는 이질적 자기의 개념을 제안한다. 제11장에서 우리는 상대적인 경증에서 중등도의 정신병리에 해당하는 성인의 네 사례 연구를 포함하며 우리의 초점을 확장한다. 이 장에서 우리는 우리가 '정신화된 정서성(mentalized affectivity)'이라고 명명한, 정신화를 통한 정서의 처리과정을 설명한다. 마지막으로 임상 자료를 통해 정신화된 정서성이 무엇이고, 어떻게 이것이 심리치료를 통해 개선될 수 있는지 보여 준다.

제9장 비조직형 애착에서의 경계성 성격장애의 근원

▌성격장애에서의 애착 체계 및 대인관계 왜곡

애착이론을 사용하여 경계성 성격장애(boderline personality disorder: BPD)의 증상학을 밝히기 위한 시도가 과거부터 많이 있었다. 암묵적으로 또는 명시적으로, 경계성 성격장애의 정신병리에 대한 설명에서 주 양육자와의 초기 경험이 이후 애착관계를 조직하는 역할을 한다는 볼비(Bowlby)의 제안이 사용되어 왔다. 예를 들어, 경계성인 사람의 대인관계 공격, 방임 및 유기 위협에 대한 경험은 공격적이거나 방임적인 것으로 현재 관계를 지각하는 것을 설명할 수 있다고 제안되었다(Benjamin, 1993). 다른 학자들은 경계성인 개인이 구체적으로 '친밀 불안/분노의 감정 틀'을 반영하는 두려워하고 몰입된 애착 양상의 특징을 갖는다고 제안한다(Dutton, Saunders, Starzomski, & Bartholomew, 1994). 경계성 환자의 성인 애착 면접(AAI) 내러티브에 대한 연구에서 '몰입형'으로 분류되는 경우가 가장 빈번하고(Fonagy et al., 1996), 몰입형 내에서 '혼란스러운', '두려운' 및 '압도된'의 하위 분류가 가장 흔한 것으로 나타난다(Patrick et al., 1994). 당연하게도, 이러한 환자들은 또한 자신의 외상 또는 학대 경험에 대하여 해결되지 않은 경향이 있다.

경계성 병리 이론과 애착을 연결하기 위한 과거의 시도들은 양가적 애착/몰입형과 경계성 집단이 공유하는 '애원 또는 다른 형태의 관심 및 도움의 요청 및 밀착 행동을 통한 접촉의 형성을 시사하는 근접성을 확인하기 위한' 일반적 특징을 강조해 왔다(Gunderson, 1996). 건더슨(Gunderson)은 이 환자 집단에서 관찰되는 많은 임상적 특징을 설명한다고 주장되는 이러한 환자들의 혼자됨에 대한 과민 및 유기 공포에 대한 주제를 강조한다. 이 견해와 일관되는 것은 타인에 대한 안정된 표상의 결여와 분리된 정체성 및 느낌이 부족한 환자가 이행 대상(transitional objects)으로서, 환자의 확장으로서, 치료사를 사용한다는 것이다(Modell, 1963). 이 환자들에서 이행적 관련성은 이행 대상의 사용력(Morris, Gunderson, & Zanarini, 1986)뿐 아니라 다른 정신질환 환자들보다 빈번하게 병원으로 이러한 대상을 가져오는 것(Cardasis, Hochman, & Silk, 1997)으로 나타난다.

그러나 직접적으로 적용했을 때 영유아기 애착의 규범적 관찰은 아마도 경계성 환자의 행동에 대한 설명을 제공하기에 불충분할 것이다. 경계성 개인들이 애착에서 불안정하다는 것에는 의심의 여지가 없지만, 여러 이유로 인해 영유아기 또는 성인기의 불안정 애착에 대한 기술은 적절하지 않은 임상적 설명을 제공한다. ① 불안 애착이 매우 흔하다. 노동자 계층 표본 연구에서 아동의 다수가 불안 애착되어 있다(Broussard, 1995). ② 영유아기 애착의 불안한 양상은 상대적으로 안정된 성인 전략과 상응하는 반면(Main et al., 1985), 경계성 개인들의 애착장애의 주요 특징은 안정성의 부재다(Higgitt & Fonagy, 1992). ③ 저항적인 영유아의 화난 시위가 경계성 개인의 대인관계에서의 전반적인 공격적 자세에 대한 도전적인 비유를 제공하는 것처럼 보일 수 있으면서도(Dutton et al., 1994), 경계성 환자의 임상 양상에는 빈번하게 환자 자신의 몸 또는 타인의 몸에 대한 폭력적 공격이 포함된다. 이러한 폭력 성향은 이러한 개인들이 마음보다는 몸에 행동하는 성향을 갖게 하는 추가적인 요소를 포함해야만 하고, 실제로 공격성 관련 애착 관념을 심적으로 표상하는 이들의 능력에서의 바로 이 부적절함이 이들을 친밀한 대인관계 맥락에서 폭력적 행동의 위험에 놓이게 할 수 있다(Fonagy & Target, 1995b).

아동기 학대, 특히 아동기 성적 학대와 경계성 성격장애 사이에 구체적인 연관성이 있다는 몇 가지 증거가 있다(Paris, Zweig-Frank, & Guzder, 1993). 아동으로서, 이러한 개인들은 빈번하게 소위 말하는 중증 성격장애의 경계성 스펙트럼상에 있는 주 양육자를 갖는다(Shachnow et al., 1997). 많은 학자들이 '경계성(borderline)'이라는 용어가 너무 모호하다고 비난했는데, 대부분의 학자들은 여전히 유용하다고 생각하고 있다. 우리가 논의할 임상적 현상을 명확히 하는 것이 도움이 될 것이다. 이 용어는 정신분석에서 주로 두 가지로 사용되는데, 하나는 정신의학에 기반한 것이고(예: Kernberg, 1987), 다른 하나는 정신분석 임상 현장에 기반한 것이다. 여기서 우리는 이 두 번째 의미를 고려한다. 나아가 여기에 설명된 모델은 단지 경계성 성격장애의 진단 기준을 충족하는 사람들뿐 아니라, 많은 환자들에서의 경계성 현상을 설명하기 위한 것이다. 따라서 우리가 언급하는 경계성 환자들은 진단 집단을 말하는 것이 아니다. 우리의 목표는 생각 및 정서의 경험이 임상적 맥락에서뿐 아니라 다른 곳에서도 크게 비조직화된, 보다 큰 환자 집단의 심적 기능을 설명하는 것이다. 경계성 현상에 대한 임상적 설명(예: Rey, 1979)은 정신증 같은 현상을 보이며 정신분석적 치료에서 극적으로 퇴행하고, 치료사에게 강렬한 느낌을 유발시키는 개인들에 대한 것이다. 이러한 느낌들은, 환자의 강렬한 감정적 불안정성과 함께 힘들고, 힘들게 하는 분석 과정을 창출한다. 분석을 통한 이들의 여정에는 치료 과정의 파열로 간간히 중단되는 강한 의존적 시기와 함께, 전이와 흔한 역전이 상연이 두드러진다. 분석은 연장되고 그 결과가 제한되는 경향이 있다. 우리는 새로운 임상적 설명이라기보다는 이러한 현상에 기저한 자아 메커니즘에 대한 발달적 관점을 제공함으로써 분석관계 내에서 경계성 환자의 경험을 설명하는 것을 목표로 하고 있기 때문에, 이 장에서 통합적이고자 하였다. 우리는 또한 이 환자들의 어려움의 발달적 근원에 대한 이해에서 참고해야 할 것으로 보이는 몇 가지 기술적 제안을 제시한다.

우리는 성격장애가 있는 일부 개인들이 자신을 해치려는 주 양육자의 소망을 생각하는 것을 회피하기 위해 애착 대상의 사고를 머릿속에 그리는 것을 거부하는 것으로 대처한 아동기 학대의 피해자라고 제안했다(Fonagy, Leigh, et al., 1996). 학대가 아동의 반영 능력과 자기감을 손상시킨다는 증거가 축적되고 있다. 슈나이더-로젠과 치체티(Schneider-Rosen & Cicchetti, 1984, 1991)는 학대받은 걸음마기 아동이 통제군과 비교하여 거울에 비친 자신의 인식에서 적은 긍정 정서를 보였다고 지적했다. 비글리와 치체티는(Beeghly & Cicchetti, 1994)는 이 걸음마기 아동들이 내적 상태 단어의 사용에 있어 특이적인 손상을 보이고, 이러한 언어가 맥락 의존적인 경향이 있다는 것을 보여 주었다. 우리의 학대받은 5~8세 아동에 대한 메닝거 연구에서는, 특히 성적 또는 신체적 학대로 의뢰된 아동들에게서 정신화를 요구하는 과제에서의 특이적인 손상을 발견했다. 이러한 결과는 학대가 아이들이 심적 세상으로부터 철수되는 것을 유발할 수 있다는 것을 제안한다. 자신과 타인의 심적 상태를 머릿속에 그려 보기 위한 이들의 역량을 붕괴시키며 계속해서 방어적으로 대처하는 것은 이들을 사고와 느낌의 부정확한 도식적 인상에서 작동하게 한다. 그러면 이들은 친밀한 관계에서 극히 취약해지게 된다. 여기에는 두 가지 명제가 있다. ① 초기 외상을 경험한 개인은 정신화하는 역량을 방어적으로 억제할 수 있다. ② 성격장애의 일부 특징은 이 억제에 근원할 수 있다.

이 장에서 우리는 이러한 명제들에 비추어 경계성 성격장애에서 발견되는 제한된 일련의 증상과 성격 특성을 고려한다. ① 비조직화되고 역기능적인 자기 조직화와 결과적인 정서 조절 및 감정적 자기 통제의 문제(공허감, 안정된 자기감의 결여, 감정적 불안정성 및 충동성 포함). ② 역기능적이고 왜곡된 '사회적 현실 검증' 능력. 즉, 친밀한 관계 및 분열과 투사적 동일시의 특징을 보이는 분석의 전이에서 기능의 방어적 모드의 지배. ③ 외상에 대한 취약성, 친밀한 애착관계 유지상의 심각한 어려움, 유기를 유발하는 경향 그리고 결과적인 자살성. 우리는 우리가 앞서 발전시킨 발달이론이 어떻게 경계성 성격장애의 증상학을 밝혀 줄 수 있는지 보일 것이다.

▌사회 인지 능력의 결정요인으로서의 애착 경험

애착과 경계성 성격장애의 관계에 대한 우리의 이해를 심화시키기 위해, 애착의 세대 간 전이가 어떻게 매개할 수 있는지에 대한 질문을 고려해 보자. 유전학이 명백한 설명을 제공하는 것으로 보일 수 있다. 그러나 우리 연구실에서 진행 중인 쌍둥이 연구의 초기 발견에서는 일란성 및 이란성 쌍둥이 간의 애착 유형의 일치 수준상의 차이에 대한 증거가 나오지 않았다(Fonagy, Fearon, & Target, 1999). 애착이론가들은 안정 애착의 성인은 자녀의 욕구에 보다 민감하고, 따라서 조절장애가 신속하고 효과적으로 충족될 것이라는 영유아의 기대를 키워 준다고 가정한다(Belsky et al., 1995; De Wolff & van IJzendoorn, 1997). 하지만 실망스럽게도, 주 양육자의 민감성에 대한 표준화된 척도는 애착 분류에서 세대 간 전이의 일관성을 전혀 설명하지 못하는 것으로 보인다(van IJzendoorn, 1995).

메리 메인(Mary Main, 1991)과 잉게 브레더튼(Inge Bretherton, 1991a)은 애착 안정성의 결정적 매개요인에 대한 대안적인 설명을 제공하였는데, 이들은 각각 독립적으로 대니얼 데넷(Daniel Dennett)의 '지향적 자세' 개념에 관심을 가졌고, 이것은 이 책에서도 핵심적 구성요인이다(제3장~제5장 참조). 앞서 설명했듯 데넷(Dennett, 1987)은 인간이 정신화적인 해석 체계를 진화시켰다고 이론화하였는데, 이것을 '지향적 자세(intentional stance)'라 부르며, 이것의 기능이 인과적인 지향적 마음 상태(신념, 의도, 욕구 등)를 추론하고 귀인하는 것을 통해 다른 사람들의 행위를 효과적으로 예측하고 설명하는 것이라고 했다. 이 체계는 실제 현실과 관련하여 참 또는 거짓일 수 있는 표상적 심적 상태에 의해 행동이 야기될 수 있다는 것의 이해를 시사한다. 지향적 마음 상태(예: 신념)는 직접적으로 가시적이지 않기 때문에, 해석하는 사람이 지속적으로 감시해야 하는 다양한 행동적 및 상황적 단서로부터 추론할 필요가 있다. 따라서 '사회적 (또는 심적) 현실 검증'의 중심적 메커니즘이라고 볼 수 있는 정신화하는 능력은 사람의 마음 상태의 존재를 나타내는 의미 있는 표현적·행동적·언어적·상황적 단서의 심적 중요성에 대해 점진적으로 민감화되고 학습하는 과정을 통해 드러나는 발달적 성취다. 정신화하는 능력은 아동에게 보호의 척도를 제공한다. 예를 들어, 비반응적이고 우울한 어머니를 직면한 아동이 어머니의 슬픔이 상실로 인한 것이라고 가정할 수 있다면, 혼동과 자신에 대한 부정적 시각으로부터 보호받을 수 있다.

앞서 보았듯이, 현재의 증거들은 정상적으로 발달하는 아이들의 경우 3~4세경에 상대적으로 성숙한 순진한 마음이론만이 구성된다는 것을 보여 준다. 이것은 비머와 페르너(Wimmer & Perner, 1983)가 처음으로 개발하고, 제5장에서 자세히 설명한, 틀린 신념과제에서 잘 드러난다.

이러한 연구들에 따르면 3세경에 대다수의 아이들이 자신의 마음에 귀인된 틀린 신념에 기반하여 다른 사람의 행위를 예측하는 것이 요구되는 과제에서 실패하지만, 4세경이 되면 보통 이 능력을 완전히 익힌다. 비머와 페르너(Wimmer & Perner)의 실험에서, 4세 아동은 실험자가 현실에 대한 이전의 틀린 신념에 기반하여 계속 행위할 것이라는 추론을 가능하게 하는 상황적 단서에 대해 민감성을 보였다. 따라서 4세경이 되면 아이들은 행위가 이들에게 보이는 현실 그 자체보다는 현실의 심적 표상에 의해 야기된다는 것을 이해할 수 있다. 이 시기가 되면 이들은 또한 타인의 마음에서 신념상의 변화 귀인을 가능하게 해 주는 관련된 마음 단서(즉, 보는 것은 아는 것을 이끈다.)의 중요성을 배운다.

안정 애착된 아동은 주 양육자의 반영적 자세에서 욕망하고 믿는 자신의 상을 지각한다. 이러한 아동은 주 양육자가 자신을 지향적 존재로 표상하는 것으로 보고, 이 표상이 내면화되어 자기를 형성한다. 만약 주 양육자의 반영 능력이 주 양육자가 아동의 지향적 자세를 정확하게 그릴 수 있도록 해 주었다면, 아동은 정신화하는 개체로서 '타인 안에서 자신을 발견하는' 기회를 가질 수 있다. 우리의 자기의 핵심에는 우리가 어떻게 보이는지에 대한 표상이 있다. 따라서 우리의 반영 능력은 세대를 초월한 획득이다. 우리는 타인을 욕망과 신념의 측면에서 생각하는데, 이는 적어도 그 안에서 우리가 지향적 존재로서 생각되기 때문이다. 이 내면화 과정에 따를 때에만 이 개인 내 심적 상태에 대한 인식의 발달이 주 양육자를 포함한 타인에게로 일반화될 수 있다.

█ 애착과 자기의 정상 발달

애착은 세 수준에서 반영기능의 발달과 관련된다.

1. 우리는 제4장에서 논의한 바와 같이, 내적 상태(자기 상태)의 이차적 표상의 내면화가 주 양육자의 민감한 반영에 의존한다고 가정한다. 아동의 정서 개념은 내성에 의해 도달되지 않는다. 오히려 아동의 상태와 일치하는 주 양육자의 감정적 표현이 내면화되고, 그것의 '표상'이 된다(Gergely & Watson, 1996; Target & Fonagy, 1996). 이러한 자기 상태는 반영적 내적 작동 모델이 구성될 수 있는 기본 구성 요소가 된다. 자기 경험의 표상 및 주 양육자의 반응에 대한 표상의 결합은 마음에 대한 아동의 목적론적 모델을 정교하게 하고, 궁극적으로 타인의 정서적 표시를 해석하고 이해할 수 있게 해 줄 뿐 아니라, 자기 자신의 감정의 조절과 통제에 도달하게 한다.

2. 목적론적 자세에서 지향적 자세로의 점진적인 이동은 주 양육자의 행동을 설명할 수 있는 느낌과 사고를 구분해 내기 위해 주 양육자의 마음을 탐색하는 것에 있어서의 아동의 안전감의 경험과 내적으로 연결되어 있다. 안정 애착된 영유아는 이 행동을 설명하기 위해 심적 상태의 귀인을 해 나가는 것에서 안전감을 느낀다. 대조적으로 회피형 아동은 어느 정도 타인의 심적 상태를 피하고, 저항형 아동은 친밀한 상호주관적 교환을 제외하며 자기 자신의 불쾌 상태에 집중한다. 비조직형 영유아는 특별한 범주를 보일 수 있다. 즉, 주 양육자의 행동에 과각성되어, 이들은 예측에 이용 가능한 모든 단서를 사용하고, 지향적 상태에 급성으로 민감화될 수 있으며, 따라서 주 양육자의 행동에 대한 정신화한 설명을 구성하는 것에 보다 준비될 수 있다. 이러한 아이들에게 정신화가 나타날 수 있지만, 이것은 안정 애착된 아이들의 특징에서 나타나는 것과 같이 자기 조직화에서 중심적이고 효과적인 역할을 하지 못한다. 이것에는 여러 연관된 이유가 있을 수 있다. 첫째, 비조직화된 영유아의 주 양육자는 영유아의 자기 상태에 대한 반응이 신뢰롭게 유관되었을 가능성이 적고, 나아가 아동의 상태를 지각하고 반영하는 것에 있어 체계적인 편향을 보일 수 있다. 둘째, 주 양육자의 심적 상태는 아동을 향한 악의를 보여 주는 위협하는 행동, 또는 아동 자신의 두려움을 포함할 수 있는 두려움을 보이는 행동을 통해 강렬한 불안을 불러일으킨다. 셋째, 아동은 자기 상태에 대한 반영을 희생하며, 부모의 행동을 이해하기 위해 과도한 자원을 사용하게 된다. 이러한 요인들이 결합되어, 아마도 비조직화된 영유아를 특정 상황에서 주 양육자의 마음을 예리하게 읽는 아이가 되게 만들지만, (우리 생각에) 아동 자기 자신의 심적 상태에 대해서는 빈약하게 읽는 아이가 되도록 만들 수 있다.

3. 주 양육자는 아마도 이후 단계에서 가장 중요할 수 있는, 보다 중요한 기여를 한다. 원형적으로, 아동과 놀이하는 동안 주 양육자는 외적 현실 기반 지각을 유지하며 아동의 내적 세계에 동시에 관여한다(Fonagy & Target, 1996; Target & Fonagy, 1996). 아동은 내적 경험과 외적 현실이 동등하다고 가정되는 정신적 등가의 주관적 세계에서, 주관적 경험이 '현실의 표상', 즉 외적 현실의 한 가지 형태로서 인식되는 정신화된 내적 세계로 이동한다. 이것은 두 사람 간의 공유된 현실이 갑자기 삼자의 시각에서 경험되는 오이디푸스 삼각관계의 인지적 영향에 대한 정신분석적 논의와 유사하다(Britton, 1998). 아동의 내적 세계에 대한 부모의 관여는 아동이 외적 세계에 대한 복제물로서의 자신의 마음에 대한 개념에서 넘어서게 한다.

이 세 가지 구성 요소, 즉 정서의 이차적 표상, 주 양육자의 지향적 표상, 자기의 지향적 표상은 아동을 때로는 가혹한 사회적 현실을 직면할 수 있게 준비시켜 준다. 반영기능의 단단한 확립은 보호적이다. 즉, 취약한 반영기능은 이후 외상에 대한 취약성을 예측한다. 안정 애착과 반영기능은 서로 겹치는 구성 요소이고, 불안정 애착과 관련된 취약성은 주로 물리적 현실보다 정신적 측면에서의 세계를 머릿속에 그리는 것에 대한 아동의 자신감 결여에 있다. 충분한 강도의 외상이 주어지면, 안정된 유대조차 때로는 무너질 수 있는데, 심리사회적 압력의 부재하에서도 반영기능은 미미한 발달적 이득만을 제공할 수 있다. 중증 성격장애를 이해하기 위해서는 사회적 이해뿐 아니라 자기 조직화에 있어 심적 상태에 대한 언어의 사용에서의 환자의 제한된 능력에 우리가 조율되는 것이 중요하다.

▌성격장애의 세대 간 전달 모델

경계성 성격장애에 대한 사회적 유전의 측면은 이 장애에 대한 우리의 이해에 중요한 단서가 될 수 있다. 우리 그룹의 연구들(Fonagy et al., 1996)과 또한 다른 연구자들의 연구들(Patrick et al., 1994)은 성격장애, 특히 경계성인 개인들에게서 애착 표상의 상당한 왜곡을 보여 주었다. 우리의 연구에서, 경계성 성격장애의 진단을 받은 개인들은 외상에 대한 미해결된 경험 및 반영 능력의 현저한 감소와 관련되어 몰입형 애착이 우세한 것으로 나타났다. 후속 연구에서 우리는 우리의 환자 집단을 법정에서 정신건강의학과에 의뢰된 짝지은 집단과 비교했다. 후자의 그룹에서 애착의 무시형 양상이 우세하였는데, 외상의 유병률이 유사했음에도 미해결된 외상은 덜 현저했고, 반영 능력은 훨씬 더 낮았다(Levinson & Fonagy, 미완성 원고, UCL).

우리는 일부 성격장애가 있는 개인들의 특징인, 타인의 마음(또한 자신의 마음)에 대한 역기능적이고 왜곡된 이해가 애착 표상의 초기 형성 동안 애착 대상과의 (주로 신체적 폭행 및 성적 학대를 수반하는) 부정적인 외상적 경험의 결과라고 주장한다. 그러나 우리는 외적인 학대가 경계성 성격장애의 병리에서 필연적인 부분은 아니라고 생각한다. 초기 방임은 이후 애착 외상에 개인을 민감화할 수 있고, 어린 아동의 주체감에 대한 전반적 방임과 연관된 심리적 학대는 노골적인 학대보다 인식하기 어려울 수 있다. 초기 애착 외상의 병리적 결과는 이러한 일탈된 애착 맥락이 마음 읽기 능력의 정상적 발달에 영향을 끼치는 왜곡하는 효과에 의해 매개된다.

▌ 반영기능에 대한 학대의 영향

부모의 방임, 폭행 및 학대의 심각한 결과 중 하나는 우리가 영유아의 자기 상태에 대한 이차적 표상의 확립을 위해 필요하다고 제기한 민감하고 영유아에게 조율된 감정 지향적 비춰 주기 환경의 결여이다. 이러한 이차적 표상이 결여되면, '정질적 자기'의 정서적 충동은 상대적으로 접근이 불가능하고, 비의식적인 상태로 남아 있게 되고, 공허감과 비조직화의 느낌과, 충동 조절에 대한 능력의 결함을 가져오게 된다. 학대가 아동의 반영 능력과 자기감을 손상시킨다는 증거가 축적되고 있다(Beeghly & Cicchetti, 1994; Schneider-Rosen & Cicchetti, 1984, 1991). 이 상황은 심각한 발달적 악순환을 유발할 수 있고, 또한 종종 그렇게 된다. 학대와 관련된 심적 상태의 빈약한 이해는 애착 체계를 활성화하는 불쾌를 증폭시킨다. 따라서 근접성에 대한 욕구는 학대가 야기한 불쾌의 결과로 인해 지속되고 심지어 증가한다. 심적 근접성은 참기 힘들 정도로 고통스럽게 되고, 친밀함의 욕구는 신체적 수준에서 표현된다. 따라서 아동은 역설적이게도 학대하는 사람에게 보다 신체적으로 가깝게 추동될 수 있다. 가해자의 행동에 적응하고, 수정 또는 회피하는 이 능력은 제한된 정신화하는 기술에 의해 제약될 수 있고, 추가적인 학대에 노출될 가능성을 높인다. 심리적 회피와 이와 공존하는 신체적 수준에서의 근접성 추구의 모순은 비조직형 애착의 근원에 있고, 학대받은 아이들에게서 일관되게 나타난다.

학대의 가족 환경이 왜 반영기능을 손상시킬까? ① 타인의 심적 상태에 대한 인식은 발달 중인 자기에게 위험할 수 있다. 부모의 학대 행위에 의해 암시되는 증오와 잔인함을 인식한 아동은 자신을 쓸모없거나 사랑스럽지 않은 아이로 보도록 강요받는다. ② 지향적 상태의 의미가 부인되거나 왜곡될 수 있다. 학대하는 부모는 흔히 자신의 행동과 상충되는 신념 또는 느낌을 주장한다. ③ 반영기능이 흔히 활용되는 공적 세계와 애착 맥락이 엄격하게 분리되어 있게 된다. ④ 역기능은 학대 그 자체 때문만이 아니라 그것을 둘러싼 가족 분위기로 인해서도 발생할 수 있다. 흔히 학대와 관련된 권위주의적인 양육도 정신화의 발달을 지체시키는 것으로 알려져 있다(Astington, 1996). 이 어린아이들과 이들의 어머니들은 놀이 자세를 취하는 것을 어려워하고(Alessandri, 1992), 따라서 정신화의 발달에 필요한 사회적 발판이 부재할 수 있다. 또한 일반적으로 보살핌 받지 못하는 신체적 대상으로서 대해진다고 느끼는 아동들은 정신화 자세를 발달시키지 못할 수 있다.

이것을 보다 일반적으로 말하자면, 학대하는 사람의 행위에서 추론할 수 있는 영유아에게 지향된 의도 및 감정적 태도에 대한 탐색은 발달 중인 자기에 심각한 역기능적 결과를 가져올 수 있다고 우리는 주장한다. 한편으로, 학대적인 애착 대상에 귀인된 가해적 의도는 자기에 대한 지속적인 위험과 애착 안정성에 대한 느낌의 급성적 결핍을 표상한다. 더불어 아동은 주 양육자의 가해적 의도를 합리화하려는 시도에서 결국 종종 자기 자신의 자기상에 무가치함, 원치 않음, 볼품없음 등의 심각한 부적 속성을 귀인하게 된다. 우리는 학대적인 주 양육자의 의도에 대해 정신화하는 경향의 전반적 억제를 통해 이러한 결과에 대처하는 특징적인 방어적 반응이, 초기 영유아기에 정신화하는 능력이 빈약하게 확립되어 있을 때에 발생할 가능성이 가장 높다고 제안했다(Fonagy, 1991). 아동은, 만약 생각이 다소 목적론적으로 남아 있고, 내적 세계가 정신적 등가의 모드에서 표상될 가능성이 높다면, 학대하는 사람의 심적 상태에 대해 고려하기를 회피하는 경향을 발달시킬 가능성이 높다(제5장 및 제6장 참조). 장기적으로, 학대하는 주 양육자에 대한 내적 상태 표상의 선택적 배제는 적어도 학대적 애착 맥락과 관련되거나 유사한 대상관계에서 정신화 능력의 손상을 가져온다. 우리는 이것을 애착 대상의 마음 상태를 읽으려는 자연스러운 생물학적 경향의 가역적인 억제의 결과로 본다. 그러나 심적 상태의 귀인을 돕는 관련 단서에 대한 감시 및 학습을 중단하려는 아동의 경향은 점진적으로 타인의 마음에 대한 점점 더 빈약해지는 이해로 이어진다. 그러면 이것은 보다 호의적인 사회적 환경하에서조차 되돌리는 것이 훨씬 더 어려운, 유사–장해 상태를 만든다.

▌성격장애와 정신화의 손상

성격장애의 일부 특징이 정신화의 결핍에 근원할까? 폭력성과 경계성 상태의 일부 문제가 비정신화하는 자기 조직화의 무시형 및 몰입형으로 각각 설명될 수 있다고 주장하기 쉽다. 이것은 지나친 단순화일 것이다. 두 경우에서 모두 상황이나 관계 유형에 걸친 다양성이 있다. 예를 들어, 비행 청소년은 자신의 폭력 조직에 있는 타인의 심적 상태를 인식하고, 경계성 개인은 정신건강전문가 및 가족 구성원의 감정적 상태에 때때로 과민하다.

커트 피셔(Kurt Fischer)의 발달의 '역동적 기술 이론(dynamic skills theory)'(Fischer et al., 1990)의 원칙에 따라, 우리는 학대가 '분할(fractionation)', 즉 과제와 영역에 걸친 반영기능의 분열과 연관된다고 가정한다. 피아제학파에서 말하는 발달의 초기 단계 동안 액체 보존에 대한 이해가 영역 보존으로 일반화되지 않는 것과 같이, 대인관계 상호작용의 한 영역에서의 반영 능력이 처음에는 다른 영역으로 일반화되지 않을 수 있다. 정상 발달에서는 행동에 대한 정신화 모델에서 어느 정도의 통합과 일반화가 있을 것이다. 하지만 중증 성격장애에서는 발달이 일탈되고, 이전의 분리된 기술에 대한 정상적인 협응이 일어나지 않는다.

행동의 목적론적 모델은 우리 모두에게 유지되고, 세련되게 발달되어 많은 상황에서 유용한 예측과 적절한 설명을 제공한다. 예를 들어, 비오는 날 길을 건너는 친구를 본다면, 그것을 본 사람은 지향적 자세를 취하여, 그 친구가 젖지 않기를 소망하며(욕구 상태), 우산을 파는 가게가 건너편에 있을 것이라고 생각할 것이라고(신념 상태) 추론한다. (하지만 실제로 가게는 2주 전에 문을 닫았다고 나는 적절한 짓궂은 즐거움으로 키득키득 웃는다.) 그러나 같은 행위는 또한 목적론적 틀 내에서 합리적인 것으로 해석할 수 있다. 즉, 친구가 이쪽 길에 사람이 너무 많아서(가시적 제약) 더 빨리 걷기 위해 길을 건넜다고(가시적 결과) 결론지을 수 있다. 명확히, 목적론적 자세의 적용은 애착관계 맥락에서 문제가 될 수 있다. X가 절친한 친구라고 가정해 보자. 목적론적 자세의 적용은 친구가 나를 피하고 싶어 했고, 친구가 내가 친구를 보지 못했을 것이라고 생각하거나 또는 친구가 나를 보지 못했을 것이라고 내가 생각한다고 친구가 생각하는 신념 상태에 대한 욕구를 X에게 부여하는 것을 회피하도록 만들 수 있다.

지향적 자세의 정신화하는 추론이 목적론적 모드의 물리적인 추론보다 더 정확한 것은 아니다. 그러나 정신화 모델은, 예를 들어 갈등, 기만, 또는 비합리성과 관련된 복잡한 대인관계 상황에서 고유의 가치가 있다. 불행히도, 비반영적 내적 작동 모델은 감정적으로 부하된 관계 또는 친밀한 관계 등 일차 애착관계에서 유래된 관계 표상을 요하는 대인관계 상황에서 성격장애가 있는 개인의 행동을 지배하게 된다. 이 개인들이 불리할 수 있는 이유는 다음과 같다. ① 이들의 주 양육자가 안정 애착관계 내에서 정신화하는 능력을 촉진시켜 주지 않았고(취약성), ② 이로 인해 이들은 적대적이고 또한 비반영적인 타인의 관점을 취하는 데 있어 감정적 불이익을 획득하게 되었으며(외상), ③ 이후의 관계는 본래의 외상과 이후 경험에 대한 심적 상태 귀인 모델의 결여로 인해 위험에 처하게 되고(탄력성 부족), ④ 자신의 외적 및 내적 세계 사이에서 정신화하는 자원을 불균등하게 분배하여, 타인을 향해서는 과각성되지만, 자기 자신의 상태에 대해서는 이해하지 못하게 될 수 있다(불균등한 적응).

▌비조직형 애착과 성격장애

감정적으로 부하된 상호작용은 어떻게 비정신화적인 생각으로의 '퇴행'을 촉발시키게 되는 것일까? 우리는 반영기능과 이것의 애착 맥락이 자기 조직화의 근원에 있다고 제안했다. 아동에게는 내적 상태에 대한 표상을 발달시켜야 하는 압도적인 압력이 있다. 제4장에서 보았듯 생물심리사회적인 애착 체계 내에서 아동은 자신의 자기 표현과 유관적으로 관련된 환경의 측면을 찾아 나선다. 아동의 창발하는 자기 표상은 일차적, 즉 '정질적 자기'라 불리는 것(아동의 실제적 내적 상태) 위에 그려질 것이다. 그러나 비조직형 애착의 경우, 자기 표상이 이것에 맞지 않을 것이다. 위니콧(Winnicott, 1967, p. 33)은 자신의 비춰진 현재 상태를 찾지 못한 아동은 어머니의 실제 상태를 자기 자신의 자기 구조의 일부로 내면화할 가능성이 있다고 우리에게 경고했다. 비조직형 영유아의 주 양육자가 영유아의 불쾌에 대해 적대적이면서 무력한(Lyons-Ruth, Bronfman, & Parsons, 1999), 해리되거나 비조직화된, 또는 위협받거나 위협적인(Jacobovitz, Hazen, & Riggs, 1997; Schuengel, 1997; Schuengel, Bakermans-Kranenburg, & van IJzendoorn, 1999) 행동으로 빈번하게 반응한다는 증거가 축적되고 있다. 이것은 마치 영유아의 감정적 표현이 주 양육자의 입장에서 아동을 지향적 인간으로서 지각하는 것의 일시적 실패를 촉발하고, 주 양육자가 극심한 철수, 의사소통 오류, 역할 혼란 또는 부적-침입적이거나 위협하는 행동으로 반응하는 것과 같다. 결과적으로, 이러한 아이들은 자기 자신의 각성을 목적론적인 비정신화 기능을 촉발하는 유기의 위험 신호로 경험하게 된다. 즉, 이것은 불안 또는 분노의 상태에서 자녀로부터 철수하는 부모의 심상을 불러일으키고, 아동은 상보적인 해리적 반응으로 반응하게 된다(Liotti, 1999). 따라서 이러한 개인의 내적 경험은 명명되지 못한 채 혼돈 상태로 남게 되고, 담기지 못한 정서는 추가적인 조절장애를 일으킨다. 주 양육자로부터 일관된 자기 표상을 내면화하는 대신, 아동은 타인의 표상을 자신의 발생하는 자기 구조에 포함시킨다(Fonagy & Target, 1995a). 위협받거나 위협하는 주 양육자를 직면하였을 때, 영유아는 어머니의 분노, 증오, 또는 두려움의 느낌을 자신의 일부로 받아들이고, 위협적이거나 다루기 어려운 대상으로서의 자신에 대한 어머니의 심상을 받아들인다.

이 심상은 자기 조직화를 약화시키기 때문에, 종종 일관된 자기 표상을 획득하기 위해 아동에게 외재화되어야 할 필요가 있다. 영유아의 비조직화 애착 행동(Main & Solomon 1990)과 그것의 후속 결과인 부모와의 명령적이고 통제하려는 상호작용은 자기 표상의 수용할 수 없는 측면을 가리기 위한 초보적인 시도로서 이해될 수 있다. 연구에 따르면 영유아의 비지향되고 비조직화된 행동은 생애 첫 5~7년에 걸쳐 징벌 행동이나 연령에 부적절한 돌봄 행동을 통해 부모를 통제하려는 성마른 행동 전략으로 점차 대체된다(Cassidy & Marvin, 1992; Main & Cassidy, 1988). 이러한 주 양육자의 행동을 조작하려는 시도는(George & Solomon, 1998; Solomon, George, & Dejong, 1995; Wartner, Grossmann, Fremmer-Bombrik, & Suess, 1994) 자기의 일부의 외재화를 허용하고, 자기 표상으로의 추가적인 침입을 제한한다. 유사한 양상이 또래 상호작용의 관찰에서 보고된다(Jacobovitz & Hazen, 1999). 이러한 아이들의 부모는 아동이 관계를 통제하는 것으로 경험하고, 결과적으로 부모 자신은 점점 더 손발이 묶이고, 무력하며, 보살핌을 제공하는 것에 실패했다는 경험을 한다는 추가적인 증거들이 있다(George & Solomon, 1996; Solomon & George, 1996). 비조직형 자녀의 어머니들이 하는 묘사는 종종 상당히 주목할 만하다. 이들은 자녀를 자신의 복제품으로 보고, 자신이 자녀와 융합되는 것을 경험한다. 우리는 이러한 경험이 어머니 자기 표상의 내면화가 아닌, 아동 자기 내의 어머니 표상과 관련되어, 자신의 자기 표상을 외재화하는 측면으로 설명될 수 있다고 가정한다. 이러한 아이들의 조숙한 돌봄 행동을 보이는 경향(West & George, 1999) 또한 어머니의 표상이 자기 안으로 내면화된다는 생각과 일치한다.

라이언스-루스의 소인 모델(Lyons-Ruth's diathesis model; Lyons-Ruth, Bronfman, & Atwood, 1999; Lyons-Ruth & Jacobovitz, 1999)과 일관되게, 우리는 비조직형 애착에 뒤따르는 결함된 자기 조직화를 취약성으로 본다. 특히, 이러한 아동의 빈약하게 구성된 자기 구조는 이후 외상에 이들을 민감하게 한다. 우리는 애착 대상의 영유아 지향된 반응을 내면화하는 것을 통해 정질적 자기의 이차적 표상을 구성하려는 생물학적 추동이 있다고 믿는다. 이것은 제4장에서 좀 더 자세히 논의되었다. 우리는 유관된 정서 비춰 주기 환경이 제공되었을 때, 내면화된 자기 표상이 정질적 자기의 일차적이고 절차적인 자기 상태 위에 그려질 것이라고 주장했다. 그러나 애착 대상의 자기 지향된 태도에 대한 자기 구조에의 생물학적으로 추동된 내면화는 주 양육자가 비반영적이거나 방임적, 또는 학대적일 때에도 발생한다. 이러한 경우 내면화된 타인은 이질적으로, 정질적 자기의 구조에 연결되지 않은 채 남게 된다. 나아가 심각하게 학대적이고 폭력적인 환경에서는 자기의 내면화된 이질적 부분이 가학적일 것이고, 자해의 지속적인 위험과 결과적인 안정된 애착 느낌의 결여를 나타낼 것이다. 자기 상태에 대한 적절한 이차적 (상징적) 표상의 부재는 내적 혼란으로 경험되는 것을 이해하기 위한 지속적인 강렬한 욕구를 창출한다. 아동의 자기 발달이 지연되고, 일단 내면화되면 자기 상태의 통합을 가져올 수 있는 대상을 계속 찾게 된다. 비참하게도 발달의 후기에 학대받은 일부 아동의 경우에는, 이것은 중립적인 타인이 아니라 오히려 고문하는 타인일 것이다. 일단 내면화되고, 자기 표상 내에 자리 잡으면, 이 적대적인 '이질적' 표상은 정질적 자기와 일치하지 않기 때문만이 아니라, 또한 이것이 가학적이기 때문에 방출되어야만 한다. 대인관계 및 정서 조절에 대한 결과는 비참하다(Carlson & Sroufe, 1995). 내면화된 이질적 자기가 정질적 자기의 실제적 자기 상태에 기반되어 있거나 그것과 묶여 있지 않다는 사실은, 이것이 자기에 대한 가학적 위험을 나타낸다는 추가적인 사실과 함께 자기의 이질적 부분을 타인에게 투사함으로써 외재화하려는 강한 방어적 경향의 동기를 유발한다. 내면화된 고문하는 이질적 자기가 타인에게 투사되는 한, 자기는 일시적인 (그리고 환영과 같은) 통제감과 안전한 느낌을 성취한다. 그러나 이 찰나같이 순간적인 자기 조직화 및 통제의 느낌의 대가는 크다.

여기에 설명된 메커니즘은 투사적 동일시의 정신분석적 개념, 또는 좀 더 구체적으로 엘리자베스 스필리우스(Elizabeth Spillius, 1994)가 명명한 '환기적 투사적 동일시(evocatory projective identification)'의 원형적 예일 수 있다. 간단히 말하면 비조직형 애착은 비조직화된 자기를 낳는다. 개인은 혼자 있을 때, 자기 안에서 경험하기 때문에 도망칠 수 없는, 고문하는 파괴적인 표상과의 근접성으로 인해, 안전하지 못하고 취약하다고 느낀다. 그 개인의 관계가 외재화를 허용하지 않는다면 그 개인은 거의 문자 그대로, 소실, 심리적 병합, 모든 관계의 경계의 해체에 대한 위험을 느낀다(Gunderson, 1984).

▌경계성 성격장애의 증상학

일련의 증거들은 경계성 환자가 사회적 (또는 심적) 현실 검증력에 심각한 결함이 있다고 제안한다. 특히 친밀한 애착관계에서 사용할 수 있는 관련된 마음 상태 단서를 정확하게 감시하고 해석하는 능력이 제한되거나, 미발달되거나, 왜곡된 것으로 보인다. 심적 상태를 귀인할 때, 이들은 종종 이러한 단서를 무시하거나 우회하고, 그 대신 이들은 방어적인 분열과 투사적 동일시를 통해 왜곡된 방식으로 타인의 마음 상태를 인식한다. 자기 자신의 마음 상태를 이해하는 것에 있어서도 이보다 더 잘하는 것이 아니다. 즉, 이들은 종종 공허감, 또는 혼돈되고 미분화된 자기 상태를 보고한다. 이들의 감정적 불안정성, 이들의 행동화 및 폭력적 충동의 외재화 경향은 모두 자기 상태에 대한 보다 낮은 정도의 인식과 결과적인 자기 통제의 부족을 나타낸다.

우리가 개괄한 모델의 관점에서, 경계성 상태의 몇 가지 공통적 증상학을 간단히 살펴보겠다.

1. 많은 이러한 환자의 불안정한 **자기감**은 반영적 능력의 결여와 내적 상태(느낌, 신념, 소망, 아이디어)의 정확한 이차적 표상의 결여의 결과다. 안정된 자기감은 이질적 자기가 타인 위에 외재화되고, 거기서 통제되었을 때, 환영적으로 성취된다. 그러면 개인은 자기의 취약함에도 불구하고, 통제하는 능동적인 주체가 된다. 이것의 큰 대가는 타인을 자신의 내적 표상의 일부인 것처럼 행동하도록 강요하는 것으로 인해, '실제' 관계에 대한 잠재성이 상실되고, 환자가 실제로 유기로 이어지는 길을 준비하게 된다는 것이다. 친밀한 관계에서 타인의 마음에 대한 투사적이고 가학적인 요소는, 강압적이고 공격적이며 왜곡

된 의사소통 태도를 나타내며, 이것은 상대방을 크게 분개하게 한다. 그 결과 이러한 관계에서는 유기의 심각한 실제적인 위험이 있다. 결과적인 유기는 또한 투사된 적대적이고 고문하는 이질적 자기가 결과적인 위험, 공포, 와해의 느낌과 함께, 자기에게 돌아오는 것을 의미한다.

2. 이러한 환자의 **충동성**은 또한 감정의 상징적 표상의 부재와 관련된 자기 자신의 감정 상태에 대한 인식의 부족 때문일 수 있다. 경계성 환자들은 자기 통제를 넘어서는 감정적 각성 상태에 있는 자신을 종종 발견하게 되는데, 이는 정신화가 정서 조절의 필수 구성 요소이기 때문이다. 다른 정서는 종종 자기를 보호하기 위해 유발되며, 명백하게 통제할 수 없는 분노가 파편화의 경험으로 표현될 뿐 아니라 그 경험을 모호하게 할 수 있다. 충동성은 또한 특히 위협적인 관계에서 전–정신화인 신체적 행위 중심 전략의 지배에 기인할 수 있다. 행동이 지향적으로 해석될 수 있을 때에만 타인의 마음 상태를 변화시켜 행동에 영향을 미칠 수 있다. 이것에 대해 말하는 것은 타인의 행동이 소망과 신념의 측면에서 설명되었을 때에만 의미가 있다. 반면에 만약 이것이 이것의 관찰 가능한 결과의 측면에서만 해석된다면, 일종의 '학습된 정신화 무력감(learned mentalistic helplessness)'이 발생한다. 이런 경우, 개입의 명확한 방법은 물리적인 행위를 통한 것이다. 이것은 타인의 의도를 바꾸려는 시도처럼 들리지만, 사실상 타인을 행위의 다른 경로로 가도록 압박하는 노력인, 협박의 말들을 포함할 수 있다. 물리적인 최종 상태만이 보인다. 이것은 그 사람의 몸의 측면에서 드러날 수 있다. 환자는 신체적으로 위협하거나, 때리거나, 손상시키거나, 심지어 죽일 수도 있다. 아니면 괴롭히거나, 흥분하거나, 심지어 유혹할 수도 있다.

이런 환자들은 이러한 방식으로 다루어진 많은 기억을 가져온다. 한 어린 남자아이가 우연히 전등을 망가뜨렸다고 자신의 아버지에게 고백했다. 아버지는 의도적으로 한 것이 아니기 때문에 괜찮다고 아들을 안심시켰다. 하지만 아버지는 나중에 아이가 깨뜨린 전등이 자신이 가장 좋아한다는 것이라는 것을 발견했고, 아버지가 아들을 매우 세게 때려서, 아이가 자신을 방어하기 위해 올린 아이의 팔이 부러졌다. 이러한 예에서, 아버지의 마음은 비정신화하는 목적론적 모드에서 작동하고 있다. 아버지의 행위를 이끄는 것은 아이의 의도(심적 상태)라기보다는 아동이 한 일(가시적 결과)이다.

이 맥락에서, 지향적인 행동을 나타내는 두 가지의 명백하게 겹치는 모드 간의 구분은 특히 도움이 된다. 제너로드(Jeannerod, 1994)에 따르면, '행위에서의 지향(intention-in-action)'은 목표 상태와 관련된 특정 몸적 행위를 구체화하는 내용이 있는 표상으로서 정의되고, 또한 이것은 운동 행동의 근접 원인이라는 것을 기억해야 한다. 단순히 행위를 촉발하는 것이 아니라, 성취된 결과 상태에 대한 지각적 피드백과 표상에서 구체화되는 목표 상태 간의 실시간 비교를 가능하게 하며 행위를 감시하고 안내하는 기능을 하는 것은 표상적 상태다. 이것의 내용은, 특히 이것의 실행이 막혔을 때 의식의 대상이 될 수 있으며, 이는 마치 이것이 정신화된 표상처럼 보이게 만들 수 있지만, 본질적으로 이것은 자동적으로 수행되는 비의식적 행위다. 대조적으로, '선행 지향(prior intentions)'은 운동 행위 (그리고 수반되는 행위에서의 지향) 이전에 존재하는 표상이다. 이것은 지향된 행위가 실행되지 않더라도 활성화되고, 의식적으로 경험될 수 있다. 선행 지향은 원하는 목표 상태(미래의 현실)와 관련된 자기의 표상을 담고 있고, 외부 세계의 조건이 자기가 목표를 충족하기 위해 실행 가능한 행위를 하도록 허용할 때, 특정한 행위에서의 지향을 생성할 수 있다. 선행 지향은 겨냥하는 구체적인 목표 상태를 표상할 필요가 없고, 행위 이전의 일반적인 동기적 상태를 표상한다. 따라서 경계성 성격장애에서의 충동성은, 행위에서의 지향의 표상 수준에 상응하는, '목적론적 자세'에 의해 생성된 지향적 행위의 표상으로 간주될 수 있다. 이성적 행위의 원칙은 여전히 충동적인 행위를 안내하지만, 목표 대상의 '실용적' 측면, 행위의 구체적인 상황적 제약, 행위자의 성향적 제약 특성을 겨냥하며, 가능한 증거들의 함수로서 그렇게 한다. 따라서 예를 들어, 선행 지향이 타인에게 귀인되지 않고, 행위의 결과가 예측되지 않은 경우, 일반적으로 상당한 대인관계 갈등 및 다른 사회적 재앙으로 이어진다.

3. **감정적 불안정성 및 과민성**은 우리에게 경계성 환자들의 현실 표상에 대해 생각해 보게 해 준다. 대인관계 도식은 경계성 환자들에게 현저히 경직되어 있는데, 이것은 이 환자들이 타인이 자신들이 강렬하게 경험하는 것과 다른 현실에 대한 구성을 가질 수 있다는 것을 상상하지 못하기 때문이다. 만약 타인의 행동과 현실에 대한 지식이 맞지 않으면, 우리는 일반적으로 정신화적인 측면에서 행동을 이해하려고 노력한다. 예를 들어, "저 사람이 나의 20달러를 10달러로 오인했고(틀린 신념), 그래서 나에게 5달러의 거스름돈만 준 것이다."의 경우를 보자. 만약 이 가능성과 다른 가능성이 쉽게 발생하지 않는 것이라면, 다른 대안들이 쉽게 비교될 수 없고, 지나치게 단순화된 구조, 즉 "저 사람이 나를 속였다!"가 무비판적으로 수용된다. 특히, 비반영적이고 강압적인 보살핌을 받은 개인

의 경우, 이것은 흔히 타인의 욕구 상태에 대한 가학적 구성으로 이어진다.[1] 정신화는 완충 작용을 해 준다. 즉, 타인의 행위가 예기치 않은 경우, 이 완충 기능은 자동적인 위협적 결론을 방지하는, 신념에 대한 보조적인 가설을 만들 수 있게 해 준다.

다시 한번 우리는 외상을 입은 개인에게 이중의 불이익이 있다는 것을 본다. 학대에 기반하여 구성된 내적 작동 모델은 악의가 특이한 것이 아니라고 가정한다. 특히, 스트레스하에서, 보조적인 가설을 생성하지 못하는 것은 위험의 경험을 훨씬 더 강렬하게 만든다. 정신적 등가는 이것을 실제로 만든다. 일반적으로, 정신화의 완충 장치에 접근하는 것은 개인을 현실과 놀이하게 해 준다(Target & Fonagy, 1996). 이해에는 오류가 있는 것을 알고 있다. 그러나 사물을 보는 것에 오직 한 가지 방식만 있다면, 치료사와 같은 삼자가 환자가 틀렸다고 그 환자를 설득하기 위해 시도하는 것은 그 환자를 몹시 화나게 하려는 시도로 지각될 수 있다.

4. **자살경향성.** 임상가들은 경계성 환자들의 신체적 유기에 대한 엄청난 두려움에 익숙하다(Gunderson, 1996). 이것은 아마도 다른 어떤 측면보다 더 이러한 환자들이 살아야만 했던 비조직형 애착 모델에 임상가들이 주목하게 한다. 자기 일관성을 위해 타인이 필요한 경우, 유기는 견딜 수 없는 이질적 자기상과 결과적인 자기의 파괴를 재–내면화하는 것을 의미한다. 자살은 자기 내의 이 이질적 타인의 공상적 파괴를 나타낸다. 자살 시도는 종종 유기의 가능성을 방지하는 것에 목적이 있다. 이것은 관계를 재설정하려는 마지막 방어적 시도로 보인다. 아동의 경험은 오직 극단적인 것만이 성인의 행동에 변화를 가져올 수 있다는 것이었을 수 있고, 아동의 주 양육자도 그들 자신의 행동에 영향을 주기 위해 유사한 강압적인 척도를 사용해 왔을 수 있다. 경계성 환자들에게서 유기에 의해 너무 자주 촉발되는 강한 자살의 경향성은, 내면화된 적대적인 이질적 부분의 공상적 파괴를 나타내는 것으로, 즉 고문하는 사람으로부터 정질적 자기를 해방시키려는 마지막 시도로 이해될 수 있다.

자살과 자해가 여성에게서 비조직형 애착의 흔한 소견인 반면, 비슷한 병리를 가진 남

---

1) 이러한 구성의 두드러지는 측면은 자기와 관련되는 경향이 있다는 것이다. 학대적인 주 양육자 주변에서 구성된 자기 표상을 가진 개인은 이러한 가학적 자기 표상을 외재화하는 것을 지속적으로 경계하고 대기한다. 이러한 개인은 내적 파괴성을 방지하기 위해 적이 필요하다.

성에게서는 타인에 대한 폭력이 보다 흔하다. 이러한 사람은 관계가 자기의 이질적 부분을 외재화할 수 있게 해 줄 때에만 관계를 유지할 수 있다. 폭력적인 남성들이 확립하고자 강요하는 관계는 자신의 중요한 타인이 견딜 수 없는 자기 상태의 도구로 역할할 수 있는 관계다. 이들은 자신들이 절박하게 버리고 싶어 하는 자기상을 위험에 처하게 하기 위해 미숙한 조작을 통해 자신의 관계를 통제한다. 이들은 타인의 독립적인 심적 존재가 이 외재화 과정을 위협할 때, 때때로 폭력에 기댄다. 이러한 시기에, 극적이고 과격한 행위가 발생하는데, 이는 개인이 통제와 조작을 통해 성취한 자기의 일관성이 외재화되었던 것으로의 복귀로 파괴될 수 있다는 가능성에 의해 공포에 사로잡히기 때문이다. 이러한 순간의 폭력 행위는 이중 기능을 수행한다. ① 타인 내에서 이질적 자기를 재창조하고, 재경험한다. ② 영원히 파괴될 수 있을 것이라는 무의식적 희망에서 이것을 파괴한다. 희생자의 눈에서 공포를 지각하며, 이들은 다시 한번 안심하고, 그 관계는 이들의 정신적 구조에서 엄청난 중요성을 되찾는다. 따라서 용서와 전적인 뉘우침에 대한 이들의 애원은 이러한 외재화가 가능한 관계에 대한 이들의 욕구가 의심의 여지없이 절대적이라는 면에서 진심이다.

5. 타인(또는 자기)의 부분적 표상인 분열은 이러한 환자들과 적절히 의사소통하는 것에 있어 흔한 장애물이다. 심적 측면에서 타인을 이해하는 것은 우선 일관된 방식으로 가정된 의도를 통합하는 것을 요구한다. 학대자의 모순적 태도에 직면한 상황에서 이 과제에 대한 절망은 정신화 결함의 원인 중 하나인 것으로 보인다. 일관된 표상에 도달해야 하는 긴급함을 고려할 때, 아동에게 창발된 해결책은 타인에 대한 표상을 여러 일관된 의도의 하위 집합으로, 주로 이상화된 정체성과 가학적인 정체성으로(Gergely, 1997, 2000) 분열하는 것이다. 반영기능이 부재한 경우, 개인은 두 표상을 동시에 사용하는 것이 불가능해진다. 분열은 개인이 타인의 정신화된 상을 만들 수 있게 하지만, 이것은 부정확하고 지나치게 단순화되어, 정신화된 대인관계 교환의 환영만을 허용한다.

　일반적으로 분열은 경계성 성격장애의 원형적 방어로 여겨지기 때문에, 이 아이디어를 보다 확장하는 것이 적절해 보인다. 순진한 마음이론에서, 신념과 욕망으로부터 다른 사람의 행위를 예측하는 것은, '합리적 행위'의 기본 원칙에 의해 주도된다(Gergely et al., 1995). 이 원칙은 인간 주체가 상황에 대한 그들의 신념에 기반하여 가장 합리적 또는 효율적으로 보이는 그들의 욕망을 충족시키는 행위 과정을 추구하는 경향이 있다고 가정한다. 이것은 우리가 '심적 일관성(mental coherence)'의 원칙이라 부를 수 있는 추가적인 가정에 의해 보완된다(Dennett, 1987; Gergely, 2000). 이 추가적인 원칙은 합리적 인간의 의도, 신념 및 욕구가 모순되거나 양가적이지 않다고 가정한다. 명확히, 만약 이 가정이 심각하게 위반된다면 동시에 존재하는 타인의 모순된 의도를 만족시키는 합리적인 행위 과정을 인식하고 예측하는 것이 불가능해진다. 이러한 경우, 타인의 행동은 아동에게 정신화를 통해 예측할 수 없게 되고, 불안감, 무력감, 불안전감이 발생한다.

게르게이(Gergely, 2000)는 학대 애착 맥락이 어린아이들에게 정확히 이러한 딜레마를 보여 준다고 제안했다. 약 2세경이 되면 영유아는 애착 대상의 마음을 특징짓는 일반화된 의도와 태도를 찾을 수 있게 된다. 그러나 애착의 비조직화를 발생시키는 주 양육자는(Lyons-Ruth & Jacobovitz, 1999; Schuengel et al., 1999), 전형적으로 자신의 영유아에게 지향된 심적 태도에서 모순적인 정보를 제공한다. 즉, 때로 주 양육자는 아동을 학대하고, 반면 다른 경우에 주 양육자는 이것을 부인하며 심지어 보살피는 방식으로 행동한다. 상응하는 가학적 및 자애적 의도를 추론하고, 그것을 주 양육자의 마음에 귀인하며, 아동은 모순적이거나 양가적인 의도로부터 타인의 행동을 예상해야 하는 불가능한 과업에 직면한다. 뒤따르는 불확실성, 불안 및 무력감에 대한 방어로서, 아동은 학대자의 정체성을 의도의 비모순적 집단들(가학적 vs. 자애적)의 분리된 마음으로 분열시킨다. 그 결과 정신화를 통해 행위를 예측하는 것이 다시 가능해진다. 왜냐하면 타인의 분리되고 분열된 정체성 내에서, 심적 일관성의 원칙이 유지될 수 있기 때문이다. 이러한 방식으로 정신화를 통해 타인의 행동을 예측하는 것의 불능으로 인해 촉발된 무력감과 불안감이 회피된다. 물론 이 사회적 경험에 대한 방어적 구성으로 치러야 하는 큰 대가는, 뒤따르는 현실의 왜곡과 타인 마음의 분열된 표상에 기반하여 부정확하게 행위가 예상되었을 때 발생하는 잘못된 부적응적인 반응이다.

6. 두 번째 원형적인 경계성 방어는 **투사적 동일시**로 알려져 있다(Ogden, 1979; Spillius, 1992). 우리는 마음 읽기의 정상적 발달에서 타인으로의 심적 상태의 귀인이 달성되는 두 가지 메커니즘이 있다고 주장했다. ① 타인의 마음 상태를 추론하기 위해 의미 있는 행동적 및 상황적 단서를 감시함으로써, ② 또는 이러한 단서가 없거나 인식되지 않는다면, 자신의 유추를 통해 타인의 마음 상태를 귀인하는 '기본 시뮬레이션(default simulation)'에 의존함으로써 할 수 있다. 앞에서 우리는 학대적 애착 맥락에서 아동은 주 양육자의 의도

에 대한 정신화에 방어적인 억제를 종종 발달시킨다고 주장했다. 이것은 결국 아동이 타인의 마음 상태를 추론할 수 있게 하는 의미 있는 행동적 및 상황적 단서를 감시하고 읽는 것과 관련된 주의 과정의 전반적인 결함을 가져올 수 있다. 그 결과 아동은 관련 정보 단서가 원칙적으로 사용 가능할 때조차, '기본 시뮬레이션'을 통해 타인의 마을을 해석하는 것에 자동적으로 의존하게 된다. 이제 질문은 이것이다. 아동은 자기 자신의 마음의 어떤 내용을 타인의 심적 경험에 대한 '기본 시뮬레이션'에 이용할까? 우리는 학대적인 양육의 결과, 어린 아동이 적대적이고 이질적인 타인의 표상을 자신의 자기 구조에 내면화한다는 것을 보았다. 우리는 또한 자기에게 표상되는 이것의 가학적 측면의 위험으로 인해, 그리고 정질적 자기의 실제 자기 상태에서 이것의 기반이 부족하기 때문에, 타인에게로의 투사를 통해 이 내면화된 이질적 부분을 쫓아내려는 방어적 경향이 형성될 것이라고 주장하였다. 이제 학대자의 마음에 대한 정신화의 방어적 억제의 결과, 타인의 심적 상태가 단서 읽기로 인식될 수 없다면, '기본 시뮬레이션'에 의존할 때, 곧 쫓겨날 자기 표상의 이질적 부분이 타인을 시뮬레이션하기 위한 정보의 기반으로 제공되는 것이 쉽게 가능해질 것이다. 따라서 경계성 환자는 학대적 주 양육자의 내면화된 가학적 표상을 타인 위에 투사하는 것을 통해 타인의 심적 상태를 자동적으로 '기본 시뮬레이션'하는 경향을 보일 것이다. 이것이 바로 경계성 환자들이 친밀한 관계 및 분석적 전이에서 타인의 심적 상태에 대한 왜곡된 표상을 구성하는 방식으로, 이들에게 '투사적 동일시'의 방어 기제가 매우 두드러지게 되는 이유다.

7. 이러한 환자들의 추가적인 공통된 경험은 이들의 삶의 많은 부분에서 수반되는 **공허감**이다. 공허감은 분명 의식적 수준에서의 자기 상태의 이차적 표상의 부재와, 타인과 관계가 경험되는 피상성의 직접적인 결과다. 정신화의 유기는 깊은 고립감을 창출한다. 타인과 함께 있는 것을 경험하기 위해서는, 그 사람이 마음으로께 거기에 있어야 한다. 과거와 현재의 연속성을 느끼기 위해서는, 심적 상태를 통해 연결이 제공되어야 한다. 공허감, 그리고 극단적으로 해리는, 이러한 개인이 정신화의 실패가 발생시킨 의미의 부재를 설명할 수 있는 가장 좋은 표현이다.

▌제안된 모델의 몇 가지 요건

몇 가지 요건은 다음과 같다.

1. 양육에서의 비정상성은 정신화의 어려움을 야기하는 단지 한 가지 경로를 나타낸다. 주의력 결핍과 같은 생물학적 취약성 또한 반영 능력을 진화시키는 아동의 기회를 제한시킬 수 있다. 발달의 대부분의 측면에서와 같이, 우리는 이러한 생물학적 취약성에 내재된 미묘한 양방향적 인과 과정이 있음을 인식해야 한다. 취약성은 대인관계 갈등 상황을 유발할 뿐 아니라, 아동의 능력에 제한을 두게 한다. 따라서 생물학적 요인은 정신화하는 잠재력을 제한할 수 있지만, 또한 정신화가 완전하게 확립되기 어려운 환경을 생성하는 것을 통해 작용할 수 있다.

2. 경계성 환자들과 함께 일하는 임상가들 중 많은 사람들이, 분명히 조작 및 통제의 목적에서 마음 상태에 대한 이들의 때때로 명백하게 예민한 민감성에 대해 적극적으로 증언한다. 이것이 정신화가 핵심 기능장애가 아니라는 것을 의미할까? 이 수수께끼에 대한 가능한 해답은, 중증 성격장애가 있는 환자들이 특정 수준의 비의식적 마음 읽기 기술을 발달시킨다는 것이다. 클레멘츠와 페르너(Clements & Perner, 1994)는 3세 직전의 아이들에게 구두로 의사소통할 수는 없지만 안구 움직임과 같은 비언어적 반응으로 보여 줄 수 있는, 틀린 신념에 대한 직관적 이해가 있다는 것을 보여 주었다. 이러한 비의식적 마음 읽기 기술이 진화하기 시작하는 단계에서, 주 양육자의 반응 뒤의 의도를 추론하기 위해 시도하는 아동에게 암시되는 예상이 너무나 부정적이어서, 이 아이들이 말보다는 행동으로 타인에게 영향을 미치려는 전략으로 후퇴할 수밖에 없었다고 생각해 볼 수 있다. 그러나 이들은 비의식적 수준에서 심적 상태에 대한 접촉을 유지하는데, 이를 의식하는 것을 거부한다. 반영기능은 영구적으로 사라지지 않는다. 즉, 경계성 환자는 '마음맹(mind blind)'이 아니고, 오히려 이들은 '마음 의식(mind conscious)'을 못한다. 이들은 행동 체계에 영향을 주는 단서들을 고르지만, 이것은 의식적 추론의 측면에서 겉으로 드러나지 않는다. 발달적 결함은 다음과 같다. ① 특정 내적 작동 모델(또는 관계 양상)에 제한된다. ② 특정 애착 맥락에서 활성화되기 쉽다. ③ 타인의 심적 세계를 그려 보는 것보다는 반영적 자기 기능(자기 상태에의 반영)에 더 적용된다.

3. 정신화와 관련된 문제를 가진 개인들의 모든 부모가 경계성인 것은 아니다. 일부 부모는 적어도 우리의 경험에서 매우 반영적인 개인들인데, 하지만 자녀들과 관련되어, 때로는 특정한 자녀와 관련하여 심각한 문제가 있다. 지향적 상태에 대한 민감성의 부족은 모든 상황에 영향을 주는 전반적 변수가 아니다. 이것은 구체적인 아동-주 양육자 관계의 측면에서 접근해야만 한다.

▌심리치료와 정신화

심리치료는 모든 이것의 현현에서 정신화의 재점화에 대한 것이다. 마샤 리네한(Marcia Linehan)의 변증법적 행동치료 계획(Linehan, 1993), 존 클라킨(John Clarkin)과 오토 컨버그(Otto Kernberg)의 정신분석적 심리치료에 대한 제안(Clarkin, Kernberg, & Yeomans, 1999; Kernberg & Clarkin, 1993), 또는 앤서니 라일(Anthony Ryle)의 인지분석치료(Ryle, 1997)를 보면, 이것들은 모두 다음과 같은 공통점을 갖는다. ① 환자와의 애착관계 확립을 목표로 한다. ② 심적 상태에 대한 이해가 초점이 되는 대인관계 맥락을 창출하기 위해 이것을 사용한다. ③ 치료사에 의해 자기가 지향적이고 실제적으로 인식되는 상황을 재현하기 위해 (대부분 암묵적으로) 시도하고, 이 인식은 환자에 의해 명백하게 지각된다.

중증 성격장애가 있는 개인에 대한 심리치료의 핵심은 반영 과정의 향상이다. 치료사는 이차적 표상 체계를 강화한다는 시각을 가지고 환자가 감정 상태를 이해하고 명명하도록 도와야 한다. 종종 이것은 환자의 감정적 자세에서의 순간순간의 변화를 해석하는 것에 의해서뿐 아니라, 치료사의 경험에 환자를 주의 집중하게 함으로써 성취된다. 환자는 다소 위축된 모습으로 온다. 치료사는 "저를 무섭게 보는군요."라고 말한다. 치료사는 복잡한 심적 상태를 설명하는 것을 피하고, 환자의 갈등이나 (의식적 또는 무의식적) 양가감정을 거의 언급하지 않는다. 이러한 환자들에게서 변화는, 짧고 구체적인 해석에서 발생한다. 치료적 작업과 관련된 이러한 환자들의 불가피한 파괴성은 이들의 공격적 의도에 대한 직면 또는 해석에 의해서는 거의 적절히 다루어지지 않는다. 오히려 혼돈과 와해를 야기하는 감정인, 상연의 감정적 선행요인을 겨냥한 언급이 종종 더 도움이 된다.

우리가 보았듯이 정신화에서의 틈은 충동성을 낳고, 치료적 관계의 강화는 흔히 내적 및 외적 현실 사이의 거리를 만드는 데 있어서의 환자의 어려움을 강하게 보여 준다. 치료사의 과제는 어떤 면에서 가장 놀이의 틀을 만드는 부모의 과제와 유사하다. 단지, 이 경우에는 이러한 전환적 영역을 만드는 것을 통해 접근 가능해져야 하는 것이 사고와 느낌이다. 치료사는 정신화의 전구 기능들과 작업하는 것에 익숙해져야 한다. 여기서 과제는 목적론적 모델을 지향적인 것으로 정교화하는 것이다. 말과 아이디어가 믿을 수 없는 힘과 파괴력을 가지는 순간과 함께 무엇도 실제로 느껴지지 않는(당연히 말이나 아이디어도 그렇지 않은) 환자 기능의 해리된 모드를 통합하거나 연결하려는 시도는 경이로운 과제로 보일 수 있다. 그럼에도 진전은 환자의 가장 세계를 실제로 만들고자 노력함과 동시에 사고와 현실의 동등함이 뒤얽히는 것을 피하면서, 환자의 가장 세계의 일부가 되는 것을 통해서만 가능하다.

정신분석 치료사는 경계성 환자들과 전이에서 작업해야 할까? 대답은 '아니요'와 '예'다. 초기 관계 양상에 대한 현재의 관계 위의 전이는 늘 존재하지만, 강조하는 것은 거의 도움이 되지 않는다는 면에서 '아니요'다. 정신화가 없이, 전이는 전치가 아니라 실제로서 경험된다. 치료사는 학대자이고, 이것에 대한 가정(as-if)은 없다. 이러한 전이 해석이 이루어지면, 환자는 종종 가장 모드로 내던져지고, 점진적으로 환자와 치료사는 얼마나 상세하고 복잡하든 간에 현실과의 경험적 접촉이 거의 없는 세계를 만들게 된다. 따라서 보다 생산적인 것은 치료사가 환자의 감정적 상태를 다룰 수 있다는 것을 말, 어조, 자세에서 전달하며, 지금 여기(here and now)에서의 정서를 단순히 인지해 주는 것이다. 전이가 이 용어의 가장 넓은 의미에서, 대안적 관점에 대한 구체적인 시연으로서 도움이 된다는 점에서 '예'다. 치료사에 대한 환자의 지각에서 상상된 치료사와 치료사 자체 간의 대비는 전이 경험에 강조성을 찍게 해 준다.

이러한 환자들을 치료할 때 발생하는 가장 복잡한 도전은 견딜 수 없는 자기 상태의 외재화와 관련된다. 일부 치료사들은 약물치료사 및 심리치료사, 개인치료 및 그룹치료와 같이 환자의 느낌에 대한 대안적인 초점을 만들어 전이를 나눈다. 다른 일부 치료사들은 치료를 계약에 의존하게 함으로써 상연을 통제하고자 시도한다. 종종 이것들 중 어느 것도 가능하지 않고, 어떤 때에는 둘 모두 불충분하다. 보통 겸손한 목표를 갖는 것이 가장 도움이 되는 장치다. 이러한 환자들의 경우 통찰이 상연을 예방하지 못한다. 따라서 치료의 목적은 단순히 정신화를 점진적으로 격려하는 것이다. 상연을 해석하기보다는, 치료사는 이것의 선행요인과 결과에 대해 다루려고 시도한다. 치료사는 역전이에서 상연하려는 자신의 경향에 대해 똑같이 관대해야 한다. 이 모델 내에서 환자가 심적 근접함에서 머물게 하기 위해 치료사가 자기 자신을 가끔 환자의 자기 내의 이질적 부분에 대한 도구가 되도록 허용해야만 한다는 것을 수용할 필요가 있다. 치료사가 환자에게 어떤 용도가 된다면, 환자가 치료사가 되어 주기를 필요로 하는 것이 되어 주어야 한다. 하지만 만약 치료사가 완전히 그 사람이 된다면, 환자에게 아무런 도움도 되지 못할 것이다. 치료사는 요구되는 것으로서 하도록 자신을 허용하면서도, 치료사가 성취할 수 있는 한 환자 마음 상태의 명확하고 일관된 상으로서 자신의 마음을 유지하려고 노력하며, 이러한 두 위치 사이에서 균형의 상태를 목표로 한다.

심각한 경계성 특징이 있는 개인에게 성공적인 치료에 대한 지표는 무엇일까? 현재의 이론을 포함하여 어떤 이론도, 환자의 문제를 설명하는 것에 가까이 갔다고 믿지 않지만, 우리는 이론적으로 일관된 접근을 하는 것이 중요하다고 믿는다. 이러한 환자들은 우리가 예측 가능할 것을 요구하고, 그렇다면 이들에 대한 우리의 모델은 이들의 자기 표상의 핵심을 형성해 나갈 수 있다. 치료사가 이론적 접근법을 놀라운 속도로 교체한다면, 안정되고 일관된 상을 유지하기 어렵다. 정신화는 애착관계의 맥락에서만 획득될 수 있다. 그리고 이것은 치료가 안전기지를 포함하고 있어야 함을 의미한다. 애착은 타인의 심적 상태에 대한 초점과 분리할 수 없다. 이해가 유대 없이 가능하다 할지라도, 이해 없는 유대는 없다. 우리의 경험에서 이러한 치료는 늘 상당한 시간이 걸리고 이러한 연장된 기간에 걸친 일관성은 종종 유지하기가 어렵다. 환자는 신체적 근접성이 자신의 지배적인 목적일 때조차도, 심적 근접함에 두려워하고, 적극적으로 싸우려 한다. 지속적인 공격하에 있으면서 이러한 근접성을 유지하는 것은, 한 사람이 자신의 자기애를 놓고 오지 않는다면, 편안하지도 않고 달성할 수도 없다.

치료사가 이질적 타인에 의해 자신이 압도되는 것을 허용하지 않고 환자와의 심적 근접성을 유지할 수 있다면, 치료사의 정신화적인 정교화된 자세는 궁극적으로 환자가 치료사의 마음에서 생각하고 느끼는 존재로서의 자신을 찾고, 자신의 자기감의 일부로 이 상을 통합하게 해 줄 수 있다. 내적 및 외적 등가를 강요하는 내적 세계를 경험하는 것의 비반영적 모드에서 내적 세계가 물리적 현실로부터 분리되고 질적으로 다르며, 보다 세심하게 존중되면서 다루어지는 것으로의 점진적인 전환이 있다. 작업이 여기에서 멈추더라도 행동을 이해할 수 있고, 의미 있으며, 예측 가능하게 만든다는 측면에서 많은 것이 성취되었을 것이다. 치료사의 관심을 심적 상태에 내면화하는 것은 자기 자신의 경험을 향한 비슷한 관심에 대한 환자의 역량을 향상시킨다. 마음에 대한 존중은 자기에 대한 존중, 타인에 대한 존중, 그리고 궁극적으로 인간 공동체에 대한 존중을 생성한다. 치료적 노력을 이끌고 조직하며, 우리의 심리학적 유산에서 큰 명쾌함으로 말하는 것은 바로 이 존중이다.

제10장 경계성 상태에서의 정신적 현실

이 장은 중증 경계성 환자가 정신분석 과정 내에서 발견되는 어려움을 이해하는 데 도움을 준다. 우리는 이 장에서 정교화되고 아래에 요약된 바와 같이 정신적 현실을 경험하는 초기 두 모드의 부적절한 통합의 측면에서 경계성 환자의 행동 및 관계 양상의 특징을 이해하는 방법을 고려한다. 구체적으로 우리는 경계성 환자의 적절한 정신화의 실패가 외적 및 내적 경험을 표상하는 미분화된 모드의 지속에 의해 악화된다고 제안한다. 이것은 느낌과 아이디어가 결과적인 그것의 중요성에 대한 과장 및 의미의 확장과 함께, 현실의 직접적인 (또는 등가적인) 표상으로 이해되는, 심적 상태에 대한 아이 같은 이해에 기원한다. 이 기능 모드의 지속은 정신화 실패의 자기 지속적인 결과다. 물리적 현실과 동등한 것으로서의 무의식적 및 의식적인 느낌과 아이디어의 경험은 자신의 경험의 즉각성을 유보하고 '현실과 놀이'하는 심리적 공간을 창출하는 개인의 역량을 제한한다.

이러한 방식으로 경계성 개인들은 아이디어가 생각하기에는 너무 두렵고, 느낌이 경험하기에는 너무 강렬한 심적 환경을 수용하도록 강요받는다. 장기적으로 이들은 방어적으로 정신화를 포기하고, 대안적 관점에 대한 편협함을 보인다. 그러나 정신화의 광범위한 실패는 영유아기에 정신적 현실, 즉 자기 자신에 대한 심적 경험이 적절히 확립되지 않은 개인에게서만 발생한다. 자신의 내적 상태에 대한 표상의 일부 자리에서, 이러한 개인들은 불편한 '타인감(sense of otherness)'을 경험한다. 발달력상에서 이것은 영유아의 자기 상태에 대한 어머니의 상의 자리에 어머니의 유아적 지각이 내면화된 것이다. 이는 현실의 지각 및 경험과 최소한으로만 통합될 수 있는 강렬한 공상으로의 후퇴와 결합될 수 있다. 그러나 우리는 이러한 결함이 부분적이며, 애착과 관련된 느낌 및 사고가 자극되었을 때 가장 쉽게 나타날 수 있다고 본다.

이 장에서 우리는 성공적으로 주 5회의 정신분석치료를 받은 경계성 성격장애의 두 중증 사례의 이해를 돕기 위해 정신적 현실의 역기능의 틀과 함께 애착의 비조직화를 활용하여, 제9장에서 서술한 경계성 병리의 이론을 확장한다. 언급되는 첫 사례에서는 자해가 보다 중점적 역할을 한 반면, 두 번째 사례에서는 흥미로운 대비를 보이며, 타인을 향한 폭력이 더 두드러졌다. 그러나 이론적 및 기술적 설명은 놀랍게도 유사하다.

▌서론: 정신적 현실의 정상 발달

제6장에서 우리는 정신적 현실의 정상적 경험이 마음의 타고난 속성이 아니라 오히려 발달적 성취라는 것을 보여 주기 위해 임상 및 연구 분야의 증거를 활용했다. 우리는 아동의 발달을 심적 상태가 표상으로 그려지지 않는 정신적 현실의 경험에서 정신화하는 능력의 특징을 갖는 내적 세계의 보다 복잡한 시각으로의 정상적 이동으로 본다. 초기에 마음에 대한 아동의 경험은 마치 내적 상태와 외적 현실이 정확하게 일치하는 녹화 기록 장치와 같다. 우리는 어린 아동의 심적 사건이 힘, 인과성, 함축적 의미의 측면에서 물리적 세계의 사건과 동등하다는 것을 강조하기 위해서, 기능의 이 모드를 나타내기 위해 '정신적 등가(psychic equivalence)'라는 용어를 사용했다. 내적인 것과 외적인 것을 동등하게 하는 것은 필연적으로 양방향적인 과정이다. 어린 아동은 겉모습과 실제를 동등하게 하는 것(그것이 어떻게 보이는지가 그것이다)에 압박을 느낄 뿐 아니라, 외적 세계의 경험이 이러한 방식으로 왜곡되었을 수 있다는 인식으로 인해 조정되지 않은 방식으로 (공상에 의해 왜곡된) 사고와 느낌이 외적 현실 위에 투사될 것이다.

아마도 구체적이게 '실제'로 경험되는 것은 사고와 느낌이 위협적일 수 있기 때문에, 영유아는 심적 상태를 이해하는 대안적 방식을 발달시킨다. '가장 모드(pretend mode)'에서 아동은 느낌과 아이디어를 바깥 세상에 대한 함축적 의미를 갖지 않는 완전히 표상적인 것, 즉 상징적인 것으로 경험한다. 점진적으로만이 그리고 아동의 가장되고 진지한 관점을 함께 동시적으로 안아 줄 수 있는 다른 마음의 가까운 참여를 통해서, 이 두 가지 모드를 통합하며 느낌과 아이디어가 내적인 것이면서도 바깥에 있는 것과 밀접한 관계를 갖는 정신적 현실이 발생한다(Dunn, 1996).

심적 상태의 증가하는 상직적이고 반영적인 인식의 개념은 자기 발달의 여러 정신분석적 해석에서 가정된다(제6장 참조). 또한 이것은 보다 최근에 인지 및 발달심리학의 개념적 및 경험적 작업의 핵심이 되었다(제5장 참조). 우리의 설명 틀은 반영기능을 절대 완전히 성취되지 않고(즉, 상황에 걸쳐 유지되고), 언어적인 걸음마기 단계만이 아닌 가장 초기의 애착관계에 기원을 갖는 발달적 성취로 고려한다는 점에서 대부분의 발달학자들과 상이하다. 또한 우리가 강조하는 것은 다른 정신분석가들이 강조하는 것과 마찬가지로, 정신화하는 것의 자기 조직적 질과 이 능력에서의 개인차가 이후 병리에 갖는 함의다.

우리는 정신화의 창발이 우선적으로 주 양육자와의 비춰 주기 관계에서 아동의 일차적 대상관계에 깊이 내포되어 있다고 제안하였다. 이것은 코헛(Kohut, 1977), 비온(Bion, 1962a), 그리고 위니콧(Winnicott, 1967)에 의해 제안된 비춰 주기의 전통적인 정신분석적 개념과는 다소 다르게 이해된다. 이것은 제4장과 제5장에 제시한 게르게이와 왓슨(Gergely & Watson, 1996)에 의해 설명된 모델과 훨씬 더 유사하다. 우리는 영유아가 자신이 느낌과 생각을 가지고 있다는 것을 점진적으로 알게 되고, 천천히 이것들을 구별할 수 있게 된다고 제안한다. 이것은 주로 자신의 내적 경험이 부모의 표현과 다른 반응을 통해 부모에 의해 의미 있게 관련지어지는 학습을 통해 발생한다. 자신의 감정적 표현에 대한 이러한 습관적 반응은 영유아의 주의를 자신의 내적 경험에 집중시키고, 그것에 형태를 부여하고, 따라서 그것이 의미 있게 되고, 점차 더 관리할 수 있게 해 준다. 경험의 일차적 표상은 마음과 몸의 이러한 상태의 이차적 표상으로 조직화된다(Fonagy & Target, 1997). 정서의 경험은 궁극적으로 정신화가 피어날 수 있는 봉오리인데, 오직 적어도 하나의 지속적이고 안전한 애착관계의 맥락에서만 그렇게 된다.

자녀의 심적 경험에 대해 생각할 수 없는 부모는 아동이 독자적으로 생존 가능한 자기감을 구축하기 위해 필요한 핵심적 자기 구조를 자녀에게서 박탈시킨다. 영유아의 경우, 자신의 사고와 느낌에 대한 어머니의 처리된 상의 반복적 내면화는 '담아 주기(containment)'를 제공한다(Bion 1962a). 조이스 맥두걸(Joyce McDougall)은 "자녀의 울음, 몸의 몸짓, 그리고 스트레스에 대한 신체정신적 반응에서의 수유는 오직 어머니만이 해석할 수 있는 비언어적 의사소통을 준다. 어머니는 이 점에서 아기의 생각 체계로서 기능하고, 아기의 불쾌에 대한 적절한 반응을 찾는다."(McDougall, 1989, p. 169)라고 관찰하였다. 이 '적절한' 반응은 아기의 신체적 표현을 해석하는 것뿐 아니라, 아기가 의사소통하는 것의 감당할 수 있는 형태를 아기에게 되돌려 주는 것과 관련된다(Winnicott, 1967). 생애 초기에 이 비춰 주기 기능의 부재 또는 왜곡은 심리적 경험과 심적 세계를 담아 주는 대안적 방법을 절박하게 찾는 것으로 이어질 수 있다. 이러한 방법들은 예를 들어, 다양한 형태의 자해 또는 타인에 대한 공격성과 관련될 수 있다.

왜 이러한 조율의 실패가 발생할까? 많은 요인들이 아기의 욕구에 대한 의사소통에 어머니를 비반응적으로 만들 수 있는데, 가장 흔한 것은 아마도 수용할 수 없는 불안을 활성화시키는 불쾌일 것이다. 이와 같은 반응은 아기의 느낌에 반영하는 어머니의 능력에 지장을 주고, 감당할 수 없는 정서에 대한 어머니의 습관적 방어를 일으킨다. 앨런 스타인(A. Stein, 1994)은 폭식증 진단이 있는 어머니들이, 특히 수유 상황에서 6개월 된 아기에게 정확하게 반응하는 데 특정 어려움이 있음을 보여 주었다. 이들은 지저분함을 매우 못 견뎌 했고, 영유아가 음식에 접근하는 것을 통제해야 한다고 주장했다. 결과적으로, 이들은 아동의 울음을 지속적으로 잘못 해석했고, 이러한 경향은 장난감을 이용한 놀이에서도 나타났다. 수유 동안 가장 안타까웠던 관찰 중 하나는, 좌절과 배고픔의 울음이 제공된 음식의 거부로 잘못 해석된 것이었는데, 이는 일부 사례에서 성장의 심각한 실패를 가져왔다. 안정 애착관계에서, 주 양육자의 민감성(Belsky et al., 1995)은 (또한 우리가 추가한다면, 가용성은) 영유아가 자신이 느끼는 것을 찾을 수 있고, 따라서 점점 더 이해받는 느낌을 가질 수 있다는 것을 보장한다. 이것은 아동이 담아 주기 경험을 내면화하는 것을 허용하고, 내적 상태에 대한 표상 체계를 발달시키게 해 준다.

안전한, 즉 담아 주는 관계 내에서, 아기의 정서적 신호는 아기의 불쾌에 기저하는 심적 상태를 반영해 줄 수 있는 부모에 의해 해석된다. 이 반영이 아기를 돕기 위해서는 비춰 주기 및 상충하는 정서에 대한 의사소통의 미묘한 결합과 관련되어야만 한다. 대상 비춰 주기의 본질은 자녀와 하는 부모의 가장 놀이에 대한 우리의 설명 맥락에서 가장 쉽게 이해될 수 있을 것이다. 즉, 아동의 불안을 담아 주기 위해서, 어머니의 비춰 주기 표현은 두려움을 아이러니와 같은 상충하는 감정과 결합하는 복잡한 정서를 보여 줄 것이다. 한 수준에서 이것은 '진정으로' 걱정할 것은 없다는 것을 소통하지만, 보다 중요하게 아기의 경험과 동일하면서도 또한 동일하지 않은 부모의 반응은 불안에 대한 이차적 (상징적) 표상을 생성하는 것의 가능성을 만든다. 이것은 상징화의 시작이다. 또 다른 논문에서, 우리는 어떻게 언어에서(Fónagy & Fonagy, 1995) 화자들이 흔히, 꽤 무의식적으로, 각각 상이한 감정의 특징인 두 가지 억양 양상을 결합하는지 논의하였다. 청자는 단지 하나의 표현된 정서가 의식적으로 지각되었을 때조차, 두 가지 모두의 영향을 받았다. 우리는 영유아가 거의 동일한 과정을 통해 진정된다고 (즉, 담아진다고) 믿는다.

영유아와 부모 사이 조율의 실패에는 많은 원인이 있을 수 있다. 일부는 부모의 병리에 기원할 수 있고, 또 다른 일부는 정질적 요인, 외상 및 다른 경험에 기원할 수 있다. 원인이 무엇이든 부모가 위에서 설명된 방식으로 반응할 수 없다면 아동이 내면화하는 것은 부모 자신의 경험 또는 방어가 되는 경향이 있다. 영유아의 불쾌는 회피되거나, 먼저 '소화'되지 못한 채 비춰진다. 극단적인 경우, 아동은 정신화를 억제하는 매우 부적응적인 방어로 내몰릴 수 있다. 덜 극단적인 경우에서조차, 비춰 주기가 부적절했던 부모-자녀 관계는 두 가지 방식 중 하나의 성격 발달의 결과적인 왜곡에 대한 기반이 될 수 있다. 이것은 우리가 제6장에서 설명한 정신적 현실을 경험하는 두 모드와 상응한다. 어머니는 정신적 등가 모드에서와 같이 아동의 불쾌에 구체화되고 공황상태가 되어, 조정하지 않은 채 아동의 상태를 그대로 되돌려줄 수 있다. 그렇지 않으면 어머니는 해리와 유사한 과정을 통해 아동의 정서에 대한 반영을 회피할 수 있는데, 이는 효과적으로 어머니를 아동을 포함하는 외적 현실과 무관한, 가장 모드에 놓는다. 그러면 어머니는 아동의 불쾌를 무시하거나 또는 그것을 질병, 피로 등으로 해석할 수 있다. 두 경우 모두, 아동이 인식할 수 있고 사용할 수 있는, 의미에 대한 의사소통을 아동에게서 박탈한다. 또한 이것은 신체적 측면에서 느낌을 해석하는 어머니와 아동 사이에서 통용되는 소통 방식으로 이어질 수 있고, 신체적 상태가 '실제'인 것이 되게 한다. 린 머레이(Lynne Murray, 1992)는 산후 우울증을 앓는 어머니들을 대상으로 한 작업에서, 가장과 연관된 과장의 현저함이 있지만 영유아의 경험과는 무관한 대안적 현실을 제공하는 이러한 어머니들의 몇 가지 생생한 묘사를 제공하였다. 이러한 유형의 상호작용에서 정신분석학자들은 엄청난 부인과 심지어 조증적인 방어의 작동을 신속하게 파악할 수 있었다. 영유아는 다른 사람의 마음에서 자신의 심적 상태의 인식 가능한 형태를 찾을 수 없었으며, 이러한 상태의 상징적 표상을 성취할 수 있는 기회를 상실했다.

제4장과 제5장에서 좀 더 자세히 설명했듯이, 정상적으로 아동은 부분적으로 이러한 종류의 상징화를 통해 정서에 대한 통제를 성취한다. 자신의 느낌에 대한 표상은 자신의 감정적 상태에 대한 어머니의 반영에 포함된 조정과 점점 더 관련되게 된다. 반영은 원 상태와 분명히 관련되어 있지만, 동일하지 않다. 영유아는 어머니의 조정된 반응을 자기 자신의 느낌과 맞추어 볼 것이고, 정서에 대한 상징적 놀이가 자신의 감정적 및 생리적 반응을 엮어 주는 잠재력을 갖는다는 것을 천천히 학습한다. 임상적으로 이것은 자신의 정서적 상태에 대한 인식할 수 있지만 수정된 상을 받지 못한 아동이 이후에 공상으로부터 현실을, 그리고 정신적 현실로부터 물리적 현실을 구별하는 데 어려움을 가질 수 있다는 것을 의미한다. 이것은 신호적(의사소통적)이라기보다는 도구적 또는 기능적(조작적)인 정서의 사용으로 아동을 제한할 수 있다(주체성 발달 단계에 대해서는 제5장 참조).

제9장에서 우리는 정서의 이 도구적 사용이 자기 자신의 몸에 대하여 또는 타인과 관련되어 신체적 행위를 통해 사고 및 느낌을 표현하고 다루는 경계성 환자 경향성의 주요 측면이 되는 방식을 설명했다. 이 장 논의의 중심은, 아동의 정신적 현실 발달에서, 지연된 또는 부재하는 정서의 이차적 (또는 상위인지적) 표상에 의해 갖게 되는 제한이다. 우리는 마음을 경험하는 두 가지 원시적인 모드(등가 및 가장)의 통합이 정신화의 전구기능을 필요로 한다고 가정한다. 현실과 떨어져 놀이하는 것이 아닌, 현실과 놀이하는 것은 현실의 형태로 경험을 표상하는 개념적 능력이 존재할 때에만 가능할 것이다. 이러한 통합은 정상적으로 생후 2년에 시작되고, 5~6세경

에 부분적으로 완성된다.

어린 영유아, 걸음마기 아동, 심지어 3~4세 아동에 대한 일반적인 관찰은 심리적 자기의 경계에 관한 한, 어린 아동은 자신의 대상의 욕구가 자신의 것과 동일하다고 쉽게 가정한다는 것을 확인시켜 준다. 상당히 화를 잘 내는 4세 남아가 더 이상 어머니의 침대에서 자거나, 생일파티를 하거나, '파워레인저'의 한정 모델인 메가조드를 갖고 싶지 않다고 어머니에게 강하게 말했다. 아동의 감정적 각성 때문에 평소보다 다소 유아적일 수 있겠지만, 그럼에도 불구하고 이 아이는 자신의 어머니의 욕구가 자신의 것과 동일하다고 가정했고, 이러한 박탈에서의 어머니의 상실감이 자신만큼 클 것이라고 가정했다. 안나 프로이트 센터에서 조지 모런(George Moran)에게 치료받은 경계성 아동은 분석가인 조지(George)가 아동에게 배고픈지를 물었을 때, 분석가에게 음식을 주었다. 임상가들은 종종 인칭 대명사에 대해 이러한 아동이 흔히 갖는 어려움을 이 혼란의 결과로서 주목한다. 동일한 센터에서 잭 노빅(Jack Novick)이 치료한 경계성의 4세 아동은 생일 다음날 자신의 생일 축하를 받았다. 아이는 대답했다 "내 생일이기도 해요!" 요약하면 몸의 그리고 심적 상태의 물리적 분리에 대한 인식이 즉각적으로 적절히 심적 상태를 귀인하는, 또는 심지어 특정 사람을 인식하는 능력을 가져오지는 않는다.

자기의 심적 경계는 발달에 걸쳐, 심지어 성인에게서도, 아마 침투 가능하게 유지될 것이다. 샌들러(Sandler, 1992)는 공감적 몸짓을 뒷받침하는 일차적 동일시의 중요성을 강조했다(예를 들어, 다른 사람이 미끄러지는 것을 보았을 때, 자신의 자세를 고치는 것). 정상적으로 이러한 경험은 국한되어 있고, 전의식적이며, 지각의 초기 단계에 제한되어 있다. 그럼에도 불구하고 이것의 존재 자체는 자기 지식의 발달을 지지해 주는 상호주관적 상태의 중요성을 강조한다. 성숙한 아동의 자기의 핵심에는 반영 순간의 타인이 있다. 심적 표상에 대한 심적 표상인 상위인지는 내적 상태와 일치하는 대상의 상이지만, 분명히 그것과 똑같지는 않다. 이것은 상징적 연결의 형성을 위해, 그리고 아동이 대상의 물리적 부재 상황에서 그 위에 추가적인 자기 표상을 구성할 수 있도록, 충분히 일관되고 안정되게 아동의 자기 요소를 공유한다.

▌정신적 현실의 두 모드의 통합을 가로막는 외상의 역할

제9장에서 볼 수 있듯이 외상은 경계성 상태의 정신증상 발생에 중요한 역할을 한다(예: Johnson et al., 1999). 우리는 애착 대상에 의해 영구화되었을 때, 외상이 위에서 설명한 발달 과정을 방해한다고 제안한다. 이것에 대한 증거는 적어도 한 가지 이상의 다음과 같은 방식으로 심한 학

대를 받은 아동에게서 볼 수 있다. ① 내적 현실을 경험하는 정신적 등가 모드의 지속, ② 가장 모드로 계속해서 이동하려는 성향(예: 해리를 통해), ③ 자기 자신의 심적 상태 및 자신의 대상의 심적 상태를 반영하는 것의 부분적 불능. 우리는 이러한 사고방식이 성인기까지 지속되고, 경계성 현상에 중요한 역할을 한다고 제안하고 있다.

학대당한 아동은 부모의 느낌이 무서운 반향을 일으킬 수 있기 때문에, 부모의 표현을 단지 정신적 현실을 나타내는 것으로서, '비결과적'인 것으로서 보는 사치를 누릴 수 없다. 정상적으로 2~4세 사이의 아동은 자신의 내적 상태와 바깥세상 또는 다른 사람의 마음 상태 사이의 불일치를 점차 인식할 것이다. 그러나 위협 또는 실제적 외상에 둘러싸여 있는 아동은 내적인 것과 외적인 것 사이의 구별에 대한 인식을 발달시키는 기회를 거의 갖지 못할 것이다. 바깥 세계에 대한, 그리고 그것의 물리적 및 감정적 위험에 대한 아동의 초점이 매우 가깝게 유지되어야 할 필요가 있기 때문에, 분리된 내적 세계의 아이디어를 위한 공간이 거의 없다. 정상적인 상황에서 부모는 사건과 느낌을 감추는 것이 아닌 사물을 보는 한 가지 이상의 방식이 있다는 것을 아동에게 전달하는 것을 통해 아동을 현실의 어떤 두려운 힘으로부터 보호할 수 있다. 아마도 아동은 부모가 분노하고 심지어 두려워하는 것을 본 적이 있을 것이다. 만약 부모가 자녀의 경험을 인식할 수 있을 뿐 아니라, 그 두려움이 정당하지 않다는 것을 소통할 수 있다면, 아동은 안전하다. 그러나 학대의 경우 아동은 안전하지 않으며, 담아 주기의 어떤 안심시키는 의사소통도 거짓일 것이다. 이것은 또한 내적 현실을 신뢰하는 아동의 능력을 더욱 약화시킬 것이다. 따라서 학대는 심적 상태 경험의 두 가지 유아적 모드 사이의 통합의 결핍을 필연적으로 강화시킨다. 이것은 기능의 정신적 등가 모드를 강화하는데, 왜냐하면 이것이 아동을 물리적 세계에 일차적으로 집중하도록, 놀이기에 대한 어떤 기회도 불신하도록, 전반적으로 내적 세계에 대해 의심하도록 강요하기 때문이고, 또한 대상의 내적 세계가 이해할 수 없거나 두렵거나 기만적이기 때문이다. 이것은 또한 가장 모드를 강화하는데, 왜냐하면 이것이 아동에게 내적 상태와 견딜 수 없는 외적 현실 간의 연결을 끊는 유일하게 이용 가능한 방법일 수 있기 때문이다.

자신의 자녀와 (가장과 실제가 공존할 수 있는) 정신화 모드에 들어갈 수 없는 부모가 항상 공공연하게 학대적이거나 방임적이거나 심적으로 병든 것은 결코 아니다. 넓은 범주의 사람들이 불안정 애착과 연관된 초기 경험의 유형을 공유한다. 어린 시절에 주로 외상적인 것이 발견되지만, 이것에만 국한된 것은 결코 아니다. 이것은 심각한 학대를 경험한 아동들의 많은 특징들이, 어린 시절이 분명히 상대적으로 양호했던 이들에게서도 발견될 수 있는 이유 중 하나일 수 있다. 부모가 자녀에게 자신을 충분히 드러내지 못했을 수 있고, 이는 자녀가 자신을 부모 마음 내에서 찾는 것을 가로막는다. 우리는 놀이와 같이 공감적 태도를 취하는 부모 측면의 능력이, 자녀가 자신의 투사를 담겨진 것으로 경험하는 데 필수적일 수 있다고 생각한다. 또는 부모가 자녀에게 감정적으로 접근 불가능할 수 있는데, 이는 아동이 부모의 마음에서 자신의 내적 세계에 대한 상을 만드는 것을 가로막는다. 이것은 핵심적 자기감을 형성하기 위한 내면화에 필요한 것이다. 더불어 일부 부모는 아동이 암시된 자기상으로부터 움츠러들기 때문에, 만약 만연하다면 심리적 학대가 되는 마음 상태(증오, 혐오)를 무의식적으로 드러낼 수 있다. 아동에게 가장 해로운 측면은 주 양육자가 아동을 향해 느끼는 잔인함 또는 증오를 생각하는 것일 것이다. 아동은 자신의 의식으로부터 타인의 그리고 자신의 느낌과 사고에 대한 아이디어를 차단하는 것 이외에는 이것에 대한 어떤 보호도 받을 수 없다. 따라서 학대받은 아동은 이 과정의 불가피한 부산물로 정신적 등가의 지속과 함께, 마음을 두려워하고, 느낌 또는 동기에 대한 인식을 거부하도록 성장할 수 있다.

나아가 메인과 헤세(Main & Hesse, 1992)가 지적했듯이 부모가 위협받은 것을 보는 것은 부모를 위협적인 것으로 경험하는 것만큼 붕괴적이다. 적어도 두 과정이 여기에 작동한다. ① 이 초기 단계에서 영유아가 대상을 자기의 일부로 지각하는 것으로 인해, 아동은 이것이 부모의 위협하는 행동과 관련되어 있기 때문에, 자기 자신의 심적 상태가 위험하거나 심지어 파국적이라고 가정하는 경향이 있다. 예를 들어, 아기는 흥분된 쾌로 인해 어머니의 젖을 깨물고, 분노와 거절의 반응을 경험한다. 이러한 경험이 빈번했다면, 이것이 아기 자신의 마음 상태에 대한 아기의 이해를 비조직화하는 영향을 줄 것으로 예상될 수 있다. 즉, 흥분된 쾌는 분노 및 거절과 동등해진다. ② 아동은 자신에 대한 주 양육자의 상을, 예를 들면 어머니 자신의 발달력에서 학대적인 대상의 상기와 같이, 위협적이고 감당할 수 없는 사람으로 지각할 수 있다. 그리고 이것은 아동의 자기상의 수용할 수 없고 혼란스러운 부분으로 내면화될 수 있다(제6장에서 우리는 레베카의 사례에서 이 과정이 한 역할에 대해 논의했다.).

또한 외상은 유아적 가장 모드로 이동하려는 성향을 만들어 느낌 또는 사고의 표상에 해를 줄 수 있다. 일부 외상을 입은 아이들은 추가적인 외상을 방지하기 위해 자신 주위의 사람들이 무엇을 느끼고 생각하는지 즉시 추측하는 것을 필요로 하며, 심적 상태에 대한 명백한 과민성을 가지고 성장한다. 이것의 일부로서 마음의 가성-지식(pseudo-knowledge)이 발달할 수 있는데, 이는 특정 위험 신호를 살피고 의미 또는 연결에 대한 반영을 회피하면서, 피상적이고 또한 매우 선택적일 수 있다. 그 결과로 예상되는 것은, 타인의 심리적 상태를 인식하는 것의 예민함이지만, 이러한 상태는 흔하지만 중하게 평가절된 소통 방식으로, 환자에게 본질적으로 무의미하다.

타인의 심리적 세계에 대한 '전문성'은 환자 자신의 마음에 대한 지식의 대가로 발달한다. 우리가 연구에서 '과활성 정신화(hyperactive mentalizing)'라고 부른 이 생각은 실제인 것으로 느껴지는 내적 및 외적 경험과의 단단한 연결 없이, 가장 모드에서 발생한다.

사례가 도움이 될 수 있다. '샌드라(Sandra)'는 35세 여성으로, 자기 절단 및 자살 행동의 20년의 병력과 자신을 키워 주신 할머니로부터 심리적 학대를 받은 배경이 있었다.[1] 분석 초기에 샌드라는 자신의 할머니와 자신의 정신건강의학과 주치의의 잔인하고 편집증적이라고 보고되는 행동의 뒤에 있는 의도를 분석하는 것에 끊임없이 몰두되어 있었다. 어린 시절 사건이든 어제의 일이든 관계없이, 설명된 사건은 TV 드라마와 같이 진부한 질을 가지고 있었다. 불쾌한 인물에게 샌드라가 귀인한 의도는 설득력이 없었고 바꾸어 생각해 볼 수도 있는 것이었다. 또한 종종 뻔히 보이게 투사되었다. 샌드라는 습관적으로 자기 자신의 심적 상태로부터 주의를 돌리고 타인의 심적 상태를 왜곡하거나 부인하면서, 자신의 반영기능을 비틀었다. 샌드라의 정신화의 체계적 오용은 실제적 통찰 또는 친밀함으로부터 샌드라를 보호해 주었다. 샌드라의 반영 능력은 그녀의 관계와 같이 심리적 사건이 이상화되지만 감정적 깊이가 없는, 경험의 가장 모드로 납치된 것 같았다. 이것의 한 예로, 자기 절단을 하고 자신의 아홉 살 된 아들에게 유서를 적는 것을 돕게 한 사건 후에, 샌드라는 상담 회기에 와서 흥분하여 오빠의 새로운 아내의 인색함을 이해하려고 노력하는 것에 대해 말하였고, 전날 있었던 자신의 폭발에 대해서는 단지 지나가는 말로만 언급하였다.

보다 흔하게는, 아동을 마음맹의 또는 잔인한 방식으로 대하는 것은 정신화의 거부로 이어진다(Fonagy, Steele, Steele, & Target, 1997). 이것은 단순히 결함이 아니라 외상적 상황으로부터 어느 정도 거리를 만들도록 아동을 도운 적응으로 생각해 보아야 한다(예: 제7장 참조). 정신화의 제한은 본래 적응적이지만, 이 제한된 능력과 이후 외상에 대한 취약성 사이에 명확하고 강력한 관련성이 있다. 자기의 반응뿐 아니라 가해자의 심적 상태를 반영하는 것에 있어서의 불능은 아동이 본래의 외상적 경험을 해결하거나 후속되는 폭행에 대처하는 것을 가로막을 수 있다. 반대로 정신화는 초기 역경을 이겨 낼 수 있는 개인의 자기 복원(self-righting) 능력의 중요한 구성 요소다(Fonagy, Steele, et al., 1994). 외상과 정신화 사이에는 상호 발달적 관계가 있다. 즉, 외상은 외적 사건과 관련하여 느낌 및 아이디어(너무 실제로 느껴짐)와 놀이하려는 아동의 의지를 약화시킬 수 있지만, 동시에 내적 조직화에서의 완전한 정신화 모드의 결여는 정신적 현실의 표상적

---

1) 메리 타깃(Mary Target)은 샌드라(Sandra)의 네 번째 분석가였다.

시각이 가져올 수 있는 조정의 부재하에서 외상에 대한 계속적인 반복의 성향을 만들 수 있다.

▍관계 양상의 경직 및 표상 체계의 경화

제9장에서 설명했듯 경계성 정신병리의 가장 특징적인 특질 중 하나는 관계의 불안정성과 폭풍우 같은 격변이다. 이것은 알게 된 사람이 즉각적으로 친밀한 사람이 되는, 빠르게 가속되는 속도를 보이고, 또한 의존, 피학증 및 지배를 종종 특징으로 하는 수많은 위기가 있다. 사실상 우리는 위니콧(Winnicott)의 말을 빌려, 어떤 면에서 "경계성 사람과 같은 것은 없다. 다만 경계성 쌍, 즉 경계성 사람과 그 사람의 대상이 있을 뿐이다."라고 말할 수 있다. 그러나 이러한 환자들은 다른 사람의 정신적 현실에 대한 현실적 감각이 부족한 경향이 있다. 표상되는 것은 자기 상태와 '가상의 타인' 상태 사이의 연합이고, 이것은 일관적으로 타당하지 않다. 예를 들어, 샌드라는 친구들에 대해 폭넓게 이야기했지만, 그들에게 귀인된 느낌과 사고는 종종 그들의 행위와 부합하지 않고 개연성이 없었다. 내러티브에서 이 사람들은 이차원적으로 느껴졌으며, 환자가 분석가를 등장인물에 포함시키면서, 분석가는 샌드라가 표상하는 방식에서 피상성과 인위성을 강하게 느꼈다. 이것은 전이가 발달하면서 보이는 왜곡의 정교화와 달랐다. 오히려 이것은 카드 게임에서 다른 어떤 카드도 될 수 있지만, 실제적인 정체성이나 연속성이 없는 조커가 된 것 같은 느낌이었다.

모든 정신분석적 치료가 환자(그리고 분석가)에게 반영기능을 위한 능력을 발달시켜 줄 수 있는 반면, 경계성 환자들과의 작업은 이 능력의 발달장해 또는 비틀림이 이들 병리의 핵심일 수 있다는 것을 제안한다. 그러면 치료는 직접적일 필요가 없더라도, 집중적으로 이것의 발달에 초점을 맞추어야 할 필요가 있다. 우리는 경계성 병리의 일부 측면이 일반적으로 정신적 현실을 경험하는 정신화 모드의 기반을 형성하는, 내적 경험에 대한 표상의 초기 형태의 부적절한 통합으로 인해 발생한다고 제안한다. 아마도 이것에 대한 가장 중요한 단일 지표는 내적 표상적 세계, 자기의 경험 및 타인과의 관계를 물들이는 경직의 질일 것이다.

경계성 환자들은 습관적 방어와 연관된 것을 훨씬 넘는 완강함으로 관련짓는 특정 양상을 집요하게 지속한다. 다른 환자들과 마찬가지로 이러한 개인들은 자신의 무의식적 기대에 부합하도록 분석적 관계를 조직하지만, 경계성 환자의 경우 이러한 기대는 현실의 완전한 힘을 가지며, 대안적 관점에 대한 감각이 없다. 외적 현실이 완강하게 유지되는 활성화된 도식에 맞지 않는 순간에는 공허와 혼란이 발생한다.

행동과 대인관계가 경직되어 제한되어 있듯이, 내적 경험도 그렇다. 경험의 전체 스펙트럼 중 일부만이 등록되고 느껴지며, 자기 경험의 불연속성을 야기한다. 심적 상태에 대한 표상 체계의 유연성이 부족하기 때문에, 개인은 상연 및 도발로밖에 정신적 경험을 유발할 수 없다. 불안과 같은 주관적 상태는 주로 다른 사람에게서 그것을 만들어 내는 것을 통해 알게 된다. 많은 사람들이 자기의 견딜 수 없는 부분에 대한 투사 또는 투사적 동일시의 측면에서, 또는 의사소통의 일부로서, 섭식장애 및 자해의 다른 형태(예: Bruch, 1982; T. Main, 1957)의 조작적 측면을 설명했다. 여기서 우리의 강조점은 다소 다르다. 우리가 강조하는 것은 대인관계 상호작용을 통해 확립되는 일반적으로 정신 내적 반영과 유사한 내적 경험의 창출이다. 내부에서 자신을 느낄 수 없는 이들은 외부에서 자기를 경험하도록 강요받는다. 샌드라는 위기의 여러 시기에서 자신이 불안감으로 압도되었다는 것을 알았다고 말했는데, 왜냐하면 자신의 아들이 경찰에 전화했거나, 또는 자신의 분석가가 자신의 정신건강의학과 주치의에게 말했기 때문이었다고 했다. 이러한 반응은 샌드라가 '심적 난장판'으로 느낀 것을 설명해 주었고, 그 후에 샌드라는 그것을 어느 정도 조금 더 적절히 다룰 수 있었다.

이러한 경직의 중요한 측면은 정신적 현실을 경험하는 지배적인 모드로서 정신적 등가의 지속이다. 이러한 환자의 명백한 비유연성의 대부분은 이들이 정신적 현실에 주는 증가된 무게감의 측면에서 이해될 수 있다. 심적 경험이 상징적인 방식으로 그려질 수 없을 때, 사고와 느낌은 극단적이고 원시적인 방어적 움직임을 통해서만 회피할 수 있는 직접적이고 때로는 파괴적인 영향을 갖는다.

분석 초기에 한 남성 환자는 자신이 받은 거스름돈에 대한 자신과 한 가게 종업원 사이의 폭언이 오간 논쟁을 보고했다. "저는 그녀에게 5파운드를 줬다는 것을 알았죠. 그런데 그 바보 같은 여자는 저에게 80펜스를 주었어야 했는데, 단지 30펜스만 거스름돈으로 주었어요. 그 여자는 80펜스를 저에게 주었다고 계속 말했지만, 저는 그녀가 50펜스를 가졌다는 것을 알았어요." 이 남성의 설명에서 분석가의 시각에서 흥미로운 점은, 단순히 종업원과 관련된 이 남성의 명백한 전능감(즉, "저는 알았어요.")과 전이에서의 분석가에 대한 배신감이 아니라, 다른 관점을 고려하는 것에 대한 이 남성의 불능이다. 분석 작업에서 이 삽화를 몇 년간 반영하며, 이 남성은 다음과 같이 말했다. "저는 제가 옳았다는 것 외에는 다른 어떤 가능성도 볼 수 없었어요. 제가 보고 싶지 않았던 것이 아니라, 그것이 단지 존재하지 않았어요."

피터 포나기(Peter Fonagy)가 치료하고, 이전 논문(Fonagy, 1991)에서 보다 자세하게 기술했던 한 경계성 젊은 남성은 분석의 초기 단계 동안 오랜 시간 침묵하는 경향이 있었다. 침묵은 깰 수 없었고, 한동안 설명되지 않았다. 한번은 침묵을 촉발시킨 것이 분석가가 회기에 2분 늦게 도착한 것이었고, 일주일이 넘는 침묵이 이어졌다. 침묵을 분석가를 처벌하는 것으로, 좌절감을 전달하는 것으로, 또는 배제되거나 이해받지 못했다는 느낌으로 해석하는 것으로는 교착 상태를 깨는 것에 실패하였다. 결국 알게 된 것은, 이 경우와 또한 다른 많은 경우에서 분석가의 지각이 미칠 정도로 무신경하고 신뢰할 수 없는 누군가와 함께 있는 상을 만들었다는 것이었다. "당신은 전문가답지 못한, 무신경한 놈이고, 당신도 그것을 알고 있어요." 이러한 순간에 분석가는 함께 있기에 완전히 불안전한 사람으로 경험되었고, 이 관점에 의문을 제기하는 것은 의미가 없었다.

이 전이 상에 대한 특이점은 거의 없지만, 이것은 반대되는 현실을 보여 주는 동일하고 명백하게 경험되었던 다른 시기의 어떤 사항에도 영향을 받지 않고, 엄청난 완강함으로 유지되었다. 각각의 시각은 다른 것을 완전히 대체하였고, 또한 각각은 너무 명확해서 논의할 가치조차 없는 것으로 여겨졌다. 분석가는 이것이 '현실과 놀이하기' 능력의 결핍에 기반하는 것으로 보았다. 즉, 환자는 한 아이디어에 사로잡혔고, 물리적 현실이 아닌 정신적인 것으로서 이것을 경험하지 못했다. 분석가는 왜곡을 수용해야만 했다. 분석가에 대한 환자의 완전한 상을 환기시키려는 시도는 불가피하게 환자의 정신상태에 대한 공격으로 지각되었다. 주로 의식적으로 이것을 인식하지는 못하지만, 우리는 환자의 현실에 들어가 '전문가답지 못한 무신경한 놈' 또는 그것이 무엇이든 그 역할을 수용함으로써 이것을 존중한다.

우리는 이제 우리가 제시하고 있는 이론적 관점의 많은 부분을 보여 주는 어려움을 가진 환자와의 작업을 설명하겠다. 그리고 중증 성격장애가 있는 성인에서 완전한 정신화 성취 실패의 몇 가지 측면과 경계성 장애를 예로 사용하여 이러한 상태가 정신적 경험을 이해하는 원시적 모드의 지속의 측면에서 이해될 수 있는 방식을 보다 구체적으로 논의하겠다.

▌ 자기 파괴성에서의 역기능적 정신적 현실-임상 사례: 엠마

엠마(Emma)[2]는 당시 19세로, 약간 과체중이었고, 지능수준이 높은 젊은 여성이었으며, 자신의 나이보다 어려 보였다. 엠마는 12세에 처음 당뇨병 진단을 받았는데, 당뇨병이 형편없이 통제되지 않는 것으로 인해, 다른 기관에서 안나 프로이트 센터에 있는 우리에게 의뢰되었다. 엠마

---

2) 이 환자는 피터 포나기(Peter Fonagy)에 의해 치료 받았고, 이것은 그의 보고다. 이 치료는 고인이 된 조지 모런(George Moran)이 이끄는 안나 프로이트 센터의 당뇨 연구 프로그램의 일환이었고, 모런(Moran)은 이 사례에 많은 조언과 통찰을 제공해 주었다.

는 자신이 체중 조절을 위해 인슐린을 조작한다고 공연히 인정했다. 엠마는 지난해 동안 케토산증으로 여덟 차례 입원치료를 받았다. 마지막 입원 후 반-정신분석적인 입장으로 유명한 엠마의 당뇨병 전문의는 다음과 같이 말하며 정신분석 의뢰에 동의했다. "누군가가 엠마의 자살을 주시하도록 해야겠습니다."

평가를 받았을 때, 엠마의 주된 고민은 자신이 필요한 수업 과제를 제출할 수 없다는 것을 알게 되었기 때문에, 미술 재단 과정에서 곧 낙제하게 될 것 같다는 것이었다. 엠마는 작은 방에서 혼자 살면서, 마약, 술, 그리고 방대한 양의 '나쁜' 음식에 돈을 썼다. 엠마는 대마초와 헤로인을 피우며, 술을 과도하게 마셨고, 감자칩, 초콜릿, 치즈, 케이크를 폭식했다. 엠마는 인슐린을 생략하고, 술을 남용하며 탄수화물을 '연소'시켰다. 음주는 대마초처럼 엠마를 마취시켰다. 공격성의 가장 극적인 표현은 면도날로 엠마가 자기 자신을 그은 열상이었다. 엠마는 이러한 행동을 촉발한 것을, 자신에게 자기 절단할 것을 부추기며 용기를 준 자신의 머릿속 '사악한 작은 목소리'라고 설명하였다. "기분이 나아질 거라는 것을 알잖아, 해! 해! 해!" 엠마는 공개적으로 자신의 자살 의도에 대해 논의했고, 내가 그녀의 일부가 자신에 대한 모든 희망을 잃은 것 같다고 제안했을 때 쉽게 동의했다.

엠마의 가족은 정신적 및 신체적 질환으로 해체되었다. 생애 초기에 엠마는 조현증 및 조울증으로 여러 차례 진단을 받은 어머니가 돌보아 주었다. 엠마 어머니의 정신증적 삽화 동안, 그리고 이후 어머니의 신체적 투병 동안, 엠마는 세 명의 언니, 가족의 이웃, 또는 당시 주변에 있었던 누군가에 의해 보살핌을 받았다. 엠마의 설명에 의하면, 가장 어렸음에도 불구하고, 가족 내에서 엠마의 역할이 중추적이었음이 분명해 보였다. 가장 어린 자녀로서, 엠마는 가족을 주변으로 결집시킨 사람이었고, 엠마의 생존은 가족 단위의 지속적 존재를 정당화했다. 엠마가 열 살이 된 직후, 형제자매뿐 아니라 어머니까지 엠마에게 조언을 구하면서, 엠마는 가족 논쟁의 중재자로서의 짐이 훨씬 더 무거워졌다. 때로는 밤늦게까지 이어진 끝없는 가족 대화를 설명하는 엠마의 방식에서, 비교적 어린 나이로 아직 성숙된 수준이 아니었어도, 엠마가 자신의 마음에 다른 사람들의 혼란을 이성적인 방식으로 다룰 수 있는 마음속 작은 공간을 만들 수 있는 역량이 있었다는 것이 명백했다. 엠마는 이것을 폄하하는 방식으로 말하며, 다른 사람들의 문제를 위한 '쓰레기통'이 되었다고 하였다. 그러나 엠마는 또한 존중받고 인정받은 느낌을 회상했다. 따라서 엠마는 주변 사람들이 자신의 혼돈되고 지각 못한 부분을 표상해 주어야 하는 상당한 대가로 성취될 수밖에 없었지만, 일부 정신화하는 능력이 있었다.

엠마의 아버지의 정신질환은 어머니만큼이나 중증이었다. 엠마는 아버지에 대한 매우 초기의 기억으로 집에서 비명을 지르며, 자녀들을 모두 침대에서 나오게 하여, '악령'이 자녀들의 영혼을 사로잡지 못하도록 바깥 정원에 서 있게 한 것을 회상했다. 엠마는 또한 부모가 서로 격렬한 강도로 공격했던 부모 사이의 폭력적인 싸움을 회상했다. 엠마의 아버지는 엠마가 6세였을 때 집을 나갔는데 아버지의 가출은 갑작스러웠고 설명할 수 없는 일이었다. 아버지는 같은 지방의 영국 마을에서 계속 살며, 자녀들과 피상적인 접촉을 유지했다. 그러나 아버지는 직업 없이 정신병원을 오갔고, 물리적 또는 심리적 지지의 측면에서 가족에게 거의 아무것도 제공해 주지 못했다.

엠마는 자신의 어머니에 대해 매우 어려운 환경에서 자신의 최선을 다하려고 애쓴 사람이라고 따뜻하게 이야기했다. 가족을 하나로 단결시킨 것은, 특히 어머니의 질환이 급성이 되었을 때, 아이들을 보호소에 데려가겠다고 반복적으로 위협하는 사회복지국과의 소모적인 전쟁이었다. 거기에는 분명히 어머니와 자녀들 사이의 절박한 유대가 있었다. 엠마는 사실상 자신의 언니 오빠들이 아래층에서 손목을 그으려는 어머니를 막기 위해 잡고 있을 때, 사회복지사에게 어머니가 쇼핑을 나간 척했던 것을 회상했다. 어머니가 병원에 입원하게 되면 병원이 멀었음에도 불구하고 자녀들은 정기적으로 어머니를 방문했다

엠마의 어머니는 엠마가 8세였을 때, 급속히 퍼지는 암에 걸렸다. 어머니는 근치유방절제술을 받았고, 목에 추가적인 수술을 받았다. 결국 암의 마지막 단계에서 엠마의 어머니는 자살했다.

엠마는 단호하게 치료에 오고 싶지 않다고 했다. 이에 대한 엠마의 이유는 복잡하고 강했다. 치료를 받는 것은 도망가는 것, '비난을 직면하지 않는 것'이었다. 엠마는 스스로 이것과 싸울 수 있어야 했다. 나는 엠마에게, 엠마의 자신에 대한 많은 좋은 느낌들이 언니들과 어머니를 돕는 사람이 되는 것과 관련되어 있는데, 도움을 받는 것을 고려하는 것이 엠마에게 얼마나 힘든지 이해가 된다고 말했다. 이 시점에 엠마는 눈물을 흘리기 시작했고, 엠마는 내가 당뇨병 그룹으로 알고 있었던, 자신이 한 번 참석했던 폭식증 지지 그룹에서 그렇게 들은 적이 있다고 나에게 말했다. 나는 아마도 엠마는 자신의 상황의 불가능함에 대해 누구도 정말 알 수 없을 것이라고 생각하는데, 내가 자신에 대해 안다고 생각할까 봐 걱정하는 것 같다고 말했다. 엠마는 이어서 병원에 있는 사람들 중 누구도 자신이 겪고 있는 것을 이해하지 못했다고 말했다. "그들은 모두 제가 주의를 끌려고 하는 버릇없는 아이라고 생각해요. 그리고 저를 무시하는 것이 소용이 없을 때, 그들은 저를 어떻게 다루어야 할지 모르죠. 하지만 저는 그들이 무엇을 하는지 정말 신경 쓰지 않아요. 그들은 저에게 아무 소용이 없어요." 나는 아마도 엠마가 자신이 무시되는지 아닌지 신경 쓰일 수 있는 상황일 수 있기 때문에, 정신분석의 관점에 대해 엠마가 걱정하는 것 같다고 말했다. 엠마는 누군가를 매일 만나러 오는 일이 음식과 헤로인처럼 중독자가 되는 것

외에는 아무것도 할 수 없다는 것은 상상할 수 없다고 말했다. "하지만 음식과 헤로인은 저에게 달려 있지만, 정신분석은 선생님이 통제하고 있군요." 나는 엠마가 자신이 알고 있는 것보다 훨씬 더 통제하지 못하는 상태에 있는 것에 대해 걱정할 수 있다고 제안했다. 나아가 엠마가 병원에 있는 의사들이 자제심을 잃도록 만들 수 있다면, 또한 분석가가 통제를 잃게 만들 수도 있다.

수개월의 분석에서 엠마는 이 인터뷰가 치료에서 분석가에게 광기와 혼란을 만들려는 자신의 욕구를 내가 인식했다는 것을 엠마 자신이 느꼈다는 점에서, 자신에게 얼마나 중요했는지 나에게 말했다. 분석의 첫 달에, 자신의 사고와 공상의 파괴성에 대한 엠마의 불안은 종종 엠마를 침묵하게 만들었고, 때로는 회기 전체 동안 침묵을 유지했다. 엠마는 길고 복잡한 여정에도 불구하고 정각에 도착했는데, 하지만 그러고는 엠마는 그저 소파 위에 누워, 여정이나 치료실, 또는 날씨에 대한 명백히 피상적인 몇 가지 언급을 하고는 자기 부과된 격리 상태로 빠져들었다.

그러나 어느 단계에서도, 엠마가 의사소통을 원하지 않는다는 느낌은 받지 못했다. 나는 엠마의 몸 움직임에 조심스럽게 주의를 기울였고, 때로는 엠마의 당시 심적 상태에 대해 이것들이 무엇을 말해 준다고 내가 생각하는지 언급했다. (그리고 특별할 것 없이 간결하게 하는 이것이 우리 기술의 핵심이다.) 즉, 분석가 마음의 지속적인 가용성과 적극적인 제공을 통해 그 안에서 엠마가 자신의 자기를 발견할 수 있게 하는 것이다. 예를 들어, 한번은 엠마가 회기를 시작하며 나에게 인사한 후, 그러곤 아무 말도 하지 않았을 때, 나는 엠마가 버스카드를 꺼내어 손가락으로 누르는 것을 보았는데, 압력으로 인해 거의 반으로 구부러질 때까지 누른 후 그것을 놓으며 이전의 형태로 되돌아가게 하였다. 엠마는 이 움직임을 정확히 다섯 번 반복했다. 나는 아마도 엠마가 일주일에 다섯 번씩 나를 보러 오는 것이 얼마나 힘든 일인지 내가 알기를 바라는 것 같다고 말했다. 버스카드로 엠마가 하고 있었던 것에 대해 내가 반응한 것이 틀림없다는 것을 알아채며, 엠마는 자신의 지갑에 버스카드를 집어넣었다. 그 동작은 불완전했고, 버스카드가 반쯤 사라져서 엠마의 사진이 있는 부분이 가장자리를 들여다보는 것처럼 여전히 튀어나와 있었다. 나는 두려운 부분이 부주의하게 드러나지 않도록 하기 위해 늘 경계하는 것을 이해하지만, 내가 이해해 주기를 원하는 엠마의 또 다른 부분이 있고, 두려운 부분이 모든 것을 확실히 조심스럽게 숨기기 위해 아무리 힘들게 노력한다고 해도, 엠마의 보다 소통적인 다른 일부가 내가 찾을 수 있는 좋은 명확한 흔적을 남긴다고 말했다. 그러자 엠마는 분개하며 말했다. "소통이라는 것은 무슨 의미이지요? 저는 메두사와 말하는 것만큼이나 선생님과 소통할 수 없어요." 내가 말했다. "너도 알다시피, 메두사도 거울의 도움을 받아 바로 볼 수 있어." 엠마는 내가 얼굴을 볼 수 없도록 고개를 돌렸지만, 나는 엠마가 웃고 있다는 것을 알 수 있었다.

그녀가 말하고 싶다고 결정한 순간은 다소 극적이었고, 엠마의 병리의 본질과 우리가 경계성 환자를 다룰 때 취하는 임상적 접근 모두를 설명한다. 나는 엠마가 아닌 엠마를 치료하는 의사에게 엠마가 당뇨망막증을 확인하기 위해 안저검사를 곧 받을 것이라는 말을 전해 들었다. 안저검사에서는 동공을 확대하기 위해 동공확대제를 점안하는데, 이는 일시적으로 시야가 흐려지는 것을 야기한다. 엠마는 검사 직후 회기에 왔고, 평소답지 않게 나를 보는 것을 회피했으며, 소파에 누워 쿠션에 머리를 묻었다. 침묵은 적어도 10분간 지속되었다. 마침내 나는 엠마의 집게손가락이 거의 감지할 수 없게 소파 직물의 작은 홈을 따라가는 것을 발견했다. 매료된 채, 나는 엠마가 쫓고 있는 홈이 강과 그 지류 같고, 또한 당뇨망막증과 관련되는 미세혈관 같다고 생각했다. 그러고는 엠마가 2개의 강을 쫓고 있다는 것을 발견했는데, 두 강은 때로 지류로 합쳐지는 듯했고, 때로는 서로 급격하게 멀어지기도 했다. 그 양상에 대해 합리적으로 확신이 생겼을 때, 나는 엠마가 왜 이것을 두려워하는지 잘 이해하지 못하더라도, 갑자기 나를 잃을 것 같다고 느끼지 않았는지 큰 소리로 물었다. 이것의 반응으로, 엠마는 쿠션에 더 깊숙이 자신의 얼굴을 묻었다. 나는 엠마가 시력을 잃는 것에 대해 얼마나 두려워했는지 우리 둘 다 알게 되었지만, 아마도 또한 엠마가 사물을 지켜볼 수 없다면, 분석이 깨질 것이고 모든 것이 흐릿해질 것이라고 느끼는 부분도 있었을 것이라고 말했다. 엠마는 침묵을 유지했지만, 자신의 손톱을 점점 더 소파 깊숙이 넣었다. 결국 엠마는 강 양상이었던 것 위로 십자형을 그리며 격렬하게 움직였다. 나는 어딘가에서 엠마가 자신의 몸에 일어나는 일에 대해 몹시 부끄러움을 느끼며, 그것이 발생하는 것을 그저 지켜보며 옆에 서 있는 나에게 그리고 분석에 매우 화가 나 있다는 것을 알고 있다고 말했다. 그러자 엠마는 침묵을 깼다. 거의 소리치며 엠마는 말했다. "선생님이 그렇게 똑똑하다면, 제가 장님이 되기 전에 이렇게 하는 것을 멈추게 해 보시지 그래요?" 엠마의 무력감과 엠마가 나에게 야기한 무력감을 반영하며 내가 언급했다. "내 생각에, 너는 네가 자신에게 이렇게 하게 만드는 슬픔과 분노를 느끼는 것에서 내가 너를 멈추게 해 주길 바라는 것 같구나. 나는 네가 자신에게 상처를 주게 만드는 느낌을 우리가 함께 보게 되면, 너무 견딜 수 없어서 우리 둘 다 파괴될까 봐 네가 두려워한다고 생각한단다." 엠마는 잠시 꼼짝도 안 했고, 그리고 다음과 같이 말했다. "선생님이 알고 싶은 것이 무엇인지 제가 물으면 그렇지 않을 것 같은데요."

엠마의 분석과 우리가 치료한 수많은 이러한 자해적이고 자기 파괴적인 환자들에게서 이 사항은 이들이 즉각적인 신체적 통증 또는 엠마의 당뇨병 관리 실패와 같이 자신의 자기 파괴적 행동의 장기적인 결과보다 자신의 심적 경험, 자신의 감정 및 공상을 더 두려워한다는 것에 대한 이러한 환자들의 입장에서의 유언의 또는 무언의 인식을 나타낸다.

엠마의 분석의 중심적 주제는 엠마에게는 실제인, 엠마의 혼란과 광기의 외재화에 관한 것이었다. 엠마는 정신적 등가 모드에서 작동하고 있었기 때문에, 엠마는 마치 자신의 경험의 이러한 측면이 정말 자신의 마음을 떠난 것으로 느꼈고, 남겨진 침착함을 자신의 실제 자기처럼 느꼈다. 미친 듯이 자신의 몸을 피폐하게 한, 혼란 상태에 있었던 사람은 자신이 아니었다. 빈번하게, 엠마는 자유연상과 꿈에서 거품 또는 우주 공간에 갇힌 배의 상을 묘사했다. 엠마는 이러한 상을 주로 침착한 용어로 정교화했다. 예를 들어, 엠마는 자신의 우주 캡슐에서 빛이 깜박이는 것을 보면서, 각각이 인간이라 보기에는 너무 멀리 떨어진 사람의 빛이라고 상상했다고 언급했다. 그러나 엠마가 자신이 좋은 분석 경험을 했다고 느낄 때마다, 불안이 침착함의 감각을 압도하는 경향이 있었다. 분석가와 환자로서의 우리 관계의 현실이 엠마에게 광기와 소란의 존재가 다른 곳에 있다는 확신을 유지하는 것을 불가능하게 만드는 것으로 보였다. 한번은 만약 엠마가 자신을 격리하는 것을 포기한다면 그 대안은 광기일 것이라는 엠마의 두려움에 대해 내가 언급하였다. 특징적으로 내 안에서 자신의 심적 상태를 보며, 마치 두려워진 것이 나인 것처럼 반응하면서 엠마가 말했다. "걱정하지 마세요. 일을 조금 내버려 두는 것이 중요해요."

예를 들어, 엠마는 나의 정원이 주변 정원의 잡초와 무성한 풀이 자란 진정한 정글 한가운데에 있는 이 지역에서 유일하게 정돈되고 잘 유지된 정원이라고 상상했다. 내가 이런 혼돈의 위협에 둘러싸인 느낌이 분명 얼마나 무서울지 지적했을 때, 엠마는 어깨를 으쓱하며 말했다. "글쎄요, 그건 선생님의 문제예요. 그렇지 않나요?"

엠마의 자존감과 과대감은 엠마가 전반적인 당뇨병 관리 실패를 통해 스스로에게 통증과 손상을 가할 때 눈에 띄게 강화되었다. 엠마는 스스로에 대한 학대를 지속적으로 과시했고, 침착하게 자신을 손상시키고 죽이기 위해 자신의 역량을 썼다. 엠마는 내가 자신의 친척들과 엠마를 살리기 위해 노력을 아끼지 않는 당뇨 병동의 의료진들처럼 자신을 돌보라고 엠마에게 '애원하는' 상상을 했다. 한번은 엠마가 상담실에 들어와 자신이 방금 혈당 검사를 받았다고 말했다. 엠마는 자랑하며, 수치가 너무 높아서 혈당측정기로 측정할 수 없었다고 했다. 엠마는 매니큐어를 제거하는 아세톤과 같은 케톤류의 자극적인 냄새를 풍겼다. 나는 엠마가 통증과 죽음의 공포에 대해 너무 의기양양한 것 같아서 그에 비할 만큼 내가 제공해 줄 수 있는 것은 없는 것 같다고 대답했다. 엠마가 말했다. "당뇨병이 있으면, 기분을 좋게 해 줄 수 있는 것이 있어야 해요." 이것은 엠마가 정신적 등가 모드에서 자신의 정신적 현실을 경험함으로써 엠마가 죽음에 대한 승리뿐 아니라 신체에 외재화된 마음의 일부를 파괴한 것으로 느끼게 해 주었음을 보여 주는 것 같았다.

분석에서 엠마는 전이에서 엠마의 대상과 나에 대한 얕고, 냉담한 관심을 보였다. 나는 엠마가 매우 위험하다고 느끼는 것에서부터 거리를 유지하게 하는 것을 인식했다. 또한 나는 거의 완전한 부주의 상태에서 나를 표류하게 만드는 경향을 인식했다. 나는 이 역전이가 과거의 정신질환을 앓고 있는 엠마의 부모를 표상하는 엠마의 마음의 일부와 관련되는 것에 직면하여 그녀의 공포를 경험하는 것을 내가 꺼리는 데서 비롯된 것이라고 이해했다. 마찬가지로 전이에서 외재화되어, 엠마는 내가 불안정했고, 격렬한 분노로 언제든 반응할 수 있었다는 두려움에 대해 망설이며 나에게 반응했다.

어느 날 대기실에서 몇 미터 떨어진 곳에서도 엠마의 케톤성 상태의 냄새를 맡을 수 있었고, 엠마의 불명료한 말과 엠마가 심각하게 양호하지 못하다는 전반적인 흐릿함을 내가 파악할 수 있었을 때, 엠마의 의식적 사고가 나의 건강상태에 몰두된 듯했다. 엠마의 공상은 내가 너무 열심히 일하기 때문에 계속 감기에 걸린다는 것이었다. 엠마는 일이 우울을 회피하는 나의 방식이라고 확신했다. 내 생각엔 엠마가 내면의 슬픔에도 불구하고 우리를 위해 일해야 할 때 엠마가 얼마나 힘들게 느끼는지 나에게 말하는 것 같다고 엠마에게 말해 주었을 때, 엠마는 농담처럼 답했다. "글쎄요, 자신이 할 수 있는 것을 하는 거죠."

이 단계에서 엠마가 안전하고 평온하면서 고립된 상태를 유지하려고 노력한 마음의 부분을 분석에서 표상해 주는 것이 필요해 보였다. 나에게서 어떤 기대하지 못한 느낌 또는 사고를 지각하고, 이로 인해 분리된 현실을 가진 실제 사람으로서 나를 보게 되는 것은 지속적으로 엠마를 혼란스럽게 위협하고 압도시켰기 때문에, 엠마의 기대를 고려하여 나의 반응을 만들어야 하는 압력이 강했다.

나의 안녕에 대한 엠마의 조심스러운 감시(또한 과각성의 특징임)는 이 전이의 주요 특징이었다. 엠마는 광기 있는 내 모습을 원하면서도 나의 광기를 지각하면 (즉, 내 안에서 엠마 자신의 광기를 찾았을 때) 두려워한다는 점에서 해결할 수 없는 딜레마에 직면했다. 이러한 측면은 다음의 삽화에서 특히 생생하게 보였다. 엠마를 분석한 지 2년 즈음 되었을 때, 나는 경미한 자전거 사고를 겪게 되어, 내 이마에 상당한 멍이 들었을 뿐 아니라, 오른쪽 눈 위에 상당한 상처를 입어 봉합해야 했다. 몹시 충혈된 눈을 포함한 전체적인 효과는 극적이었지만 매력적이지 않았다. 마찬가지로 인상적이었던 것은 나의 부상을 못 본 듯 부인하는 엠마의 능력이었다. 내가 대기실에서 엠마를 데려올 때, 엠마는 나를 바라보는 것조차 회피하였다. 엠마는 그 회기 동안 주로 침묵했다. 무언가가 잘못되었다는 것을 알 수 있는 유일한 것은 어떤 종류의 각성이나 집중을 유지하는 것도 거의 불가능해 보이는, 꿈과 같은 몽롱한 회기의 분위기였다. 이것은 거의 완전한 해리상태를 위해 노력함으로써 상처에 대한 자신의 공상과 격투하려고 할 때 엠마의 마음 상태에 대한 감각을 주었다. 우리는 정신적 현실을 경험하는 가장 모드의 매우 병리적인 형태로 이것을 이해할 수 있다. 즉, 엠마는 자신의 사고와 상상이 아무런 힘을 갖지 못하는 외적 현실과 아무런 연관이 없는 마음 상태를 창조하기 위해 필사적으로 노력하고 있었다. 회기가 끝나자 엠마는 나를 보지 않은 채 상담실에서 나갔고, 엠마는 다음 날 회기의 시작에서도 또한 내 얼굴에 관심을 두지 않는 것 같았다.

이 회기에서 특이하게 엠마는 많은 말들이 마구간을 부수고 탈출한 꿈을 보고했다. 말들은 눈이 멀어 있었고, 엠마는 짓밟히는 위험에 처했다. 엠마는 말들이 자신 위에 덮치기 직전에 일어났다. 꿈은 피터 셰퍼(Peter Shaffer)의 연극 〈에쿠우스(Equus)〉와 어렴풋이 연결되어 있는 것처럼 보였다. 엠마의 연상에서, 엠마가 꿈을 이야기하고 있을 때와 엠마가 연극의 몹시 왜곡된 설명을 할 때를 구별하기 어려웠다. 연극의 엠마 버전에 폭력적인 광기로 병원에 입원한 소년은 갑자기 화를 내고 말을 눈멀게 한 후, 히스테리성 실명이 발생했다. 그러나 엠마 이야기의 초점은 엠마가 그 장면에서의 악당이라고 한, 그 소년을 치료하는 정신건강의학과 의사의 광기였다.

나는 엠마가 자신의 분노가 자신이 가두려고 만든 마구간을 빠져 나와 우리의 '분석 병원'에 있는 모든 사람들을 폭력적이고 미치게 만들지도 모른다고 생각했다. 엠마는 전날 밤 자신이 볼 수 없게 되는 것이 너무 불안해서, 인슐린을 먹을 수 없었다고 대답했다. 엠마는 고혈당중의 고통이 자신의 주의를 산란하게 했다는 것을 발견했다. 그럼에도 엠마는 여전히 잠을 자기 위해 헤로인을 피워야 했다. 엠마는 사람들이 왜 '눈 먼 분노(blind rage)'라고 말하는지 궁금해했다. 나는 폭력의 징후를 보는 것이 엠마에게 너무 고통스러워서 장님이 되는 것이 더 낫다고 생각하게 되는 것 같다고 말했다. 그리고 어제 엠마가 내 얼굴의 상처를 알아챘을 때, 엠마는 분명 폭력성을 상담실 밖으로 내보낼 수 없었기 때문에, 갑자기 자신이 끔찍한 위험에 처한 것으로 느꼈었다.

엠마는 이제 극도로 불안해했고, 내가 무슨 상처에 대해 말하는 것인지 반복해서 물었다. 나는 마치 엠마가 우연히 폭력을 일으켰거나, 또한 마치 폭력이 자신에게 발생하는 것과 같은 느낌 모두를 엠마에게 주기 때문에, 폭력이 있었다는 것을 느끼는 것이 얼마나 두려운지 이해한다고 대답했다. 엠마는 연극에서의 정신건강의학과 의사처럼 내가 말도 안 되는 소리를 한다고 소리쳤다. 내가 엠마에게 나의 의미를 분명히 전달할 수 없다면, 어떻게 엠마가 볼 수 있기를 바랄 수 있을까? 나는 만약 내가 미쳤다는 것을 엠마가 발견하면, 내가 엠마를 위협하고 미치게 만들 수 있기 때문에 이러한 생각들이 특히 두려운 것이라고 말했다.

엠마는 잠시 침묵했다. 그리고 나서 천천히 그리고 매우 신중히 말했다. "어제 이후로 제 마음에서 모습을 떠올릴 수 없었어요. 그러니까 제가 어제 선생님의 눈을 본 것이 틀림없어요. 제 기억에 병원에 있는 엄마를 처음 방문했을 때, 다른 환자 중 한 명이 엄마를 때려서 엄마 눈을 멍들게 해서, 저는 엄마를 알아볼 수 없었어요." 엠마는 어머니에 대한 두려움과 어머니의 상처에 대한 책임을 느꼈다고 회상했다.

어머니에 대한 유아적 지각은 엠마의 자기 표상의 일부였고, 엠마 자신의 통합되지 않은 공격적 소망을 담고 있었다. 그것은 의식적으로 또는 무의식적으로 생각할 수 있는 심적 표상이 아닌, 엠마의 신체의 일부로만 다루어질 수 있었다. 덜 손상된 환자에게서는 이것은 거부되고, 따라서 회피될 것이다. 하지만 이것은 정신화하는 능력을 가정하는데, 이 단계에서 이것은 엠마의 능력 밖이었다. 자기와 비반영적인 어머니의 융합은, 엠마와 엠마 주변의 모든 사람들이 분명히 가치 있다고 생각하는 연약하고 건강한 엠마의 자기 표상 부분에 강력한 위협을 구성했다. 이 제한된 자기 표상적 구조를 보존하기 위해, 자기 내에 있는 어머니의 심적 상태의 표상은 공격받을 수 있고, 아마도 파괴될 수 있는 엠마의 몸으로 외재화되었다. 역설적으로 자기 파괴의 엠마의 광기적 행동은 엠마가 자신의 마음 내 어머니의 존재를 부인하는 것을 도왔고, 정신적 등가에 의해 지배되는 심적 상태에 대한 미성숙한 반응 모드 안에서 이러한 행동은 엠마의 자기 표상의 통합의 회복을 나타내기 때문에, 안도 및 희망과 관련되어 있었다. 엠마가 자신의 몸에 파괴적 소망을 상연했음에도 불구하고 엠마는 이러한 행동을 안전하고, 결과적이지 않으며, 심지어 바람직한 것으로 경험했다. 왜냐하면 파괴적 소망이 자행된 몸은 이질적이었고, 의도적으로 엠마의 자기감에서 배제되었기 때문이다.

분리된 존재로서(즉, 자기 표상 밖에 있는)의 자신의 어머니에 대한 대상 표상에서 감정적 이입을 둘러싼 갈등이 분석의 초점이 될 수 있을 때에만, 사랑의 상실에 대한 엠마의 두려움 및 이것과 엠마의 자해와의 관계가 명확해질 수 있었다. 엠마의 행동에서와 같이 엠마의 자료에서 죽음과의 물리적 가까움(케토산증과 같이)은 엠마를 마음에 가지고 있는 대상으로서, 어머니와의 심적인 근접함을 성취하는 유일한 가능한 방식을 나타냈다. 엠마가 개선되면서 엠마는 어머니의 유령이 상담실에 있다고 점점 더 두려워했다. 이것을 보여 주기 위해 이제 월요일 회기에 대해 설명하겠다.

엠마는 폭탄 위험에 관한 꿈을 보고하며 회기를 시작했다. 엠마는 자신이 느낀 강렬한 두려움과 건물 안에 머물지 여부에 대한 갈등에 대해 설명했다. 엠마의 연상에서, 엠마는 동물성 식품을 먹는 것을 멈추고 나서 신체적으로 아주 좋아진 느낌이 들었으며, 케토산증이 있었을 때 엠마는 활기를 느꼈고, 왠지 실제인 것처럼 느껴졌다고 나에게 말했다. 엠마는 자신에게 많은 삶이 남아 있다고 말했다. 나는 대답했다. "네가 재앙의 끝에 있고, 네 삶이 실제로 위험에 처해 있을 때, 너는 살아 있고 진짜인 것처럼 느끼는 것 같구나." 그리고 나는 이러한 순간에 엠마가 내가 엠마를 가장 걱정한다고 느끼는 것 같다고 덧붙였다. 엠마는 말했다. "제가 지난밤에 인슐린을 먹지 않은 것을 어떻게 아셨어요?"

엠마는 화를 내며 자기 안에 악마가 있다는 것을 느낀다고 말했다. 아마도 혼자 말하는 것이 아니라, 어떤 '물리적 수단'에 의해서만 내쫓을 수 있을 것이라고 하였다. 그리고 나서 엠마는 빈 껍질에 인슐린을 주입하는 이미지를 보고했다. 그리고 그 후 자신감이 외모에 영향을 줄 수 있는 방식에 대한 긴 연설이 뒤따랐다. 엠마는 적절한 옷을 입음으로써 자신을 아름답게 만들 수 있는 프랑스 여성들에게 특히 매혹되었다. 엠마는 진짜 아름다움이라는 것이 있는지 막연히 궁금해했다. 나는 대답했다. "너는 내가 네 안에서 좋은 것을 인식하고, 그것을 받아들여 네가 사람으로서 매력적이라는 것을 찾아낼까 봐 두려워하는 것 같구나."

엠마의 목소리는 한 옥타브 낮아졌다. "선생님은 저를 경멸하잖아요. 그렇지 않나요? 분명 그럴 거예요." 그리고 나서 엠마는 공격을 계속했다. 며칠 전 엠마가 고의로 자신의 다리를 그었을 때, 엠마는 아무것도 느껴지지 않아 두려웠다. Y박사는 진료소에서 엠마의 눈을 들여다보며 고개를 가로저었다. Y박사 또한 분석이 달성한 것이 무엇인지 궁금했을 것이다. 엠마는 2년 동안 분석에 오고 있었는데, 지금 상황은 전보다 더 악화되기만 하였다. 엠마는 더 나아지지 않는 또 다른 1년을 계속할 수 없었다. 나는 말했다. "너는 사랑받는다고 느끼기에는 너무 병들어 있을까 봐 두려워하는구나."

엠마는 잠시 멈추었고, 저녁에 읽은 성경 구절에 대해 말했다. 전날 밤 엠마는 솔로몬의 재판에 대한 구절을 읽었는데, 여기서 솔로몬 왕은 둘 다 한 아기의 어머니라고 주장하는 두 여성을 직면한다. 엠마는 잘못한 어머니가 산 아기를 가졌고, 결백한 어머니가 죽은 아기를 가졌다는 공포를 강조하면서 이것은 잘못된 것이라고 강조했다. 그 구절을 여러 번 반복해서 읽었음에도 불구하고, 솔로몬이 현명하다면 왜 아기를 반으로 잘라 어머니들이 나누어 가지라고 말했는지 엠마는 알 수 없었다. 나는 언급했다. "너는 '무언가 잘못 되었다'고 느끼고, 보살핌을 받을 수 있는 너의 일부가 죽었다고 느끼는구나. 그리고 너는 내가 살아 있는 것이 무엇이고 죽은 것이 무엇인지 구별하여 볼 수 있는 것을 네가 막을까 봐 두려워하는구나. 그러면 너는 자신의 환자를 살아 있게 할 능력이 없는 분석가의 보살핌을 받아야 할 테니까 말이야." 아기를 둘로 분열하는 것이 왜 염려가 되는지 엠마가 이해하지 못하는 것에 대한 보다 중요한 해석을 나는 말하지 않았다. 엠마의 공상은 엠마 몸의 통일성이 엠마의 심적 존재를 담고 있지 않았기 때문에 대상의 관심의 초점으로서 엠마에게 의미가 없었다.

엠마는 불안해하며 오늘 오랜만에 처음으로 어머니를 생각했다고 말했다. 엠마는 거울을 들여다보았고 엄마를 보았기 때문에 잠시 동안 자신이 미쳐 가고 있다고 느꼈다. 그리고 나서 엠마는 자신의 어머니가 얼마나 슬펐고, 죽기 직전에 정신건강의학과 의사를 만나러 갔는데, 그때에는 이미 너무 늦었었다고 나에게 말했다. 어떻게 아무도 어머니에게 암이 있다는 것을 말해 주지 않을 수 있냐고 말했다. 엠마는 다음과 같이 말하며 말을 끝맺었다. "불쌍한 여자, 엄마가 가게에서 물건을 훔쳤고, 지역신문에서는 기사를 쓰려고 했지요. 엄마에게 분명 굉장히 굴욕적이었을 거예요." 나는 말했다. "아무도 네 몸을 돌봐 주려 하지 않는 것처럼 보이기 때문에, 그리고 네가 받는 어떤 애정이든 마치 네가 훔친 것같이 느껴지기 때문에, 네가 얼마나 창피하고 굴욕적으로 느끼는지를 나로부터 그리고 너 자신으로부터 숨기려고 노력하는 것이 너에게 매우 중요한 것 같다고 나는 생각해."

이에 대해 반응으로, 엠마는 분석에서 거의 처음으로 진정한 감정을 보였다. 엠마가 말했다. "저는 단지 제 몸을 들을 수 없어요. 무시하고 싶어요. 제 마음이 끼어들고, 저는 저에게 무엇을 말하는지 듣는 것을 견딜 수 없어요. 그건 그냥 어떤 것에도 쓸모가 없어요. 쓸데없는 거예요." 나는 말했다. "네가 얼마나 내가 네 말을 들어주기를 원하고, 네게 말해 주기를 원하는지에 대해 네가 두려움을 느낀다고 생각해. 너는 좋아해 주기를 바라고, 사랑받고 싶어 하는 너 자신의 그런 부분을 차라리 죽이려 하는 거야."

엠마는 자신의 감각, 특히 엠마가 케토산증이 아닐 때 경험할 수 있는 후각이 각성되었을 때 끔찍하게 고통스럽다고 말했다. 분석에 대한 이해는 인슐린을 복용하는 것과 같았다. 호전되는 상태에 가까워지는 것은 엠마에게 모든 것이 얼마나 절망적인지 느끼게 만들었다. 나는 대답했다. "만약 네가 삶으로 돌아온다면 너를 돌보는 나의 이유가 사라질 거라고 느낄 거야. 만약 네가 죽음 가까이 있다면, 내 생각에 너는 네가 나와 가까이 있고, 왠지 네 엄마와 가까이 있다고 느낀다고 생각해."

이 회기가 끝날 무렵 엠마는 사망 전 어머니의 대소변실금과, 어머니를 대신하여 자신이 느낀 수치심 및 굴욕감에 대한 중요한 기억을 드러냈다. 엠마는 또한 냄새 때문에 어머니를 보기 위해 방에 들어가는 것을 싫어한 것을 기억했다. 회기를 마치며, 엠마는 다음의 반영으로 나를 놀라게 했다. 엠마가 말했다. "제 생각에 선생님이 저를 만나고 싶어 하지 않을까 봐 두려워서, 지금 제가 저 자신을 냄새나게 하는 것 같아요."

이 자료는 우리가 당뇨병에 대한 엠마의 극단적인 관리 실패를 이해할 수 있게 해 준다. 의학적 식이요법을 유지하며 삶을 지속하는 것은 불안과 공포를 야기했다. 왜냐하면 이것은 잦은 정신중이 있는 어머니로부터 사랑받고 싶었고, 이해받고 싶었던 엠마의 절망적인 유아적 욕구를 건드리기 때문이다. 공포에 대처하기 위해, 완전한 정신화의 성취에 대한 기회를 담보로 어머니의 분리된 존재가 부인되었다. 그러나 정신적 현실 경험의 원시적 모드만을 유지하는 것은 실제적으로 중대한 신체적 위험을 가져왔다. 경험, 특히 외상적 경험은 살아 낼 수는 있었지만, 생각할 수는 없었다.

도발과 공격성을 통해 대상을 가까이에 유지하려는 욕구는 전이에서 간헐적으로 미친 모습을 보이고 죽어 가는 어머니에 대해 엠마가 분명 느꼈을 죄책감과 무력감을 재현했다. 엠마는 내가 엠마의 자기 안의 미친 타인의 매개체가 되었을 때 나를 향한, 그리고 엠마 자신을 향한 엠마의 불 같은 공격에도 불구하고, 내가 엠마와 가깝게 지낼 수 있는지 알고 싶어 했다. 동일하게 자신의 몸에 대한 엠마의 공격에서 엠마는 자기 내에서 경험된 자살 성향을 가진 어머니였다. 엠마의 증상에서 엠마는 멀리 있고 심적으로 접근할 수 없는 어머니의 몸에 대한 파괴자였고, 또한 그 파괴의 희생자였다.

엠마는 자신의 위험하고 혼란스러운 느낌 및 아이디어로부터 분리하여, 자신의 마음의 작은 부분을 명확하게 유지하고 있다고 확신하는 한, 자신이 안전할 수 있다고 느꼈다. 엠마의 활성화된 자기 표상은 분리되고, 위험의 근원에서 물리적으로 떨어져 있었고, 이질적 타인은 엠마의 몸에 외재화되었다. 어머니와의 애정적 유대는 심적으로 표상될 수 없었고, (따라서 느껴질 수 없었고), 상연에서 재현하는 것만이 가능했다.

혼란스럽고 정신이상의 부모와의 상호작용은 큰 힘을 들였지만 혼란스러운 내면화를 가져왔고, 엠마는 이를 쉽게 통합하지 못했다. 결과적으로 엠마는 자기 구조의 이러한 측면을 부인하려고 하였고, 취약하지만 혼란에서 해방된 자신으로 나타냈다. 엠마의 자기 표상의 파편화된 본성 때문에, 엠마는 피상적이고 결과적이지 않은 방식으로만 대상과 상호작용할 수 있었다. 정신이상의 가족 구성원의 자기로의 내사에서 유래된 엠마 자신의 부인된 측면들은 엠마의 자기 몸에 대한 극심한 학대에서 타인에게, 특히 전이에서 분석가에게 파괴적 영향을 주는 공상에서 표현되었다.

엠마의 몸은 자기 표상에서 배제시키는 것이 가능해 보였기 때문에, 이러한 표현을 위한 선호되는 장소를 제공했다. 자신에 대한 엠마의 부분적 표상은 적어도 경험적으로, 자신의 몸에서 일어나고 있는 일이 부인된 자신의 부분에서 일어나는 것이라는 것을 의미했다. 엠마의 부인된 부분은 엠마 마음의 주관적 영역 밖에서만 심적 표상을 얻는 혼란 및 무감각한 학대에 대한 엠마의 경험에 위치하고 있었다. 분석에 대한 엠마의 저항은 엠마의 피난처의 벽이 허물어졌을 때 엠마가 자신의 대상의 미치고 예측할 수 없는 반응에 직면할 수 있다는 것에 대한 엠마의 공포를 담고 있다는 것이 점차 드러났다. 자신의 몸을 학대하는 증상에도 불구하고, 엠마의 해결할 수 없는 문제는 정신이상의 대상에 대한 엠마의 내면화가 엠마 자신의 심적 존재감을 구성하는 심적 표상과 분리될 수 없게 얽혀 있다는 것이었다.

정신분석적 만남의 강도는 엠마에게 대상의 혼돈적 반응에 대한 분화된 지각에 기반하여 엠마의 자기 표상을 확장시키는 기회를 주었다. 이 과정은 길고 힘든 과정이었다. 이것의 중요한 요소는 엠마가 케토산증의 고통에서 피난처를 찾았던 위험한 상을 자기 표상 내에서 점진적으로 재통합할 수 있게 되었다는 것이었다. 둘러싸고 있는 혼돈으로부터 분리되어 캡슐에 싸인 정체성이 주는 상대적인 안전을 포기하는 것은 전이에서 정신증적 대상으로서 나와의 끔찍한 융합감을 경험하는 것을 의미했다. 이것은 반복적으로 발생했으며, 우리 시각에서 〈에쿠우스〉 꿈이 등장했던 회기와 같이 장기적인 과정에서, 특히 극적이 예들이 엠마에게 향상을 가져오는 데 결정적이었다.

엠마는 치료하기 쉽지 않았다. 6년 동안 상당한 향상을 만들었고, 비록 관계와 관계 안에서의 자신의 역할에 깊은 혼란을 느꼈지만, 더 이상 불안정한 당뇨병 환자나 자해자가 아니었다. 엠마는 상당히 성공한 미술학도로, 현재 유능한 조각가이며 엠마의 작업을 매우 지지해 주는 남자친구가 있다. 엠마는 치료를 끝냈다. 엠마의 폭식과 인슐린에 대한 거의 망상적인 무시가 멈추었다. 엠마의 개선된 통제의 기간은 여전히 간헐적인 급성의 자기 파괴적 삽화로 중단되었다. 클리닉에서 퇴원할 때, 엠마는 증상이 없었으며, 우리는 엠마의 치료가 근본적으로 비교적 성공적이었기를 희망한다.

분리 및 분리됨

엠마의 정신적 현실에서의 기능장애와 그것이 엠마의 정신병리의 주요 측면, 즉 의존성, 자해, 분석에 대한 엠마의 반응에 갖는 함의를 고려하며 시작해 보자.

엠마의 주요 어려움은 상위 표상 수준이었다(제4장 참조). 엠마는 다른 경계성 환자들과 같이, 자신의 심적 경험(표상적 세계)에 대한 부분적인 심상만을 가지고 있었다. 정신적 현실을 뒷받침하는 심적 과정은 초기 외상의 결과로 인해 기능장애가 있었다. 이로 인해 엠마는 자기에 대한 명료한 시각이 없었다. 엠마는 자신을 인슐린이 주입되는 빈 껍질로, 엠마의 일차적 표상의 '단단한 땅(terra firma)'에서 떨어진 우주 공간에 빠진 매개체로 경험했고, 결과적으로 자신의 느낌 및 사고에 대한 통제를 거의 갖지 못했으며, 엠마의 정체성은 양립할 수 없는 상 사이를 빠르게 오갔다. 정신적 조직화의 필수적 근원인 반영 능력이 부재하였다.

엠마와의 분석가의 관계에서 두드러진 측면은 물리적 존재로서 분석가에 대한 엠마의 명백한 의존성이었다. 자기 관리가 완전히 부족한 생활 방식을 가진 엠마의 출석률은 놀라웠다. 이것을 유대감의 지표로, 또는 적어도 이상화된 동일시적 과정의 일부로 이해할 수 있다. 우리는 엠마의 의존이 제안된 이러한 가능성보다 더 원시적이었다고 믿는다. 우리는 엠마의 의존이 제안된 가능성보다 더 원시적이었다고 믿는다. 엠마는 지속적인 타인이라는 물리적 존재를 필요로 했는데, 그것은 자신의 보호(Bowlby, 1988)를 위해서가 아니라 외적인 거울 같은 대상이 없이는 자기 자신을 물리적 존재 이상의 사람으로, 생각하는 사람으로, 느낌과 욕구를 담고 있는 사람으로, 지향적 인간으로, 인식할 수 없었기 때문이다. 우리의 핵심적 자기감은 애착 대상의 마음에서 우리 자신을 지향적 존재로 지각할 수 있게 하는 일관성과 명료함에 의존한다. 엠마의 비일관적인 자기감은 그 사람의 음성, 얼굴, 행동에서 엠마 자신을 사람으로 인식할 수 있게 해 주는 다른 사람의 지속적인 물리적 존재를 필요로 했다. 분석가가 회기를 마치고 사라지거나 쉬는 시간에 자리를 비운 경우, 엠마는 더 이상 이 심상에 접근할 수 없었다. 엠마는 자신이 잘 통제하지 못하는 자신의 느낌과 아이디어의 동요 속에서 문자 그대로 길을 잃었다. 정신화하는 엠마의 능력은 극도고 허약했고, 분석가의 부재 시 엠마는 광기와 압도감으로 느껴지는 자신의 심적 세계의 경험으로 유기된 것으로 느꼈다. 엠마의 느낌에 대한 거듭된 분석가의 단순한 정신화는 눈에 띄게 엠마를 진정시켰다. 이러한 맥락에서 엠마의 욕구는 실패한 발달적 경험의 재현(Kohut, 1984)이 아니라, 오히려 현재 문제에 대한 해결책인 일탈된 발달 과정을 다루는 것이었다. 엠마의 욕구는 전반적인 안아 주는 환경의 제공(Winnicott, 1962)이 아니라, 엠마의 반영기능에 대한 잠재력을 구체적이고 안전하게 연습할 수 있는 대인관계 상황의 창출이었다.

이디스 야콥슨(Edith Jacobson, 1964)이 지적했듯이 자기의 경계가 완전히 형성되기 이전의 타인의 표상에 대한 내면화는 일관된 자기감 형성을 약화시킨다. 왜냐하면 영유아는 자신의 자기의 핵심적 부분으로 타인을 내면화하도록 강요받기 때문이다. 그러면 이제 핵심적 자기의 취약함으로 인해 통합된 정신적 현실의 생성이 위태롭게 되었을 뿐 아니라, 그 개인은 자기 구조 내에 자리 잡은 이질적 존재, 즉 아동 자신이 실제라고 느끼는 경험보다는 내사된 어머니와 관련된 사고 및 느낌과 투쟁해야만 한다.

여기서 제안되는 것은 정신적 등가 모드에서 내적 세계를 경험하는 아동은 흔히 이 문제를 이러한 자기 표상의 이질적 측면을 다시 실제 대상 위에 외재화함으로써 해결한다는 것이다. 이것은 외적 관계에서 큰 갈등이나 양가성을 초래할 수 있는 반면(반항적 행동, 대상으로부터 자기를 보호하기 위한 공격성 등), 그 개인이 심각하게 왜곡되지 않고 내적 세계가 고갈되면 일관성의 생성을 가져올 수 있는 자기 표상의 다른 부분이 있는 한, 보다 보장된 방식으로 자기를 경험할 수 있다는 점에서 효과가 있다.

이것은 아동기에 걸쳐, 또는 대상의 물리적 존재가 보장될 수 있는 한 상대적으로 안정된 구조일 수 있다. 이것이 심리적 문제가 모성 대상의 물리적 상실과 명확히 연결되어 있는 엠마의 사례였다. 엠마의 증상의 시작은 양가적 관계의 상실에 의해 촉발된 것으로 이해될 수 있다(Freud, 1917e [1915]). 우리는 분석 자료들이 엠마의 위기가 수용될 수 없는 자기의 측면을 포함시키기 위해 필요한 누군가의 상실의 결과라는 것을 제안한다고 믿는다. 따라서 그 사람의 상실은 자기의 상실감을 불러일으켰다. 그렇기에 이 상실은 이러한 측면이 외재화될 수 있는 다른 대상을 찾는 것을 통해서만 다루어질 수 있었다. 이것은 제8장에서 상세하게 다룬 이러한 형태의 자기 비조직화가 있는 청소년에게 결정적인 문제가 된다.

처리되지 않은 심적 상태의 경로로서의 몸의 사용

자신의 느낌을 담을 수 있는 대상의 부재는 엠마가 사람이 아닌 물리적 대상과 대인관계 경험을 생성하도록 강요했다. 더욱 중요한 것은 분석가와 피분석자 사이에서 주 양육자와 영유아 사이에서와 같이 사고, 느낌, 또는 아이디어가 아닌, 즉 실제적인 것이 관계의 소통수단이 되려고 하는 지속적인 압력이 있었다는 것이다. 엠마는 케톤성이 되는 것으로 불안을 소통했다. 엠마의 '높고', '낮은' 신체적 상태는 엠마가 말로 표현하는 것보다 엠마의 기분을 훨씬 더 잘 전달했다. 이것은 정신화가 부재한 정신적 등가 모드 내에서 기능하는 마음의 징후다. 따라서 엠마는 회기에서 현재의 내적 상태로서 감정을 설명할 수 있기보다는 실제 불안, 실제 분노, 실제 혼란을 생성하며 몸으로 상연했다. 엠마의 몸에 대한 장해의 초점은 이러한 환자들의 특징이다. 이것이 실제로 이들이 통제할 수 있다고 느끼는 내적 세계의 유일한 부분이기 때문이다. 엠마가 사고와 느낌으로 표상할 수 없었던 많은 느낌과 아이디어들은 엠마의 몸과 관련되어 경험되었다. 자신에게 무언가 잘못된 것이 있다는 엠마의 인식과 자기 개선에 대한 엠마의 노력은 엠마가 치명적인 완벽함을 성취했다고 느끼는 몸에 초점을 맞추고 있었다. 엠마는 케톤성 혼수 상태의 끝에서 자신의 당뇨병을 유지할 수 있었고, 동시에 자신의 체중을 자신이 이상적이라고 생각하는 범위 내에서 유지할 수 있었다.

임상적 경험은 경계성 환자의 흔히 자신의 몸에 대한 심하게 왜곡된 태도에 대해 충분한 증거를 제공한다. 심리적 자기에서의 발달 실패가 어떻게 신체적 정체성과 조정에 상당한 영향을 갖게 되는 것일까?

1. 정신적 현실이 빈약하게 통합되면, 자기감의 연속성을 위해 몸이 과도하게 중심적인 역할을 하게 된다. 이것은 청소년기에 결정적이게 된다. 몸의 형태와 기능의 변화는 심리적 자기 표상이 보다 발달된 아이들보다 이러한 개인들에게 훨씬 큰 정체성의 변화를 의미하기 때문이다. (조기 발병 거식증 환자와 같은) 일부 청소년들은 사춘기와 관련하여, 마치 존재하기를 멈추고 다른 사람이 되어 버리는 것과 같은 실존적 불안을 경험한다. 몸 형태의 경험과 그것의 구체적인 척도 사이에 정신적 등가가 있다. 즉, 더 날씬해지는 것은 더 우월한 것으로 느껴지고, 따라서 그것은 더 우월한 것과 동등하다.

2. 정신적 등가의 지속은 특정 신체적 상태가 자기와 관련하여 과장된 중요성을 갖게 되는 것에 기여한다. 아이디어 또는 느낌으로서의 표상을 획득할 수 없는 심적 상태는 몸의 영역에서 표상되게 된다. 체중과 같은 신체적 귀인은, 사춘기에 발생하는 정상적 경향을 훨씬 뛰어넘는 수준으로, 내적 안녕, 통제, 자기가치감 등과 같은 상태를 반영하게 된다. 엠마에게 더 날씬해지는 것은 단지 자기 자신을 더 좋게 느끼게 만들어 주는 것이 아니라, 다른 사람으로 느끼게 해 주었다. 심각한 섭식장애는 신체의 형태가 성격의 측면을 표상하는 것으로 얼마나 구체적으로 느껴질 수 있는지 보여 준다. 엠마는 자신의 몸을 보았고, 자신이 뚱뚱해 보였기 때문이 아니라 자신 안에 다이어트와 인슐린을 조작함으로서 통제될 수 있는, 또는 혼수 또는 착란의 과혈당 상태를 야기하는 것을 통해 (마음으로부터 몸을 통해) 심지어 제거할 수 있는, 수용할 수 없는 것이 있다고 느꼈기 때문에, 엠마의 지각이 왜곡되었다.

3. 추가적인 문제는 엠마 자신의 마음 상태 및 자기 경험이 몸에 외재화된 것으로서 경험될 뿐 아니라, 엠마 자기 표상의 이질적 부분 또한 그렇게 경험된다는 것이다. 이것은 그것을 처벌해야 할 추가적인 이유를 제공한다. 엠마에게 이 이질적 대상은 어머니의 정신

중적 부분이었다. 엠마는 거울을 들여다보았고, 자신의 어머니를 보았다. 자기 자신의 몸 안에 있는 것으로서 경험되는 타인에 대한 파괴적 공격은 아마도 안녕과 자기 통합에 대한 추가적인 느낌을 줄 것이다. 이러한 파괴적 공격은 자기 절단 또는 단식과 같은 일부 이러한 비정상적 상태에서 볼 수 있다. 몸에 상처를 주는 것은 마음을 보다 일관되고 경계가 있는 것으로 느껴지게 해 주면서, 몸이 희생되는 반면 자기에게 더 명확하게 속하는 것을 돕는다고 우리는 제안한다. 대상은 심적 자기 내에 존재하기 때문에 심적으로 진정으로 공격할 수 없다. 그러나 몸은 자기 표상으로부터 분리되어 있기 때문에, 자기의 내사된 다른 부분에 대한 도구로 쉽게 전환될 수 있다.

우리는 특히 자해가 정상적으로 정신 내적이지만 일부 사람들에게는 외적 관계를 통해 또는 자신의 몸에 대한 가시적인 공격을 통해 확립되어야 하는 반영감을 생성하는 데 사용될 수 있다고 제안한다. 내부에서 명확한 자기감을 갖지 못한 채 이들은 다른 사람들이 자신에게 반응하는 것을 통해 그리고 비유적이 아니라 문자 그대로 자신을 대상처럼 취급하는 것을 통해 자기감을 찾아야 할 필요가 있다. 왜냐하면 자기가 심리적 의미가 없는 물리적 존재로서 경험되기 때문이다.

분석 과정에의 함의

여기서 결정적인 것은 마음 상태와 물리적 현실 사이의 관계에서의 정신적 등가의 감각이다. 이러한 의미에서 표상적 과정이 이러한 병리의 형태를 매개하는 것으로 생각하는 것은 틀린 것이다. 즉, 몸은 어머니의 마음 상태를 상징하지 않는다. 몸은 그 순간 어머니의 마음 상태와 동등한 것으로 경험되고, 그에 상응하여 반응된다. 개인에게서 몸 상태의 상징적 의미에 대한 해석은 불안정한 당뇨병 환자와의 우리의 작업에서 거의 효과가 없는 것으로 나타났다(Fonagy, Moran, & Target, 1993b; Moran, 1984). 해석 작업이 회복되고 나아가 자기 표상으로부터 구분되는 것에 도움이 될 수 있는 것은 자기의 분열된 부분(이질적 대상)이다. 엠마의 분석에서와 마찬가지로, 이것은 종종 이질적 타인이 전이에서 경험되는 것을 의미한다. 즉, 분석가는 멍든 눈의 정신증적 어머니가 된다. 이 경험을 반복적으로 정신화하는 것을 통해 엠마가 이 정신증적 어머니가 사실상 자기의 일부라는 것을 이해하도록 분석가가 엠마를 돕게 되면, 엠마는 동시에 그것을 갖거나, 그것으로부터 자기 자신을 거리둘 수 있다. 엠마는 이 외재화의 작용으로 자기 자신의 시력을 손상시키는 것에서 저항할 수 있게 되었다. 이렇게 얽힌 것을 푸는 것이 달성된 이후에만 갈등 및 방어와 같은 심적 상태의 복잡성이 치료적으로 고려되기 시작할 수 있다.

불행히도 분석가와의 관계의 치료적 영향의 균형을 유지하는 것은 또한 이러한 분석적 관계에 내재하는 역–치료적 경향이었다. 많은 환자들의 경우 역할 반응성에 대한 압력을 해석하는 것이 가능한 반면, 엠마와 같은 환자들은 훨씬 더 심각한 방식으로 외재화에 노력을 쏟는다. 이들은 단지 자기의 표상되는 부분이 아닌(정신적 등가의 지배로 인해) 자기 표상의 거부된 부분으로 분석가를 밀어 넣으려 한다. 만약 분석가가 엠마가 염려해 주는 것을 느끼는, 엠마의 정신증적 어머니의 기능을 거부한다면, 그것은 엠마가 자기 자신 내에 그것을 담아 내야 하도록 남겨 두는 것이고, 엠마는 자신의 몸에 그것을 외재화하는 것을 통해서만 그렇게 할 수 있을 것이다. 다른 측면에서, 만약 분석가가 엠마가 말한 광기의 의사 역할을 수용한다면 어떻게 분석가가 엠마를 도울 수 있을까?

이 기능을 수행하는 물리적 타인은 이 복잡한 과정이 작동하기 위해 존재를 유지해야만 한다. 엠마는 자신의 분석가가 위협하고 또한 무력감에 빠지도록 거기에 있지 않으면, 자신이 자기 자신이었다는 것을 느낄 수 없다. 분석가의 떠남은 이러한 '외사'로의 복귀와 투사를 통해 엠마가 성취한 일관성의 파괴를 신호할 수 있다. 따라서 분석가는 거의 불가능해 보이는 도전에 직면했다. 관계가 기능 수행하면서도 견딜 수 있게 하기 위해, 분석가는 환자가 분석가가 되어 주길 소망하는 것이 되어야만 했다. 분석가로서 환자가 이러한 원시적 관계 맺기 모드를 극복하도록 돕기 위해서, 분석가는 그 어떤 것도 아닌 분석가에게 투사된 것이 되어야 했다. 만약 분석가가 아동과 가장 놀이를 하는 부모와 유사한 태도를 적용할 수 없다면, 이러한 상반된 압력에 끊임없이 곡예하듯 반응하면서, 분석가는 병리적 교환의 경직된 상동적 반복에 처하게 될 것이다.

정신적 현실이 정신적 등가가 지배적인 원초적 수준에 남아 있는 환자들과의 작업에는 추가적인 어려움이 있다. 분석가의 부상에 대한 엠마의 관찰은 자신의 어린 시절의 실제 폭력을 기억나게 하기보다는, 재경험하게 만들었다. 엠마가 자신의 광적인 부분이 자신의 몸에 있는 것으로서 경험할 수 있었던 순간, 엠마는 침착한 분리의 성취에 성공했다. 하지만 (신체적 수준에서) 치열한 전투가 엠마의 삶에 만연한 상황에서 분리의 경험은 분석에 대한 욕구를 완전히 가로막았다. 엠마는 앞서 언급한 이유로 분석가를 만나는 것이 필요했지만, 자신이 분석받아야 하는 아무런 이유도 찾지 못했다. 엠마의 태도는 특정 유형의 사람이 되기를 원하는 것이 타인에게 진실되고 엠마 자신에게도 진실이 된다는 신념의 측면에서 이해할 수 있었다. 이것은 명백히 내적 현실을 경험하는 것의 분열된 방식과 관련되어 있었다. 아이디어와 느낌을 표상하는 아동의 두 모드 간에 불완전한 통합이 있었다.

기술적 측면의 함의

그러므로 이러한 사례에서 기술의 초점은 더 이상 무의식인 것을 의식화하는 것이 아니다. 엠마는 당뇨병, 우울증, 그리고 관계의 측면에서 증상적으로 호전되었다. 하지만 분석가가 경계성 개인의 이러한 증상을 변화시키는 것에 초점을 두는 것은 신경증적 환자들과 그렇게 했을 때보다 훨씬 더 부적절할 수 있다. 우리는 적절한 기술적 우선순위가 일관된 정체성을 가진 분석가의 생존, 또는 보다 구체적으로는 분석가의 마음에서 환자의 심적 상태의 명확한 상의 보존이라고 믿는다. 분석가의 생존은 엠마가 사람으로서의 자기 자신에 대한 지각을 파괴하는 것에 성공하지 못하는 것을 보장했다. 분석가는 자기감 그리고 엠마의 경험의 감각을 유지할 필요가 있었고, 따라서 자신의 사고 및 느낌의 엠마 자신의 표상을 위한 발판을 얻기 위해, 엠마는 분석가의 마음에서 자기의 이 통각을 천천히 발견할 수 있었다.

주요 장애물은 환자 장해의 깊이의 완전한 인식에 대한 역전이 저항을 극복하는 것에 자리 잡고 있을 수 있다. 이 저항의 근원은 부분적으로 자기애적이며, 자신을 보이는 그대로 보는 것을 꺼린다. 정신증인 것의 실제적 가능성을 허용하는 것, 자신을 안심시키는 방식으로서 자신의 정신건강을 주장하는 욕구를 포기하는 것, 또는 장악하고 완전히 차지하려는 환자의 욕구를 공격적 도발로서 해석하는 것은 모두 환자에게 자신에 대해 생각하는 공간을 주는 역할을 하는데, 자연스럽게 그렇게 하게 하는 분석가의 역량의 대가가 따른다. 분석적 역량은 무의식적 동기를 판독하는 것을 필요로 하는 것이 아니라, 이 정신적 등가 모드의 끌어당김에 저항하여 정신화 자세를 유지할 수 있도록, 충분히 환자 자신의 매우 불편한 경험을 반영할 수 있는 것을 필요로 한다.

임상가는 자기에 대한 자신의 지각과 환자의 지각 사이의 불일치에 직면할 수 있다(Kernberg, 1995). 잘못된 신념에 대한 환자의 경직된 노력은 다음과 같은 언급을 촉발할 수 있다. "저는 미쳤거나 거짓말쟁이인가 봐요. 아니면, 선생님이 틀렸거나요." 우리는 이러한 개인들의 정신적 현실의 상태가 이들의 신념과 현실 사이의 직접적인 대응과 관련된다는 것을 인식하는 것이 중요하다고 느낀다. 잘못된 신념 또는 의심의 가능성은 접근할 수 없다. 오직 현실의 한 형태만이 사실일 수 있다. 즉, 실행 가능한 대안들의 가능성은 두렵고 심하게 저항된 정신화를 의미하고, 없애야만 하는 것이다.

정상적 아동 발달에서 본질적으로 성인과 함께 놀이에 참여하면서 두 가지 현실을 동시에 즐기게 되는데 이를 통해 아동은 부모의 관점을 취할 수 있게 된다(Emde, Kubicek, & Oppenheim, 1997 참조). 궁극적으로 이것은 아동이 정신적 현실을 표상하는 정신적 등가 및 가장 모드를 통합하도록 해 주고, 이 단계를 성취하면 반영적 정신화 능력을 발달시키도록 해 준다. 환자를 향한 분석가의 자세는 놀이 자세는 아니다. 우리는 이것이 발달적 비유의 부적절한 확장일 수 있다고 생각한다. 그러나 놀이와의 유사점이 있다. 우리가 분석가가 시도할 필요가 있다고 믿는 것은 항상 환자가 자기 자신의 경험감을 유지하도록 지지하면서, 동일하면서도 동일하지 않은 것을 보여 주는 방식으로 환자의 마음 상태에 대한 대안적인 관점을 제공하는 것이다. 이것은 위니콧(Winnicott)의 대상 제시 개념을 뒷받침하는 아이디어다(Winnicott, 1960). 이것은 위니콧의 의미에서 환경적 침범의 부재와 (발달적으로는 아니지만) 기능적으로 동등한 것이다.

외적 대 내적으로 집중된 공격성의 양극단에서 반대의 극단에 있는 환자인 폭력적인 남성 환자는 자신의 분석가의 다소 투박한 해석에 매우 화를 냈다(Peter Fonagy). 공감적이기 위해서 분석가는 취소된 회기에 대해 환자가 느꼈을 고통에 대해 언급했다. 환자는 벌떡 일어섰고, 분석가의 코앞에 주먹을 들이밀며 말했다. "고통이 무엇인지 보여 줄게, 나쁜 놈!" 생각하지 못한 채, 분석가가 말했다. "당신도 알다시피, 저는 나이가 들어서 눈앞에 너무 가까이 있는 것들은 명확히 볼 수가 없답니다." 그리고 이렇게 말하며 환자의 움켜쥔 주먹을 얼굴에서 부드럽게 밀어냈다. 분석가의 안도와 놀라움에 환자는 즉시 진정되었고, 미소 지었다. 곰곰이 생각해 보면 이 교환에서 결정적이었던 것이 무엇이었는지 명확해졌다. 즉, 환자의 고통에 대한 분석가의 인식은 정확했지만, 정신적 등가의 모드에 도달하였고, 이것은 환자의 불쾌감을 무섭도록 실제로 만들었다. 엠마에 대한 동일한 해석이 엠마를 가장 모드에 도달하게 하고, 즉각적인 수용과 엠마의 잘못된 자기 표상과의 의미 없는 통합을 가져왔을 것이다. 분석가의 직관적인 놀이 같은 반응은 환자가 분석가의 심적 세계에 들어오는 것을 허용하며, 환자가 분석가의 다소 선견지명 있는 관점을 통해 세계를 경험하고, 따라서 실제 사람으로 분석가를 보게 만들었다. 이제 역기능적 정신적 현실과의 문제가 상당한 외재화 및 내면화 행동 문제로 표현되는 또 다른 여성의 사례를 더 자세히 살펴보겠다.

▌대인관계 폭력에서의 역기능적 정신적 현실-임상 사례: 헨리에타

헨리에타(Henrietta)[3]는 30대 중반의 여성으로, 상담을 위해 법정신건강의학 전문의에게 자신을 의뢰하였다. 이상하게도, 나에게 의뢰되었을 때 법정신의학적 내력은 언급되어 있지 않았고, 반복적인 자살 시도와 불안정하지만 강렬한 관계 그리고 헨리에타의 약물 남용에 대해 기술되어 있었다. 그러나 의뢰서는 거의 정신증적인 편집증에 대해서 준비되지 못했는데, 사실상 환각이 동반된 해리적 삽화와 일부 사고장애가 나의 헨리에타와의 작업에서 현저하게 드러났다.

정신분석적 관점에서 헨리에타의 병력의 특이한 점은 두가지였다. 첫 번째로, 헨리에타는 살인자였다. 자신의 내적 대상, 자기 표상, 생각과 느낌, 또는 헨리에타 자신과 그녀의 내상의 마음의 다른 부분들, 이 모든 것에도 헨리에타는 의심의 여지없이 살인의 책임이 있었지만 무엇보다 자신의 남자친구를 살해한 사람이었다. 헨리에타는 폭력적인 싸움에서 남자친구를 칼로 찔렀다. 헨리에타는 정당방위를 주장했고, 찌른 것이 우발적이었다고 하였다. 그녀는 과실치사 혐의로 기소되었고, 집행유예를 선고받고 석방되었다. 약 4년 동안 분석을 받으며, 헨리에타는 나에게 남자친구를 찌른 것이 사실은 사고가 아니었다고 고백했다. 사전에 계획한 것은 아니었지만, 분명 그것은 의도적이었다. 헨리에타는 분노에 눈이 멀어 폭력에 이끌렸다. 분석에 들어간 지 4년이 된 그때 즈음 나는 헨리에타의 격렬하고 폭발적인 분노의 공격에 익숙했다. 나는 헨리에타의 폭로에 그리 놀라지 않았다.

두 번째 사실은 학대 경험이었다. 헨리에타는 알코올 중독자인 아버지에게 처음 성적 학대를 당했고, 그 후 10대에 기숙학교 선생님에게 당했다고 설명했다. 두 경우 모두 성관계를 포함했다. 또한 아버지는 여러 잘못을 이유로 헨리에타를 적어도 일주일에 한 번 때렸고, 주로 '말대답' 때문에 적어도 한 달에 한 번 더 심하게 때렸다. 아버지의 학대는 치료 시작 직전, 아버지가 사망할 때까지 그들 사이의 비밀로 남아 있었다. 교사와의 관계는 공개되었고, 관련 교사는 해고되었다.

헨리에타 같은 사람이 왜 분석을 시작했을까? 헨리에타는 이해관계를 가져본 적이 없는 것 같았다. 헨리에타는 아버지의 죽음과 함께 시작된, 무서운 꿈에 대해 도움 받고 싶다고 말했다. 헨리에타는 짧은 시간의 상담을 요구하며 거친 분위기로 첫 면접에 임했다. 헨리에타는 내가 정신분석가라는 것을 몰랐고, 어느 정도 면담을 하다가 소파를 발견한 후 이렇게 말했다. "그래서 여기가 선생님이 환자와 섹스하는 곳인가요?" 두려운 느낌이 나를 엄습했다. 헨리에타의 전투적

---

3) 분석가는 피터 포나기(Peter Fonagy)였고, 이것은 그의 설명이다.

이고 침입적인 방식에 직접적으로 반응한 것이 아니라, 나는 헨리에타의 공격하고 상처 입히려는 욕구 뒤에 있는 취약성과 엄청난 불안을 인식했다. 나는 안심시키기 위해 말했다. "당신이 용기 내어 저를 보러 온 것은, 꽤 용감한 것이라고 느낄 만한 일이에요." 헨리에타는 여전히 경멸하는 말투로 말했다. "당신 같은 심리학자들은 학대자들이에요. 단지 권력 싸움이죠." 이제 나는 나의 역전이 반응에 좀 더 확신을 가지고 말했다. "저는 치료에 대해 당신이 두려워하는 것을 파괴하고 학대하는 것은 당신 자신의 힘이라고 생각해요. 당신은 저에게 대처하게 된 것에 대해 훨씬 더 자신감을 느끼는군요." 헨리에타는 잠시 멈추었고, 나에게 '치료'라고 하는 것이 무슨 의미인지 물었다.

헨리에타는 일주일에 한 번으로 시작했지만, 18개월이 되면서 일주일에 네 번으로 늘어났다. 헨리에타는 다섯 번도 오고자 했지만, 그녀가 더 이상 런던에서 일하지 않게 되었다. 헨리에타는 거의 모든 회기를 빠지지 않았다. 분석 과정에 대한 헨리에타의 헌신은 겸손했고, 들어 주고 인식해 주는 것에 대한 소망의 충만함에 대한 나의 신념을 강화시켰다. 그러나 헨리에타와 나 사이에서 발생한 것들은 일반적으로 분석으로 간주되지 않을 수도 있다. 나의 개입은 거의 해석으로 경험되지 않았다. 나는 적어도 초기 몇 년 동안, 헨리에타에게 통찰감이 거의 없었다고 확신한다. 그 당시에 일어난 일을 설명해 보겠다.

헨리에타는 시간에 맞춰 회기에 도착해서 의자에 앉아 화가 났다고 말했고, 더 이상 말하지 않으며 도전적으로 나를 바라보았다. 내가 말했다. "이해가 안 되는군요. 당신은 나에게 이 순간 화난 것이 무엇인지 말해 줘야 해요." 헨리에타는 아버지에 대한 또 다른 꿈을 꾸었고, 이것이 자신을 화나게 만들었다고 말했다. 그 꿈에서 아버지는 헨리에타에게 머리를 자신(아버지)의 등 쪽에 두라고 했는데, 헨리에타는 그렇게 하고 싶지 않았다. 헨리에타는 아버지와 자신 사이의 성생활을 묘사하는 일련의 외설적 이미지들로 이어 갈 준비가 되어 있었다. 나는 중단시키며 끼어들었다. "저는 당신이 제가 당신을 여기서 지저분한 생각에 고개를 파묻게 할까 봐 두려워서 화가 났다고 생각해요." 헨리에타는 하던 말을 멈추었고, 내가 쫓아갈 수 없는 빠른 속도로 자신이 길을 잃었고, 어머니는 이해하지 못했으며, 자신은 누구도 해치려 하지 않았고, 그 죽음이 사고였으며, 자신은 생명의 키스를 해 주어 그를 다시 살리려고 하였지만 실패했고, 이제 내가 자신을 죽이려 한다고 말했다. 점점 속도가 가속되고 감정이 고양되었다. 끝날 무렵, 나는 분명히 화가 났지만 기본적으로 겁에 질린 사람과 함께 상담실에 있었다. 이러한 느낌이 무엇에 대한 것인지 불분명했다. 헨리에타는 그녀 자신 또는 나의 폭력성을 두려워하는 것 같았다. 헨리에타는 격하게 시기하는 대상에 의해 살해되거나, 침입하는 위협적인 것을 죽일 것 같았다. 나는 이 싸움 밖으로 나와 헨리에타를 진정시키며 말했다. "당신이 이 폭력에서 저를 잃을 수 있다는 공포에 사로잡힌 것 같아 보여요. 당신은 끊임없이 제게 숨을 불어넣어 저를 살려 내려 하는 것 같아요. 당신을 위해 제가 살아 있게 하기 위해서 말이지요." 헨리에타는 침묵했다. 결국 헨리에타는 다소 침착하게 자신이 사람이 되는 것이 두렵다고 대답했다. 헨리에타는 비어 있는 것을 선호했다. "사람들은 당신이 누군가라는 것을 알게 되면 당신을 공격해요." 나는 말했다. "동의해요. 제 생각에 당신은 공허하게 느낄 때 저와 있는 것이 더 안전하다고 느끼는 것 같아요. 당신이 저도 공허하게 만들었다고 느낀다면 더 안전하게 느껴지지요." 내가 그녀를 죽일지도 모른다는 헨리에타의 공포와 그녀가 나를 의도적으로 또는 우연히 죽일지도 모른다는 헨리에타의 더 큰 두려움이 다른 모든 우려를 뛰어넘었다.

이 짧은 삽화는 여러 이슈를 제기한다. 분석가는 이 순간에 헨리에타에게 '화난 것'이 의미하는 것을 안다고 가정하지 않았다. 대부분의 환자들은 분석가가 무엇이 그들을 화나게 하는지 알 수 없을 것이라고 인식해 왔을 것이다. 하지만 정신적 등가 모드에서 작동하는 환자의 경우 분석가는 그 환자가 아는 것을 (아마도 그 환자보다 더 잘) 이미 알고 있고, 말해 주지 않아도 된다. 개입 후 헨리에타는 꿈의 이미지에 대해 말하기 시작하며 즉시 일종의 가장 모드로 전환되었다. 성적 공상의 탐색이 매우 치료적일 수 있는 신경증적 환자의 상황과 달리 헨리에타와 같은 환자의 경우에는 비실제적으로 표상된 어떤 것으로의 이 철수를 중단하는 것이 필수적으로 보였다. 그 후 분석가가 해야 하는 것은 그 이미지 내에서 모호하지만 실제로 느껴지는 것을 찾는 것이다. 따라서 분석가는 분명히 환자에게 직면된 자신의 사고와 느낌에 대해 말해야 하는 것에 동반되는 혼란에 대한 불안에 집중했다. 그 자체가 그것이 담고 있는 것보다 더 큰 불안을 불러일으켰다. 갑자기 공상은 실제가 되었다. 즉, 헨리에타는 정신적 등가 모드로 전환되었고 거의 자신의 삶이 위험에 처했다고 느끼는 것으로 보였다. 이 공황은 다른 누군가가 그것을 담아 주기 전까지 악화되었다. 누군가가 죽음을 당할 뻔했다. 우리는 이러한 종류의 카타르시스적 분출의 목적이 담아지거나 경험을 작업하고 싶은 소망이 아니라, 오히려 임박한 공격을 먼저 비워 내려는 상당히 의식적으로 느껴지는 자기의 비움이라고 제안한다. 역전이 반응은 주로 분석가의 생각에 대한 파괴적인 공격이라기보다는, 두 사람 모두를 동등하게 생각할 수 없는 상태로 축소시키는 것을 통해 불안을 완화하려는 시도의 결과로 보이는 공허감이다.

정신분석가들은 종종 말과 사물 표상 사이의 프로이트(Freud)의 구분에 넓게 기반하여 사고의 구체성에 대해 기술한다. 대부분 이것은 의미의 구체성에 관한 것인 반면, 헨리에타의 경우에는 이러한 장애물을 생성한 것이 사고 과정 그 자체의 현실이었다. 헨리에타에게는 자신의 사고가 때로는 자신의 마음이 소유한 것으로 느껴지는 것이 아니라 오히려 마치 말하는 것처럼 경험되었고, 따라서 외적으로 실제하게 되었다. 우리는 이것을 내적 경험을 외적 현실과 동등하게 한 것의 한 가지 가능한 결과라고 본다.

이러한 대화에 종종 제3의 존재가 있다는 것을 내가 인식하는 데는 시간이 좀 걸렸다. 헨리에타의 머릿속에 목소리가 있었다. 헨리에타는 자신이라고 느꼈지만, 동시에 자신이 아닌 종종 해리된 상태의 그녀의 이질적 측면이었다. 헨리에타의 사고는 완전히 이해하기 어려운 즉시성을 가진 것처럼 보였다. 순간의 아이디어나 상은 때로는 우호적이지만 대부분 피해적이고 악의적인, 몸에서 분리된 목소리로 경험되었다. 분명히 환각이 아니면서도 헨리에타의 사고는 자신의 마음으로부터 나오는 것으로 느껴지지 않았다. 이러한 순간의 헨리에타의 '연상'은 저와의 대화였던 것 못지않게, 헨리에타가 '들은 것'에 대한 반응이었다. 이것은 전이에서의 나의 작업에 흥미로운 도전을 제기했다. 결국 나는 이 목소리를 보다 직접적으로 다루기 시작했다.

한 회기에서, 헨리에타는 명확히 평소보다 혼란스러운 상태로 왔다. 헨리에타는 소파에 앉아 마치 "다음에 무슨 일이 일어날까요?"라고 묻듯이 기묘하게 나를 보았다. 나는 똑같이 영문 모르는 듯 말했다. "저에게 무슨 말을 해야 할지 모르는군요. 저도 당신에게 무슨 말을 해야 할지 모르겠어요." 이것은 훈련과 연습에서 '그들의 피를 바친' 끝없는 오디션에 갔지만, 아무런 일도 찾지 못한 무용수에 대한 길고 영문 모를 내러티브를 시작하게 하였다. 헨리에타는 자신이 이것의 모든 부당함에 화가 났다고 말했다. 하지만 그 후 헨리에타는 마치 다른 사람에게 반응하듯이, (마치 거의 헨리에타가 자신이 말해 온 것의 전이 의미를 인식하고 있다는 듯이) 다분히 다른 목소리로 말했다. "당신은 이 치료를 멈추어야만 할 거예요. 그렇지 않아요?" 헨리에타의 내적 경험에 대한 구체적 현실을 생각하며, 그리고 그것이 헨리에타에게 얼마나 완전히 강렬하게 느껴졌을지 알고 있다는 것을 알리고 싶은 마음으로 내가 말했다. "제 생각에 당신이 여기서 아무리 노력해도 제가 당신을 거부할 거라는 말을 들은 것 같군요. 당신은 제가 당신의 불쾌감을 이해해 주기를 원하지만, 그것에 대해 저에게 말할 수 없어요. 이 모든 것이 너무 진짜 같아서 당신은 몹시 혼란스러울 겁니다." 헨리에타는 머리를 베개에 묻고 격렬하게 흐느끼기 시작했다. "너무 혼란스러워요. 기분이 너무 나빠요. 제가 괜찮다고 들었지만, 절망적인 느낌이에요. 저에게 뭐가 잘못된 것인지 말해 주세요." 나는 헨리에타의 심적 세계로 들어가려는 의도를 가지고, 또한 동시에 결국 치료적이 될 수 있는 다른 시각으로서 분석가의 목소리를 삽입하기 위해서 대답했다. "제가 당신에게 정해진 날 50분 동안만 여기에 오라고 했기 때문에 당신의 욕구가 정말로 무엇인지 제가 이해할 수 없다고 느끼는 것 같습니다. 저는 당신의 머릿속에 '당신은 괜찮다'

고 말해 주는 목소리가 있다고 생각해요. 그리고 때로는 그것이 제 목소리같이 들리지요." 헨리에타는 조금 진정되었고, 그리곤 분석가와의 접촉에 대한 알레르기 반응과 같은 무언가로 고통스러워하는 것 같았다. 헨리에타는 모순을 인식하지 못하는 것처럼 갑자기 말했다. "저는 도움이 필요 없어요. 저는 괜찮아요. 속이 안 좋아요. 토하고 싶어요." 그리고 잠시 멈춘 후 말했다. "저는 사람들이 너무 가깝게 다가오면 토하고 싶어요. 당신은 장악당할 거예요. 선생님은 저를 이해해야만 해요. 선생님은 저를 이해하지 못해요. 제 말 아시겠어요?" 나는 불안의 근원을 밝히려고 시도하며 말했다. "당신은 제가 이해하는 것들에 두려워졌군요. 제가 당신을 내보내야만 한다면 매우 아플 거예요." 헨리에타는 여전히 흐느끼며 말했다. "그 섹스예요. 너무 잘못됐어요. 저는 선생님이 잘못 이해할까 봐 몹시 두려워요. 저는 이번엔 무언가가 일어나게 하기 위해 무척 열심히 노력하고 있다고요." 나는 섹스에 대한 언급을 헨리에타의 불안의 직접적 근원으로부터 우리의 주의를 돌리려는 방어로 간주하며 말했다. "당신은 여기서 좋은 일이 일어나기를 원하는군요. 하지만 당신은 또한 두려워하고 있어요. 저를 혼란스럽게 하고 잘못된 곳으로 데려가서 망쳐 버리라고 말하는 목소리가 들리기 때문이에요."

헨리에타와 나 사이에 일어나고 있는 것을 설명할 수 있는 많은 분석적 이해가 있다. 헨리에타의 죄책감과 취약성을 감추어 주는 성적 흥분으로 가득한 변태적 분석적 교류를 생성하려는 소망, 나를 헨리에타의 선율에 춤추는 애처로운 무용수로 만들고 헨리에타를 구하려는 헛된 시도로 '피를 바친' 나를 관찰하려는 소망, 이해를 이긴 혼돈의 승리에 대한 퇴행적 영유아기 전능성, 애원하는 취약한 정체성과 전능적인 해칠 수 없는 독재자로 방어적으로 분열된 자기 등이 그것에 해당한다. 이 모든 것들과 그 외 다른 설명들이 사실이다. 초기 몇 년간 내가 지탱했던 추가적인 이해는 다소 달랐다. 자신의 정신적 혼돈에 질서의 감각을 줄 수 있는 어떤 것에 대한 헨리에타의 갈망과 더불어, 헨리에타는 필사적으로 어떤 아이디어의 진실과 싸웠는데, 그것의 구체적인 내용 때문이 아니라 두 인간의 마음의 근접함이 불러일으키는 견딜 수 없는 역거움 때문이었다. 진정한 느낌과 생각에 대한 역겹고 구역질나게 느껴지는 무엇이 있었다. 즉, 소통과 반영에 대한 혐오가 있었다. 헨리에타는 그녀에게서 그리고 나에게서, 심적 상태를 떠올리는 자신의 능력을 거부하려고 노력했고, 이는 헨리에타에게 경직된 도식적 표상만을 남겼다.

분석은 외설적인 유혹이었다. 왜냐하면 심적 상태에 대해 생각하는 것은 그것을 담기에 너무 작은 공간 안에 밀어 넣는 것으로서 경험되는, 근친상간적인 행위였기 때문이다. 외상에 대한 헨리에타의 적응은 그녀 자신 및 그녀와 가까운 다른 모든 사람들에게서의 느낌과 의도의 부정을 수반했다. 정신적 현실을 공유하기 위한 초기의 통로(상징적 사고)가 가로막혔다. 대신, 사고는 문자 그대로, 외적으로 실제하는 변화시킬 수 없는 것으로 경험되었고, 생각은 말하면 다시 되돌릴 수 없는 것인 글자처럼 느껴졌다. 자신의 사고를 목소리인 것처럼 말하는 것은 헨리에타가 그것이 떠올린 것이 아니라 지각된 것이라는 자신의 감각을 설명하는 방식이었다. 전이는 '가정(as-if)' 경험으로서 간주될 수 없었다. 아마도 이 단계에서 분석가는 그 준거틀에 사고가 두렵도록 폭력적이고 혼란스러운 누군가와 함께 들어가는 것에 대한 엄청난 역전이 저항에도 불구하고 부분적으로 정신적 등가의 준거 틀 내에서 작업할 필요가 있다. 헨리에타의 내적 상태의 표상을 안전하게 하는 역량을 만들어 주는 것이 분석가의 과업이었다. 이것은 부모가 어린 아동과 할 수 있어야 하는 것이지만, 폭력적이고 통제되지 않은 성인의 관점과 동일시되는 것은 동일한 것을 아동과 하는 것보다, 심지어 유사한 느낌을 가진 아동과 하는 것보다도 훨씬 더 위협적이고 혼란을 야기하는 것이다.

이상적으로, 부모는 자녀가 정신적 등가 모드에 있을 때 아동의 경험을 수용해 주는 동시에 부모는 동일한 경험을 하지 않았다는 것을 암시하는 방식으로 행동한다. 어린아이는 문 뒤에 걸어 놓는 잠옷이 뛰어들려고 기다리고 있는 아저씨 같기 때문에 너무 무서워서 잠들지 못할 수 있다. 이때에 이것은 아동에게 실제이고, 공포의 느낌은 그에 상응할 만큼 강렬하다. 부모는 단순히 잠옷이 사람이 아니라거나, 무서워하는 것은 어리석은 일이라고 말하는 것이 아니라, 두려워하는 생각의 실체를 인식해 주되 두려움을 보이지 않는 방법으로 잠옷을 치워 준다.[4] 따라서 부모는 아동의 지각으로 들어가고, 또한 다른 관점을 소개하며 아동의 지각으로부터 거리두기의 가능성을 제공한다. 이것은 아동과 놀이하고 가장하는 것을 통해 대안적 관점을 소개하는 것과 유사한 것이다. 다만 이때에는 진지한 마음의 틀에서 하는 것이다. 이것이 분석가가 경계성 환자와 작업하는 것이다. 헨리에타의 분석가는 친밀감에 대한 헨리에타의 공포의 현실성을 존중하면서, 또한 공포가 사실보다는 신념에 기반하고 있다는 아이디어를 소개했다. 여기에는 어떤 기술적 혁신도 없다. 이것은 특히 전이를 작업할 때, 분석가가 하는 매우 일상적인 것이다. 경계성 병리가 있는 개인들은 왜곡하려는 매우 강력한 성향을 가지고 있고, 분석가는 구체적이고 반복적으로 대안적 관점을 다루지 않은 단순한 해석 행위가 이 아이디어를 전달할 것이라고 가정할 수 없다.

헨리에타와의 회기에서 그 정서가 강렬했다. 그 공포와 불쾌는 실제였다. 이해에 대한 절망적

---

4) 이것은 노출과 관련된 행동치료의 효과성에 대한 정신분석적 설명에 가까울 수 있다. 표면적으로는 인지나 해석이 거의 관여하지 않는 것으로 보이지만, 사실상 정신적 현실과 안전을 신호하는 대안적 관점의 동시적 인식에 대한 동일한 의사소통을 수반한다.

인 갈구는 헨리에타의 자신의 마음을 비우려 하는 욕구에 의해서만 대응되었다. 역전이는 불편과 혼란으로 넘쳤다. 헨리에타는 위험하게 행동했으며, 정기적으로 자신을 죽이겠다고 위협했고, 친구 및 낯선 사람들과 폭력적인 싸움에 연루되었는데, 이런 것들은 나에게 책임을 느끼게 만들었다. 헨리에타는 태만에 대한 소송으로 위협하며 나를 겁주었고, 나에게 내가 속한 전문가 모임에 보내기 위해 나의 '무능'을 신중하게 기록하여 작성한 항의 편지를 주었다. 약속 변경, 취소, 지각, 시간 혼동, 이름을 잘못 기억한 것 등 모든 것이 열거되고 날짜가 기록되어 있었다. 나는 말을 한다고 비난받았고, 그러곤 이내 침묵에 대해 조롱받았다. 다른 경우에는 나를 헨리에타의 구원자로 느끼게 만들었다. 헨리에타의 정신적 현실의 유동성은 대부분의 시간 동안, 나에게 노출된 헨리에타의 정신적 등가가 무엇인지 인식하고 그 인식을 그녀와 소통하려고 시도하는 기본적인 노력 너머에서는, 내가 무엇을 하고 있는지 내가 알 수 없다는 것을 의미했다.

자신의 분석가의 의도에 대한 헨리에타의 이해에 반영된 다소 극적인 분열은 물론, 일반적으로 편집–분열적 자리의 특징이자, 특히 경계성 상태의 특징이다. 우리가 다른 곳에서 설명했듯이(Fonagy, Target, & Gergely, 2000), 게르게이(Gergely, 2000)에 따르면 분열의 메커니즘은 타인의 심적 상태에 대한 일관된 상을 생성하려는 영유아의 욕구에 대한 발달적 부산물로, 미성숙한 마음에서는 주로 이상화된 정체성과 가학적인 정체성으로, 일관되지만 제한된 지향적 상태의 하위 집합을 생성한다.

헨리에타의 정신적 현실에 방향을 맞추려는 나의 노력은 내가 분석적 대화에서의 '틈'이라고 부르게 된 것에 의해 더욱 감소되었다. 내가 거기 있는 것의 어떤 의미도 단순히 사라진 것으로 감지되는 찰나의 순간들이 있었다. 보통, 이것은 침묵의 시기에 발생했다. 침묵이 생각에 잠긴 것을 의미하는 환자나, 이것이 보류나 저항을 나타내는 환자, 또는 침묵이 전이에서의 의사소통인 환자들과 달리, 헨리에타의 침묵은 아무것도 소통하지 않았다. 처음 몇 번의 경우, 나는 실수로 침묵에 잠겨 그것에 의미를 부여하려고 노력했다. "제 말이 당신을 두렵게 하고, 당신은 저를 배제해야 할 필요를 느끼는군요." 또는 "당신은 거부당했다고 느끼고, 그래서 지금 저를 거부하고 있군요." 대부분 이러한 제안들은 아무런 반응도 얻지 못했고, 가끔 그렇지 않을 경우에 헨리에타는 마치 몽상 상태에서 내가 그녀를 깨운 것처럼 반응했다. "방금 뭐라고 하셨지요?" 나는 점차 이러한 삽화들이 침묵 너머로 확장되었다는 것을 깨달았다. 헨리에타는 때로 어떤 느낌을 가지고 말하기 시작했는데, 내가 언급을 하면, 다분히 반응할 수 없는 듯 보였고, 때로는 심지어 분명하게 듣지 못하는 것 같았다. 예를 들어, 어느 날 헨리에타는 내가 거기에 있었다는 느낌이 들 정도로 아버지의 장례식을 명확하게 설명했다. 그 후 헨리에타가 자신이 울 수 없다고 말했을 때, 나는 헨리에타가 장례식에서 울었다는 것에 대해 언급했다. 놀랍게도 헨리에타는 다음과 같이 대답했다. "무슨 장례식이요? 제가 아버지의 장례식에 가지 않은 것을 기억 못하시나요?"

이러한 집단의 환자들과의 분석 상황에서 이러한 해리와 만나는 것은 아마도 흔치 않은 일이 아닐 것이다. 헨리에타의 자기 고립의 순간은 분석가와의 심적 근접함이 야기한 느낌의 강렬함으로부터 도망치려는 시도로 보였다. 그러나 명백히 방어적이면서도, 내러티브에서 이러한 틈은 적어도 그 당시에는 해석될 수 없었다. 그 경험은 헨리에타에게 아무런 의미가 없었고, 헨리에타는 그것에 대해 반영할 수 없었다. 그런 면에서 이것은 바깥세상으로부터 철저히 단절된 주관적 세계 내에 놀이친구를 아직 들어오게 할 수 없는 2세 아동의 놀이와 유사해 보였다. 우리는 헨리에타가 자신이 아버지의 장례식에 있었다는 상상을 했고, 하지만 그 순간에 헨리에타는 자신의 상상하는 행위에 대한 인식이 없었다고 말할 수 있다. 애착관계가 가져오는 위협에 의해 촉발된 정신화의 유예는 우리가 '가장 모드'라고 부르는 정신적 현실을 경험하는 유아적 모드의 지속에서 안도에 빠뜨린다. 아마도 현상으로서 해리의 핵심적 부분은 아주 어린 아동이 분리된 정신적 세계에 완전히 들어가지만 동시에 일상적인 현실과의 접촉을 유지할 수 없는 모드인, 가장 모드의 재창발이다.

이질적 자기

안정된 자기감의 결여는 경계성 환자에게 핵심적인 어려움이다. 우리는 다른 곳에서 자기 조직화에서 반영기능의 역할에 대해 서술하였다(Fonagy & Target, 1997). 환자는 자기 상태의 내면화된 표상을 중심으로 구축된 진정한 기질적 자기상이 부족하다. 이러한 자기상의 부재 또는 취약함은 아동과 그리고 이후 성인에게 명명되지 않고 혼란스러운, 즉 담아지지 않은(Bion, 1962a) 정서를 남긴다. 아동의 경험에 대한 반영적 대상의 부재는 내적 현실이 이름 없이 남아 있는, 때로는 두려운 자기 내 공백을 창출한다. 이것은 의미에 대한 절박감과 아동 자신의 경험 내 어떤 것과도 연관되지 않는 타인으로부터 반영을 기꺼이 받아들이려는 것을 창출할 것이다. 우리는 이것이 아동 자신의 경험의 사용 가능한 형태가 아닌, 부모 상태에 대한 표상의 내면화를 가져온다고 제안한다. 이것은 자기 내 타인의 표상에 기반하여 우리가 '자기 내 이질적 경험'이라 명명한 것을 창출한다. 이것은 브리튼(Britton, 1998)이 이러한 환자들과의 임상적 작업에 기초하여 유사한 용어로 설명한 것에 가까울 수 있다. 일단 내면화되면 이질적 존재는 사고와 정체성 사이의 관계를 방해한다. 즉, 자기에게 속한 것으로 보이지 않는 아이디어 또는 느낌이 경험된다. 이질적 자기는 자기 일관성의 감각을 파괴하고, 이것은 지속적이고 강렬한 투사에 의해서만 복구될 수 있다. 이 과정을 이해하는 것은 임상적으로 필수적이다. 신경증의 경우와 달리 투사가 초자아의 압력이 아닌 자기 경험의 기본적인 연속성을 확립하기 위해 동기화되기 때문이다.

헨리에타에게 꿈은 반영의 가능성을 파괴하는 상연과 조작의 잔인한 사막에 있는 작은 오아시스 같았다. 꿈은 생생하고 다양했는데, 나는 점차 일관된 주제를 발견했다. 거기에는 항상 어떤 것이 다른 어떤 것 안에 있었고, 안에 있는 것은 밖에 있는 것에 거의 기생하는 것처럼 절대적으로 의존적이었다. 예를 들어, 배 속에 윙윙거리는 파리가 있는 도마뱀에 대한 꿈이 있었다. 헨리에타는 딱정벌레 애벌레가 자신의 두뇌 안에서 자라고 있는 반복적인 꿈에 특히 불쾌해했다. 헨리에타는 자신이 다른 꿈을 꾸고 있다고 꿈꾸는 온갖 일련의 꿈을 꾸었다. 나는 반영 능력이 없는 환자들에게 꿈이 여전히 귀중한 창을 제공한다고 믿게 되었다. 아마도 꿈은 부분적으로, 꿈을 꾸는 사람이 무의식적으로 자신의 마음 내 구조적 모양을 그리기 위해 시도하는 (지향적 반영을 방해하는 상태) 발생기 반영 능력의 잔여물인 것 같다.

이러한 러시아 인형 마트료시카의 형태에서, 헨리에타는 아마도 자기가 또 다른 자기, 또는 사실상 타인의 표상을 담고 있는 내적 세계를 표상한 것 같다. 이것은 어머니의 반영기능이 아기에게 너무 자주 실패한, 초기 영유아기에 내면화되었을 것이다. 어머니의 마음에서 자기 자신을 찾으려 하는 아기는 [위니콧(Winnicott, 1967, p. 32)이 굉장히 정확히 설명한 것처럼] 그 대신 어머니를 찾았을 것이다. 어머니의 상은 자기를 식민화하게 되었다. 이 이질적 타인은 아마도 우리의 모든 자기 표상에서 씨앗 형태로 존재할 것이다. 이후 외상이 방어적 책략의 일부로 이것을 불러내면, 이것은 이 자체로 등장할 수 있다. 즉, 통제감을 회복하려는 시도로, 학대자의 마음 상태와 동일시된다. 학대로 조성된 자기 내 이질적 타인은 반영기능의 부재 상태에서 가면을 벗는다. 일반적으로, 자기 상태의 내면화된 비춰 주기에 기원하지 않는 자기 표상의 부분은 그럼에도 불구하고 정신화 능력에 의해 단일하고 상당히 일관된 자기 구조로 통합된다. 이 과정은 그 사람의 삶, 행동 및 정체성에 일관성과 심리적 의미를 부여하기 위해 전의식적으로 작동한다. 헨리에타는 자신의 자기 표상 안에서 윙윙거리는 파리의 경험을 이해하거나, 자신의 두뇌 속 애벌레와 같이 거기 놓여진 것으로서 경험되는 느낌과 아이디어를 소화하는 능력이 부족했다. 헨리에타는 이러한 종류의 해석을 통해서는 자신에 대해 거의 배울 수 없었지만, 분석가의 의사소통의 심적 언어는 헨리에타의 반영 능력을 강화시켰고, 이는 자기의 통합이 강화되는 것을 가져왔다. 우리가 헨리에타가 학대당했던 경험, 그리고 헨리에타 자신의 폭력 경험을 정교화했다고 하는 것의 의미를 설명하겠다.

아마도 자신도 '생존자'인 헨리에타의 어머니는 헨리에타가 두 살이었을 때, 두 번째 자녀의 출산 후 지속되는 산후 우울증에 시달렸다. 어머니는 헨리에타와 헨리에타의 아버지로부터 거의 완전히 철수되었고, 결국 어머니는 가족을 떠났다. 이것은 아마도 아버지의 이미 심각했던 약물 문제를 악화시켰고, 아버지는 처음에는 껴안기에서 그리고 종국에는 질을 통해 나아가 항문을 통해 자신의 딸에게 침투하는 것에서 위안을 찾기 시작했다. 이것은 분명히 헨리에타가 7세경이었을 때 시작되었고, 적어도 4년 동안 지속되었다. 헨리에타는 처음에는 아버지의 관심을 환영했다(심지어 부추겼다)고 회상했고, 점진적으로 그 '고통'이 시작되었을 때 멍한 상태가 되었고, 결과적으로 아버지가 헨리에타에게 깊숙이 들어오는 것을 허용하게 되었다. 헨리에타는 자신이 자신의 인형 중 하나라고 상상한 것에 대해 설명했다. 이것은 헨리에타가 자신과 타인의 사고와 느낌에 대한 어떤 인식도 차단했음을 의미한다. 자신의 아버지가 애정 행위에서 시작된 부분에서 자신에게 상처를 준다는 의미를 헨리에타는 이해할 수 없었다. 심적 상태를 부인함으로써 헨리에타는 아버지가 느꼈을 수 있는 것과 자신의 감정으로부터 거리를 두었다. 이것들을 외면하면서 헨리에타는 자기 내 비반영적 조직화인 이질적 타인에 의존할 수밖에 없었다.

이질적 타인이 전적인 외상의 창조물은 아니다. 이것은 자기의 일부를 대신하면서도 또한 자기의 일부 내에 내재화된 유아적 구조다. 영유아기에 헨리에타의 어머니는 불쾌와 욕구의 반영에 대한 아기의 욕구를 충족시켜 주지 못했을 것이다. (어머니에게 딸의 의존성은 아마도 어머니 자신의 무력감 경험의 참을 수 없는 상기였을 것이다. 모든 자료에서 어머니는 자신의 아들과 더 잘 지냈다.) 우리는 헨리에타가 어린아이로서 방임당했고, 인식되지 못했으며, 자신의 불쾌 상태의 표상으로서 부재의 빈 상을 내면화했다고 제안한다. 이 상태는 성적 관계의 급성 불쾌에서 재활성화되었고, 그리고 이후 이러한 경험들이 분석에서 재현되었을 때 재활성화되었다. 반영성은 일시적으로 유기되었고, 자기-타인의 경계가 파괴되었다. 학대하는 아버지의 잔인함은 희생자가 공격자를 동일시하는 메커니즘과 관련되었을 수 있는 과정을 통해 이질적 자기 표상에 내면화되었다. 따라서 자기의 이질적 부분은 공허해졌을 뿐 아니라 고통스러워졌다. 헨리에타에게 11세 이후 기숙학교에서의 학대 경험은 아마도 이러한 병리적 자기 조직화를 강화했을 것이다.

헨리에타 자신의 자기 표상의 이 고통스러운 부분을 위한 도구가 되어 줄 타인을 찾는 것이 중요했다. 자기 일관성에 대한 헨리에타의 경험은 자신을 학대해 줄 누군가를 찾는 것에 의존하였다. 그 교사가 아마도 첫 번째였을 것이다. 심각하게 가학피학적인 일련의 관계들은 그 교사가 마지막이 아니었다는 것을 분명하게 보여 준다. 전이는 삶의 예였다. 자기-타인 관계의 측면이 외재화되는 전이-역전이의 '역할 반응성' 모델(Joseph, 1985; Sandler, 1976)과는 반대로, 분석가가 헨리에타의 자기 표상의 이질적 측면의 일시적인 거주지가 되는 자기-자기 전이가 진화하였다. 이러한 환기적 투사적 동일시(Spillius, 1992)의 예가 두 가지 이유에서 만연한다. ① 우리가 앞서 언급했듯이 정신화에 의한 자기의 이질적 측면의 정상적인 결합이 발생하지 않았고, 따라서 이러한 측면이 외재화될 가능성이 높다. ② 보다 비판적으로, 일단 이러한 경험이 창출되면 이것은 실제로 이러한 개인들에게 훨씬 더 강렬하게 된다. 정신적 등가의 모드에서 경험되기 때문이다. 상대적으로 가벼운 예를 들어 보겠다.

어느 날 헨리에타는 더 이상 차를 무료로 주차할 수 없게 되었다고 불평하면서 늦게 들어왔다. 주차 규정의 변경은 어떻든 나의 잘못이었다. 헨리에타가 주차비를 감당하지 못한 것도 내 잘못이었고, 다음 주에 나는 다시 다른 일정이 있어 회기를 미루어야 했다. 사실상 헨리에타의 진전이 부족한 것도 전적으로 나의 책임이었다. 헨리에타는 어려운 환자를 다루는 능력으로 유명한 클라인학파 동료에 대해 들었다. 헨리에타는 자신이 그 동료에게 의뢰되었어야 했다고 소망을 말했다. 나는 재앙이었다. 헨리에타는 계속 이어 갔겠지만, 내 입장에서 헨리에타는 충분히 말하였다. 나는 내가 부러워하는 명성을 가진 동료를 모방하려 노력하면서, 명백한 조작을 인식하는 것에 실패하며 말했다. "당신은 당신을 도울 수 있고 당신에 대해 분명하게 생각할 수 있는 나의 능력을 파괴하려고 하는군요." 이것은 오해였다. 나는 헨리에타가 나를 파괴하려는 의도가 없었고, 오히려 비판적이고 자극적인 반응을 야기하려 했다고 생각한다. 헨리에타는 잠시 침묵하다가, 그러곤 말했다. "보세요. 제가 맞잖아요. 당신은 대처할 수 없어요. 너무 젊고 경험이 없어요." 나는 내 자신이 이렇게 말하고 있는 것을 발견했다. "보세요. 당신은 두려워하고 있어요! 당신은 저를 파괴했을지 모르겠지만, 저 없이 당신은 대처할 수 없고, 길을 잃을 겁니다." 헨리에타는 일어나서 "제게 당신과 이 분석은 죽었어요."라고 말했고, 상담실에서 나갔다.

물론 헨리에타가 떠나자마자 나는 내가 오해했었다는 사실을 알았다. 나는 비판적이고 자극적인 반응을 하며 헨리에타의 이질적 자기를 위한 도구가 되었고, 이해를 전달할 수 있는 약간의 능력이 있는 나의 분석적 자기를 버렸다. 이것은 다음 회기에서 확인되었다. 헨리에타는 훨씬 나아진 느낌으로 와서 계속 사과했고, 자신에게 내가 너무 화나지 않았기를 바라면서 내가 얼마나 도움이 되었고 나의 놀라운 헌신과 기술이 아니었다면 자신은 이미 자살을 했을 거라며 나를 안심시켰다. 내가 말했다. "저는 당신이 제가 당신을 믿기를 바란다고 생각해요. 그것이 자만하고 어리석은 저에 대한 당신의 심상을 확인시켜 줄 것이기 때문이에요. 어제 당신이 말한 것은 당신이 저에 대해 느껴야 하는 것에 훨씬 더 가까웠어요." 헨리에타는 경멸스럽게 말했다.

"당신이 뭘 생각하는지는 아무 상관없다는 것을 모르시나요? 당신은 저에게 아무 의미도 아니에요. 아무것도 아니에요!" 내가 말했다. "저는 당신이 옳다고 생각해요. 하지만 저를 당신에게 아무 의미 없는 사람으로 만들 수 있는 것은 당신에게 통제의 느낌을 주는군요. 그것은 모든 것을 바꿀 수 있죠." 헨리에타는 잠시 생각했고, 그러고 나서 말했다. "당신은 그저 말을 잘하는 것뿐이에요. 선생님 X(학대자)처럼요. 당신은 악마예요. 당신은 환자에 대해 전혀 신경 쓰지 않아요." 내가 말했다. "만약 당신이 저를 악마로 보게 만들 수 있어서 그렇게 만든다면, 당신은 저를 죽일 수 있고, 그리고 당신은 자유로워질 겁니다." 헨리에타는 침묵에 잠겼지만, 우리 둘 다 이것이 진실임을 알았다는 느낌이 들었다.

진실을 말하는 것이 늘 헨리에타의 기분을 나아지게 만드는 것은 아니다. 이것은 헨리에타를 슬프게 만들었고 때로는 자살 충동을 주었다. 도움이 될 것 같은 것들은 이러한 많지 않은 소중한 순간이었는데, (이 마지막 회기와 같이) 그것은 헨리에타의 두려움과 불안을 함께 마음에 담는 나의 능력을 유지하면서 이것을 나의 말과 행위로 헨리에타가 볼 수 있게 해 주면서도, 내가 헨리에타가 원하는 것이 될 수 있었던 때였다.

엠마와 같이, 그리고 경계성 특징이 있는 다른 환자들과 같이 헨리에타는 절대적으로 나의 물리적 존재가 필요했다. 이러한 의존성은 고전적인 안전기지 행동으로 보일 수 있지만, 나는 안전 또는 보호의 방식으로 헨리에타에게 많은 것을 제공할 수 있다고 느낀 적이 없다. 오히려 나는 그녀의 존재를 증명하기 위해 필요했다. 헨리에타의 마음은 주체로서의 연속성의 경험을 유지할 수 없었다. 자신의 사고와 느낌이 나에게 미친 영향에 대한 자신의 인상과 관련지었을 때만 헨리에타는 이것들을 견딜 수 있고 안정적으로 경험할 수 있었다. 우리가 앞서 말했던 것처럼, 이 과정을 헨리에타의 경우 심하게 왜곡되어 있었던 발달적 경험을 반복하려는 시도로 보아서는 안 된다. 보다 간단히 말해서 유기에 대한 헨리에타의 공포는 일단 대상에서 분리되면 자신의 지향적 상태를 어디에 놓아야 할지 자신이 없어지는 일의 정신 내적 상태를 반영했다.

4년에 걸쳐, 헨리에타의 분석은 비극적인 질을 얻기 시작했고, 극적인 폭발이 약해졌다. 헨리에타는 더 잘 기능하고 있었지만, 회기는 비통함의 표현에 의해 지배되었다. 아버지에 대한 증오가 나에 대한 진심의 반감과 함께 등장하기 시작했다. 전이는 이제 성(性)화 될 수 있었고, 때때로 그녀가 나에게 화가 났을 때에 헨리에타는 노골적으로 나에게 자신을 성적으로 흥분시켜 줄 것을 요구했다. 헨리에타는 한번 목요일 저녁에 와서, 욕구가 명령하는 대로 규칙적으로 헨리에타를 방문한 '옛 친구'에 의해 헨리에타 자신이 사용되고 학대당하는 것을 허용하는 유독 끔찍한 삽화에 대해 말했다. 나의 마음은 기괴하고 삐딱한 연상으로 가득 찼다. 나는 나를 흥분시키거나 나를 걱정하는 것을 통해 헨리에타가 나를 통제할 수 있다고 느끼는 것이 특히 중요하다고 말했고, 헨리에타가 '옛 친구'와 관련해서도 동일한 필수적인 통제감을 느꼈을 것 같다고 말했다.

헨리에타는 나에게 말하지 않으려 했지만, 나에 대한 꿈을 꾼 적이 있다고 대답했다. 꿈에서 나는 헨리에타에게 그녀가 입으로 그것을 가져가야 한다고 제안하며 나의 성기를 제공했다. 헨리에타는 그것이 냄새가 나고 더러웠기 때문에 저항했다. 헨리에타는 자신이 항복하지 않으면 내가 그녀를 때릴 것을 알았기 때문에 두려웠다. 헨리에타는 내가 무언가를 말하기를 기다리며 잠시 멈추었다. 나는 침묵했다. 헨리에타는 내가 항상 잘 다려진 흰 셔츠를 입기 때문에 내가 아마도 매우 깨끗할 것이라고 생각한다고 말했다. 그러나 그 꿈에서 내 셔츠는 진한 빨강색이었다. 헨리에타는 특히 침착하게 말하며 붉은색은 분노의 색이라고 덧붙였다.

나는 헨리에타에게 자신이 통제되고 있다고 느끼는 것이 얼마나 중요한지 잘 이해한다고 말했다. 왜냐하면 헨리에타가 자신이 친구와 한 행동 때문에 내가 화가 났을까 봐 두려워했기 때문이다. 이 꿈은 진정과 같았다. 만약 헨리에타가 내가 혐오감을 느꼈다는 것을 감지했다면, 나는 죽는 것이 나았다. 나는 붉은색은 또한 피의 색깔이라고 덧붙였다. 전류가 흐른 것처럼 헨리에타가 몸을 떨었다. "제 생각에 그래서 그 사람을 죽여야 할 것 같아요." 헨리에타가 말했다. "저를 혐오스럽게 생각하는 그 남자를 참을 수 없어요." 비극적 이야기가 드러났다. 헨리에타는 정기적으로 자신의 남자친구가 자신을 학대하는 것을 허용해 왔다. 일반적으로 헨리에타는 그 경험에 의해, 특히 남자친구가 자신의 행동으로 느끼는 수치심에 의해 '깨끗해졌다'고 느꼈다. 그러나 마지막 순간에 헨리에타는 남자친구의 눈에서 경멸을 보았다. 헨리에타는 비명을 질렀고 남자친구에게 소리쳤다. 남자친구는 헨리에타를 조롱하고 폄하했다. 헨리에타는 칼을 집어 들었고, 여전히 조롱하고 비웃는 모습으로 남자친구가 그녀에게 다가오자 그를 찔렀다. 그리고 이것으로 헨리에타는 자신의 자기 증오와 굴욕감을 죽였기를 바랐다.

헨리에타와의 나의 작업은 이제 끝났다. 헨리에타는 구조적 및 증상적 진단 측면 모두에서 대단히 향상되었지만, 공포와 절망은 마지막까지 절대 멀리 보내지 못했다.

정신적 등가 및 폭력적 상연

애착의 야만화(野蠻化)가 폭력을 촉발시키는 강력한 원인이 되는 이유는 무엇일까? 우리는 애정적 유대의 야만화가 특정 상황에서 애착 체계를 부분적으로 비활성화시키는 역할을 한다고 믿는다. 그리고 야만화 경험의 해로운 본성은 그것과 관련된 굴욕의 강도에 뿌리를 두고 있다고 제안한다. 정신화 능력의 부재와 정신적 등가의 재창발은 심리적 방임력이 있는 개인을 이러한 맥락에서의 야만화에 특히 취약하게 만든다. 공격은 애착의 비인간화가 야기한 고통에 대한 정신화를 통해 약화될 수 없다. 정신화되지 않은 수치심은 '가정'의 경험이 아니다. 이것은 자기의 파괴에 버금간다. 이 감정을 '자아 파괴적 수치심(ego-destructive shame; Gilligan, 1997)'이라 명명하는 것은 과장이 아닐 것이다. 자기-표상의 일관성, 즉 바로 정체성이 공격을 받는다. 정신화하는 능력은 그 당시 순간에 애착 대상으로부터 인식받는 경험의 결핍에도 불구하고 개인이 자신을 의미 있는 지향적 주체로서 생각하는 것을 지속하게 해 주면서, 공격의 과정을 경감시킬 수 있다. 정신화 능력이 더 견고할수록 그 사람은 공격의 의미와, 공격의 뒤에 있는 것을 더 쉽게 볼 수 있고, 그것을 자아의 실제적 파괴의 가능성으로 오인하지 않을 수 있다. 모욕의 강도는 학대에 뒤따르는 정신화 제한의 직접적인 원인일 수 있다. 내적으로 느껴지는 (주관성) 모든 것들이 저항해야 하는 경험이 된다. 자신의 야만화의 경험에 대해 설명하며, 헨리에타는 참을 수 없는 것을 생각하는 그 행동을 찾았다고 보고했다. "저는 생각하는 것을 멈췄어요." …… "저는 마비되었어요." …… "저는 차마 생각할 수 없어요."

부모와의 관계 맥락이든 또는 친밀한 또래와의 관계 맥락에서든 애정적 유대의 야만화가 어떻게 이러한 강렬하고 파괴적인 자기 증오에 가까운 자기 혐오감과 연관되는 것일까? 다시 한번, 여기에는 역설이 있다. 수치심은 특별한 개인적 인식이 기대되는 바로 그 상황에서 물리적 대상으로 취급받는 것에 관한 것이다. 압도적인 심적 고통은 자신이 어떻게 대해지는지에 기반한 실제 자기에 대한 표상과 이상적 자기 모습에 대한 표상 사이의 불일치를 경험하는 것과 관련되어 있다(Joffe & Sandler, 1967). 애착 맥락에서 발생하는 보아지는 것과 느끼고 생각하는 사람으로서 이해받는 것에 대한 기대는 야수가 된 사람의 대상화와 비인간화와 만나 난폭하게 충돌한다. 수치심은 고통에 대한 이 기본적 정서의 고차적 파생물이다. 참을 수 없는 수치심은 정당하게 인간성이 소중하게 보호받는 것이 기대되는 그 순간에 인간성이 부인되는 모순적 상황에서 발생한다. 몸에 대한 폭력이나 폭력의 위협은 이해가 기대되지만 폭력을 가하려는 사람의 사랑의 부재를 소통하는 극단적인 방식이기 때문에 영혼을 죽인다. 프로이트(Freud, 1914c)가 가르쳐 주었듯 자기는 대상의 사랑으로 유지되고, 그래야 자기애가 가능해진다. 추위가 열기의 부재를 나타내는 것과 같이, 사랑에 굶주린 자기의 징후는 수치심이다(Gilligan, 1997). 그리고 추위와 같이, 수치심은 급성 경험으로서는 고통스럽지만, 강렬하고 심각할 때에는 마비의 느낌 또는 죽음의 느낌으로 경험된다.

모욕의 상태는 대상 및 자기의 주체성에 대한 선택적이지만 깊은 부인을 통해서만 지워질 수 있다. 악화된 폭행으로 인해 수감된 수감자는 자신의 알코올 중독 아버지가 술을 마시고 늦은 밤 집에 돌아와 정기적으로 자신과 자신의 여동생에게 소변을 본 것을 회상했다. 아버지가 집에 오는 것에 대한 그의 공포는 특정한 순간에 아버지를 불구로 만들고 망가뜨리고 싶은 명백한 소망으로 바뀌었다고 보고했다. 그 시점에서 그는 말했다. "그 빌어먹을 놈이 저를 위해 존재하는 것을 멈췄어요." 많은 범죄자에게서 유사한 극적인 자기의 재구성이 일어나는 것으로 보인다. 다른 사람을 의도적으로 손상시키는 것에 대항하는 정상적인 장벽이 침투되었을 때 전환점이 있다. 이 시점부터 그 사람은 타인에게 가한 폭력적인 행동에서 양심의 가책을 느끼지 않는 것으로 보인다. 사이코패스로 오인될 수 있는 상태가 발생한다. 대인관계 감수성의 소멸이 방어적이고 일시적이며 가역적인 것으로 생각되기 때문에 '기능적'이라는 용어가 사이코패스 앞에 삽입될 수 있다. 따라서 결핍으로 간주되어서는 안 되고, 오히려 적응으로 생각해야 한다. 지금까지 우리는 폭력적인 범죄의 소인에 대하여 이야기했다. 이것은 폭력적 행동 그 자체와 구별되어야만 한다. 소인이 특정 맥락에서의 대인관계 인식의 붕괴와 관련되는 반면, 나는 폭력적 행동 그 자체는 기초적인 정신화 기능의 왜곡된 복원을 표상한다고 제안한다.

폭력이 광기의 행위라는 전통적인 정신분석 가정이 있다. 즉, 원시적이고 극히 파괴적인 충동의 손을 든 논리적 사고에 대한 자아의 유기라고 본다. 충동적이든지 또는 계획되었든지, 폭력적 행동은 맹목적인 분노의 행동이 아니다. 오히려 이것은 종종 무고하게 타인에 의해 촉발된 맹렬한 수치심으로부터 취약한 자기를 보호하려는 절망적인 시도다. 개인이 자기의 이질적 부분 내에 담으려고 시도하는 모욕의 경험은 생존적 위협을 표상하게 되고, 따라서 갑작스럽게 외재화된다. 일단 바깥에서 가해자의 마음에서의 희생자의 표상의 일부로서 지각되게 되면, 이것은 완전히 파괴하는 것이 가능한 것으로 보이게 된다. 이러한 의미에서 폭력은 현실에서 보통 파국적인 종말을 가져옴에도 불구하고, 새로운 시작의 소망, 희망의 몸짓이다.

우리는 경계성 상태를 이해하는 것에 있어 마음 상태와 물리적 현실 간의 정신적 등가감을 파악하는 것이 중요하다고 제안한다. 헨리에타의 희생자는 태도나 심적 상태를 상징하지 않는다. 그는 그 당시 순간에 헨리에타의 수치심의 체현이었고, 그를 파괴하는 것은 또한 그 참을 수 없는 심적 상태를 파괴하는 것으로 느껴졌기 때문에 살해되었다. 어린 아동은 일반적으로 이러한 방식으로 자신의 견딜 수 없는 느낌을 다루는 것이 물리적으로 불가능하다. 그러나 이러한 방식으로 자신의 내적 세계를 경험하는 성인은 자신과 타인에게 위험할 수 있다.

헨리에타는 자신의 것이지만 자신의 것인 것처럼 느껴지지 않는 심적 상태를 파괴하기 위해 폭력에 의지했다. 살인의 순간에, 헨리에타의 대상은 헨리에타의 수치심을 느끼는 것에서 헨리에타에게 수치심을 주는 것으로 바뀌었다. 이것은 헨리에타가 필사적으로 끊어 내려 하는 느낌이었다. 헨리에타는 이것을 끊어 내려 시도했지만, 이것이 돌아오겠다고 위협했을 때 살인만이 유일한 해결책으로 보였다. 헨리에타는 그녀의 자기의 일관성이 파괴될 것 같은 공포를 느꼈다. 폭력의 행위는 그녀의 수치심과 이 공포를 모두 파괴하는 것으로 느껴졌다. 헨리에타의 무의식적 희망은 그렇게 하면 이 두 가지가 모두 영원히 사라질 것 같았다.

정신화하는 능력의 결여는 이질적 자기를 발생시키는 것만큼 그것을 또한 드러낸다. 이것은 또한 느낌과 사고가 실제로 느껴지고 현실의 한 가지 형태만이 가능하다고 생각하는 모드를 드러낸다. 헨리에타의 남자친구의 정서의 영향은 재해석되거나 정신화를 통해 맥락 내에서 고려될 수 없다. 외적인 것과 내적인 것을 동등하게 하는 헨리에타의 정신적 현실에 대한 원시적 경험은 그녀를 장난으로 만들었고, 헨리에타의 자기감의 실제적인 파괴를 위협했다. 정신적 등가는 모욕을 삶과 죽음의 문제로 만들었다. 뒤따른 살인은 '눈 먼 분노'의 행동인 공감의 결핍이 아니다. 헨리에타가 그의 반응을 보았고, 그 반응 안에서 그렇지 않으면 헨리에타 자신의 일부로 경험했을 어떤 것을 보았다는 것이 중요할 수 있다. 그의 몸부림과 고통은 헨리에타가 나중에 그것을 분석하면서 경험한 필수적인 특징이었다. 살인의 순간, 헨리에타는 치명적인 거절, 모욕, 조롱에서 벗어나, 살아 있고 일관되며 실제라고 느꼈고, 일시적이지만 처음으로 자기가 존중받는 경험을 했다. 헨리에타는 이상하지만 깊은 평온감을 느꼈다고 설명했다.

헨리에타에게는 자신을 학대하는 사람, 즉 역전이 상연에서는 분석가였고, 헨리에타를 학대하는 것으로 일시적으로 헨리에타가 자신의 참을 수 없는 모호한 정체감을 감소시키는 것을 도와준 일련의 타인들이 필요했다. 이 기능을 수행하는 타인은 이 복잡한 과정이 작동하기 위해 존재를 유지해야만 한다. 두렵게 하거나 모욕스럽게 하는 분석가나 다른 사람이 그녀에게 없으면, 헨리에타는 자신이 자기라는 것을 느낄 수 없었다. 다시 말하면, 헨리에타는 분석가가 거부적이고 경멸하게 하도록 유발하려고 시도한다. 그러나 이러한 반응을 유발하는 것에 성공하면, 헨리에타는 대상과의 다른 경험과 나란히 놓기에는 너무나 강렬한 그녀 지각의 즉시성과 실제성으로 인해 공격받았다고 느꼈다. 대상으로부터의 탈출은 해결책이 되지 않는다. '외사'의 대상인 타인이 떠나면, 투사를 통해 그녀가 성취한 일관성의 파괴가 복귀되기 때문이다.

우리는 헨리에타와 엠마와 같은 환자들이 보여 주는 불가능해 보이는 도전이 전이의 이러한 측면에 뿌리를 두고 있다고 믿는다. 관계가 기능을 하고 견딜 수 있으려면, 분석가는 환자가 소망하는 사람이 되어야만 한다. 그러나 이러한 순간에 분석가는 두려움이 너무 커서 수용될 수 있는 도움을 제공할 수 없을 것이다. 분석가가 되고 환자가 이러한 원시적 관계 모드를 극복하도록 환자를 돕기 위해 분석가는 자신에게 투사된 것 이외의 것이 되어야만 한다. 이러한 대립하는 압력의 반응을 다룰 수 없다면, 분석가는 병리적 교환의 경직된 반복에 처하게 된다.

의심의 여지없이, 어려움의 일부는 임상가로서 우리가 피할 수 없이 느끼는 우리에게 투사된 것을 상연하려는 압력에서 발생한다. 우리는 우리의 환자가 우리에게 소망하는 것이 되도록 압력을 받는다. 왜냐하면 우리는 이것 없이는 우리와의 장기적인 만남이 견딜 수 없을 것이라고 감지하기 때문이다. 물론 이것은 모든 전이 상황에서 어느 정도 발생한다. 그러나 환자가 정신적 등가의 모드에서 주로 사건을 경험하고 있을 때의 차이를 이해하는 것이 필수적이다. 만약 일상적인 전이 경험이 환영이라면, 경계성 환자의 경험은 의심의 여지없이 실제 같은 망상으로서 느껴질 것이다. 분석가로서 우리는 예상된 도발에 반응하지 않기 위해 굉장히 열심히 노력하기 때문에, 우리가 무의식중에 경계성 환자들을 압박하는 것은 더 어렵게 된다. 모든 이러한 환자들은 우리를 괴롭히고, 결국 분노로 우리를 반응하게 만들려는 것은 우리가 그들을 방임하거나 거절하거나 그들로 인해 흥분된 느낌을 야기하게 된다는 것을 발견한다. 이런 모든 경우에서 일시적으로 우리의 치료적 균형을 잃는다.

기술적 함의: 정신적 등가와 가장 모드 사이

엠마의 경우에서와 같이 우리는 헨리에타의 사례에서도 적절한 기술적 우선순위가 분석가의 마음에서 환자의 심적 상태에 대한 분석가의 상을 유지시키는 것이었다고 믿는다. 헨리에타가 인간으로서 자기에 대한 지각의 파괴에 성공하지 못한 것이 핵심적이었다. 이는 헨리에타가 자신의 사고와 느낌을 표상하기 위한 발판을 얻기 위해 점진적으로 분석가의 마음에서 헨리에타 자신의 상을 찾아가는 데 필요했다.

이 설명은 헨리에타와 같은 환자는 정신분석에서 반응할 수 없다는 인상을 줄 수 있다. 해석은 필연적으로 대안적 관점에 대한 약간의 개방성과 관련된다. 그러나 성인의 마음에서는 정신화의 거부가 실제로 절대 절대적이지 않다. 이것은 특정 스트레스의 순간이나 또는 애착관계에서 가장 증가될 수 있다. 따라서 환자는 다른 맥락에서 일부 정신화의 경험을 가지고 그 위에 구축하기 시작할 수 있다. 분석가는 전의식적으로 얼마나 많은 개방성이 있을지 평가하고, 만약 가능하다면 아주 천천히 그 공간을 점진적으로 넓히는 것을 목표로 한다. 가용적 능력의 측면에서 여기

에는 넓은 순간순간의 변이가 있고, 개입은 현재의 잠재력에 맞추어 짜여져야 할 필요가 있다.[5]

앤서니 베이트먼(Anthony Bateman, 1997)은 동일한 현상을 로젠펠드(Rosenfeld, 1964)의 후안적(thick-skinned; 厚顔的) 나르시시스트와 난안적(thin-skinned; 敍顔的) 나르시시스트 간의 구분의 맥락에서 세심하게 설명했다. 로젠펠드(Rosenfeld)의 설명을 확장하며, 베이트먼(Bateman)은 나르시시스트가 비하적이고 과대한 후안적 상태와 취약하고 자기 혐오적인 난안적 상태 사이를 오간다고 주장했다. 베이트먼(Bateman)은 이러한 환자들과의 해석 작업은 이들이 한 상태에서 다른 상태로 이동하는 위험한 순간에 진행될 수밖에 없다는 것을 보여 준다. 우리는 베이트먼(Bateman)이 설명하려고 했던 것이 이질적 자기(비하적이고 과대한)의 성공적인 외재화라고 생각한다. 가학적인 대상의 자기 내에서의 외재화는 환자가 관심에 귀를 열 수 있고, 나아가 경험할 수 있게 한다. 환자의 진정한 자기의 일관된 표상을 추론하고 생성하기 위해서 분석가는 역전이 상연으로부터 분리되었지만 동시에 역전이 상연과 함께 있는 이중 기능 모드에 있을 필요가 있다. 그러나 이것이 종종 분석이 실패하는 지점이다. 왜냐하면 환자는 자신이 투사한 것이 아닌 다른 어떤 것을 듣는 순간, 다시 한번 경계하게 될 수밖에 없기 때문이다. 환자는 애써 추출한 자신의 내사 대상으로의 복귀를 무릅쓸 수 있다.

이러한 환자에 대한 치료의 한 가지 위험은 분석가가 환자가 흡수할 수 있는 것보다 더 많이 환자에게 제시하여 진정으로 이해할 수 있는 잔여 능력을 압도할 수 있다는 것이다. 이것은 넘치는 행동을 야기하거나 또는 아마도 우리가 '과잉 활동적 정신화(hyperactive mentalizing)'라고 부르는, 거짓 '분석적' 태도의 발달을 가져올 수 있다. 대조적으로 일부 지지적인 심리치료에서와 같이, 정신적 현실에 대한 환자의 경험을 확장하려는 야망의 결여는 정서 조절 증진의 기회를 놓치고, 분석과의 강한 애착이 발달하면서 느낌을 행동으로 표현하려는 욕구가 상승되기 쉽고, 심각한 자살 시도가 초래될 수 있다.

이 맥락에서 환자의 자료에 그것이 정말 담고 있는 것보다 더 의미를 부여하는 엠마 사례와 연결되어 접촉되는 추가적인 위험이 있다. 유사한 많은 환자들과 같이, 헨리에타는 특히 치료의 초기에 많은 가-상징적(pseudo-sympolic) 의사소통을 치료에 가져왔다. 헨리에타의 말은 내적 상태를 나타냈지만, 얼마 후면 이것의 의미가 다른 환자들이 느낌 또는 공상을 설명하는 방식과 공통된 부분이 거의 없다는 것이 명확해졌다. 정상적인 해석적 대화는 대부분 쓸모없는 것으로 보였다. 헨리에타의 경우 이것은 실제적인 변화로 이어지지 않는 끝없는 말의 흐름을 만들었다.

---

5) 이 관찰에 대해서 우리는 에프라인 블레이버그 박사(Dr. Efrain Bleiberg)에게 감사한다.

경계성 환자의 분석은 말이 교환되지만 의미와 또한 정신적 변화를 교묘히 빠져나가는 가장 모드로 전환될 수 있다. 심적 상태에 대한 환자의 언어화는 환자의 내적 경험의 일차적 수준과 연결시킬 수 없기 때문에 필연적으로 '가-통찰(pseudo-insights)'이다. 이러한 분석의 진전은 모래 속에서 바퀴가 돌고 있는 자동차와 닮아 있다. 환자의 정신적 현실이 분석가의 그것과 같이 경험된다고 가정하는 환자의 심적 능력에 대한 과대평가는 진실에 대한 결실 없는 탐색을 야기할 수 있다. 정신화는 실제적인 정서적 경험과 분리되어 존재할 수 있지만, 이것은 특히 치료적 맥락에서 거의 가치가 없다.

이러한 환자와의 초기 단계에는 고전적인 의미에서의 해석에 대한 자리가 없다. 분석가의 일부 상연은 불가피하다. 이것의 현실적인 목표는 분석가가 자신의 경험을 환자에게 지속적으로 반영해 줄 수 있는 충분한 통찰을 유지하는 것이다. 헨리에타의 분석은 내적 세계에 대하여 헨리에타에게 가르쳐 주어야만 했고, 이를 위해 헨리에타의 경험에 대해 분석가의 마음을 개방하는 것이 주요했다. '깊은' 해석은 조롱, 침습, 훼방, 또는 유혹과 같이 느껴졌다. 적절한 초점은 치료의 초기에 헨리에타의 비언어적 몸짓에 대한 분석가의 반응에서와 같이, 느낌의 촉발요인과 동일한 사건에 대한 지각에서의 차이를 강조하고 행동과 느낌 사이의 복잡한 관계에 대한 인식을 가져오는 심적 상태에서의 작은 변화들의 탐색인 것같이 보였다. 헨리에타와 했던 것과 같은 이러한 해석 작업은 상담실과 환자 및 분석가의 느낌과 태도에 엄격하게 초점을 가져야만 한다. (이 맥락에서 '전이'라는 용어가 사용된다면, 전통적인 정의와 다소 다르게 사용되는 것이라는 점에 주의하라. Sandler, Dare, & Holder, 1992 참조) 헨리에타의 치료에서의 배경이었던 겁을 주는 준-자살적(para-suicidal) 행동과 같은 분석가와 관련된 환자의 행동은 우리에게 무의식적으로 의도된 의사소통으로 보여지지 않고, 견딜 수 없는 친밀감에 대한 절망적인 반응으로 보인다. 분석가의 과업은 상연을 촉발했을 수 있는 감정적 상태를 정교화시켜 주는 것이다. 여기서 어려움은 분석가가 또한 수용해야만 하는 강력하고 침습적인 투사의 직면에서 치료적 작업의 '가정(as-if)'적 본성을 보존하는 것이다. 기능의 정신적 등가 모드와의 투쟁에서, 때로 유머 또는 놀이기를 위한 공간이 있다. 그러나 이것은 자연스럽게 많은 섬세함과 이 접근법의 환자의 예상되는 경험에 대한 판단을 요구한다.

심리치료사의 정신화적 정교화 자세는 궁극적으로 환자가 치료사의 마음에서 자신을 찾을 수 있게 하고, 이 상을 환자의 자기감의 일부로서 통합할 수 있게 한다. 성공적인 치료에서 환자는 느낌이 안전하게 느껴질 수 있고, 아이디어가 안전하게 생각될 수 있다는 것을 점진적으로 수용하게 된다. 내적 세계의 경험은 외적 현실과 분리되고 질적으로 다른 것으로서 점진적으로 전환된다(Fonagy & Target, 1996). 이것이 이러한 환자들이 압도적인 갈등을 회피하기 위한 시도에서 방어적으로 유기시켰던, 성숙 과정의 일부라고 우리는 제안한다.

이러한 모든 장치를 통해, 분석가는 비화용적인 정교화하는 정신화적 자세를 적용하고, 이것은 환자에게 호의적인 타인의 심적 상태에 집중하는 요구를 만든다. 이 자세는 그 자체로 반영과 자기 반영에 대한 환자의 생물학적 성향을 향상시키거나 탈억제시킨다. 아마도 보다 중요한 것은 환자가 치료사의 마음에서 생각하고 느끼는 존재로서의 자기 자신을, 초기 아동기에 완전히 발달되지 못했고 또한 뒤따른 고통스러운 대인관계 경험으로 더욱 약화되었던 자기 표상을 찾을 수 있다는 것이다. 이러한 방식으로 환자의 핵심적 자기 구조가 강화되고, 충분한 통제가 내적 상태에 대한 심적 표상을 통해 성취되며, 적절한 심리치료적 작업이 시작될 수 있다. 만약 작업이 여기서 멈추더라도, 행동을 이해할 수 있고, 의미 있으며, 예상 가능하게 만든다는 측면에서 많은 것이 달성되었을 것이다. 심적 상태에 대한 분석가의 관심의 내면화는 환자 자신의 경험을 향한 유사한 관심에 대한 환자의 능력을 증진시킨다.

제11장

임상 현장에서 정신화된 정서성

    이번 장에서 우리는 정신화된 정서성(mentalized affectivity) 개념에 초점을 두고, 성인에게 특히 의미 있는 정서 조절의 한 형태에 대해 자세히 설명할 것이다. 제2장에서 소개한 바와 같이, 정신화된 정서성은 정교한 정서 조절 양상으로, 어떻게 자기 반영성의 렌즈를 통해 정서가 경험되는지를 의미한다. 모든 성인이 이러한 정서성 능력이 있다고 잘못 가정할 수 있는데, 이것은 고정된 성취라고 할 수 없다. 이번 장에서 우리가 설명하는 것과 같이 정신화된 정서성은 심리치료를 통해 향상될 수 있는 개념이고, 따라서 특히 임상 영역에서 의미 있는 현상에 존재한다. 이번 장의 첫 번째 절에서는 우리는 정신화된 정서성의 개념적 설명을 제시하는 것으로 시작하고, 두 번째 절에서 정신화된 정서성의 세 가지 요소를 설명한 후, 세 번째 절에서는 이것의 중요성을 전달하는 4개의 임상 사례를 소개하겠다.

▌정신화된 정서성의 개념

    정서는 주관적으로, 또는 무의식적으로 경험할 수 있는 심적 상태다. 정서 조절은 주체감에 상응하는 심적 상태를 만들어 가는 과정이다. 이것은 인식 없이 발생하는 항상성 조절과 같은 것에서부터 인식이 결정적인 우리의 타인과의 관계를 통한 자기 조절에 이르기까지 다양한 수준에서 발생한다. 보다 친숙한 사람이 주관적인 경험과 함께 있을수록, 보다 효과적인 조절이 가능하다는 것이 타당하게 가정된다. 이에 상응하여 더 발달된 사람이 정서 조절을 함께 할수록, 자기 조절에 더 가까워지게 된다. 정신화된 정서성은 상태 또는 과정을 초월한다. 궁극적인 형태에서, 이것은 성격 양상과 근접한 관계를 갖고 있다. 그러나 모든 형태의 정신화가 정서적 경험과 관련된 것은 아니라는 점을 이해하는 것이 중요하다.

정신화된 정서성(mentalized affectivity)은 친숙함뿐 아니라 자기 자신의 주관적인 경험에 대한 편안한 감각에 근거를 둔다. 실제로 이러한 정서성은 자기 반영적인 주체를 가정한다. 정신화된 정서성을 (인지가 정서적 경험을 결정하거나 바꾸기 위해 적용되는 것과 같은) 다른 관점과 구별해 주는 것은 주체가 정서 상태 내에 머무르거나 그것을 되찾는다는 것이다. 심리치료에 종사하는 사람들이 인식하듯 추상적인 자기 이해와 생생한 정서적 경험이 매개하는 통찰과 같은 것 사이에는 깊은 차이가 있다.

정신화된 정서성을 통해 자기 자신의 정서적 경험에 대한 보다 복잡한 이해를 획득할 수 있다. 이것은 종종 정서가 새롭거나 보다 미묘한 모양으로 만들어진다는 것을 의미한다. 그러나 이것은 정서의 본질에서의 변형을 반드시 요구하지는 않는다. 정신화된 정서성이 단순히 새로운 정서를 창출하는 것이 아니라 동일한 정서에서 새로운 의미를 인식하도록 우리를 안내한다고 볼 수 있다. 이러한 유형의 정서성은 긍정적인 정서를 증진시키는 것을 목표로 하지만, 또한 부정적인 정서를 수용하고 다룰 수 있도록 우리를 도와야 한다. 본질적으로 정신화된 정서성은 정서를 헤아리고 재해석하고자 하는 인간의 욕구를 말하며, 특히 정서의 내적 표현을 통해 예증된다. 우리가 이 책 전반에서 논의한 것처럼, 정신화는 일반적인 자기 마음에 대한 관심을 나타낸다. '정서성'이라는 용어는 자기 자신의 정서에 대한 관심, 즉 마음의 특정 영역에 대한 관심을 나타낸다. '정신화된 정서성(mentalized affectivity)'이라는 용어는 정신화를 통해 정서 조절이 어떻게 변화되는지를 설명한다.

▌ 정신화된 정서성의 요소

정신화된 정서성의 폭넓은 특징이 설명되었다면, 보다 구체적인 방식으로 이것의 구성 요소를 설명하겠다. 이것은 이 개념에 대한 보다 깊은 이해를 제공할 것이고, 또 연구의 목적을 위해 이 개념이 어떻게 조작적으로 정의될 수 있는지에 대한 기반으로서의 역할을 할 것이다. 정신화된 정서성에는 세 가지 요소가 있다. 정서의 인식, 조정, 표현이다. 각각의 세 요소는 기본적인 형태와 보다 복잡한 형태를 갖는다. 우리가 상상할 수 있듯이, 정서를 인식하는 것은 그것을 조정하는 것의 시작이다. 그것이 무엇인지 알지 못한 채 느끼는 것을 바꾸는 것이 불가능한 것은 아니다. 그러나 정서를 조절/조정하는 것이 정서 그 자체에 대한 어느 정도의 인식을 갖는 것에 의존한다고 보는 것이 가장 타당해 보인다. 유사하게, 정서를 표현하는 것은 여기서 조정에 수반적이다. 그러나 우리의 설명에서, 정서가 외부에서뿐 아니라 내부에서도 표현된다는 것을 아는 것 또한 중요하다.

3개의 개별 요소를 자세히 살펴보겠다. 가장 기본적인 형태에서, 정서를 인식하는 것은 느끼는 기본 감정을 명명하는 것을 의미할 것이다. 특징적으로 자신의 정서를 명명하는 것을 회피하거나 또는 일부의 경우 특정 정서의 명명을 생략하는 일부 환자들이 있다는 것에 주목하게 될 수 있다. 이것이 의미하는 바가 무엇인지 이해하는 과정은 환자가 문제가 되는 그 정서에 대해 다소 불편한 것인지, 또는 실제로 그것에 대해 무지한 것인지를 명확히 하는 시도에서 시작해야 한다. 실제로 이렇게 하면 정서를 명명하는 것의 문제가 얼마나 복잡하기 쉬운지 알 수 있고, 개인이 어떤 상태에 있는지를 아는 것의 간단한 문제가 아닐 수 있음을 이해할 수 있다. 자신이 느끼는 것이 무엇인지 혼란스러워질 수 있다. 즉, 이것이 한 정서인지 또는 그것이 아닌 다른 정서인지, 또는 이 둘의 어떤 조합인지 혼동될 수 있다. 정서들이 복합적으로 느껴지는 경우, 각 정서의 상대적인 정도를 살펴볼 필요가 있다.

정서를 인식하는 복잡한 측면의 예는 정서 간에 (종종 숨겨진) 연결이 있는 경우다. 이것의 예로, 화를 낼 때마다 불안해지는 전환을 겪는 사람이 있다. 이러한 연결 중 일부는 사랑에 실망했을 때 분노와 슬픔 사이를 오가게 되는 것과 같이 예측 가능할 수 있다. 다른 일부 연결들은 화가 날 때마다 자신에게 분노를 야기한 주체의 동기에 대해 동정적인 심지어는 따뜻한 관심을 집중시키며 신속하게 얼버무리면서 이동하는 환자와 같이, 보다 특이할 수 있다. 따라서 정서를 명명하는 과업을 넘어, 정서를 인식하는 것은 별개의 정서 사이의 관계를 파악하는 과정을 포함할 수 있다.

기본 형태에서 정서를 조정한다는 것은 정서가 어떤 면에서 바뀐다는 것을 의미한다. 이것은 강도 또는 지속 시간의 수정을 수반할 수 있고, 또는 정서를 정제하는 보다 미묘한 적응을 의미할 수 있다. 조정은 정서가 지속되거나 상향으로 또는 하향으로 조절되는 것을 의미할 수 있다. 우리 중 한 명에게는 매우 자기애적인 환자가 있었는데[아래 '스콧(Scott)' 참조], 그는 자신이 호감을 가졌던 여성이 약혼한다는 소식을 듣고 "기분이 꽤 좋았다"고 말했다. 추가적인 탐색에서 그는 이 소식에 대해 슬프지 않았던 것은 아니지만, 그의 슬픔이 빠져나갔다고 주장했다. 이것은 정서를 증가시키거나 감소시키기보다는, 환자가 그것을 완전히 경험할 수 있도록 정서를 유지하는 조정이 필요한 경우로 보인다. 자신의 경험의 대부분을 채색할 정도로 부적 정서(예를 들어서, 분노 또는 분개)에 지속적으로 밀착하는 사람을 쉽게 예로 상상할 수 있다. 이것은 부적 정서를 하향으로 낮출 수 있는 정도의 조정이 필요함을 의미한다.

정서성의 복잡한 형태는 정서의 재평가와 관련이 있다. 이것은 정서성의 과정에서 결정적인 순간이다. 개인이 새로운 정서에 적응하기보다는 동일한 정서의 의미를 재평가하는 것이 필요하다는 것을 알려 주기 때문이다. 따라서 정서의 재평가를 통해 개인은 자신의 정서적 경험의 복잡성에 대한 보다 큰 감각을 갖게 된다. 이것은 특정 방식으로 정서를 경험하는 개인의 성향이 어떻게 초기 상호작용 및 경험으로부터 확장될 수 있는지 이해하게 되는 예에서 설명될 수 있다. 재평가를 통해 정서를 조정하는 것은 자기 자신의 경험과 역사를 고려해야 하는 일이다. 이것은 관계의 종료에 대한 자신의 경험을 재평가하는 환자[아래 '롭(Rob)' 참조]의 예에서 보다 구체적으로 나타난다. 즉, 그는 부모의 이혼이 자신의 경험에 어떻게 영향을 미쳤는지에 대해 받아들이려고 애썼는데, 이는 그가 자신을 발생한 일의 주체라기보다는 희생자로 간주하게 이끌었다.

정서성의 세 번째 요소는 정서의 표현이다. 가장 기초적인 수준에서, 우리는 표현을 억제하거나 자연스럽게 표현하는 것 간의 선택을 구별할 수 있다. 우리는 표현이 세상으로의 정서의 외부적 표현을 의미한다고 쉽게 생각할 수 있지만, 반드시 그런 것은 아니다. 우리의 견해로는 정서가 내부적으로 표현될 수 있다는 감각을 무시하지 않는 것이 중요하다. 사회생물학적 설명에서 감정을 얼굴 표현으로 나타나는 것으로서, 생존을 돕는 행위 반응으로서 간주한다는 것을 고려하면, 정서를 내부적으로 표현하는 것의 아이디어가 무엇을 의미하는지 질문하는 것이 타당하다. 여기서 우리는 감정적 반응을 감추는 것이 유기체에게 유용하고 유익한 전략이 될 수 있다는 것을 강조한다. 그렇다면 감정을 내부적으로 표현하는 것은 정서를 외부적으로 표현하는 것이 바람직하지 않은 상황에서 의지하는 전략으로서 이해될 수 있다. 정서의 내부적 표현은 우리에게 외부적 표현 이외의 선택을 제공하는 표상 체계의 존재를 전제로 한다.

여기에 심리치료에 대한 중요한 함의가 있다. 심리치료는 실제 세계와 비교하여 안전하고 담아 주는 분위기 안에서 정서를 표현하는 것을 통해 정서의 내부적 표현을 실험하는 것으로서 이해할 수 있다. 우리가 제6장 '현실과의 놀이'에서 설명한 것과 같이, 심리치료는 치료사가 놀이가 있는 부모의 역할을 하면서, 환자가 자신의 정서를 조절하는 방식으로 공상과 상상을 증진시키는 작용을 하는 일종의 기능의 가장 모드에 의존하는 것으로 이해될 수 있다. 실제로 환자가 자신의 정서를 내부적으로 표현하기 시작했다는 것의 관찰은 종종 심리치료에서 진전을 나타내는 지표다. 이것은 외부적 표현의 가치와 중요성을 조금도 수반하지 않는다. 즉, 중요한 것은 주체가 자신의 진정한 자기 관심, 즉 사적 이익에서 선택을 할 수 있는지의 여부다.

정서의 내부적 표현은 특히 자기 반영성과 일치한다. 우리가 정신화된 정서성의 개념을 개략적으로 설명하면서, 이것이 먼 위치가 아닌 자신의 정서 상태 안에 있으면서 자신의 정서 위에 반영하는 것을 수반한다고 한 것을 기억하라. 정서를 표현하려고 할 때, 세상에 드러내지 않은 채 정서를 새롭게 느끼는 것으로도 충분할 수 있다. 예를 들어, 한 환자가 당시 임신 중인 환자의 아내는 이런 말을 남편에게 듣기에는 너무 취약한 상태로 느껴졌음에도 아내가 임신에 대해 환자를 비난했기 때문에 아내에게 화가 났다는 것을 알게 되었다. 여기서 요점은 환자에게는 환자가 한 것보다 더 깊은 수준에서 자신의 분노를 경험하는 것이 도움이 되지만, 자신의 정서를 아내에게 직접 전달하지 않는 선택을 하는 것 또한 동등하게 중요했다는 것이다. 여기서 우리는 이 설명이 지적 관점에서 분노를 인식하는 것과 어떻게 다른지에 대해 강조하고자 한다. 정신화된 정서성은 더 나아가 우리에게 우리 자신의 정서를 밀어내도록 한다. 내부적으로 정서를 표현할 수 있는 것은 외부적 표현이 바람직하지 않은 상황에서 하나의 선택을 더해 준다.

정서를 표현하는 것은 의사소통의 한 형태가 되면서 더욱 복잡해진다. 특히, 정서가 외부적으로 표현된 경우, 우리는 타인을 고려하지 않고 발생한 표현과 타인과의 대화 맥락 내에서 발생하는 것을 구별할 수 있다. 정서를 소통하는 것은 그 표현이 타인에게 어떻게 받아들여질지에 대한 기대와 함께 제공된다는 것을 의미한다. 우리는 타인이 우리가 느끼는 것을 단지 알게 되는 것뿐 아니라, 또한 그것을 이해하고, 아마도 그 느낌에 반응하기를 원한다. 예를 들어, 한 환자가 쉬는 시간에 성가심을 표현하며, 작년에는 쉬는 시간이 더 짧았는데 그것이 맞는지 여부를 물었다. 이것은 이 환자가 어떻게 느끼는지에 대한 진술을 넘어선다. 즉, 이것은 반응의 기대를 포함한다. 따라서 친밀한 관계 및 사회적 관계에 대한 노력을 반영하는 정서의 의사소통에는 보다 자의식적인 점이 있다. 우리는 여기서 정서의 의사소통적 측면의 발달이 '정서 비춰 주기의 사회적 바이오피드백 이론'을 다룬 제4장에서 강조되었다는 것을 기억해야 한다. 정서 비춰 주기는 이후 언어적 의사소통의 기반이다.

정신화된 정서성의 요소를 기술하는 것이 이 개념이 무엇에 관한 것인지에 대한 더 나은 감각을 우리에게 제공함에도 불구하고, 아직 우리는 여전히 추상적인 수준에 있다. 우리는 사례 자료를 몇 차례 언급하였다. 그러나 개념으로서 정신화된 정서성의 가치는 이것의 임상적 징후에 대한 정교화에 의해 상당히 풍부해질 것이다. 다음 절에서 우리는 이러한 정서성의 다양한 측면을 강조하는 네 가지 사례를 살펴보겠다.

▌임상 사례

이 절에서는 우리의 임상 작업으로부터 네 가지 사례를 제시한다.[1] 정서성(affectivity)의 개념에 대한 우리의 관심에 따라 사례가 제시되는데, 필연적으로 이것은 정서성의 아이디어를 넘어서는 자료를 포함하게 한다. 그러나 전체 사례를 제공하는 것은 우리가 의도하는 것이 아니다. 따라서 모든 것을 탐색하지 않고, 사례들의 흥미로운 측면을 다룬다. 사례 자료는 치료 내에서 창발하기 시작한 정서성의 사례에서의 아주 적은 정서성(그리고 이것의 비참한 결과)에서부터 환자가 상당한 정서성을 가지고 치료에 온 다른 사례에 이르기까지 다양한 정서성을 보여 준다. 또한 정서성은 임상가에게도 존재하기 때문에, 우리는 때때로 정서성과 씨름한다. 우리의 시각에서 모든 심리치료의 형태가 환자와 환자 자신의 정서와의 관계를 변화시키는 것을 목표로 하고 있고, 정서성은 이 가능성을 나타낸다. 하지만 정서성을 가지고 있는 사람들에게조차, 이것은 계속되는 투쟁이다.

▌테레사

테레사(Teresa)는 뉴욕에서 자란 30대 후반의 아프리카계 미국인 여성이다. 테레사는 사실 자신이 맨해튼 밖으로 가 본 적이 없다고 나에게 말한 적이 있다. 테레사는 다분히 정신이상이 있고, 지난 20년간 조현병, 양극성, 경계성으로 시기에 따라 다른 진단을 받으며 병원을 오간 병력이 있다. 테레사는 치료를 받았던 2년 반 동안 정신증 증상이 없었다. 테레사는 헝클어진 머리에, 가끔 (한번은 테레사를 뒤에 온 환자가 의자에서 소변 냄새가 난다고 불평할 정도로) 지독한 냄새가 났다. 또한 테레사는 처음에는 매우 반응적이지 않았고, 특히 내가 무엇을 말하든 테레사는 거부하고 심지어 조롱해서 내가 테레사를 어떻게 도울 수 있을지 종종 의문을 갖게 되었다.

그럼에도 불구하고 테레사에게는 호감 있는 측면이 있었다. 테레사는 활기 있는 재치가 있었고, 때로 병원에 있는 옹졸한 다른 치료사나 환자에 대해 언급하였는데, 우스우면서도 굉장히 정확했다. 테레사가 자기 자신을 관찰하지 못하는 방식으로 타인을 관찰할 수 있다는 점이 나를 흥미롭게 했다. 그러나 타인에 대한 테레사의 관찰은 절대 긍정적 정서를 포함하지 않았고, 때로는 내가 보기에는 오해에 기반한 것으로 보였고, 이것은 불운한 결과를 가져오는 방식으로 테레

---

1) 임상가는 엘리엇 주리스트(Elliot L. Jurist)였고, 1인칭 시점으로 기술되었다.

사를 행동하게 만들었다. 함께 작업하는 과정에서 나는 자기 자신의 마음이 아니더라도 인간의 마음에 대한 테레사의 관심을 확인시켜 주는 역할을 하는, 타인에 대한 테레사의 직감을 치료에서 어떻게 활용할 수 있을지 알게 되었다.[2]

언뜻 보기에는 이러한 병리에 정확히 마음 읽기 결함이 기저한다고 강조하는 제9장(비조직형 애착에서의 경계성 성격장애의 근원)에서의 경계성 성격장애에 대한 논의를 고려하면 강한 경계성 경향이 있는 환자가 타인의 마음을 읽을 수 있어야 한다고 주장하는 것이 이상해 보일 수 있다. 그러나 우리는 테레사에게 명확히 부족한 타인으로서 다른 사람과 관계하고 수용할 수 있는 능력과 테레사와 같은 경계성 사람들이 종종 보이는 짧지만 때로는 매우 기민한 통찰을 구분할 수 있다. 따라서 테레사의 타인에 대한 언급을 테레사가 자기 자신에 대해 이야기하도록 간접적으로 격려하는 방식으로 사용하는 것은, 심리철학적 관점에 대한 우리의 지지를 약화시키지 않는다.

처음에 테레사는 자녀에 대한 양육권을 회복하기 위한 법정 싸움과 관련하여 법원의 명령으로 치료에 왔다. 테레사에게는 네 자녀가 있었고, 테레사가 8세 아들에게 구강성교를 했다는 기괴한 혐의를 포함하는 방임과 학대를 이유로 네 자녀 모두 아동복지국의 보호를 받고 있었다. 테레사는 신체적으로 그리고 아마도 성적으로 자기 자신을 학대해 왔다.

테레사는 과거에 대해 말하는 것을 좋아하지 않았다. 테레사에게는 자녀들 중 두 아이의 아버지인 남편이 있었는데, 더 이상 함께 살지 않았다. 그 남자를 볼 때마다 테레사는 이후 동요되었고, 나에게 그 만남에 대해 어떤 것도 말하는 것을 거부했지만, 우리의 회기에서 그를 격렬하게 비난했다. 테레사는 자신의 어머니에 대해 거의 말하지 않았다. 테레사는 "엄마가 하는 것은 다 잔소리뿐이에요."라며 어머니를 보기 싫다고 말했다. 내가 어머니가 테레사의 어떤 것에 대해 잔소리를 하는지 질문하면 테레사는 말했다. "이제 선생님이 저에게 잔소리를 하실 건가요?" 또한 테레사에게는 연락이 끊긴 한 명의 자매가 있었다. 테레사의 아버지는 그녀가 9세 때 가족을 버렸다. 테레사는 아버지가 떠나기 전 짧은 사건 하나를 회상했는데, 테레사가 식탁에 앉아서 숙제를 하고 있을 때, 아버지가 술에 취한 채 집에 왔고, 아버지는 테레사가 하는 질문에 테레사가 의자에서 떨어질 정도로 테레사의 머리를 매우 세게 치는 것으로 반응했다. 테레사는 이 사건을 이야기하며 점점 날카롭고 방어적이게 되었는데, 많은 다른 일들이 그녀에게 일어났지만, 자신

---

2) 조지프(Joseph, 1989)는 자기 자신을 이해하는 것에 관심을 보이지 않는 환자의 경우, 치료사는 이들과 이해받고 싶은 소망에 대해 여전히 함께 작업할 수 있다고 지적했다. 내 견해도 관련이 있다. 자기 이해에 대한 욕구를 다루기 이전에, 타인을 이해하는 것에 대한 환자의 관심을 함께 작업할 수 있다.

은 신경 쓰이지 않았고, 자신에게 어떤 다른 영향도 주지 않았다고 자랑스럽게 주장했다. 나는 테레사가 어린 나이일 때부터 혼자였다고 생각했다.

우리의 회기에서 가장 두드러지는 정서는 테레사의 분노였다. 주로 테레사는 재판관, 변호사(아이들을 변호하는 지방 변호사와 테레사 자신의 변호사 모두), 법원 공무원 등 법원에 대해 분노했고, 또한 대표자로서 나를 포함한 정신건강 체계에 대하여 분노했다. 회기는 반복적이었고, 내용의 변화가 거의 없었다. 내가 변화를 관찰하기 시작하기 전까지 오랫동안 이 분위기가 지속되었다. 그 변화는 회기의 내용이 아니었고, 테레사의 출석률이 나아지기 시작한 것이었다. 매 4회기 중 두 번 오던 것에서 거의 매주 오기 시작했다.

한번은 테레사가 자신의 막내딸에 대한 어머니로서의 적합성을 평가하는 과정의 일환으로 법원이 지정한 정신건강의학 전문의와 만난 것으로 인해 마구 격분하며 들어왔다. 테레사는 그 정신과 의사가 "완전 백인이었요, 알겠나요?"라고 나에게 말하며 시작했다. 내가 테레사에게 좀 더 말해 달라고 요구하자, 테레사는 발끈하여 말했다. "머리가 흰머리였고, 가운이 흰색이었고, 눈썹이 흰색이었고 …… 완전 하얬어요." 그러고 나서 테레사는 나에게 의사와의 상호작용에서 폭로하는 순간에 대해 말했다. 면담 과정에서 정신건강의학과 의사는 표준적인 질문을 하였다. "자신을 해치려는 생각이 있습니까?" 테레사의 반응은 다음과 같았다. "아뇨, 하지만 당신을 해치고 싶은 생각은 있어요!" 테레사가 이야기를 이어 가면서, 나는 곧 웃음이 나고, 곧 눈물이 날 듯한 희비의 동시적인 감정을 구분할 수 있을 것 같은 느낌이 몰아치는 것을 느꼈다.

낯설고 아주 이상하게 느껴진 나의 내적 반응에 대해 가능한 한 정확하고자 노력해 보겠다. 이 느낌은, 예를 들어 '달콤 쌉쌀한'의 개념에서 표현되는, 또는 극단적인 경우 쾌와 고통이 수렴될 수 있는 것에서와 같이 반대되는 것이 혼합되어 함께 경험되는 것과는 완전히 달랐다. 거기에는 다른 것과 섞이지 않은, 내가 느낀 것과 모순되는 어떤 것이 있었다. 그것은 견딜 수 없는 느낌을 자신에게서 제거하려는 환자의 욕구에 의해 영향을 받았을 것으로, 따라서 테레사의 통합되지 않은 내적 세계를 포함하는 것으로 의심해 볼 수 있다. 이러한 방식으로 다른 사람으로부터 자기 자신의 정신을 채우는 것은 '투사적 동일시'를 예증한다. 반영에서 나는 나의 경험을 다음과 같이 분석할 수 있었다. 나는 테레사의 뻔뻔함 때문에, 그리고 테레사의 정신건강의학과 의사에 대한 찰나 같은 승리감에 놀라워하며 웃고 있었다. 어떤 면에서 테레사는 그 의사에게 엄포를 놓았다. 의사가 테레사가 어떻게 느꼈는지 알고 싶어 하면, 테레사는 순응하며 그 의사에게 꾸밈없는 사실을 말하려 했다. 물론 나는 폭력에 대한 자신의 능력으로 주의를 끌면서 테레사가 어머니로서 부적합하다는 판단으로 자신을 몰아가고 있었기 때문에 울고 있었다. 테레사를 한 시간 동안 본 그 의사는 테레사가 무능하다고 판단했고, 보고서에서 그 의사는 테레사가 어머니가 되기에 적합할 수 있을지 의문을 제기했다.

테레사의 행동은 정신건강의학과 의사에게 적대적이었고, 테레사의 살인 사고에 대한 고백이 부정적으로 자살 사고에 대한 질문에 대답하려는 의도로 이해될 수 있다는 것은 거의 위로가 되지 않는다. 테레사의 행동은 노골적으로 자기 파괴적이었다. 테레사가 자신에게 이보다 더 해를 입히는 말을 하는 것을 상상하기 어려울 정도다. 테레사의 눈을 통해 사물을 보려고 노력하는 것이 도움이 된다. 테레사는 모욕에 굉장히 민감한 여성이었고, 자신을 향한 타인의 의도를 악의적인 것으로 잘못 해석하는 경향이 있었다. 따라서 나는 그녀가 그 맥락을 (그리고 특히 그 의사의 질문과 그리고 실제로는 그 의사의 인간성을) 모욕으로 지각했다고 추측한다. (그 의사의 순수하고 완전한 흰색은 판단받고 비난받는 것에 대한 테레사의 경험을 악화시켰다.) 그 정신건강의학과 의사가 자해의 망령을 일으켰을 때, 테레사는 손상감을 느꼈고, 자기 방어의 일종으로 반응했다. 테레사의 말은 자살적 의도를 명시적으로 부인했지만, 보다 깊은 수준에서 이것은 정신과 의사 앞에서 테레사가 직접적으로 자기 자신의 자살을 행한 상연이었다.

테레사의 치료에서 발생한 또 다른 사건을 설명하고자 한다. 거의 2년 정도 만남을 가져왔을 때 즈음, 하루는 테레사가 들어와서 앉았다. 몇 분간의 침묵이 흐른 후 테레사는 날카롭게 말했다. "이봐요, 당신을 좀 보세요! 정말 모르나요. …… 그렇게 걸어 다니다간 당신은 감기에 걸릴 거예요." (나는 테레사가 내 양말 위와 내 바지 사이에 약 2인치 정도의 살이 드러난 내 다리를 보고 있는 것을 알아챘다.) 테레사가 계속했다. "좀 들어 보세요. …… 당신이 감기에 걸리면 이렇게 해야 해요. 차를 끓이고, 꿀 한 스푼과 레몬을 넣으세요. 그걸 마시면 다 괜찮아질 거예요." 테레사는 크게 웃으며 의기양양해하는 모습으로 고개를 흔들었다. "당신은 내 말을 들어야 해요. 제가 잘 아니까 말하는 거예요." 이 짧은 상호작용은 테레사가 표현한 긍정적 정서의 드문 경우를 포함하고 있다는 점에서 주목할 만했다. 테레사는 그녀의 명령적이고 꾸짖는 것 같은 어조와 그녀의 이완된 연상에서 드러나는 현실에 대한 테레사의 별난 지각과 관계없이, 호의를 보였다. 테레사의 언어의 정서적 질이 단어의 문자 교환을 덜 의미 있게 만들었다. 내 생각에 우리는 나의 안녕에 대한 염려를 표현하고자 하는 테레사 입장에서의 소망을 파악할 수 있다.

이 상호작용은 공감과 보살핌에 대한 테레사의 표현 때문에 감동적이다. 이것은 2년 만에 테레사가 덜 저항적이게 느꼈고, 아마도 테레사가 나에 의해 보살핌 받는 것을 느꼈다는 것의 호혜적인 행동을 보였다는 것을 제안한다. 그러나 사실 나는 내가 테레사를 도와주고 있다는 느낌을 잘 받지 못했다. 내가 실제로 말한 것은 거의 중요해 보이지 않았다. 내 생각에 중요했던 것은 내가 테레사를 들어준 것이었다. 판단하지 않고 들어주는 것은 테레사의 과거력이나 현재의 현실에서 두드러지게 부재하는 경험이었다(나에 대한 염려의 환자의 표현에서 "들어 보세요."라는 단어의 반복에 주목하라.).

내가 아는 한 테레사는 극단적으로 고립된 삶을 살았다. 테레사의 가장 친한 친구이자 테레사가 언급했던 유일한 친구인 노숙자 여성은, 서너 군데의 장소 중 하나에서 발견할 수 있었고, 오랜 시간 동안 사라지곤 했다. 따라서 테레사가 나와 억지로 오던 것에서 압력하에서 선택에 의해 오는 정도의 충분한 유대를 형성할 수 있었던 것은 특별히 의미가 있었다. 테레사의 분노는 치료 내내 완고하게 유지되었다. 테레사는 깊은 감각에서, 그리고 법원과 홀로 싸우는 것에 몰두하였지만, 정의가 없기 때문이 아니라 분명 연민이 없기 때문에 테레사를 잘못됐다고 느끼게 하려고 의도적으로 음모를 꾸미는 사람을 발견하며 자신이 잘못됐다고 느꼈다.

긍정적 정서의 경우는 거의 없었고, 공개적으로 인식되기에는 너무 부하되어 있었다. 그러나 우리에게는 테레사가 나를 웃게 하거나 미소 짓게 했던 몇 번의 감동적인 순간이 있었다. 테레사가 겉으로 드러내지는 않았지만, 나는 그것이 테레사를 기쁘게 했다는 것을 알 수 있었고, 심지어 테레사가 자신의 긍정적인 반응을 억제하려고 시도하는 것을 목격할 수 있었다. 내가 우리의 공유된 기쁨에 주의를 가져가려고 시도하면, 테레사는 무참히 거부했다. 치료는 테레사의 의료 급여 보장 문제 이후, 뒤이어 내가 그 클리닉을 떠나게 된 것과 겹쳐 갑자기 종결되었다. 따라서 우리의 작업은 불완전한 것으로 남게 되었다.

하지만 약 1년 즈음 후에 나는 테레사를 거리에서 보았다. 테레사는 쓰레기통을 들여다보며 몰두되어 있었고, 올려다보지 않았다. 나는 테레사에게 인사하고 싶었지만, 또한 테레사를 침범하고 싶지 않았다. 나는 만약 테레사가 나를 보면 인사를 해야겠다고 결정했다. 빠르게 그 순간이 지나갔다. 그 자리를 지나가며 나는 압도적인 슬픔의 느낌을 느꼈다.

논의

테레사가 나타낸 정서의 범위는 제한적이고 반복적이었다. 테레사의 분노는 폭발적이었고, 때로는 위협적이었다.[3] 법원 정신건강의학과 의사에 대한 테레사의 반응은 테레사가 얼마나 심각하게 타인의 의도를 잘못 읽는지를 보여 주기 때문에 불편하다. 여기서 테레사의 적대감은, 적대감이 그녀를 향했을 때 테레사가 어떻게 느끼는지를 막아내기 위한 시도로 가장 잘 이해된다.

아마도 이것은 일차적 과정의 폭발뿐 아니라 외상적 상연을 연상시킨다.

테레사는 정서를 인식하거나 구별할 수 있다는 증거를 거의 보여 주지 않았다. 놀랍지 않게도 이것은 테레사가 자신의 정서를 조절할 수 있는지에 대한 함의를 갖는다. 테레사의 분노는 갑자기 타올랐고, 자동적으로 쏟아졌다. 테레사의 정신적 기능에서 이것은 불길한 기운으로 곧 닥칠 것 같은 분위기를 주었다. 테레사는 어머니로서 자신을 방어해야 하는 상황에 엄청난 두려움을 느꼈을 것임에 틀림없지만, 테레사의 분노는 이 경험 또는 어떤 다른 정서의 경험을 오염시켰다. 테레사의 격렬한 분노는 분노의 과장된 형태같이 보이지 않았고, 한 덩어리의 지배하려는 존재로 보였다.

함께 웃고 울기 시작할 것 같은 나의 경험이 제안하듯이, 테레사의 투사적 동일시는 혼란스럽고 비조직된 내적 세계를 가리면서도 드러낸다. 이것은 테레사의 파편화된 주체감에 대한 창을 제공한다. 테레사의 주체감에서의 문제는 법원 정신건강의학과 의사와의 삽화에서 명확히 드러난다. 비록 합당한 어머니로 여겨지는 것에 대한 테레사의 소망은 강했지만, 테레사의 행동은 합당하지 않다고 평가받을 수밖에 없게 만들었다.

테레사가 자신의 정서를 조절할 수 없는 결과는 극적이었다. 테레사의 부적 정서는 그녀를 압도했다. 테레사가 긍정적인 정서를 (나에게) 느꼈을 때조차 일부 공격성의 기운이 또한 있었다는 것이 동일하게 의미 있다. 테레사에게 긍정적인 정서를 느끼는 것은 안전하게 느껴지지 않았다. 실제로 테레사는 그것을 표현하는 위험을 무릅쓰기보다 그것을 축소시키려 했다. 나와의 이 상호작용에서 우리는 긍정적인 정서를 견뎌내려는 테레사의 투쟁을 목격할 수 있다.

테레사가 정신화된 정서성을 가졌다는 증거를 찾는 것은 몹시 힘들 것이다. 실제로 내가 얼마나 내 자신의 정서 조절이 약화되는 것으로 느꼈는지는 흥미롭다. 예를 들어, 법원 정신건강의학과 의사에 대한 테레사의 이야기에의 나의 반응에서, 그리고 특히 치료가 종결된 후 길에서 테레사를 만났을 때 나의 반응에서 그랬다. 테레사는 환자 자신의 역전이 반응이 강했던, 어려운 환자였다. 그러나 이러한 반응들은 테레사가 경험하고 있었던 것을 추론할 수 있는 유일한 단서 중 하나를 제공한다.

테레사는 자신의 치료사와의 연결을 발달시키는 징후를 보여 주었다. 내 견해에서 이것은 장

---

3) 코헛(Kohut)의 시각에서 자기애적인 분노(narcissistic rage; Kohut, 1972)가 여기에 상응한다. 이 환자의 손상된 자존감은 타인과 거리를 유지하게 만들고, 때로는 공격성으로 분출하게 하며 환자에게 취약한 느낌을 남겼다. 존 스타이너(John Steiner)의 책 『정신적 도피』에 대한 나의 논평(Jurist, 1997)에서 나는 테레사가 의자에서 일어나 나를 때리겠다고 위협한, 테레사와 발생했던 한 사건을 설명하였다.

기적으로 치료를 계속하며 정신화된 정서성의 기준을 발달시킬 수 있는 일부 잠재력에 대한 긍정적인 징후였다. 환자가 유머감각을 나타낼 때마다 희망이 있는데, 테레사는 얄밉지만 즐거운 유머감각을 가졌다. 정신화된 정서성 없이는, 테레사는 자신의 삶에서 문제의 반복으로 뛰어들 수밖에 없다. 테레사의 치료는 중단되었고, 그래서 우리는 테레사가 정신화된 정서성을 획득할 수 있을지, 어느 정도로 달성할 수 있을지 상상으로만 가능할 수 있다.

▎베니

베니(Bennie)는 50대 초반의 유태인 남성이다. 베니는 뉴욕 근교의 노동자 계층 가정에서 자랐다. 베니는 뛰어난 학생이었고, 장학금을 받고 우수한 대학에 다니며 역사를 전공했다. 베니는 대학교 3학년 때 무너졌고, 그 후로 같은 기능 수준으로 회복하지 못했다. 한번은 베니가 나에게 대학 성적표를 보여 주었는데, 그것은 베니의 질병 발현에 대한 극적인 증거를 제공해 주었다. 대학교 1학년 때 베니는 대부분의 B학점과 몇 개의 C학점을 받았고, 2학년 때에는 다시 대부분 B학점을 받으며, A학점 하나와 C학점 하나를 받았다. 3학년 가을학기에는 모든 과목에서 낙제했다. 베니는 완전히 학교를 그만두기 전에 다시 등록을 하기 위해 몇 차례 시도했다.

베니의 보상 작용의 실패는 조현병의 고전적 증상과 일치한다. 수년에 걸쳐 베니는 수많은 붕괴를 겪으며 입원치료를 받았다. 베니는 거의 10년 동안 거리와 단칸방에서 살며, 약물치료를 거부하고, 망상 세계 안에서 사는 자신의 선택을 즐겼다. 베니는 북미 원주민과의 자신의 동일시를 설명할 때와 같이, 이 시기의 자신의 삶을 매우 또렷하게 말할 수 있었다. 이 설명은 베니가 식물과 동물의 삶에 대한 작은 세부 사항들의 관찰에 몰두하며 '의미를 찾기 위한 신성한 여정'으로 리버사이드 공원을 배회한 것으로 이어졌다. 베니는 당시 자신이 다른 인간의 존재에 무관심했다는 것을 인식했다. 베니는 이 시기를 자신이 완전히 살아 있던 기간으로서 회상하고, 예를 들어 거리에서 폭행을 당했던 경우와 같은 자신의 고통에 대한 상기에 직면하면 방어적이 된다.

약 11년 전 베니는 사회복지시설 거주지로 이사를 했다. 그곳에는 베니를 담당하는 사회복지사가 있고, 베니는 일주일에 한 번 직업 훈련에 참석한다. 수년간 베니는 여러 심리학자와 상담하였고, 베니는 대부분 애정 어리게 기억한다. 베니는 여러 정신건강의학과 의사를 만났는데, 베니는 이들을 보다 양가적으로 회상한다. 베니는 현재의 정신건강의학과 의사를 매우 좋아하고, 한 달에 한 번 그녀를 만난다. 베니는 현재 자신의 조현정동장애 진단에 대한 약물치료를 성실하게 받고 있다. 약 10년 전 베니는 자신의 방에서 자신의 아버지에 대해 생각하며 "유태인을 죽여,

유태인을 죽여."라고 소리쳐서 응급실로 이송되었다. 베니는 다음 날 퇴원하였다.

나는 지난 9년간 일주일에 두 번 베니를 봐 왔다. 베니는 약속을 절대 놓치지 않았고, 심리치료를 진지하게 생각하며, 자신이 이야기를 나누고 싶은 일련의 주제 목록을 종종 가져왔다. 우리는 좋은 작업관계가 있다. 베니의 망상은 더 이상 활동성이지 않지만, 베니는 기이한 강박적 습관을 가지고 있다. 베니는 식당에서 다른 테이블의 대화 리듬에 맞추어 먹거나, 또는 '605'가 자신이 자란 집의 주소였기 때문에 6:05가 될 때까지 시계를 바라본다. 베니는 빈번하게 관계 사고를 보인다. 흥미롭게도 이러한 것을 살펴보며 우리가 함께 작업할 때, 베니는 이것들의 개연성을 구별할 수 있고, 보통 적절한 정확도로 이것들의 현실과의 관계를 백분율의 비율로 농담스럽게 평가한다. 유머는 베니와의 나의 작업에서 결정적인 요소로 부상했다. 이것은 베니가 위협받는 느낌 없이 공유된 순간을 견디는 방식이다. 유머의 순간은 타인에 대한 보다 지속적인 친근감 대신 자리하고 있었지만, 그것의 가능성을 보여 주는 것으로도 볼 수 있다.

베니의 일상생활은 평온하다. 베니는 영어 강사로 일주일에 두 번 오전에 일을 한다. 베니는 건물의 로비에서 많은 시간을 보낸다. 베니는 거주지 근처에 가장 좋아하는 식당이 있고, 거의 모든 식사를 거기서 한다. 베니는 그가 거주하는 건물의 다른 입주자들과 약간의 사회적 접촉이 있고, 또한 연락을 유지하고 있는 대학 친구가 조금 있다. 베니의 부모는 결혼해서 의대에 다니는 딸이 있는 베니의 여동생과 가까운 곳에 살기 위해 멀리 이사하였다. 타인과 상호작용에서의 극히 작은 세부 사항이 종종 우리 회기의 초점이 된다. 베니는 한국 식료품점 가게 주인의 친절한 시선에 의해 크게 영향을 받을 수 있다.

전반적으로 베니는 타인에게 과민한다. 그러나 타인의 의도에 대한 베니의 이해가 늘 기민하지는 않다. 타인의 행동은 재빠르게 정교한 공상의 기반이 될 수 있고, 일부는 뚜렷한 편집증적 분위기가 있다. 베니는 버스에서 자신을 보고 있는 누군가를 상상하며 그 사람이 누구인지, 그 사람이 베니에 대해 어떻게 생각하는지에 대한 이야기를 지어낼 것이다. 베니는 타인과 거리를 유지하는 경향이 있다. 그러나 또한 베니는 자신이 가진 관계에 의존적이다. 특히, 베니가 자신을 유지하기 위해 의존하고 있는 정신건강 종사자 집단에게 그렇다. 베니는 타인과의 실제 접촉을 두려워하면서도 또한 갈망한다.

가끔 베니는 꿈을 통해 자신의 무의식적 삶과 깊이 접촉할 수 있다. 베니가 꿈을 이야기하였는데, 그것은 25분간 지속되었고, 이미지의 순전한 강렬함이 나를 압도하고 혼란스럽게 했다. 베니는 꿈을 해석하는 것보다는 꿈에 대해 이야기하는 것에 더 흥미를 보이는 경향이 있다. 베니는 자신의 정신증적 부분과 접촉하고 그것을 치료에 가져오는 드문 능력을 가지고 있다.

자신의 부모와의 관계에 대한 베니의 보고와 베니의 생애 초기와 관련된 보고가 전반적으로 어느 정도로 신뢰할 만한지 알기는 어렵다. 베니는 자신의 어머니를 침입적이고 지배하려 하는 사람으로 보았고, 정상적인 생활을 어렵게 만들었던 수년간의 투병 후에 89세의 나이로 사망한 자신의 아버지를 비반응적이고 때때로 차가우며 심지어 적대적인 사람으로 보았다. 아버지가 돌아가시기 전 전화 통화에서 베니는 아버지의 반응에 동요되었고, 아버지의 질환의 진행 정도에 대해 거의 인식하지 못한 것 같았다. 베니는 아버지의 장례식에 가지 않기로 결정했지만, 장례식 몇 주 후에 가족과 함께 있기 위한 여정을 다녀왔다. 아버지의 죽음에 대한 베니의 반응은 대부분 아버지에 대한 베니의 실망의 특징을 보였고, 베니는 단 한 차례 죽음으로 인한 슬픔을 드러내며 표현했다. 베니는 취약하고, 부모님에게 실망을 준 것에 대해 죄책감이 강해서 나는 이 상실을 다루려고 베니를 압박하지 않았다.

베니는 자신이 자신의 사고에 기반하여 행동하는 것을 허용하지 않기 위해 경계해야 한다는 것을 이해한다. 때때로 베니는 자신의 마음에 대해 생각하며 무겁게 정지되는데, 이것은 거짓된 신념 또는 적어도 신뢰할 수 없는 신념을 정기적으로 생산한다. 비록 나는 베니가 정신증이 활동성을 갖게 되는 징후를 인식할 수 있고, 더 이상의 보상 작용의 실패를 멈추기 위해 개입하는 기회를 가질 수 있다고 확신하지만, 치료에 성공을 가져오는 것이 무엇인지는 알기 어렵다. 많은 정신건강 전문가들이 조현병 환자에 대한 심리치료의 성공적 결과에 대한 생각에 대해 비웃을 것이다. 일부 정신건강 전문가들은 악화되는 것으로부터 베니를 지켜보며 경과를 유지하는 것 자체가 긍정적인 결과이고, 축소해서는 안 된다고 강조하려고 할 수 있다. 실제로 비록 베니의 음성 증상(침대에서 나오지 못하는 것, 자신과 자기 방의 위생관리 유지가 어려운 것, 시작한 일을 끝내지 못하는 것 등)은 문제로 남아 있었지만, 양성 증상은 심리치료와 정신약물의 조합으로 잘 통제되어 왔다. 나는 베니의 자기 이해에 대한 욕구에 부딪혔고, 이것이 치료 전반에 걸친 안내자가 되어 주고 있었다.

베니는 자신의 파괴적인 질병과 계속 싸우고 있다. 베니의 성공에 대한 척도는 베니의 현재 직업이 될 수 있다. 공공 도서관에서 독서 강사로 일하는 베니는 많은 학생들에게 진심 어린 감사를 받아 왔다. 그러나 베니의 안녕은 기복이 있고, 베니는 슬픔의 우물 위에 앉아 있는 것 같이 보인다. 대부분의 다른 사람들과 같이, 베니는 자신의 개인적 발달사와 역동을 탐색하며 도움을 얻는다. 그러나 베니의 경우 자기 이해의 달성을 위해서 자신의 장애의 엄청난 힘 및 압력과 싸워야만 한다.

논의

베니는 심각한 정신질환을 가진 환자다. 그 질환은 베니의 현실 지각을 방해했고, 따라서 타인의 의도에 대한 베니의 해석은 종종 위험하게 잘못될 수 있다. 특히, 베니는 악의적이지 않은 상호작용으로 보이는 것을 이해하는 방식에서 꽤 편집증적일 수 있다. 이러한 환자에게 높은 수준의 정서성을 기대할 수 없다.

베니는 다양한 정서를 보인다. 베니는 두려움, 슬픔, 분노와 같은 정서를 인식할 수 있다. 나아가 베니는 또한 긍정적인 정서를 인식하고, 구별하고, 표현할 수 있다. 베니는 음악 듣기, 그림 그리기와 같은 자신이 즐기는 활동이 있다. 베니는 타인에게 따뜻하고 관심을 보일 수 있다. 베니는 내가 감기에 걸리면 그것을 알아채고 동정심을 표현한다. 그리고 베니는 자신의 세 살 된 조카를 매우 귀여워한다. 베니는 자신이 거주 중인 사회복지 서비스 건물에서 다른 사람들의 도움을 얻기 위해 개입했다. 그러나 베니는 관계에서 긍정적인 정서를 유지하는 것이 어렵다.

베니는 다양한 정서를 가지지만, 그것을 조정하는 데에 어려움이 있다. 예를 제시하겠다. 조카와 식당에 방문하여, 베니는 메뉴판을 이용한 숨바꼭질 게임을 시작하며 즐거워하였다. 그러나 조금 후에 조카가 잠이 들자, 베니는 분명 조카가 자신과 함께 있는 것이 지루해서 그런 것이라고 해석했다. 아이가 잠든 것에 독립적인 원인이 있을 수 있다는 인식 없이, 외면당하는 것에 대한 베니의 불안은 어린아이에게서도 유발된다. 내가 조카의 행동에 대한 다른 가능한 해석으로 주의를 돌리려고 시도하자, 베니는 자신이 성급하게 단정 지었다는 것을 이해할 수 있었다. 그러나 이 생각에 스스로 도달하지 못했다는 것은 명확했다.

아버지의 죽음과 같은 주요 생애 경험에 대한 베니의 반응은 어떠했는가? 베니는 일반적이고 기대되는 애도 단계를 겪고 있는 것 같지 않다. 어떤 측면에서 베니는 아버지에 대한 부정적인 느낌의 정도를 수정하거나 최소화하는 것을 단호하게 거부한다. 그러나 여기에는 조절에서의 일종의 실패가 있고, 이것은 베니가 아버지에 대해서 또한 미망인이 된 어머니에 대해서 어떻게 생각하는지에서 드러난다. 베니는 아버지의 죽음에 대해 어찌해야 할지 모른다. 베니는 자신의 마음에서 아버지에 대한 어떤 것이 섬광처럼 지나가는 순간이 있었다고 보고한다. 그러나 베니는 이것을 아버지가 그에게 어떤 의미인지에 대한 반영의 기반으로 사용하지 않으려 한다.

베니는 자신의 삶의 경로에 대한 깊고 깊은 슬픔을 느낀다. 베니는 제대로 작동하지 않는 마음을 가진 것을 인식하고 있다. 베니의 삶의 이 시점에서, 베니는 문제가 없는 상태를 유지하는 것에 놀랍게 능숙하다. 나는 베니의 슬픔의 순간에, 비현실적으로 더 나은 내일에 대한 기대를 불러일으키지 않으면서 그와 함께 있으려고 노력한다. 우리가 함께한 작업은 정신화된 정서성에 대한 함의를 가진다. 베니의 관계 사고를 검토하며, 때때로 베니는 스스로 만들려고 했던 자신의 가정의 일부로부터 자신을 거리 둘 수 있다. 이것은 종종 베니가 자신의 정서를 더 잘 구별하게 하고, 조정할 수 있게 한다. 베니가 혼자 있을 때에는 이것이 발생하지 않는다는 점은 상당히 의미 있다. 치료의 첫 5~6년 동안 베니는 이러한 공동의 노력에 저항해 왔을 것이다.

결론적으로, 나는 베니의 유머감각으로 돌아가고자 한다. 베니가 웃을 때면 녹슨 기계가 삐걱거리는 소리처럼 들린다. 베니는 유머를 통해 공동의 긍정적 정서를 견딜 수 있다. 내가 앞서 제안했듯이, 유머는 친밀함의 순간에 우리와 함께하며 더 큰 만족에 대한 스쳐 지나가는 표시로서 역할한다. 베니는 자신의 생애의 다른 누구보다 나와 가깝게 느낀다. 실제로 베니의 가장 가까운 관계가 정신건강 전문가와의 관계라는 것은 우연이 아니다. 다른 사람들과의 관계는 훨씬 더 갈등적이고 혼란스럽다. 우리가 함께 한 작업은 베니가 진정한 연결의 순간을 경험하고 자신을 위한 의미 있는 삶을 찾는 것에 대한 노력을 유지하는 것을 가능하게 한다. 약간의 도움과 함께 베니는 자신의 정서에 반영하는 능력이 드러나는 순간을 경험했다. 베니가 정신화된 정서성을 보다 완전하게 성취할 수 있기를 희망하는 것이 아마도 이상적이겠지만, 그것을 찾기 위한 싸움은 반드시 싸울 만한 가치가 있다.

▌스콧

스콧(Scott)은 중산층 가정에서 자란 40세 남성으로, 중서부와 애리조나의 여러 지역에서 성장했다. 생애 초기는 스콧을 친구가 거의 없게 만들고 외롭게 만든 잦은 이사가 특징적이었다. 고등학생 시절, 스콧은 무단결석과 음주, 마약을 시작했다. 20대 초반에 스콧은 화가가 되고, 미술관에서 일하기 위해 뉴멕시코로 옮겼다. 이 시기에 스콧은 술과 담배를 많이 하였고, 마약을 많이 했다. 스콧은 3년간 결혼생활을 하였는데, 결국 아내가 자신을 떠나 부모님의 집으로 돌아갈 때까지 아내를 방임했다. 스콧은 이 기간 동안 여러 가벼운 관계와 몇 번의 더 진지한 관계를 가졌다. 아슬아슬한 스콧의 삶이 점차 자기 파괴적이 되면서, 스콧은 도움을 받기 위해 치료를 받았다. 3년간 받은 치료는 스콧이 약물 남용을 중단하도록 도왔고, 스콧은 뉴욕으로 옮길 결심을 하였다.

스콧은 가족과 거의 연락하지 않았다. 스콧은 7년 동안 부모님을 본 적이 없었다. 스콧은 크리스마스를 포함하여 1년에 몇 번 어머니로부터 편지를 받았다. 꽤 성공한 사업가였던 스콧의 아버지는 거칠고, 왕따를 당했으며, 스콧의 예술적 성향을 업신여긴다. 스콧은 대학에 가지 않았고, 그것이 다른 사람들을 위해서 쓸 데 없는 시간이라고 생각했다. 스콧은 포괄적인 용어로 어머니를 전형적인 1950년대 가정주부이고, 수동적이며, 관습적이라고 설명한다. 스콧의 여동생은 동성애자이고, 수년간 만난 파트너가 있다. 스콧은 최근 4년간 여동생을 본 적이 없다.

스콧은 특히 자신의 친할머니와 가까웠다. 스콧이 6세였을 때, 표면적으로는 애리조나의 공기가 스콧의 건강에 더 나을 것 같기 때문에 친할머니에게 보내졌고, 2년 동안 친할머니와 함께 살았다(스콧에게는 중증도를 확인할 수 없는 호흡기 질환이 있었다.). 하지만 스콧은 지금, 어머니가 스콧을 다루는 것에 대해 압도감을 느꼈기 때문에 자신이 보내졌던 것일 수 있다고 의심한다. 이 통찰은 몇 가지 주요 기억에 기반한 것으로, 스콧은 어머니가 다림질을 하거나 청소를 하고 있을 때 어머니에게 놀아달라고 애원하는데 어머니가 지긋지긋해하며 침실로 도망가 문을 닫으며 반응한 것을 회상한다.

스콧은 친할머니에게 사랑 받는 것을 느꼈지만, 스콧에게는 친할머니에게 정신적 장애가 있다는 인식의 조짐이 있었다. 스콧은 친할머니의 이야기가 믿을 만하지 못하다는 것을 보게 되었다. 친할머니는 자신이 스콧에게 상속해 줄 수 있는 재산이 있다며 텔레비전에서 볼 수 있는 유명한 사람들과 친한 사이라고 이야기를 만들었다. 친할머니는 여러 이름을 사용했는데, 나중에 스콧은 이것이 할머니가 여섯 번 결혼했다는 사실과 관련이 있음을 알아냈다.[4] 친할머니는 또한 스콧의 어머니에 대해 스콧에게 영향을 주려고 했다. 만년에 친할머니는 수년간 여행을 하며, 자신의 집을 갖지 않은 채 지인들과 머물며 전국을 유랑했다. 이 친할머니는 스콧, 그리고 스콧의 부모와 소원한 상태에서 사망하였다.

스콧은 뉴멕시코의 미술계에서 약간의 성공을 거두었지만, 몇 번의 실패도 있었다. 30대 중반에 스콧은 자신이 정말 하고 싶은 것은 교육을 받는 것이었다. 스콧이 나와 치료를 받을 당시 그는 대학에 다니려고 여러 번 시도했지만, 한 학기도 마치지 못한 상황이었다.

스콧은 5년간 치료를 받아 왔다. 그 기간 동안 스콧은 두 번의 장학금을 받았고, 여러 상을 수상했으며, 1년을 해외에서 보냈다. 또한 스콧은 미술로 돌아갔다. 흥미롭게도, 스콧은 해외에 거주하는 동안 한 여성과 관계를 형성했다. 1년간의 해외생활 후 치료에 돌아왔을 때, 스콧은 장거리 관계를 유지하기 위한 시도에 대한 가능성을 거절했다.

스콧은 주요 박물관에서 전시회를 조직하는 것을 포함하는, 야심 찬 직업 계획을 가지고 있

---

4) 역자 주: 이 기술에서 결혼 후 남편의 성을 따르는 경우가 대부분인 문화적 차이를 고려하는 것이 좋겠다.

다. 동시에 스콧은 자신의 성과를 위태롭게 하며 끝마치지 못하는 일들이 쌓이는 것을 허용하지 않기 위해 싸워야만 한다. 이 상황에 대해 논의하는 맥락에서, 스콧은 다음의 이야기를 하였다. 스콧이 영어 수업에서 그 과정을 마치기 위한 과제를 제출했다. 이것은 하나의 성취였고, 또한 큰 안도였다. 그다음 주에 스콧이 도서관에서 책을 읽고 있었는데, 누군가가 자기 옆을 지나가고 있다는 것을 알게 되었고 어떤 음성을 들었다. 스콧은 고개를 들었고, 그가 자신의 영어 교수님이라는 것을 알게 되었다. 영어 교수님은 스콧에게 제출한 보고서가 훌륭했으며, 흥미롭게 읽었다고 말했다. 스콧은 나중에야 자신이 무슨 말을 들었는지 이해하지 못했음을 깨달았지만, 직접적으로 대답할 수 없었고 일관성 없는 말만 중얼거렸다.

스콧은 이 사건에 대해 앉아서 생각하며 자신이 자신 가까이에 있는 사람이 교수님이었다는 것을 지각한 순간, 비판을 예상했다는 것을 알게 되었다. 즉, 스콧은 그 보고서가 끔찍했고, 교수님이 그의 노력에 실망했다는 말을 들을 것으로 예상했다. 스콧에 따르면 이 상호작용 동안의 스콧의 혼돈감은 자신의 머릿속 상상된 목소리와 실제 외적 목소리 간의 갈등에서 비롯되었다. 스콧은 이 갈등이 자신이 힘들게 일했고, 성공을 거둘 만한데도 자기 자신의 성공을 믿는 것의 어려움과 관련된 것이라고 단언했다. 나아가 내적 목소리는 스콧에게 스콧의 성공을 절대 믿지 않았고 교육에 대한 스콧의 관심을 조롱한 자신의 지배적인 아버지를 상기시켰다. 긍정적 정서의 경험을 방지하는 역할을 하며, 교수의 칭찬이 어떻게 가로막히게 되었는지는 흥미롭다. 그 일이 발생한 후 치료에서 이 일을 이야기하기 전에, 스콧은 이 사건에 대해 반영하며, 적절히 반응하지 못하면서 자신이 교수님을 모욕한 것에 대한 걱정에 사로잡혔다. 스콧은 또한 자기 자신에게 막연하게 화가 났다. 회기에서 스콧은 약간의 촉발 자극으로 자신에게 만족감을 허용할 수 있었고, 자신의 과제가 칭찬받은 것에 대한 자부심을 표현할 수 있었다.

이 사건은 긍정적인 정서의 경험을 금지하는 스콧의 내적 세계를 보여 준다. (상상된) 부적 정서와 (실제의) 긍정적 정서 사이의 뒤섞임은 스콧을 마비시켰다. 스콧은 자신의 일부 감정에 대해 설명할 수 있었다. 여전히 혼자서는, 스콧은 나쁜 느낌과 머무른다. 회기에서의 도움으로, 스콧은 이것을 개선하는 방향으로 나아갈 수 있었고, 발생한 일에 대한 약간의 후회를 가져왔지만, 주요하게는 자신이 좋은 느낌을 느껴야 한다는 감각을 이끌었다. 환자의 부적 정서를 향한 경향은 처음에 긍정적 정서를 갖지 못하도록 스콧을 가로막기에 충분히 견고했지만, 어떤 희생을 치르고서라도 제외되어야만 한다고 할 정도로 견고하지는 않았다. 스콧이 자기 자신에 대한 관찰자의 일종으로서 보고한 상호작용은 스콧이 그 사건을 이해하고 그것을 재경험할 수 있는 것으로 바뀌었다.

치료 과정에서 스콧의 자기 자신의 정서와의 관계에 흥미로운 변화가 있었다. 치료 초기에 이 것은 복잡한 만큼 두드러졌고, 스콧은 느낌을 보고하는 것을 생략했으며, 때로는 자신의 느낌을 잘못 명명했다. (앞서 '정신화된 정서성의 요소'에 대한 절에서 언급된 사건이다.) 예를 들어, 스콧은 자신이 수개월간 호감을 가졌던 여성이 약혼을 한다는 것을 막 알게 된 후 회기를 시작하며 이렇게 발표했다. "저는 꽤 기분이 좋았어요……." 자신의 느낌을 인식하도록 스콧을 도와주는 것이 도움이 되지만, 너무 직접적으로 하면 실제로 역효과를 가져올 수 있다.

몇 년간 치료를 받으며, 스콧은 자기 자신의 정서를 경험할 수 있기 위한 투쟁을 계속한다. 예를 들어, 스콧은 여러 검사를 받은 후 자신의 만성적인 비뇨기 문제가 신장의 선천적 문제 때문이라고 의사에게 들은 후 병원에서 돌아왔다. 스콧은 수술이 필요할 수 있다고 들었다. 두 가지 수술 방식이 있었는데, 하나는 더 심각한 수술이었고, 다른 하나는 새롭고 덜 고통스럽지만 첨단 기술 절차가 다소 불확실한 수술이었다. 나는 스콧에게 이 상황에 대한 생각을 물었다. 스콧이 대답했다. "음, 그리 걱정되지 않아요……. 그러니까 결국 신기능부전이 발생하지는 않을 거예요. 투석을 받아야 한다면 정말 싫을 거예요. 시간이 들고, 제 일을 방해할 테니까요."

걱정되는 느낌에 대한 구체적인 부인에도 불구하고 스콧은 최악의 시나리오로 넘어가며 자신이 당연히 꽤 걱정하고 있다는 것을 다분히 명백하게 보여 주었다. 자신이 느끼는 것을 인식하지 않으려는 스콧의 충동이 스콧의 느낌을 더 극단적인 것으로 만드는 달갑지 않은 효과를 가진다는 것을 나는 경험을 통해 인식하고 있었다. 그러나 나는 또한 스콧의 정서 상태에 대한 지나치게 활발한 해석이 스콧을 방어적이고 논쟁적으로 만들지 않을까 우려되었다. 스콧은 정서를 구체화하지 않고 자신의 정서 상태에 대해 이야기하는 것에 있어 위태로운 무언가가 있었다. 마치 빠져나올 희망 없이 그 상태에 빠지는 것을 피하는 것 같았다. 하지만 약간의 도움과 함께, 스콧은 자신의 개인적 발달사와 당면한 상황 모두를 염두하며 적절히 걱정을 느끼는 방향으로 이동할 수 있었다.

스콧과 나는 특히 스콧의 예술에 대한 관심을 통해, 자신의 정서와의 스콧의 관계를 작업하는 것에 성공을 거두었다. 예술은 스콧이 자기 자신으로부터 거리 두는 것을 허용하면서 동시에 자신의 정서를 처리하게 하는 복잡한 기능을 수행했다. 스콧이 큰 관심을 발전시킨 그림이 하나 있었다. 그것은 호머(Homer)의 『오디세이』의 한 장면을 그린 것이었다. 그 장면의 맥락은 오디세우스 일행을 붙잡아 야만적으로 잡아먹은 키클롭스[5]인 폴리페모스와 오디세우스의 유명한 만남

---

5) 역자 주: 키클롭스(Cyclops)는 고대 그리스 신화에 나오는 외눈박이 거인족의 명칭이다.

이다. 이 장면은 오디세우스의 최고와 최악의 순간을 드러낸다. 오디세우스는 자신을 억누르며, 자신과 자신의 일행을 구하기 위한 책략을 꾸민다. 그러나 이내 오디세우스는 자신의 전능함에 탐닉하며, 이들 모두의 생존을 위태롭게 한다. 오디세우스는 폴리페모스를 취하게 한 후 뾰족하게 깎은 큰 막대로 폴리페모스의 눈을 멀게 만드는 계획을 세운다. 이것은 오디세우스와 그의 일행이 자신들을 양들의 배 밑에 묶어 폴리페모스의 동굴에서 기어 나올 수 있게 한다. 눈이 먼 키클롭스가 이들을 찾으려 할 때, 양의 등을 치며 이들은 들키지 않고 탈출한다. 하지만 성공적으로 탈출해서 막 떠나려는 순간, 오디세우스는 조롱하며 폴리페모스에게 자신의 이름이 "아무도 아닌 자(Nobody)."라고 외친다. 이것은 폴리페모스를 자극하여 거대한 바위를 던지게 만들었고, 이들의 생존을 파멸시키며 배를 거의 난파시킬 뻔한다. 스콧이 작업 중이던 그림은 오디세우스가 키클롭스에게 큰소리를 치는 그 순간을 그린 것이다.

이 그림에 대한 우리의 해석은 여러 각도에서 진행되어 왔다. 우선 스콧이 자신을 괴롭히는 야만적인 사람으로 경험한 그의 아버지는 위험한 키클롭스를 닮았다. 이 유사성은 이 그림에 대한 스콧의 관계를 해석하며 알게 된 다분히 놀라운 사실을 통해 확인되었다. 외눈박이인 키클롭스와 같이, 스콧의 아버지는 젊은 시절의 사고로 인해 한쪽 눈을 실명했다. 스콧이 폴리페모스에 대항하여 남근기 공격성으로 행사하는 오디세우스와 자신을 동일시하며, 오이디푸스적인 주제가 현저하다. 폴리페모스의 눈이 멀게 되는 것은 오이디푸스가 자기에게 눈이 먼 것과 같이 일종의 상징적 거세다. 그러나 우리는 또한 그림에서 제시되는 (전-오이디푸스적인) 전능함의 주제의 중요성에 대해서도 숙고했다.[6] 이 그림은 스콧과 공명하였는데, 우리는 정확히 이것이 스콧이 강한 정서에서 연상하는 위험을 표현하기 때문이라는 것을 함께 발견했다.

예술의 외적 표상을 통해, 스콧은 자신의 내적 갈등을 관찰하는 방식을 찾았다. 실제로 이 거리감 없이 스콧이 편안하게 이 주제를 다룰 수 있을지는 상상하기 어렵다. 스콧의 지적 능력이 깊은 감정적 주제를 접촉하는 수단을 그에게 제공했다는 점이 흥미롭다. 스콧은 느낌이 통제할 수 없게 되는 공격성과 연결되어 있기 때문에, 느끼지 않는 것이 더 낫다는 것을 배운 것 같다는 통찰을 명료하게 설명하였다. 여기서 오디세우스가 평소답지 않게 행동하는 것이 다분히 흥미롭다. 오디세우스는 주로 자제와 절제의 과정을 고수하며 자신이 원하는 것을 얻는 사람으로

---

6) 그리스어로 '무척 유명한(much-famed)'을 의미하는 폴리페모스(Polyphemos)와 오디세우스가 자신에게 부여한 거짓 이름인 '아무도 아닌 자(Nobody)' 사이의 극단적인 대조에서 자기애적인 자존감의 변동이 전달된다[여기서 그리스어 단어 '우도스(Oudos; 우두머리)'는 오디세우스의 실제 이름으로 등장한다]. 치료에서 스콧의 나르시시즘은 그 자신의 자기애적 경향에 대한 스콧의 인식과 해석의 맥락에서 등장했다.

묘사된다. 모순적이게도 그렇다면 우리는 이 그림이 단지 스콧에게 진단을 제공하는 것이 아니라 치료의 길을 제공한다고 결론지을 수 있다.

논의

정서의 부재는 스콧 치료의 초기 단계에서 주목할 만한 부분이었다.[7] 정서가 예상되는 곳에서 스콧은 정서를 생략했을 뿐 아니라, 종종 자신의 경험의 일부로서 그것을 전혀 기술하지 않았다. 때때로 스콧은 자신의 느낌을 잘못 명명하는 것으로 보인다. 놀랍지 않게, 스콧은 나에게의 전이에서 표면적인 반응을 거의 보이지 않았다. 나는 스콧이 내가 말하는 것을 듣기 위해 잠시 멈춘 후 마치 그것이 자기 자신의 생각의 흐름에서의 방해였다는 듯이 이어 가던 것을 회상한다. 이것은 특히 스콧이 신체적 질병을 보고하여 우리가 통증에 대한 보호로서 치료의 측면에서 이해할 수 있었던, 심리치료가 잠시 중단된 기간 동안 변화하였다.

스콧의 1년간의 해외 생활 이후 치료가 재개되었다는 것은 상당히 중요하다. 스콧은 더 취약해졌고, 스콧이 집에서 멀리 보내졌다가 가족이 있는 집으로 다시 돌아온 것과 같은 과거를 다루는 것에 새로운 관심을 보였다. 스콧은 여전히 자신의 정서를 공개적으로 표시하지는 않았지만, 나는 자기애적인 거절에 직면한 스콧의 "저는 꽤 기분이 좋았어요."의 자세와 혼자라고 느끼는 것에서의 자기애적인 거절에 대한 자신의 슬픔의 암묵적인 재인 및 6세에 집에서 멀리 보내진 후의 혼돈 간의 차이에서 전달될 수 있는 변화를 관찰할 수 있었다.

스콧은 자신의 정서를 인식하는 것에 어려움이 있었지만, 자신의 정서적 경험을 이해하는 것에 점점 더 큰 관심을 가졌다. 스콧의 정서를 인식하고 구별하는 것의 어려움을 고려하면, 스콧이 또한 그것을 조절하기 위해 분투하고 있다는 것을 예상할 수 있다. 이것은 자신의 신장장애에 대한 스콧의 반응에서 잘 나타난다. 내 의견의 도움으로 조정하기 전까지, 스콧은 자신의 불안에서 멀어지며, 그것을 극단적인 방향으로 가져간다. 우리는 또한 스콧이 심미적인 대상이 제공하는 거리를 두고 자신의 정서를 탐색하는 것을 더 편안해함을 본다.

또한 전이에서 진화가 있었다. 스콧은 내가 말한 것을 더 큰 정도로 등록한다. 스콧에게 치료

---

7) 스콧은 크리스탈(Krystal, 1998)이 기술한, 종종 고통스러운 정서에서 자신을 거리두기 위한 방식으로 약물을 남용하는 감정표현불능증 환자를 나에게 상기시켰다. 또한 크리스탈(Krystal)이 기술한 환자처럼 스콧은 아무런 연상을 제공하지 못하고 한 문장의 꿈 보고를 하기도 했다.

의 가치는 스콧이 자신의 삶을 그 이전과 그 이후를 나누는 방식으로 전달된다. 스콧은 나나 치료에 대한 긍정적인 정서를 표현하지 않는다. 이것은 스콧이 영어 교수와의 사건에서 그랬던 것처럼, 긍정적인 정서를 차단할 필요가 있는 사람에게 그런 것과 일치한다. 스콧은 나에 대해 나에게 질문한 적이 없을 뿐 아니라, 그러한 호기심을 가지고 있다는 징후를 거의 보인 적이 없다. 그러나 스콧은 이제 중단된 기간으로 방해받은 것이 신경 쓰였다는 것, 가끔은 내가 말한 어떤 것이 짜증스럽게 한다는 것에서와 같이 나에게 부정적인 전이 반응을 표현할 수 있다.

스콧은 이제 스콧이 살아가는 방식에서 명백히 보다 생동감 있다. 침체되고 소외되어 지낸 기간과 함께, 불안정하게 살아온 수년 이후, 스콧은 약간의 진정한 성공을 거두었다. 스콧의 교육에서의 성취는 그가 가정에서 받은 좌절에 대한 승리를 나타낸다. 자기 자신 내에서 느끼는 것을 수용하는 것은 여전히 스콧에게 어렵다. 그러나 정신화된 정서성이 치료의 과정 내에서 나타났다. 약간의 도움과 함께, 스콧은 영어 교수와의 사건에 대해 그 교수를 모욕한 것에 대한 자신의 두려움에 초점을 맞추는 것에서 즐거운 경험을 간섭하려는 스콧 자신의 욕구에 대해 생각하는 것으로 이동하며 반영할 수 있다. 이와 유사한 것이 자신의 신장장애에 대한 스콧의 반영에서 발생한다. 이러한 정서성의 예가 상담 회기에서 발생하지만, 스콧은 점점 스스로 작업해 나가고 있다.

스콧의 창발하는 정서성의 의미 있는 예는 자신의 일상생활에서 소득 없는 대립에 참여하지 않기로 한 그의 선택에서 볼 수 있다. 치료의 초기 몇 년간은 이러한 타인과의 적대적인 부딪힘으로 채워졌다. 나는 우리가 가장 첫 회기에서 스콧이 도서관을 나가는 학생들의 가방을 점검해야 하는 자신의 일을 하기보다 전화기에 대고 말하고 있었던 경비원과의 불쾌한 만남을 설명한 것을 회상한다. 스콧은 기다리게 만든 것에 대한 자신의 분개함에 대해 들릴 만큼 크게 언급을 하였다. 물론 그 결과 그 경비원은 시간을 들여 스콧과 화난 말을 주고받았고, 스콧은 더 지연되는 결과를 낳았다. 이것을 최근의 사건과 비교해 보자. 스콧이 길을 건너고 있을 때, 택시가 승객을 내려주며 그의 길을 막았다. 스콧은 택시 운전사에게 싫은 눈총을 던졌고, 이것은 택시 운전사가 택시에서 내려 스콧을 향해 소리 지르게 했다. 스콧은 불에 불로 응수하고 싶은 충동을 가졌지만, 노력할 가치가 없다고 결정했고 그 자리를 떠났다.

스콧은 여전히 두 번째 사건에서 갈등을 시작한 책임이 있지만, 그것을 악화시키는 것으로부터는 자신을 억제한다. 나아가 우리는 이것을 스콧이 처음에 자신의 혐오의 느낌을 택시 운전사에게 드러내며 표시한 순간으로 볼 수 있다. 그리고 나서 스콧은 이동하며, 자신의 정서를 내적으로 표현하는 것을 선택한다. 이 사건에 대한 스콧의 설명에서 그는 그 순간 자신에게 계속 화가 지속되었다는 것을 인식했지만, 스콧은 자기 자신의 목적에 대한 더 깊은 감각에 따라 행동하는 것을 결정한 것에 대해 기분 좋게 느꼈다. 여기서 스콧은 정확히 오디세우스가 폴리페모스를 조롱하는 장면에서 『오디세이』가 보여 주려는 방식으로 정신화된 정서성을 나타낸다. 호머(Homer)가 '폴리트로포스(polytropos)'로 기술한[오디세우스는 문자 그대로 '많은 길들(many ways)'의 남자다.] 오디세우스와 같이, 스콧은 자신이 어떻게 반응할지에 대한 선택을 가진다. 『오디세이』를 읽고 반영한 것은 스콧에게 정서의 표현과 관련된 위험을 인식하게 만들었다. 나와 공유하게 된 『오디세이』에 대한 그의 매료는, 우리의 관계에서 만남의 장소가 되어 주었다. 스콧은 비록 자신의 전이를 나에게 외재화하지 않았지만, 큰 감정적 의미를 가진 작업을 해석하는 것에 대한 나의 반응성은 스콧이 보다 안전감을 느끼도록 도왔고, 즐기기 시작할 수 있도록 해 주었다. 우리가 긴 시간에 걸쳐 엿볼 수 있었던 스콧의 정서성에서의 변화는 스콧의 치료적 진전의 핵심이다.

▌롭

롭(Rob)은 밝고 민감한 20대 중반의 젊은 남성으로, 백인 앵글로색슨 개신교 가정에서 태어나 남부 지방에서 자랐다. 롭은 내성적이고 그의 여동생은 외향적이었지만, 롭은 동생과 잘 지냈다. 롭은 어머니와 특히 가까웠다. 롭은 학교에서 집으로 돌아와서 어머니와 함께 앉아 우유와 쿠키를 먹으며 자신이 하루에 대해 이야기하는 것을 어머니가 주의 깊게 들어주었던 것을 기억한다.

롭은 5년간 사귄 여자친구와 헤어진 이후의 우울감으로 치료를 시작했다. 이들의 관계는 롭이 대학교 1학년이던 동안 시작되었는데, 나중에 밝혀진 것에 따르면 동일한 해에 롭의 부모님은 이혼을 할 것이라고 발표하였다. 롭의 부모님은 함께 비행기를 타고 롭을 방문하여 그들의 결정을 의논하며 롭에게 알렸다. 롭은 부모님이 어려움을 겪고 있었다는 것을 전혀 몰랐다. 가족역동에는 모든 갈등을 억제하는 강한 암류와 함께, 민감한 양육이 혼재했다.

처음에 롭은 현재의 여자친구와의 결별을 통해 부모님 이혼의 고통을 재경험하고 있을 수 있다는 나의 제안에 다소 저항적이었다. 그러나 관계의 종료로부터 보다 거리감을 갖게 되고 나와 연결감을 형성하면서, 롭은 자신이 부모님의 이혼에 대한 자신의 반응을 다루는 것을 회피해 왔음을 알게 되기 시작했다. 보다 구체적으로, 롭은 대학 생활에서 그가 어떻게 일, 정치, 운동 등의 활동으로 자신을 빠져들게 했는지 회상했다. 롭은 그때까지 여자와의 많은 경험이 없었지만, (치료에 들어오기 직전에 롭이 헤어진 여성과) 자신의 첫 번째 진지한 관계를 이내 시작했다. 치료 2년 후 롭은 관계의 종료에서의 자신의 우울증이 어떻게 부모님의 이혼에 대한 오래된 느낌을 재활성화시켰는지 관심을 보이기 시작했다. 롭은 자신이 그때 알게 되었던 것보다 이혼에 대한 훨씬 강한 느낌을 가졌다는 것을 볼 수 있었을 뿐 아니라, 롭이 가족을 해체시킨 것에 대한 책임이 있다고 보는 아버지에 대한 자신의 분노와 마주하게 되었다.

치료에서 롭의 참여가 깊어짐에 따라, 롭과 나는 그의 과거를 새롭고 다른 각도로 탐색했다. 관계에서 무엇이 발생했는지에 대한 롭의 이해가 변화를 겪었다. 롭은 그 결과를 여자친구가 자신을 떠난 것의 문제라기보다는, 관심사가 갈라지며 대학에서 시작된 관계를 유지하는 것이 가진 어려움의 문제로 보기 시작했다. 롭은 관계에서 자기 자신의 불만족의 측면을 인정할 수 있었다. 또한 롭은 경고 없이, 롭과 관계없이 발생했던 부모님의 이혼과, 적어도 어느 정도 롭 자신의 선택이 반영되었던 관계의 종료 사이의 일부 차이점을 인식하게 되었다. 롭은 여기서 복잡한 해석을 발전시켰다. 부모님의 이혼에 직면하여 그가 관계로 도망친 것에서 시작하여, 그것이 롭이 관계에 대해 절망감을 느끼지 않을 수 있게 해 주었고, 부모님의 이혼의 여파에서 롭이 가족에게 조금 덜 관여하게 해 주었지만, 또한 부모님의 이혼에 대해 가졌던 다양한 느낌들로부터 롭이 거리 두게 하는 역할을 했다는 해석을 했다. 또한 롭은 이 관계의 좌절적으로 공생적인 질에 대해서도 목소리를 냈다. 마지막으로, 롭은 이혼 그 자체가 롭의 청소년 후기 경험에 전반적으로 영향을 주면서도, 훨씬 초기의 발달적 문제를 어떻게 상연하게 되었는지에 대해 통찰을 가졌다. 이혼은 롭에게 오이디푸스적 승리가 된 측면을 가졌다. 롭이 늘 그의 어머니와 가까웠고, 이혼의 과정 동안과 그 이후에 어머니는 롭에게 더 의지했기 때문이다. 또한 이것은 아버지와의 고조된 갈등을 가져왔기 때문이다. 그러면서도 이혼은 강렬한 불안을 촉발시켰다. 왜냐하면 롭이 너무 이르게 혼자가 되어 적은 지원으로 스스로 자립해야 한다고 느꼈기 때문이다.

거기에는 가족의 해체에 대한 진정한 슬픔이 있었고, 여전히 남아 있다. 롭은 한 회기에서 그에게 집을 떠나는 것이 더 이상 집이 남아 있지 않다는 것을 깨달으며 울었다. 그다음 해에 걸쳐 롭은 관계에 대한 절망의 느낌에서, 자신을 고립시키며 때때로 슬픔에 잠기는 것에서 이동하여 자신의 삶에서 앞으로 나아갈 준비를 하였다. 롭은 새로운 관계에 참여하기 시작했다. 우리의 작업은 롭이 실제로 어떻게 느끼는지에 머물기보다는 롭이 자신이 어떻게 느껴야 한다고 생각하는지로 빠져드는 경향성에 보다 초점을 맞추었다.

이혼 이후 롭의 어머니는 새로운 관계를 시작하지 않았고, 자녀들의 삶에 대한 깊은 관여를 유지했다. 롭의 아버지는 몇 해 전 젊은 여성과 재혼하였다. 롭의 아버지는 롭과의 관계를 유지하려고 노력했지만, 롭은 그것이 형식적이라고 느낀다. 롭은 자신의 새어머니를 좋아하지 않고, 새어머니의 통제를 허락하는 아버지에 대해서도 롭은 비판적이지만, 새어머니가 자신의 아버지를 통제하는 것에 대해 분개한다.

긴 주말을 함께한 가족 모임에서 롭의 아버지는 롭과 롭의 여동생 (또한 이들의 할머니와 몇 명의 사촌들) 앞에서 롭을 놀라게 하는 발표를 하였다. 아버지의 새어머니는 아기를 입양할 계획을 세웠다고 하였다. 롭은 아버지가 자녀를 가질 생각을 하고 있다는 것을 알고 있었지만, 롭의 새어머니가 임신이 되지 않았을 때 문제가 해결되었다고 생각했다. 롭은 자녀를 입양하는 문제가 제기된 방식에 부정적 반응을 가졌다. 아무런 논의도 없어야 한다는 듯이, 모임의 마지막에 발표한 것은 롭에게 두 배로 버림받는 느낌을 갖게 했다. 치료에서 우리는 롭이 아버지에게 자신의 감정을 공개할 가능성에 초점을 맞추었다. 롭은 아버지에게 편지를 썼다. 아버지는 이메일로 즉시 대답했다. 롭이 무엇을 말했는지에 반응한 것이 아니라, 의견을 공개적으로 교환하며 이야기하는 것의 가치를 확인시키는 답변이었다.

마음을 터놓는 대화로 이어지지 않았다. 롭은 아버지에게 대화를 이어가야 할 의무가 있다고 느꼈다. 롭도 그의 아버지도 다음에 이들이 다시 만났을 때 진지한 대화를 시작할 시간을 만들지 않았다. 롭은 아마도 입양에 대한 생각이 식었을 것이라고 생각하기 시작했지만, 몇 개월 후 롭은 아버지로부터 입양할 여자 아기를 데리러 떠날 것이라는 전화를 받았다. 롭은 분노와 배신감을 느꼈다. 롭은 자신의 반응의 일부가 비이성적이라는 것을 이해한다. 어느 정도 롭은 이런 일이 발생할 것이라는 것을 알고 있었고, 자신의 아버지는 새로운 가족을 맞이할 완벽한 자격이 있으며, 그것은 그를 제외시키는 것이 아니다. 그러나 이 새로운 가족의 시작은 롭에게 자신의 이전 가족의 종말에 대한 새로운 직면을 의미했다. 롭은 아버지로부터 거부당하는 것에 대한 불안과 어머니와 남겨지는 것에 대한 불안을 인식했다.

이 경험은 부모 이혼의 요소가 반복되게 했다. 그 발표는 갑작스러웠고, 특히 아버지는 올바른 감정을 표명했지만, 그것을 지키는 것에는 실패했다. 아버지에 대한 롭의 부정적인 반응은 이후 아기가 집에 온 이후로 아버지가 전화를 했지만 이야기할 시간이 없었고, 아버지가 롭이 집에 없을 것으로 생각했다고 냉담하게 언급하며 메시지를 남기려 했다고 말할 때 곧 악화되었다. 상황은 롭의 어머니가 자신의 전 남편에 대한 분개심을 롭이나 롭의 여동생에게 숨기려고 노력하지 않는 사실로 인해 실제로 더 복잡해졌다.

롭은 치료에서 이 상황에 대한 슬픔의 순간을 가졌지만, 롭은 또한 자신의 감정적 반응을 줄였고, 처음에는 자신의 진정한 느낌의 정도를 밝히지 않았다. 입양에 대해 알게 되고 약 일주일 정도 지난 후 롭은 (예정된) 휴가를 떠났다. 롭의 여자친구가 같이 갈 수 없었기 때문에 롭은 처음으로 혼자서 떠날 계획이었다. 여행 자체는 괜찮았지만, 집으로 돌아오는 길에 롭은 비행기에 있는 동안 공포증적 반응으로 고통받았다. 두 번의 이륙 동안 롭은 무엇이 잘못될 수 있을지 반추하며, 불안하고 정신이 흐트러졌다. 그 당시에 롭에게 느껴진 것에 대한 롭의 보고에 따르면, 자신의 운명이 완전히 롭의 손을 벗어났다는 것이 결정적이었다.

롭은 이전에 비행 공포증이 있었지만 이번은 더 악화된 것이었다. 우리는 특히 롭의 부모님이 이혼한 대학교 1학년 때 그의 두려움을 연결 지은 후에 롭의 비행 공포를 줄이는 데 성공했다. 롭은 이 이전에는 자신이 비행에 대한 두려움을 겪은 적이 없다는 것을 깨달았다. 롭이 비행기에서 자신의 삶이 자신의 통제에서 벗어났다고 느낀 것과 같이, 롭은 부모님이 이혼 의사를 발표했을 때 자신의 가족의 삶이 자신의 통제에서 벗어났다고 느꼈다.

롭은 아버지의 새로운 가족이 다시 불러일으킨 과거의 고통스러운 상기에 의해 공포증이 다시 촉발된 것처럼 보였다는 것을 알 수 있었다. 자율성을 성취하려는 롭의 투쟁은 혼자서 떠나려는 시도에서 전달되지만, 롭은 집으로 돌아오는 비행기에서 그동안 미루어 두었던 부적 정서를 직면하면서 공포증의 재발을 느낀다.

논의

롭은 광범위한 정서를 나타낸다. 정서를 최소화하는 롭의 가족 방식의 영향 또한 분명하다. 이것은 롭의 정서 조절을 방해한다. 가끔 조절이 작동하지 않고, 롭의 슬픔은 우울로 빠져들고, 롭의 불안은 공포증으로 악화된다. 자신이 느끼는 것을 주지화하는 경향에도 불구하고, 롭의 정서 조절을 지나치게 병리적으로 보아서는 안 된다. 롭은 자신의 직업 생활에서 높은 기능을 보이고 사회적으로 잘 적응되어 있다. 롭이 정신화된 정서성의 능력을 치료에 가져오고, 그것을 치료에 좋은 영향을 주도록 사용할 수 있었던 것은 분명하다. 롭의 정서성은 부모의 이혼에 대해 자신이 어떻게 느끼는지에 대한 그의 재평가들에서 드러나는데, 이것은 롭 자신의 느낌을 보다 개방적이고 복잡한 방식으로 롭이 경험하는 것을 허용해 주었다. 롭은 자신이 과거의 중요한 사건과 연결된 부적 정서를 완전히 경험하지 않기를 선택했으며, 이것이 현재의 롭의 관계에 지속적인 영향을 주고 있다는 것을 보게 되었고, 롭은 재해석의 지속적인 과업을 받아들인다.

자신이 이혼에 대한 우울의 느낌을 피해 왔다는 롭의 재인은 새로운 정서적 경험으로의 이동에 박차를 가했다. 롭은 자기 이해의 확인적인 감각이 동반되는 때에 침울한 느낌에서 슬픈 느낌으로 옮겨 갈 수 있다.[8] 롭의 슬픔은 부모의 그리고 롭 자신의 관계의 종말 모두에 존재한다.

그러나 롭은 또한 부모에게 발생한 것에 대해서는 자신이 아무런 통제를 갖지 못하는 반면, 자기 자신의 관계의 종료는 그의 통제 밖이거나 그의 실제 소망에 반하는 것이 아니었다는 것을 인식하게 되었다. 롭이 자신이 느꼈던 것을 수용하게 되면서, 롭의 주체감이 향상되었다. 전반적인 침울한 느낌이 줄어들었다.

정신화된 정서성에 대한 롭의 능력은 성장의 여지가 있다. 롭은 자신의 느낌을 억누르는 경향이 있다. 이것의 좋은 예는 아버지의 새로운 가족에 대한 롭의 반응에서 드러난다. 롭은 이 발전으로 자신이 불쾌해졌다는 것을 알고, 이것을 어느 정도 의사소통할 수 있다. 그러나 롭의 반응에는 합리적으로 들리고 싶고 자신의 실제 느낌을 수정하고자 하는 롭의 소망을 반영하는 억제된 무언가가 있다. 자신의 정서가 자유롭게 표현되는 것을 허용하지 않는 롭의 경향은 나에게 역전이 반응을 생산해 왔다. 나는 마치 즉각적인 정서적 반응의 예를 제공하며 롭의 절제하는 반응에 보상하는 듯이 내가 내 목소리에 정서를 더 싣는 것을 인식했다. 이것은 롭의 현재의 여자친구와의 관계에서 문제가 되어 왔다. 롭의 여자친구는 롭이 충분히 자신을 보여 주지 않는다고 불평해 왔다.

롭은 자신의 정서를 표현하는 것을 허용하도록 투쟁하는 사람이지만, 이것이 롭이 밖으로 그것을 표현하는 것을 배울 필요가 있다는 것을 배타적으로 의미하는 것으로 이해되어서는 안 된다. 정서의 내부적 표현은 동등하게 중요하다. 예를 들어, 롭은 아버지를 향한 자신의 분노를 점진적으로 보다 더 인식하게 되기 시작했다. 롭이 이것을 아버지와 소통할지, 그리고 어떻게 소통할지를 선택해야 하는 것 외에도, 롭에게는 자신이 분개심을 느끼는 것을 허용하는 것과 모든 정서적 반응을 경시하는 가족의 방식에서 자신을 분리하기 시작하는 것이 중요했다. 아버지가 롭이 아버지와 소통하려는 시도에 흔쾌히 반응하지 않을 수 있다는 것을 포착하게 되면서, 롭의 내부적인 자신의 정서 표현은 새로운 가족 상황에서 롭 자신의 경험에 대한 중요한 확인으로 역할한다.

롭이 부모의 이혼과 그것이 롭의 삶에 주는 영향을 알아가게 되며 나타내는 정신화된 정서성은 아버지가 새로운 가족을 구성하기 시작하면서 롭 자신의 핵가족이 해체되었다는 것에 대한

---

8) 물론 슬픔은 발달적 성취로 간주될 수 있는 정서다. 예를 들어, 멜라니 클라인(Melanie Klein)의 우울적 자리는 아동이 어머니를 자신과 구별된 전체적 대상으로 볼 수 있을 때, 따라서 어머니의 부재가 상실로 경험될 때 발생한다. 내 생각에 정상적인 것과 병리적인 것 간의 차이를 표시하면서도 모든 부적 정서가 동등하게 달갑지 않은 것이 아니라는 것을 강조하기 위해, 슬픔과 우울 사이의 구분을 유지하는 것이 중요하다. 슬프게 느끼는 것은 기분 좋을 수 있다. 반면 우울한 것에 대해서는 (비록 친숙하기 때문에 편한 느낌이 들 수 있지만) 이와 동일하게 말할 수 없다. 사뮈엘 베케트(Samuel Beckett)의 작업은 슬픔과 우울 간의 경계를 파악하는 것에 몰두되어 있다.

새로운 상기로 인해 스트레스하에 있게 된다. 이것은 롭이 정신화된 정서성을 가지고 있다는 제안과 모순되는 것이 아니다. 오히려 이것은 상황이 일시적으로 정서성을 약화시키거나 또는 적어도 유지하는 것을 힘들게 만들 수 있다는 점을 강조한다. 실제로 정신화된 정서성은 강한 정서의 영향이 느껴지는 순간 무너질 수 있다. 정상적으로 정신화된 정서성은 강한 정서 발생의 순간에 우리 대부분의 능력을 넘어설 수 있는 일부 시각을 얻는 것을 필요로 한다. 이전에 정신화된 정서성이 부족했던 상황에서 정신화된 정서성을 획득하는 것은 분명 가능하다. 하지만 그것을 지속적으로 유지하기 위해서 얼마나 많이 투쟁해야 하는지 주의를 기울이는 것에 실패하는 것은 경솔할 수 있다. 자신의 정서를 반영하고 조각해 가는 롭의 능력에 집중하며, 나는 정서가 선택된 것이라는 감각을 인식한다. 그러나 내가 롭이 정서가 자신에게 발생한 것이라고 느끼는 감각에 대해 반박하는 것이 아니라는 점을 분명히 하겠다. 나의 의견은 우리는 우리가 무엇을 느끼는지에 영향을 줄 수 있고, 더불어 심리치료가 정신화된 정서성을 발전시키고 향상시키는 역할을 할 수 있다는 것을 단순히 강조하는 것이다.

▌결론

이 네 사례들은 중증에서 경증의 정신병리 스펙트럼을 보여 준다. 이에 상응하여 정신병리가 덜 중증인 경우 정서성이 더 좋다. 처음의 두 사례는 중증 정신병리의 사례다. 테레사(Teresa)와 베니(Bennie)는 광범위한 정신건강의학적 치료력과 주요 정신장애를 가지고 있고, 수년에 걸쳐 여러 차례의 입원치료를 받았다. 테레사가 표시하는 정서의 범위는 베니보다 더 제한되어 있고, 테레사는 훨씬 더 고립된 생활을 한다. 베니는 치료에 더 오랜 기간 남아 있는 것을 선택했다. 베니는 치료사와 강한 유대를 가졌고, 임상적 치료 상황 내에서 정신화된 정서성(mentalized affectivity)의 순간을 경험할 수 있다. 테레사와 베니 모두에게 유머(humor)는 치료사와의 연결을 형성하는 방식이었고, 이것은 긍정적 정서를 공유하는 가장 위험성이 적은 방식이기도 한다.

스콧(Scott)은 성격장애와 물질 남용력이 있다. 스콧은 후자로부터 벗어날 수 있었고, 수년간의 치료 후 스콧의 삶은 좋은 방향으로 상당히 변화되기 시작했다. 스콧의 관계의 질이 개선된다. 스콧은 자신의 상당한 지적 능력을 생산적인 방향으로 돌리기 시작했다. 과대 공상이 계속해서 끼어들지만, 스콧의 야망은 인정받는 것이다. 스콧의 사례에서 우리는 치료 경과 내에서의 정신화된 정서성의 발달을 목격한다.

롭(Rob)의 정신병리는 상대적으로 경중이다. 공포증과 부모의 이혼에 대한 해결되지 않은 느껌에도 불구하고, 롭은 높은 기능을 보인다. 롭은 지속적으로 학문적 성공을 달성한다. 롭은 상승된 책임감이 주어진 직업이 있다. 롭에게는 지인과 가까운 관계를 모두 포함하는 많은 친구가 있다. 그리고 롭은 자신의 관계에서의 문제가 해결될 수 있는지 알아가기 위해 열심히 작업하고 있다. 롭은 치료에 높은 수준의 정신화된 정서성을 가지고 온다. 그러나 치료는 또한 그것을 심화시키는 역할을 한다.

정신화된 정서성(mentalized affectivity)의 개념은 자기 반영성을 통해 정서적 경험의 매개에 적용되는 임상적 현상을 설명한다. 심리치료의 핵심에 자기 자신의 정서에 대한 자신의 관계를 변화시키려는 목표가 있기 때문에 이것은 강력한 개념이다. 정서를 인식하고 조정하고 표현하는 요소를 포함하는 정신화된 정서성은 우리가 환자 자신의 정서에 대한 환자의 관계가 어떻게 변할 수 있는지 이해하는 것을 돕는다. 궁극적으로 이러한 개념의 정의는 경험적 연구에서 발견되어야 한다. 이 장에서 우리의 희망은 이러한 개념에 대한 필요가 있고, 이 주제에 관한 후속 연구를 수행하는 것이 가치가 있음을 보여 주는 것이다.

맺는 글

영유아의 사회적 발달에 관한 연구는 아마도 정신분석에 대한 경험적 과학에서 가장 영향력 있는 발전이었다. 대니얼 스턴(Daniel Stern, 1985, 1994)과 로버트 엠드(Robert Emde, 1997, 1980a, 1980b, 1981, 1988, 1992)의 작업은 영유아 연구가 정신분석 이론화의 중심에 자리 잡게 했다. 이 책에 보고된 연구는 이러한 업적들과 우리가 희망하기로는 임상가들에게 의미 있는 정신분석 모델을 제공하려 하는 영유아 연구의 다른 개척자들의 업적을 토대로 한 것이다.

영유아 연구가 정신분석에 주는 영향에 대한 일부 설득력 있는 반론이 있었다. 예를 들어, 울프(Wolff, 1996)는 영유아 연구에서 성인 환자의 행동을 외삽 추정하는 것의 인식론적 위험에 대해 경고했다. 어떤 학자들은 전통적인 정신분석적 접근으로부터 이러한 견해가 생략하는 것을 지적한다(예: Fajardo, 1993; Green, 2000). 우리는 이러한 대화를 환영하며, 어느 정도는 이러한 조심에 동의한다. 목욕물을 다루기 전에 항상 아기를 안전하게 들어 올려야 하고, 새로운 아이디어가 오래된 아이디어의 진실을 평가절하하는 것처럼 느껴지지 않아야 한다는 점에서 특히 그렇다. 그럼에도 우리는 많은 임상가들이 초기 발달에 대한 경험적 연구에 기반한 정신분석적 연구 결과들을 임상적 이해와 기술에 명확한 관련성이 있는 것으로 보는 것에 우리와 함께한다는 것을 느꼈다. 정신분석적 견해의 전반적인 협회들은 영유아 연구를 따뜻하게 환영한다. 예를 들어, 요제프 리히텐베르크(Joseph Lichtenberg)는 다음과 같이 썼다. "이론과 기술의 수정을 통해 보면, 초기 발달에 대한 정신분석적으로 기반한 경험적 연구의 발견들은 우리가 아직 인식하지 못한 누적 효과를 가지고 있으며 또한 가지게 될 것으로 나는 믿는다"(1995, p. 275).

▌심적 모델과 절차

발달 연구는 순진한 것으로 드러난 정신분석의 일부 발달적 명제를 수정하는 것에 도움이 되었다. 예를 들어, 정신분석 현장에서, 잊혀진 경험의 인출에 초점을 맞추는 것에서 의미 있는 내러티브의 생성이 변화를 가져오는 것으로 간주되는 것으로의(예: Spence, 1982, 1984) 강조점의 이동이 있었다. 임상 작업의 상호작용적 및 대인관계적 측면은 정신분석에서 볼 수 있는 상호작용의 보다 원시적인 측면에 대한 통찰을 제공하면서, 결정적인 것으로 인식되고 있다(예: S. A. Mitchell, 1997). 우리는 이러한 측면에 기저하는 형성적 경험이 회상을 허용하는 방식으로 유지되었다고 가정하지는 않지만, 부모–영유아 상호작용과 분석가–환자 관계 간의 측면에서 비유가 계속 등장한다.

이러한 비유의 이해에서 암시하는 것은 개인의 경험보다는 절차 또는 행위 양식이 영유아–주 양육자 상호작용으로부터 유지되고 이러한 절차가 이후 행동을 조직하게 된다는 아이디어다(Clyman, 1991). 절차는 심적 모델로서 조직화된다(Johnson-Laird & Byrne, 1991, 1993). 이것은 그림 이미지와 같이 생각되어서는 안 된다. 즉, 이것은 복잡하게 상호 연결된 일련의 사건들로서 더 잘 설명된다. 그럼에도 함께 생각해 볼 때 절차의 집단은 관계의 표상에 해당하며, 무의식에 영원히 국한되고(역동적으로 말하는 것보다는 현상학적인) 서술된 아이디어나 기억을 통해서가 아니라 관계 맺는 개인의 방식이나 스타일을 통해서만 관찰될 수 있다. 그렇다면 치료의 목표는 상호작용 양상을 관찰하고, 상호작용의 대안적 모델을 선택적으로 활성화시키기 위해 주로 심적 능력을 강화시키고 연결하는 것을 통해서 부적응적 모델을 인식하고 교정하는 것이다. 인지과학의 영향을 받은 언어로 하면, 이 능력은 '정신화(mentalization)' 또는 '반영기능(reflective function)'이라고 명명될 것이다.

▌자기의 핵심에 있는 대상

이 책에서 우리의 관심사는 자기 표상 능력에 있어서의 개인차와 결과적인 정서(Bleiberg, 1984, 1994)와 정신화에서의 차이였다. 한 극단에서, 우리는 자기 표상이 너무 파편화되어서 거의 존재하지 않는 것으로 보이거나, 또는 너무 왜곡되어 있어서 실제 감정 경험과 완전히 접촉을 잃은 것으로 보이는 개인들을 임상에서 만났다. 블라이버그(Bleiberg)는 자신의 핵심 자기로부터 거의 완전한 소외감을 경험하는 심하게 성격이 왜곡된 아동들에 대해 기술했다(Bleibeng et al., 1997).

이 아이들은 또래관계, 정서 조절, 좌절 인내력 및 충동 조절의 현저한 손상뿐 아니라 빈약한 자존감 및 자기상을 포함하는 사회적 및 감정적 발달의 심각한 장해를 보였다. A군 성격장애로 분류된 이들 중 일부는 더 취약한 현실 접촉 및 사고 조직화를 보였는데, 특히 구조의 결핍에 직면하였을 때 두드러졌다. 특이한 마술적 사고가 이들의 삶에 만연했는데, 이것은 감정직으로 부하된 맥락에서 더 큰 강도를 획득했다. 수줍음이 많고 친구가 없는 이들은 관계 사고, 의심, 사회적 상황에 대한 극도의 불편감에 괴로워하며 기괴한 공상의 세계로 후퇴한다. 인간적 교환과 타인에 대한 공감을 '이해할 수 있는' 이들의 능력은 놀라울 정도로 제한되어 있다. 또한 이들은 의사소통 능력이 동일하게 빈약한데, 의사소통은 이들의 발화의 기묘함과 이들의 정서의 위축 또는 부적절함으로 인해 방해를 받는다. 기술적으로, 이들은 일반적으로 조현형, 조현성 및 경한 형태의 전반적 발달장애를 포함하는 DSM–IV의 진단의 범주와 유사하다. 이들은 또한 코헨(Cohen)과 동료들에 의해 '복합 발달장애(multiplex developmental disorder)'로 고통받는 것으로 기술되는 아이들과 유사하다(Cohen, Towbin, Mayes, & Volkmar, 1994).

대조적으로, B군 성격장애로 분류된 두 번째 그룹은 강렬하고 극적인 정서와 사회적 반응에 대한 갈구를 보인다. 밀착 행동과 분리에 대한 취약성, 과잉 행동 및 쉽게 화내는 분노발작은 이들 초기 발달의 흔한 특징이다. 학령기가 되면, 이들은 축I 진단의 진단기준을 충족시키는데, 주로 주의력결핍 과잉행동장애, 품행장애, 분리불안장애 또는 기분장애의 기준을 충족시킨다. 이러한 아동 중 많은 아동들이 불안하고, 변덕스럽고, 짜증을 잘 내고, 폭발적인 것으로 보인다. 사소한 속상함 또는 좌절이 강한 정서적 폭풍, 즉 분명한 진정 부분을 완전히 벗어난 통제되지 않은 감정 삽화를 촉발한다. 이 정서적 불안정성은 이러한 아이들의 자기 및 타인에 대한 감각의 만화경같이 변화무쌍한 질을 비춰 준다. 한 순간 이들은 고양되고 팽창되어, 이상적인 파트너와의 완벽한 사랑과 조화로 더 없이 행복하게 연결된 것을 느낀다. 다음 순간 이들은 자기 혐오와 절망과 함께, 비참한 실망과 격노로 급속히 빠져든다.

자기중심성은 이 아이들의 두드러진 특징이다. 이들은 끊임없이 관심을 필요로 하며, 거절이나 무관심에 격노로 반응한다. 이상화와 평가절하 사이를 오가며, 이들은 타인이 온갖 감정적 지원을 이들에게 제공하도록 매혹적이고 조작적으로 압박하며 분투한다. 청소년기에 이를 때 즈음이면, 마약, 음식, 또는 문란한 성생활이 주관적인 통제장애, 파편화 및 외로움의 느낌을 차단하는 흔한 전략이 된다. 자기 절단 및 자살적 행위가 여자 청소년에게서 흔하고, 가려진 거절에 대한 두려움과 함께 공격성이 남자 청소년에게서 보다 전형적이다. 이 환자군은 '극적인' 성격장애의 초기 징후와 관련이 있다(DSM–IV의 성인 성격장애 분류에서 이들은 B군 장애에 해당한다.).

특정 임상적 및 발달적 군집화를 위해 타당도 및 신뢰도를 결정하기 위한 체계적인 연구가 분명히 필요한데, 이 집단 내 이질성에도 불구하고, 이 청소년들은 결정적인 특징을 공유하는 것으로 보인다. 즉, 일부는 만연하게(A군), 다른 일부는 간헐적으로(B군) 자기 자신과 타인의 심적 상태를 인식하는 능력의 결핍을 보인다.

우리는 이러한 아이들이 불안정 애착 영유아들의 전략의 극단적인 형태를 보이는 것으로 생각할 수 있다. 위협받았거나 위협하는 주 양육자에 직면하여, 이들은 이들을 향한 주 양육자의 반응을 한꺼번에 내재화하여 적응한다. 이것은 이들의 자기 구조의 핵심에 자기 자신의 것이 아닌 대상의 표상을 남긴다. 그러면 아동이 자신의 정서에 접촉할 수 없게 될 뿐 아니라, 아동은 또한 자기 표상을 자신의 내적 경험에 이질적인 것이면서도 자기의 일부와 같은 것으로 경험한다. 이후 내적 일관성은 자기 표상의 이 이질적인 부분을 먼저 외재화하지 않고서는 성취하는 것이 불가능하게 된다. 우리는 이것이 영유아기에 애착에서 비조직형으로 분류된 어린아이들이 부모에게 특이하게 통제적인 방식으로 행동하는 것으로 보여지는 이유라고 제안했다. 대상은 자기의 이질적 부분을 위한 효과적인 도구로 남아 있을 수 있도록 지속적으로 통제되어야만 한다.

이 책에서 우리가 기술한 메커니즘은 아마도 그 구성이 여기서 우리가 의도한 것을 정확히 전달하기에는 너무 광범위하겠지만, 투사적 동일시의 한 유형이다. 우리가 기술하는 투사적 동일시의 특별한 범주의 한 지표는 자기의 원치 않는 측면을 제거할 수 있다고 느끼는 개인의 절박감이다. 이질적인 부분은 아동이 실제의 경험하는 자기와 접촉하는 감각을 느끼기 위해서는 외재화되어야 한다. 이러한 이질적 대상이 자기의 핵심에 보다 가깝게 있을수록, 이 외재화가 가능하게 하기 위한 타인의 물리적 존재에 대한 욕구가 더 커진다. 영유아기에 비조직화된 아동에게 자기 표상의 일부로서 내면화된 대상은 이 투사 과정의 가장 쉬운 도구가 된다. 따라서 짧은 분리조차 불가능한 도전처럼 느껴질 수 있다. 어린아이의 경우, 종종 비춰*주는 대상에 대한 아이의 지속적인 욕구로 인해 악화된다. 이들은 자신의 이질적 자기 표상을 타인 위에 외재화하면서 동시에 타인에게서 자기 자신을 찾으려고 지속적으로 시도한다. 이것은 매우 흔히 자기 영속적 양상이 되고, 아동은 자기의 일부의 자기를 벗어내고, 부모에게서 실현하려고 분투하며, 동시에 자기의 허약하지만 참된 핵심을 부모가 반영해 주고 강화해 주기를 절망적으로 필요로 한다. 만약 부모나 이후의 애착 대상이 이 투사를 수용할 수 있고, 그러면서도 반영기능을 위한 일부 능력을 유지할 수 있다면, 아동의 발달 과정은 변화될 것이다. 우리의 경험에서, 이러한 방식으로 변화할 수 있는 부모는 상대적으로 거의 없다. 일반적으로, 참 자기의 상대적인 힘을 약화시키고 상응하는 외재화의 욕구를 증가시키는 다분히 악순환적인 교환이 발달한다. 우리는 추동의 힘으로 삐뚤어진 성적 만족감이 제안된다는 점에서 오해하게 하는 표현이라고 보지만, 이렇게 되면 부모와 아동 사이의 접촉은 종종 가학피성 관계로서 기술되는 투쟁이 된다.

▌병리적 발달에 대한 성찰

우리가 말했듯이, 모든 영유아의 근본적인 욕구는 대상의 마음에서 자기 자신의 마음 또는 지향적 상태를 찾는 것이다. 영유아의 경우, 이 상의 내면화는 위니콧(Winnicott)이 "아기 자신의 자기를 아기에게 돌려주는 것(Winnicott, 1967, p. 33)"으로 기술한, '담아 주기'의 기능을 수행한다. 이 기능의 실패는 이들이 발생시킨 사고와 강렬한 느낌을 담아 주는 대안적인 방식에 대한 필사적인 탐색을 가져온다. 우리가 제안하였듯 심적 담아 주기에 대한 대안적 방식의 탐색은 아동에 대한 왜곡되거나 부재하거나, 또는 해로운 상이 있는 타인의 마음을 아동 자신의 정체감의 일부로서 받아들이는 것을 포함하는 여러 병리적 해결책을 야기한다.

발달과 함께 그리고 위에서 기술된 분명한 가학피학성 양상으로 악화되어, 이 상은 자기 안에 살고 있지만 이질적이고 동화되기 어려운 가학적 대상의 싹이 될 수 있다. 자율적 정체성, 또는 자율적 존재를 확립하려는 희망에서 분리에 대한 절박한 소망이 있을 것이다. 그러나 슬프게도 타인에게 보여진 생각하고 느끼는 자기가 아닌, 타인의 낡은 표상에 기반하기 때문에 이 정체성은 개인의 변화하는 감정적 및 인지적 상태를 반영할 수 없는 심적 상태 주변에 집중되게 된다.

아동에게는 비춰 주기 또는 담아 주기의 탐색에 실패한 성인이 있는 한, 분리를 위한 분투는 융합을 향한 움직임을 일으킬 뿐이다. 자기가 되려고 시도하면 할수록, 자기의 대상이 되는 것을 향해 더 가까이 이동하게 된다. 왜냐하면 후자가 자기 구조의 일부이기 때문이다. 이것은 경계성 환자의 독립에 대한 투쟁과 극단적인 친밀감과 공상화된 결합에 대한 가공할 만한 소망 사이의 친숙한 반복적 진동을 설명할 수 있다. 발달적으로, 분리에 대한 외적 요구가 저항할 수 없는 수준이 되는 후기 청소년기와 초기 성인기에 위기가 발생할 것으로 예상할 수 있다. 그렇다면 자기 파괴적이고 (극단적으로는) 자살적인 행동은 풀 수 없는 딜레마에 대한 유일한 실현 가능한 해결책으로 지각될 수 있다. 즉, 자기 내 타인의 파괴를 통해 타인으로부터 자기를 자유롭게 하는 것이다.

분리가 만성적인 문제인 일부 사람들에게 자기됨의 경험은 자기 안의 타인이 투사될 수 있는 물리적 타인을 찾는 것을 통해서만이 달성될 수 있다고 우리는 가정했다. 따라서 많은 이들에게 집을 떠나는 것이 매우 힘들 것이고, 자기 안의 타인이 투사될 수 있는 대안적인 필적하는 대상을 찾는 것을 통해서만 지속될 수 있을 것이다. 만약 타인이 죽거나 떠나면, 자기의 통합을 지지하기 위한 타인의 생생한 상을 유지하는 것의 압박을 느끼면서, 병리적인 애도 과정이 시작될 수 있다.

심리적 자기의 빈약한 발달의 또 다른 가능한 결과는 몸이 심적 상태를 담고 상연하는 것에 사용될 수 있다는 것이다. 이러한 경우, 아동 자신의 몸은 느낌, 아이디어 및 소망에 대한 이차적 표상의 기능을 수행하게 된다. 자기의 몸을 향한 폭력(예: 자기 절단), 또는 타인을 향한 폭력(분명히 뚜렷한 이유가 없는 공격성 또는 '마음맹 폭력')은 몸의 상태에 집중된 심적 상태(예: 자기 자신의 몸의 일부로 보이는 어머니)를 '통제하는' 방식 또는 타인의 몸 안에 있는 것으로 경험되는 '아이디어'를 파괴하는 방식일 수 있다.

물리적 폭력과 자기 파괴적인 행위 모두에서 여러 요소가 결합된다. ① 이러한 행위에서 개인은 정신적 등가의 비정신화 모드에서 기능한다. 여기에는 대안적 관점에 대한 편협함(즉, 이것들이 파괴되어야 한다.)과 아이디어를 표상하는 사람을 파괴함으로써 가학적인 아이디어 그 자체가 그 사람의 마음에서 뿌리 뽑힐 것이라는 신념 두 가지 모두가 있다. ② 외적으로 또한 내적으로 향한 공격성 모두에서, 개인의 한 수준에서는 참을 수 없는 생각을 없애는 것을 제외하고는 자신의 행위를 비결과적인 것으로 지각한다는 면에서 가장 모드 기능이 지속되는 징후가 있다. 외적 현실은 무시될 수 있다. 즉, 과다해졌을 때, 몸을 해치지 않으면서 타인에게 속한 특정 사고를 제거하는 것으로 생각될 수 있다. ③ 정신화의 부재는 자기와 타인 모두에 대한 행위의 주요 제한을 제거한다. 자신의 행위가 타인에게 주는 영향을 지적으로 생각할 수 있을 때조차 이것은 감정적 확신을 비우며 의미 없는 것으로 느껴질 수 있다(Blair, 1995). 이것과 연결된 것이 여성은 흔히 자해를 하는 반면 남성은 주로 타인에 대한 공격성을 보이는 이유일 것이다. 우리는 여성에서는 (가장 흔히 초기 생애의 일차적 주 양육자인) 어머니의 상이 자기 자신의 몸에 보다 쉽게 자리 잡는 반면, 남성은 이것을 외재화하기 쉽고 이것이 표상하는 사고가 타인 위에 표상되기 쉽다고 제안한다.

아동이 자신의 사고와 느낌이 지각되고 반영되는 대안적 관계를 찾지 못한 극단적인 경우, 반영 능력에 대한 아동의 잠재성이 발휘되지 못할 것이다. 주 양육자와의 관계가 학대적, 적대적 또는 단순히 완전한 공백인 경우, 영유아는 의도적으로 대상을 외면한다. 대상의 마음에 대한 생각은 그것이 영유아 자신을 향한 노골적인 적대적 의도를 품고 있기 때문에 압도적이다. 이것은 심적 상태의 광범위한 회피로 이어질 수 있고, 이는 이해하는 대상과의 친밀한 연결의 인식과 확립의 기회를 더욱 감소시킨다.

회복 탄력성이 있는 아동에 대한 연구에서는 단지 하나의 안전한/이해하는 관계만으로도 반영 과정의 발달에 충분할 수 있고, 아동을 '구할' 수 있다고 제안한다. 우리는 가까운 애착의 맥락 밖에서의 외상이 정신화의 발달을 전반적으로 저해할 것이라고 예상하지 않는다. 이것은 반영기능이 상대방의 마음에 대한 두려움이 사회적 이해의 창발에 이러한 파괴적인 결과를 가져올 수 있는 강한 대인관계 맥락에서 진화하기 때문이다.

만약 외상을 입은 아동이 애착 유대를 위한 충분히 견고하고 강한 사회적 지지를 갖지 못했고, 그 상태에서 반영성이 발달한다면, 이후 외상 또는 학대의 경험은 아마도 반영되거나 해결되지 못할 것이다. 자연스럽게도 해결되지 않은 학대의 경험은 의미 있는 관계의 가능성을 감소시키고, 이것이 자기 영속적인 방식이 된다면, 반영 과정을 통해 불편한 경험의 만족스러운 해결에 도달하는 것을 더욱 어렵게 한다. 사실상 의심과 불신이 일반화되고, 가장 중요한 타인의 심적 상태를 외면하는 것을 야기하며, 그 사람을 혼자 남겨지게 하며 사람에 대해 생각하는 것의 분명한 '분리'를 가져오는 양상이 형성될 수 있다. 경계성 성격장애에서 사람의 '필요'는 이 방향으로 한 단계 다가가는 것으로 보인다. 즉, 이들이 다른 사람과 관련되자마자, 이들 정신화 능력의 역기능이 이들을 그 관계 내에서의 혼란과 혼돈으로 이끈다. 이들은 초기 심적 표상의 상호주관적 상태로 퇴행하여, 더 이상 자기 자신의 심적 표상을 타인의 그것과 구분할 수 없고, 또한 이것들을 외적 현실과 구분할 수 없을 수 있다. 이러한 과정이 결합되면서, 이들은 (투사를 통해) 타인에게 있는 것으로 경험되는 타인에 대한 자기 자신의 사고, 특히 자신의 공격적 충동과 공상에 의해 공포에 사로잡히게 될 수 있다. 이것은 장애가 되고, 가장 흔하게 이들은 거부하거나 또는 자신의 대상에 의해 자신이 거부 받게 만든다. 정신분석 또는 심리치료는 반영 능력을 강화시켜 이 악순환을 깰 수 있다.

▌심리치료와 정신화

이 모델의 수용이 심리치료상에서의 변화를 시사하거나, 또는 이러한 아이디어가 이후 대부분의 병리 형태에 의미 있다는 것을 시사하는 것은 아니다. 신경증적 문제를 가진 많은 환자들은 (우리가 제안하기에) 적어도 한 명의 주 양육자와의 적절한 초기 애착관계와 적절한 정신화 능력에 기반한 상대적으로 좋은 반영 능력을 가진다. 이러한 경우 우리는 전통적인 정신분석적 이해와 현재의 무의식적 갈등에 대한 해석이 매우 효과적이고, 상당한 지속적인 변화를 생산할 수 있다고 본다. 그러나 우리가 설명하고자 한 초기 발달 실패의 유형을 보이는 사례에서는 기술적인 측면에서 상대적 중요성에 대한 재평가를 요구한다. 이것은 적어도 연장되기 쉬운 분석의 초기 단계에서는 특정한 보다 지지적인 기술이 평가 척도의 상태에서 변화를 유발하는 요소로 전환될 수 있다는 것을 의미한다.

심각한 성격적 및 발달적 병리의 이러한 사례에서, 정신병리에서의 반영기능에 대한 초점은 통찰의 역할과 관련한 함의를 함께 가져온다. 이러한 환자들이 보이는 해석을 듣고 이해하는 것에 있어서의 심한 제한으로 인해, 통찰은 초기에는 가능하지 않아 보이는 목표다. 일부 덜 심각한 사례에서 치료사는 해석에 대한 환자의 뚜렷한 수용의 인상을 받을 수 있는데, 장기적으로는 뚜렷한 통찰의 형성이 의미 있는 변화를 야기하는 것에 실패하면서 의구심을 갖게 될 수 있다. 이러한 환자들은 일상의 현실과의 분리가 유지될 때에만 반영이 가능한, 우리가 가장 모드로 보는 것 안에서 통찰을 획득한다. 다시 말하면 환자는 분석을 하고 있지만, 그것을 진정한 느낌 또는 의미와 통합할 수 없다.

처음에 이해를 달성할 수 없고 사실상 그것이 심각한 위협으로 지각된다면 분석가의 목표는 무엇이 되어야 할까? 우리는 특정 정신 과정을 향상시키는 것을 목표로 한다. 이것을 하기 위해서 물론 분석가는 느낌과 아이디어에 대해 생각하는 것이 아마도 처음으로 안전한 것으로 경험될 수 있는 환경을 만들어야 한다. 그러면 환자에게 분석가의 마음 내에서 생각하고 느끼는 사람으로서의 자신을 찾는 기회가 생긴다. 분석가는 환자가 대안적 관점의 가능성을 배울 수 있도록 그 당시의 환자의 경험과 관련되었지만 또한 충분히 다른 그림을 환자에게 제시한다. 분석가에게는 환자의 외재화를 수용해야 하는 지속적이고 때로는 압도적인 압력이 있다. 그리고 이것을 거부하는 것은 이질적 타인의 복귀로 인해 파괴된 것으로서의 자기의 경험을 가져오기 때문에 분석가는 어떤 방식으로든 이것을 수용해야만 한다. 그러나 이러한 타인이 되어 주면서, 분석가는 환자에 대해 생각하는 자신의 능력을 지울 수 있다. 전이에 대해 보다 신경증적인 환자와 대화하는 것과 달리, 이러한 환자에게 이 딜레마에 대해 단순히 제시하는 것은 거의 효과가 없기 때문에 상황은 더 어려워진다.

분석가의 과업은 우선적으로, 환자의 극적인 상연에도 불구하고 환자의 심적 상태와의 접촉을 유지하며, 내적 상태를 말로 표현하고 느낌을 분화하고 다룰 수 없는 불안 촉발적 경험을 보다 단순한 다룰 수 있는 개체로 나누는 것 등을 통해 아이디어가 현실로서가 아니라 아이디어로서 생각되기 시작하고 그러면서도 내적 세계와의 연결을 유지하는 '가정(as-if)' 태도의 발달을 도우면서 환자의 심적 능력을 설명하고 도전하는 것이다. 우리는 이러한 개입을 무의식적이거나 지나치게 복잡하지 않은 심적 세계의 측면과 일반적으로 관련된 '작은 해석(small interpretations)'으로 생각한다. 신경증적 환자에서 이러한 느낌 및 사고는 분석가로부터의 정교화를 필요로 하지 않지만, 심한 장해가 있는 환자에게 이러한 분석의 배경 작업 없이는 분석이 실패하거나 조기 종결되거나 또는 교착 상태에 빠지게 된다고 우리는 제안한다.

정신분석은 필연적으로 과거 경험으로 인해 현재의 스트레스와 역기능적 초기 경험의 반복에 취약하게 된 개인들을 다룬다. 우리가 이 장에서 초점을 맞추고 있는 이러한 사람들을 치료하는 것에는 정교한 정신화적 자세가 관여한다. 이것은 반영적 자기 기능의 발달을 향상시키고, 관계 표상 체계에 대한 개선된 통제를 이들에게 제공하면서 장기적으로 전반적인 면에서 개인의 정신적 회복 탄력성을 향상시킬 수 있다. 이것은 이들의 표상적 모델을 보다 유연하게 만들어 주는 것을 통해 이들이 검토하고 변화할 수 있는 일종의 자기 복원적 능력을 갖추게 해 줄 수 있다. 이러한 점진적이고 지속적인 조정은 타인의 행동이 이해될 수 있고, 의미 있고, 예상 가능하며, 인간적인 것으로서 경험될 수 있는 내적 세계의 발달을 가능하게 한다. 이것은 심적 상태의 위협적이고 비일관적인 심적 표상의 분열에 대한 필요를 감소시키고, 타인 마음에 대한 새로운 경험이 과거 관계 표상의 틀에 보다 쉽게 통합될 수 있게 한다.

학대받거나 외상 입은 아동은 심적 세계를 피하거나 그것에 얽매여서 내적 작동 모델의 표상적 세계에 대한 적절한 조절적 통제를 결코 획득하지 못한다. 도움이 되지 않는 관계 양상의 모델이 자주 창발하고, 아동과 성인의 내적 세계는 부적 정서에 의해 지배되게 된다. 편집증적 불안과 과장된 방어적 노력의 악순환에 휩싸여, 이러한 사람은 위험하고 악하며 마음맹인 대상에 의해 지배되는 내적 세계에서 헤어 나올 수 없이 얽히게 된다. 이 사람은 자신을 곤경에서 빠져 나오게 할 수 있는 바로 그 과정인, 사람들이 왜 그렇게 하고 사람들 마음에 무엇이 일어나는지에 대해 반영하는 능력을 유기한다.

긴 기간에 걸친 자기, 분석가, 그리고 이들의 분석적 관계의 환자의 지각에 대한 빈번하고 다양한 해석은, 환자가 생각하고 느끼는 것으로서, 함께이고 독립적인 것으로서, 자기 자신과 자신의 분석가 모두에 대한 심적 표상을 형성하는 것을 시도하게 할 수 있다. 그러면 이것은 아이디어와 의미를 표상하고, 궁극적으로 분리와 친밀의 새로운 가능성을 허용하는 유대의 기반을 창출하는 능력을 갖춘 자기감의 핵심을 형성할 수 있다.

Abel, T., & Kandel, E. (1998). Positive and negative regulatory mechanisms that mediate long-term memory storage. *Brain Research Reviews, 26*, 360-378.

Abell, F., Happe, F., & Frith, U. (2000). Do triangles play tricks? Attribution of mental states to animated shapes in normal and abnormal development. *Cognitive Development, 15*, 1-16.

Abrams, S. (1987). The psychoanalytic process: A schematic model. *International Journal of Psycho-Analysis, 68*, 441-452.

Abrams, S. (1990). The psychoanalytic process: The developmental and the integrative. *Psychoanalytic Quarterly, 59*, 650-677.

Adolphs, R., Tranel, D., Damasio, H., & Damasio, A. R. (1995). Fear and the human amygdala. *Journal of Neuroscience, 15*(9), 5879-5891.

Ainsworth, M. D. S. (1985). Attachments across the lifespan. *Bulletin of the New York Academy of Medicine, 61*, 792-812.

Ainsworth, M. D. S., Bell, S. M., & Stayton, D. J. (1971). Attachment and exploratory behavior of one year olds. In: H. R. Schaffer (Ed.), *The Origins of Human Social Relations*. New York: Academic Press.

Ainsworth, M. D. S., Blehar, M. C., Waters, E., & Wall, S. (1978). *Patterns of Attachment: A Psychological Study of the Strange Situation*. Hillsdale, NJ: Lawrence Erlbaum.

Aldridge, M. A., Stone, K. R., Sweeney, M. H., & Bower, T. G. R. (2000). Preverbal children with autism understand the intentions of others. *Developmental Science, 3*(3), 294-301.

Alessandri, S. M. (1992). Mother-child interactional correlates of maltreated and nonmaltreated children's play behavior. *Development and Psychopathology, 4*, 257-270.

Alexander, J. F., & Parsons, B. V. (1982). *Functional Family Therapy*. Monterey, CA: Brooks/Cole.

Alexander, M. P., Stuss, D. T., & Benson, D. F. (1979). Capgras syndrome: A reduplicative phenomenon. *Neurology, 29*(3), 334-339.

Allen, J. G. (1995). *Coping with Trauma: A Guide to Self-Understanding*. Washington, DC: American Psychiatric Press.

Allen, J. G. (2001). *Interpersonal Trauma and Serious Mental Disorder*. Chichester, U.K.: John Wiley.

Allen, J. G., Huntoon, J., Fultz, J., Stein, H. B., Fonagy, P., & Evans, R. B. (2000). *Adult Attachment Styles and Current Attachment Figures: Assessment of Women in Inpatient Treatment for Trauma-Related Psychiatric Disorders*. Topeka, KS: Menninger Clinic.

Amsterdam, B. (1972). Mirror self-image reactions before age two. *Developmental Psychobiology, 5*, 297-305.

Anderson, S., Bechara, A., Damasio, H., Tranel, D., & Damasio, A. (1999). Impairment of social and moral behavior related to early damage in human prefrontal cortex. *Natural Neuroscience, 2*(11), 1032-1037.

Appleton, M., & Reddy, V. (1996). Teaching three-year-olds to pass false-belief tests: A conversational approach. *Social Development, 5*, 275-291.

Arlow, J. A. (1984). The concept of psychic reality and related problems. *Journal of the American Psychoanalytic Association, 32*, 521-535.

Arsenio, W., & Lover, A. (1995). Children's conceptions of sociomoral affect: Happy victimizers, mixed emotions, and other expectancies. In: M. Killen and D. Hart (Eds.), *Morality in Everyday Life* (pp. 87-130). Cambridge, U.K.: Cambridge University Press.

Astington, J. (1996). What is theoretical about the child's theory of mind?: A Vygotskian view of its development. In: P. Carruthers and P. K. Smith (Eds.), *Theories of Theories of Mind* (pp. 184-199). Cambridge, U.K.: Cambridge University Press.

Astington, J., & Gopnik, A. (1991). Developing understanding of desire and intention. In: A. Whiten (Ed.), *Natural Theories of Mind: The Evolution, Development and Simulation of Second-Order Mental Representations* (pp. 39-50). Oxford: Basil Blackwell.

Astington, J., Harris, P., & Olson, D. (1988). *Developing Theories of Mind*. New York: Cambridge University Press.

Astington, J., & Jenkins, J. M. (1995). Theory of mind development and social understanding. *Cognition and Emotion, 9*, 151-165.

Auerbach, J. S. (1993). The origins of narcissism and narcissistic personality disorder: A theoretical and empirical reformulation. In: J. M. Masling and R. F. Bornstein (Eds.), *Psychoanalytic Perspectives on Psychopathology* (pp. 43-110). Washington, DC: American Psychological Association.

Auerbach, J. S., & Blatt, S. J. (1996). Self-representation in severe psychopathology: The role of reflexive self-awareness. *Psychoanalytic Psychology, 13*, 297-341.

Averill, J. (1994). In the eyes of the beholder. In: P. Ekman and R. Davidson (Eds.), *The Nature of Emotion*. Oxford: Oxford University Press.

Axelrod, R. (1984). *The Evolution of Cooperation*. New York: Basic Books.

Bahrick, L. R., & Watson, J. S. (1985). Detection of intermodal proprioceptive-visual contingency as a potential basis of self-perception in infancy. *Developmental Psychology, 21*, 963-973.

Baldwin, J. M. (1902). *Social and Ethical Interpretations in Mental Development* (3rd ed.). New York: Macmillan.

Ball, D., Hill, L., Freeman, B., Eley, T. C., Strelau, J., Riemann, R., Spinath, F. M., Angleitner, A., & Plomin, R. (1997). The serotonin transporter gene and peer-rated neuroticism. *Neuroreport, 8*(5), 1301-1304.

Bandura, A. (1977). *Social Learning Theory*. Englewood Cliffs, NJ: Prentice-Hall.

Barasalou, L. W. (1991). *Cognitive Psychology: An Overview for Cognitive Scientists*. Hillsdale, NJ: Lawrence Erlbaum.

Barnes, J. (Ed.) (1984). *The Complete Works of Aristotle: Rhetoric*. Princeton, NJ: Princeton University Press.

Baron-Cohen, S. (1991). Precursors to a theory of mind: Understanding attention in others. In: A. Whiten (Ed.), *Natural Theories of Mind: The Evolution, Development and Simulation of Second-Order Mental Representations*. Oxford: Basil Blackwell.

Baron-Cohen, S. (1994). How to build a baby that can read minds: Cognitive mechanisms in mind reading. *Current Psychology of Cognition, 13*, 513-552.

Baron-Cohen, S. (1995). *Mindblindness: An Essay on Autism and Theory of Mind*. Cambridge, MA: Bradford, MIT Press.

Baron-Cohen, S. (2000). Autism: Deficits in folk psychology exist alongside superiority in folk physics. In: S. Baron-Cohen, H. Tager-Flusberg, and D. J. Cohen (Eds.), *Understanding Other Minds: Perspectives from Autism and Developmental Cognitive Neuroscience* (2nd ed., pp. 59-82). Oxford: Oxford University Press.

Baron-Cohen, S., Leslie, A. M., & Frith, U. (1985). Does the autistic child have a "theory of mind"? *Cognition, 21*, 37-46.

Baron-Cohen, S., Ring, H., Moriarty, J., Schmitz, B., Costa, D., & Ell, P. (1994). Recognition of mental state terms. Clinical findings in children with autism and a functional neuroimaging study of normal adults. *British Journal of Psychiatry, 165*(5), 640-649.

Baron-Cohen, S., & Swettenham, J. (1996). The relationship between SAM and ToMM: Two hypotheses. In: P. Carruthers and P. K. Smith (Eds.), *Theories of Theories of Mind* (pp. 158-168). Cambridge, U.K.: Cambridge University Press.

Baron-Cohen, S., Tager-Flusberg, H., & Cohen, D. J. (1993). *Understanding Other Minds: Perspectives from Autism*. Oxford: Oxford University Press.

Baron-Cohen, S., Tager-Flusberg, H., & Cohen, D. J. (Eds.) (2000). *Understanding Other Minds: Perspectives from Autism and Developmental Cognitive Neuroscience*. Oxford: Oxford University Press.

Barresi, J., & Moore, C. (1996). Intentional relations and social understanding. *Behavioral and Brain Sciences, 19*, 107-154.

Barrett, K., & Campos, J. (1987). Perspectives on emotional development: II. A functionalist approach to emotions. In: J. D. Osofsky (Ed.), *Handbook of Infant Development* (2nd ed., pp. 555-578). New York: John Wiley.

Bartholomew, K., & Horowitz, L. M. (1991). Attachment styles among young adults: A test of a four-category model. *Journal of Personality and Social Psychology, 61*, 226-244.

Bartsch, K., & Wellman, H. M. (1989). Young children's attribution of action to beliefs and desires. *Child Development, 60*, 946-964.

Bartsch, K., & Wellman, H. M. (1995). *Children Talk about the Mind*. Oxford: Oxford University Press.

Bateman, A. (1998). Thick- and thin-skinned organisations and enactment in borderline and narcissistic disorders. *International Journal of Psycho-Analysis, 79*, 13-25.

Bateman, A., & Fonagy, P. (1999). The effectiveness of partial hospitalization in the treatment of borderline personality disorder—a randomized controlled trial. *American Journal of Psychiatry, 156*, 1563-1569.

Bateman, A., & Fonagy, P. (2001). Treatment of borderline personality disorder with psychoanalytically oriented partial hospitalization: An 18-month follow-up. *American Journal of Psychiatry, 158*(1), 36-42.

Bates, E. (1979). Intentions, conventions and symbols. In: E. Bates, L. Benigni, L. Camaioni, and V. Volterra (Eds.), *The Emergence of Symbols: Cognition and Communication in Infancy* (pp. 69-140). New York: Academic Press.

Bates, E., Benigni, L., Bretherton, I., Camaioni, L., & Volterra, V. (1979). Cognition and communication from 9-13 months: Correlational findings. In: E. Bates, L. Benigni, L. Camaioni, and V. Volterra (Eds.), *The Emergence of Symbols: Cognition and Communication in Infancy*. New York: Academic Press.

Bates, J., Maslin, C., & Frankel, K. (1985). Attachment security, mother-child interactions, and temperament as predictors of behavior problem ratings at age three years. *Growing Points in Attachment Theory and Research*, ed. by I. Bretherton and E. Waters. *Monographs of the Society for Research in Child Development, 50*(Serial 209, 1-2), 167-193.

Beck, A. T. (1967). *Depression: Clinical, Experimental, and Theoretical Aspects*. New York: Harper and Row.

Beck, A. T. (1976). *Cognitive Therapy and the Emotional Disorders*. New York: International Universities Press.

Beebe, B., Jaffe, J., Feldstein, S., Mays, K., & Alson, D. (1985). Interpersonal timing: The application of an adult dialogue model to mother-infant vocal and kinesic interactions. In: T. M. Field and N. A. Fox (Eds.), *Social Perception in Infants* (pp. 217-247). Norwood, NJ: Ablex.

Beebe, B., Jaffe, J., & Lachmann, F. M. (1992). A dyadic systems view of communication. In: N. Skolnick and S.

Warshaw (Eds.), *Relational Perspectives in Psychoanalysis* (pp. 61-82). Hillsdale, NJ: Analytic Press.

Beebe, B., & Lachmann, F. M. (1988). The contribution of mother-infant mutual influence to the origins of self- and object-representations. *Psychoanalytic Psychology, 5*(4), 305-337.

Beebe, B., Lachmann, F., & Jaffe, J. (1997). Mother-infant interaction structures and presymbolic self- and object-representations. *Psychoanalytic Dialogues, 7*, 113-182.

Beeghly, M., & Cicchetti, D. (1994). Child maltreatment, attachment, and the self system: Emergence of an internal state lexicon in toddlers at high social risk. *Development and Psychopathology, 6*, 5-30.

Belsky, J. (1984). The determinants of parenting: A process model. *Child Development, 55*, 83-96.

Belsky, J., Garduque, L., & Hrncir, E. (1984). Assessing performance, competence and executive capacity in infant play: Relations to home environment and security of attachment. *Developmental Psychology, 20*, 406-417.

Belsky, J., & Isabella, R. (1988). Maternal, infant, and social-contextual determinants of attachment security. In: J. Belsky and T. Nezworski (Eds.), *Clinical Implications of Attachment* (pp. 41-94). Hillsdale, NJ: Lawrence Erlbaum.

Belsky, J., Rosenberger, K., & Crnic, C. (1995). The origins of attachment security: "Classical" and contextual determinants. In: S. Goldberg, R. Muir, and J. Kerr (Eds.), *John Bowlby's Attachment Theory: Historical, Clinical and Social Significance* (pp. 153-184). Hillsdale, NJ: Analytic Press.

Benjamin, L. S. (1993). *Interpersonal Diagnosis and Treatment of Personality Disorder.* New York: Guilford Press.

Bennett, A. J., Lesch, K. P., Heils, A., Long, J., Lorenz, J., Shoaf, S. E., Champoux, M., Suomi, S. J., Linnoila, M., & Higley, J. D. (2002). Early experience and serotonin transporter gene variation interact to influence primate CNS function. *Molecular Psychiatry, 7*, 118-122.

Bergman, A. (1999). *Ours, Yours, Mine: Mutuality and the Emergence of the Separate Self.* New York: Jason Aronson.

Bertenthal, B., & Fisher, K. (1978). Development of self-recognition in the infant. *Developmental Psychology, 14*, 44-50.

Bettes, B. A. (1988). Maternal depression and motherese: Temporal and intonational features. *Child Development, 59*, 1089-1096.

Bidell, T. R., & Fischer, K. W. (1994). Developmental transitions in children's early on-line planning. In: M. M. Haith, J. B. Benson, R. J. Roberts, and B. F. Pennington (Eds.), *Development of Future-Oriented Processes.* Chicago, IL: University of Chicago Press.

Bifulco, A., Brown, G., & Harris, T. (1987). Childhood loss of parent, lack of adequate parental care and adult depression: A replication. *Journal of Affective Disorders, 12*, 115-128.

Bigelow, A. E. (2001). Discovering self through other: Infant's preference for social contingency. *Contingency Perception and Attachment in Infancy,* ed. by J. Allen, P. Fonagy, and G. Gergely. *Bulletin of the Menninger Clinic, Special Issue, 65* (pp. 335-346).

Bigelow, A. E., & DeCoste, C. (2003). Infants' sensitivity to contingency in social interactions with familiar and unfamiliar partners. Infancy.

Bion, W. R. (1959). Attacks on linking. *International Journal of Psycho-Analysis, 40*, 308-315.

Bion, W. R. (1962a). *Learning from Experience.* London: Heinemann.

Bion, W. R. (1962b). A theory of thinking. *International Journal of Psycho-Analysis, 43*, 306-310. Also in: *Second Thoughts.* London: Heinemann, 1967.

Bion, W. R. (1963). *Elements of Psycho-Analysis.* London: Heinemann.

Bion, W. R. (1970). *Attention and Interpretation.* London: Tavistock.

Birch, H., & Lefford, A. (1967). Visual differentiation, intersensory integration, and voluntary control. *Monographs of the Society for Research in Child Development, 32.*

Blair, R. (1995). A cognitive developmental approach to morality: Investigating the psychopath. *Cognition, 57,* 1-29.

Blair, R., Jones, L., Clark, F., & Smith, M. (1997). The psychopathic individual: A lack of responsiveness to distress cues? *Psychophysiology, 34*(2), 192-198.

Blair, R., Morris, J., Frith, C., Perrett, D., & Dolan, R. (1999). Dissociable neural responses to facial expressions of sadness and anger. *Brain, 122*(5), 883-893.

Blatt, S. J., & Behrends, R. S. (1987). Internalization, separation-individuation, and the nature of therapeutic action. *International Journal of Psycho-Analysis, 68,* 279-297.

Blatt, S. J., & Blass, R. B. (1990). Attachment and separateness: A dialectical model of the products and processes of development throughout the life cycle. *Psychoanalytic Study of the Child, 45,* 107-127.

Bleiberg, E. (1984). Narcissistic disorders in children. *Bulletin of the Menninger Clinic, 48,* 501-517.

Bleiberg, E. (1994). Borderline disorders in children and adolescents: The concept, the diagnosis, and the controversies. *Bulletin of the Menninger Clinic, 58,* 169-196.

Bleiberg, E., Fonagy, P., & Target, M. (1997). Child psychoanalysis: Critical overview and a proposed reconsideration. *Psychiatric Clinics of North America, 6,* 1-38.

Blos, P. (1979). *The Adolescent Passage.* New York: International Universities Press.

Blum, K., Noble, E. P., Sheridan, P. J., Montgomery, A., Ritchie, T., Jagadeeswaran, P., Nogami, H., Briggs, A. H., & Cohn, J. B. (1990). Allelic association of human dopamine D2 receptor gene in alcoholism. *Journal of the American Medical Association, 263,* 2055-2060.

Bogdan, R. J. (1997). *Interpreting Minds.* Cambridge, MA: MIT Press.

Bogdan, R. J. (2001). *Minding Minds.* Cambridge, MA: MIT Press.

Bohman, M. (1996). Predisposition to criminality. Swedish adoption studies in retrospect. In: M. Rutter (Ed.), *Genetics of Criminal and Antisocial Behavior.* Chichester, U.K.: John Wiley.

Bolton, D., & Hill, J. (1996). *Mind, Meaning and Mental Disorder.* Oxford: Oxford University Press.

Botterill, G. (1996). Folk psychology and theoretical status. In: P. Carruthers and P. K. Smith (Eds.), *Theories of Theories of Mind* (pp. 105-118). Cambridge, U.K.: Cambridge University Press.

Bower, T. G. R. (1974). *Development in Infancy.* San Francisco, CA: W.H. Freeman, 1982.

Bowlby, J. (1958). The nature of the child's tie to his mother. *International Journal of Psycho-Analysis, 39,* 350-373.

Bowlby, J. (1969). *Attachment and Loss, Vol. 1. Attachment.* London: Hogarth Press and the Institute of Psycho-Analysis.

Bowlby, J. (1973). *Attachment and Loss, Vol. 2. Separation: Anxiety and Anger.* London: Hogarth Press and Institute of Psycho-Analysis.

Bowlby, J. (1980). *Attachment and Loss, Vol. 3. Loss: Sadness and Depression.* London: Hogarth Press and Institute of Psycho-Analysis.

Bowlby, J. (1988). *A Secure Base: Clinical Applications of Attachment Theory.* London: Routledge.

Bowlby, J. (1991). *Charles Darwin: A New Life.* New York: Norton.

Bracken, B. A. (Ed.) (1996). *Handbook of Self-Concept: Developmental, Social and Clinical Considerations.* New York: John Wiley.

Braten, S. (1988). Dialogic mind: The infant and the adult in protoconversation. In: M. Carvallo (Ed.), *Nature, Cognition and System, Vol. 1* (pp. 187-205). Dordrecht: Kluwer Academic.

Braten, S. (1992). The virtual other in infants' minds and social feelings. In: H. Wold (Ed.), *The Dialogical Alternative* (pp. 77-97). Oslo: Scandinavian University Press.

Braten, S. (1998). *Intersubjective Communication and Emotion in Early Ontogeny.* Cambridge, U.K.: Cambridge University Press.

Brazelton, T., Kowslowski, B., & Main, M. (1974). The origins of reciprocity: The early mother-infant interaction. In: M. Lewis and L. Rosenblum (Eds.), *The Effect of the Infant on Its Caregivers* (pp. 49-76). New York: John Wiley.

Brazelton, T. B., & Tronick, E. (1980). Preverbal communication between mothers and infants. In: D. R. Olson (Ed.), *The Social Foundations of Language and Thought* (pp. 299-315). New York: Norton.

Brazzelli, M., Colombo, N., Della Sala, S., & Spinnler, H. (1994). Spared and impaired cognitive abilities after bilateral frontal damage. *Cortex, 30*(1), 27-51.

Brenner, C. (1955). *An Elementary Textbook of Psychoanalysis.* New York: International Universities Press.

Brentano, F. (1874). *Psychology from an Empirical Standpoint.* London: Routledge, 1973.

Bretherton, I. (1991a). Intentional communication and the development of an understanding of mind. In: D. Frye and C. Moore (Eds.), *Children's Theories of Mind: Mental States and Social Understanding* (pp. 271-289). Hillsdale, NJ: Lawrence Erlbaum.

Bretherton, I. (1991b). Pouring new wine into old bottles: The social self as internal working model. In: M. R. Gunnar and L. A. Sroufe (Eds.), *Self Processes and Development: Minnesota Symposia on Child Psychology, Vol. 23* (pp. 1-41). Hillsdale, NJ: Lawrence Erlbaum.

Bretherton, I., & Bates, E. (1979). The emergence of intentional communication. In: I. C. Uzgiris (Ed.), *Social Interaction and Communication during Infancy.* San Francisco, CA: Jossey-Bass.

Bretherton, I., Bates, E., Benigni, L., Camaioni, L., & Volterra, V. (1979). Relationships between cognition, communication, and quality of attachment. In: E. Bates, L. Benigni, I. Bretherton, L. Camaioni, and V. Volterra (Eds.), *The Emergence of Symbols: Cognition and Communication in Infancy* (pp. 223-269). New York: Academic Press.

Bretherton, I., & Munholland, K. A. (1999). Internal working models in attachment relationships: A construct revisited. In: J. Cassidy and P. R. Shaver (Eds.), *Handbook of Attachment: Theory, Research and Clinical Applications* (pp. 89-114). New York: Guilford Press.

Bretherton, I., Ridgeway, D., & Cassidy, J. (1990). Assessing internal working models of the attachment relationship: An attachment story completion task. In: M. T. Greenberg, D. Cicchetti, and E. M. Cummings (Eds.), *Attachment in the Preschool Years: Theory, Research and Intervention* (pp. 273-308). Chicago, IL: University of Chicago Press.

Brierley, M. (1937). Affects in theory and practice. In: *Trends in Psycho-Analysis.* London: Hogarth Press, 1951.

Britton, R. (1989). The missing link: Parental sexuality in the Oedipus complex. In: R. Britton, M. Feldman, E. O'Shaughnessy, and J. Steiner (Eds.), *The Oedipus Complex Today: Clinical Implications* (pp. 83-102). London: Karnac.

Britton, R. (1994). The blindness of the seeing eye: Inverse symmetry as a defence against reality. *Psychoanalytic Inquiry, 14,* 365-378.

Britton, R. (1995). Psychic reality and unconscious belief. *International Journal of Psycho-Analysis, 76,* 19-23.

Britton, R. (1998). *Belief and Imagination.* London: Routledge.

Bronfenbrenner, U. (1979). *The Ecology of Human Development: Experiments by Nature and Design.* Cambridge, MA: Harvard University Press.

Broussard, E. R. (1995). Infant attachment in a sample of adolescent mothers. *Child Psychiatry and Human*

Development, 25, 211-219.

Brown, J. R., Donelan-McCall, N., & Dunn, J. (1996). Why talk about mental states? The significance of children's conversations with friends, siblings, and mothers. *Child Development, 67*, 836-849.

Brownell, C. A., & Kopp, C. B. (1991). Common threads, diverse solutions: Concluding commentary. *Developmental Review, 11*, 288-303.

Bruch, H. (1982). Anorexia nervosa: Therapy and theory. *American Journal of Psychiatry, 139*(12), 1531-1538.

Bruner, J. (1983). *Child's Talk: Learning to Use Language.* Oxford: Oxford University Press.

Bruner, J., Olver, P., & Greenfield, P. M. (1966). *Studies on Cognitive Growth.* New York: John Wiley.

Busch, F. (1995). Do actions speak louder than words? A query into an enigma in analytic theory and technique. *Journal of the American Psychoanalytic Association, 43*, 61-82.

Butterworth, G. (1995). An ecological perspective on the origins of the self. In: J. Bermudez, A. Marcel, and N. Eilan (Eds.), *The Body and the Self.* Cambridge, MA: MIT Press.

Butterworth, G., & Cicchetti, D. (1978). Visual calibration of posture in normal and motor retarded Down's syndrome infants. *Perception, 6*, 255-262.

Butterworth, G., Harris, P., Leslie, A., & Wellman, H. (1991). *Perspectives on the Child's Theory of Mind.* Oxford: Oxford University Press/British Psychological Society.

Butterworth, G., & Hicks, L. (1977). Visual proprioception and postural stability in infancy: A developmental study. *Perception, 6*, 255-262.

Cadoret, R. J., Leve, L. D., & Devor, E. (1997). Genetics of aggressive and violent behavior. *Psychological Clinics of North America, 20*, 301-322.

Call, J., & Tomasello, M. (1996). The effect of humans on the cognitive development of apes. In: A. E. Russon, K. A. Bard, and S. T. Parker (Eds.), *Reaching into Thought* (pp. 371-403). Cambridge, U.K.: Cambridge University Press.

Call, J., & Tomasello, M. (1999). A nonverbal theory of mind test: The performance of children and apes. *Child Development, 70*, 381-395.

Campbell, J. (1997). The structure of time in autobiographical memory. *European Journal of Philosophy, 5*, 105-118.

Campos, J., & Stenberg, C. R. (1981). Perception, appraisal and emotion: The onset of social referencing. In: M. E. Lamb and L. R. Sherrod (Eds.), *Infant Social Cognition* (pp. 273-314). Hillsdale, NJ: Lawrence Erlbaum.

Camras, L. A. (1992). Expressive development and basic emotions. *Cognition and Emotion, 6*, 269-283.

Camras, L. A. (2000). Surprise! Facial expressions can be coordinative motor structures. In: M. D. Lewis and I. Granic (Eds.), *Emotion, Development, and Self-Organization: Dynamic Systems Approaches to Emotional Development* (pp. 100-124). Cambridge, U.K.: Cambridge University Press.

Cardasis, W., Hochman, J. A., & Silk, K. R. (1997). Transitional objects and borderline personality disorder. *American Journal of Psychiatry, 154*, 250-255.

Carlson, E., & Sroufe, L. A. (1995). Contribution of attachment theory to developmental psychopathology. In: D. Cicchetti and D. J. Cohen (Eds.), *Developmental Psychopathology, Vol. 1. Theory and Methods* (pp. 581-617). New York: John Wiley.

Carlson, V., Cicchetti, D., Barnett, D., & Braunwald, K. (1989). Disorganized/disoriented attachment relationships in maltreated infants. *Developmental Psychology, 25*, 525-531.

Caron, A. J., Caron, R. F., & Myers, R. S. (1985). Do infants see facial expressions in static faces? *Child Development, 56*, 1552-1560.

Caron, R. F., Caron, A. J., & MacLean, D. J. (1988). Infant discrimination of naturalistic emotional expressions: The role of face and voice. *Child Development, 59*, 604-616.

Carpenter, M., Nagell, K., & Tomasello, M. (1998). Social cognition, joint attention, and communicative competence from 9 to 15 months of age. *Monographs of the Society for Research in Child Development, 63*.

Carruthers, P. (1996). *Language, Thought and Consciousness. An Essay in Philosophical Psychology*. Cambridge, U.K.: Cambridge University Press.

Carruthers, P., & Smith, P. K. (Eds.) (1996). *Theories of Theories of Mind*. Cambridge, U.K.: Cambridge University Press.

Cassam, Q. (Ed.) (1994). *Self-Knowledge*. Oxford: Oxford University Press.

Cassidy, J. (1988). Child-mother attachment and the self in six-yearolds. *Child Development, 59*, 121-134.

Cassidy, J. (1994). Emotion regulation: Influences of attachment relationships. *The Development of Attachment Regulation,* ed. by N. A. Fox. *Monograph of the Society for Research in Child Development* (Serial 240), 228-249.

Cassidy, J., Kirsh, S. J., Scolton, K. L., & Parke, R. D. (1996). Attachment and representations of peer relationships. *Developmental Psychology, 32*, 892-904.

Cassidy, J., & Marvin, R. S. (1992). *Attachment organization in preschool children: Coding guidelines*. Seattle, WA: MacArthur Working Group on Attachment, unpublished coding manual.

Cassidy, J., Marvin, R. S., & The MacArthur Working Group on Attachment. (1989). Attachment organization in three- and four year -olds: Coding guidelines. University of Illinois, Urbana, IL, unpublished scoring manual.

Castellanos, F. X., Lau, E., Tayebi, N., Lee, P., Long, R. E., Giedd, J. N., Sharp, W., Marsh, W. L., Walter, J. M., Hamburger, S. D., Ginns, E. I., Rappoport, J. R., & Sidransky, E. (1998). Lack of an association between a dopamine-4 receptor polymorphism and attention deficit hyperactivity disorder: Genetic and brain morphometric analyses. *Molecular Psychiatry, 3*, 431-434.

Cavell, M. (1988). Interpretation, psychoanalysis and the philosophy of mind. *Journal of the American Psychoanalytic Association, 36*, 859-879.

Cavell, M. (1991). The subject of mind. *International Journal of Psycho-Analysis, 72*, 141-154.

Cavell, M. (1994). *The Psychoanalytic Mind*. Cambridge, MA: Harvard University Press.

Cavell, M. (2000). Reasons, causes, and the domain of the first-person. In: J. Sandler, R. Michels, and P. Fonagy (Eds.), *Changing Ideas in a Changing World: The Revolution in Psychoanalysis. Essays in Honour of Arnold Cooper*. New York: Karnac.

Channon, S., & Crawford, S. (1999). Problem-solving in real-life-type situations: The effects of anterior and posterior lesions on performance. *Neuropsychologia, 37*(7), 757-770.

Channon, S., & Crawford, S. (2000). The effects of anterior lesions on performance on a story comprehension test: Left anterior impairment on a theory of mind-type task. *Neuropsychologia, 38*(7), 1006-1017.

Chess, L. K., & Thomas, C. G. (1979). *Childhood Pathology and Later Adjustment*. New York: John Wiley.

Chew, S. J., Vicario, D. S. T., & Nottebohm, F. (1996). Quantal duration of auditory memories. *Science, 274*, 1909-1914.

Chisolm, K. (1998). A three year follow-up of attachment and indiscriminate friendliness in children adopted from Russian orphanages. *Child Development, 69*, 1092-1106.

Churchland, P. S. (1986). *Neurophilosophy*. Cambridge, MA: MIT Press.

Cicchetti, D. (1987). Developmental psychopathology in infancy: Illustration from the study of maltreated youngsters. *Journal of Consulting and Clinical Psychology, 55*, 837-845.

Cicchetti, D., & Cohen, D. J. (1995). Perspectives on developmental psychopathology. In: D. Cicchetti and D. J.

Cohen (Eds.), *Developmental Psychopathology, Vol. 1. Theory and Methods* (pp. 3-23). New York: John Wiley.

Cicchetti, D., & Rogosch, F. A. (1997). The role of self-organization in the promotion of resilience in maltreated children. *Development and Psychopathology, 9*, 797-815.

Cicchetti, D., & Toth, S. L. (Eds.) (1994). *Rochester Symposium on Developmental Psychopathology, Vol. 5. Disorders and Dysfunctions of the Self.* Rochester, NY: University of Rochester Press.

Clarkin, J. F., Kernberg, O. F., & Yeomans, F. (1999). *Transference-Focused Psychotherapy for Borderline Personality Disorder Patients.* New York: Guilford Press.

Clarkin, J. F., & Lenzenweger, M. F. (1996). *Major Theories of Personality Disorder.* New York: Guilford Press.

Clements, W. A., & Perner, J. (1994). Implicit understanding of belief. *Cognitive Development, 9*, 377-395.

Clyman, R. B. (1991). The procedural organization of emotions: A contribution from cognitive science to the psychoanalytic theory of therapeutic action. *Journal of the American Psychoanalytic Association, 39* (Supplement), 349-382.

Cohen, D. J., Towbin, K. E., Mayes, L., & Volkmar, F. (1994). Developmental psychopathology of multiplex developmental disorder. In: S. L. Friedman and H. C. Haywood (Eds.), *Developmental Follow-Up: Concepts, Domains and Methods* (pp. 155-182). New York: Academic Press.

Cohn, J. F., Matias, R., Tronick, E. Z., Connell, D., & Lyons-Ruth, K. (1986). Face-to-face interactions of depressed mothers and their infants. In: E. Z. Tronick and T. Field (Eds.), *Maternal Depression and Infant Disturbance* (pp. 31-45). San Francisco, CA: Jossey-Bass.

Cohn, J. F., & Tronick, E. Z. (1988). Mother-infant interaction: Influence is bidirectional and unrelated to periodic cycles in either partner's behavior. *Developmental Psychology, 24*, 386-392.

Collins, N., & Read, S. J. (1990). Adult attachment, working models and relationship quality in dating couples. *Journal of Personality and Social Psychology, 58*, 633-644.

Collins, N., & Read, S. J. (1994). Representations of attachment: The structure and function of working models. In: K. Bartholomew and D. Perlman (Eds.), *Advances in Personal Relationships, Vol. 5. Attachment Process in Adulthood* (pp. 53-90). London: Jessica Kingsley.

Colombo, J., Mitchell, D. W., Coldren, J. T., & Atwater, J. D. (1990). Discrimination learning during the first year: Stimulus and positional cues. *Journal of Experimental Psychology: Learning, Memory, and Cognition, 16*, 98-109.

Comings, D. E. (1997). Why different rules are required for polygenic inheritance: Lessons from studies of the DRD2 gene. *Alcohol, 16*, 61-70.

Comings, D. E., Comings, B. G., Muhleman, D., Dietz, G., Shahbahrami, B., Tast, D., Knell, E., Kocsis, P., Baumgarten, R., & Kovacs, B. W. (1991). The dopamine D2 receptor locus as a modifying gene in neuropsychiatric disorders. *Journal of the American Medical Association, 266*, 1793-1800.

Comings, D. E., Gonzalez, N., Wu, S., Gade, R., Muhleman, D., Saucier, G., Johnson, P., Verde, R., Rosenthal, R. J., Lesieur, H. R., Rugle, L. J., Miller, W. B., & MacMurray, J. P. (1999). Studies of the 48 bp repeat polymorphism of the DRD4 gene in impulsive, compulsive, addictive behaviors: Tourette syndrome, ADHD, pathological gambling, and substance abuse. *American Journal of Medical Genetics, 88*, 358-368.

Comings, D. E., Muhleman, D., & Gysin, R. (1996). Dopamine D2 receptor (DRD2) gene and susceptibility to posttraumatic stress disorder: A study and replication. *Biological Psychiatry, 40*, 1793-1800.

Conger, R. D., Ge, X., Elder, G. H., Lorenz, F. O., & Simons, R. (1994). Economic stress, coercive family process, and developmental problems of adolescents. *Child Development, 65*, 541-561.

Cooley, C. H. (1912). *Human Nature and the Social Order* (Revised edition). New York: Shocken Books, 1964.

Cooper, R. P., & Aslin, R. N. (1990). Preference for infant-directed speech in the first month after birth. *Child Development, 61*, 1587-1595.

Corcoran, R. (2000). In: S. Baron-Cohen, D. Cohen, and H. Tager-Flusberg (Eds.), *Understanding Other Minds: Perspectives from Developmental Cognitive Neuroscience* (pp. 358-391). Oxford: Oxford University Press.

Corkum, V., & Moore, C. (1995). Development of joint visual attention in infants. In: C. Moore and P. Dunham (Eds.), *Joint Attention: Its Origins and Role in Development* (pp. 61-83). New York: Lawrence Erlbaum.

Craik, F. I. M., Moroz, T. M., Moscovitch, M., Stuss, D. T., Winocur, G., & Tulving, E. (1999). In search of the self: A positron emission tomography study. *Psychological Science, 10*, 26-34.

Crittenden, P. M. (1988). Relationships at risk. In: J. Belsky and T. Nezworski (Eds.), *Clinical Implications of Attachment* (pp. 136-174). Hillsdale, NJ: Lawrence Erlbaum.

Crittenden, P. M. (1990). Internal representational models of attachment relationships. *Infant Mental Health Journal, 11*, 259-277.

Crittenden, P. M. (1992). Quality of attachment in the preschool years. *Development and Psychopathology, 4*, 209-241.

Crittenden, P. M. (1994). Peering into the black box: An exploratory treatise on the development of self in young children. In: D. Cicchetti and S. L. Toth (Eds.), *Rochester Symposium on Developmental Psychopathology, Vol. 5. Disorders and Dysfunctions of the Self* (pp. 79-148). Rochester, NY: University of Rochester Press.

Crittenden, P. M., & DiLalla, D. (1988). Compulsive compliance: The development of an inhibitory coping strategy in infancy. *Journal of Abnormal Child Psychology, 16*, 585-599.

Csibra, G., Bíró, S., Koós, O., & Gergely, G. (2002). One-year-old infants use teleological representations of actions productively. Submitted.

Csibra, G., & Gergely, G. (1998). The teleological origins of mentalistic action explanations: A developmental hypothesis. *Developmental Science, 1*(2), 255-259.

Csibra, G., Gergely, G., Brockbank, M., Bíró, S., & Koós, O. (1999). Twelve-month-olds can infer a goal for an incomplete action. Paper presented at the Eleventh Biennial Conference on Infant Studies (ICIS), Atlanta, Georgia.

Currie, G. (1995). Imagination and simulation: Aesthetics meets cognitive science. In: A. Stone and M. Davies (Eds.), *Mental Simulation: Evaluations and Applications* (pp. 99-127). Oxford: Basil Blackwell.

Damasio, A. (1994a). *Descartes' Error: Emotion, Reason and the Human Brain*. London: Macmillan.

Damasio, A. R. (1994b). Descartes' error and the future of human life. *Scientific American, 271*(4), 144.

Damasio, A. (1999). *The Feeling of What Happens: Body and Emotion in the Making of Consciousness*. New York: Harcourt Brace.

Darwin, C. (1872). *The Expression of Emotions in Man and Animals*. New York: Philosophical Library.

Davidson, D. (1980). *Actions, Reasons, and Causes. Essays on Action and Events*. Oxford: Clarendon Press.

Davidson, R. (1992). Prolegomenon to the structure of emotion: Gleanings from neuropsychology. *Cognition and Emotion, 6*, 245-268.

Davis, M., & Stone, T. (Eds.) (1995). *Folk Psychology: The Theory of Mind Debate*. Oxford: Blackwell.

Dawson, G., & McKissick, F. C. (1984). Self-recognition in autistic children. *Journal of Autism and Developmental Disorders, 9*, 247-260.

Deary, I. J., Battersby, S., Whiteman, M. C., Connor, J. M., Fowkes, F. G., & Harmar, A. (1999). Neuroticism and polymorphisms in the serotonin transporter gene. *Psychological Medicine, 29*(3), 735-739.

Deater-Deckard, K., Fulker, D. W., & Plomin, R. (1999). A genetic study of the family environment in the transition to early adolescence. *Journal of Child Psychology and Psychiatry and Allied Disciplines, 40*, 769-795.

DeCasper, A. J., & Fifer, W. P. (1980). Of human bonding: Newborns prefer their mothers' voices. *Science, 208*, 1174-1176.

Demos, V. (1986). Crying in early infancy: An illustration of the motivational function of affect. In: T. B. Brazelton and M. W. Yogman (Eds.), *Affective Development in Infancy* (pp. 39-73). Norwood, NJ: Ablex.

Denham, S. A., Zoller, D., & Couchoud, E. A. (1994). Socialization of preschoolers' emotion understanding. *Developmental Psychology, 30*, 928-936.

Dennett, D. (1978). *Brainstorms: Philosophical Essays on Mind and Psychology.* Montgomery, VT: Bradford.

Dennett, D. (1983). Styles of mental representation. *Proceedings of the Aristotelian Society* (pp. 213-226). London: Aristotelian Society.

Dennett, D. (1987). *The Intentional Stance.* Cambridge, MA: MIT Press.

Dennett, D. (1988). Precis of "The intentional stance" with peer commentary. *The Behavioral and Brain Sciences, 11*, 495-546.

Dennett, D. (1991). *Consciousness Explained.* Boston: Little Brown.

Dennett, D., & Haugeland, J. C. (1987). Intentionality. In: R. L. Gregory (Ed.), *The Oxford Companion to the Mind.* Oxford: Oxford University Press.

DeSousa, R. (1987). *The Rationality of Emotion.* Cambridge, U.K.: MIT Press.

De Wolff, M. S., & van IJzendoorn, M. H. (1997). Sensitivity and attachment: A meta-analysis on parental antecedents of infant attachment. *Child Development, 68*, 571-591.

Dias, M. G., & Harris, P. L. (1990). The influence of the imagination on reasoning by young children. *British Journal of Developmental Psychology, 8*, 305-318.

Dicara, L. V. (1970). Learning in the autonomic nervous system. *Scientific American, 222*, 30-39.

Dienes, Z., & Perner, J. (1999). A theory of implicit and explicit knowledge. *Behavioral and Brain Sciences, 22*(5), 735-808.

Dobzhansky, T. (1972). Genetics and the diversity of behavior. *American Psychology, 27*, 523-530.

Dodge, K. (1990). Developmental psychopathology in children of depressed mothers. *Developmental Psychology, 26*, 3-6.

Drucker, J. (1975). Toddler play: Some comments on its functions in the developmental process. *Psychoanalysis and Contemporary Science, 4*, 479-527.

Dunkeld, J., & Bower, T. G. (1980). Infant response to impending optical collision. *Perception, 9*, 549-554.

Dunn, J. (1994). Changing minds and changing relationships. In: C. Lewis and P. Mitchell (Eds.), *Children's Early Understanding of Mind: Origins and Development* (pp. 297-310). Hove, Sussex, U.K.: Lawrence Erlbaum.

Dunn, J. (1996). The Emanuel Miller Memorial Lecture 1995. Children's relationships: Bridging the divide between cognitive and social development. *Journal of Child Psychology and Psychiatry and Allied Disciplines, 37*, 507-518.

Dunn, J., & Brown, J. (1993). Early conversations about causality: Content, pragmatics, and developmental change. *British Journal of Developmental Psychology, 11*, 107-123.

Dunn, J., Brown, J., & Beardsall, L. (1991). Family talk about feeling states and children's later understanding of others' emotions. *Developmental Psychology, 27*, 448-455.

Dunn, J., Brown, J., Slomkowski, C., Telsa, C., & Youngblade, L. (1991). Young children's understanding of other people's feelings and beliefs: Individual differences and their antecedents. *Child Development, 62*, 1352-1366.

Dunn, J., & McGuire, S. (1994). Young children's non-shared experiences: A summary of studies in Cambridge and Colorado. In: E. M. Hetherington, D. Reiss, and R. Plomin (Eds.), *Separate Social Worlds of Siblings*. Hillsdale, NJ: Lawrence Erlbaum.

Dutton, D. G., Saunders, K., Starzomski, A., & Bartholomew, K. (1994). Intimacy-anger and insecure attachments as precursors of abuse in intimate relationships. *Journal of Applied Social Psychology, 24*, 1367-1386.

Eaves, L. J., Silberg, J. L., Meyer, J. M., Maes, H. H., Simonoff, E., Pickles, A., Rutter, M., Neale, M. C., Reynolds, C. A., Erikson, M. T., Heath, A. C., Loeber, R., Truett, K. R., & Hewitt, J. K. (1997). Genetics and developmental psychopathology: 2. The main effects of genes and environment on behavioral problems in the Virginia Twin Study of Adolescent Behavioral Development. *Journal of Child Psychology and Psychiatry and Allied Disciplines, 38*(8), 965-980.

Ebstein, R. P., Gritsenko, I., Nemanov, L., Frisch, A., Osher, Y., & Belmaker, R. H. (1997). No association between the serotonin transporter gene regulatory region polymorphism and the Tridimensional Personality Questionnaire (TPQ) temperament of harm avoidance. *Molecular Psychiatry, 2*(3), 224-226.

Edelman, G. (1992). *Bright Air, Brilliant Fire*. New York: Basic Books.

Egeland, B., & Farber, E. A. (1984). Infant-mother attachment: Factors related to its development and change over time. *Child Development, 55*, 753-771.

Eisenberg, N., & Fabes, R. (Eds.) (1992). *Emotion and Its Regulation in Early Development*. San Francisco, CA: Jossey-Bass.

Ekman, P. (1992a). An argument for basic emotions. *Cognition and Emotion, 6*(3-4), 169-200.

Ekman, P. (1992b). Facial expressions of emotion: New findings, new questions. *Psychological Science, 3*(1), 34-38.

Ekman, P., & Davidson, R. (Eds.) (1994). *The Nature of Emotion: Fundamental Questions*. Oxford: Oxford University Press.

Ekman, P., Friesen, W. V., & Ellsworth, P. (1972). *Emotion in the Human Face*. New York: Pergamon Press.

Ekman, P., Levenson, R., & Friesen, W. V. (1983). Autonomic nervous system activity distinguishes between emotions. *Science, 221*, 1208-1210.

Ekman, P., & Oster, H. (1979). Facial expressions of emotions. *Annual Review of Psychology, 30*, 527-554.

Elicker, J., Englund, M., & Sroufe, L. A. (1992). Predicting peer competence and peer relationships in childhood from early parent-child relationships. In: R. Parke and G. Ladd (Eds.), *Family-Peer Relationships: Modes of Linkage* (pp. 77-106). Hillsdale, NJ: Lawrence Erlbaum.

Elman, J. L., Bates, A. E., Johnson, M. H., Karmiloff-Smith, A., Parisi, D., & Plunkett, K. (1996). *Rethinking Innateness: A Connectionist Perspective on Development*. Cambridge, MA: MIT Press.

Emde, R. (1980a). Toward a psychoanalytic theory of affect: Part 1. The organizational model and its propositions. In: S. I. Greenspan and G. H. Pollock (Eds.), *The Course of Life: Infancy and Early Childhood* (pp. 63-83). Washington, DC: DHSS.

Emde, R. (1980b). Toward a psychoanalytic theory of affect: Part 2. Emerging models of emotional development in infancy. In: S. I. Greenspan and G. H. Pollock (Eds.), *The Course of Life: Infancy and Early Childhood* (pp. 85-112). Washington, DC: DHSS.

Emde, R. (1981). Changing models of infancy and the nature of early development: Remodeling the foundation. *Journal of the American Psychoanalytic Association, 29*, 179-219.

Emde, R. (1983). Pre-representational self and its affective core. *Psychoanalytic Study of the Child, 38*, 165-192.

Emde, R. (1988). Development terminable and interminable: 1. Innate and motivational factors from infancy. *International Journal of Psycho-Analysis, 69*, 23-42.

Emde, R. (1992). Individual meaning and increasing complexity: Contributions of Sigmund Freud and Reni Spitz to

Developmental Psychology. *Developmental Psychology, 28*, 347-359.

Emde, R., & Fonagy, P. (1997). An emerging culture for psychoanalytic research? Editorial. *International Journal of Psycho-Analysis, 78*, 643-651.

Emde, R., Kubicek, L., & Oppenheim, D. (1997). Imaginative reality observed during early language development. *International Journal of Psycho-Analysis, 78*(1), 115-133.

Erikson, E. H. (1968). *Identity, Youth and Crisis*. New York: Norton.

Evans, J. D., & Wheeler, D. E. (2000). Expression profiles during honeybee cast determination. *Genome Biology, 2*, e1-e6.

Fairbairn, W. R. D. (1952). *An Object-Relations Theory of the Personality*. New York: Basic Books, 1954.

Fajardo, B. (1993). Conditions for the relevance of infant research to clinical psychoanalysis. *International Journal of Psycho-Analysis, 74*, 975-992.

Fantz, R. (1963). Pattern vision in newborn infants. *Science, 140*, 296-297.

Faraone, S. V., Biederman, J., Weiffenbach, B., Keith, T., Chu, M. P., Weaver, A., Spencer, T. J., Wilens, T. E., Frazier, J., Cleves, M., & Sakai, J. (1999). Dopamine D4 gene 7-repeat allele and attention deficit hyperactivity disorder. *American Journal of Psychiatry, 156*, 768-770.

Ferguson, C. A. (1964). Baby talk in six languages. *American Anthropologist, 66*, 103-114.

Fernald, A. (1991). Prosody in speech to children: Prelinguistic and linguistic functions. In: R. Vasta (Ed.), *Annals of Child Development, Vol. 8* (pp. 43-80). London: Jessica Kingsley.

Fernald, A. (1992). Human maternal vocalizations to infants as biologically relevant signals: An evolutionary perspective. In: L. C. J. H. Barkow and J. Tooby (Eds.), *The Adapted Mind: Evolutionary Psychology and the Generation of Culture* (pp. 391-428). Oxford: Oxford University Press.

Field, T. (1979). Differential behavioral and cardiac responses of 3-month-old infants to a mirror and peer. *Infant Behavior and Development, 2*, 179-184.

Field, T. (1994). The effects of mother's physical and emotional unavailability on emotion regulation. *Monographs of the Society for Research in Child Development, 59*(2-3).

Field, T., Guy, L., & Umbel, V. (1985). Infants' responses to mothers' imitative behaviors. *Infant Mental Health Journal, 6*, 40-44.

Field, T., Healy, B., Goldstein, S., Perry, S., Bendell, D., Schanberg, S., Zimmerman, E., & Kuhn, C. (1988). Infants of depressed mothers show "depressed" behavior even with nondepressed adults. *Child Development, 59*, 1569-1579.

Field, T., Woodson, R., Cohen, D., Garcia, R., & Greenberg, R. (1983). Discrimination and imitation of facial expressions by term and preterm neonates. *Infant Behavior and Development, 6*, 485-490.

Fischer, K. W., & Ayoub, C. (1994). Affective splitting and dissociation in normal and maltreated children: Developmental pathways for self in relationships. In: D. Cicchetti and S. L. Toth (Eds.), *Rochester Symposium on Developmental Psychopathology, Vol. 5. Disorders and Dysfunctions of the Self* (pp. 149-222). Rochester, NY: University of Rochester Press.

Fischer, K. W., & Farrar, M. J. (1987). Generalisations about generalisation: How a theory of skill development explains both generality and specificity. *International Journal of Psychology, 22*, 643-677.

Fischer, K. W., Kenny, S. L., & Pipp, S. L. (1990). How cognitive processes and environmental conditions organize discontinuities in the development of abstractions. In: C. N. Alexander, E. J. Langer, and R. M. Oetzel (Eds.), *Higher Stages of Development* (pp. 162-187). New York: Oxford University Press.

Fischer, K. W., Knight, C. C., & Van Parys, M. (1993). Analyzing diversity in developmental pathways: Methods and concepts. In: W. Edelstein and R. Case (Eds.), *Constructivists Approaches to Development. Contributions to*

Human Development, Vol. 23 (pp. 33-56). Basel, Switzerland: S. Karger.

Fischer, K. W., & Pipp, S. L. (1984). Development of the structures of unconscious thought. In: K. Bowers and D. Meichenbaum (Eds.), *The Unconscious Reconsidered* (pp. 88-148). New York: John Wiley.

Flavell, J. (1982). On cognitive development. *Child Development, 53*, 1-10.

Flavell, J., Flavell, E. R., & Green, F. L. (1987). Young children's knowledge about the apparent-real and pretend-real distinction. *Developmental Psychology, 23*, 816-822.

Flavell, J., Flavell, E. R., Green, F. L., & Moses, L. J. (1990). Young children's understanding of fact beliefs versus value beliefs. *Child Development, 61*, 915-928.

Flavell, J., Green, F. L., & Flavell, E. R. (1986). Development of knowledge about the appearance-reality distinction. *Monographs of the Society for Research in Child Development, 51* (Serial 212, 1).

Flory, J. D., Manuck, S. B., Ferrell, R. E., Dent, K. M., Peters, D. G., & Muldoon, M. F. (1999). Neuroticism is not associated with the serotonin transporter (5-HTTLPR) polymorphism. *Molecular Psychiatry, 4*(1), 93-96.

Fodor, J. A. (1987). *Psychosemantics.* Cambridge, MA: MIT Press.

Fodor, J. A. (1992). A theory of the child's theory of mind. *Cognition, 44*, 283-296.

Fogel, A. (1993). *Developing through Relationships: Origins of Communication, Self, and Culture.* Chicago, IL: Chicago University Press.

Fogel, A., Nwokah, E., Dedo, J. Y., Messinger, D., Dickson, K. L., & Holt, S. A. (1992). Social process theory of emotion: A dynamic systems approach. *Social Development, 2*, 122-142.

Fónagy, I., & Fónagy, J. (1987). Analysis of complex (integrated) melodic patterns. In: R. Channon and L. Shockey (Eds.), *In Honour of Ilse Lehiste* (pp. 75-98). Dordrecht: Foris.

Fónagy, I., & Fonagy, P. (1995). Communication with pretend actions in language, literature and psychoanalysis. *Psychoanalysis and Contemporary Thought, 18*, 363-418.

Fonagy, P. (1989). On tolerating mental states: Theory of mind in borderline patients. *Bulletin of the Anna Freud Centre, 12*, 91-115.

Fonagy, P. (1991). Thinking about thinking: Some clinical and theoretical considerations in the treatment of a borderline patient. *International Journal of Psycho-Analysis, 72*, 1-18.

Fonagy, P. (1995a). Mental representations from an intergenerational cognitive science perspective. *Infant Mental Health Journal, 15*, 57-68.

Fonagy, P. (1995b). Playing with reality: The development of psychic reality and its malfunction in borderline patients. *International Journal of Psycho-Analysis, 76*, 39-44.

Fonagy, P. (1997). Attachment and theory of mind: Overlapping constructs? *Association for Child Psychology and Psychiatry, Occasional Papers, 14*, 31-40.

Fonagy, P. (1998). Moments of change in psychoanalytic theory: Discussion of a new theory of psychic change. *Infant Mental Health Journal, 19*, 163-171.

Fonagy, P. (2000). The development of psychopathology from infancy to adulthood: The mysterious unfolding of disturbance in time. Paper presented at the Seventh Congress of the World Association for Infant Mental Health, Montreal.

Fonagy, P. (2001). *Attachment Theory and Psychoanalysis.* New York: Other Press.

Fonagy, P., Edgcumbe, R., Moran, G. S., Kennedy, H., & Target, M. (1993). The roles of mental representations and mental processes in therapeutic action. *Psychoanalytic Study of the Child, 48*, 9-48.

Fonagy, P., Fearon, P., & Target, M. (1999). How can children in the same family have different attachment classifications? Paper presented at the Society for Research in Child Development Biennial Meeting,

Albuquerque, New Mexico.

Fonagy, P., Leigh, T., Kennedy, R., Mattoon, G., Steele, H., Target, M., Steele, M., & Higgitt, A. (1995). Attachment, borderline states and the representation of emotions and cognitions in self and other. In: D. Cicchetti and S. S. Toth (Eds.), *Rochester Symposium on Developmental Psychopathology: Cognition and Emotion, Vol. 6* (pp. 371-414). Rochester, NY: University of Rochester Press.

Fonagy, P., Leigh, T., Steele, M., Steele, H., Kennedy, R., Mattoon, G., Target, M., & Gerber, A. (1996). The relation of attachment status, psychiatric classification, and response to psychotherapy. *Journal of Consulting and Clinical Psychology, 64*, 22-31.

Fonagy, P., Moran, G., & Target, M. (1993). Aggression and the psychological self. *International Journal of Psycho-Analysis, 74*, 471-485.

Fonagy, P., Redfern, S., & Charman, T. (1997). The relationship between belief-desire reasoning and a projective measure of attachment security (SAT). *British Journal of Developmental Psychology, 15*, 51-61.

Fonagy, P., Steele, H., Moran, G., Steele, M., & Higgitt, A. (1991). The capacity for understanding mental states: The reflective self in parent and child and its significance for security of attachment. *Infant Mental Health Journal, 13*, 200-217.

Fonagy, P., Steele, H., & Steele, M. (1991). Maternal representations of attachment during pregnancy predict the organization of infant-mother attachment at one year of age. *Child Development, 62*, 891-905.

Fonagy, P., Steele, M., Moran, G. S., Steele, H., & Higgitt, A. (1992). The integration of psychoanalytic theory and work on attachment: The issue of intergenerational psychic processes. In: D. Stern and M. Ammaniti (Eds.), *Attaccamento e Psiconalisis* (pp. 19-30). Bari: Laterza.

Fonagy, P., Steele, M., Steele, H., Higgitt, A., & Target, M. (1994). Theory and practice of resilience. *Journal of Child Psychology and Psychiatry and Allied Disciplines, 35*, 231-257.

Fonagy, P., Steele, H., Steele, M., & Holder, J. (1997). Childrensecurely attached in infancy perform better in belief-desire reasoning task at age five. University College London, unpublished manuscript.

Fonagy, P., Steele, M., Steele, H., Leigh, T., Kennedy, R., Mattoon, G., & Target, M. (1995). Attachment, the reflective self, and borderline states: The predictive specificity of the Adult Attachment Interview and pathological emotional development. In: S. Goldberg, R. Muir, and J. Kerr (Eds.), *Attachment Theory: Social, Developmental and Clinical Perspectives* (pp. 233-278). New York: Analytic Press.

Fonagy, P., Steele, M., Steele, H., & Target, M. (1997). *Reflective-Functioning Manual, Version 4.1, for Application to Adult Attachment Interviews.* London: University College London.

Fonagy, P., Stein, H., & White, R. (2001). Dopamine receptor polymorphism and susceptibility to sexual, physical and psychological abuse: Preliminary results of a longitudinal study of maltreatment. Paper presented at the Tenth Biannual Meeting of the Society for Research in Child Development, Minneapolis, MI.

Fonagy, P., & Target, M. (1995). Understanding the violent patient: The use of the body and the role of the father. *International Journal of Psycho-Analysis, 76*, 487-502.

Fonagy, P., & Target, M. (1996). Playing with reality: I. Theory of mind and the normal development of psychic reality. *International Journal of Psycho-Analysis, 77*, 217-233.

Fonagy, P., & Target, M. (1997). Attachment and reflective function: Their role in self-organization. *Development and Psychopathology, 9*, 679-700.

Fonagy, P., Target, M., Cottrell, D., Phillips, J., & Kurtz, Z. (2000). *A Review of the Outcomes of All Treatments of Psychiatric Disorder in Childhood* (MCH 17-33). London: National Health Service Executive.

Fonagy, P., Target, M., & Gergely, G. (2000). Attachment and borderline personality disorder: A theory and some evidence. *Psychiatric Clinics of North America, 23*, 103-122.

Fonagy, P., Target, M., Steele, H., & Steele, M. (1998). *Reflective-Functioning Manual, Version 5.0, for Application to Adult Attachment Interviews*. London: University College London.

Fox, N. (Ed.) (1994). *The Development of Emotion Regulation*. Chicago, IL: Chicago University Press.

Fox, R. A., Platz, D. L., & Bentley, K. S. (1995). Maternal factors related to parenting practices, developmental expectations, and perceptions of child behavior problems. *Journal of Genetic Psychology, 156*, 431-441.

Freud, A. (1981). *A Psychoanalytic View of Developmental Psychopathology*. New York: International Universities Press.

Freud, S. (1900a). *The Interpretation of Dreams*. In: J. Strachey (Ed.), *The Standard Edition of the Complete Psychological Works of Sigmund Freud (S. E.), Vols. 4-5*. London: Hogarth Press.

Freud, S. (1911b). Formulations on the two principles of mental functioning. In: J. Strachey (Ed.), *S. E., Vol. 12* (pp. 213-216). London: Hogarth Press.

Freud, S. (1912-13). *Totem and Taboo*. In: J. Strachey (Ed.), *S. E., Vol. 13* London: Hogarth Press.

Freud, S. (1914c). On narcissism: An introduction. In: J. Strachey (Ed.), *S. E., Vol. 14* (pp. 67-104). London: Hogarth Press.

Freud, S. (1915e). The unconscious. In: J. Strachey (Ed.), *S. E., Vol. 14* (pp. 161-216). London: Hogarth Press.

Freud, S. (1917e [1915]). Mourning and melancholia. In: J. Strachey (Ed.), *S. E., Vol. 14* (pp. 237-258). London: Hogarth Press.

Freud, S. (1920g). *Beyond the Pleasure Principle*. In: J. Strachey (Ed.), *S. E., Vol. 18* (pp. 1-64). London: Hogarth Press.

Freud, S. (1926d [1925]). *Inhibitions, Symptoms and Anxiety*. In: J. Strachey (Ed.), *S. E., Vol. 20* (pp. 77-172). London: Hogarth Press.

Freud, S. (1950 [1895]). A project for a scientific psychology. In: J. Strachey (Ed.), *S. E., Vol. 1* (pp. 281-397). London: Hogarth Press.

Frith, C. D. (1992). *The Cognitive Neuropsychology of Schizophrenia*. Hillsdale, NJ: Lawrence Erlbaum.

Frith, U. (1989). *Autism: Explaining the Enigma*. Oxford: Blackwell.

Frosch, A. (1995). The preconceptual organization of emotion. *Journal of the American Psychoanalytic Association, 43*, 423-447.

Gaensbauer, T. (1982). The differentiation of discrete affects. *Psychoanalytic Study of the Child, 37*, 29-66.

Gallagher, H. L., Happe, F., Brunswick, N., Fletcher, P. C., Frith, U., & Frith, C. D. (2000). Reading the mind in cartoons and stories: An fMRI study of "theory of mind" in verbal and nonverbal tasks. *Neuropsychologia, 38* (1), 11-21.

Gallup, G. G., Jr. (1970). Chimpanzees: Self-recognition. *Science, 167*, 86-87.

Gallup, G. G., Jr. (1991). Towards a comparative psychology of selfawareness: Species limitations and cognitive consequences. In: G. R. Goethals and J. Strauss (Eds.), *The Self: An Interdisciplinary Approach* (pp. 121-135). New York: Springer-Verlag.

Gallup, G. G., Jr., & Suarez, S. D. (1986). Self-awareness and the emergence of mind in humans and other primates. In: J. Suls and A. G. Greenwald (Eds.), *Psychological Perspectives on the Self, Vol. 3* (pp. 3-26). Hillsdale, NJ: Lawrence Erlbaum.

Garber, J., & Dodge, K. A. (Eds.) (1991). *The Development of Emotion Regulation and Dysregulation* (pp. 3-11). New York: Cambridge University Press.

Garmezy, N., Masten, A. S., & Tellegen, A. (1984). The study of stress and competence in children: A building block for developmental psychopathology. *Child Development, 55*, 97-111.

Ge, X., Conger, R. D., Cadoret, R., Neiderhiser, J., & Yates, W. (1996). The developmental interface between nature and nurture: A mutual influence model of child antisocial behavior and parent behavior. *Developmental Psychology, 32*, 574-589.

Gelernter, J., Goldman, D., & Risch, N. (1993). The A1 allele at the D2 dopamine receptor gene and alcoholism: A reappraisal. *Journal of the American Medical Association, 269*, 1673-1677.

Gelernter, J., Kranzler, H., Coccaro, E. F., Siever, L. J., & New, A. S. (1998). Serotonin transporter protein gene polymorphism and personality measures in African American and European American subjects. *American Journal of Psychiatry, 155*(10), 1332-1338.

Gelernter, J., Southwick, S., Goodson, S., Morgan, A., Nagy, L., & Charney, D. S. (1999). No association between D2 dopamine receptor (DRD2) "A" system alleles, or DRD2 haplotypes, and posttraumatic stress disorder. *Biological Psychiatry, 45*, 620-625.

George, C., Kaplan, N., & Main, M. (1985). The Adult Attachment Interview. Berkeley, CA: University of California at Berkeley, Department of Psychology, unpublished manuscript.

George, C., & Solomon, J. (1996). Representational models of relationships: Links between caregiving and attachment. In: C. George and J. Solomon (Eds.), *Defining the Caregiving System* (*Infant Mental Health Journal, 17*) (pp. 198-216). New York: John Wiley.

George, C., & Solomon, J. (1998). Attachment disorganization at age six: Differences in doll play between punitive and caregiving children. Paper presented at the International Society for the Study of Behavioral Development, Bern, Switzerland.

Gergely, G. (1992). Developmental reconstructions: Infancy from the point of view of psychoanalysis and developmental psychology. *Psychoanalysis and Contemporary Thought, 15*, 3-55.

Gergely, G. (1994). From self-recognition to theory of mind. In: S. T. Parker, R. W. Mitchell, and M. L. Boccia (Eds.), *Self-Awareness in Animals and Humans: Developmental Perspectives* (pp. 51-61). Cambridge, U.K.: Cambridge University Press.

Gergely, G. (1995a). The role of parental mirroring of affects in early psychic structuration. Paper presented at the Fifth IPA Conference on Psychoanalytic Research, London.

Gergely, G. (1995b). The social construction of self-awareness and firstperson authority. Paper presented at the Twelfth SRCD Conference, Indianapolis, IN.

Gergely, G. (1997). Margaret Mahler's developmental theory reconsidered in the light of current empirical research on infant development. Paper presented at the Mahler Centennial Conference, Sopron, Hungary.

Gergely, G. (2000). Reapproaching Mahler: New perspectives on normal autism, normal symbiosis, splitting and libidinal object constancy from cognitive developmental theory. *Journal of the American Psychoanalytic Association, 48*(4), 1197-1228.

Gergely, G. (2001a). The development of understanding of self and agency. In: U. Goshwami (Ed.), *Handbook of Childhood Cognitive Development*. Oxford: Blackwell.

Gergely, G. (2001b). The obscure object of desire: "Nearly, but clearly not, like me": Contingency preference in normal children versus children with autism. *Contingency Perception and Attachment in Infancy*, ed. by J. Allen, P. Fonagy, and G. Gergely. *Bulletin of the Menninger Clinic, Special Issue*, 411-426.

Gergely, G., & Csibra, G. (1996). Understanding rational actions in infancy: Teleological interpretations without mental attribution. Paper presented at the Symposium on Early Perception of Social Contingencies, Tenth Biennial International Conference on Infant Studies, Providence, RI.

Gergely, G., & Csibra, G. (1997). Teleological reasoning in infancy: The infant's naive theory of rational action. A reply to Premack and Premack. *Cognition, 63*, 227-233.

Gergely, G., & Csibra, G. (1998). La interpretacion teleologica de la conducta: La teoria infantil de la accion racional

[The teleological interpretation of behavior: The infant's theory of rational action]. *Infancia y Aprendizaje, 84,* 45-65.

Gergely, G., & Csibra, G. (2000). The teleological origins of naive theory of mind in infancy. Paper presented at the Symposium on Origins of Theory of Mind: Studies with Human Infants and Primates, Twelfth Biennial International Conference on Infant Studies(ICIS), Brighton, U.K.

Gergely, G., Koós, O., & Watson, J. S. (in press). Contingency perception and the role of contingent parental reactivity in early socioemotional development: Some implications for developmental psychopathology. In: J. Nadel and J. Decety (Eds.), *Imitation, Action et Intentionnalité.* Paris: Presses Universitaires de France.

Gergely, G., Magyar, J., & Balázs, A. C. (1999). Childhood autism as "blindness" to less-than-perfect contingencies (poster). Paper presented at the Biennial Conference of the International Society for Research in Childhood and Adolescent Psychopathology(ISRCAP), Barcelona.

Gergely, G., Nadasdy, Z., Csibra, G., & Bíró, S. (1995). Taking the intentional stance at 12 months of age. *Cognition, 56,* 165-193.

Gergely, G., & Watson, J. (1996). The social biofeedback model of parental affect-mirroring. *International Journal of Psycho-Analysis, 77,* 1181-1212.

Gergely, G., & Watson, J. (1999). Early social-emotional development: Contingency perception and the social biofeedback model. In: P. Rochat (Ed.), *Early Social Cognition: Understanding Others in the First Months of Life* (pp. 101-137). Hillsdale, NJ: Lawrence Erlbaum.

Gewirtz, J., & Pelaez-Nogueras, M. (1992). Social referencing as a learned process. In: S. Feinman (Ed.), *Social Referencing and the Social Construction of Reality in Infancy* (pp. 151-173). New York: Plenum Press.

Gholson, B. (1980). *The Cognitive-Developmental Basis of Human Learning: Studies in Hypothesis Testing.* New York: Academic Press.

Gibson, J. J. (1966). *The Senses Considered as Perceptual Systems.* Boston, MA: Houghton-Mifflin.

Gilligan, J. (1997). *Violence: Our Deadliest Epidemic and Its Causes.* New York: Grosset/Putnam.

Goel, V., Grafman, N., Sadato, M., & Hallett, M. (1995). Modeling other minds. *Neuroreport, 6,* 1741-1746.

Goldman, A. (1989). Interpretation psychologized. *Mind and Language, 4,* 161-185.

Goldman, A. (1992). In defense of simulation theory. *Mind and Language, 7*(1-2), 104-119.

Goldman, A. (1993). *Philosophical Applications of Cognitive Science.* Boulder, CO: Westview Press.

Golinkoff, R. (1986). "I beg your pardon?": The preverbal negotiation of failed messages. *Journal of Child Language, 13,* 455-476.

Gopnik, A. (1993). How we know our minds: The illusion of first-person knowledge of intentionality. *Behavioral and Brain Sciences, 16,* 1-14, 29-113.

Gopnik, A. (1996). Theories and modules: Creation myths, developmental realities, and Neurath's boat. In: P. Carruthers and P. K. Smith (Eds.), *Theories of Theories of Mind* (pp. 169-183). Cambridge, U.K.: Cambridge University Press.

Gopnik, A., & Astington, J. W. (1988). Children's understanding of representational change and its relation to the understanding of false belief and the appearance-reality distinction. *Child Development, 59,* 26-37.

Gopnik, A., & Graf, P. (1988). Knowing how you know: Young children's ability to identify and remember the sources of their beliefs. *Child Development, 59,* 1366-1371.

Gopnik, A., & Meltzoff, A. (1997). *Words, Thoughts, and Theories.* Cambridge, MA: MIT Press.

Gopnik, A., & Slaughter, V. (1991). Young children's understanding of changes in their mental states. *Child Development, 62,* 98-110.

Gopnik, A., & Wellman, H. M. (1992). Why the child's theory of mind really is a theory. *Mind and Language, 7*, 145-171.

Gopnik, A., & Wellman, H. M. (1994). The theory theory. In: L. A. Hirschfeld and S. A. Gelman (Eds.), *Mapping the Mind: Domain Specificity in Cognition and Culture* (pp. 257-293). New York: Cambridge University Press.

Gordon, R. M. (1986). Folk psychology as simulation. *Mind and Language, 1*, 158-171.

Gordon, R. M. (1992). Simulation theory: Objections and misconceptions. *Mind and Language, 7*, 11-34.

Gordon, R. M. (1995). Simulation without introspection or inference from me to you. In: T. Stone and M. Davies (Eds.), *Mental Simulation: Evaluations and Applications* (pp. 101-119). Oxford: Blackwell.

Gosling, J. C. B., & Taylor, C. C. W. (1982). *The Greeks on Pleasure*. Oxford: Clarendon Press.

Gottman, J. M. (1981). *Time-Series Analysis: A Comprehensive Introduction for Social Scientists.* Cambridge, U.K.: Cambridge University Press.

Gould, S. J. (1987). *An Urchin in the Storm*. New York: Norton.

Gove, F. (1983). Patterns and organizations of behavior and affective expression during the second year of life. Minneapolis, MN: University of Minnesota, unpublished doctoral dissertation.

Green, A. (1975). The analyst, symbolization and absence in the analytic setting: On changes in analytic practice and analytic experience. *International Journal of Psycho-Analysis, 56*, 1-22.

Green, A. (1999). *The Fabric of Affect in the Psychoanalytic Discourse*. London: Routledge.

Green, A. (2000). Science and science fiction in infant research. In: J. Sandler, A.-M. Sandler, and R. Davies (Eds.), *Clinical and Observational Psychoanalytic Research: Roots of a Controversy* (pp. 41-73). London: Karnac.

Greenberg, B. D., Li, Q., Lucas, F. R., Hu, S., Sirota, L. A., Benjamin, J., Lesch, K. P., Hamer, D., & Murphy, D. L. (2000). Association between the serotonin transporter promoter polymorphism and personality traits in a primarily female population sample. *American Journal of Medical Genetics, 96*(2), 202-216.

Greenspan, P. (1988). *Emotions and Reasons: An Inquiry into Emotional Justification*. New York: Routledge.

Grice, H. P. (1975). Logic and conversation. In: R. Cole and J. Morgan (Eds.), *Syntax and Semantics: Speech Acts* (pp. 41-58). New York: Academic Press.

Griffiths, P. (1997). *What Emotions Really Are*. Chicago, IL: Chicago University Press.

Grinberg, L., Sor, D., & De Bianchedi, E. T. (1977). *Introduction to the Work of Bion*. New York: Jason Aronson.

Gross, J. J. (1998). The emerging field of emotion regulation. *Review of General Psychology, 2*, 271-299.

Gross, J. J. (1999). Emotion regulation: Past, present and future. *Cognition and Emotion, 13*, 551-573.

Grossmann, K., Grossmann, K. E., Spangler, G., Suess, G., & Unzner, L. (1985). Maternal sensitivity and newborn orienting responses as related to quality of attachment in Northern Germany. *Growing Points in Attachment Theory and Research,* ed. by I. Bretherton and E. Waters. *Monographs of the Society for Research in Child Development, 50*(Serial 209, 1-2), 233-256.

Grossmann, K. E., Grossmann, K., & Schwan, A. (1986). Capturing the wider view of attachment: A reanalysis of Ainsworth's Strange Situation. In: C. E. Izard and P. B. Read (Eds.), *Measuring Emotions in Infants and Children, Vol. 2* (pp. 124-171). New York: Cambridge University Press.

Guardia, J., Catafau, A. M., Batile, F., Martin, J. C., Segura, L., Gonzalvo, B., Prat, G., Carrio, I., & Casas, M. (2000). Striatal dopaminergic D2 receptor density measured by [123I]Iodobenzamide SPECT in the prediction of treatment outcome of alcohol-dependent patients. *American Journal of Psychiatry, 157*, 127-129.

Gunderson, J. G. (1984). *Borderline Personality Disorder*. Washington, DC: American Psychiatric Press.

Gunderson, J. G. (1996). The borderline patient's intolerance of aloneness: Insecure attachments and therapist availability. *American Journal of Psychiatry, 153*(6), 752-758.

Gustavsson, J. P., Nothen, M. M., Jonsson, E. G., Neidt, H., Forslund, K., Rylander, G., Mattila-Evenden, M., Sedvall, G. C., Propping, P., & Asberg, M. (1999). No association between serotonin transporter gene polymorphisms and personality traits. *American Journal of Medical Genetics, 88*(4), 430-436.

Hamilton, C. (1994). Continuity and discontinuity of attachment from infancy through adolescence. Los Angeles, CA: University of California-Los Angeles, unpublished doctoral dissertation.

Hamilton, S. P., Heiman, G. A., Haghighi, F., Mick, S., Klein, D. F., Hodge, S. E., Weissman, M. M., Fyer, A. J., & Knowles, J. A. (1999). Lack of genetic linkage or association between a functional serotonin transporter polymorphism and panic disorder. *Psychiatric Genetics, 9*(1), 1-6.

Hamilton, W. D. (1964). The genetic evolution of social behavior. *Journal of Theoretical Biology, 7*, 1-52.

Hare, R. D., & Cox, D. N. (1987). Clinical and empirical conceptions of psychopathy, and the selection of subjects for research. In: R. D. Hare and D. Schalling (Eds.), *Psychopathic Behavior: Approaches to Research* (pp. 1-21). Toronto, Ontario: John Wiley.

Harris, J. R. (1998). *The Nurture Assumption: Why Children Turn out the Way They Do: Parents Matter Less Than You Think and Peers Matter More.* New York: Free Press.

Harris, P. L. (1991). The work of the imagination. In: A. Whiten (Ed.), *Natural Theories of Mind* (pp. 283-304). Oxford: Blackwell.

Harris, P. L. (1992). From simulation to folk psychology: The case for development. *Mind and Language, 7*, 120-144.

Harris, P. L. (1996). Desires, beliefs, and language. In: P. Carruthers and P. K. Smith (Eds.), *Theories of Theories of Mind* (pp. 200-221). Cambridge, U.K.: Cambridge University Press.

Harris, P. L., & Kavanaugh, R. D. (1993). Young children's understanding of pretence. *Monographs of the Society for Research in Child Development, 58* (Serial 237, 1).

Harris, P. L., Kavanaugh, R. D., & Meredith, M. (1994). Young children's comprehension of pretend episodes: The integration of successive actions. *Child Development, 65*, 16-30.

Hart, D., & Killen, M. (1995). Introduction: Perspectives on morality in everyday life. In: M. Killen and D. Hart (Eds.), *Morality in Everyday Life* (pp. 1-22). Cambridge, U.K.: Cambridge University Press.

Harter, S. (1999). *The Construction of the Self: A Developmental Perspective.* New York: Guilford Press.

Harter, S., Marold, D. B., Whitesell, N. R., & Cobbs, G. (1996). A model of the effects of parent and peer support on adolescent false self behavior. *Child Development, 67*.

Hartmann, H. (1956). Notes on the reality principle, *Essays on Ego Psychology* (pp. 268-296). New York: International Universities Press.

Haviland, J. M., & Lelwica, M. (1987). The induced affect response: 10-week-old infants' responses to three emotional expressions. *Developmental Psychology, 23*, 97-104.

Heider, F., & Simmel, M. (1944). An experimental study of apparent behavior. *American Journal of Psychology, 57*, 243-259.

Heils, A., Teufel, A., Petri, S., Stober, G., Riederer, P., Bengel, B., & Lesch, K. P. (1996). Allelic variation of human serotonin transporter gene expression. *Journal of Neurochemistry, 6*, 2621-2624.

Heinz, A., Higley, J. D., Gorey, J. G., Saunders, R. C., Jones, D. W., Hommer, D., Zajicek, J., Suomi, S. J., Weinberger, D. R., & Linnoila, M. (1998). In vivo association between alcohol intoxication, aggression and serotonin transporter availability in non-human primates. *American Journal of Psychiatry, 155*, 1023-1028.

Herbst, J. H., Zonderman, A. B., McCrae, R. R., & Costa, P. T., Jr. (2000). Do the dimensions of the temperament and character inventory map a simple genetic architecture? Evidence from molecular genetics and factor analysis. *American Journal of Psychiatry, 157*(8), 1285-1290.

Herrera, C., & Dunn, J. (1997). Early experiences with family conflict: Implications for arguments with a close friend. *Developmental Psychology, 33,* 869-881.

Hewitt, J. K., Silberg, J. L., Rutter, M., Simonoff, E., Meyer, J. M., Maes, H., Pickles, A., Neale, M. C., Loeber, R., Erickson, M. T., Kendler, K. S., Heath, A. C., Truett, K. R., Reynolds, C. A., & Eaves, L. J. (1997). Genetics and developmental psychopathology: 1. Phenotypic assessment in the Virginia Twin Study of Adolescent Behavioral Development. *Journal of Child Psychology and Psychiatry and Allied Disciplines, 38*(8), 943-963.

Higgitt, A., & Fonagy, P. (1992). The psychotherapeutic treatment of borderline and narcissistic personality disorder. *British Journal of Psychiatry, 161,* 23-43.

Higley, J. D., Hasert, M. L., Suomi, S. J., & Linnoila, M. (1991). A new non-human primate model of alcohol abuse: Effects of early experience, personality and stress on alcohol consumption. *Proceedings of the National Academy of Sciences USA, 88,* 7261-7265.

Higley, J. D., Hommer, D., Lucas, K., Shoaf, S. E., Suomi, S. J., & Linnoila, M. (in press). CNS serotonin metabolism rate predicts innate tolerance, high alcohol consumption and aggression during intoxication in rhesus monkeys. *Archives of General Psychiatry.*

Higley, J. D., King, S. T., Hasert, M. F., Champoux, M., Suomi, S. J., & Linnoila, M. (1996). Stability of individual differences in serotonin function and its relationship to severe aggression and competent social behavior in rhesus macaque females. *Neuropsychopharmacology, 14,* 67-76.

Higley, J. D., Suomi, S. J., & Linnoila, M. (1996). A non-human primate model of Type II alcoholism? Part 2: Diminished social competence and excessive aggression correlates with low CSF 5-HIAA concentrations. *Alcoholism: Clinical and Experimental Research, 20,* 643-650.

Hill, J., Harrington, R. C., Fudge, H., Rutter, M., & Pickles, A. (1989). Adult personality functioning assessment (APFA): An investigationbased standardised interview. *British Journal of Psychiatry, 161,* 24-35.

Hirschfeld, L., & Gelman, S. (1994). *Mapping the Mind: Domain Specificity in Cognition and Culture.* New York: Cambridge University Press.

Hobson, R. P. (1993). *Autism and the Development of Mind.* London: Lawrence Erlbaum.

Hofer, M. A. (1984). Relationships as regulators: A psychobiologic perspective on bereavement. *Psychosomatic Medicine, 46*(3), 183-197.

Hofer, M. A. (1990). Early symbiotic processes: Hard evidence from a soft place. In: R. A. Glick and S. Bone (Eds.), *Pleasure Beyond the Pleasure Principle* (pp. 13-25). New Haven, CT: Yale University Press.

Hofer, M. A. (1995). Hidden regulators: Implications for a new understanding of attachment, separation and loss. In: S. Goldberg, R. Muir, and J. Kerr (Eds.), *Attachment Theory: Social, Developmental, and Clinical Perspectives* (pp. 203-230). Hillsdale, NJ: Analytic Press.

Hoffman, M. L. (2000). *Empathy and Moral Development: Implications for Caring and Justice.* Cambridge, U.K.: Cambridge University Press.

Hopkins, J. (1992). Psychoanalysis, interpretation, and science. In: J. Hopkins and A. Saville (Eds.), *Psychoanalysis, Mind and Art: Perspectives on Richard Wollheim* (pp. 3-34). Oxford: Blackwell.

Horowitz, M. J. (1995). Defensive control states and person schemas. In: T. Shapiro and R. N. Emde (Eds.), *Research in Psychoanalysis: Process, Development, Outcome* (pp. 67-89). Madison, CT: International Universities Press.

Howe, M. L., & Courage, M. L. (1993). On resolving the enigma of infantile amnesia. *Psychological Bulletin, 113,* 305-326.

Howe, M. L., & Courage, M. L. (1997). The emergence and early development of autobiographical memory. *Psychological Review, 104,* 499-523.

Hughes, C., & Russell, J. (1993). Autistic children's difficulty with mental disengagement from an object: Its implication for theories of autism. *Developmental Psychology, 29*, 498-510.

Isabella, R. A. (1993). Origins of attachment: Maternal interactive behavior across the first year. *Child Development, 64*, 605-621.

Isabella, R. A., & Belsky, J. (1991). Interactional synchrony and the origins of infant-mother attachment: A replication study. *Child Development, 62*, 373-384.

Izard, C. E. (1977). *Human Emotions*. New York: Plenum Press.

Izard, C. E. (1978). Emotions as motivations: An evolutionary-developmental perspective. In: J. H. E. Howe (Ed.), *Nebraska Symposium on Motivation, Vol. 26* (pp. 163-199). Lincoln, NE: University of Nebraska Press.

Izard, C. E. (1979). *The Maximally Discriminative Facial Movement Coding System (MAX)*. Newark, DE: University of Delaware, Office of Instructional Technology.

Izard, C. E. (1991). *The Psychology of Emotions*. New York: Plenum Press.

Izard, C. E., Dougherty, L. M., & Hembree, E. A. (1983). *A System for Identifying Affect Expressions by Holistic Judgements (AFFEX)*. Newark, DE: University of Delaware, Office of Instructional Technology.

Izard, C. E., & Malatesta, C. Z. (1987). Perspectives on emotional development. In: J. D. Osofsky (Ed.), *Handbook of Infant Development* (2nd ed., pp. 494-554). New York: John Wiley.

Jacob, F. (1998). *Of Flies, Mice and Men* (trans. G. Weiss). Cambridge, MA: Harvard University Press (original work published in 1997).

Jacobovitz, D., & Hazen, N. (1999). Developmental pathways from infant disorganization to childhood peer relationships. In: J. Solomon and C. George (Eds.), *Attachment Disorganization* (pp. 127-159). New York: Guilford Press.

Jacobovitz, D., Hazen, N., & Riggs, S. (1997). Disorganized mental processes in mothers, frightening/frightened caregiving and disoriented/disorganized behavior in infancy. Paper presented at the Biennial Meeting of the Society for Research in Child Development, Washington, DC.

Jacobson, E. (1953). On the psychoanalytic theory of affects. *Depression: Comparative Studies of Normal, Neurotic, and Psychotic Conditions*. New York: International Universities Press, 1971.

Jacobson, E. (1964). *The Self and the Object World*. New York: International Universities Press.

Jaffe, J., Beebe, B., Feldstein, S., Crown, C. L., & Jasnow, M. D. (2001). Rhythms of dialogue in infancy. *Monographs of the Society for Research in Child Development, 66*(2).

James, S. (1997). *Passion and Action: The Emotions in Seventeenth Century Philosophy*. Oxford: Clarendon Press.

James, W. (1884). What is an emotion? *Mind, 9*, 188-205.

James, W. (1890). *Principles of Psychology*. New York: Henry Holt.

James, W. (1892). *Psychology: The Briefer Course*. New York: Henry Holt.

Jeannerod, M. (1994). The representing brain: Neural correlates of motor intention and imagery. *Behavioral and Brain Sciences*, 187-246.

Jeannerod, M. (1997). *The Cognitive Neuroscience of Action*. Oxford: Blackwell.

Jeannerod, M. (1999). To act or not to act: Perspectives on the representation of actions. *Quarterly Journal of Experimental Psychology, 52A*(1), 1-29.

Jenkins, J., & Astington, J. W. (1996). Cognitive factors and family structure associated with theory of mind development in young children. *Developmental Psychology, 32*, 70-78.

Joffe, W. G., & Sandler, J. (1967). Some conceptual problems involved in the consideration of disorders of narcissism. *Journal of Child Psychotherapy, 2*, 56-66.

Johnson, J. G., Cohen, P., Brown, J., Smailes, E. M., & Bernstein, D. P. (1999). Childhood maltreatment increases risk for personality disorders during early adulthood. *Archives of General Psychiatry, 56*, 600-605.

Johnson, M. K., & Multhaup, K. S. (1992). Emotion and MEM. In: S. Christianson (Ed.), *The Handbook of Emotion and Memory: Research and Theory* (pp. 33-66). Hillsdale, NJ: Lawrence Erlbaum.

Johnson, S. C., Slaughter, V., & Carey, S. (1998). Whose gaze will infants follow? The elicitation of gaze following in 12-month-olds. *Developmental Science, 1*, 233-238.

Johnson-Laird, P. N. (1983). *Mental Models: Towards a Cognitive Science of Language, Inference and Consciousness.* Cambridge, U.K.: Cambridge University Press.

Johnson-Laird, P. N., & Byrne, R. M. (1991). *Deduction.* Hillsdale, NJ: Lawrence Erlbaum.

Johnson-Laird, P. N., & Byrne, R. M. (1993). Precis of deduction. *Behavioral and Brain Sciences, 16*, 323-380.

Jordan, M. I., & Rumelhart, D. E. (1991). Forward models: Supervised learning with a distal teacher. *Occasional Paper 40.* Cambridge, MA: Massachusetts Institute of Technology, Center for Cognitive Science.

Jorm, A. F., Prior, M., Sanson, A., Smart, D., Zhang, Y., & Easteal, S. (2000). Association of a functional polymorphism of the serotonin transporter gene with anxiety-related temperament and behavior problems in children: A longitudinal study from infancy to the midteens. *Molecular Psychiatry, 5*(5), 542-547.

Joseph, B. (1985). Transference: The total situation. *International Journal of Psycho-Analysis, 66*, 447-454.

Joseph, B. (1989). *Psychic Equilibrium and Psychic Change: Selected Papers of Betty Joseph.* London: Routledge.

Jurist, E. (1997). Review of John Steiner's *Psychic Retreats. Psychoanalytic Psychology, 14*, 299-309.

Jurist, E. (1998). The unexamined life is not worth living: Michael Stocker on emotions. *Metaphilosophy, 29*, 223-231.

Jurist, E. (2000). *Beyond Hegel and Nietzsche: Philosophy, Culture and Agency.* Cambridge: MIT Press.

Kagan, J. (1989). *Unstable Ideas: Temperament, Cognition and Self.* Cambridge, MA: Harvard University Press.

Kagan, J. (1992). The conceptual analysis of affects. In: T. Shapiro and R. N. Emde (Eds.), *Affects: Psychoanalytic Perspectives.* Madison, CT: International Universities Press.

Kandel, E. R. (1998). A new intellectual framework for psychiatry. *American Journal of Psychiatry, 155*, 457-469.

Kandel, E. R. (1999). Biology and the future of psychoanalysis: A new intellectual framework for psychiatry revisited. *American Journal of Psychiatry, 156*, 505-524.

Kaplan-Solms, K., & Solms, M. (2000). *Clinical Studies in Neuro-Psychoanalysis: An Introduction to Depth Neuropsychology.* London: Karnac.

Karmiloff-Smith, A. (1992). *Beyond Modularity: A Developmental Perspective on Cognitive Science.* Cambridge, MA: MIT Press.

Katsuragi, S., Kunugi, H., Sano, A., Tsutsumi, T., Isogawa, K., Nanko, S., & Akiyoshi, J. (1999). Association between serotonin transporter gene polymorphism and anxiety-related traits. *Biological Psychiatry, 45*(3), 368-370.

Kaye, K. L., & Bower, T. G. R. (1994). Learning and intermodal transfer of information in newborns. *Psychological Science, 5*, 286-288.

Kelemen, D. (1999). Function, goals and intention: Children's teleological reasoning about objects. *Trends in Cognitive Sciences, 12*, 461-468.

Kendler, K. S., Neale, M. C., Prescott, C. A., Kessler, R. C., Heath, A. C., Corey, L. A., & Eaves, L. J. (1996). Childhood parental loss and alcoholism in women: A causal analysis using a twin-family design. *Psychological Medicine, 26*, 79-95.

Kernberg, O. F. (1967). Borderline personality organization. *Journal of the American Psychoanalytic Association, 15*, 641-685.

Kernberg, O. F. (1976). *Object Relations Theory and Clinical Psychoanalysis*. New York: Jason Aronson.

Kernberg, O. F. (1982). Self, ego, affects and drives. *Journal of the American Psychoanalytic Association, 30*, 893-917.

Kernberg, O. F. (1983). Object relations theory and character analysis. *Journal of the American Psychoanalytic Association, 31*, 247-271.

Kernberg, O. F. (1987). Borderline personality disorder: A psychodynamic approach. *Journal of Personality Disorders, 1*, 344-346.

Kernberg, O. F. (1995). An ego psychology-object relations theory approach to the transference. *Psychoanalytic Quarterly, 51*, 197-221.

Kernberg, O. F., & Clarkin, J. F. (1993). Developing a disorderspecific manual: The treatment of borderline character disorder. In: N. E. Miller, J. P. Barber, and J. P. Docherty (Eds.), *Psychodynamic Treatment Research: A Handbook for Clinical Practice* (pp. 227-246). New York: Basic Books.

Kernberg, P. F. (1984). *Reflections in the Mirror: Mother-Child Interactions, Self-Awareness, and Self-Recognition*. New York: Basic Books.

Kihlstrom, J. F., & Hoyt, I. P. (1990). Repression, dissociation, and hypnosis. In: J. L. Singer (Ed.), *Repression and Dissociation* (pp. 181-208). Chicago, IL: University of Chicago Press.

Killen, M., & Nucci, L. P. (1995). Morality, autonomy and social conflict. In: M. Killen and D. Hart (Eds.), *Morality in Everyday Life* (pp. 52-86). Cambridge, U.K.: Cambridge University Press.

King, P., & Steiner, R. (1991). *The Freud-Klein Controversies: 1941-45*. London: Routledge.

Klauber, J. (1987). *Illusion and Spontaneity in Psycho-Analysis*. London: Free Association Books.

Klein, M. (1935). A contribution to the psychogenesis of manic-depressive states. In: *Love, Guilt and Reparation and Other Works: The Writings of Melanie Klein, Vol. 1* (pp. 262-289). London: Hogarth Press, 1975.

Klein, M. (1940). Mourning and its relation to manic-depressive states. In: *Love, Guilt and Reparation and Other Works: The Writings of Melanie Klein, Vol. 1* (pp. 344-369). London: Hogarth Press, 1975.

Klein, M. (1945). The Oedipus complex in the light of early anxieties. In: *Love, Guilt and Reparation and Other Works: The Writings of Melanie Klein, Vol. 1* (pp. 370-419). London: Hogarth Press, 1975.

Klein, M. (1946). Notes on some schizoid mechanisms. *International Journal of Psycho-Analysis, 27*, 99-110. In: M. Klein, P. Heimann, S. Isaacs, and J. Riviere (Eds.), *Developments in Psychoanalysis* (pp. 292-320). London: Hogarth Press.

Klinnert, M. D., Campos, J. J., Sorce, J. F., Emde, R. N., & Svejda, M. (1983). Emotions as behavior regulations: Social referencing in infancy. In: R. Plutchhik and H. Kellerman (Eds.), *Emotion: Theory, Research, and Experience*. New York: Academic Press.

Kohut, H. (1971). *The Analysis of the Self*. New York: International Universities Press.

Kohut, H. (1972). Thoughts on narcissism and narcissistic rage. Psychoanalytic. *Study of the Child, 27*, 360-400.

Kohut, H. (1977). *The Restoration of the Self*. New York: International Universities Press.

Kohut, H. (1984). *How Does Analysis Cure?* Chicago, IL: University of Chicago Press.

Koós, O., & Gergely, G. (2001). The "flickering switch" hypothesis: A contingency-based approach to the etiology of disorganized attachment in infancy. *Contingency Perception and Attachment in Infancy*, ed. by J. Allen, P. Fonagy, and G. Gergely. *Bulletin of the Menninger Clinic, Special Issue*, 397-410.

Koós, O., Gergely, G., Gervai, J., & Tóth, I. (2000). The role of infantgenerated stimulus contingencies in affect regulation and the development of attachment security. Paper presented at the Twelfth Biennial International Conference on Infant Studies (ICIS), Brighton, U.K.

Krause, R. (1997). *Allgemeine psychoanalytische Krankheitslehre. Grundlagen.* Stuttgart: Kohlhammer.

Krystal, H. (1988). *Integration & Healing: Affect, Trauma, Alexithymia.* Hillsdale, NJ: Analytic Press.

Kumakiri, C., Kodama, K., Shimizu, E., Yamanouchi, N., Okada, S., Noda, S., Okamoto, H., Sato, T., & Shirasawa, H. (1999). Study of the association between the serotonin transporter gene regulatory region polymorphism and personality traits in a Japanese population. *Neuroscience Letters, 263*(2-3), 205-207.

Kusche, C. A., & Greenberg, M. T. (2001). PATHS in your classroom: Promoting emotional literacy and alleviating emotional distress. In: J. Cohen (Ed.), *Caring Classrooms/Intelligent Schools: The Social Emotional Education of Young Children.* New York: Teachers College Press.

Laakso, A., Vilkman, H., Kajander, J., Bergman, J., Haaparanta, M., Solin, O., & Hietala, J. (2000). Prediction of detached personality in healthy subjects by low dopamine transporter binding. *American Journal of Psychiatry, 157*, 290-292.

LaHoste, G. J., Swanson, J. M., Wigal, S. B., Glabe, C., Wigal, T., & King, N. (1996). Dopamine D4 receptor gene polymorphism is associated with attention deficit hyperactivity disorder. *Molecular Psychiatry, 1*, 121-124.

Laible, D. J., & Thompson, R. A. (1998). Attachment and emotional understanding in pre-school children. *Developmental Psychology, 34*, 1038-1045.

Lakatos, K., Tóth, I., Nemoda, Z., Ney, K., Sasvari-Szekely, M., & Gervai, J. (2000). Dopamine D4 receptor (DRD4) gene polymorphism is associated with attachment disorganization in infants. *Molecular Psychiatry, 5*(6), 633-637.

Lange, C. G. (1885). *Om Sindsbevaegelser.* In: Rand, B. (Ed.), *The Classical Psychologists.* Boston: Houghton Mifflin, 1912.

Laplanche, J., & Pontalis, J. B. (1973). *The Language of Psychoanalysis.* New York: Norton. Reprinted London: Karnac, 1988.

Laufer, M., & Laufer, E. (1984). *Adolescence and Developmental Breakdown.* New Haven, CT: Yale University Press.

Lazarus, R. (1984). On the primacy of cognition. *American Psychologist, 39*, 124-129.

Lazarus, R. (1991). *Emotion & Adaptation.* Oxford: Oxford University Press.

Lazarus, R. (1994). Meaning and emotional development. In: P. Ekman and R. Davidson (Eds.), *The Nature of Emotion.* Oxford: Oxford University Press.

Leach, P. (1997). *Your Baby and Child: New Version for a New Generation.* London: Penguin.

Lecours, S., & Bouchard, M.-A. (1997). Dimensions of mentalization: Outlining levels of psychic transformation. *International Journal of Psycho-Analysis, 78*, 855-875.

LeDoux, J. E. (1994a). Cognitive-emotional interactions in the brain. In: P. Ekman and R. Davidson (Eds.), *The Nature of Emotion.* Oxford: Oxford University Press.

LeDoux, J. E. (1994b). The degree of emotional control depends on the kind of personal system involved. In: P. Ekman and R. Davidson (Eds.), *The Nature of Emotion.* Oxford: Oxford University Press.

LeDoux, J. E. (1994c). Emotion, memory and the brain. *Scientific American, 270*(6), 50-57.

LeDoux, J. E. (1995). Emotion: Clues from the brain. *Annual Review of Psychology, 46*, 209-235.

LeDoux, J. E. (1996). *The Emotional Brain: The Mysterious Underpinnings of Emotional Life.* New York: Simon & Schuster.

Lee, D., & Aronson, E. (1974). Visual proprioceptive control of standing in human infants. *Perception and Psychophysics, 15*, 529-532.

Legerstee, M. (1991). The role of people and objects in early imitation. *Journal of Experimental Child Psychology,*

51, 423-433.

Legerstee, M., & Varghese, J. (2001). The role of maternal affect mirroring on social expectancies in 2-3-month-old infants. *Child Development, 72*, 1301-1313.

Lesch, K. P., Bengel, D., Heils, A., Sabol, S. Z., Greenberg, B. D., Petri, S., Benjamin, J., Muller, C. R., Hamer, D. H., & Murphy, D. L. (1996). Association of anxiety-related traits with a polymorphism in the serotonin transporter gene regulatory region. *Science, 274*, 1527-1531.

Leslie, A. (1984). Infant perception of a manual pick up event. *British Journal of Developmental Psychology, 2*, 19-32.

Leslie, A. (1987). Pretense and representation: The origins of "Theory of Mind." *Psychological Review, 94*, 412-426.

Leslie, A. (1994). ToMM, ToBy, and agency: Core architecture and domain specificity. In: L. Hirschfeld and S. Gelman (Eds.), *Mapping the Mind: Domain Specificity in Cognition and Culture* (pp. 119-148). New York: Cambridge University Press.

Leslie, A. (1995). A theory of agency. In: D. Sperber, D. Premack, and A. J. Premack (Eds.), *Causal Cognition: A Multidisciplinary Debate* (pp. 121-149). Oxford: Clarendon Press.

Leslie, A., & Happe, F. (1989). Autism and ostensive communication: The relevance of metarepresentation. *Development and Psychopathology, 1*, 205-212.

Leslie, A., & Keeble, S. (1987). Do six-month-olds perceive causality? *Cognition, 25*, 265-288.

Leslie, A., & Roth, D. (1993). What autism teaches us about metarepresentation. In: H. T. S. Baron-Cohen and D. J. Cohen (Eds.), *Understanding Other Minds: Perspectives from Autism* (pp. 83-111). New York: Oxford University Press.

Leslie, A., & Thaiss, L. (1992). Domain specificity in conceptual development: Neuropsychological evidence from autism. *Cognition, 43*(3), 225-251.

Levinson, A., & Fonagy, P. (2000). Attachment classification in prisoners and psychiatric patients. Unpublished manuscript.

Lewicka, M. (1988). On objective and subjective anchoring of cognitive acts: How behavioral valence modifies reasoning schemata. In: W. J. Baker (Ed.), *Recent Trends in Theoretical Psychology* (pp. 285-301). New York: Springer-Verlag.

Lewis, C., Freeman, N. H., Kyriakidou, C., Maridaki-Kassotaki, K., & Berridge, D. (1996). Social influences on false belief access: Specific sibling influences or general apprenticeship? *Child Development, 67*, 2930-2947.

Lewis, C., & Mitchell, P. (1994). *Children's Early Understanding of Mind: Origins and Development.* Hillsdale, NJ: Lawrence Erlbaum.

Lewis, M., Allessandri, S. M., & Sullivan, M. W. (1990). Violation of expectancy, loss of control and anger expressions in young infants. *Developmental Psychology, 26*(5), 745-751.

Lewis, M., & Brooks, J. (1978). Self-knowledge and emotional development. In: M. D. Lewis and L. A. Rosenblum (Eds.), *The Development of Affect* (pp. 205-226). New York: Plenum Press.

Lewis, M., & Brooks-Gunn, J. (1979). *Social Cognition and the Acquisition of Self.* New York: Plenum Press.

Lewis, M., & Granic, I. (2000). *Emotion, Development, and Self-Organization: Dynamic Systems Approaches to Emotional Development.* Cambridge, U.K.: Cambridge University Press.

Lewis, M., & Michaelson, L. (1983). *Children's Emotions and Moods: Developmental Theory and Measurement.* New York: Plenum Press.

Lichtenberg, J. D. (1987). Infant studies and clinical work with adults. *Psycho-Analytic Inquiry, 7*, 311-330.

Lichtenberg, J. D. (1995). Can empirical studies of development impact on psychoanalytic theory and technique? In:

T. Shapiro and R. N. Emde (Eds.), *Research in Psychoanalysis: Process, Development, Outcome* (pp. 261-276). New York: International Universities Press.

Lieberman, A. F. (1977). Preschooler's competence with a peer: Relations of attachment and peer expenses. *Child Development, 55*, 123-126.

Lillard, A. S. (1993). Pretend play skills and the child's theory of mind. *Child Development, 64*, 348-371.

Linehan, M. M. (1993). *Cognitive-Behavioral Treatment of Borderline Personality Disorder.* New York: Guilford Press.

Liotti, G. (1999). Disorganization of attachment as a model for understanding dissociative psychopathology. In: J. Solomon and C. George (Eds.), *Attachment Disorganization.* New York: Guilford Press.

Liu, D., Diorio, J., Tannenbaum, B., Caldji, C., Francis, D., Freedman, A., Sharma, S., Pearson, D., Plotsky, P. M., & Meaney, M. J. (1997). Maternal care, hippocampal glucocorticoid receptors, and hypothalamic-pituitary-adrenal responses to stress. *Science, 277*, 1659-1662.

Londerville, S., & Main, M. (1981). Security of attachment, compliance, and maternal training methods in the second year of life. *Developmental Psychology, 17*, 238-299.

Luborsky, L., & Luborsky, E. (1995). The era of measures of transference: The CCRT and other measures. In: T. Shapiro and R. Emde (Eds.), *Research in Psychoanalysis* (pp. 329-351). Madison, CT: International Universities Press.

Luquet, P. (1981). Le changement dans la mentalization. *Revue Français de Psychanalyse, 45*, 1023-1028.

Luquet, P. (1987). Penser-parler: Un apport psychanalytique a la théorie du langage. In: R. Christie, M. M. Christie-Luterbacher, P. Luquet (Eds.), *La Parole Troublée* (pp. 161-300). Paris: Presses Universitaires de France.

Luquet, P. (1988). Langage, pensée et structure psychique. *Revue Français de Psychanalyse, 52*, 267-302.

Lyons-Ruth, K. (1999). The two person unconscious: Intersubjective dialogue, enactive relational representation and the emergence of new forms of relational organisation. *Psychoanalytic Inquiry, 19*(4), 576-617.

Lyons-Ruth, K., Bronfman, E., & Atwood, G. (1999). A relational diathesis model of hostile-helpless states of mind: Expressions in mother-infant interaction. In: J. Solomon and C. George (Eds.), *Attachment Disorganization* (pp. 33-70). New York: Guilford Press.

Lyons-Ruth, K., Bronfman, E., & Parsons, E. (1999). Atypical attachment in infancy and early childhood among children at developmental risk. IV. Maternal frightened, frightening, or atypical behavior and disorganized infant attachment patterns. *Typical Patterns of Infant Attachment: Theory, Research and Current Directions*, ed. by J. Vondra and D. Barnett. *Monographs of the Society for Research in Child Development 64*, 67-96.

Lyons-Ruth, K., & Jacobovitz, D. (1999). Attachment disorganization: Unresolved loss, relational violence and lapses in behavioral and attentional strategies. In: J. Cassidy and P. R. Shaver (Eds.), *Handbook of Attachment Theory and Research* (pp. 520-554). New York: Guilford Press.

Maccoby, E. E. (2000). Parenting and its effects on children: On reading and misreading behavior genetics. *Annual Review of Psychology, 51*, 1-27.

Maccoby, E., & Martin, J. A. (1983). Socialization in the context of the family: Parent-child interaction. In: E. M. Hetherington (Ed.), *Handbook of Child Psychology: Socialization, Personality and Social Development, Vol. 4.* New York: John Wiley.

MacLean, P. (1990). *The Triune Concept of the Brain in Evolution: Role in Paleocerebral Functions.* New York: Plenum Press.

MacLean, P. (1993). Cerebral evolution of emotion. In: M. Lewis and J. Haviland (Eds.), *Handbook of Emotions.* New York: Guilford Press.

Magai, C. (1999). Affect, imagery and attachment: Working models of interpersonal affect and the socialization of emotion. In: J. Cassidy and P. Shaver (Eds.), *Handbook of Attachment*. New York: Guilford Press.

Magyar, J., & Gergely, G. (1998). The obscure object of desire: "Nearly, but clearly not, like me." Perceiving self-generated contingencies in normal and autistic children. Poster, International Conference on Infant Studies, Atlanta, GA.

Mahler, M., & McDevitt, J. B. (1982). Thoughts on the emergence of the sense of self, with particular emphasis on the body self. *Journal of the American Psycho-Analytic Association, 30*, 827-848.

Mahler, M., Pine, F., & Bergman, A. (1975). *The Psychological Birth of the Human Infant: Symbiosis and Individuation*. New York: Basic Books.

Mahoney, M. J., & Freeman, A. T. (Eds.) (1985). *Cognition and Psychotherapy*. New York: Plenum Press.

Main, M. (1991). Metacognitive knowledge, metacognitive monitoring, and singular (coherent) vs. multiple (incoherent) model of attachment: Findings and directions for future research. In: C. M. Parkes, J. Stevenson-Hinde, and P. Marris (Eds.), *Attachment across the Life Cycle* (pp. 127-159). London: Tavistock/Routledge.

Main, M. (1997). Attachment narratives and attachment across the lifespan. Paper presented at the Fall Meeting of the American Psychoanalytic Association, New York.

Main, M., & Cassidy, J. (1988). Categories of response to reunion with the parent at age 6: Predictable from infant attachment classifications and stable over a 1-month period. *Developmental Psychology, 24*, 415-426.

Main, M., & Goldwyn, R. (1991). *Adult Attachment Classification System, Version 5*. Berkeley, CA: University of California, Berkeley.

Main, M., & Goldwyn, R. (1994). Adult attachment rating and classification system. Manual in draft version 6.0. Berkeley, CA: University of California, Berkeley, unpublished manuscript.

Main, M., & Hesse, E. (1990). Parents' unresolved traumatic experiences are related to infant disorganized attachment status: Is frightened and/or frightening parental behavior the linking mechanism? In: M. Greenberg, D. Cicchetti, and E. M. Cummings (Eds.), *Attachment in the Preschool Years: Theory, Research and Intervention* (pp. 161-182). Chicago, IL: University of Chicago Press.

Main, M., & Hesse, E. (1992). Disorganized/disoriented infant behavior in the Strange Situation, lapses in the monitoring of reasoning and discourse during the parent's Adult Attachment Interview, and dissociative states. In: M. Ammaniti and D. Stern (Eds.), *Attachment and Psychoanalysis* (pp. 86-140). Rome: Gius, Laterza and Figli.

Main, M., Kaplan, N., & Cassidy, J. (1985). Security in infancy, childhood and adulthood: A move to the level of representation. *Growing Points of Attachment Theory and Research,* ed. by I. Bretherton and E. Waters. *Monographs of the Society for Research in Child Development, 50* (Serial 209, 1-2), 66-104.

Main, M., & Solomon, J. (1990). Procedures for identifying infants as disorganized/disoriented during the Ainsworth Strange Situation. In: M. Greenberg, D. Cicchetti, and E. M. Cummings (Eds.), *Attachment during the Preschool Years: Theory, Research and Intervention* (pp. 121-160). Chicago, IL: University of Chicago Press.

Main, T. (1957). The ailment. *British Journal of Medical Psychology, 30*, 129-145.

Malatesta, C. Z., Culver, C., Tesman, J. R., & Shepard, B. (1989). The development of emotion expression during the first two years of life. *Monographs of the Society for Research in Child Development, 54*, 1-104.

Malatesta, C. Z., & Izard, C. E. (1984). The ontogenesis of human social signals: From biological imperative to symbol utilization. In: N. A. Fox and R. J. Davison (Eds.), *The Psychobiology of Affective Development* (pp. 161-206). Hillsdale, NJ: Lawrence Erlbaum.

Maldonado-Duràn, M., Helmig, L., Moody, C., & Millhuff, C. (in press). Difficoltà iniziali d'alimentazione e la loro correlazione con le disordine di regulazione [Early feeding difficulties and their correlation with regulatory disorders]. Psichiatria de l'infanzia e del'adolescenza.

Maldonado-Duràn, M., Helmig Bram, L., Moody, C., Fonagy, P., Fultz, J., Velissarios Karacostas, T. L., Millhuff, C., & Glinka, J. (2003). The Zero to Three diagnostic classification in an infant mental health clinic. Its usefulness and challenges. *Infant Mental Health Journal*.

Mandler, G. (1984). *Mind and Body: Psychology of Emotion and Stress*. New York: Norton.

Mandler, G. (1985). *Cognitive Psychology: An Essay in Cognitive Science*. Hillsdale, NJ: Lawrence Erlbaum.

Marans, S., Mayes, L., Cicchetti, D., Dahl, K., et al. (1991). The childpsychoanalytic play interview: A technique for studying thematic content. *Journal of the American Psychoanalytic Association, 39*, 1015-1036.

Marenco, S., & Weinberger, D. R. (2000). The neurodevelopmental hypothesis of schizophrenia: Following a trail of evidence from cradle to grave. *Developmental Psychopathology, 12*(3), 501-527.

Marty, P. (1968). A major process of somatization: The progressive disorganization. *International Journal of Psycho-Analysis, 49*, 246-249.

Marty, P. (1990). *La psychosomatique de l'adulte*. Paris: Presses Universitaires de France.

Marty, P. (1991). *Mentalization et Psychosomatique*. Paris: Laboratoire Delagrange.

Marvin, R. S., & Britner, P. A. (1999). Normative development: The ontogeny of attachment. In: J. Cassidy and P. R. Shaver (Eds.), *Handbook of Attachment: Theory, Research and Clinical Applications* (pp. 44-67). New York: Guilford Press.

Masten, A. S., & Braswell, L. (1991). Developmental psychopathology: An integrative framework for understanding behavior problems in children and adolescents. In: P. R. Martin (Ed.), *Handbook of Behavior Therapy and Psychological Science: An Integrative Approach*. New York: Pergamon Press.

Masten, A. S., & Garmezy, M. (1985). Risk, vulnerability and protective factors in developmental psychopathology. In: B. B. Lahey and A. E. Kazdin (Eds.), *Advances in Clinical Child Psychology* (pp. 1-52). New York: Plenum Press.

Matas, L., Arend, R. A., & Sroufe, L. A. (1978). Continuity of adaptation in the second year: The relationship between quality of attachment and later competent functioning. *Child Development, 49*, 547-556.

Mayes, L. C., & Cohen, D. J. (1992). The development of a capacity for imagination in early childhood. *Psychoanalytic Study of the Child, 47*, 23-48.

McDougall, J. (1978). *Plea for a Measure of Abnormality*. New York: International Universities Press.

McDougall, J. (1989). *Theaters of the Body: A Psychoanalytic Approach to Psychosomatic Illness*. New York: Norton.

McLoyd, V. C. (1990). The impact of economic hardship on black families and children: Psychological distress, parenting, and socioemotional development. *Child Development, 61*, 311-346.

McLoyd, V. C. (1998). Socioeconomic disadvantage and child development. *American Psychologist, 53*, 185-204.

Mead, G. H. (1934). *Mind, Self and Society*. Chicago, IL: University of Chicago Press.

Meichenbaum, D. (1997). The evolution of a cognitive-behavior therapist. In: J. K. Zeig (Ed.), *The Evolution of Psychotherapy: The Third Conference* (pp. 95-104). New York: Brunner/Mazel.

Meins, E., Fernyhough, C., Russel, J., & Clark-Carter, D. (1998). Security of attachment as a predictor of symbolic and mentalizing abilities: A longitudinal study. *Social Development, 7*, 1-24.

Mele, A. R. (1992). *Springs of Action: Understanding Intentional Behavior*. New York: Oxford University Press.

Meltzoff, A. N. (1990). Foundations for developing a concept of self: The role of imitation in relating self to other and the value of social mirroring, social modeling and self practice in infancy. In: D. Cicchetti and M. Beeghly (Eds.), *The Self in Transition: Infancy to Childhood*. Chicago, IL: University of Chicago Press.

Meltzoff, A. N. (1995). Understanding the intentions of others: Reenactment of intended acts by 18-month-old children. *Developmental Psychology, 31*, 838-850.

Meltzoff, A. N., & Gopnik, A. (1993). The role of imitation in understanding persons and developing a theory of mind. In: S. Baron-Cohen, H. Tager-Flusberg, and D. Cohen (Eds.), *Understanding Other Minds: Perspectives from Autism* (pp. 335-366). New York: Oxford University Press.

Meltzoff, A. N., & Moore, M. K. (1977). Imitation of facial and manual gestures by human neonates. *Science, 198*, 75-78.

Meltzoff, A. N., & Moore, M. K. (1989). Imitation in newborn infants: Exploring the range of gestures imitated and the underlying mechanisms. *Developmental Psychology, 25*, 954-962.

Meltzoff, A. N., & Moore, M. K. (1997). Explaining facial imitation: Theoretical model. *Early Development and Parenting, 6*, 179-192.

Meltzoff, A. N., & Moore, M. K. (1998). Infant intersubjectivity: Broadening the dialogue to include imitation, identity and intention. In: S. Braten (Ed.), *Intersubjective Communication and Emotion in Early Ontogeny* (pp. 47-62). Cambridge, U.K.: Cambridge University Press.

Menzel, E., Savage-Rumbaugh, E. S., & Lawson, J. (1985). Chimpanzee (Pan troglodytes) spatial problem solving with the use of mirrors and televised equivalents of mirrors. *Journal of Comparative Psychology, 99*, 211-217.

Michels, R. (1984). Introduction to panel: Perspectives on the nature of psychic reality. *Journal of the American Psychoanalytic Association, 32*, 515-519.

Miles, D., & Carey, G. (1997). Genetic and environmental architecture of human aggression. *Journal of Personality and Social Psychology, 72*, 207-217.

Miller, N. E. (1969). Learning visceral and glandular responses. *Science, 163*, 434-445.

Miller, N. E. (1978). Biofeedback and visceral learning. *Annual Review of Psychology, 29*, 373-404.

Minuchin, S., Baker, L., Rosman, B. L., Liebman, R., Milman, L., & Todd, T. (1975). A conceptual model of psychosomatic illness in children: Family organization and family therapy. *Archives of General Psychiatry, 32*, 1031-1038.

Mischel, W. (1973). Toward a cognitive social learning reconceptualization of personality. *Psychological Review, 80*, 252-283.

Mitchell, P., & Lacohé, H. (1991). Children's early understanding of false belief. *Cognition, 39*, 107-127.

Mitchell, P., & Riggs, K. J. (Eds.) (2000). *Children's Reasoning and the Mind*. Hove, Sussex, U.K.: Psychology Press.

Mitchell, R. W. (1993). Mental models of mirror self-recognition: Two theories. *New Ideas in Psychology, 11*, 295-325.

Mitchell, S. A. (1997). *Influence and Autonomy in Psychoanalysis*. Hillsdale, NJ: Analytic Press.

Mitchell, S. A. (2000). *Relationality: From Attachment to Intersubjectivity*. Hillsdale, NJ: Analytic Press.

Modell, A. (1963). Primitive object relationships and the predisposition to schizophrenia. *International Journal of Psycho-Analysis, 44*, 282-292.

Moore, C., & Corkum, V. (1994). Social understanding at the end of the first year of life. *Developmental Review, 14*, 349-372.

Moran, G. (1984). Psychoanalytic treatment of diabetic children. *Psychoanalytic Study of the Child, 38*, 265-293.

Morris, H., Gunderson, J. G., & Zanarini, M. C. (1986). Transitional object use and borderline psychopathology. *American Journal of Psychiatry, 143*, 1534-1538.

Morton, J., & Frith, U. (1995). Causal modeling: A structural approach to developmental psychology. In: D. Cicchetti and D. J. Cohen (Eds.), *Developmental Psychopathology, Vol. 1. Theory and Methods* (pp. 357-390). New York: John Wiley.

Morton, J., & Johnson, M. H. (1991). CONSPEC and CONLEARN: A two-process theory of infant face recognition. *Psychological Review, 98*, 164-181.

Moses, L. J., & Flavell, J. H. (1990). Inferring false beliefs from actions and reactions. *Child Development, 61*, 929-945.

Moss, E., Parent, S., & Gosselin, C. (1995). Attachment and theory of mind: Cognitive and metacognitive correlates of attachment during the preschool period. Paper presented at the Biennial Meeting of the Society for Research in Child Development, Indianapolis, Indiana(March-April).

Muir, D., & Hains, S. (1999). Young infants' perception of adult intentionality: Adult contingency and eye direction. In: P. Rochat (Ed.), *Early Social Cognition* (pp. 155-187). Mahwah, NJ: Lawrence Erlbaum.

Mundy, P., & Hogan, A. (1994). Intersubjectivity, joint attention, and autistic developmental pathology. In: D. Cicchetti and S. L. Toth (Eds.), *Rochester Symposium on Developmental Psychopathology, Vol. 5. Disorders and Dysfunctions of the Self* (pp. 1-30). Rochester, NY: University of Rochester Press.

Murphy, C. M., & Messer, D. J. (1977). Mothers, infants and pointing: A study of a gesture. In: H. R. Schaffer (Ed.), *Studies in Mother-Infant Interaction.* London: Academic Press.

Murray, L. (1992). The impact of postnatal depression on infant development. *Journal of Child Psychology and Psychiatry and Allied Disciplines, 33*, 543-561.

Murray, L., & Trevarthen, C. (1985). Emotional regulation of interactions between two-month-olds and their mothers. In: T. M. Field and N. A. Fox (Eds.), *Social Perception in Infants.* Norwood, NJ: Ablex.

Nadel, J., Carchon, I., Kervella, C., Marcelli, D., & Reserbat-Plantey, D. (1999). Expectations for social contingency in 2-month-olds. *Developmental Science, 2*, 164-173.

Nadel, J., & Tremblay-Leveau, H. (1999). Early perception of social contingencies and interpersonal intentionality: Dyadic and triadic paradigms. In: P. Rochat (Ed.), *Early Social Cognition* (pp. 189-212). Mahwah, NJ: Lawrence Erlbaum.

Neiderhiser, J., Reiss, D., & Hetherington, E. M. (1996). Genetically informative designs for distinguishing developmental pathways during adolescence: Responsible and antisocial behavior. *Developmental Psychopathology, 8*, 779-791.

Neisser, U. (1988). Five kinds of self-knowledge. *Philosophical Psychology, 1*, 35-59.

Neisser, U. (1991). Two perceptually given aspects of the self and their development. *Developmental Review, 11*, 197-209.

Nelson, C. (1987). The recognition of facial expressions in the first two years of life: Mechanisms of development. *Child Development, 58*, 889-909.

Nelson, K. (1992). The emergence of autobiographical memory at age 4. *Human Development, 35*, 172-177.

Nelson, K. (1993). The psychological and social origins of autobiographical memory. *Psychological Science, 4*, 7-14.

Neu, J. (1992). Genetic explanation in *Totem and Taboo.* In: R. Wollheim (Ed.), *Freud: A Collection of Critical Essays* (pp. 366-393). Garden City, NY: Anchor Books.

Nguyen, P. V., Abel, T., & Kandel, E. R. (1994). Requirement of a critical period of transcription for induction of a late phase of LTP. *Science, 265*, 1104-1107.

Nigg, J. T., & Goldsmith, H. H. (1998). Developmental psychopathology, personality, and temperament: Reflections on recent behavioral genetics research. *Human Biology, 70*, 387-412.

Noam, G. G. (1990). Beyond Freud and Piaget: Biographical world—interpersonal self. In: T. E. Wren (Ed.), *The Moral Domain* (pp. 360-399). Cambridge, MA: MIT Press.

Nussbaum, M. (1994). *The Therapy of Desire.* Princeton, NJ: Princeton University Press.

Oakley, J. (1992). *Morality and the Emotions*. London: Routledge.

Oatley, K., & Johnson-Laird, P. N. (1987). Towards a cognitive theory of emotions. *Cognition and Emotion, 1*, 29-50.

O'Connell, S. (1998). *Mindreading: An Investigation of How We Learn to Love and Lie*. London: Arrow Books.

O'Connor, T. G., Caspi, A., DeFries, J. C., & Plomin, R. (2000). Are associations between parental divorce and children's adjustment genetically mediated? An adoption study. *Developmental Psychology, 36*, 419-428.

O'Connor, T. G., Deater-Deckard, K., Fulker, D., Rutter, M., & Plomin, R. (1998). Genotype-environment correlations in late childhood and early adolescence: Antisocial behavioral problems and coercive parenting. *Developmental Psychology, 34*, 970-981.

Ogden, T. (1979). On projective identification. *International Journal of Psycho-Analysis, 60*, 357-373.

Ogden, T. (1985). On potential space. *International Journal of Psycho-Analysis, 66*, 129-141.

Olds, D., Henderson Jr., C. R., Cole, R., Eckenrode, J., Kitzman, H., Luckey, D., Pettitt, L., Sidora, K., Morris, P., & Powers, J. (1998). Long-term effects of nurse home visitation on children's criminal and antisocial behavior: 15-year follow-up of a randomized controlled trial. *Journal of the American Medical Association, 280*, 1238-1244.

Olson, D., & Campbell, R. (1993). Constructing representations. In: C. Pratt and A. F. Garton (Eds.), *Systems of Representation in Children: Development and Use* (pp. 11-26). New York: John Wiley.

Osher, Y., Hamer, D., & Benjamin, J. (2000). Association and linkage of anxiety-related traits with a functional polymorphism of the serotonin transporter gene regulatory region in Israeli sibling pairs. *Molecular Psychiatry, 5*(2), 216-219.

Oster, H. (1978). Facial expression and affect development. In: *The Development of Affect* (pp. 43-76). New York: Plenum Press.

Oster, H., Hegley, D., & Nagel, L. (1992). Adult judgements and finegrained analysis of infant facial expressions: Testing the validity of a priori coding formulas. *Developmental Psychology, 28*, 1115-1131.

Oster, H., & Rosenstein, D. (1993). *Baby FACS: Analyzing Facial Movements in Infants*. Palo Alto, CA: Consulting Psychologists Press.

Owen, M. T., & Cox, M. J. (1997). Marital conflict and the development of infant-parent attachment relationships. *Journal of Family Psychology, 11*, 152-164.

Pacherie, E. (1997). Motor-images, self-consciousness, and autism. In: J. Russell (Ed.), *Autism as an Executive Disorder* (pp. 215-255). Oxford: Oxford University Press.

Paikoff, R. L., & Brooks-Gunn, J. (1991). Do parent-child relationships change during puberty? *Psychological Bulletin, 110*, 47-66.

Pancake, V. (1985). Continuity between mother-infant attachment and ongoing dyadic peer relationships in preschool. Paper presented at the biennial meeting of the Society for Research in Child Development, Toronto (April).

Panksepp, J. (1998). *Affective Neuroscience: The Foundations of Human and Animal Emotions*. Oxford: Oxford University Press.

Papousek, H., & Papousek, M. (1974). Mirror-image and self recognition in young human infants: A new method of experimental analysis. *Developmental Psychobiology, 7*, 149-157.

Papousek, H., & Papousek, M. (1987). Intuitive parenting: A dialectic counterpart to the infant's integrative competence. In: J. D. Osofsky (Ed.), *Handbook of Infant Development* (pp. 669-720). New York: John Wiley.

Papousek, H., & Papousek, M. (1989). Forms and functions of vocal matching in interactions between mothers and their precanonical infants. *First Language, 9*, 137-158.

Paris, J., Zweig-Frank, H., & Guzder, H. (1993). The role of psychological risk factors in recovery from borderline personality disorder. *Comprehensive Psychiatry, 34*, 410-413.

Park, K., & Waters, E. (1989). Security of attachment and preschool friendships. *Child Development, 60*, 1076-1081.

Parker, G., Barrett, E., & Hickie, I. B. (1992). From nurture to network: Examining links between perceptions of parenting received in childhood and social bonds in adulthood. *American Journal of Psychiatry, 149*, 877-885.

Parker, S. T., Mitchell, R. W., & Boccia, M. L. (Eds.) (1994). *Self-Awareness in Animals and Humans: Developmental Perspectives*. New York: Cambridge University Press.

Patrick, M., Hobson, R. P., Castle, D., Howard, R., & Maughan, B. (1994). Personality disorder and the mental representation of early social experience. *Developmental Psychopathology, 6*, 375-388.

Patterson, G. R. (1976). *Living with Children: New Methods for Parents and Teachers* (rev. ed.). Champaign, IL: Research Press.

Patterson, G. R. (1982). *Coercive Family Processes*. Eugene, OR: Castalia.

Perner, J. (1990). Experiential awareness and children's episodic memory. In: W. Schneider and F. E. Weinert (Eds.), *Interactions among Aptitudes, Strategies, and Knowledge in Cognitive Performance* (pp. 3-11). New York: Springer-Verlag.

Perner, J. (1991). *Understanding the Representational Mind*. Cambridge, MA: MIT Press.

Perner, J. (2000a). About + Belief + Counterfactual. In: P. Mitchell and K. J. Riggs (Eds.), *Children's Reasoning and the Mind* (pp. 367-401). Hove, Sussex, U.K.: Psychology Press.

Perner, J. (2000b). Memory and theory of mind. In: E. Tulving and F. I. M. Craik (Eds.), *The Oxford Handbook of Memory* (pp. 297-312). Oxford: Oxford University Press.

Perner, J., & Lang, B. (1999). Development of theory of mind and executive control. *Trends in Cognitive Sciences, 3*(9), 337-344.

Perner, J., Leekam, S. R., & Wimmer, H. (1987). Three-year-olds' difficulty in understanding false belief: Cognitive limitation, lack of knowledge, or pragmatic misunderstanding? *British Journal of Developmental Psychology, 5*, 125-137.

Perner, J., Ruffman, T., & Leekam, S. R. (1994). Theory of mind is contagious: You catch it from your sibs. *Child Development, 65*, 1228-1238.

Perry, B. (1997). Incubated in terror: Neurodevelopmental factors in the "cycle of violence." In: J. Osofsky (Ed.), *Children in a Violent Society* (pp. 124-149). New York: Guilford Press.

Perry, D. G., Perry, L. C., & Kennedy, E. (1992). Conflict and the development of antisocial behavior. In: C. U. Shantz and W. W. Hartup (Eds.), *Conflict in Child and Adolescent Development* (pp. 301-329). Cambridge, U.K.: Cambridge University Press.

Petit, G. S., Bates, J. E., & Dodge, K. A. (1997). Supportive parenting, ecological context, and children's adjustment: A seven year longitudinal study. *Child Development, 68*, 908-923.

Pettersen, L., Yonas, A., & Fisch, R. O. (1980). The development of blinking in response to impending collision in preterm, full-term and postterm infants. *Infant Behavior and Development, 3*, 155-165.

Piaget, J. (1936). *The Origins of Intelligence in Children*. New York: International Universities Press, 1952.

Pickens, J., & Field, T. (1993). Facial expressivity in infants of depressed mothers. *Developmental Psychology, 29*, 986-988.

Pillemer, D. B., & White, S. H. (1989). Childhood events recalled by children and adults. In: H. V. Reese (Ed.), *Advances in Child Development and Behavior, Vol. 21* (pp. 297-340). New York: Academic Press.

Pinker, S. (1997). *How the Mind Works*. New York: Norton.

Pipp-Siegel, S., Siegel, C. H., & Dean, J. (1999). Neurological aspects of the disorganized/disoriented attachment classification system: Differentiating quality of the attachment relationship from neurological impairment. *Atypical Attachment in Infancy and Early Childhood among Children at Developmental Risk*, ed. by J. Vondra and D. Barnett. *Monographs of the Society for Research in Child Development, 64*, 25-44.

Plomin, R. (1994). *Genetics and Experience: The Interplay between Nature and Nurture*. Thousand Oaks, CA: Sage.

Plomin, R., & Bergeman, C. S. (1991). The nature of nurture: Genetic influences on "environmental" measures. *Behavior and Brain Sciences, 14*, 373-386.

Plomin, R., Chipuer, H. M., & Neiderhiser, J. M. (1994). Behavioral genetic evidence for the importance of non-shared environment. In: E. M. Hetherington, D. Reiss, and R. Plomin (Eds.), *Separate Social Worlds of Siblings* (pp. 1-31). Hillsdale, NJ: Lawrence Erlbaum.

Plomin, R., & Daniels, D. (1987). Why are children in the same family so different from one another? *Behavioral and Brain Sciences, 10*, 1-16.

Plomin, R., DeFries, J. C., McLearn, G. E., & Rutter, R. (1997). *Behavioral Genetics* (3rd ed.). New York: W.H. Freeman.

Plomin, R., Fulker, D. W., Corley, R., & DeFries, J. C. (1997). Nature, nurture, and cognitive development from 1 to 16 years: A parent-offspring adoption study. *Psychological Science, 8*, 442-447.

Plotsky, P. M., & Meaney, M. J. (1993). Early, postnatal experience alters hypothalamic corticotropin-releasing factor (CRF) mRNA, median eminence CRF content and stress-induced release in adult rats. *Brain Research. Molecular Brain Research, 18*, 195-200.

Polan, H. J., & Hofer, M. (1999). Psychobiological origins of infant attachment and separation responses. In: J. Cassidy and P. R. Shaver (Eds.), *Handbook of Attachment: Theory, Research and Clinical Applications* (pp. 162-180). New York: Guilford Press.

Povinelli, D. J., & Eddy, T. J. (1995). The unduplicated self. In: P. Rochat (Ed.), *The Self in Infancy: Theory and Research* (pp. 161-192). Amsterdam: Elsevier.

Povinelli, D. J., Landau, K. R., & Perilloux, H. K. (1996). Self-recognition in young children using delayed versus live feedback: Evidence for a developmental asynchrony. *Child Development, 67*, 1540-1554.

Povinelli, D. J., Landry, A. M., Theall, L. A., Clark, B. R., & Castille, C. M. (1999). Development of young children's understanding that the recent past is causally bound to the present. *Developmental Psychology, 35*, 1426-1439.

Povinelli, D. J., & Simon, B. B. (1998). Young children's understanding of briefly versus extremely delayed images of the self: Emergence of the autobiographical stance. *Developmental Psychology, 34*, 188-194.

Power, M., & Dalgleish, T. (1997). *Cognition and Emotion*. Hove, Sussex, U.K.: Psychology Press.

Premack, D. (1990). The infant's theory of self-propelled objects. *Cognition, 36*, 1-16.

Premack, D., & Premack, A. J. (1995). Intention as psychological cause. In: D. Sperber, D. Premack, and A. J. Premack (Eds.), *Causal Cognition: A Multidisciplinary Debate* (pp. 185-199). Oxford: Clarendon Press.

Prinz, W. (1997). Perception and action planning. *European Journal of Cognitive Psychology, 9*, 129-154.

Pulver, S. (1971). Can affects be unconscious. *International Journal of Psycho-Analysis, 52*, 347-354.

Quine, W. V. O. (1960). *Word and Object*. Cambridge, MA: MIT Press.

Quinton, D., Rutter, M., & Liddle, C. (1984). Institutional rearing, parenting difficulties, and marital support. *Psychological Medicine, 14*, 107-124.

Rapaport, D. (1953). On the psychoanalytic theory of affects. In: *The Collected Papers of David Rapaport*. New York: Basic Books, 1967.

Reddy, V. (1991). Playing with others' expectations: Teasing and mucking about in the first year. In: A. Whiten (Ed.),

Natural Theories of Mind: Evolution, Development and Simulation of Everyday Mindreading (pp. 143-158). Oxford: Blackwell.

Reiss, D., Hetherington, E. M., Plomin, R., Howe, G. W., Simmens, S. J., Henderson, S. H., O'Connor, T. J., Bussell, D. A., &erson, E. R., & Law, T. (1995). Genetic questions for environmental studies: Differential parenting and psychopathology in adolescence. *Archives of General Psychiatry, 52,* 925-936.

Reiss, D., Neiderhiser, J., Hetherington, E. M., & Plomin, R. (2000). *The Relationship Code: Deciphering Genetic and Social Patterns in Adolescent Development.* Cambridge, MA: Harvard University Press.

Repacholi, B. M., & Gopnik, A. (1997). Early reasoning about desires: Evidence from 14- and 18-month-olds. *Developmental Psychology, 33,* 12-21.

Rey, J. H. (1979). Schizoid phenomena in the borderline. In: A. Capponi (Ed.), *Advances in the Psychotherapy of the Borderline Patient* (pp. 449-484). New York: Jason Aronson.

Reznick, J. S. (1999). Influences on maternal attribution of infant intentionality. In: P. D. Zelazo, J. Astington, and D. R. Olson (Eds.), *Developing Theories of Intention* (pp. 243-269). Mahwah, NJ: Lawrence Erlbaum.

Ricketts, M. H., Hamer, R. M., Sage, J. I., Manowitz, P., Feng, F., & Menza, M. A. (1998). Association of a serotonin transporter gene promoter polymorphism with harm avoidance behavior in an elderly population. *Psychiatric Genetics, 8*(2), 41-44.

Riviere, J. (1936). On the genesis of psychical conflict in early infancy. *International Journal of Psycho-Analysis, 55,* 397-404.

Robbins, W. T., & Everitt, B. J. (1999). Motivation and reward. In: M. J. Zigmond, F. E. Bloom, S. C. Landis, J. L. Roberts, and L. R. Squire (Eds.), *Fundamental Neuroscience* (pp. 1246-1260). San Diego, CA: Academic Press.

Rochat, P., & Morgan, R. (1995). Spatial determinants in the perception of self-produced leg movements in 3- to 5-month-old infants.*Developmental Psychology, 31,* 626-636.

Rochat, P., Neisser, U., & Marian, V. (1998). Are young infants sensitive to interpersonal contingency? *Infant Behavior and Development, 21*(2), 355-366.

Rochat, P., & Striano, T. (1999). Social-cognitive development in the first year. In: P. Rochat (Ed.), *Early Social Cognition* (pp. 3-34). Mahwah, NJ: Lawrence Erlbaum.

Rogers, R. D., Everitt, B. J., Baldacchino, A., Blackshaw, A. J., Swainson, R., Wynne, K., Baker, N. B., Hunter, J., Carthy, T., Booker, E., London, M., Deakin, J. F., Sahakian, B. J., & Robbins, T. W. (1999). Dissociable deficits in the decision-making cognition of chronic amphetamine abusers, opiate abusers, patients with focal damage to prefrontal cortex, and tryptophan-depleted normal volunteers: Evidence for monoaminergic mechanisms. *Neuropsychopharmacology, 20*(4), 322-339.

Rogers, S., & Pennington, B. (1991). A theoretical approach to the deficits in infantile autism. *Development and Psychopathology, 3,* 137-162.

Rogoff, B. (1990). *Apprenticeship in Thinking: Cognitive Development in Social Contexts.* New York: Oxford University Press.

Rorty, A., & Flanagan, O. (Eds.) (1990). *Identity, Character and Morality.* Cambridge, MA: MIT Press.

Rosenfeld, H. (1964). On the psychopathology of narcissism: A clinical approach. *International Journal of Psycho-Analysis, 45,* 332-337.

Rosenfeld, H. (1971). Contribution to the psychopathology of psychotic states: The importance of projective identification in the ego structure and object relations of the psychotic patient. In: E. B. Spillius (Ed.), *Melanie Klein Today* (pp. 117-137). London: Routledge, 1988.

Rosenfeld, H. (1987). *Impasse and Interpretation.* London: Tavistock Publications.

Rosenthal, N. E., Mazzanti, C. M., Barnett, R. L., Hardin, T. A., Turner, E. H., Lam, G. K., Ozaki, N., & Goldman,

D. (1998). Role of serotonin transporter promoter repeat length polymorphism (5-HTTLPR) in seasonality and seasonal affective disorder. *Molecular Psychiatry, 3*(2), 175-177.

Rotter, J. B. (1966). Generalized expectancies for internal versus external control of reinforcement. *Psychological Monographs, 80*(1).

Rovee-Collier, C. K. (1987). Learning and memory in infancy. In: J. D. Osofsky (Ed.), *Handbook of Infant Development* (2nd ed.). New York: John Wiley.

Rowe, D. (1994). *The Limits of Family Influence: Genes, Experience and Behavior.* New York: Guilford Press.

Rowe, D., Stever, C., Giedinghagen, L. N., Gard, J. M., Cleveland, H. H., Terris, S. T., Mohr, J. H., Sherman, S., Abramovitz, A., & Waldman, I. D. (1998). Dopamine DRD4 receptor polymorphism and attention deficit hyperactivitydisorder. *Molecular Psychiatry, 3*, 419-426.

Ruffman, T., Perner, J., Naito, M., Parkin, L., & Clements, W. (1998). Older (but not younger) siblings facilitate false belief understanding. *Developmental Psychology, 34*(1), 161-174.

Rumelhart, D. E., & McClelland, J. L. (1986). *Parallel Distributed Processing.* Cambridge, MA: MIT Press.

Russell, B. (1905). On denoting. *Mind, 14*, 479-493.

Russell, J. (1991). Culture and the categorization of emotions. *Psychological Bulletin, 110*, 426-450.

Russell, J. (1996). *Agency: Its Role in Mental Development.* Hove, Sussex, U.K.: Lawrence Erlbaum.

Russell, J. (1997). *Autism as an Executive Disorder.* Oxford: Oxford University Press.

Rutter, M. (1987). Psychosocial resilience and protective mechanisms. *American Journal of Orthopsychiatry, 57*, 316-331.

Rutter, M. (1993). Developmental psychopathology as a research perspective. In: D. Magnusson and P. Casaer (Eds.), *Longitudinal Research on Individual Development: Present Status and Future Perspectives* (pp. 127-152). New York: Cambridge University Press.

Rutter, M. (1999). Psychosocial adversity and child psychopathology. *British Journal of Psychiatry, 174*, 480-493.

Rutter, M., Dunn, J., Plomin, R., Simonoff, E., Pickles, A., Maughan, B., Ormel, J., Meyer, J., & Eaves, L. (1997). Integrating nature and nurture: Implications of person-environment correlations and interactions for developmental psychology. *Development and Psychopathology, 9*, 335-364.

Rutter, M., Silberg, J., O'Connor, T., & Simonoff, E. (1999a). Genetics and child psychiatry: I. Advances in quantitative and molecular genetics. *Journal of Child Psychology and Psychiatry and Allied Disciplines, 40*, 3-18.

Rutter, M., Silberg, J., O'Connor, T., & Simonoff, E. (1999b). Genetics and child psychiatry: II. empirical research findings. *Journal of Child Psychology and Psychiatry and Allied Disciplines, 40*, 19-55.

Ryle, A. (1997). *Cognitive Analytic Therapy and Borderline Personality Disorder: The Model and the Method.* Chichester, U.K.: John Wiley.

Sameroff, A. J. (1995). General systems theories and developmental psychopathology. In: J. Cicchetti and D. J. Cohen (Eds.), *Developmental Psychopathology: Vol. 1. Theory and Methods* (pp. 659-695). New York: John Wiley.

Sander, L. W. (1970). Regulation and organization of behavior in the early infant-caretaker system. In: R. Robinson (Ed.), *Brain and Early Behavior.* London: Academic Press.

Sandler, J. (1976). Countertransference and role-responsiveness. *International Review of Psycho-Analysis, 3*, 43-47.

Sandler, J. (1987). *Projection, Identification, Projective Identification.* London: Karnac.

Sandler, J. (1992). Reflections on developments in the theory of psychoanalytic technique. Paper presented at the Thirty-seventh Congress of the International Psychoanalytical Association: Psychic Change: Developments in the Theory of Psychoanalytic Technique, Buenos Aires, Argentina, 1991. *International Journal of Psycho-Analysis, 73*(2), 189-198.

Sandler, J., Dare, C., & Holder, A. (1992). *The Patient and the Analyst* (2nd ed.). London: Karnac.

Scarr, S. (1992). Developmental theories for the 1990s: Development and individual differences. *Child Development, 63*, 1-19.

Schachter, D. L. (1992). Understanding implicit memory: A cognitive neuroscience approach. *American Psychologist, 47*, 559-569.

Schachter, S., & Singer, J. (1962). Cognitive, social and physiological determinants of emotional state. *Psychological Review, 69*, 379-399. Schmuckler, M. A. (1996). Visual-proprioceptive intermodal perception in infancy. *Infant Behavior and Development, 19*, 221-232.

Schneider-Rosen, K., & Cicchetti, D. (1984). The relationship between affect and cognition in maltreated infants: Quality of attachment and the development of visual self-recognition. *Child Development, 55*, 648-658.

Schneider-Rosen, K., & Cicchetti, D. (1991). Early self-knowledge and emotional development: Visual self-recognition and affective reactions to mirror self-image in maltreated and non-maltreated toddlers. *Developmental Psychology, 27*, 481-488.

Schneier, F. R., Liebowitz, M. R., Abi-Dargham, A., Zea-Ponce, Y., Lin, S.-H., & Laruelle, M. (2000). Low dopamine D2 receptor binding potential in social phobia. *American Journal of Psychiatry, 157*, 457-459.

Schore, A. N. (1999). Commentary on Freud's affect theory in light of contemporary neuroscience. *Neuro-Psychoanalysis, 1*, 49-55.

Schuengel, C. (1997). *Attachment, Loss, and Maternal Behavior: A Study on Intergenerational Transmission.* Leiden, The Netherlands: University of Leiden Press.

Schuengel, C., Bakermans-Kranenburg, M., & van IJzendoorn, M. (1999). Frightening maternal behavior linking unresolved loss and disorganized infant attachment. *Journal of Consulting and Clinical Psychology, 67*, 54-63.

Searle, J. R. (1983). *Intentionality: An Essay in the Philosophy of the Mind.* Cambridge, U.K.: Cambridge University Press.

Segal, G. (1996). The modularity of theory of mind. In: P. Carruthers and P. K. Smith (Eds.), *Theories of Theories of Mind* (pp. 141-157). Cambridge, U.K.: Cambridge University Press.

Segal, H. (1957). Notes on symbol formation. *International Journal of Psycho-Analysis, 38*, 391-397.

Segal, H. (1964). *Introduction to the Work of Melanie Klein.* New York: Basic Books.

Sellars, W. (1963). *Science, Perception and Reality.* London: Routledge.

Serketich, W. J., & Dumas, J. E. (1996). The effectiveness of behavioral parent training to modify antisocial behavior in children: A meta-analysis. *Behavior Therapy, 27*, 171-186.

Shachnow, J., Clarkin, J., DiPalma, C. S., Thurston, F., Hull, J., & Shearin, E. (1997). Biparental psychopathology and borderline personality disorder. *Psychiatry, 60*, 171-181.

Sherman, N. (2000). Emotional agents. In: M. Levine (Ed.), *The Analytic Freud.* London: Routledge.

Shiffrin, R., & Schneider, W. (1977). Controlled and automatic human information processing: II. Perceptual learning, automatic attending, and a general theory. *Psychological Review, 84*, 127-190.

Shweder, R. (1994). "You're not sick, you're in love": Emotion as an interpretive system. In: P. Ekman and R. Davidson (Eds.), *The Nature of Emotion.* Oxford: Oxford University Press.

Slade, A. (1987). Quality of attachment and early symbolic play. *Developmental Psychology, 17*, 326-335.

Slade, A. (1999). Attachment theory and research: Implications for the theory and practice of individual psychotherapy with adults. In: J. Cassidy and P. Shaver (Eds.), *Handbook of Attachment.* New York: Guilford

Press.

Slade, A., Belsky, J., Aber, L., & Phelps, J. L. (1999). Mothers' representations of their relationships with their toddlers: Links to adult attachment and observed mothering. *Developmental Psychology, 35*(3), 611-619.

Slade, A., Bernbach, E., Grienenberger, J., Wohlgemuth-Levy, D., & Locker, A. (1998). *Addendum to Reflective Functioning Scoring Manual (Fonagy, Steele, Steele, and Target): For Use with the Parent Development Interview (Aber, Slade, Berger, Bresgi, and Kaplan).* New York: City College.

Slomkowski, C., & Dunn, J. (1992). Arguments and relationships within the family: Differences in children's disputes with mother and sibling. *Developmental Psychology, 28*, 919-924.

Smalley, S. L. (1997). Genetic influences in childhood-onset psychiatric disorders: Autism and attention-deficit/hyperactivity disorder. *American Journal of Human Genetics, 60*, 1276-1282.

Smalley, S. L., Bailey, J. N., Palmer, C. G., Cantwell, D. P., McGough, J. J., Del'Homme, M. A., Asarnow, J. R., Woodward, J. A., Ramsey, C., & Nelson, S. F. (1998). Evidence that the dopamine D4 receptor is a susceptibility gene in attention deficit hyperactivity disorder. *Molecular Psychiatry, 3*, 427-430.

Smith, D. J. (1995). Youth crime and conduct disorders: Trends, patterns and causal explanations. In: M. Rutter and D. J. Smith (Eds.), *Psychosocial Disorders in Young People: Time Trends and Their Causes* (pp. 389-489). Chichester, U.K.: Academia Europea.

Smith, P. K. (1996). Language and the evolution of mind-reading. In: P. Carruthers and P. K. Smith (Eds.), *Theories of Theories of Mind* (pp. 344-354). Cambridge, U.K.: Cambridge University Press.

Snow, C. E. (1972). Mothers' speech to children learning language. *Child Development, 43*, 549-566.

Solms, M. (1997a). *The Neuropsychology of Dreams: A Clinico-Anatomical Study.* Mahwah, NJ: Lawrence Erlbaum.

Solms, M. (1997b). What is consciousness? *Journal of the American Psychoanalytic Association, 45*, 681-703.

Solomon, J., & George, C. (1996). Defining the caregiving system: Toward a theory of caregiving. In: C. George and J. Solomon (Eds.), *Defining the Caregiving System (Infant Mental Health Journal, 17).* New York: John Wiley.

Solomon, J., & George, C. (1999). *Attachment Disorganization.* New York: Guilford Press.

Solomon, J., George, C., & Dejong, A. (1995). Children classified as controlling at age six: Evidence of disorganized representational strategies and aggression at home and at school. *Development and Psychopathology, 7*, 447-463.

Spangler, G., Fremmer-Bombrik, E., & Grossmann, K. E. (1996). Social and individual determinants of infant attachment security and disorganization. *Infant Mental Health Journal, 17*, 127-139.

Spangler, G., & Grossmann, K. E. (1993). Biobehavioral organization in securely and insecurely attached infants. *Child Development, 64*, 1439-1450.

Spelke, E. S., Phillips, A., & Woodward, A. L. (1995). Infants' knowledge of object motion and human action. In: D. Sperber, D. Premack, and A. J. Premack (Eds.), *Causal Cognition: A multidisciplinary Debate. Symposia of the Fyssen Foundation* (pp. 44-78). New York: Clarendon Press.

Spence, D. (1982). *Narrative Truth and Historical Truth. Meaning and Interpretation in Psychoanalysis.* New York/London: Norton.

Spence, D. (1984). *The Freudian Metaphor.* New York: Norton.

Sperber, D., & Wilson, D. (1995). *Relevance: Communication and Cognition.* Malden, MA: Blackwell.

Spillius, E. B. (1992). Clinical experiences of projective identification. In: R. Anderson (Ed.), *Clinical Lectures on Klein and Bion* (pp. 59-73). London: Routledge.

Spillius, E. B. (1994). Developments in Kleinian thought: Overview and personal view. *Psychoanalytic Inquiry, 14*, 324-364.

Spinoza, B. (1994). *The Ethics*. London: Penguin.

Spock, B., & Rothenberg, M. B. (1985). *Dr. Spock's Baby and Child Care* (5th ed.). London: W. H. Allen.

Squire, L. R. (1987). *Memory and Brain*. New York: Oxford University Press.

Sroufe, L. (1979). Socioemotional development. In: J. Osofsky (Ed.), *Handbook of Infant Development* (pp. 462-516). New York: John Wiley.

Sroufe, L. (1983). *Infant-Caregiver Attachment and Patterns of Adaptation in Preschool: The Roots of Maladaptation and Competence, Vol. 16*. Hillsdale, NJ: Lawrence Erlbaum.

Sroufe, L. (1986). Bowlby's contribution to psychoanalytic theory and developmental psychopathology. *Journal of Child Psychology and Psychiatry and Allied Disciplines, 27*, 841-849.

Sroufe, L. (1990). An organizational perspective on the self. In: D. Cicchetti and M. Beeghly (Eds.), *The Self in Transition: Infancy to Childhood* (pp. 281-307). Chicago, IL: University of Chicago Press.

Sroufe, L. (1996). *Emotional Development: The Organization of Emotional Life in the Early Years*. New York: Cambridge University Press.

Sroufe, L., & Rutter, M. (1984). The domain of developmental psychopathology. *Child Development, 83*, 173-189.

Sroufe, L., & Waters, E. (1977a). Attachment as an organizational construct. *Child Development, 48*, 1184-1199.

Sroufe, L., & Waters, E. (1977b). Heart rate as a convergent measure in clinical and developmental research. *Merrill-Palmer Quarterly, 23*, 3-28.

Steele, H. (1991). Adult personality characteristics and family relationships: The development and validation of an interview-based assessment. Ph.D. diss., University College London.

Steele, H., Steele, M., & Fonagy, P. (1996). Associations among attachment classifications of mothers, fathers, and their infants: Evidence for a relationship-specific perspective. *Child Development, 67*, 541-555.

Stein, A. (1994). An observational study of mothers with eating disorders and their infants. *Journal of Child Psychology and Psychiatry and Allied Disciplines, 35*(4), 733-748.

Stein, R. (1990). *Psychoanalytic Theories of Affect*. Westport, CT: Praeger.

Steiner, J. (1992). The equilibrium between the paranoid-schizoid and the depressive positions. In: R. Anderson (Ed.), *Clinical Lectures on Klein and Bion* (pp. 46-58). London: Routledge.

Steiner, J. (1993). *Psychic Retreats: Pathological Organisations in Psychotic, Neurotic and Borderline Patients*. London: Routledge.

Stern, D. (1977). *The First Relationship: Mother and Infant*. Cambridge, MA: Harvard University Press.

Stern, D. (1984). Affect attunement. In: J. D. Call, E. Galenson, and R. L. Tyson (Eds.), *Frontiers of Infant Psychiatry, Vol. 2* (pp. 3-14). New York: Basic Books.

Stern, D. (1985). *The Interpersonal World of the Infant: A View from Psychoanalysis and Developmental Psychology*. New York: Basic Books.

Stern, D. (1994). One way to build a clinically relevant baby. *Infant Mental Health Journal, 15*, 36-54.

Stern, D. (1995). Self/other differentiation in the domain of intimate socio-affective interaction: Some considerations. In: P. Rochat (Ed.), *The Self in Infancy: Theory and Research* (pp. 419-429). Amsterdam: Elsevier.

Stern, D. (1998). The process of therapeutic change involving implicit knowledge: Some implications of developmental observations for adult psychotherapy. *Infant Mental Health Journal, 19*, 300-308.

Stern, D., Hofer, L., Haft, W., & Dore, J. (1985). Affect attunement: The sharing of feeling states between mother and infant by means of inter-modal fluency. In: T. M. Fields and N. A. Fox (Eds.), *Social Perception in Infants*. Norwood, NJ: Ablex.

Stern, D., Sander, L., Nahum, J., Harrison, A., Lyons-Ruth, K., Morgan, A., Bruschweilerstern, N., & Tronick, E. (1998). Non-interpretive mechanisms in psychoanalytic therapy: The "something more" than interpretation. *International Journal of Psycho-Analysis, 79*(5), 903-921.

Stern, D., Spieker, S., Barnett, R., & Mackain, K. (1983). The prosody of maternal speech: Infant age and context related changes. *Journal of Child Language, 10,* 1-15.

Stocker, M., & Hegeman, E. (1996). *Valuing Emotions.* Cambridge, U.K.: Cambridge University Press.

Stuss, D. T. (1983). Emotional concomitants of psychosurgery. In: K. M. Heilman and P. Satz (Eds.), *Advances in Neuropsychology and Behavioral Neurology* (pp. 111-140). New York: Guilford Press.

Stuss, D. T. (1991). Self, awareness and the frontal lobes: A neuropsychological perspective. In: J. Strauss and G. R. Goethals (Eds.), *The Self: Interdisciplinary Approaches* (pp. 255-278). New York: Springer-Verlag.

Stuss, D. T., Gallup, G. G., & Alexander, M. P. (2001). The frontal lobes are necessary for "theory of mind." *Brain, 124*(2), 279-286.

Suomi, S. J. (1991). Up-tight and laid-back monkeys: Individual differences in the response to social challenges. In: S. Brauth, W. Hall, and R. Dooling (Eds.), *Plasticity of Development* (pp. 27-56). Cambridge, MA: MIT Press.

Suomi, S. J. (1997). Early determinants of behavior: Evidence from primate studies. *British Medical Bulletin, 53,* 170-184.

Suomi, S. J. (2000). A biobehavioral perspective on developmental psychopathology: Excessive aggression and serotonergic dysfunction in monkeys. In: A. J. Sameroff, M. Lewis, and S. Miller (Eds.), *Handbook of Developmental Psychopathology* (pp. 237-256). New York: Plenum Press.

Suomi, S. J., & Levine, S. (1998). Psychobiology of intergenerational effects of trauma. In: Y. Danieli (Ed.), *International Handbook of Multigenerational Legacies of Trauma* (pp. 623-637). New York: Plenum Press.

Swanson, J. M., Flodman, P., Kennedy, J., Spence, M. A., Moyzis, R., Schuck, S., Murias, M., Moriarty, J., Barr, C., Smith, M., & Posner, M. (2000). Dopamine genes and ADHD. *Neuroscience and Biobehavioral Reviews, 24* (1), 21-25.

Swanson, J. M., Sunohara, G. A., Kennedy, J. L., Regino, R., Fineberg, E., & Wigal, T. (1998). Association of the dopamine receptor D4(DRD4) gene with a refined phenotype of attention deficit hyperactivity disorder (ADHD): A family-based approach. *Molecular Psychiatry, 3,* 38-41.

Target, M., & Fonagy, P. (1996). Playing with reality II: The development of psychic reality from a theoretical perspective. *International Journal of Psycho-Analysis, 77,* 459-479.

Taylor, C. (1985). *Philosophical Papers I: Human Agency and Language.* Cambridge, U.K.: Cambridge University Press.

Taylor, M., Gerow, L., & Carlson, S. M. (1993). The relation between individual differences in fantasy and theory of mind. Paper presented at the biennial meeting of the Society for Research in Child Development, New Orleans (March).

Thompson, A. E. (1985). The nature of emotion and its development. In: I. Fast (Ed.), *Event Theory: An Integration of Piaget and Freud.* Hillsdale, NJ: Lawrence Erlbaum.

Thompson, A. E. (1986). An object relational theory of affect maturity: Applications to the Thematic Apperception Test. In: M. Kissen (Ed.), *Assessing Object Relations Phenomena.* Madison, CT: International Universities Press.

Thompson, R. (1990). Emotion and self-regulation. In: R. Thompson (Ed.), *Socioemotional Development.* Lincoln, NE: Nebraska University Press.

Thompson, R. (1994). Emotion regulation: A theme in search of definition. *Monographs of the Society for Research in Child Development, 59,* 25-52.

Thompson, R. (1998). Empathy and its origins in early development. In: S. Braten (Ed.), *Intersubjective Communication and Emotion in Early Ontogeny* (pp. 144-157). Paris: Cambridge University Press.

Thompson, R. (1999). Early attachment and later development. In: J. Cassidy and P. R. Shaver (Eds.), *Handbook of Attachment: Theory, Research and Clinical Applications* (pp. 265-286). New York: Guilford Press.

Tienari, P., Wynne, L. C., Moring, J., Lahti, I., & Naarala, M. (1994). The Finnish adoptive family study of schizophrenia: Implications for family research. *British Journal of Psychiatry, 23* (Suppl. 164), 20-26.

Tobias, B. A., Kihlstrom, J. F., & Schachter, D. L. (1992). Emotion and implicit memory. In: S. Christianson (Ed.), *The Handbook of Emotion and Memory: Research and Theory* (pp. 67-92). Hillsdale, NJ: Lawrence Erlbaum.

Tolman, E. C., Ritchie, B. F., & Kalish, D. (1946). Studies in spatial learning: I. Orientation and the shortcut. *Journal of Experimental Psychology, 36,* 13-24.

Tomasello, M. (1993). On the interpersonal origins of the self. In: U. Neisser (Ed.), *The Perceived Self: Ecological and Interpersonal Sources of Self-Knowledge* (pp. 174-184). Cambridge, U.K.: Cambridge University Press.

Tomasello, M. (1995). Joint attention as social cognition. In: C. Moore and P. Dunham (Eds.), *Joint Attention: Its Origins and Role in Development* (pp. 103-130). New York: Lawrence Erlbaum.

Tomasello, M. (1999). *The Cultural Origins of Human Cognition.* Cambridge, MA: Harvard University Press.

Tomasello, M., & Call, J. (1997). *Primate Cognition.* Oxford: Oxford University Press.

Tomasello, M., Strosberg, R., & Akhtar, N. (1996). Eighteen-monthold children learn words in non-ostensive contexts. *Journal of Child Language, 23,* 157-176.

Tomkins, S. (1995a). *Exploring Affect: The Selective Writings of Silvan Tomkins.* Cambridge, U.K.: Cambridge University Press.

Tomkins, S. (1995b). *Shame and Its Sisters: A Silvan Tomkins Reader.* Durham, NC: Duke University Press.

Trevarthen, C. (1979). Communication and cooperation in early infancy: A description of primary intersubjectivity. In: M. M. Bullowa (Ed.), *Before Speech: The Beginning of Interpersonal Communication.* New York: Cambridge University Press.

Trevarthen, C. (1980). The foundations of intersubjectivity: Development of interpersonal and cooperative understanding in infants. In: D. R. Olson (Ed.), *The Social Foundations of Language and Thought: Essays in Honor of Jerome Bruner.* New York: Norton.

Trevarthen, C. (1993). The self born in intersubjectivity: An infant communicating. In: U. Neisser (Ed.), *The Perceived Self* (pp. 121-173). New York: Cambridge University Press.

Trevarthen, C., & Hubley, P. (1978). Secondary intersubjectivity: Confidence, confiding and acts of meaning in the first year. In: A. Lock (Ed.), *Action, Gesture and Symbol: The Emergence of Language.* New York: Academic Press.

Trivers, R. (1971). The evolution of reciprocal altruism. *Quarterly Review of Biology, 46,* 35-57.

Tronick, E. (1989). Emotions and emotional communication in infants. *American Psychologist, 44,* 112-119.

Tronick, E. (1998). Dyadically expanded states of consciousness and the process of therapeutic change. *Infant Mental Health Journal, 19,* 290-299.

Tronick, E., Als, H., Adamson, L., Wise, S., & Brazelton, T. (1978). The infant's response to entrapment between contradictory messages in face-to-face interaction. *Journal of Child Psychiatry, 17,* 1-13.

Tronick, E., Als, H., & Brazelton, T. (1977). Mutuality in mother-infant interaction. *Journal of Communication, 27,* 74-79.

Tronick, E., & Cohn, J. F. (1989). Infant-mother face-to-face interaction: Age and gender differences in coordination and the occurrence of miscoordination. *Child Development, 60,* 85-92.

Tronick, E., Ricks, M., & Cohn, J. F. (1982). Maternal and infant affective exchange: Patterns of adaptation. In: T. Field and A. Fogel (Eds.), *Emotion and Early Interaction* (pp. 83-100). Hillsdale, NJ: Lawrence Erlbaum.

Turkheimer, E. (1998). Heritability and biological explanation. *Psychological Review, 105*, 1-10.

Uhl, G., Blum, K., Noble, E. P., & Smith, S. (1993). Substance abuse vulnerability and D2 receptor genes. *Trends in Neuroscience, 16*, 83-88.

Uzgiris, I. C., Benson, J. B., Kruper, J., & Vasek, M. E. (1989). Contextual influences on imitative interactions between mothers and infants. In: J. Lockman and N. L. Hazen (Eds.), *Action in Social Context: Perspectives on Early Development* (pp. 103-127). New York: Plenum Press.

Uzgiris, I. C., & Hunt, J. M. (1975). *Assessment in Infancy: Ordinal Scales of Psychological Development.* Chicago, IL: University of Chicago Press.

van der Kolk, B. (1994). The body keeps the score: Memory and the evolving psychobiology of post-traumatic stress. *Harvard Review of Psychiatry, 1*, 253-265.

van IJzendoorn, M. H. (1995). Adult attachment representations, parental responsiveness, and infant attachment: A meta-analysis on the predictive validity of the Adult Attachment Interview. *Psychological Bulletin, 117*, 387-403.

van IJzendoorn, M. H., Juffer, F., & Duyvesteyn, M. G. C. (1995). Breaking the intergenerational cycle of insecure attachment: A review of the effects of attachment-based interventions on maternal sensitivity and infant security. *Journal of Child Psychology and Psychiatry and Allied Disciplines, 36*, 225-248.

van IJzendoorn, M. H., Kranenburg, M. J., Zwart-Woudstra, H. A., Van Busschbach, A. M., & Lambermon, M. W. E. (1991). Parental attachment and children's socio-emotional development: Some findings on the validity of the Adult Attachment Interview in the Netherlands. *International Journal of Behavioral Development, 14*, 375-394.

Van Tol, H. H. M., Wu, C. M., Guan, H. C., Ohara, K., Bunzow, J. R., & Civelli, O. (1992). Multiple dopamine D4 receptor variants in the human population. *Nature, 358*, 149-152.

Vygotsky, L. S. (1966). *Development of the Higher Mental Functions.* Cambridge, MA: MIT Press.

Vygotsky, L. S. (1967). Play and its role in the mental development of the child. *Soviet Psychology, 5*, 6-18.

Vygotsky, L. S. (1978). *Mind in Society: The Development of Higher Psychological Processes.* Cambridge, MA: Harvard University Press.

Waddington, C. H. (1966). *Principles of Development and Differentiation.* New York: Macmillan.

Ward, M. J., & Carlson, E. (1995). Associations among Adult Attachment representations, maternal sensitivity, and infant-mother attachment in a sample of adolescent mothers. *Child Development, 66*, 69-79.

Wartner, U. G., Grossmann, K., Fremmer-Bombrik, E., & Suess, G. (1994). Attachment patterns at age six in South Germany: Predictability from infancy and implications for pre-school behavior. *Child Development, 65*, 1014-1027.

Waters, E., Merrick, S., Albersheim, L., Treboux, D., & Crowell, J. (1995). From the strange situation to the Adult Attachment Interview: A 20-year longitudinal study of attachment security in infancy and early adulthood. Paper presented at the Society for Research in Child Development, Indianapolis (May).

Watson, J. S. (1972). Smiling, cooing, and "the game." *Merrill-Palmer Quarterly, 18*, 323-339.

Watson, J. S. (1979). Perception of contingency as a determinant of social responsiveness. In: E. B. Thoman (Ed.), *The Origins of Social Responsiveness* (pp. 33-64). New York: Lawrence Erlbaum.

Watson, J. S. (1984). Bases of causal inference in infancy: Time, space, and sensory relations. In: L. P. Lipsitt and C. Rovee-Collier (Eds.), *Advances in Infancy Research.* Norwood, NJ: Ablex.

Watson, J. S. (1985). Contingency perception in early social development. In: T. M. Field and N. A. Fox (Eds.), *Social Perception in Infants* (pp. 157-176). Norwood, NJ: Ablex.

Watson, J. S. (1994). Detection of self: The perfect algorithm. In: S. Parker, R. Mitchell, and M. Boccia (Eds.), *Self-Awareness in Animals and Humans: Developmental Perspectives* (pp. 131-149). New York: Cambridge University Press.

Watson, J. S. (1995). Self-orientation in early infancy: The general role of contingency and the specific case of reaching to the mouth. In: P. Rochat (Ed.), *The Self in Infancy: Theory and Research* (pp. 375-393). Amsterdam: Elsevier.

Wegner, D. M., & Wheatley, T. (1999). Apparent mental causation: Sources of the experience of will. *American Psychologist, 54*(7), 480-492.

Weinberg, K. M., & Tronick, E. Z. (1996). Infant affective reactions to the resumption of maternal interaction after the Still-Face. *Child Development, 67*, 905-914.

Weiskrantz, L. (1986). *Blindsight: A Case Study and Implications*. Oxford: Oxford University Press.

Wellman, H. (1990). *The Child's Theory of Mind*. Cambridge, MA: Bradford Books/MIT Press.

Wellman, H. (1993). Early understanding of mind: The normal case. In: S. Baron-Cohen, H. Tager-Flusberg, and D. J. Cohen (Eds.), *Understanding Other Minds: Perspectives from Autism* (pp. 40-58). New York: Oxford University Press.

Wellman, H., & Banerjee, M. (1991). Mind and emotion: Children's understanding of the emotional consequences of beliefs and desires. *British Journal of Developmental Psychology, 9*, 191-214.

Wellman, H., & Phillips, A. T. (2000). Developing intentional understandings. In: L. Moses, B. Male, and D. Baldwin (Eds.), *Intentionality: A Key to Human Understanding*. Cambridge, MA: MIT Press.

Werner, E. (1990). Protective factors and individual resilience. In: S. J. Meisels and M. Shonkoff (Eds.), *Handbook of Early Childhood Intervention* (pp. 97-116). New York: Cambridge University Press.

Werner, H., & Kaplan, B. (1963). *Symbol Formation*. New York: John Wiley.

West, M., & George, C. (1999). Abuse and violence in intimate adult relationships: New perspectives from attachment theory. In: D. G. Dutton (Ed.), *Treatment of Assaultiveness*. New York: Guilford Press.

Westen, D. (1997). Toward a clinically relevant and empirically sound theory of motivation. *International Journal of Psycho-Analysis, 78*, 521-548.

Whiten, A. (1991). *Natural Theories of Mind*. Oxford: Basil Blackwell.

Willatts, P. (1999). Development of means-end behavior in young infants: Pulling a support to retrieve a distant object. *Developmental Psychology, 35*(3), 651-667.

Wimmer, H., Hogrefe, G.-J., & Perner, J. (1988). Children's understanding of informational access as source of knowledge. *Child Development, 59*, 386-396.

Wimmer, H., Hogrefe, J.-G., & Sodian, B. (1988). A second stage in children's conception of mental life: Understanding informational access as origins of knowledge and belief. In: J. W. Astington, P. L. Harris, and D. R. Olson (Eds.), *Developing Theories of Mind*. New York: Cambridge University Press.

Wimmer, H., & Perner, J. (1983). Beliefs about beliefs: Representation and constraining function of wrong beliefs in young children's understanding of deception. *Cognition, 13*, 103-128.

Winnicott, D. W. (1960a). Ego distortion in terms of true and false self. In: *The Maturational Processes and the Facilitating Environment* (pp. 140-152). New York: International Universities Press, 1965.

Winnicott, D. W. (1960b). The theory of the parent-infant relationship. In: *The Maturational Processes and the Facilitating Environment* (pp. 37-55). New York: International Universities Press, 1965.

Winnicott, D. W. (1962). Ego integration in child development. In: *The Maturational Processes and the Facilitating Environment* (pp. 56-63). London: Hogarth Press, 1965.

Winnicott, D. W. (1963). Morals and education. In: *The Maturational Processes and the Facilitating Environment* (pp. 93-105). New York: International Universities Press, 1965.

Winnicott, D. W. (1965). *The Maturational Processes and the Facilitating Environment.* New York: International Universities Press.

Winnicott, D. W. (1967). Mirror-role of mother and family in child development. In: *Playing and Reality* (pp. 111-118). London: Tavistock, 1971.

Winnicott, D. W. (1971). *Playing and Reality.* London: Tavistock.

Wolff, P. H. (1996). The irrelevance of infant observations for psychoanalysis. *Journal of the American Psychoanalytic Association, 44,* 369-392.

Wollheim, R. (1995). *The Mind and Its Depths.* Cambridge, MA: Harvard University Press.

Wollheim, R. (1999). *On the Emotions.* New Haven, CT: Yale University Press.

Wood, D., Bruner, J. S., & Ross, G. (1976). The role of tutoring in problem solving. *Journal of Child Psychology and Psychiatry, 17,* 89-100.

Woodward, A. (1998). Infants selectively encode the goal object of an actor's reach. *Cognition, 69,* 1-34.

Woodward, A., & Sommerville, J. A. (2000). Twelve-month-old infants interpret action in context. *Psychological Science, 11,* 73-77.

Youngblade, L., & Dunn, J. (1995). Individual differences in young children's pretend play with mother and sibling: Links to relationships and understanding of other people's feelings and beliefs. *Child Development, 66,* 1472-1492.

Zahn-Waxler, C., & Radke-Yarrow, M. (1990). The origins of empathic concern. *Motivation and Emotion, 14,* 107-130.

Zajonc, R. B. (1984). On the primacy of affect. *American Psychologist, 39,* 117-123

저자 소개

피터 포나기 박사(Peter Fonagy, Ph.D., F.B.A.)는 런던대학교(University College London: UCL) 정신분석의 프로이트 기념 교수이고, 임상 건강심리학 하위 부서의 부서장이다. 또한 런던 안나 프로이트 센터(Anna Freud Center)의 센터장, 베일러 의과대학 메닝거 정신건강의학과 아동 및 가족 프로그램의 자문 위원이다. 포나기 박사는 임상심리사이고 영국 정신분석학회 아동 및 성인 분석 분과 지도 분석가다. 포나기 박사의 임상적 관심은 경계성 정신병리, 폭력, 초기 애착관계의 문제에 집중되어 있다. 그의 업적은 경험적 연구와 정신분석이론의 통합을 시도한다. 포나기 박사는 국제 정신분석 협회 공동 의장을 포함하는 중요한 직위를 맡고 있고, 영국 학사원 특별 회원이다. 그는 200개가 넘는 논문을 발표하였고, 많은 책의 저자이자 편집자다. 저술로『애착이론과 정신분석』(2001),『누구에게 어떤 것이 적합한가? 아동 및 청소년 치료에 대한 비판적 개관』(with M. Target, D. Cottrell, J. Phillips, & Z. Kurtz, published 2002 by Guilford),『정신분석 이론: 발달정신병리 관점』(with M. Target, published 2003 by Whurr Publications),『경계성 성격장애를 위한 심리치료: 정신화 기반 치료』(with A. Bateman, published 2004 by Oxford University Press),『누구에게 어떤 것이 적합한가? 심리치료 연구에 대한 비판적 개관』(with A. D. Roth, in press with Guilford) 등이 있다.

기오르기 게르게이 박사(György Gergely, Ph.D., D.Sc.)는 헝가리 과학원 심리연구 협회의 발달연구 부서장이자 헝가리 부다페스트 공립대학(Eötvös Lóránd University: ELTE) 인지 발달 프로그램 교수다. 또한 임상 아동심리사이고, 뮌헨의 막스 플랑크 협회 심리학과, 메닝거 클리닉 아동가족센터, 런던대학교 심리학과, 버클리대학교 심리학과의 방문교수였다. 그는 이탈리아 트리에스테에 위치한 유럽 인지 신경과학 계획의 패널이다. 게르게이 박사는『자유 어순과 담화 해석』(published 1991 by Academic Press of Budapest)을 저술했고, 여러 주요 학술지의 편집위원이다. 구겐하임 선임 연구원으로, 영유아기 사회 인지 발달에 대한 책을 집필한 바 있다.

엘리엇 주리스트 박사(Elliot L. Jurist, Ph.D., Ph.D.)는 뉴욕 시립대학교(City University of New York: CUNY) 임상심리학 부서장이고, 컬럼비아 대학교(Columbia University) 의과대학 정신건강의학과 교수다. 그는『헤겔과 니체를 넘어: 철학, 문화, 그리고 주체성』(published 2000 by MIT Press)의 저자이고, 철학과 심리학 분야에서 많은 논문을 발표했다. 그의 관심 분야는 감정이고, 특히 감정과 인간 주체성 간의 관계다. 그는 정서 조절과 중독에 관한 책을 집필한 바 있다. 주리스트 박사는 뉴욕 프레즈비테리언 병원 신경정신과에서 일했으며, 뉴욕 주립 정신건강 협회 윤리위원이고, 미국심리학회 39분과 소속이다. 그는 철학과 심리 학술지의 편집위원이다.

메리 타깃 박사(Mary Target, Ph.D.)는 런던대학교(University College London) 정신분석 전공 부교수이고, 영국 정신분석학회 회원이다. 타깃 박사는 본래 훈련 받은 임상심리사다. 또한 안나 프로이트 센터(Anna Freud Center) 교육 및 과학 위원회의 전문위원, 영국 정신분석학회 연구위원회의 위원장, 유럽 정신분석연합 정신분석 교육 실무 그룹의 전 위원장이며, 국제 정신분석연합 (개념적 연구) 연구위원회 회원이다. 그녀는 런던대학교 정신분석이론 및 교육과정 석사과정 지도교수이고, 런던대학교/안나 프로이트 센터 아동 및 청소년 심리치료 박사과정 지도자다. 또한 워(Whurr) 출판사 정신분석 서적 시리즈의 공동 편집자다. 타깃 박사는 많은 국가에서 발달정신병리, 애착, 심리치료 영역에 대한 공동 연구를 활발히 해 왔다. 그녀는 베일러 의과대학 메닝거 정신건강의학과 아동 및 가족 프로그램의 자문 위원이다. 저술로『증거 기반 아동 정신건강: 치료적 개입에 대한 종합적 고찰』(with P. Fonagy, D. Cottrell, J. Phillips, and Z. Kurtz, published 2002 by Guilford),『정신분석이론: 발달정신병리 관점』(with P. Fonagy, published 2003 by Whurr Publications), 그리고 2003년에 정신분석 발전 국립 협회에서 이론적 및 임상적 기여에 대해 그라디바 상을 받은『정서 조절, 정신화, 그리고 자기의 발달』(with P. Fonagy, G. Gergely, and E. Jurist, published 2002 by Other Press) 등이 있다.

역자 소개

　　황민영 박사(Minyoung J. Hwang, PsyD)는 이화여자대학교(Ewha Womans University)를 졸업하고, 동 대학원에서 수학하며 석사 및 박사학위를 받은 심리학 박사이다. 현재 한국심리학회 정회원이고, 한국발달심리학회 정회원, 한국임상심리학회 전문회원이다. 애착과 정신병리에 관심을 가지고 인간의 발달을 공부해 온 황민영 박사는 인간의 발달과 노화에 관심을 가지고 있으며 정신병리와 인지기능 사이의 역동이 주요 연구 분야이다. 임상심리전문가인 황민영 박사는 현재 마인드랩(mindLAB)이라는 작은 상담심리연구소를 운영 중이다. 역서로는 『마음의 발달』(공역, 하나의학사, 2018)이 있다.

정서 조절, 정신화, 그리고 자기의 발달

Affect Regulation, Mentalization, and
the Development of the Self

2022년 2월 10일 1판 1쇄 인쇄
2022년 2월 25일 1판 1쇄 발행

지은이 • Peter Fonagy · György Gergely · Elliot L. Jurist · Mary Target
옮긴이 • 황민영
펴낸이 • 김진환
펴낸곳 • ㈜ **학지사**

04031 서울특별시 마포구 양화로 15길 20 마인드빌딩
대표전화 • 02)330-5114   팩스 • 02)324-2345
등록번호 • 제313-2006-000265호

홈페이지 • http://www.hakjisa.co.kr
페이스북 • http://www.facebook.com/hakjisabook

ISBN 978-89-997-2583-8 93180

정가 25,000원

출판 · 교육 · 미디어기업 **학지사**

간호보건의학출판 **학지사메디컬** www.hakjisamd.co.kr
심리검사연구소 **인싸이트** www.inpsyt.co.kr
학술논문서비스 **뉴논문** www.newnonmun.com
교육연수원 **카운피아** www.counpia.com